Dol-de-Bretagne
Dinan
N176
D137
FORÊT DE FOUGÈRES
Fougères
RANCE
ILLE
A84
MEU
VILAINE
Vitré
N24
Rennes
N157
FORÊT DE BROCÉLIANDE
Janzé
D177
La Guerche-de-Bretagne
D773
D777
D178
Bain-de-Bretagne
N137
D771
VILAINE
Redon
D775
Guémené-Penfao
FORÊT DE GÂVRE
CANAL DE NANTES À BREST
ERDRE
Loire-Atlantique
p.60
A11
Ancenis
Savenay
LOIRE
NANTES
D213
Pornic
D751
LAC DE GRAND-LIEU
Clisson
ÎLE DE NOIRMOUTIER
Saint-Philbert-de-Grand-Lieu
N
30 km

Avis aux GEOVoyageurs

Entre l'enquête faite sur le terrain
et la parution du guide, les établissements proposés peuvent avoir disparu et certaines informations peuvent avoir été modifiées : n'hésitez pas à nous faire part de vos commentaires et de vos corrections !

Boîte aux lettres GEOGuide

5, rue Sébastien-Bottin 75328 Paris Cedex 07
www.geo-guide.fr contact@geo-guide.fr

GEOGUIDE

Bretagne Sud

Aurélia Bollé
Solène Bouton
Thierry Perrin

Ont également collaboré à cet ouvrage
Séverine Bascot,
Hélène Bohé, Tiphaine Carriou,
Estelle Guille des Buttes-Fresneau,
Klara Kagan, Laurent Gontier,
Xavier Mével, Béatrice Peyret-Vignals,
Yann Rivallain

BRETAGNE SUD

Voyagez à la carte

Passionné d'architecture, amateur de sports nautiques, adepte des vacances en famille ou inconditionnel du shopping ? GEOGuide a sélectionné pour vous des lieux de séjour, des sites à visiter, des adresses-plaisir et des activités multiples. Choisissez ce qui vous ressemble et goûtez pleinement votre voyage...

AU GRÉ DE VOS ENVIES

AU FIL DE NOS ITINÉRAIRES

BRETAGNE SUD

GEOPANORAMA

GEOPRATIQUE

GEOREGION

Mode d'emploi

- ★ Incontournable touristique
- ☆ À ne pas manquer dans la région
- ☺ Coup de cœur de l'auteur
- ● Culture et patrimoine
- ● Shopping
- ● Cafés, bars et lieux de sortie
- ● Sports et loisirs
- ● Activités familiales
- ● Restauration, hébergement

GEODOCS

GEOPANORAMA

Pinède et eau émeraude, presqu'île de Crozon (p.509).

GEOPANORAMA

COMPRENDRE LA BRETAGNE

Géographie et paysages

De toutes les régions de France, la Bretagne est sans doute la plus facile à repérer sur une carte, déformant ostensiblement l'ouest du pays en une sorte de nez incongru. La Manche délimite la Bretagne au nord et rentre dans les terres au gré des innombrables indentations du littoral ; au sud, l'océan Atlantique borde un rivage à peine moins déchiqueté, émaillé de plus de trois cents îles… Au total, près de 3 000km de côtes ! Profondément marquée par son caractère maritime, la Bretagne se présente également comme un pays de terres : deux aspects que traduit la distinction entre **Armor**, "pays de la mer", le lieu des ports, des grandes villes ou des côtes sauvages, et **Argoat**, "pays des bois", constitué certes de forêts, mais surtout de terres cultivées et de charmantes campagnes. Réduite en 1941 à quatre départements – Côtes-d'Armor, Ille-et-Vilaine, Finistère et Morbihan – sur un plan administratif, la Bretagne s'étend aujourd'hui sur 27 000km², mais 34 000km² si l'on compte la Loire-Atlantique – ce qui en fait un territoire un peu plus vaste que la Belgique. La deuxième région touristique de France est aussi l'une des plus anciennes terres européennes : elle était déjà émergée il y a deux cents millions d'années. Elle occupe la partie péninsulaire du **Massif armoricain**, qui formait à l'ère primaire une véritable chaîne de montagnes. Aujourd'hui, la Bretagne accuse un relief très modéré, dominé par deux zones de collines orientées est-ouest et principalement localisées en Basse-Bretagne : les **Montagnes Noires** et les **monts d'Arrée**. C'est au cœur de ces derniers, sur la commune de Plounéour-Ménez, que se trouve le Roc'h Ruz (385m), point culminant de la région. Les falaises, qui ponctuent la côte en alternance avec des dunes, sont également modestes, et dépassent rarement 10 ou 20m. Quant aux différentes roches qui constituent le Massif armoricain, principalement du schiste (2/3) et du granite (1/3), elles ont subi au cours du temps de multiples accidents tectoniques et ont été érodées par les eaux, égrenant dans les paysages chaos, arêtes et éboulis tout à fait caractéristiques.

DÉCALAGE HORAIRE ?!

Il faudrait presque instaurer un horaire spécifique pour la Bretagne et surtout pour la pointe de la région. Sur l'île d'Ouessant, le soleil se couche une bonne demi-heure plus tard qu'à Paris. L'horizon vaste et pur qu'offre la mer du côté du couchant permet à la lumière du soleil d'éclairer plus longtemps la voûte céleste. Cela rallonge la sensation de jour. En été, les soirées sont plus longues que partout en France.

Milieux naturels, faune et flore

En matière de faune comme de flore, la Bretagne ne compte aucune espèce qui lui soit propre. Seules quelques sous-espèces comme la forme *subfestivus* du carabe d'or, qui ne s'observe qu'en Basse-Bretagne, ou le narcisse de Glénan, seulement présent sur quelques îlots de l'archipel, peuvent être considérées comme endémiques. D'autre part, sa situation de proue dans l'océan lui fait subir ce que les spécialistes nomment l'"effet de péninsule", c'est-à-dire la diminution progressive du nombre d'espèces à mesure que l'on atteint l'extrémité du continent. Cependant, cet effet se trouve sensiblement réduit du fait que la faune et la flore bretonnes s'étendent tant en milieu terrestre qu'aquatique. De plus, la situation géographique de la Bretagne, entre Manche et Atlantique, en fait une zone charnière et le point d'extension maximal, vers le nord ou vers le sud, de nombreuses espèces. C'est ainsi que l'on y observe des plantes et des animaux méditerranéens aussi bien que nordiques. Les mimosas, les hortensias, les camélias, etc., sont autant d'espèces qui ont pu s'acclimater grâce à la douceur du climat, tandis que de nombreux oiseaux à affinités nordiques (tels le pipit maritime, le grand corbeau ou le crave à bec rouge) peuplent le littoral. Les nombreux biotopes bretons préservent une grande variété de la faune et de la flore, variété que l'on retrouve dans les paysages, tant à l'intérieur des terres que sur le littoral. Sur la lande, le jaune d'or des ajoncs et des genêts – qui distillent une délicieuse odeur vanillée – se mêle au mauve de la bruyère, dont on recense cinq espèces. De nombreux petits mammifères (campagnols, lapins, belettes…) peuplent les champs, le bocage ou les forêts. Celles-ci couvrent 10% du territoire breton (contre 25% en moyenne en France) ; ce sont principalement des chênaies ou des hêtraies, qui accueillent encore cerfs, chevreuils, renards et, plus rarement, des sangliers. Les mammifères aquatiques – comme la loutre ou le castor– trouvent refuge près des rivières, qui abritent également de nombreuses espèces de poissons, tels la perche, le brochet, l'anguille, la truite ou le saumon. Mais la richesse naturelle de la Bretagne s'apprécie encore mieux le long de ses côtes. Chaque espèce a son rôle : l'oyat et le chardon de mer permettent de stabiliser les dunes ; les algues, très présentes, nourrissent de nombreux animaux marins. Les fonds marins, peuplés d'invertébrés aux multiples couleurs, séduiront les plongeurs. Coquillages, crustacés, étoiles de mer, oursins, éponges côtoient sardines et maquereaux, lieus jaunes, bars, soles, merlus, raies… autant de poissons que l'on retrouve dans toutes les assiettes de la région. En s'éloignant des côtes, on aura peut-être la chance de croiser quelques dauphins ; le phoque se rencontre quant à lui sur Molène, dans la baie de Morlaix et parfois au large du Trégor (à condition d'être discret). C'est aussi sur le littoral que s'observent les oiseaux qui font l'un des attraits de la région, comme l'attestent ses nombreuses réserves ornithologiques. Goélands, mouettes (rieuses ou tridactyles), sternes (ou "hirondelles de mer"), guillemots de Troïl (qui ressemblent à de petits pingouins), cormorans

Carte d'identité

Superficie de la Bretagne
27 000km² (avec la Loire-Atlantique 34 000km²), dont 3 000km de côtes
Régions, départements
Bretagne Ille-et-Vilaine (35), Côtes-d'Armor (22), Finistère (29), Morbihan (56) **Pays de la Loire** Loire-Atlantique (44)
Villes principales Nantes (291 000 hab.), Rennes (213 100), Brest (146 600), Saint-Nazaire (71 100), Quimper (67 300)
Points culminants Roc'h Ruz (385m), Ménez Kador (384m), Roc'h Trévézel (384m)
Population 3 219 800 hab. (hors Loire-Atlantique), Ille-et-Vilaine (980 700), Côtes-d'Armor (597 100), Finistère (916 600), Morbihan (725 400), Loire-Atlantique (1 281 100)

huppés, fous de Bassan (le plus grand oiseau marin des côtes bretonnes) y nichent en nombre ; le macareux moine, surnommé "perroquet de mer", souffre quant à lui de la pollution, et ne se reproduit plus que dans la réserve des Sept-Îles. Dans les marais, on découvrira la bernache cravant, l'aigrette garzette, le tadorne ou encore la belle spatule blanche.

Littoral en danger

Le paysage breton, multiple et changeant, souffre d'une vulnérabilité certaine. Ses dunes sont menacées par l'invasion des touristes qui s'y massent dès l'arrivée des beaux jours. Actuellement polluée par les nitrates provenant de l'agriculture, et temporairement par le mazout des bateaux, la Bretagne va parfois de marées vertes en marées noires. Elle pâtit des déjections des bateaux de plaisance et de pêcheurs, et de sa position sur la route des grands ports européens : un bateau passe au large d'Ouessant toutes les dix minutes. De nombreuses marées noires ont marqué l'histoire de ses côtes. Après le naufrage de l'*Erika* en décembre 1999, toutes les plages ont été nettoyées, et le tourisme a pu reprendre une activité normale. Mais l'environnement ne se remettra pas de sitôt de l'ampleur de la catastrophe, notamment car la phase de pollution initiale a entraîné une surmortalité faunistique et floristique trop lentement remplacée par l'apport d'espèces allogènes et la reconquête progressive du milieu. Afin de protéger le patrimoine de la région, certaines dispositions ont été prises, comme la création du **parc naturel régional d'Armorique** en 1969, qui couvre 172 000ha du territoire breton, dont 60 000ha d'espace maritime. Il inclut des paysages et des milieux écologiques variés, des îles de la mer d'Iroise aux monts d'Arrée en passant par la presqu'île de Crozon. Parmi ses missions multiples, il met en valeur et protège le patrimoine naturel et culturel. Au quotidien, il établit des sentiers de randonnée, veille à leur entretien et favorise le développement d'une agriculture raisonnée. Le Conservatoire du littoral œuvre quant à lui pour la préservation des 5 900ha et des 193km de côtes (avec la Vendée) qu'il a pu s'approprier.

Parc naturel marin d'Iroise

En 2007 a été créé le parc naturel marin d'Iroise, premier du genre en France, qui s'est donné trois missions : la connaissance, la protection et le développement durable du milieu marin. Plus concrètement, ces objectifs se déclinent en dix orientations de gestion de l'Iroise, notamment l'accroissement et la diffusion de la connaissance des écosystèmes marins, l'exploitation réfléchie des ressources halieutiques et des champs d'algues, la diminution des pollutions d'origine terrestre et maritime ainsi que la croissance raisonnée des activités nautiques et touristiques. La mer d'Iroise, qui baigne les côtes les plus occidentales du Finistère, est agitée par de multiples courants qui la rendent à la fois fort dangereuse et extrêmement riche. Sa faible température (14-15°C en moyenne) permet une très forte implantation du plancton, qui attire, aux beaux jours, le requin pèlerin, impressionnant végétarien, long de 10m et pesant 5t. Ses fonds, d'une grande variété, accueillent algues, poissons et invertébrés en nombre ; les phoques gris et les dauphins se plaisent aussi dans ce milieu. Cette richesse est déjà en partie protégée : les îles – Ouessant,

UN PONCIF À ESSORER

Les clichés ont la vie dure et la réputation pluvieuse de la Bretagne est bien établie. En réalité, il y pleut certes souvent mais pas beaucoup : c'est le fameux crachin. Étonnant mais vrai, il pleut moins à Brest qu'à Biarritz et moins à Rennes ou à Nantes qu'à Nice. La pluviosité dans ces deux dernières villes bretonnes est quasiment égale à celle de Toulouse.

l'archipel de Molène et Sein – appartiennent au parc naturel régional d'Armorique (créé en 1969), et toute la zone est classée "réserve de biosphère" par décision de l'Unesco depuis 1988. L'idée du parc national marin remonte au début des années 1990. Pour ne pas effrayer les pêcheurs et autres acteurs locaux, déjà soumis à des règles très strictes, on a annoncé que le parc consisterait aussi en un projet de développement économique local, alors qu'il vise avant tout la préservation du patrimoine naturel ; il doit cependant prendre en compte la donnée sociale. En raison de la pression touristique, les îles sont de moins en moins habitées de façon permanente, et leur classement au niveau national ne va guère dans le sens d'un repeuplement : les îliens craignaient de voir leur territoire transformé en musée. Du côté des pêcheurs, nombreux étaient ceux qui s'opposaient à la création du parc, de peur de voir naître de nouvelles contraintes. Le projet a ainsi dû faire face à la mésentente entre l'État, responsable d'une mauvaise information, et les habitants, soucieux pour leurs intérêts.

Climat et marées

Le climat, à la merci des **marées**, de la lune et des vents, a la particularité d'être très changeant. Doux, vivifiant, il est fondamentalement océanique, et il ne gèle que rarement. N'oublions pas que le célèbre Gulf Stream, ce courant marin chaud venu des Antilles, b aigne une partie des côtes, favorisant des microclimats agréables. Le phénomène des marées est causé par l'attraction de la lune sur la masse liquide des mers et des océans. Il intervient environ toutes les six heures trente et se décale donc légèrement chaque jour. Son amplitude est plus ou moins importante (les horaires et les coefficients sont répertoriés dans l'annuaire des marées). Gradués de 0 à 120, les coefficients sont très importants lors des pleines et nouvelles lunes et maximaux aux solstices et surtout aux équinoxes. La force de l'eau en mouvement lors des marées est impressionnante ; l'homme l'utilise dans les moulins à marées, installés dans les abers, et dans l'usine de production électrique marémotrice de la Rance. La marée pénètre sur plusieurs kilomètres dans les abers et dans les fleuves. Sur la Loire, on la ressent jusqu'à 75km à l'intérieur des terres. Quelques termes liés aux marées : le flot est la marée montante et le jusant son contraire, l'estran est la partie horizontale découverte à marée basse et le marnage la différence verticale entre le point le plus bas et le plus haut de la mer. La baie du Mont-Saint-Michel en détient le record : son marnage atteint plus de 16m. Les vives-eaux sont les très hautes marées, elles sont les seules à recouvrir le schorre, la partie du rivage la plus éloignée de la mer, couverte de végétation. Le schorre prend le nom de pré-salé lorsqu'il est recouvert d'herbe et que l'on y met les moutons au pâturage. La slikke est la vasière découverte par le jusant qui borde le schorre. On appelle traicts les grandes étendues de vase découvertes à marée basse.

Histoire

La préhistoire

Si les premières traces de peuplement de la péninsule armoricaine remontent à 700 000 av. J.-C., c'est de l'ère néolithique (de 5000 à 2000 av. J.-C. environ) que nous sont parvenus le plus de vestiges. À cet âge, dit de la pierre polie, le chasseur-cueilleur cède la place à un homme qui sait cultiver la terre, qui élève des animaux et, par là même, est amené à se sédentariser. Les hommes du néolithique, qui ont laissé peu de traces de leurs habitats, construits dans des matériaux fragiles, nous ont, en revanche, légué de nombreux monuments mégalithiques, précieux témoins de leurs rites funéraires ou cultuels.

L'Armorique des Celtes, l'Armorique gallo-romaine

Les Celtes, partis de leur berceau originel (situé vers l'Ukraine) dès la fin du néolithique, remplacent peu à peu les habitants primitifs de la péninsule – qui prend le nom d'Aremori , "pays du bord de la mer" dans leur langue. L'Armorique des Celtes comprend cinq peuplades, composées d'artisans habiles, au sein desquelles dominent sans conteste les Vénètes. Ce sont eux qui s'opposent le plus farouchement à Jules César ; d'abord vaincu sur terre, celui-ci vient à bout de leur flotte puissante en 56 av. J.-C. L'Armorique devient gallo-romaine ; elle doit s'acquitter de lourds impôts, mais n'en profite pas moins de la *pax romana*. Des villes et des voies romaines sont créées, favorisant les échanges. La région, prospère, supporte la domination romaine sans que ses coutumes perdent trop de leur cohésion : seuls quelques citadins emploient le latin ; les cultes gaulois, parfois romanisés, sont pour la plupart conservés. À partir du IIIe siècle, l'Empire, devenu anarchique, subit les assauts de nombreux envahisseurs ; les soldats romains désertent la péninsule, laissant ses habitants seuls face aux barbares et aux pirates qui prolifèrent.

Naissance de la Bretagne

Pendant la période difficile qu'il a rencontrée, l'Empire romain a fait appel aux habitants d'outre-Manche, les **Bretons**, pour aider à la construction de fortifications le long du littoral. Ceux-ci, arrivés à partir du IVe siècle, continuent d'affluer en Armorique au long des siècles suivants, cette fois pour y trouver refuge : ils sont chassés de leurs terres par les Angles, les Jutes, les Saxons et les Scots d'Irlande. Leur langue, leurs coutumes et leur culture sont proches de celles des autochtones, avec qui ils ont entretenu des relations commerciales au cours des siècles passés. Ils s'intègrent progressivement et sans heurts à la société armoricaine, au point que la péninsule va bientôt prendre le nom de Bretagne. La christianisation, commencée dès le IIIe siècle, se développe avec l'arrivée de cette nouvelle population, guidée par des moines. Ces derniers laisseront leur nom aux ermitages (*lan*), aux hameaux (*tré*) ou aux paroisses (*plou*) qu'ils ont créés, ce dont témoigne encore la toponymie bretonne actuelle, surtout en Basse-Bretagne (cf. GEODocs, Lexique, Toponymie).

La Bretagne souveraine, 845-1532

LES ROIS BRETONS Les rapports des chefs bretons avec leurs voisins, les rois francs puis carolingiens, varient au gré des ambitions de chaque camp. Charlemagne ceint la Bretagne, qui reste indépendante à l'époque, d'une marche défensive pour protéger son royaume des conquêtes bretonnes ; son successeur, Louis le Pieux, préfère jouer sur l'entente et nomme le chef breton Nominoë *missus* (envoyé), représentant légal de la région. Mais, dès la mort de Louis, Nominoë se révolte contre le fils de ce dernier, Charles le Chauve, et revendique l'indépendance de la Bretagne. En 845, il obtient de Charles le Chauve la signature d'un traité très favorable à la Bretagne, faisant de lui, au regard de l'histoire, le fondateur de l'unité et de l'indépendance bretonnes. Son fils Érispoë prend le titre de roi grâce à sa victoire sur ce même Charles en 851, à Beslé. Salomon, cousin – et assassin ! – d'Érispoë, le remplace vaillamment ; il connaît des successeurs belliqueux, dont la mésentente nuira à l'équilibre du royaume de Bretagne, laissant le champ libre aux invasions normandes. Les Normands débarquent sur les côtes bretonnes dès le début du IXe siècle, pillant et ravageant villes et abbayes sur leur passage. Malgré la victoire d'Alain le Grand en 888 à Questembert, ce n'est qu'avec le petit-fils de ce dernier, Alain Barbetorte, que la Bretagne parvient à s'arracher définitivement des mains de ces envahisseurs. Alain Barbetorte établit le pouvoir ducal et règne, de 939 à sa mort en 952, sur une Bretagne en partie ruinée, mais libérée.

PANORAMA

LA BRETAGNE DUCALE Malgré les convoitises de la France et de l'Angleterre, la Bretagne réussira à conserver son indépendance jusqu'au XVIe siècle. À partir de Pierre Ier de Dreux, dit Mauclerc (1191-1250), c'est au roi de France que les ducs doivent rendre hommage. Hommage très symbolique, car le duché, agrandi et enrichi, tend à devenir, au début du XIVe siècle, un véritable État. En 1341, la mort du duc Jean III, sans héritier direct, remet en cause cette situation. La guerre de succession de Bretagne oppose Jean de Montfort, demi-frère de Jean III, à Jeanne de Penthièvre, sa nièce, épouse de Charles de Blois (le neveu du roi de France Philippe VI). Le premier trouve un appui du côté anglais avec Édouard III ; la seconde est soutenue par le roi de France. Jean de Montfort fils – le futur duc Jean IV – l'emporte finalement lors de la bataille d'Auray (1364) ; le conflit prend fin avec le traité de Guérande, signé en 1365. De Jean IV à François II, dernier duc de Bretagne, la politique bretonne tend de plus en plus à faire de la province un État indépendant, et porter le titre de duc n'empêche pas les Montfort de se considérer comme des souverains absolus : à partir de 1442, ils se font couronner, et les devises qu'ils adoptent, par exemple "duc par la grâce de Dieu", montrent sans ambiguïté leur souci d'indépendance par rapport à la couronne de France. L'architecture et l'art religieux sont chargés de chanter leur gloire. De plus, l'existence d'un royaume breton au temps d'Érispoë et de Salomon assure une antécédence et une légitimité à leur pouvoir.

FIN DE L'INDÉPENDANCE BRETONNE À partir de Louis XI, les rois de France s'emploient à affermir le pouvoir étatique. En 1488, le duc François II, père d'Anne de Bretagne, doit s'incliner face aux troupes du roi de France Charles VIII, à Saint-Aubin-du-Cormier. Le traité du Verger, que le chef breton doit signer à l'issue du combat, l'oblige à ne pas marier ses filles sans le consentement du roi. Le duc meurt un mois plus tard ; sa fille Anne a douze ans. Malgré une résistance courageuse, elle épouse finalement Charles VIII, en 1491. À la mort de celui-ci (sans enfant), elle doit, selon son contrat de mariage, donner sa main à Louis XII, cousin et successeur du défunt roi. Ce mariage, contrairement au premier, est l'occasion pour elle de poser quelques conditions. Elle obtient notamment que le duché revienne, non pas au fils aîné, mais à un fils ou à une fille cadette, afin de préserver l'indépendance de la Bretagne. Sa fille et héritière, Claude, se montre moins entêtée que sa mère : quand elle épouse le roi François Ier en 1515, elle lui fait donation du duché sans conditions. En 1532, les États de Bretagne, pressés par le roi, n'ont pas d'autre choix que de solliciter l'**union perpétuelle** de la Bretagne et de la France, tout en exigeant la conservation de certains privilèges, François Ier s'engageant publiquement à maintenir et à respecter les droits et libertés de la Bretagne.

L'âge d'or de la Bretagne

La période qui court de l'union de la Bretagne à la France jusqu'aux révoltes de 1675 est marquée par une prospérité économique liée aux progrès de l'agriculture (le sarrasin ou blé noir, mieux adapté aux sols bretons, fournit de bons rendements), de l'élevage (des bovins principalement) et de la pêche (la pêche lointaine, à la morue, se développe au début du XVIe s.). Les exportations de toile, notamment des ports de Nantes et de Saint-Malo, assurent à la Bretagne une prospérité inégalée depuis lors. "De 1551 à 1610, 35% de l'argent français est frappé en Bretagne" (A. Lespagnol). La Bretagne, privée de son indépendance, a cependant pu conserver quelques privilèges : les États, maintenus, comptent une centaine de députés sans l'accord desquels aucun nouvel impôt ne peut être levé ; les Bretons ne peuvent être appelés pour servir militairement en dehors de la Bretagne ; ils ne peuvent être jugés que par des tribunaux bretons, selon la coutume de Bretagne. Un parlement, créé en 1552, permet également de faire remontrance au roi avant l'enregistrement d'une nouvelle loi.

Les guerres de la Ligue

Si le protestantisme, arrivé tardivement en Bretagne, ne concerne que quelques dizaines de familles nobles et une infime partie de la bourgeoisie, les guerres de Religion du XVIe siècle vont y laisser des traces importantes. Le duc de Mercœur, gouverneur de Bretagne, entend lutter contre la propagation de cette nouvelle religion dans la région, et s'oppose farouchement à l'accession au trône d'Henri IV. Mercœur est suivi par une bonne partie de la noblesse et des villes bretonnes ; le parlement et des villes comme Rennes, Vitré et Brest ont pris le parti du roi. Une guerre civile se déclenche à partir de 1588, qui ne prendra fin qu'avec la venue d'Henri IV à Nantes en 1598 : il soumet le duc et lui fait signer l'édit de Tolérance.

Les révoltes de 1675 et la Révolution

En avril 1675, un nouvel édit ordonnant l'emploi du papier timbré pour divers actes administratifs entraîne de violentes révoltes dans les villes bretonnes ;

en juin, c'est au tour des paysans de se soulever contre les nouveaux impôts et les divers abus dont ils sont victimes. Révolte du papier timbré et révolte des Bonnets rouges sont sanctionnées par une répression sévère. La Bretagne retrouve un calme relatif à la fin du XVIIe siècle, jusqu'à la Révolution : les États et le parlement veillent, dans la mesure du possible, à l'application des droits bretons, en accord avec le traité de 1532. Mais les tensions sociales et politiques ne cessent de monter, et la Révolution est, à ses débuts, bienvenue en Bretagne, bourgeois et paysans fondant en elle de grands espoirs. Dans l'enthousiasme, les députés bretons, désireux d'abolir les privilèges de la noblesse, laissent également disparaître ceux de leur région : les États et le parlement de Bretagne sont dissous dès novembre 1789. La liesse des premiers temps cède vite la place au scepticisme. La constitution civile du clergé – qui soustrait l'Église française à l'autorité papale – est notamment très mal accueillie par une population restée proche de ses prêtres. Les paysans, qui paient désormais encore plus d'impôts que sous l'Ancien Régime, commencent à réagir. La **chouannerie** se développe surtout à partir de 1793, quand est décidée une levée de 300 000 hommes ; les Bretons ne peuvent, selon leurs anciens privilèges, être soumis à la conscription, et s'opposent farouchement à cette mesure. La Terreur règne dans les principaux foyers insurrectionnels ; à Nantes, Carrier s'emploie à noyer massivement les contre-révolutionnaires. Les troubles se calment avec l'arrivée au pouvoir de Napoléon Bonaparte. Contraint à une pacification religieuse, il rétablit l'ordre dans la région par une politique énergique, dont Pontivy, devenue Napoléonville, devient le centre névralgique. La Bretagne sort de la Révolution terriblement affaiblie, tant au niveau économique et politique que social. Désormais divisée en cinq départements, elle n'est qu'une région française parmi les autres. L'Empire napoléonien vise de plus à éliminer les particularismes régionaux, méprisés.

Naissance du mouvement breton

Les mutations du XIXe siècle ne se font pas sans mal en Bretagne ; elles aboutissent notamment, en 1893, à des grèves importantes. Parallèlement se développe un premier mouvement breton (ou premier Emsav), d'abord culturel et régionaliste, puis indépendantiste. Il est marqué par la création, en 1898, de l'Union régionaliste bretonne (URB) et par celle, en 1911, du premier Parti national breton (PNB). Pendant la Première Guerre mondiale, la région perd 130 000 soldats, soit 22% des mobilisés (contre 16% en moyenne en France). L'élément positif de cette rude épreuve sera l'ouverture de la Bretagne à des idées nouvelles, grâce à la fraternisation des soldats dans les tranchées, et le début de l'émancipation des femmes. L'Emsav, qui s'est effacé durant le conflit, resurgit pendant l'entre-deux-guerres par suite de l'hécatombe qu'a subie la région, et de la crainte de voir disparaître ses particularismes ; en janvier 1919 sort le premier numéro de la revue *Breiz Atao* ("Bretagne toujours"), dont les fondateurs adopteront des positions de plus en plus extrêmes. La Seconde Guerre mondiale est l'occasion pour de nombreux Bretons de se distinguer dans la Résistance ; à l'inverse, une poignée de nationalistes verra dans l'Occupation le moyen de s'arracher enfin des mains de l'envahisseur français. La collaboration bretonne, si infime soit-elle, nuira gravement à l'image du militantisme régional. Si le bilan humain du conflit est moins lourd qu'en 1918, la Bretagne souffre

À L'AISE BREIZH ! Si de nos jours, les factions autonomistes se font rares, le "sentiment breton" s'exprime, lui, largement sur le plan individuel. Nombreux sont ceux qui revendiquent une culture différente ; ils font le choix d'apprendre la langue ou les danses bretonnes, ou encore affichent l'autocollant BZH (pour Breizh) ou le drapeau "blanc et noir" (*gwenn ha du*) breton à l'arrière de leur véhicule.

de dégâts matériels considérables : des villes portuaires comme Brest, Saint-Malo, Saint-Nazaire ou Lorient sont presque intégralement détruites. Sous le régime de Vichy, la région a de plus perdu un de ses départements : la Loire-Atlantique. La lutte pour les intérêts bretons se poursuit après la guerre sous diverses formes. La création du CELIB (cf. Économie) en 1950 amorce le réveil économique de la Bretagne ; d'autres formations continuent de revendiquer l'autonomie, voire l'indépendance de la région. Parmi celles-ci, le FLB-ARB (Front de libération de la Bretagne – Armée républicaine bretonne) organisera, de 1966 à 2000, une série d'attentats, durement réprimés. Les dégâts occasionnés par les diverses actions bretonnes ne sont que matériels, jusqu'à ce que, le 19 avril 2000, l'attentat raté contre le restaurant Mc Donald's de Quévert (44) entraîne la mort d'une employée. La gravité de l'affaire – on ne connaît toujours pas les coupables – secoue la Bretagne et divise le mouvement breton.

Politique

Le mouvement breton d'aujourd'hui, qui s'inscrit dans le prolongement de celui né à la fin du XIXe siècle, plonge dans une période bien plus lointaine. Il condamne le traité d'union de 1532 qui, n'ayant pas été ratifié par les États de Bretagne, fait de la France un occupant illégal sur le sol breton. Au-delà du statut de la Bretagne, une autre question toujours d'actualité est celle de la réintégration de la Loire-Atlantique à la région (à laquelle est favorable une très large majorité de la population des cinq départements), et qui rassemble à chaque manifestation quelques milliers de personnes autour du slogan : "Vichy, c'est fini !" Quatre formations revendiquant l'autonomie ou l'indépendance de la Bretagne constituent l'essentiel du mouvement actuel. L'UDB (Union démocratique bretonne), parti politique de gauche né en 1964, est la seule à pouvoir se targuer de compter quelques élus et, depuis peu, quelques représentants au conseil régional. L'Emgann ("le combat"), mouvement gauchiste et indépendantiste breton très minoritaire, fondé en 1983, a vu ses membres inquiétés après l'attentat de Quévert ; son image en a fortement pâti. La droite était représentée par le POBL (Parti pour l'organisation d'une Bretagne libre), créé en 1984, mais le mouvement a été victime de multiples scissions, notamment celle de l'Adsav, groupuscule proche de l'extrême droite, unanimement rejeté par les militants de l'Emsav.

Économie

Ouverte sur le monde au XVIIe siècle, période à laquelle elle regroupait la première flotte d'Europe (environ un tiers des échanges français), la Bretagne a vu ses échanges commerciaux s'effondrer à la suite des politiques colbertistes et de l'époque napoléonienne. En 1860, elle ne réalise plus que 0,6% du commerce extérieur français. Trop éloignée des bassins houillers du pays, elle est passée à côté de la révolution industrielle (malgré la proximité de certaines ressources, notamment le charbon de bois) et souffrait encore au début du XXe siècle d'un enclavement que rien ne semblait vouloir briser. Jusque dans les années 1950, le réseau routier et ferroviaire ne permet pas de développer les échanges avec le reste du pays, les activités agricoles traditionnelles dominent face au sous-développement industriel, le revenu par habitant est inférieur de 30% à la moyenne nationale et l'exode rural s'accentue. Ainsi, l'identité régionale, marquée alors par le conservatisme, la pratique religieuse intense et un taux de fécondité élevé, se renforce-t-elle, cantonnant la Bretagne dans l'image d'un espace économiquement arriéré. La création en décembre 1950 du **Comité d'études et de liaison des intérêts bretons** (CELIB), sous la houlette d'un journaliste, Joseph Martray, par des personnalités et des élus de tous bords désireux de mettre fin à la fatalité bretonne, amorce le réveil de la région. Dès 1954, une première usine Citroën est implantée à Rennes ; de nombreuses autres décentralisations suivront dans les années 1960. En octobre 1968, un programme pluriannuel d'urgence pour la Bretagne est adopté. Le plan routier dote progressivement la Bretagne d'un réseau autoroutier gratuit desservant toute la région ; le TGV facilite encore les échanges. La Bretagne a rattrapé son retard par rapport aux autres régions françaises depuis 1975 ; son PIB par habitant la place au septième rang (2008), même si le niveau des salaires bretons reste un peu plus faible que la moyenne française.

L'agriculture aujourd'hui

La région s'affirme aujourd'hui au premier rang français, et environ 6% de la population active travaille dans ce secteur. La Bretagne produit plus de 55% de la viande de porc française, près de 40% de la volaille, 20% du lait. Les cultures légumières, diversifiées, affichent également des résultats très positifs ; la Bretagne représente les trois quarts de la production d'artichauts et de choux-fleurs, et pas moins de 90% des pommes de terre primeur, produits dans l'Hexagone. S'y ajoutent échalotes, tomates, haricots verts et bien sûr les célèbres oignons de Roscoff, le coco paimpolais ou encore les fraises de Plougastel. Ce succès s'accompagne cependant de revers considérables : dégradation de la qualité des ressources naturelles, bouleversement du paysage bocager et appauvrissement de la diversité biologique. Près de 80% des rivières bretonnes sont touchées par une pollution due à des taux de nitrate largement supérieurs à la normale, interdisant de boire l'eau du robinet ou de se baigner lors des marées vertes... Autant de problèmes qui remettent en cause le "modèle breton" et encouragent l'émergence d'une nouvelle pratique agricole qui permettrait de produire moins et mieux. De nombreux efforts tendent à restructurer le paysage breton, à limiter l'emploi des engrais et à privilégier l'élevage en plein air et l'agriculture biologique.

La pêche et la conchyliculture

La pêche bretonne occupe aujourd'hui le premier rang français. La région assure la moitié de la production française avec près de 200 000t par an. Elle emploie environ 5 600 marins pêcheurs et fait vivre en tout quelque

30 000 personnes, un emploi en mer en générant environ quatre à terre. La pêche se pratique en Bretagne sous toutes ses formes, à bord de navires à l'allure d'usines ou de coquilles de noix, selon qu'elle est industrielle ou artisanale, côtière, hauturière ou lointaine. On compte environ 70 ports de pêche, dont les principaux sont Lorient, Concarneau (qui arrivent juste après Boulogne-sur-Mer, premier port de pêche français), Le Guilvinec et Douarnenez. Face aux caprices de la mer, les marins bretons ont toujours dû diversifier leurs captures et leurs lieux de pêche pour pouvoir continuer à exercer leur métier. Depuis 1985, l'appauvrissement des ressources naturelles et les quotas qui en découlent ont porté un coup à la pêche industrielle et semi-industrielle. La pêche artisanale reste dynamique, et constitue les trois quarts de l'activité. Mais le secteur tout entier connaît depuis plusieurs années une crise inquiétante. La chute des cours a poussé les marins à exprimer leur colère : en 1994, une manifestation violente se solde par l'incendie du parlement de Bretagne à Rennes (provoqué par une fusée de détresse). Le XXe siècle s'achève par la destruction d'un symbole, et le XXIe siècle s'ouvre par une reconstruction, due à l'énergie et à la solidarité déployées par toute une région. C'est avec l'aide de l'État et de la région que les pêcheurs espèrent aujourd'hui améliorer leur situation. La conchyliculture occupe également le premier rang français grâce à la production d'huîtres (un tiers du total français), de coquilles Saint-Jacques et de moules. Autre produit de la mer, les algues, autrefois principalement destinées à la fonction d'engrais ou de complément alimentaire animal, sont aujourd'hui utilisées en cosmétique et en cuisine. La Bretagne fournit 90% de la production française d'algues.

Les autres secteurs

Le secteur industriel emploie un peu moins d'un actif sur cinq. Le lien étroit entre l'agriculture et les autres activités économiques a permis, notamment, l'essor de l'industrie agro-alimentaire, qui regroupe près de 30% des salariés. Les autres domaines forts de l'industrie en région Bretagne sont l'automobile (Citroën est le premier employeur breton, avec plus de 10 000 salariés à Rennes), les télécommunications (Alcatel à Lannion), et les constructions navales (la DCN, Direction des constructions navales, emploie près de 7 000 personnes à Brest et Lorient). La Loire-Atlantique, avec les chantiers de Nantes-Saint-Nazaire, s'affirme comme le premier pôle français dans ce domaine. En matière d'aéronautique, la région occupe la deuxième place du pays : on construit dans les usines de l'estuaire de la Loire les pièces majeures intervenant dans la fabrication des Airbus. Le tertiaire, qui regroupe près de 69% des actifs bretons, s'affirme comme le secteur le plus dynamique en Bretagne. Le tourisme constitue la deuxième activité économique de la région après l'agriculture, la Bretagne se plaçant au quatrième rang des régions françaises pour l'accueil de touristes français et au cinquième rang pour celui de touristes étrangers. Le tourisme emploie 120 000 personnes à l'année, auxquelles s'ajoutent 25 000 saisonniers. Les équipements se concentrent principalement sur la côte atlantique. Si douze millions de visiteurs parcourent chaque année la Bretagne, la profession souffre cependant de la trop courte durée de la saison touristique ; seule la thalassothérapie peut se targuer d'être attractive pendant dix à onze mois sur douze (41% des centres de thalassothérapie français).

Population

Après avoir souffert d'un fort exode rural au XIXe et au début du XXe siècle, la Bretagne affiche depuis les années 1960 un solde migratoire positif. En 2009, la Bretagne compte quelque 3 220 000 habitants (source Insee) ; environ 4 600 000 avec la Loire-Atlantique. Ce dernier département est le plus peuplé, avec 1 281 100 habitants. Viennent ensuite l'Ille-et-Vilaine (980 700 hab.), le Finistère (916 600 hab.), le Morbihan (725 400 hab.) et enfin les Côtes-d'Armor (597 100 hab.). La population se concentre essentiellement sur le littoral, où sont situées, à l'exception de Rennes, les plus grandes villes. Elle est multipliée par deux pendant plusieurs semaines en été dans les cinq départements.

Langues bretonnes : breton et gallo

Le renouveau de la culture celtique ces dernières années a entraîné, notamment, la résurgence du breton. Celui-ci, après avoir été longtemps négligé, est redevenu une langue dont on parle et que l'on est fier de parler. Reste cependant un grand oublié de la question linguistique de la Bretagne : le gallo, ou britto-roman, *l'autr laungg bertonn*, non point celtique mais roman, que ses défenseurs s'attachent à définir comme une langue, et non plus comme un patois. La Bretagne bretonnante compte quatre dialectes : le vannetais, d'une part, parlé dans le Morbihan, et le KLT d'autre part, qui se décline en cornouaillais, léonard et trégorois. La frontière entre Bretagne gallo et Bretagne bretonnante a beaucoup varié au cours des siècles ; on estime aujourd'hui qu'elle suit une ligne qui va de Plouha (Côtes-d'Armor) à Ambon (Morbihan) en passant par Mûr-de-Bretagne. C'est sur cette opposition linguistique que repose la distinction entre Haute et Basse-Bretagne.

Par le passé

À l'époque féodale, la Basse-Bretagne parle le breton – importé par les habitants de l'île de Bretagne au cours du Ve siècle –, la Haute-Bretagne, le gallo, l'Île-de-France, le francien, etc. À partir du XVe siècle, ce dernier s'impose progressivement dans tout le territoire français. En 1532, la Bretagne est rattachée à la France et, en 1539, l'ordonnance de Villers-Cotterêts rend le francien, qui deviendra le français, obligatoire dans la rédaction des actes juridiques et administratifs. Du fait de son enclavement, la Basse-Bretagne demeure quant à elle longtemps dans un état de quasi-monolinguisme breton. Au XIXe siècle, l'usage du breton à l'ouest de la péninsule est encore largement majoritaire ; ce n'est que dans les villes que l'on trouve des personnes parlant aussi le français. La loi rend alors l'apprentissage du français obligatoire à l'école, mais reste muette quant au sort des langues régionales. D'abord toléré, parfois même enseigné, le breton est finalement exclu de l'école à la fin du siècle. Les élèves surpris à parler breton sont punis : ils doivent porter autour du cou un "symbole" (surnommé *ar vuoc'h*, "la vache"), dont ils ne peuvent se débarrasser qu'en dénonçant un camarade coupable de la même faute… Après avoir été brutalement rejeté par une génération désirant à tout prix sortir de son isolement linguistique, le breton retrouve progressivement droit de cité à l'école à partir des années 1950. En 1977 s'ouvre la première **école Diwan** ("le germe"), qui prône "l'immersion active dans le breton". Des filières bilingues sont créées à partir de 1983 dans le secteur public (Div yezh), puis dans le privé (Dihun). Les efforts réalisés par les associations locales rencontrent dans le public un écho que les détracteurs du breton n'auraient pu deviner.

Breton et gallo aujourd'hui

C'est toujours en Basse-Bretagne que l'on trouve le plus grand nombre de bretonnants, mais il faut bien reconnaître que le français l'a emporté dans toute la péninsule. Un séjour en Bretagne ne permettra que rarement d'entendre parler la langue qui s'y pratiquait encore régulièrement dans les années 1960. À défaut de l'entendre, on la lira cependant à coup sûr sur les panneaux de signalisation, certaines affiches, et sur les titres d'ouvrages en breton, présents dans de nombreuses librairies. On compte 240 000 locuteurs bretons – ils étaient encore près d'un million en 1945 –, dont deux sur trois sont âgés de plus de soixante ans. Et les bretonnants d'aujourd'hui sont tous bilingues ; ils ont appris, par la force des choses, le français. Leur utilisation du breton participe le plus souvent d'une démarche volontariste. Aujourd'hui, environ 25 000 élèves sont "concernés" par l'enseignement du breton, mais les jeunes véritablement scolarisés dans cette langue sont extrêmement minoritaires : à la rentrée 2008, les écoles Diwan comptaient quelque 3 000 élèves. Quant à la population gallésante, elle n'a, à ce jour, pas été recensée. Les quelques chiffres disponibles concernant le gallo se rapportent à son enseignement, dispensé dans le cadre d'une option "culture et langue gallèses", dans sept collèges et neuf lycées de l'académie de Rennes, ainsi que dans les IUFM de Saint-Brieuc et de Vannes. En tout, environ 1 200 élèves et étudiants, auxquels s'ajoutent les adultes qui l'apprennent grâce à des associations locales.

Religion

La Bretagne est une terre fortement empreinte de catholicisme ; les nombreuses églises et chapelles, les enclos paroissiaux témoignent d'une présence qui remonte à la christianisation menée par les moines venus d'Irlande, de Cornouailles et du pays de Galles aux Vᵉ et VIᵉ siècles. Cette caractéristique demeure sensible jusque dans les années 1950, lorsque plus de 80% de la population pratique encore régulièrement dans certaines régions – contre moins de 20% dès les années 1980. Aujourd'hui, l'enseignement catholique, qui reste ici plus développé qu'ailleurs (40% des élèves sont scolarisés dans le privé contre 17% au plan national), et la participation à certaines manifestations (pardons, enterrements…), relèvent sans doute plus de la tradition que d'un catholicisme avéré (cf. Côtes-d'Armor, GEOPlus Pardons, pèlerinages, troménies). Dans l'ensemble, le comportement religieux breton s'est aligné sur celui du reste de la France.

Pardons

Les Bretons sont attachés à de nombreux saints. Parmi les plus révérés, on trouve sainte Anne qui, bien que célébrée à partir du XVIIᵉ siècle seulement, est la patronne de la Bretagne avec saint Yves (Erwan), les saints nationaux à l'origine des sept évêchés de Bretagne, mais aussi maints saints locaux, auxquels les fidèles rendent grâce une fois l'an au cours d'une grande manifestation de dévotion : le pardon. Après la messe, tous les habitants de la paroisse défilent solennellement pour honorer leur patron, armés de bannières et de croix, revêtus de leurs plus beaux atours. Le pardon de sainte Anne (26 juillet) est sans doute le plus couru : la foule se rend par milliers à Sainte-Anne-d'Auray pour y assister. La fête revêt parfois un aspect folklorique et religieux ; on ne voit plus guère de fidèles défilant pieds nus et à jeun comme le voulait la tradition. Mais le caractère festif du pardon est demeuré intact.

Troménies et Tro Breizh

Quelques pardons sont plus qu'une simple procession ; leur parcours s'étend sur de longs kilomètres et dure plusieurs jours ; on les appelle alors des **troménies** : "tour du territoire du saint". Certaines ont une grande renommée. Ainsi, tous les six ans (2013, 2019…), la Grande Troménie de Locronan entraîne de nombreux pèlerins le long des sentiers que parcourait saint Ronan chaque dimanche en guise de pénitence. Ici, le recueillement est de mise : la ferveur bretonne s'exprime pleinement. Mais la grande profession de foi de tout bon Breton, tout au moins jusqu'au XVIe siècle, consiste à réaliser le **Tro Breizh**. Ce "tour de Bretagne", qui garantissait au fidèle l'accès au paradis, s'organisait autour des tombeaux des sept saints nationaux : il fallait honorer Patern à Vannes, Corentin à Quimper, Pol-Aurélien à Saint-Pol-de-Léon, Tugdual à Tréguier, Bricc à Saint-Brieuc, Malo à Saint-Malo, et Samson à Dol. Aux XVe et XVIe siècles, cet itinéraire de 525km était parcouru chaque année, en une trentaine de jours, par plus de 30 000 personnes. Faute d'avoir effectué le Tro Breizh de leur vivant, les fidèles se voyaient contraints de s'en acquitter au purgatoire : mais alors ils n'avançaient qu'une fois tous les sept ans, et de la longueur de leur cercueil ! La tradition prit fin avec le rattachement de la Bretagne à la France. Depuis les années 1990, des associations l'ont relancée, et promeuvent les richesses du patrimoine qui s'égrènent sur la route du Tro Breizh.

Architecture

La Bretagne, région rurale, n'en est pas moins marquée, jusque dans ses campagnes, par la main de l'homme. Partout, moulins, chapelles, manoirs, phares, fermes ou mégalithes – sans parler des villes, qui offrent toutes un visage différent – témoignent de la diversité de l'architecture bretonne. Celle-ci atteint son apogée du XVe au XVIIe siècle, pendant l'"âge d'or" de la Bretagne. À partir des XVIIe et XVIIIe siècles, l'influence française se fait de plus en plus sentir ; les édifices construits ou remaniés adoptent alors les styles à la mode dans le reste du pays.

Les mégalithes

L'architecture mégalithique (du Ve au IIe millénaire av. J.-C.), très fortement représentée en Bretagne, s'expose sous différentes formes, que l'on continue de désigner par leurs noms bretons. Les **menhirs**, "pierres longues" dressées vers le ciel, le plus souvent granitiques, peuvent être isolés, regroupés en alignements, ou en cercles (cromlechs). La plus importante concentration de menhirs se trouve à Carnac (56). L'étude de leur orientation a permis d'y voir un lien avec l'astronomie ; ils délimitaient peut-être aussi un lieu de culte. Les **dolmens**, ou "tables de pierre", se présentent le plus souvent "à nu", alors qu'ils étaient tous à l'origine recouverts de terre (ce sont alors des tumulus) ou de pierres (on parle dans ce cas de cairns). Les dalles énormes qui les composent délimitent un couloir, menant à une ou plusieurs chambres funéraires. Un magnifique exemple de cette architecture s'observe sur l'île de Gavrinis, dans le golfe du Morbihan, où les dalles du couloir et de la chambre arborent de splendides gravures. Les mégalithes, parfois décorés par leurs fondateurs, l'ont été également par des populations postérieures ; ainsi, de nombreux menhirs ont été christianisés grâce à différentes gravures ou à l'ajout d'une croix (menhir de Saint-Uzec à Pleumeur-Bodou).

Architecture religieuse

C'est dans le patrimoine religieux que s'exprime le mieux la spécificité de l'architecture bretonne. Plus que dans les cathédrales ou les églises, son originalité se lit dans ses chapelles, dont le nombre important – plus de trois mille, soit moitié moins qu'il y a trois siècles ! – est la première caractéristique. L'éparpillement des habitations explique la construction de ces chapelles "de quartier", qui ont été l'objet d'autant de soin – si ce n'est plus – que les églises paroissiales. On trouve le plus souvent à leur côté au moins un calvaire et une fontaine monumentale. L'orgueil des paroisses se lit dans la dimension des clochers bretons, toujours plus hauts, et dans le soin porté à l'édifice, dans sa construction comme dans ses ornements. Aux côtés de l'architecture, le mobilier religieux occupe en effet une place privilégiée dans l'art breton. Si les ex-voto – le plus souvent des maquettes de bateaux fabriquées par des marins en signe de reconnaissance au saint qui les a sauvés – font partie de l'art populaire, les artisans bretons ont exprimé leur art sur des sablières, des jubés ou des retables, qui témoignent de leur talent. C'est au XVIe siècle qu'est née une forme tout à fait caractéristique de la Bretagne, et même de la Basse-Bretagne : l'enclos paroissial, adaptation de la Renaissance classique à la coutume bretonne. Autour de l'église, un muret délimite l'espace sacré, dans lequel on pénètre par une porte triomphale ;

Phares bretons

La Bretagne, dont les côtes découpées voient depuis des siècles défiler un trafic maritime incessant, est la région qui compte le plus de phares. Construits sur la côte ou en mer, ils sont désormais tous automatisés. Parmi les plus importants, citons Le Créac'h, le plus puissant d'Europe, qui signale l'entrée de la Manche ; les Roches-Douvres, entre Paimpol et les îles Anglo-Normandes ; ou encore celui de l'île Vierge (1902), le plus haut phare construit en pierre de taille (82,50m).

à l'intérieur, un calvaire, un cimetière et un ossuaire complètent l'édifice cultuel et permettent d'accompagner le fidèle, de son baptême à sa mort. On en trouve les plus beaux exemples dans le Léon (cf. GEORégion Finistère Nord, GEOPlus Enclos paroissiaux).

Habitat

L'habitation bretonne d'aujourd'hui se résume le plus souvent à une maison couverte d'un crépi blanc et d'un toit d'ardoises pentu. Mais cette maison contemporaine en côtoie bien d'autres, de la chaumière briéronne à la maison à pans de bois des cités médiévales. Les villes, selon qu'elles ont résisté ou non aux épreuves du temps, peuvent offrir le charme d'une cité close, comme Guérande, ou le visage de l'architecture d'après-guerre, comme à Lorient. Dans les petits ports s'alignent des maisons de pêcheurs aux volets colorés, repeints avec le reste de la peinture utilisée pour les bateaux. Dans les stations balnéaires, les villas construites à la fin du XIXe et au début du XXe siècle rivalisent d'extravagance et d'imagination. L'habitat rural est traditionnellement lié aux ressources disponibles sur les lieux de sa construction. Le granite, le grès ou le schiste prédominent selon la région ; le chaume, sur le toit, ne cède la place à l'ardoise qu'à partir du XIXe siècle. De nombreuses fermes ou villages restaurés permettent aujourd'hui de découvrir le mode de vie rural en Bretagne jusqu'au XXe siècle, où l'habitat primitif s'est doté, au fil du temps, d'un étage ou de différentes annexes. Celles-ci, construites au fur et à mesure des besoins, donnent à l'ensemble une impression de désordre qui lui confère aussi son charme. Ces humbles demeures côtoient dans les campagnes des habitations bien plus élégantes : les manoirs, résidences nobiliaires élevées à partir du XIVe siècle avec un souci surtout esthétique, constituent une des particularités de l'architecture en Bretagne.

Châteaux et fortifications

Confrontée aux attaques venues de terre – la France ! – comme de mer – trois frontières maritimes, c'est beaucoup –, la Bretagne a toujours dû se munir de défenses. Aux premières fortifications, de bois et de terre, succèdent, à partir du Xe siècle, les mottes féodales. Une butte (le plus souvent artificielle), protégée de remparts, accueille un donjon défensif qui sert également de résidence au seigneur. La pierre remplace peu à peu le bois, et les premiers châteaux forts voient le jour à partir du XIIe siècle. À la fin du XIVe siècle, la préoccupation défensive se double d'un soin nouveau porté à l'aspect résidentiel du bâtiment. C'est ainsi que la rudesse des éléments militaires côtoie la somptuosité de logis décorés avec faste, comme à Nantes ou à Josselin. La marche de Bretagne, zone frontalière avec la France, égrène des châteaux spectaculaires, du Mont-Saint-Michel à la baie de Bourgneuf. Vitré, Fougères, Châteaubriant ou Clisson sont autant de témoignages de l'évolution de l'architecture militaire. Sur le littoral, les fortifications côtières trouvent leur apogée avec le travail de Vauban qui, s'il n'a rien de particulièrement breton, offre à la région des citadelles majestueuses, comme à Port-Louis et à Belle-Île, ou encore les beaux remparts de Saint-Malo.

Peinture

Si les couleurs et les lumières de la Bretagne ont inspiré et inspirent toujours de nombreux artistes, **Mathurin Méheut** (1882-1958) est le peintre breton qui a acquis le plus de notoriété. Également illustrateur, graveur, sculpteur et céramiste, il a évoqué à travers son œuvre la vie bretonne dans sa diversité, des marins aux paysans en passant par les pardons ou les sujets naturalistes. La richesse picturale de la Bretagne est pour le reste plutôt liée à la venue d'artistes parisiens, tels Paul Gauguin, Émile Bernard, Paul Sérusier et bien d'autres, fondateurs de l'école de Pont-Aven où naît le synthétisme à la fin du XIXe siècle. Le rayonnement en est tel que des peintres étrangers, notamment américains, affluent alors dans la ville et s'intéressent à leur tour aux "sujets bretons". La côte d'Émeraude se targue aussi d'avoir accueilli des artistes célèbres, dont Auguste Renoir et Pablo Picasso.

Arts et traditions populaires

La toile de Bretagne

Du XVIe au XVIIIe siècle, le tissage du lin et du chanvre, qui fournit la toile pour les vêtements et pour les voiles des bateaux, assure à la région une prospérité économique certaine. Fabrication et exportation vers la Grande-Bretagne, l'Espagne et les colonies américaines entretiennent un négoce fructueux qui perdurera même jusqu'au milieu du XXe siècle dans le Trégor. Chaque région possède sa spécialité : les "Oléronnes" de Merdrignac, les "Noyales" à Rennes, les "Olonnes" à Locronan, les "Crées" du Léon ou les "Bretagne légitime" du Trégor… Cette production traditionnelle ne survivra pas cependant à la concurrence mordante imposée par les filatures du Nord dans les années 1950.

La faïence de Quimper

Au panel des artisanats bretons figure également la fameuse faïence de Quimper. La première manufacture est fondée par le Provençal Jean-Baptiste Bousquet en 1690 ; un de ses employés crée en 1772 sa propre maison, reprise par Alfred Beau à la fin du XIXe siècle. C'est à l'initiative de ce dernier qu'apparaît le motif du paysan breton, promis à un long succès. Au XXe siècle, les deux grandes maisons concurrentes que sont Henriot et HB font appel à des artistes pour décorer leurs collections. C'est ainsi que le peintre Mathurin Méheut exploitera ses chers thèmes bretons sur des supports en faïence tels qu'assiettes ou statuettes…

Les coiffes et les costumes

Inséparables de la Bretagne dans l'imaginaire collectif, les costumes bretons, apparus au XVIe siècle, n'ont jamais cessé d'évoluer jusqu'à leur quasi-disparition après la Seconde Guerre mondiale. René-Yves Creston, spécialiste en la matière, en a dénombré 66 types et 1 200 variantes… Si les hommes se chargent le plus souvent de broder les costumes – il s'agit de faire traverser trois ou quatre épaisseurs de toile épaisse à une aiguille –, les femmes, elles, brodent les draps, les manchettes, les jupons… et s'occupent de la méticuleuse confection des coiffes. Au début du XIXe siècle, la crise de la sardine pousse de nombreuses Bigoudènes à se reconvertir dans la dentelle ; elles partent vendre leurs articles à Paris ou à l'étranger, et colportent, en même temps, l'image familière de la vendeuse de dentelle bretonne. Sur les coiffes se lit une histoire. La tournure générale indique la provenance de la femme ; une couleur, une ornementation particulière expriment le deuil ou le mariage. La minutie de la dentelle et la qualité du repassage – à une époque où le fer à repasser n'existe pas ! – confèrent sa richesse à cette parure. La diversité des coiffes se retrouve dans leurs noms ; la *kornek* à Baud, la *touken* à Tréguier, la *catiole* à Rennes, la "câline" à Nantes… Quant à la coiffe bigouden, elle doit sa notoriété à sa hauteur : elle atteignait plus de 30cm en 1940 !

Les jeux bretons

Les jeux bretons, attestés au moins dès le XIIIe siècle, représentaient l'occasion de défier les paroisses voisines, collectivement ou individuellement. Ils ont en partie disparu au début du XXe siècle. La création de la Fédération des amis des luttes et sports athlétiques bretons (FALSAB) en 1930 marquera leur renaissance. Depuis 1980, huit jeux sont reconnus et réglementés par la fédération : la pierre lourde, le bâton de bouillie, l'essieu de charrette, le lever de perche, le tir à la corde, la course relais avec une charge de 50kg, la gerbe et la brouette. Le *gouren* (ou lutte bretonne) est aujourd'hui pratiqué par environ 800 licenciés dans une cinquantaine de clubs (*skolioù*) en Bretagne et en région parisienne. D'autres jeux restent très populaires et pratiqués, comme la boule bretonne (800 licenciés et 17 clubs locaux pour les seules Côtes-d'Armor). Cette dernière est parfois plombée, ce qui permet de donner un effet à la boule et de réaliser des trajectoires complexes. Sa pratique donne naissance à de multiples concours, en *penn-eus-penn* ("tête contre tête", c'est-à-dire un contre un) ou par équipes. Certains sports ont disparu : la soule, qui n'obéissait à aucune règle, et n'avait qu'un seul but – les participants devaient rapporter à tout prix dans leur camp un ballon rempli de son –, fut interdite au XIXe siècle en raison de sa violence, mais s'est maintenue dans le Morbihan jusqu'au début du XXe siècle. Chaque année, le jeu donnait lieu à des règlements de comptes pouvant entraîner la mort d'un ou plusieurs participants.

Musique et danse

La force de la musique bretonne tient en trois mots : identité, métissage et évolution. Après la Seconde Guerre mondiale, les cercles celtiques de danseurs et de musiciens ainsi que les *bagadoù* (pluriel de *bagad* : "fanfare") la remettent au goût du jour et elle revient en force depuis quelques décennies. La musique bretonne n'est pas une musique, mais plusieurs : celle des voyages de Saint-Malo et celle des mariages en Cornouaille, celle des îles, des terres et des montagnes, celle des fêtes et celle des cérémonies. Elle s'est inspirée des autres sonorités, instruments et mélodies celtes, mais pas seulement : son violon vient d'Italie, l'accordéon diatonique d'Autriche, et la vielle d'Orient. Elle est en constante évolution, et aujourd'hui ce sont les instruments rock qui lui donnent un souffle nouveau. Dan ar Braz, Alan Stivell, Tri Yann, Soldat Louis, Gilles

Servat et Yann Tiersen sont les porte-voix de la tradition, mais ils s'inspirent, comme les célèbres Matmatah, des mélodies et des rythmes anciens pour créer une musique plus moderne. Un vrai renouveau se fit dans les années 1960 et, aujourd'hui, la musique bretonne est vivante, grâce aussi au Brestois Miossec, qui rafle les premières places aux hit-parades.

Les *festoù-noz* et la danse

"La lala lalé No !" Deux hommes à la chevelure blanchie par les ans, les embruns et les nuits de *festoù-noz* (pluriel de *fest-noz*, "fête de nuit"), chantent sur scène. Avec seulement un micro et toujours la même entrée en danse : "La lala lalé No !" Devant eux, un parterre de deux mille personnes de tous les âges, de tous les horizons, emportées par le rythme, dansent une ronde folle. Leurs pieds tapent le plancher installé pour l'occasion au milieu du village. Le martèlement fait claquer les planches : des milliers de pieds qui frappent à l'unisson entraînés par seulement deux chanteurs, cela fait un bruit énorme. Les danseurs se tiennent les uns aux autres par le petit doigt, juste le petit doigt pour que le courant passe. On est emporté et on bouge, heureux, avec les autres dans une transe légère et douce : c'est le *fest-noz*. Des soirées comme celle-là ne manquent pas pour aller danser, notamment en été. Dans toute la région, elles permettent aux amateurs des quatre cents danses bretonnes connues comme le *plinn*, la gavotte, le *fisel* ou la ridée, de pratiquer leur art. Chaque "pays" a sa propre danse, comme la dérobée de Guingamp ou le *kost ar c'hoat* du Léon. Le meilleur moyen de découvrir ces danses, c'est assurément d'y participer, d'entrer soi-même dans la ronde. Au programme de ces soirées, on trouve les chanteurs, mais aussi les sonneurs avec leurs instruments rustiques – la bombarde (instrument à anche double de la famille des hautbois) et le *biniou-kozh* (petite cornemuse possédant un seul bourdon et jouant une octave au-dessus de la bombarde) – et bien sûr d'autres instrumentistes plus "classiques" jouant de la clarinette, de la harpe celtique (plus petite que la harpe classique et aux cordes moins tendues), du violon, de la vielle à roue, de l'accordéon, ou encore de l'orgue et de la basse électriques. Avant que les groupes ne se constituent dans les années 1960, c'étaient les couples de sonneurs (bombarde et *biniou-kozh*) qui animaient les réjouissances avec des morceaux de leur région, souvent les mêmes, répétés plusieurs fois dans la soirée. Les chanteurs aussi se produisaient, et se produisent toujours en couple, pour chanter le *kan ha diskan*, littéralement le "chant et déchant". C'est un chant à répondre : l'un commence une phrase et l'autre la finit tout en commençant la suivante. Les sonneurs font de même avec leurs phrases musicales. Dans les festivals de danse traditionnelle, comme les fêtes de Cornouailles à Quimper ou le festival de la Saint-Loup à Guingamp, différents cercles celtiques valorisent ou réinventent les danses et les costumes traditionnels.

Les *bagadoù*

Il y a au moins dix-sept musiciens dans un *bagad*. Petit frère du *pipe band* écossais, c'est une formation musicale à trois pupitres où la cornemuse écossaise, ou *biniou-braz*, tient la vedette avec les bombardes et les percussions. Le plus célèbre des *bagadoù* est militaire, c'est celui de Lann Bihoué, qui fêtera ses soixante ans en 2012, mais la plupart sont civils. Il en existe environ une centaine, tels le Bagad Kemper (de Quimper), la Kevrenn de Brest Sant-Mark, le Bagad Roñsed-Mor de Lokoal-Mendon. Plus de six mille pratiquants sont ainsi présents dans les *bagadoù* ou les *bagadigoù* (pour les enfants). Le premier *bagad* fut créé par les cheminots de Carhaix en 1949. On peut les écouter jouer dans des rencontres (nombreuses en été) où ils s'affrontent à coups de notes, rivalisant avec les Écossais, pour la première place du concours. Le festival Interceltique de Lorient donne lieu au concours le plus important et se termine par la parade des nations celtes et un impressionnant défilé de sonneurs.

Littérature

De la tradition orale à la littérature universelle

Les légendes celtiques de la matière de Bretagne nous sont parvenues grâce à leur transcription, notamment par Geoffroy de Monmouth et Chrétien de Troyes. Au XIXe siècle, de grands noms des lettres françaises, comme Balzac, Flaubert ou George Sand, puisent à leur tour à la source celtique ; Chateaubriand surtout, lui-même breton, magnifie la veine du héros celte dans *René*, jusqu'à faire du personnage éponyme la figure romantique par excellence. La vie quotidienne en Bretagne, dont l'exotisme se mêle d'archaïsme, inspire aussi des sujets de roman aux écrivains français. Balzac exploite l'image du Breton dans *Les Chouans* (1829), d'abord intitulé *Le Dernier Chouan ou la Bretagne* en 1800, et situe son roman *Béatrix* à Guérande ; Pierre Loti (1850-1923) évoquera la Bretagne dans *Mon frère Yves* (1883) et *Pêcheur d'Islande* (1886), qui retrace l'aventure de la pêche à la morue. Parallèlement, le patrimoine populaire breton acquiert une nouvelle renommée grâce aux travaux d'auteurs-collecteurs des légendes et des chants de Bretagne, à l'image de Théodore Hersart de La Villemarqué (1815-1895), à qui l'on doit le célèbre *Barzaz Breiz* (1839), de François-Marie Luzel (1821-1895) et de ses *Gwerzioù Breiz-Izel* ("Complaintes de Basse-Bretagne", 1867), ou d'Anatole Le Braz (1859-1926), auteur de *La Légende de la mort chez les Bretons armoricains*. Ce travail de collectage se poursuit aujourd'hui grâce à des initiatives individuelles ou collectives ; l'association Dastum ("recueillir" en breton), créée en 1972, a réuni plus de 30 000 chants populaires et contribue à faire revivre les richesses de la tradition orale en Bretagne. Les personnages fantastiques tels que korrigans, fées ou elfes sont également exploités par de nombreux éditeurs et trouvent leur place dans de très beaux albums illustrés.

LA MATIÈRE DE BRETAGNE

La Bretagne, pays de légendes, jouit d'un patrimoine très riche en littérature que l'on a pu qualifier d'"orale". Les chevaliers de la Table ronde, Arthur, Merlin, Tristan et Iseult... Autant de noms mythiques qui ont nourri toute la littérature européenne du Moyen Âge, et dont les origines se trouvent dans une tradition orale commune à l'Armorique, à la Cornouaille, à l'Irlande et au pays de Galles, connue sous le nom de matière de Bretagne.

Littérature bretonne

La Bretagne a vu naître peu de mouvements littéraires – la création d'un Parnasse breton à la fin du XIXe siècle, réunissant une centaine d'auteurs autour de Louis Tiercelin et de la revue *L'Hermine*, n'a pas laissé de grands noms. Parallèlement, ce n'est qu'avec la création de la revue *Gwalarn* en 1925 qu'émerge véritablement une littérature en breton. Mais de nombreux écrivains, locaux ou non, ont parcouru la région, se sont nourris de son identité et de son imaginaire. La littérature bretonne comprend tout d'abord les écrivains de langue bretonne, dont Roparz Hemon (1900-1978) et Pierre Jakez Hélias (1914-1995) sont sans doute les représentants les plus connus et les plus prolifiques. Le premier, directeur et principal rédacteur de la revue *Gwalarn*, a réuni et fait connaître grâce à celle-ci de nombreux auteurs de langue bretonne, parmi lesquels Jakez Riou (1899-1937). Le second est l'auteur du *Cheval d'orgueil*, paru en français en 1975 avant sa traduction en breton, par Hélias lui-même, onze ans plus tard. Citons encore Yann-Ber Calloc'h et son recueil *Ar en deulin* ("À genoux") publié en 1935. Il existe avant eux une longue tradition de littérature bretonne, mais qui se compose essentiellement, jusqu'au XIXe siècle, de mystères, de vies de saints ou de grammaires, dont nous avons peu de traces. Le *Catholicon*, dictionnaire trilingue breton-latin-français daté de 1499, est l'ouvrage ancien le plus important dont nous disposions. Une littérature bretonne de langue française, au sein de laquelle la question de l'identité trouve une place de choix, se distingue également. Auguste Brizeux (1806-1858) en témoigne avec son roman en vers *Marie* (1831) et l'épopée *Les Bretons* (1845) ; Tristan Corbière (1845-1875) signe en 1873 *Les Amours jaunes*, recueil qui marque l'émergence d'une modernité poétique bretonne ; René-Guy Cadou (1920-1951), instituteur à Louisfert, chante les charmes de sa région. D'autres écrivains ont vu le jour sur le sol armoricain sans que leur œuvre s'inscrive dans une thématique bretonne ; celle-ci peut cependant parfois s'y lire en filigrane. Il en va ainsi des Nantais Jacques Prévert et Jules Verne, du Brestois Victor Segalen, du philosophe trégorois Ernest Renan ou du Briochin Louis Guilloux, auteur du roman majeur de la littérature française qu'est *Le Sang noir* (1935), mais également de *Ma Bretagne* (1973) et du *Pain des rêves* (1942), dans lesquels il montre son attachement à sa terre natale. Citons Henri Queffélec (1910-1992), écrivain brestois dont les romans maritimes (*Tempête sur Douarnenez*, *Un royaume sous la mer...*) sont nourris d'une quête de l'identité bretonne où le catholicisme tient un rôle de choix. Et saluons l'œuvre d'un poète important du XXe siècle, Eugène Guillevic (1907-1997), "poète breton d'expression française" tel qu'il se définissait lui-même, originaire de Carnac et consacré en 1942 par le recueil *Terraqué*.

AVÈNEMENT DE L'OBJET

"Assiettes en faïence usées
Dont s'en va le blanc,
Vous êtes venues neuves
Chez nous.
Nous avons beaucoup appris
Pendant ce temps."
Guillevic
"Choses", *in Terraqué*

Cinéma

Les légendes celtiques ne séduisent pas que les écrivains : nombre d'entre elles ont été portées à l'écran. Les chevaliers de la Table ronde ont ainsi inspiré

Robert Bresson (*Lancelot du Lac*, 1974), Éric Rohmer (*Perceval le Gallois*, 1978), ou encore les Monty Python avec *Sacré Graal* (1974)… sans qu'aucune scène ne soit tournée à Brocéliande ni même ailleurs en Armorique. Si, dès ses débuts, le septième art s'intéresse à la région, qui sert de cadre à de nombreux films muets, les paysages bretons servent le plus souvent une autre cause que la Bretagne elle-même. Des réalisateurs comme Claude Chabrol (*Au cœur du mensonge*, *La Cérémonie*…), Régis Wargnier (*Je suis le seigneur du château*) ou Roman Polanski (*Tess*) ont tourné quelques-uns de leurs films dans la péninsule, sans que le sujet en soit pour le moins breton. Quelques épisodes historiques ont trouvé un décor idéal dans leur cadre d'origine (ou presque) : Philippe de Broca tourne *Les Chouans* à Locronan dans les années 1980 ; Bertrand Tavernier met en scène l'intrigue bretonne du complot de Pontcallec dans *Que la fête commence* (1975). D'autres films cependant font la part belle à la région. Jacques Demy, natif de Pontchâteau, a rendu un bel hommage à Nantes dans des films tels que *Lola* (1961) ou *Une chambre en ville* (1982), Nantes que l'on retrouve aussi dans le film que sa femme Agnès Varda consacrera à son enfance (*Jacquot de Nantes*, 1990). Jean-Loup Hubert nous dévoile les environs de la cité ducale dans *Le Grand Chemin* (1987) et *La Reine Blanche* (1991). Une statue de Jacques Tati à Saint-Marc-sur-Mer rappelle que celui-ci y a tourné *Les Vacances de monsieur Hulot* (1953). Plus récemment, Diane Kurys sillonnait La Baule et ses environs pour son film *La Baule-les-Pins* (1990), Manuel Poirier, avant son *Chemin de traverses* (2004), nous offrait avec *Western* (1996) un *road-movie* sur fond du Guilvinec, Pascal Thomas évoquait dans *Mercredi folle journée* (2001) les charmes de la vie nantaise, Jean-Pierre Jeunet utilisait les côtes bretonnes comme décor d'*Un long dimanche de fiançailles* (2004), et la télévision s'intéressait au destin de quatre familles de Ty Kern, en fait Belle-Île-en-Mer, dans le feuilleton à succès *Dolmen* (2005). Les films véritablement bretons – réalisés par des Bretons, en Bretagne et en breton – demeurent rares. Le plus bel exemple demeure *Le Mystère de Folgoët* (1952) des frères Caouissin, les premiers à mettre leur région en scène, dans un film bretonnant épisodiquement commenté en français. La cinémathèque de Bretagne, créée en 1985 à Ploërmel et aujourd'hui sise à Brest, possède un fonds important de films liés à la région par leur réalisateur ou par leur thème ; le plus ancien remonte à l'année 1905.

Gastronomie

Galettes et crêpes

Le blé noir, ou sarrasin, est une céréale ainsi nommée à cause de sa couleur sombre rappelant le teint mat des Arabes baptisés Sarrasins au Moyen Âge. Originaire d'Asie centrale, elle est arrivée en France durant les croisades. Mélangée avec du lait de baratte, elle donnera la galette de blé noir. On la cuit sur le *bilig*, ou galétière, et on l'accommode avec des produits salés (jambon, œuf, fromage, andouille, saucisse…). La crêpe de froment, elle, délicieuse avec une noisette de beurre salé, se déguste sucrée (sucre, citron, confiture, miel ou encore caramel au beurre salé). À noter : en Bretagne Sud, la “crêpe” désigne exclusivement la recette au froment, par opposition à la “galette”, plus épaisse et à base de blé noir ; à mesure que l'on rallie la Bretagne Nord, et notamment le Finistère, les crêpes comme les galettes s'affinent, et l'on ne parlera bien souvent plus que de "crêpes", qu'il s'agisse de froment ou de blé noir. Dans les crêperies, les repas commencent inévitablement par les crêpes salées et se terminent avec les crêpes sucrées ; la boisson d'accompagnement étant le cidre (à consommer brut de préférence).

Les recettes de la mer

FRUITS DE MER Huître sauvage de l'île d'Arz ou huître de Cancale achetée à l'étal, on la dégustera avec bonheur en toute saison, avec du citron, du vinaigre à l'échalote ou encore au naturel. Suivant la zone d'affinage, la saison et la pluviosité, l'huître sera plus ou moins salée, iodée, parfumée ou laiteuse, ce trait étant caractéristique de la période de reproduction, en été. Concarneau et les rias de Cornouaille ainsi que la baie du Mont-Saint-Michel figurent parmi les grands centres d'élevage et d'affinage de l'huître plate, ou belon, au fameux goût de noisette. Dans la baie du Mont-Saint-Michel, vous pourrez goûter les moules du Vivier, servies le plus souvent marinières ou à la crème ; ne vous en privez pas non plus si vous séjournez dans la baie de Saint-Brieuc. Le golfe du Morbihan, la rade de Brest, la baie de Morlaix sont aussi de grands bassins de culture pour les huîtres, les moules et les palourdes. Les coquilles Saint-Jacques se mangent crues et marinées au vinaigre de cidre, ou cuites. Les langoustines, achetées très fraîches, voire vivantes, sont un des mets bretons les plus délicieux (l'espèce, très présente au large du pays bigouden, est notamment débarquée au port du Guilvinec). Il existe des produits plus rares et plus étonnants, comme les pouces-pieds de Belle-Île-en-Mer. La bête, un crustacé à pédoncule comestible que les pêcheurs locaux ramassent sur les falaises de l'île dans des endroits tenus secrets, est indescriptible ; on n'en consomme heureusement que la chair, qui est délicieuse.

POISSON Daurades au four, bar au sel, filets de lieu jaune grillés, raie au beurre noisette figurent parmi les recettes de poisson les plus classiques. La friture de lançons, ces petits poissons fins que les pêcheurs ramassent d'un coup de chalut pour appâter leurs palangrottes (lignes de fond desquelles pendent plusieurs hameçons), est aussi un mets courant. La fameuse lotte à l'armoricaine, les maquereaux marinés au muscadet, les sardines crues confites au citron et la soupe de poisson morbihannaise complètent le menu. Mais il serait inconvenant de clore ce paragraphe sur la gastronomie de la mer sans citer le célèbre homard à l'armoricaine. Le homard breton, certes plus cher (de 20 à 40%) que celui que l'on importe du Canada, est réputé pour la qualité de sa chair et la finesse de son goût. Enfin, deux conseils pratiques : n'hésitez pas à acheter votre poisson à l'étal des marins pêcheurs qui vendent leur pêche du jour en direct, la quantité et le choix sont fonction des prises, mais la fraîcheur est garantie ! Enfin, préférez par exemple le bar "de ligne" : cette technique de pêche permet une prise rapide qui conserve à la chair des qualités gustatives et une tenue remarquables.

Les plats d'Argoat

Si le porc est sans conteste la vedette locale de ces plats solides et paysans, il est cependant mélangé à d'autres viandes dans un certain nombre de recettes. Le *kig ha farz* est une sorte de pot-au-feu à base de plusieurs viandes (plat de côtes et gîte-gîte, poitrine fraîche et jarret de porc, os à moelle de veau) et de légumes (carottes, céleri, navets, poireaux, oignons). Il se sert accompagné d'une pâte au sarrasin mijotée dans la cocotte. La fricassée de marcassin à la mode de Paimpont nécessite, avant la cuisson, une marinade à base de vin, de *lambig*, de vinaigre et d'huile pendant 24h. Le canard nantais aux petits pois, le boudin noir aux pommes de Rosporden, la potée quimpéroise, qui mélange le chou, la palette de porc et le plat de côtes, sont également très prisés. Le poulet au kari lorientais rappelle quant à lui les voyages exotiques que faisaient pour la Compagnie des Indes les marins de Lorient. En effet, le kari est un ragoût parfumé par la racine de curcuma réduite en poudre qui se cuisine dans tous les pays de l'océan Indien.

Les desserts

Les gâteaux bretons, le far au beurre demi-sel ou le quatre-quarts, sont de grands classiques. Le *kouign amann*, ou gâteau de beurre, légèrement réchauffé au four, même si son sucre caramélisé est parfois redoutable pour les plombages, reste une vraie gourmandise si l'on fait fi des considérations diététiques. Les fraises de Plougastel, au sucre, à la crème ou nature, feront également un dessert de choix.

Les boissons

Quitter la table sans évoquer les cidres et les charmants muscadets des bords de Loire, dont se régalait Surcouf le corsaire, serait une assoiffante erreur. Quelques bonnes bières comme la Coreff, la Telenn Du ou la Britt ont remplacé la cervoise (orge et blé, mais pas de houblon) de nos ancêtres les Gaulois. Ces derniers nous ont tout de même laissé l'hydromel ou *chouchenn* (boisson fermentée, faite d'eau et de miel), surnommé la boisson des druides. Voilà un siècle qu'à Lannion la distillerie Warenghem élabore son "WB", autrement dit le whisky breton. Tous ces breuvages sont évidemment à consommer avec modération, ce qui n'est pas le cas de l'eau de Plancoët de la source Sassay ni du lait ribot. Ce lait fermenté (dont le goût est plus proche du yoghourt que du lait) se déguste notamment avec les galettes. À citer encore, le Breizh Cola, soda qui vous désaltérera en été. Est-il besoin de préciser que toute ressemblance de ce "cola du Phare Ouest" vendu sous étiquette ornée de jolies lettres cursives blanches sur fond rouge avec des marques existant ou ayant existé, ne serait que pure coïncidence ?!

GEOPRATIQUE

Pélerinage de la Grande Troménie, Locronan (p.502).

INFORMATIONS UTILES DE A À Z

ALLER EN BRETAGNE EN AVION

Toutes les grandes compagnies aériennes françaises desservent régulièrement la Bretagne. De Belgique, de Suisse et du Canada, quelques liaisons directes existent, mais il faut le plus souvent transiter par Paris.

de France

Air France Assure des liaisons vers les aéroports bretons. Les vols, directs ou avec escale, se font sous son enseigne ou celle de ses filiales Brit'Air ou Regional Airlines. De Paris, une vingtaine de départs quotidiens sont prévus vers Rennes, Brest, Nantes et Lorient. Quimper est moins bien desservie, avec quatre ou cinq vols par jour (1h de vol environ). Autres départs depuis les grandes villes de province. Billets AR Paris-Brest entre 84 et 129€, Paris-Lorient entre 93 et 134€, Paris-Rennes entre 77 et 518€. Renseignez-vous sur les tarifs appliqués par Air France ; "Évasion" : plus vous achetez tôt, moins c'est cher ; "Évasion week-end" : départs et retours du samedi au dimanche (réservation possible jusqu'à la veille du départ) ; "Flying Blue Jeune" (moins de 25 ans) : carte de fidélité gratuite et nominative qui permet de bénéficier de billets gratuits ; "Coup de cœur" : tous les mercredis à partir de 0h, une sélection de destinations pour les départs de dernière minute. *49, av. de l'Opéra 75002 Paris Tél. info. 3654 (0,34cts/min, 7/7jrs, 6h30-22h) www.airfrance.fr*

JetairFly Également une liaison Brest-Toulon le mardi, le vendredi et le dimanche avec la compagnie belge JetairFly. *Tél. 0825 019 193 www.jetairfly.com*

Easyjet Existe une liaison Paris-Brest de septembre à janvier. AR autour de 66€. **Rens.** *www.easyjet.com France Tél. info. 0899 65 00 11*

de Belgique

Aucune liaison directe entre la Belgique et la Bretagne. Air France assure des liaisons avec escale pour Nantes (2h30) entre 102 et 223€ AR. Se renseigner également auprès de la compagnie belge Brussel Airlines.

Air France *Gare de Bruxelles-Midi Rue de France 1060 Bruxelles Tél. 070 22 24 66 www.airfrance.be*

Brussel Airlines *Aéroport Bruxelles National The Corporate Village Da Vinci Laan 9 B-1935 Zaventem Tél. info. 0902 51 600 www.brusselsairlines.com*

de Suisse

Pas de liaison directe entre la Suisse et la Bretagne.

Air France *Rue du Mont-Blanc, 2 1201 Genève 15 Tél. 0041 (0) 22 827 87 87 www.airfrance.ch*

Swiss International Air Lines *Aéroport 1215 Genève 15 Tél. info. 0820 040 506 www.swiss.com*

du Canada

Air Transat De mai à octobre, deux vols directs hebdomadaires – le lundi et le mercredi – entre Montréal et Nantes. La durée du trajet est de quelque 7h. Aller simple à partir de 750CAD (500€). *Tél. 1 866 847 1112 www.airtransat.com*

Air France Pas de vol direct, mais une liaison avec escale à Paris à partir de 499CAD. *Agence Montréal 2000, rue Mansfield, 10e étage, Montréal 151, Aéroport International, Term. 3, Toronto Tél. 1 800 667 2747 www.airfrance.ca*

Air Canada Aucune liaison directe assurée entre le Canada et la Bre-

PRATIQUE

tagne. Se renseigner pour un vol pour Paris et une correspondance. *Tél. info. 1888 247 2262 www.aircanada.com*

ALLER EN BRETAGNE EN TRAIN

de France

Au départ de Paris (gare Montparnasse), une vingtaine de TGV relient chaque jour Rennes (env. 2h, à partir de 22€ l'aller simple) et Nantes (env. 2h, à partir de 22€). De Rennes, plusieurs TGV continuent vers Brest, un peu moins vers Quimper (2h-2h30, à partir de 32€). Nombreuses correspondances aussi vers Saint-Malo. De Nantes, vous pouvez rallier les plages de l'Atlantique (Pornichet, La Baule, Le Pouliguen, Le Croisic). Il existe également, en direction de Nantes et de Rennes, des liaisons au départ de Marseille (environ 6h), Lyon (4h), Strasbourg (5h) ou Lille (4h). **SNCF** *Tél. info. 3635 (0,34€/min) www.voyages-sncf.com www.tgv.com*

de Belgique

Thalys/SNCF Avec une correspondance à Lille ou à Paris, un TGV relie Bruxelles-Midi à la Bretagne, via Roissy-CDG et Le Mans. Plusieurs départs quotidiens pour Nantes (5-7h) et Rennes (5-6h). Billet AS Bruxelles-Nantes ou Rennes à partir de 100€. *Tél. 02 548 06 00 www.thalys.com* ***Boutique Rail Europe*** *Galerie de la Porte Louise, 255 Bruxelles 1050 Tél. info. 02 545 77 30 www.voyages-sncf.com*

de Suisse

Lyria/SNCF Des TGV Lyria s'arrêtent quotidiennement à Paris-Gare de Lyon en provenance de Genève, Zurich, Berne, Lausanne et Neuchâtel (de 6h à 7h, et de 120 à 180CHF un AS en 2e classe). Genève est également reliée à la Bretagne via Lyon (environ 140FS). *Tél. www.tgv-lyria.com* ***Boutique Rail Europe Suisse*** *Rue de Lausanne, 11 1211 Genève Tél. info. 0900 900 902 www.voyages-sncf.com*

réductions SNCF

Avec le tarif "Loisir", les voyageurs occasionnels qui réserveront le plus tôt possible leur billet bénéficieront de prix avantageux. Un tarif "Loisir week-end" (AR avec nuit du samedi sur place, ou AR dans la journée du samedi ou du dimanche) accorde également une remise, qui varie selon les disponibilités et la date de réservation. Les tarifs "Prem's" permettent d'obtenir des prix très attractifs (à partir de 17€ pour les trains Téoz, 22€ pour les TGV), à condition de les réserver longtemps à l'avance (jusqu'à trois mois). Pour les voyageurs réguliers, des cartes annuelles donnent droit à des réductions diverses : carte Enfant + (70€, de 25 à 50% pour les enfants de moins de 12 ans, et 4 accompagnateurs au plus), 12-25 (49€, de 25 à 60% pour les 12-25 ans), Senior (56€, de 25 à 50% pour les plus de 60 ans) et Escapades (85€, de 25 à 40% pour tout AR de plus de 200km avec nuit du samedi sur place, ou AR dans la journée du samedi ou du dimanche). La SNCF propose également des avantages pour les professionnels, les grands voyageurs, les familles nombreuses, les groupes, etc. **SNCF** *Tél. info. 3635 www.voyages-sncf.com*

pass interRail

Les compagnies de chemin de fer de trente pays d'Europe se sont unies pour proposer deux pass, permettant de voyager en 1re ou en 2e classe. *www.interrailnet.com*

Global Pass Il est valable dans l'ensemble des pays, pour une durée de 5 jours à un mois, sans limite de trajets. Pour un pass de 5 jours (utilisable sur une période de 10 jours) en 2e classe, comptez 249€ en plein tarif, 159€ pour les moins de 26 ans. Pour 1 mois, comptez 599€ en plein tarif, 399€ pour les moins de 26 ans.

One Country Pass On l'utilise pour une seule destination européenne parmi un choix de 27 possibles (à noter que les Pays-Bas, la Belgique et le Luxembourg sont réunis dans un seul pass), pour une durée de 3, 4, 6 ou 8 jours, consécutifs ou non, sur une période d'un mois. En France, le prix du pass en 2e classe pour un adulte va de 194€ (3 jours d'utilisation) à 299€ (8 jours d'utilisation). Tarifs spéciaux pour les jeunes et les enfants.

ALLER EN BRETAGNE EN CAR

La compagnie de cars Eurolines relie les principales villes de France à 1 500 villes d'Europe et d'Afrique du Nord. Plusieurs villes bretonnes sont desservies de façon régulière : Rennes, Nantes, Vannes, Auray et Lorient. Vous pouvez acheter un pass à prix fixe, valable 15 ou 30 jours dans les 48 villes européennes desservies par le réseau Eurolines. Prix du pass adultes/moins de 26 ans (haute saison) 345€/290€ (15 j.), 455€/375€ (30 j.). **Eurolines** *Gare routière de Gallieni 28, av. du Général-de-Gaulle 93541 Bagnolet Cedex Tél. 0892 899 091 (0,34cts/min) www.eurolines.fr*

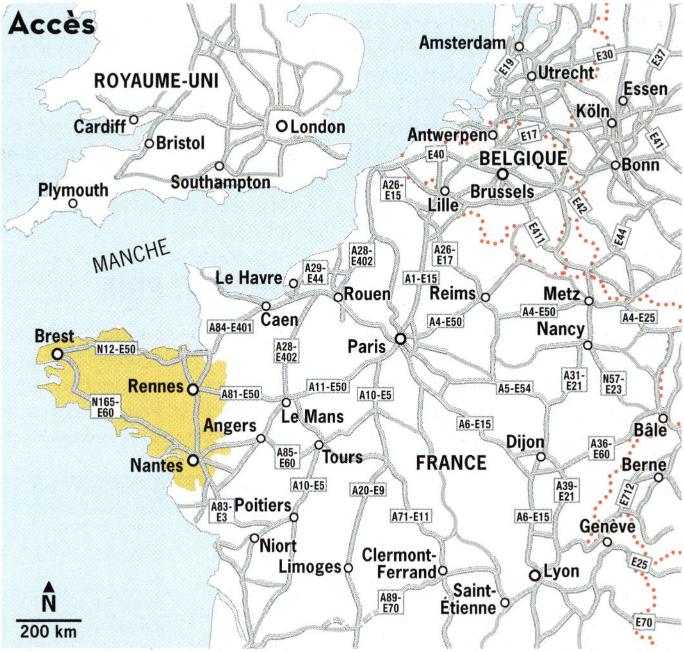

de Belgique

Des cars de la compagnie Eurolines quittent régulièrement la gare de Bruxelles-Coach Station CCN à destination de la Bretagne. Départs réguliers vers Rennes et Nantes via Tours et Angers. Plein tarif AS à partir de 136€, moins de 26 ans 77€. **Eurolines** *Rue du Progrès, 80 Bruxelles Tél. 02 274 13 50 www.eurolines.be*

ALLER EN BRETAGNE EN VOITURE

Pour circuler dans l'Union européenne, munissez-vous des papiers requis : papiers du véhicule, assurance de responsabilité civile, permis de conduire et carte d'identité nationale ou passeport.

de France

Au départ de Paris, commencez par prendre l'autoroute A10/E05 en suivant la direction Orléans/Nantes/Bordeaux ; après Chartres, continuez sur l'A11/E50 vers Le Mans ; passé cette ville, empruntez l'A81/E50 vers Laval pour atteindre Rennes, en passant le péage de La Gravelle (26,70€). Le trajet fait 350km et dure environ 3h30. Pour Nantes (385km, env. 33,60€ de péage), continuez sur l'A11 qui quitte Le Mans vers Angers.

Distances de Rennes aux villes de province Rennes se trouve à 450km de Bordeaux, 685km de Toulouse, 730km de Lyon et 1 050km de Marseille.

de Belgique

De Bruxelles, rejoignez Valenciennes par l'A7, puis empruntez l'A1 vers Paris avant d'obliquer sur l'A29 en direction d'Amiens et du Havre. Traversez la Seine par le pont de Normandie pour rejoindre l'A13 jusqu'à Caen. De Caen, l'A84 rejoint Rennes. Trajet de 350km pour quelque 30€ de péage.

de Suisse

De Genève, suivez l'autoroute A40 vers Lyon et continuez sur l'A6 jusqu'à Paris, puis rejoignez les itinéraires décrits précédemment.

ASSURANCE

Il est conseillé de souscrire une police d'assurance qui couvre annulation de voyage, perte d'affaires, maladie ou accident. Certaines cartes de paiement (Eurocard Mastercard, Visa, American Express) permettent néanmoins de bénéficier automatiquement de l'assistance médicale rapatriement. Si vous prévoyez de pratiquer des sports à risques, comme la plongée ou la voile, vérifiez bien que les accidents liés à ces activités sont couverts par votre contrat.

BUDGET ET PRIX

En matière d'hébergement, de restauration comme de loisirs, l'éventail de prix est suffisamment large pour convenir à tous les budgets. Pour en faciliter la lecture, les adresses conseillées dans

GAMME DE PRIX	RESTAURATION	HÉBERGEMENT
Très petits prix	moins de 10€	moins de 30€
Petits prix	de 10 à 20€	de 30 à 50€
Prix moyens	de 20 à 30€	de 50 à 80€
Prix élevés	de 30 à 40€	de 80 à 100€
Prix très élevés	plus de 40€	plus de 100€

ce guide sont classées par gamme de prix. En ce qui concerne les dépenses de consommation courante, les prix, dans l'ensemble moyens, peuvent varier d'un lieu à l'autre : un café coûtera plus cher dans un bar branché de La Baule qu'ailleurs – sans pour autant atteindre les prix exorbitants des établissements parisiens par exemple.

les prix du guide

Les prix correspondent à une chambre double en haute saison (petit déjeuner non compris), un repas à la carte (entrée + plat) hors boisson, ou au premier menu. Attention, dans de nombreux restaurants, celui-ci n'est disponible qu'à midi en semaine.

CARTES ROUTIÈRES

Michelin édite une carte générale de la Bretagne au 1/275 000 (n° 512), ainsi que plusieurs cartes départementales : au 1/175 000 (Finistère-Morbihan n° 308 et Loire-Atlantique-Vendée n° 316) et au 1/150 000 (Côtes-d'Armor-Ille-et-Vilaine n° 309). La carte Blay-Foldex n° 102 et la carte IGN R06, toutes deux au 1/250 000, couvrent les cinq départements bretons et comprennent un index des sites et des communes. L'IGN propose également ces cartes à des échelles variables et édite des cartes au 1/25 000, les Top 25, couvrant une ville ou un site particulier (la presqu'île de Quiberon, Nantes et sa région...) ou encore des cartes à thèmes : Culture et environnement, Plein air... Les comités départementaux de tourisme distribuent quant à eux des cartes touristiques gratuites, disponibles sur simple demande.

HANDICAPÉS

Il existe de nombreux sites et structures aménagés pour l'accueil des personnes handicapées. Les délégations départementales de l'association des paralysés de France (APF) les recensent.

FÊTES ET FESTIVALS

festivités profanes

De nombreuses fêtes culturelles, gastronomiques ou maritimes animent la Bretagne tout au long de l'année ; leur concentration atteint son paroxysme en été, avec une prédilection pour les festivals de musique. La sélection qui suit concerne les départements de Loire-Atlantique, du Morbihan et du Finistère.

Fin janvier	**Nantes (44)** La Folle Journée (musique classique)
Mars	**Carhaix (29)** Les Vieilles Charrues remettent le son
Printemps	**Pornic (44)** Carnaval
Avril	**Concarneau (29)** Festival livre et mer
Mai	**Un peu partout en Bretagne** Fête de la Saint-Yves
Juin	**Saint-Sébastien (44)** Festival des arts de la rue
	Clisson (44) Hellfest, festival métal, punk et hardcore
Juin-septembre	**Nantes (44)** Estuaire, parcours artistique
Juillet	**Belle-Île-en-Mer (56)** Notes à Belle-Isle
	Concarneau (29) Festival Kann al loar (tradition)
	Carhaix (29) Les Vieilles Charrues (rock)
	Gourin (56) Fête de la crêpe

	Pont-Scorff (56) Festival saumon
	Quimper (29) Festival de Cornouaille (musique et danse traditionnelles)
Juillet-août	**Guérande (56)** Fête de la sardine
	Pornic (44) Les Estivales
Fin juillet-début août	**Baden (56)** Festival du conte de Baden
	Batz-sur-Mer (44) Les Nuits salines
	Crozon (29) Festival du bout du monde
	Hennebont (56) Fêtes médiévales
	Lorient (56) Festival interceltique
	Pornichet (44) Les Renc'arts (arts de la rue)
Août	**Arz (56)** Festiv'Arz (jeux bretons)
	Blain (44) Fête de la saint Laurent
	Douarnenez (29) Festival de Douarnenez (cinéma)
	Concarneau (29) Festival des filets bleus (mer)
	Guérande (44) Les Celtiques (danse et musique)
	Le Croisic (44) Fête de la mer
	Muzillac (56) La Renverse (musique)
	Plozévet (29) Mondial'folk
	Saint-Nazaire (44) Festival Les Escales (musique)
	Vannes (56) Fêtes bretonnes d'Arvor
Fin août	**Corsept (44)** Festival Couvre Feu (musique)
	La Roche-Bernard (56) Les Loustiks de l'Akoustik
	Locmariaquer (56) Fête de l'huître

PRATIQUE

pardons et troménies

Rendez-vous annuels des paroissiens, les pardons sont l'occasion de montrer leur dévotion à leur saint patron… et leurs plus beaux costumes au public ! Ces défilés sont suivis de festivités traditionnelles (cf. Golfe du Morbihan et arrière-pays, GEOPlus Pardons, pèlerinages, troménies).

3e dim. de mai	**Tréguier (22)** Pardon de saint Yves
Dernier dim. de juin	**Le Faouët (56)** Pardon de sainte Barbe
Veille 1er dim. de juillet	**Guingamp (22)** Pardon de Notre-Dame-de-Bon-Secours
2e dim. de juillet	**Locronan (29)** Petite Troménie
7 au 15 juillet	**Locronan (29)** Grande Troménie, tous les six ans (la prochaine en 2013)
26 juillet	**Sainte-Anne-d'Auray (56)** Pardon de sainte Anne
4e dim. de juillet	**Le Vieux-Marché (22)** Pèlerinage islamo-chrétien
15 août	**Perros-Guirec (22)** Pardon de Notre-Dame-de-la-Clarté
	Penmarc'h (29) Pardon de Notre-Dame-de-la-Joie
	Bécherel (35) Troménie de Haute-Bretagne
	Porcaro (56) Pardon de la Madone des motards
3e dim. d'août	**Rochefort-en-Terre (56)** Pardon de Notre-Dame-de-la-Tronchaye
Dernier dim. d'août	**Plonévez-Porzay (29)** Pardon de Sainte-Anne-la-Palud
1er dim. de sept.	**Le Folgoët (29)** Pardon de Notre-Dame-du-Folgoët

8 septembre	**Josselin (56)** Pardon de Notre-Dame-du-Roncier
	Querrien (22) Pardon de Notre-Dame-de-Toute-Aide
1er week-end d'oct.	**Fougères (35)** Pardon de Notre-Dame-des-Marais

APF Morbihan *Tél. 02 97 47 14 62*
APF Côtes-d'Armor *Tél. 02 96 33 00 75*
APF Finistère *Tél. 02 98 42 07 70*
APF Ille-et-Vilaine *Tél. 02 99 84 26 66*
APF Loire-Atlantique *Tél. 02 51 80 68 00*

HÉBERGEMENT

L'afflux de touristes a conduit la Bretagne à développer des modes d'hébergement aussi nombreux que variés. Pour bénéficier du choix le plus important, il vaut mieux se renseigner le plus tôt possible. Les prix sont bien sûr plus élevés en juillet et en août, alors que la foule se presse moins en automne et au printemps. Attention, de nombreux établissements ferment leurs portes en hiver.

campings

De l'aire naturelle au 4-étoiles, les campings devraient satisfaire tous les goûts et toutes les bourses. Les équipements proposés vont de la douche à la salle de sport comprenant hammam ou jacuzzi, du terrain de tennis à la piscine et à la discothèque... La plupart d'entre eux ouvrent d'avril à fin septembre. Même si vous n'avez pas prévu de camper, c'est une solution à ne pas négliger en cas de pépin : nombre de campings proposent la location de tentes, de caravanes et de mobil-homes.

auberges de jeunesse

La Bretagne est championne de France en matière d'auberges de jeunesse : elle en concentre une trentaine sur son territoire. Selon les cas, les auberges proposent, en plus de chambres collectives de type dortoir, des chambres doubles ou simples qui en font de véritables petits hôtels. Certaines disposent d'un terrain de camping. Les tarifs varient de 5€ (en camping) à 20€ par personne et par nuit (location des draps comprise). En fonction du site, différentes activités peuvent être proposées (canoë, tir à l'arc, randonnées cyclistes...).

FUAJ (Fédération unie des auberges de jeunesse) Leur standing se mesure à l'aune de leurs sapins (de 1 à 4). La carte FUAJ, carte annuelle valable dans toutes les auberges affiliées du monde, disponible au prix de 11€ pour les moins de 26 ans, 16€ pour les autres, de 23€ pour une famille avec enfant(s) de moins de 16 ans et de 46€ pour un groupe – à partir de 10 personnes –, est obligatoire dans toutes les AJ bretonnes. *27, rue Pajol 75018* ***Paris*** *Tél. 01 44 89 87 27 Fax 01 44 89 87 49 www.fuaj.org* ***Nantes Porte-Neuve*** *Tél. 02 40 20 63 63* ***Nantes La Manu*** *Tél. 02 40 29 29 20* ***Saint-Brévin-les-Pins*** *Tél. 02 40 27 25 27* ***Quimper*** *Tél. 02 98 64 97 97* ***Lorient*** *Tél. 02 97 37 11 65* ***Quiberon*** *Tél. 02 97 50 15 54* ***Île de Groix*** *Tél. 02 97 86 81 38* ***Belle-Île-en-Mer*** *Tél. 02 97 31 81 33* ***Pontivy*** *Tél. 02 97 25 58 27*

LFAJ (Ligue française pour les auberges de la jeunesse) Association fondée en 1930 disposant d'établissements dans plusieurs régions françaises ouverts à des publics de tous âges. Adhésion : 11€ (moins de 26 ans), 16€ (plus de 26 ans), 23€ (familles), 46€ (groupes). *67, rue Vergniaud Bât. K 75013* ***Paris*** *Tél. 01 44 16 78 78 Fax 01 44 16 78 80 www.auberges-de-jeunesse.com* ***Brest*** *Tél. 02 98 41 90 41* ***Camaret-sur-Mer*** *Tél. 02 98 27 90 49* ***Concarneau*** *Tél. 02 98 97 03 47*

chambres d'hôtes et locations

Plus qu'un critère de charme, l'appellation chambre d'hôtes est avant tout un mode d'hébergement chez l'habitant. La qualité de l'accueil varie donc en fonction du goût et de l'amabilité de ce dernier - de ses moyens également : les chambres d'hôtes occupent des maisons de lotissement comme des châteaux ! Le prix de la nuit comprend en général le petit déjeuner. Certains propriétaires font également table d'hôtes : c'est souvent l'occasion de découvrir la cuisine du terroir. La location, quant à elle, est synonyme d'indépendance. Elle permet de s'approprier pour un temps une simple chaumière ou une magnifique villa, et s'avère idéale pour des vacances en famille. Quelques sigles vous fourniront des repères dans une forêt d'adresses inégales. Le label "Gîte de France" garantit au moins confort et sécurité ; l'attribution d'épis (de 1 à 5 pour les gîtes ruraux, et de 1 à 4 pour les chambres d'hôtes) définit le charme et le niveau du confort. De la même façon, le label "Clévacances" décerne de 1 à 5 clés aux locations qu'il recense, et de 1 à 4 clés aux chambres d'hôtes. Enfin, dans le cas d'une chambre d'hôtes à la ferme, le sigle "Bienvenue à la ferme" témoigne de l'engagement de l'agriculteur à respecter les chartes nationales de qualité d'accueil.

Gîtes de France *56, rue Saint-Lazare 75009 Paris Tél. 01 49 70 75 75 Fax 01 42 81 28 53 Numéro spécial chambres d'hôtes 0891 162 222 www.gites-de-france.fr*

Gîtes de France de Côtes-d'Armor *7, rue Saint-Benoît BP4536 22045 Saint-Brieuc Cedex 02 Tél. 02 96 62 21 73 Fax 02 96 61 20 16*

Gîtes de France du Morbihan *42, av. du Président-Wilson BP 30318 56403 Auray Cedex Tél. 02 97 56 48 12 Fax 02 97 50 70 07*

Gîtes de France du Finistère *5, allée Sully 29322 Quimper Cedex Tél. 02 98 64 20 20 Fax 02 98 64 20 29*

Gîtes de France d'Ille-et-Vilaine *101 A, avenue Henri-Fréville BP 70336 35203 Rennes Cedex 2 Tél. 02 99 22 68 75 Fax 02 99 22 68 69*

Gîtes de France de Loire-Atlantique *3-5, rue Félibien BP 93218 44032 Nantes Cedex 1 Tél. 02 51 72 95 65 Fax 02 40 35 17 05*

Fédération nationale des locations de France Clévacances *54, bd de l'Embouchure BP 52166 31022 Toulouse Cedex 2 Tél. 05 61 13 55 66 Fax 05 61 13 55 94 www.clevacances.com*

hôtels

Les hôtels sont classés de 0 à 4 étoiles selon leur emplacement et leur confort. Ces deux facteurs déterminent également le prix de la chambre, qui, même pour les meilleures adresses, dépasse rarement 100€ par nuit. Les plus nombreux sont les hôtels standard 2 étoiles, à caractère familial. Quel que soit leur standing, les hôtels bretons sont le plus souvent dotés d'un restaurant. Dans les stations balnéaires, la demi-pension peut être obligatoire en juillet et août. Hors des grandes villes, beaucoup d'établissements sont fermés hors saison.

INFORMATIONS TOURISTIQUES

à Paris

La Maison de la Bretagne Elle propose documentation gratuite, livres et conseils, et organise également des "Formules Bretagne", séjours à la carte autour d'un thème particulier : thalassothérapie, randonnée, ou tout

simplement vacances... *8, rue de l'Arrivée 75015 Paris Tél. 01 53 63 11 50*
La mission bretonne de Paris (Ti Ar Vretoned) Pour vivre ou découvrir la Bretagne à Paris : *festoù-noz*, stages de danses ou de musique... *22, rue Delambre 75014 Paris Tél. 01 43 21 99 86 www.mbtav.trad.org*

en Bretagne

Comité régional de tourisme de Bretagne (CRTB) *1, rue Raoul-Ponchon 35069 Rennes Cedex Tél. 02 99 28 44 30 Fax 02 99 28 44 40 www.tourismebretagne.com*
Comité départemental de tourisme d'Ille-et-Vilaine *5, rue du Pré-Botté BP 60149 35101 Rennes Cedex 3 Tél. 02 99 78 47 43 ou 02 99 78 50 30 Fax 02 99 78 33 24 www.bretagne35.com*
Comité départemental de tourisme des Côtes-d'Armor *7, rue Saint-Benoît BP 4620 22046 Saint-Brieuc Cedex 2 Tél. 02 96 62 72 01 Fax 02 96 33 59 10 www.cotesdarmor.com*
Comité départemental de tourisme du Finistère *4, rue du 19 Mars 1962 29018 Quimper Cedex Tél. 02 98 76 24 77 Fax 02 98 52 19 19 www.finisteretourisme.com*
Comité départemental de tourisme du Morbihan *Allée Nicolas-Le-Blanc 56010 Vannes Tél. 0825 135 656 Fax 02 97 42 71 02 www.morbihan.com*
Comité départemental de tourisme de Loire-Atlantique *11, rue du Château de l'Éraudière CS 40698 44306 Nantes Cedex 3 Tél. 02 51 72 95 40 Fax 02 40 20 44 54 www.ohlaloireatlantique.com*
Institut culturel de Bretagne *Château de l'Hermine 6, rue Porte-Poterne 56000 Vannes Tél. 02 97 68 31 10 Fax 02 97 68 31 18 www.institutcultureldebretagne.com*
Offices de tourisme La Bretagne compte une multitude d'offices de tourisme et de pays d'accueil touristiques ouverts toute l'année, auxquels s'ajoute un certain nombre de structures ne fonctionnant qu'en saison. Les comités départementaux de tourisme pourront vous orienter vers l'un ou l'autre de ces organismes, indiqués dans ce guide au fur et à mesure de la présentation des villes. Leurs services comprennent toujours conseils et documentation, et souvent réservation, organisation d'excursions, expositions, etc.

INTERNET

www.bretagne.fr Le site officiel de la région, très agréable à visiter, traite de sujets aussi divers que le conseil régional, l'environnement, la culture, la place de la Bretagne en Europe, etc.
www.tourismebretagne.com Ce site s'organise selon deux axes : découvrir la Bretagne et préparer son séjour. Très fourni, il dispense nombre d'informations sur les offices de tourisme : coordonnées, horaires d'ouverture, services...
www.loire-atlantique.fr Le site du conseil général de Loire-Atlantique, destiné aux résidants et aux touristes, fourmille d'informations pratiques sur le département.
www.bretagne.com Un site où l'actualité côtoie de nombreux dossiers traitant de l'économie, du tourisme, de l'identité de la région de façon très abordable ; des services – petites annonces, liens – sont également proposés.
www.antourtan.com "Le serveur de la diaspora bretonne", idéal pour entrer en contact avec d'autres internautes celtophiles : forums et annonces abondent ; on y trouve aussi quelques dossiers (recettes, émissions de radio en breton).
www.breizhoo.fr Le moteur de recherche de la Bretagne sur le web.

Pêcheurs à pied, Le Croisic (p.161).

Musée-galerie, île de Groix (p.364).

JEUNES

Les offres réservées aux jeunes (jusqu'à 25 ans) sont assez nombreuses. Les centres d'information jeunesse les recensent en partie. Ils guideront les bonnes volontés désireuses de participer à la restauration d'un bâtiment ou au nettoyage d'une rivière : des "chantiers de jeunes" emploient chaque année de nombreux bénévoles désireux de lier l'utile à l'agréable. La brochure du CRTB intitulée *Les villages-vacances et les centres d'accueil de jeunes en Bretagne*, destinée aux 18-25 ans, aborde les activités culturelles et sportives, les modes d'hébergement destinés aux jeunes ou pour lesquels ils bénéficient de réductions. À savoir : 5 centres de séjours "Éthic Étapes" de l'UCRIF (Union des centres de rencontres internationales de France), à Concarneau, Brest, Quiberon, Morlaix et Saint-Malo, proposent, outre un hébergement à prix modéré, des activités sportives ou culturelles aux jeunes de France et d'ailleurs (à partir de 15€ la nuit, petit déjeuner compris).

CRIJ (Centre régional information jeunesse) de Bretagne *4 bis, cours des Alliés 35000 Rennes Tél. 02 99 31 47 48 et 02 99 31 57 67 Fax 02 99 30 39 51 www.crij-bretagne.com*

CRIJ des Pays de la Loire *Tour Bretagne Pl. de Bretagne 44047 Nantes Cedex 1 Tél. 02 51 72 94 50 Fax 02 51 82 03 79 www.infos-jeunes.fr*

UCRIF (Union des centres de rencontres internationales de France) *27, rue de Turbigo 75002 Paris Tél. 01 40 26 57 64 Fax 01 40 26 58 20 www.ethic-etapes.fr*

LANGUES

Le meilleur moyen de délier des langues trop habituées à parler français est sans doute de pratiquer soi-même quelques rudiments de breton ou de gallo (cf. GEOPanorama, Langues bretonnes : breton et gallo). C'est de plus un atout pour la compréhension du patrimoine et de la culture du pays. Un lexique à la fin de l'ouvrage vous donnera le sens des mots bretons usuels ainsi que les origines des noms de lieux. Si vous souhaitez aller plus loin, les offices de la langue bretonne (cinq centres : Cavan, Carhaix, Ploemeur, Rennes et Nantes) et l'association Bertaèyn Galeizz vous délivreront des informations sur tout ce qui concerne l'apprentissage du breton et du gallo.

Office de la langue bretonne *10, rue Nantaise 35000 Rennes Tél. 02 23 44 04 30 Fax 02 23 44 04 39 www.ofis-bzh.org*

Bertaèyn Galeizz *Ferme des Gallets 26, av. Pierre-Donzelot 35000 Rennes Tél. 02 99 38 97 65 www.bertaeyn-galeizz.com*

MÉDIAS

presse

La presse régionale est largement dominée par le quotidien *Ouest-France*, qui couvre la Bretagne, les Pays de la Loire et la Normandie. Ses 28 éditions bretonnes en font un incontournable de l'actualité locale – très utile pour se tenir informé de tous les rendez-vous culturels ou sportifs. Il est suivi de près par *Presse-Océan* en Loire-Atlantique, et par *Le Télégramme* dans le reste de la Bretagne (Finistère notamment). La région est aussi très bien pourvue en hebdomadaires : pour les cinq départements, on compte pas moins de 27 journaux de pays (*Le Trégor, Les Nouvelles du pays d'Auray, Le Courrier du pays de Retz, Le Pays malouin*, etc.) lus par un million de personnes ! Côté magazines, de très belles pages sont consacrées à la région dans *Chasse-Marée* (9 numéros par an), dans les bimestriels *Armen* et *Pays de Bretagne*, dans la revue *Kreiz Breizh* ou encore dans *Bretagne Magazine* (trimestriel).

télévision

L'antenne régionale de France 3, France 3 Ouest, couvre les cinq départements bretons et se divise en différentes éditions, pour les actualités notamment. Depuis 2000, une chaîne câblée consacrée à la Bretagne, TV Breizh, diffuse en continu des programmes généralistes avec quelques informations régionales et des émissions doublées en langue bretonne.

radio

Radio France a différentes antennes en Bretagne : France Bleu Loire-Océan en Loire-Atlantique, France Bleu Armorique en Haute-Bretagne et France Bleu Breizh Izel en Basse-Bretagne. S'y ajoutent de nombreuses radios libres et radios de pays (Radio Kreiz Breizh, Radio Kerne et Radio Bro Gwened), à découvrir au hasard du voyage.

PLAGES

Les plages bretonnes s'égrènent le long du littoral sous la forme de vastes étendues de sable ou, plus souvent, de petites criques sauvages. Celles touchées par le naufrage de l'*Erika* en décembre 1999 ont été nettoyées : l'écolabel "pavillon bleu" assure que leur état sanitaire est satisfaisant. La plupart sont équipées de clubs pour enfants et d'écoles de voile. Mais le sport le plus populaire demeure la baignade, qui se pratique dans la Manche comme dans l'Océan, avec une petite différence de température de 2 à 3 °C : on atteint plus souvent les 20 °C au sud qu'au nord ! La plupart des communes ont au moins une zone de baignade surveillée.

QUAND PARTIR ?

Si l'été est souvent considéré comme la meilleure période pour découvrir la Bretagne – douceur des températures, baignades vivifiantes dans des eaux turquoise, couchers de soleil tardifs, activités nautiques à foison –, les autres saisons confèrent à la péninsule des charmes inattendus. En automne, les couleurs se démultiplient, les lumières rasantes et contrastées invitent à la balade, et les grandes marées d'équinoxe font le bonheur des pêcheurs à pied. En hiver, une Bretagne insolite se dévoile, austère et sauvage, mystérieuse aussi, où l'on appréciera le coin du feu après les embruns de la tempête. Après

climat et saisons

Saison touristique	Mai-octobre		
Températures	**Saint-Nazaire**	**Lorient**	**Quimper**
min./max. en février	-6/13,5°C	-5/13°C	-3,5/13°C
min./max. en août	9/25°C	8/24,5°C	8/24°C
Précipitations	**Saint-Nazaire**	**Lorient**	**Quimper**
février	70mm	130mm	180mm
août	37,5mm	37mm	85mm
Température de la mer			
février	9-10°C		
août	15-20°C		
Prévisions Météo France	Tél. 32 50 www.meteofrance.com		

PRATIQUE

ces quelques mois d'isolement, la Bretagne semble reprendre vie au printemps ; les landes déroulent leur tapis d'ajoncs, taches jaunes à l'odeur vanillée auxquelles se mêle, dès le mois de juin, le mauve des bruyères.

météo

Prévisions de Météo France Départementales, marines, locales et à sept jours. *Tél. 3250 www.france.meteofrance.com*

RESTAURATION

Des crêpes à foison, des fruits de mer à profusion ! Les deux grands classiques de la restauration bretonne reposent sur le principe du "simple et frais". Fiez-vous au traditionnel : les meilleures crêpes n'ont pas besoin de se cacher derrière un choix démesuré de garnitures ! Mais la Bretagne possède aussi des restaurants gastronomiques, exotiques ou atypiques, alliant tradition et modernité, produits bretons et saveurs d'ailleurs...
Attention à l'affluence en été : les crêperies ne désemplissent pas et les meilleures adresses sont connues. Pour être sûr de dîner là où on l'a prévu, arriver tôt ou réserver s'impose. L'offre est telle que l'on ne risque pas de rester le ventre vide, à condition cependant de ne pas s'y prendre trop tard : après 22h, le choix se restreint de plus en plus.

SANTÉ ET SÉCURITÉ

Il n'y a pas de danger spécifique à la Bretagne. La présence de la mer impose cependant une certaine vigilance : sur les falaises, suivez les chemins côtiers ; sur les rochers, gardez en tête que la mer remonte. En matière de santé, le risque peut venir des coquillages : assurez-vous localement qu'il n'y a pas de contre-indication à la pêche à pied avant de la pratiquer... et fiez-vous à votre odorat pour le reste (un mauvais coquillage ne sent pas bon).

SHOPPING

Au premier rang des petits bonheurs à rapporter figurent les **spécialités gastronomiques**. Au rayon salé, l'indispensable sel de Guérande, présenté sous différentes formes : sel fin, gros sel ou délicate fleur de sel, achetés directement à un paludier. Une bourriche d'huîtres supporte un voyage en voiture, à condition d'être bien calée au fond du coffre ; cependant, différentes petites conserves – pâté de sardines au whisky, soupes de poisson... – se transporteront plus facilement. Au rayon sucré, n'hésitez pas à dévaliser une biscuiterie artisanale : galettes bretonnes, palets se vendent par paquets de 1kg (ou moins) et se conservent très bien dans des boîtes en fer. Les caramels au beurre salé et les berlingots nantais séduiront les plus gourmands. Les crêpes et galettes peuvent aussi s'acheter "à emporter", mais leur durée de vie n'excède pas quelques jours. Les boissons régionales ne manquent pas, cidre, *chouchenn* et pommeau étant les plus typiques. Acheter le vin nantais, les cidres ou les bières directement auprès des nombreux producteurs locaux vous permettra de les goûter avant. Les **vêtements marins** sont in-dé-mo-dables ! Vareuses, *kabigs*, cirés, marinières se déclinent aujourd'hui dans de nombreuses coupes et couleurs. N'hésitez pas à investir dans les grandes marques (Guy Cotten, Armor Lux, Le Glazik) : les produits coûtent cher, mais durent longtemps ! La **faïence de Quimper** séduit toujours, authentique ou non. Vaisselle, statuettes trônent en bonne place dans les magasins de souvenirs, dont les présentoirs extérieurs regorgent des fameux bols marqués d'un prénom (pas besoin d'être breton pour trouver le sien : Nolwen, Gwendal et Erwan côtoient aujourd'hui Cindy et Jennifer !). De jolis **bijoux en argent** arborent les symboles de la Bretagne (triskell ou hermines se déclinent en boucles d'oreilles, broches, bagues et bracelets), et la **dentelle** est toujours à l'honneur grâce à des napperons, nappes et mouchoirs qui évoquent le temps jadis. Les instruments liés à la mer et à la navigation inspirent également de nombreux objets de **décoration** : tableaux de nœuds marins, mosaïques de coquillages, porte-clés en laiton ou en bout permettront à chacun de trouver son bonheur, quel que soit son budget.

SPORTS ET LOISIRS

Sont présentés ici les principales activités sportives et de loisirs praticables en Bretagne, ainsi que leurs prestataires et/ou représentants les plus importants.

activités nautiques

On trouve des clubs d'activités nautiques tout le long du littoral breton, où les innombrables planches à voile se fondent dans le paysage parmi les Optimists, dériveurs et catamarans. Les embarcations diffèrent selon les niveaux, les âges et les goûts. La pratique de la voile est un des fers de lance de la Bretagne, où de nombreuses régates se déroulent en été. Ce grand classique est concurrencé par de nouveaux sports, dont le nombre croît de jour en jour. Surf, funboard, kitesurf (ou flysurf), char à voile se développent dans tous les clubs et créent toujours plus d'inconditionnels. Pour ces activités, la qualité et la diversité des prestations proposées répondront aux souhaits des débutants comme des initiés.

Nautisme en Bretagne Cette association vous conseillera en fonction de vos attentes – type d'activité désiré et lieu de séjour. Rappelez-vous que les amateurs de nautisme sont nombreux et que si l'on peut décider au dernier moment de faire un baptême de plongée, il faut, pour un stage de voile, réserver plusieurs semaines à l'avance. *1, rue de Kerbriant 29200 Brest Tél. 02 98 02 80 44 Fax 02 98 02 80 47 www.nautismebretagne.fr*

VOILE ET PLANCHE À VOILE

Les clubs de voile sont le plus souvent affiliés à un réseau. Les stations nautiques allient d'excellentes conditions de nautisme à un panel d'activités touristiques très diversifié. Les clubs de l'École française de voile (EFV) se comptent par centaines et répondent aux exigences très strictes de la Fédération française de voile ; le réseau Point passion plage rassemble une petite quarantaine d'adresses et se distingue par une grande souplesse dans les prestations, allant de la simple location de matériel à l'enseignement personnalisé ; les villages vacances nautiques jeunes et familles proposent des forfaits comprenant activité nautique et hébergement. Enfin, le Jardin des mers et les clubs moussaillons ont été créés pour accueillir les enfants à partir de 3 ans.

France stations nautiques *17, rue Henry-Bocquillon 75015 Paris Tél. 01 44 05 96 55 Fax 01 44 05 95 93 www.station-nautique.com*

Ligue Bretagne de voile *1, rue de Kerbriant 29200 Brest Tél. 02 98 02 49 67 www.voile-bretagne.com*

Comité départemental de voile de Loire-Atlantique *Maison des sports 44, rue Romain-Rolland BP 90312*

44103 Nantes Cedex 4 Tél. 09 54 09 51 80 www.cdv44.asso.fr contact.cdv44@free.fr
Fédération française de voile *17, rue Henri-Bocquillon 75015 Paris Tél. 01 40 60 37 00 www.ffvoile.fr*

SURF ET KITESURF En matière de surf, la région s'enorgueillit de quelques spots renommés, comme La Torche (Plomeur), La Palue (Crozon), la côte sauvage de Quiberon, la baie des Trépassés ou la pointe du Raz. C'est là aussi que se trouvent les principales écoles de surf. Mais ce sport se pratique tout le long du littoral et, particularité bretonne, en toute saison. Les mordus apprécient les belles vagues de l'hiver, pendant lequel la température de la mer est souvent plus clémente qu'on ne le croit (avoisinant les 10°C). Le kitesurf, quant à lui, rassemble les joies du "kite" (cerf-volant) et du surf – le premier tractant le second. Sa présence dans les clubs nautiques se confirme au fil des années.
Ligue Bretagne de surf *5, rue René-Madec 29000 Quimper Tél. 02 98 95 23 31 www.surfingbretagne.com*
West Surf Association *Centre nautique 56520 Guidel-Plage Tél. 02 97 32 70 37 w.s.a.free.fr*

PLONGÉE Les zones de plongée en Bretagne séduisent par leur vie sous-marine foisonnante, leur relief fascinant et les nombreuses épaves qu'elles recèlent. Elles s'échelonnent le long de la côte – dans les baies de Saint-Malo, d'Audierne, de Douarnenez, de Morlaix, de Quiberon ou de La Baule, dans la mer d'Iroise, le long de la côte des Abers ou de la côte de Granite rose – et au fil des îles, Houat, Hoëdic, Belle-Île, Groix, Glénan, Sein, Molène, Ouessant, Batz, les Sept-Îles et Bréhat, les plus éloignées de la côte, Ouessant et les Glénan, offrant la meilleure visibilité. La plongée, si elle demeure le plus impressionnant des sports nautiques, n'est cependant pas le plus risqué, car sa pratique requiert des conditions de sécurité irréprochables. Les débutants pourront effectuer un baptême en toute confiance, à condition bien sûr d'avoir choisi un club dans lequel ils se sentent bien. La plupart sont affiliés à la FFESSM (Fédération française d'études et de sports sous-marins) ou à des fédérations américaines (Padi, Naui, SSI). Padi et autres ont pour but de faire plonger tout le monde en toute sécurité. Parfait pour les débutants, mais souvent très moyen pour les autres plongeurs : la formation donnée est courte, formatée et, surtout, très légère sur la théorie des paliers de décompression. Celle dispensée par la FFESSM et les autres fédérations européennes est plus solide, théorique et physique que celle que proposent Padi et SSI. Naui s'en rapproche. Elle s'adresse aux plongeurs réellement autonomes. Les moniteurs sont souvent remarquables, en tout cas dans l'eau. En revanche, ils ne sont pas formés à l'environnement, contrairement aux encadrants Padi, SSI et Naui. À savoir : en France, la loi impose d'afficher à l'entrée du club les diplômes (fédéraux ou brevets d'État, MF 1 ou 2, BEES 1 ou 2) des moniteurs. La composition d'une palanquée (un groupe de plongeurs), l'heure de sa sortie en mer, le site de plongée prévu et l'encadrement doivent être indiqués, mieux, affichés dans le local. Sachez que la loi oblige les clubs à faire "rééprouver" (c'est-à-dire tester leur étanchéité, leur résistance à l'explosion et, surtout, la non-corruption de l'air qu'elles fournissent) les bouteilles tous les deux ans, ou tous les cinq ans s'il y a chaque année une inspection visuelle. La date des réépreuves est poinçonnée sur le fût des bouteilles, juste sous le col ; cette mention est suivie ou précédée d'une tête de cheval ou de "Denis Papin". Néanmoins, très souvent, les bouteilles sont revendues avant la date de première réépreuve et sont ainsi toujours en parfait état. Tout club est tenu de réclamer un certificat médical "de non-contre-indication à la pratique de la plongée" à chacun de ses clients. On doit vous demander également votre niveau, le nombre total de vos plongées et la dernière fois que vous êtes allé(e) à l'eau. Face à un plongeur confirmé, l'encadrement doit, en principe, vérifier les niveaux sur les cartes ou les diplômes ; il peut aussi jeter un coup d'œil au carnet de plongées sur lequel un plongeur note en principe toutes ses sorties. En aucun cas des débutants ou des "brevet élémentaire" (niveau 1) ne peuvent plonger sans encadrement. Pour des raisons de sécurité, il est bon qu'un moniteur ou qu'un "directeur de plongée" soit présent à bord du bateau alors que tous les plongeurs sont à l'eau. Au retour de la plongée, les encadrants sont tenus de réclamer leurs paramètres (profondeur maxi atteinte et durée de la plongée) aux plongeurs autonomes. Un baptême de plongée ne doit jamais être effectué dans plus de 6 mètres d'eau, et doit durer au moins une demi-heure ; le moniteur doit prendre son temps et rassurer son élève. Le prix moyen d'une plongée, en France, est de 28€ pour un plongeur ayant son propre matériel (sans la bouteille) et de 35€ environ pour un plongeur non équipé. Au-delà, le prix doit être justifié par un encadrement hors pair, des bateaux moins pleins...

Comité interrégional Bretagne-Pays de la Loire de la FFESSM (Fédération française d'études et de sports sous-marins) *Immeuble Pen-Men 39, rue de la Villeneuve 56100 Lorient Tél. 02 97 37 51 51 Fax 02 97 37 79 79 www.cibpl.blogs.com*

CANOË-KAYAK De mer ou de rivière, le canoë-kayak fait des émules en Bretagne. Une dizaine de points kayak mer dispensent des cours et organisent des randonnées, et, le long des rivières bretonnes, les clubs assurant la formation et la location de matériel se multiplient.

Comité régional de Bretagne de canoë-kayak *Base nautique de la Plaine-de-Baud 35, rue J.-M.-Huchet 35000 Rennes Tél. 02 23 20 30 14 www.canoe-kayak-bretagne.fr*

Maison de la Rance *32 quai Talard 22100 Lanvallay Tél. 02 96 87 00 40*

Canoë-kayak de mer *4, rue du Moulin-à-Papier 22000 Saint-Brieuc Tél. 02 96 61 97 39 clubcksaintbrieuc@wanadoo.fr*

Canoë-kayak brestois *Port de plaisance du Moulin-Blanc 29200 Brest Tél. 02 98 41 69 40 www.kayak-brest.com*

navigation

LA NAVIGATION FLUVIALE La Bretagne regorge de rivières et de canaux sur lesquels on peut circuler à son gré, de la mi-mars à la fin octobre. Le transport de marchandises a pris fin pendant l'entre-deux-guerres et les canaux bretons ne vivent plus que grâce à la navigation de plaisance. Les axes majeurs sont la liaison Manche-Océan et le canal de Nantes à Brest. La première est constituée, du nord au sud, de la Rance maritime, du canal d'Ille-et-Rance, de la Vilaine canalisée et de la Vilaine maritime ; elle traverse Dinan, Rennes, Redon et La Roche-Bernard. Le second, long de 360km, n'est plus navigable entre Pontivy et Carhaix depuis la construction du barrage de Guerlédan. Il emprunte les cours de l'Erdre, de l'Isac et de l'Oust entre Nantes et Pontivy – où il rencontre le canal du Blavet, navigable jusqu'à Lorient ; le cours de l'Aulne entre Carhaix-Plouguer et la rade de Brest.

Les bateaux se louent parfois à l'heure (Rance), à la semaine ou au week-end et peuvent accueillir jusqu'à 10 personnes à leur bord ; leur conduite ne nécessite aucun permis particulier. Il suffit de respecter les vitesses maximales autorisées (8 ou 12km/h selon les cas) et les horaires d'ouverture des écluses ! Les prix varient en fonction de la taille de l'embarcation, de la durée de sa location et de la saison ; au départ de Nantes, une semaine sur un Riviera 750, pouvant accueillir de 2 à 4 personnes, coûte de 753€ de mars à mai et en septembre-octobre, à 1 350€ en juillet-août. Les brochures *Bretagne fluviale* et *D'une rive à l'autre*, éditées par les comités de tourisme des Pays de la Loire et de la Bretagne, présentent les conditions de location de bateau et les plus beaux sites des rivières navigables.

Comité des canaux bretons et voies navigables de l'Ouest Présentation du réseau fluvial, liste des loueurs de bateaux, etc. *6, rue de Lourmel 56300 Pontivy Tél./fax 02 97 25 38 24 www.canaux-bretons.net*

LA NAVIGATION MARITIME Naviguer le long des côtes bretonnes, c'est être assuré de découvrir la région sous son aspect le plus sauvage, de connaître l'ambiance des ports, de mouiller dans des criques superbes... un bonheur ! Sur un voilier privé ou de location, des connaissances en navigation s'imposent. Pour les novices, il est possible de louer, en sus du bateau, les services d'un skipper. Des stages d'initiation permettent également de partir en croisière en compagnie d'un professionnel, en attendant de pouvoir sortir seul en mer. Dans les ports de plaisance, des places sont réservées aux navires de passage. Si des agents ne vous guident pas dès votre arrivée dans le port, présentez-vous à la capitainerie. Les tarifs sont fixés à la nuit, à la semaine ou au mois, en fonction de la taille (longueur et largeur) du bateau et de la saison (de 6€ à 45€ environ la nuit). Auxiliaire indispensable à la navigation en Bretagne, l'*Almanach du marin breton* se propose d'"accompagner le marin qui navigue", d'"aider le marin qui travaille, pour mieux aider le marin quand il arrive que ça n'aille pas très bien", a fêté ses cent ans en 1999 ! Créé par le yachtsman Jacques de Thézac, soucieux de mettre les marins en garde contre les dangers de l'alcoolisme, l'almanach poursuit désormais son but philanthropique en reversant tous les bénéfices de ses ventes à l'Œuvre du marin breton, association qui assiste les familles de marins les plus démunies. Vous trouverez dans cette bible de nombreux conseils et informations concernant la météorologie, les horaires des marées dans les différents ports bretons, la navigation astronomique, les phares et les feux, les procédures administratives... Sans oublier les recettes, les chansons et les savoureux dictons qui font une grande part de son charme, comme : "Adresse tes prières à Dieu mais continue de ramer !"Météo France publie chaque année un *Guide marin*, recensant les bulletins météorologiques et leurs émetteurs, pour toutes les zones.

Association des ports de plaisance en Bretagne *Capitainerie du port de Kernevel 56260 Larmor-Plage Tél. 02 97 65 48 25 Fax 02 97 33 63 56*

Œuvre du marin breton *24, quai de la Douane 29200 Brest Tél. 02 98 44 06 00 Fax 02 98 44 92 41 www.marinbreton.free.fr*

Météo France *Tél. 3250 http://marine.meteofrance.com*

cyclisme

Les routes de Bretagne, au relief peu accidenté mais souvent ondulé, se prê-

PRATIQUE

tent bien au cyclotourisme. Et, sur les îles, enfourcher un vélo est presque une obligation quand les voitures sont interdites ! Les loueurs de bicyclettes ne manquent pas ; au besoin, les offices de tourisme locaux vous renseigneront. Chacun pourra profiter d'une balade nonchalante à deux-roues pour une journée ; les plus sportifs n'auront pas peur de pédaler d'une ville à l'autre ou de parcourir les nombreux sites aménagés pour le VTT. Ceux-ci sont répertoriés et classés en fonction du niveau qu'ils requièrent (vert, bleu, rouge, noir, du plus facile au plus difficile).

Comité régional de Bretagne de cyclisme *1, rue du Vau-Louis 22001 Saint-Brieuc Cedex 1 Tél. 02 96 94 03 29 Fax 02 96 78 80 47 www.bretagne-cyclisme.com*

Fédération française de cyclotourisme Ligue de Bretagne *Espace vélodrome 10, rue Alphonse-Guérin 35000 Rennes Tél. 09 77 98 13 99 www.ffct-bretagne.org*

Comité départemental de cyclotourisme de Loire-Atlantique *Maison des sports 44, rue Romain-Rolland 44000 Nantes Tél. 02 40 43 51 34 http://codep.cyclo44.free.fr*

Fédération française de cyclotourisme *12, rue Louis-Bertrand 94207 Ivry-sur-Seine Cedex Tél. 01 56 20 88 88 Fax 01 56 20 88 99 www.ffct.org*

équitation

Les possibilités de randonnées équestres sont vastes. Les sentiers de l'"Équibreizh" déploient pour les cavaliers indépendants 2 600km de promenade en bord de mer, dans la campagne ou dans les montagnes. Il existe de plus maints centres proposant des stages ou des randonnées pour tous les âges et tous les niveaux.

CRTEB (Comité régional de tourisme équestre en Bretagne) *5 bis, rue Waldeck-Rousseau BP307 56103 Lorient Cedex Tél. 02 97 84 44 03 Fax 02 97 84 89 33 www.equibreizh.com*

Comité régional de tourisme équestre des Pays de la Loire *3, rue Bossuet 44000 Nantes Tél. 09 79 65 77 42 Fax 02 40 48 12 27 www.crte-paysdelaloire.com*

golf

Greens en bord de mer, au milieu des collines ou au pied d'un château… Outre le plaisir du golf, la Bretagne offre la joie de le pratiquer dans des cadres exceptionnels.

Ligue de Bretagne de golf *Immeuble Le Calypso 130, rue Eugène-Pottier 35000 Rennes Tél. 02 99 31 68 80 Fax 02 99 31 68 83 www.liguebretagnegolf.org*

Ligue de golf des Pays de la Loire *9, rue du Couëdic 44000 Nantes Tél. 02 40 08 05 06 Fax 02 40 08 04 03 www.ligue-golf-paysdelaloire.asso.fr*

Fédération française de golf *68, rue Anatole-France 92300 Levallois-Perret Tél. 01 41 49 77 00 Fax 01 41 49 77 01 www.ffgolf.org*

activités nature

Observation de la faune et de la flore, découverte de l'estran ou des forêts sont autant d'activités à pratiquer dans une région où la nature s'affirme avec force. À noter que la Bretagne a été la première région en France à créer, en 1953, une association régionale de défense et de mise en valeur de l'environnement.

Bretagne vivante-SEPNB *186, rue Anatole-France BP 63121 29231 Brest Cedex 3 Tél. 02 98 49 07 18 Fax 02 98 49 95 80 www.bretagne-vivante.asso.fr*

Ligue pour la protection des oiseaux (LPO) *Station LPO de l'Île-Grande 22560 Pleumeur-Bodou Tél. 02 96 91 91 40 Fax 02 96 91 91 05 www.bretagne.lpo.fr*

pêche

EN MER Pêcheurs de mer ou de rivière trouveront leur bonheur en Bretagne, où les coins de pêche, et les espèces, sont aussi nombreux que variés. Les amateurs désireux d'améliorer leur technique pourront profiter des stages et cours dispensés partout dans la région. Le CRTB coédite avec Terre de Brume *Le Guide de la pêche en Bretagne, mer et rivière*, qui aborde tous les domaines de cette activité : environnement, technique, hébergement en "gîte de pêche", etc. (6€, en vente en librairie ou sur commande à la Maison de la Bretagne).

À PIED La pêche à pied se pratique communément en Bretagne, lors des grandes marées d'équinoxe - le mieux est de se rendre sur la plage 1h30 avant la marée basse. Vous aurez peut-être du mal à dénicher des crabes ou des palourdes, mais trouverez à coup sûr bigorneaux, moules et coques en nombre. Pensez à bien reposer les cailloux déplacés (ils abritent une microfaune essentielle au développement des autres espèces), et respectez les tailles et poids de pêche autorisés : consultez la Direction départementale des affaires maritimes des départements concernés. Vous pourrez vous renseigner sur les restrictions sanitaires éventuelles dans les mairies.

Délégation Bretagne-Pays de Loire de l'ONEMA (Office national de l'eau et des milieux aquatiques) *84, rue de Rennes 35510 Cesson-Sévigné Tél. 02 23 45 06 06 Fax 02 99 83 45 80 www.onema.fr*

Fédération nationale de la pêche en France et de la protection du milieu aquatique *17, rue Bergère 75009 Paris Tél. 01 48 24 96 00 Fax 01 48 01 00 65 www.unpf.fr*

randonnée pédestre

Les plus beaux paysages bretons se découvrent à pied. Parmi les nombreux sentiers, on distingue les GR© (Grande randonnée), balisés en blanc et rouge, dont le plus connu, le GR©34 ou "sentier des Douaniers", fait le tour de la région ; les GRP© (GR© de pays), jaune et rouge, qui forment des boucles dans un périmètre déterminé ; les PR© (promenade et randonnée), le plus souvent balisés d'un trait jaune, que leur courte durée - de 2h à 6h - destine à tous les publics. Le comité régional de la randonnée pédestre édite divers topoguides présentant ces différents circuits.

Comité régional de la randonnée pédestre de Bretagne *ETIC Center 9, rue des Charmilles 35510 Cesson-Sévigné Tél. 02 23 30 07 56 http://bretagne.ffrandonnee.fr*

Comité régional de la randonnée pédestre des Pays de la Loire *44, rue Romain-Rolland BP 90312 44103 Nantes Cedex 4 Tél. 02 40 58 61 21 http://pays-de-la-loire.ffrandonnee.fr*

ABRI Rando Accueil Bretagne *7C, rue Pierre-Texier 35760 Montgermont Tél. 02 99 26 13 50 Fax 02 99 26 13 54*

Fédération française de la randonnée pédestre (FFRP) *64, rue du Dessous-des-Berges 75013 Paris (centre d'information et librairie) Tél. 01 44 89 93 93 www.ffrandonnee.fr*

LES CHEMINS DU TRO BREIZH
Pour découvrir la Bretagne en marchant, on peut suivre ce "tour de Bretagne" effectué par des milliers de pèlerins au cours des siècles passés (cf. GEOPanorama, Religion). L'association "Les chemins du Tro Breizh" fait revivre cet itinéraire jalonné par quelques-unes des richesses du patrimoine breton. Les trois tronçons (sept en tout) de la Bretagne Sud sont en cours de balisage.

Les chemins du Tro Breizh *BP 118 29250 Saint-Pol-de-Léon Tél. 02 98 69 11 80 Fax 02 98 19 13 52 www.trobreiz.com*

thalassothérapie

Pionnière en la matière et disposant de la moitié de l'hébergement en France, la Bretagne cultive depuis des années cet art de profiter des bienfaits de la mer et des algues. Séjours de remise en forme, soins esthétiques, cures anti-tabac ou post-maternité, encadrés par des professionnels de la santé, sont proposés dans 14 centres de la région (à Saint-Malo, Dinard, Perros-Guirec, Roscoff, Douarnenez, Bénodet, Carnac, Quiberon, Belle-Île-en-Mer, Port-Crouesty, La Baule, La Baule-les-Pins, Pornic et Pornichet). Un premier examen par un médecin du centre permet d'établir la prescription des soins ; pour être bienfaisante, une cure doit durer au moins 6 jours. À savoir : l'hébergement en dehors des centres est souvent moins onéreux.

Fédération internationale de thalassothérapie *8, rue des Iris 44117 Saint-André-des-Eaux Tél. 02 40 11 72 35 www.france-thalasso.com*

TRANSPORTS TERRESTRES

le réseau routier

Si Anne de Bretagne négocia lors de son mariage avec Louis XII, en 1499, l'exemption de la taxe de passage sur les chemins bretons, la gratuité actuelle des voies express (110km/h) est bien plus liée aux actions de lobbying exercées par la Bretagne en 1968, et notamment par le CELIB (Comité d'études et de liaisons des intérêts bretons). Le réseau routier de la région est entièrement gratuit, à l'exception du tronçon de l'A84 entre Avranches et Rennes. Il permet de rejoindre les principales villes rapidement, grâce à des voies express de bonne qualité entre Rennes, Saint-Brieuc, Morlaix et Brest au nord ; Nantes, Vannes, Lorient et Quimper au sud. Mis à part les itinéraires Nantes-Rennes-Saint-Malo et Quimper-Brest, toutes les liaisons entre le nord et le sud se font en empruntant des routes départementales et nationales classiques ; le centre de la Bretagne est encore assez mal desservi.

liaisons intervilles

Les villes de Bretagne, les grandes comme les petites, sont accessibles grâce à un réseau de transports assez dense, géré par la SNCF et utilisant des trains express régionaux (TER) et des cars. Toutes les grandes villes disposent d'un réseau de bus – complété par le tramway à Nantes et le VAL (métro) à Rennes – facilitant les déplacements dans le centre-ville et ses environs proches (cf. GEORégions correspondantes).

TER *Tél. 3635 ou 0800 880 562 (Bretagne) www.ter-sncf.com*

SNCF *Tél. 3635 www.sncf.fr*

en ville

Autant éviter la voiture quand on le peut, les problèmes de stationnement et d'embouteillages étant les mêmes partout en été. En outre, la taille des cités bretonnes invite très souvent à la découverte à pied ou à vélo. Certaines communes mettent en place des dispositifs anti-voitures pendant l'été : il s'agit de laisser son véhicule dans un parking (le plus souvent payant) à l'entrée de la ville.

location de voitures

On peut louer une voiture en arrivant dans n'importe quelle gare bretonne.

Un partenariat entre SNCF et Avis permet de bénéficier de tarifs réduits pour les formules train + voiture. Si les agences internationales dominent le marché, des loueurs régionaux sont également présents dans toute la Bretagne. Leurs tarifs ne sont pas plus élevés, leur accueil s'avère souvent plus convivial, mais ils proposent moins de services. Ainsi, seules les grandes compagnies vous autoriseront à rendre le véhicule dans une autre ville que celle de départ (service qui n'est jamais économique : comptez un supplément de 75€ environ, quelle que soit la distance séparant les deux villes) ; elles disposent également d'un plus grand parc automobile. À titre indicatif : une semaine de location d'une voiture de 1re catégorie (1 000km, assurances comprises) revient au moins à 299€. La réservation est conseillée, surtout en été (quelques semaines à l'avance).

TRANSPORTS MARITIMES

Les îles qui émaillent la côte bretonne sont desservies par bateau toute l'année : elles sont habitées par quelques centaines d'îliens (d'un peu plus de 100 à Hoëdic à quelque 4 500 à Belle-Île), qui doivent bien se rendre sur le continent. Seules exceptions, les archipels des Glénan et des Sept-Îles, réserves ornithologiques protégées, inhabitées et en grande partie interdites d'accès : on ne pose le pied sur les îles de Glénan qu'en passant par Saint-Nicolas, entre avril et fin octobre, et l'Île-aux-Moines est le seul point de débarquement des Sept-Îles, accessible de février à novembre et pendant les vacances de Noël. Même en hiver, plusieurs liaisons quotidiennes relient les îles au continent. Leur fréquence est largement plus importante en été ; les lieux de départ sont également multipliés pendant cette période. Les horaires des bateaux permettent de passer une journée complète sur l'île, avec des départs dès 7 ou 8h le matin. Les retours se font généralement entre 18 et 20h : impossible, donc, de profiter d'une soirée sur une île sans y passer la nuit. Les tarifs varient de 4€ (Île-aux-Moines) à 30,20€ (Ouessant), et tournent autour de 25€ par adulte pour un aller-retour en direction de Sein, Glénan, Groix, Belle-Île, Houat et Hoëdic, selon la destination, la période et la compagnie. Le passage d'un vélo coûte de 4€ à 15€, celui d'une voiture (pour Groix et Belle-Île seulement, réservation obligatoire) peut atteindre 300€ en été. Dans tous les cas, la réservation est fortement conseillée en saison.

liaisons

Les liaisons supplémentaires en saison, les coordonnées des compagnies maritimes (Penn Ar Bed, Navix, La Compagnie des Îles...) et les services proposés sont détaillés dans les chapitres concernés.

AU NORD

les îles de la Manche : les Sept-Îles, Bréhat, Batz, l'île Grande Bréhat est accessible toute l'année de la pointe de l'Arcouest (à 5km de Paimpol), en 10 à 15min ; Batz, au nord-ouest de Roscoff, en 15min environ. Les Sept-Îles, et plus particulièrement l'Île-aux-Moines – la seule ouverte aux visiteurs –, sont desservies par bateau au départ de Perros-Guirec (de mars à novembre et pendant les vacances de Noël). Il s'agit plus de minicroisières que de traversées, et l'on peut même choisir la durée du voyage. Accéder à l'île Grande ne présente aucune difficulté, puisqu'un pont la relie au continent. On peut donc s'y rendre à son gré en bus, en voiture, à vélo ou à pied.

À L'OUEST

les îles de la mer d'Iroise : Ouessant, Molène et Sein Toute l'année, des bateaux desservent Ouessant – généralement après une escale à Molène – de Brest (en 2h-2h30) ou Le Conquet (1h30, 40min en traversée directe). On peut également rejoindre cette île en 20min par avion, toute l'année au départ de Brest (2 vols/jour). Molène, sur la route d'Ouessant, n'est qu'à 30min des terres. Pour gagner Sein au départ d'Audierne, une heure de bateau suffit.

AU SUD

les îles de l'Atlantique : Groix, Belle-Île, Houat, Hoëdic et Glénan Quelle que soit la saison, Groix n'est accessible qu'au départ de Lorient, en 45min. On peut embarquer pour Belle-Île, Houat et Hoëdic (via Houat) à Quiberon. Les traversées durent respectivement 45min, de 30 à 40min et 1h. Des bateaux effectuent également des traversées entre Houat et Hoëdic (environ 30min). Il existe d'autres traversées, essentiellement en haute saison, comme Lorient-Sauzon (à Belle-Île), Quiberon-Sauzon, La Trinité-Le Palais (Belle-Île). Pour rejoindre Saint-Nicolas (îles de Glénan ; d'avril à septembre seulement), différents lieux d'embarcation sont proposés : Beg-Meil, Bénodet, Concarneau, Port-la-Forêt, Loctudy et Quimper. Selon le lieu de départ et le bateau utilisé, la traversée dure de 35min à 1h15.

Les îles du golfe du Morbihan L'île d'Arz et l'Île-aux-Moines sont les deux seules îles du Golfe où il est possible de débarquer. On rejoint la première au départ de Conleau ou de Barrac'h en 15min environ ; la seconde, au départ de Port-Blanc (commune de Baden), en 5min.

TRAVAILLER SUR PLACE

Les "saisons" sont nombreuses en Bretagne : hôtellerie, restauration, vendanges, cueillette des pommes ou du muguet font appel à une main-d'œuvre temporaire. Avec un peu de chance, une candidature spontanée peut suffire. Sinon, des ANPE saisonnières recensent les annonces concernant les jobs proposés dans la région. Les coordonnées de ces antennes provisoires changent d'une année sur l'autre ; le CRIJB publie régulièrement en janvier ou février une brochure contenant toutes les adresses utiles de l'année en cours.

CRIJ (Centre régional information jeunesse) de Bretagne *4 bis, cours des Alliés 35000 Rennes Tél. 02 99 31 47 48 ou 02 99 31 57 67 Fax 02 99 30 39 51 www.crij-bretagne.com*

Pôle emploi *www.pole-emploi.fr*

URGENCES ET HÔPITAUX

Où que vous soyez, vous trouverez toujours un médecin et une pharmacie de garde ; un simple coup de fil au SAMU vous permettra d'être conduit à l'hôpital le plus proche (pour mémoire : police 17 ; pompiers 18 ; d'un téléphone portable, même sans réseau, un seul numéro : 112).

SAMU *Tél. 15*

VALISE

Il ne fait pas toujours froid, il ne pleut pas toujours en Bretagne... et si l'on pense souvent à s'équiper de pulls et de vêtements de pluie, il ne faut pas oublier que le soleil peut taper fort. Emportez crème solaire, lotion anti-moustiques et chapeau, en été, pour éviter brûlures, piqûres et insolations ; en toutes saisons, lunettes de soleil et ciré ou coupe-vent, pour profiter des splendides lumières sans plisser les yeux et jouir d'un bon vent tonifiant sans finir à la pharmacie. Les oreilles fragiles se muniront d'un bonnet. De bonnes chaussures (étanches) pour marcher sur les rochers ou dans la boue, un pantalon résistant, un sac à dos qui laisse les mains libres permettent de mieux profiter des promenades. À la plage, toutes les tenues sont les bienvenues ; à la pêche, les sandales en plastique (méduses) se portent sans complexe et permettent d'éviter bien des bobos.

mesures de sécurité pour les voyages en avion

Rappelons que, lorsqu'ils passent aux points de contrôle de sécurité des aéroports européens et canadiens, les voyageurs peuvent avoir en leur possession des produits liquides (gels, substances pâteuses, lotions, contenu des récipients à pression, dentifrice, gel capillaire, boissons, potages, sirops, parfums, mousse à raser, aérosols...), à condition que les contenants ne dépassent pas, chacun, 100ml ou 100g et qu'ils soient regroupés dans un sac en plastique transparent à fermeture par pression et glissière, bien scellé, d'une capacité maximale de 1l (20cmx20cm environ). Les articles ne doivent ni remplir le sac à pleine capacité, ni en étirer les parois. Un seul sac est autorisé par personne. Les aliments pour bébé et le lait, quand les passagers voyagent avec un enfant de deux ans ou moins, de même que les médicaments vendus sur ordonnance et les médicaments essentiels en vente libre, ne sont pas soumis à ces restrictions. Nous vous conseillons donc de placer dans vos bagages de soute, avant l'enregistrement, tous les produits liquides dont vous n'aurez pas besoin en cabine.

Marais salants, environs de Guérande (p.167).

LOIRE-ATLANTIQUE

Brest
Quimper
Rennes
Lorient
Vannes
Nantes
N
10 km
VANNES BREST
La Gacilly
ILLE-ET-VILAINE
MORBIHAN
D873
D177
PAYS DE VILAINE
Redon
Allaire
Golfe du Morbihan et arrière-pays
D775
D20
Guémen Penfac
Fégréac
D164
Muzillac
Billiers
Plessé
La-Roche-Bernard
Saint-Gildas-des-Bois
Guenrouët
FORÊT DOMANIA DE GÂVR
Pénestin
Château de la Bretesche
Missillac
D774
La Chapelle-des-Marais
N165
D773
Herbignac
Château de Ranrouët
Mayun
Pontchâteau
Quimiac
Mesquer
Campbon
St-Lyphard
Saint-Joachim
Saint-Molf
Piriac-sur-Mer
Kerhinet
ÎLE DE FÉDRUN
La Turballe
PARC NAT. DE BRIÈRE
Guérande
St-Malo-de-Guersac
N171
Savenay
Pen-Bron
St-André-des-Eaux
Donges
Pradel
Saillé
Careil
Le Croisic
TUMULUS DE DISSIGNAC
D213
Saint-Nazaire
La Baule
Kervalet
Paimbœuf
Le Pouliguen
Saint-Étienn de-Montlu
Batz-sur-Mer
D92
Corsept
Pornichet
CANAL DE LA MARTINIÈRE
LOIRE
Saint-Brevin-les-Pins
Saint-Marc-sur-Mer
Frossay
CÔTE D'AMOUR
CÔTE DE JADE
D213
Saint-Père-en-Retz
D723
D5
PAYS DE RETZ
Saint-Michel-Chef-Chef
Tharon-Plage
La Plaine-sur-Mer
POINTE ST-GILDAS
Préfailles
Ste-Marie-de-la-Mer
La Fontaine-aux-Bretons
Arthon-en-Retz
D751
Sainte-Pazanne
CÔTE DE JADE
Pornic
La Bernerie-en-Retz
D758
Les Moutiers-en-Retz
OCÉAN ATLANTIQUE
POINTE DES CHARNIERS
BAIE DE BOURGNEUF
Bourgneuf-en-Retz
Noirmoutier-en-l'Île
MARAIS BRETON
D13
ÎLE DE NOIRMOUTIER
Machecoul
D38
Beauvoir-sur-Mer
D758
VENDÉE
D948
D32

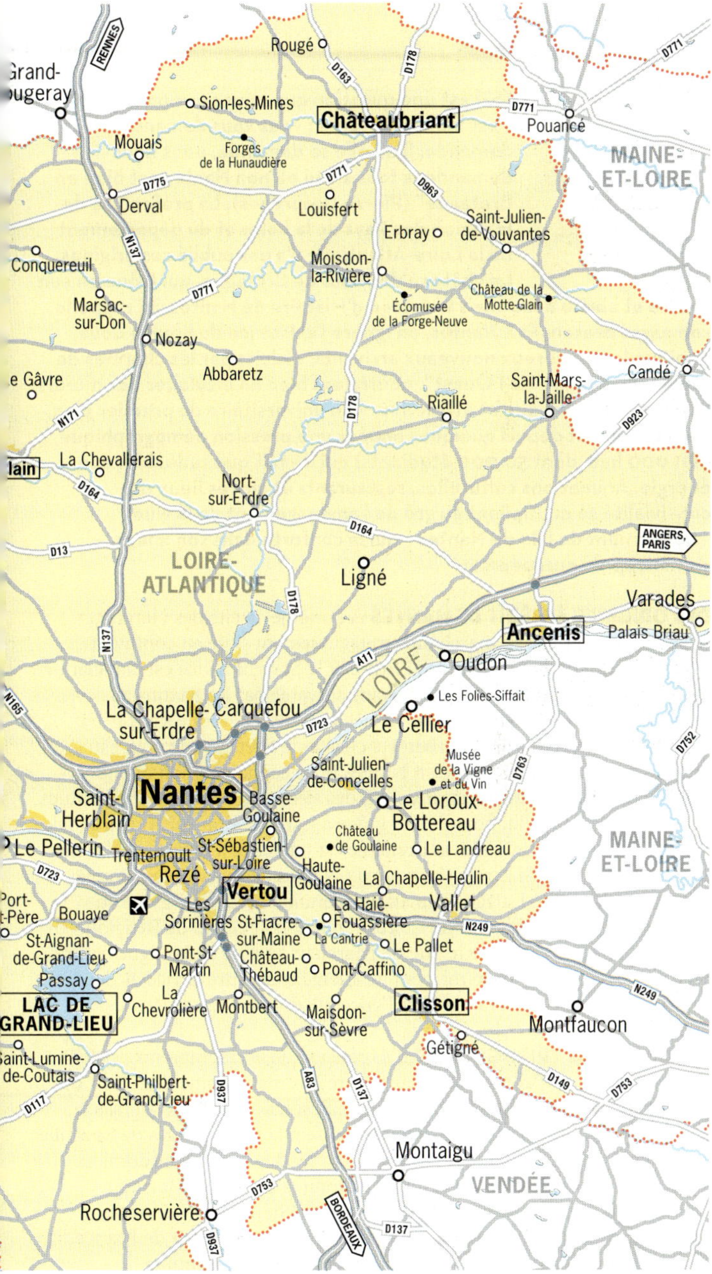
RENNES
Rougé
D163
D178
D771
Grand-
Fougeray
Sion-les-Mines
Châteaubriant
D771
Pouancé
Mouais
Forges
de la Hunaudière
D775
D771
D963
MAINE-
ET-LOIRE
Derval
Louisfert
Saint-Julien-
de-Vouvantes
Erbray
N137
Conquereuil
Moisdon-
la-Rivière
Marsac-
sur-Don
D771
Château de la
Motte-Glain
Écomusée
de la Forge-Neuve
Nozay
Abbaretz
Le Gâvre
N171
Saint-Mars-
la-Jaille
Candé
Riaillé
D178
D923
La Chevallerais
Blain
D164
Nort-
sur-Erdre
D164
ANGERS,
PARIS
D13
LOIRE-
ATLANTIQUE
Ligné
D178
Varades
Palais Briau
Ancenis
N137
A11
Oudon
LOIRE
N165
Les Folies-Siffait
La Chapelle-
sur-Erdre
Carquefou
D723
Le Cellier
D752
Musée
de la Vigne
et du Vin
Saint-Julien-
de-Concelles
D763
Nantes
Saint-
Herblain
Basse-
Goulaine
Le Loroux-
Bottereau
Château
de Goulaine
Le Landreau
MAINE-
ET-LOIRE
Le Pellerin
Trentemoult
St-Sébastien-
sur-Loire
Rezé
D723
Haute-
Goulaine
La Chapelle-Heulin
Vertou
Port-
St-Père
Bouaye
Les
Sorinières
St-Fiacre-
sur-Maine
La Haie-
Fouassière
Vallet
N249
La Cantrie
Le Pallet
St-Aignan-
de-Grand-Lieu
Pont-St-
Martin
Château-
Thébaud
Pont-Caffino
N249
Passay
LAC DE
GRAND-LIEU
La
Chevrolière
Montbert
Maisdon-
sur-Sèvre
Clisson
Montfaucon
Gétigné
Saint-Lumine-
de-Coutais
Saint-Philbert-
de-Grand-Lieu
D937
A83
D137
D149
D753
D117
Montaigu
VENDÉE
D753
BORDEAUX
Rocheservière
D937
D137

★NANTES

44000

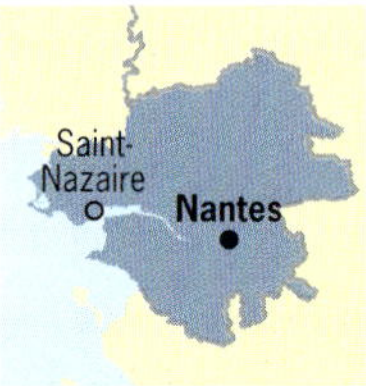

“S’il est une question que nous nous posons tous, c’est bien la suivante : vous vous demandez, je me demande, il ou elle se demande, nous nous demandons tous si oui ou non Nantes est bien en Bretagne” (Pierre Desproges). La préfecture de la région des Pays de la Loire et du département de la Loire-Atlantique n’a pas oublié ses origines. Le château des ducs de Bretagne, qui trône en son centre et abrite désormais le musée d’Histoire de Nantes, lui rappelle son passé breton. Et à Nantes, on ignore l’existence du beurre doux, quoique les nombreux nouveaux arrivants, séduits par les charmes de l’ancienne “Venise de l’Ouest”, pourraient bien lui inculquer des mœurs nouvelles. Dynamique et attractive, ville universitaire de premier plan, Nantes connaît depuis quelques années une pression démographique (291 000 hab. dont 50 000 étudiants) qui ne fait que redoubler son énergie. Animations culturelles, restaurants et autres lieux de convivialité se multiplient au gré de l’aménagement de la ville – notamment de l’île de Nantes – qui la conforte dans son image de métropole européenne.

DES ORIGINES À L’ÉDIT DE NANTES À l’origine, la cité des Namnètes n’est qu’un petit village marchand stratégiquement situé au confluent de la Loire et de ses deux affluents : l’Erdre et la Sèvre. La ville est christianisée au IIIe siècle et fortifiée au siècle suivant. Envahie par les Saxons au Ve siècle, elle se remet sur pied au VIe siècle, grâce à l’évêque saint Félix. En 939, le valeureux Alain Barbetorte chasse de Bretagne de nouveaux envahisseurs normands et choisit Nantes pour capitale de son duché. La ville renforce ses fortifications au fil des siècles et, sous les derniers ducs de Bretagne, s’embellit, notamment grâce à Jean V, à François II et à sa fille, Anne de Bretagne. En 1532, la Bretagne est rattachée à la France ; Rennes devient sa capitale. Si le rôle politique de Nantes décroît, son économie demeure très active. La ville connaît une certaine prospérité grâce au commerce du sel et des vins de Loire. Pendant les guerres de Religion, les Nantais se rangent avec le duc de Mercœur au côté de la Ligue contre Henri IV. Mais en 1598, le roi vient lui-même soumettre la ville et signe sans doute l’édit de Tolérance dans l’enceinte de son château.

LE COMMERCE TRIANGULAIRE L’expansion de la cité reprend dès la fin du XVIIe siècle. Le “commerce triangulaire”, véritable mine d’or pour de nombreux armateurs et négociants, connaît son apogée au XVIIIe siècle. Le principe en est simple : des navires quittent la ville, chargés de pacotille qu’ils échangent sur les côtes africaines contre des Noirs. Ces derniers sont revendus comme esclaves à Saint-Domingue ou à la Martinique. Les bateaux rentrent ensuite à leur port d’attache, chargés de sucre, de coton, de tabac… Nantes devient le premier port négrier de France. Si la traite ne constitue pas son activité principale, elle entraîne le développement de nombreuses industries : fabriques de toiles indiennes, raffineries, distilleries, chantiers navals. De vastes programmes architecturaux, financés grâce à ce commerce fructueux, modifient le visage de la ville : des quais sont aménagés, l'Erdre est canalisée, les cours Saint-Pierre et Saint-André, le quartier Graslin et de nombreux bâtiments publics monumentaux sont édifiés.

LES NOYADES DE CARRIER La Révolution met fin à cette période. Nantes résiste à l'attaque des armées royales de Charette et Cathelineau en juin 1793, avant de connaître une ère sanglante avec Carrier, envoyé par la Convention pour purger la ville. Celui-ci, pour pallier le manque de place dans les prisons et la lenteur de la guillotine, a recours aux noyades collectives. On estime que 13 000 suspects sont morts de cette façon.

RECONVERSION INDUSTRIELLE L'abolition de la traite prend effet à Nantes au début du XIXe siècle. Le tarissement de cette source de revenus – conjugué aux ravages de la Terreur, à l'ensablement de la Loire et à l'invention du sucre de betterave – entraîne une reconversion industrielle. Les biscuiteries – Lefèvre-Utile (LU) et les Biscuiteries nantaises (BN) –, les conserveries et les chantiers navals relancent l'activité ; le trafic fluvial reprend grâce aux dragages de la Loire opérés à la fin du siècle. Le tramway de Mékarski est adopté en 1876. L'architecture connaît un nouvel essor avec la réalisation de quartiers résidentiels, tel celui de la place Mellinet, de bâtiments publics ou encore du passage Pommeraye.

NAISSANCE ET RECONSTRUCTION Au début du XXe siècle, la ville s'étend, annexant Chantenay (à l'ouest) et Doulon (à l'est). Son centre est transformé par le comblement, de 1920 à 1939, du cours inférieur de la Loire et de certains de ses bras, pour répondre aux exigences de la circulation automobile. De la Seconde Guerre mondiale, Nantes, occupée de juin 1940 à octobre 1944, conserve le souvenir des cinquante otages exécutés en 1941 pour venger l'assassinat du lieutenant-colonel Hotz, et celui des destructions dues aux bombardements de 1943. La seconde moitié du siècle est marquée par le réveil de la ville, qui rouvre en 1961 son université fermée depuis 1793. La cité se dote de nouveaux monuments : la tour Bretagne en 1976, la médiathèque en 1985, la Cité des congrès en 1992 ou le nouveau palais de justice réalisé par Jean Nouvel en 2000. Des lieux chargés d'histoire sont réinvestis : l'ancienne manufacture de tabacs accueille une bibliothèque, des salles de danse, une crèche, et l'usine LU devient le complexe culturel du Lieu Unique. Les ouvriers ont quitté la ville avec le départ des chantiers navals pour Saint-Nazaire. L'activité s'oriente de plus en plus vers le secteur tertiaire (informatique, logistique, banque/assurance, tourisme). Depuis 1985, Nantes a retrouvé son tramway, abandonné en 1958. Enfin, en 2000, débute le vaste et ambitieux projet de rénovation et de réhabilitation de l'île de Nantes, qui accueillera à terme de nombreux équipements, des logements, et un important pôle culturel. Mais dès aujourd'hui, Nantes, à la fois proche de la mer et de la capitale, offre le visage d'une ville souriante et dynamique.

MODE D'EMPLOI

accès

EN VOITURE

Nantes, située à 380km de Paris, 657km de Lyon, 325km de Bordeaux et 606km de Lille, est accessible par les autoroutes A11 et A83. La ville est entourée d'un périphérique et vous ne devriez pas avoir de problème pour atteindre le centre-ville, bien indiqué. La difficulté commence une fois dans le centre, où un "circuit cœur", réseau de parkings disposés en cercle, assez compliqué, vous empêchera à coup sûr de tourner là où vous l'auriez souhaité. Ce circuit dessert de nombreux parkings souterrains : laissez donc votre voiture pour découvrir la ville à pied.

EN AVION

L'aéroport de Nantes-Atlantique est relié au centre-ville par la navette Tan'Air (arrêt gare SNCF sud) en 30min (7€). Ses horaires sont adaptés à ceux des vols réguliers. En taxi, il vous en coûtera de 25€ à 35€.
Aéroport international de Nantes-Atlantique *Bouguenais (à 10km au sud du centre) Tél. 02 40 84 80 00 www.nantes.aeroport.fr*

EN TRAIN

De nombreux trains ou TGV en provenance de Paris (20 liaisons quotidiennes), Bordeaux ou Lyon desservent la ville, qui compte une seule gare, mais deux sorties : nord ou sud. Pour accéder plus facilement au centre-ville, empruntez la sortie nord, prenez le tramway ligne 1 (ou longez la ligne à pied), direction François-Mitterrand, jusqu'à l'arrêt Bouffay ou Commerce.
Gare SNCF (plan 2, D2) *Tél. 36 35 ou 0810 324 324 (TER) www.voyages-sncf.com ou www.ter-sncf.com*

EN CAR

Gare routière (plan 2, C3) Le réseau Lila dessert tout le département. Comptez 2€ par trajet. *Allée Baco*
Réseau Lila *Tél. 0825 08 71 56 www.loire-atlantique.fr/lila*

orientation

La Loire et l'Erdre, qui parcourent Nantes respectivement d'est en ouest et du nord au sud, bien qu'en partie comblées, constituent des points de repère. Le centre-ville s'est développé au nord de la Loire, traversé par le cours des Cinquante-Otages où autrefois coulait l'Erdre. Il s'étend vers la gare à l'est, près de laquelle se trouve le Lieu Unique, vers l'île Feydeau, récemment réaménagée, au sud et enfin vers l'île de Nantes, symbole de l'histoire industrielle et navale de la ville, théâtre d'un ambitieux projet de renouvellement urbain. Les Nantais ne connaissent pas les noms de leurs rues : ils ont leurs propres points de repère. Pour demander votre chemin,

Tableau kilométrique

	Nantes	Ancenis	Pornic	Saint-Nazaire	La Baule	Piriac
Ancenis	45					
Pornic	50	95				
Saint-Nazaire	65	100	30			
La Baule	75	110	40	15		
Piriac	90	125	55	30	20	
Châteaubriant	70	50	110	90	100	115

Nantes, plan du tramway

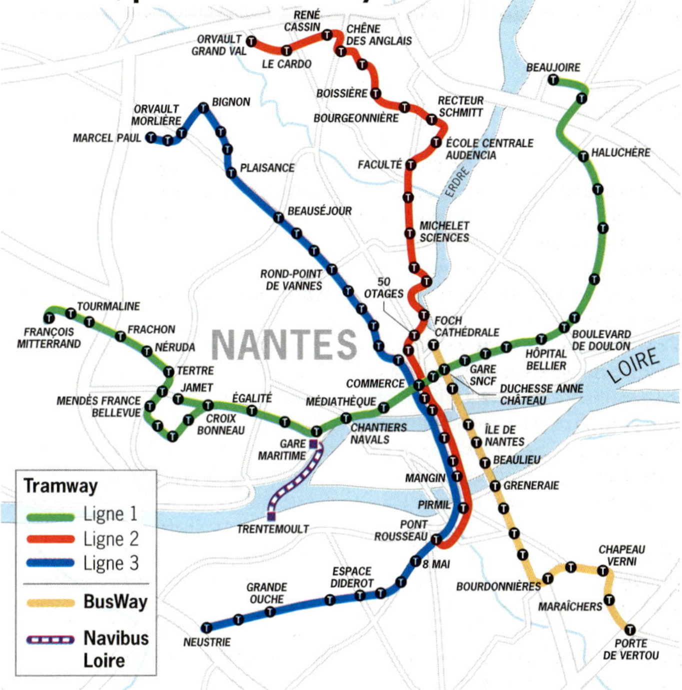

donnez un nom de monument plutôt qu'une adresse ! Ainsi, le magasin Decré, demeuré cher au cœur des Nantais, est un point de repère souvent cité. Il occupait l'emplacement des actuelles Galeries Lafayette.

Autour du château et de la cathédrale Cœur de la cité médiévale, il offre de charmantes ruelles tortueuses, le superbe musée des Beaux-Arts, et les cours Saint-Pierre et Saint-André qui proposent au visiteur de belles promenades.

Quartiers Bouffay et Graslin Le cours des Cinquante-Otages marque le partage entre les deux foyers de la vie nantaise : le quartier Bouffay où boutiques de créateurs voisinent avec épiceries fines, à l'est, et le quartier Graslin, à l'ouest, chic et résidentiel.

Autres quartiers Certains méritent un détour : les bords de l'Erdre, transformés depuis l'avènement du tramway et l'aménagement de l'île de Versailles ; la butte Sainte-Anne, dont le charme ne laisse personne indifférent ; ou encore le vieux Doulon, avec le parc du Grand-Blottereau qui permet de faire une halte dans un calme reposant ; enfin l'île de Nantes, nouveau pôle culturel de la ville.

informations touristiques

Office de tourisme Il organise des visites guidées sur des thèmes aussi variés que "Nantes au Moyen Âge" ou "Nantes, pays de la gourmandise". Le circuit dure environ 2h et les jours et horaires des départs sont variables.

Tarif 7€, réduit 4€, moins de 12 ans gratuit. *Tél. 0892 46 40 44 (0,34€/min) www.nantes-tourisme.com* **Annexe Feydeau** *(plan 2, C3) 3, cours Olivier-de-Clisson Ouvert lun.-sam. 10h-18h (jeu. 10h30)* **Annexe Cathédrale** *(plan 2, C1) 2, pl. Saint-Pierre Ouvert mar.-dim. et j. fér. 10h-13h et 14h-18h (jeu. 10h30)*

Vitrine OH LA L.A. (plan 2, B3) Espace d'accueil et de découverte du département de Loire-Atlantique. *6, allée Brancas Tél. 0810 044 001 Ouvert lun.-sam. 10h-19h (nov.-avr. 18h)*

Pass Nantes Pour découvrir la ville en un, deux ou trois jours, des cartes - Pass Nantes - aux tarifs forfaitaires respectifs de 18€, 28€ et 36€ (24h/48h/72h), donnent accès aux transports, aux musées, aux visites guidées de l'office de tourisme et aux promenades sur l'eau. *Tél. 0892 464 044 www.resanantes.com*

transports urbains

BUS ET TRAMWAY

Le centre se parcourt aisément à pied. Pour découvrir les quartiers excentrés ou pour ménager ses jambes, le réseau **Tan** (bus et tramways) s'avère bien utile (cf. plan ci-avant). De la place du Commerce, on peut rallier quasiment tous les lieux cités dans ce guide. C'est d'ailleurs de là que partent les derniers tramways et bus de nuit, tous les soirs à 0h30 (2h30 le week-end). Les noctambules peuvent compter sur la **Luciole**, assurant un service dans la nuit de samedi à dimanche, de 2h15 à 7h15, entre les lieux de la nuit nantaise. Vous pouvez acheter vos tickets auprès des buralistes, à bord des bus (tickets à l'unité seulement), aux distributeurs automatiques présents à tous les arrêts de tramway et sur Internet (www.tan.fr, rubrique "boutique"). Ticket unité (valable 1h) 1,50€, carnet de 10 tickets 12,30€, ticket 24h 4,20€. Quatre kiosques et 150 relais dans toute la ville.

Guichets Tan (plan 2, B3) *2-4, allée Brancas Tél. 0810 44 44 44 (lun.-sam. 6h45-22h) www.tan.fr Ouvert lun.-sam. 7h30-19h30*

TAXIS

La principale station de taxis se trouve place du Commerce.

Allô Taxis *Tél. 02 40 69 22 22*

location de deux-roues

De nombreuses pistes cyclables vous permettront de parcourir la ville à vélo.

Bicloo 700 vélos en libre-service aux 89 stations disséminées dans le centre-ville. Possibilité de s'abonner pour une journée (1€), une semaine (5€) dans les "stations vélo + abonnement" ou à l'année (25€). Première demi-heure gratuite puis facturation progressive par tranche de 30min. *www.bicloo.nantesmetropole.fr*

Ville à vélo Sept points de location sont ouverts tous les jours de l'année dans les parkings de la ville : Tour de Bretagne, Cité des congrès, Cathédrale, Commerce, Graslin (fermé le dim.) ; et à la capitainerie du port de l'Erdre. Comptez 3€ pour 2h, 6€ pour une demi-journée, 10€ pour une journée, 20€ pour une semaine. Gratuit pour les moins de 12 ans accompagnés. *Tél. 02 51 84 94 51 www.nge-nantes.fr Ouvert tlj. 8h-20h*

accès Internet

Cyber Planet (plan 2, B2) *18, rue de l'Arche-Sèche Tél. 02 51 82 47 97 Ouvert lun.-sam. 10h-23h, dim. 14h-23h*

Kpointcom Commerce (plan 2, B2) *15, allée Duguay-Trouin (face à la place du Commerce) Tél. 02 51 82 27 71 Ouvert lun.-sam. 9h-22h, dim. et j. fér. 11h-22h*

Plan 1 Nantes agglomération

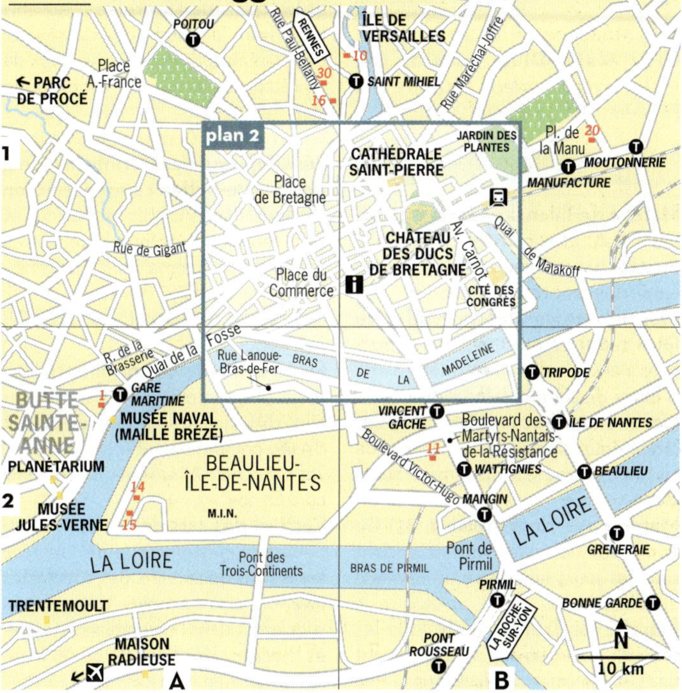

Restauration (n° 1)
L'Atlantide ____ **1** A2

Cafés, bars et lieux de sortie (n° 10 à 16)
Altercafé ____ **15** A2
Le Canotier Jazz Café ____ **10** B1
Le LC Club ____ **14** A2
Le Temps d'aimer ____ **11** B2
Maison Akabi* ____ **16** A1

Hébergement (n° 20)
Auberge de jeunesse La Manu ____ **20** B1

Shopping (n° 30)
La Friande* ____ **30** A1

*À RETROUVER DANS LA PARTIE DÉCOUVRIR

Kpointcom Médiathèque (plan 2, A3) *15, quai de la Fosse Tél. 02 40 71 71 88 Ouvert tlj. 10h-22h, w.-e. et j. fér. 12h-22h*

informations culturelles

WIK Hebdomadaire gratuit qui annonce les manifestations (théâtre, danse, musique, cinémas, musées, conférences, etc.). *http://wik-lesite.fr*
Pulsomatic Distribué gratuitement un jeudi sur trois. Il annonce les actualités, complétées par un calendrier des manifestations et un carnet d'adresses ; on le trouve dans les cafés, les musées, chez le coiffeur... *www.pulsomatic.com*
Citamoslup Même idée que le *Pulsomatic* dont il est l'anagramme, visant un public de citadins en herbe (0 à 12 ans). *www.citamoslup.com*
Le Mois nantais Petit magazine culturel gratuit disponible auprès de l'office de tourisme, des musées, de la mairie. *www.lemoisnantais.com*

urgences

SOS Médecins *Tél. 02 40 50 30 30*
CHU Hôtel-Dieu (plan 2, C3) *1, pl. Alexis-Ricordeau (derrière l'île Feydeau) Tél. 02 40 08 33 33*

marchés

Marché de Talensac (plan 2, B1) Véritable institution nantaise, il accueille sous ses halles, tous les matins, sauf le lundi, de nombreux marchands.
Marché de la Petite-Hollande (plan 2, B3) Le plus coloré des marchés nantais anime le samedi matin la place de la Petite-Hollande.
Marché aux puces (plan 2, A1) Les brocanteurs déballent leurs pièces ou leur bric-à-brac le samedi matin sur la place Viarme.
Marché aux fleurs (plan 2, B3) De nombreux fleuristes vous attendent tous les jours au centre de la place du Commerce.
Marché de Trentemoult Tous les samedis matin, un marché bio se tient dans ce quartier de Rezé, sur la rive sud de la Loire.

fêtes et manifestations

Estuaire Un parcours artistique et culturel inauguré en 2007 permet de découvrir les sites exceptionnels de l'estuaire de la Loire. "Estuaire" invite tous les deux ans 30 artistes internationaux à exposer leurs œuvres de Nantes à Saint-Nazaire. Le Lieu Unique, le musée des Beaux-Arts, la galerie des Machines, etc., prennent part à cet événement. *Tél. 02 51 82 15 00 ou 02 40 75 75 07 www.estuaire.info Juin-sept.*
La Folle Journée Cinq jours de concerts autour d'un thème, ou d'un ou plusieurs compositeurs, réunissent mélomanes et novices, notamment à la Cité des congrès. *Tél. 02 51 88 20 00 www.follejournee.fr Fin jan.*
Rendez-vous de l'Erdre Les bateaux et les quais de l'Erdre sont envahis juste avant la rentrée des classes par des Nantais tout bronzés, heureux de se retrouver autour de concerts de jazz. *Tél. 02 51 82 37 70 www.rendezvouserdre.com Dernier w.-e. d'août*
Les Utopiales-Festival international de science-fiction La science-fiction se dévoile sous toutes ses formes et dans tous ses états lors de ce festival qui conjugue cinéma, bande dessinée et littérature. *Cité des Congrès Tél. 02 51 88 20 00 www.utopiales.org Fin oct.-début nov.*
Festival des trois continents Une large programmation présente des films d'Afrique, d'Amérique du Sud et d'Asie ; compétition et rétrospectives. *Tél. 02 40 69 74 14 www.3continents.com En nov.*
Festival des arts de la rue À Saint-Sébastien (juste au sud de Nantes), sur les îles de la Loire, des spectacles inventifs plus ou moins "déjantés" se succèdent dans une ambiance festive et familiale. *Tél. 02 40 80 86 05 www.saintsebastien.fr En juin*
Les Régates Embarcations modernes ou anciennes animent la Loire devant les milliers de spectateurs qui envahissent les quais. ***Trentemoult**, sur la commune de Rezé au sud de la Loire En sept.*

DÉCOUVRIR
Autour du château et de la cathédrale

☆ **Les essentiels** Le château des ducs de Bretagne et son musée d'Histoire, la cathédrale, le musée des Beaux-Arts **Découvrir autrement** Attablez vous à la terrasse ombragée de la Maison Café

➤ **Carnet d'adresses p.92**

Afin de vous aider dans votre découverte de la ville, celle-ci édite une série de brochures intitulée *Nantes, Ville d'art et d'histoire*. Elles décrivent des circuits thématiques tels que "la promenade urbaine" ou "les incontournables de Nantes".

☆ ☺ **Château des ducs de Bretagne-musée d'Histoire de Nantes (plan 2, C2-D2)** Du premier château, dit de la tour Neuve, édifié au début du XIIIe siècle, ne subsiste plus que l'ancien donjon, qu'il faut imaginer, à l'époque, bordé par la Loire au sud et à l'est. À la fin du XIVe siècle, le château est reconstruit par le duc Jean IV de Montfort. C'est ici qu'est jugé Gilles de Retz (ou de Rais) en 1440. Quand Anne de Bretagne y naît en 1477, son père François II a déjà entamé la construction des bâtiments actuels. Tout au long du XVe siècle, des travaux de protection et d'embellissement se succèdent : le Grand Gouvernement, le Grand Logis et la tour du Fer-à-Cheval voient le jour. Au XVIe siècle, le roi de France François Ier fait construire le Petit Gouvernement ; pendant les guerres de Religion, le duc de Mercœur, gouverneur de la Bretagne, ajoute le bastion de la tour du Port et le bastion Saint-Pierre. Transformé en caserne au XVIIIe siècle, le château ne perd sa vocation militaire qu'en 1915 ; il devient alors propriété de la ville, qui implante dans ce palais-forteresse le musée des Arts décoratifs, le musée d'Art populaire régional et le musée des Salorges. Le château a rouvert ses portes en 2007, après restauration, et accueille le musée d'Histoire de Nantes, des expositions temporaires et une large programmation artistique. *4, pl. Marc-Elder Tél. 0811 46 46 44 Ouvert juil.-août : tlj. 9h-20h (sam. 23h) ; sept.-juin : 10h-18h Fermé mar. Tarif 5€/3€ www.chateau-nantes.fr*

Visite Le visiteur pénètre dans le château par l'une des trois entrées historiques : à l'ouest, le pont Dormant et son double pont-levis, au nord, du côté de la cathédrale et du cours Saint-Pierre, le pont de Secours, ou la poterne de la Loire. Il est possible de parcourir les 500m de chemin de ronde et de contempler la blancheur lumineuse des façades de tuffeau. L'or y étincelle à nouveau sur les flèches surmontant la tour de la Couronne d'or, symbole de l'autorité royale et ducale d'Anne de Bretagne. La restauration intérieure met en valeur la monumentalité des volumes, la splendeur des voûtes et des cheminées, la délicatesse des croisées d'ogive. Chambres de tir, gargouilles, blasons ou coussièges de pierre, graffitis de prisonniers, autant d'éléments remarquables ou de témoignages émouvants que découvre le public. Le musée se déploie dans les 32 salles de l'ancien palais ducal, du sol aux combles. En tout, plus de 850 objets relatent l'histoire de la ville à travers une scénographie contemporaine très réussie (d'astucieuses bornes multimédias permettent une approche ludique et pédagogique des lieux) ; sept séquences

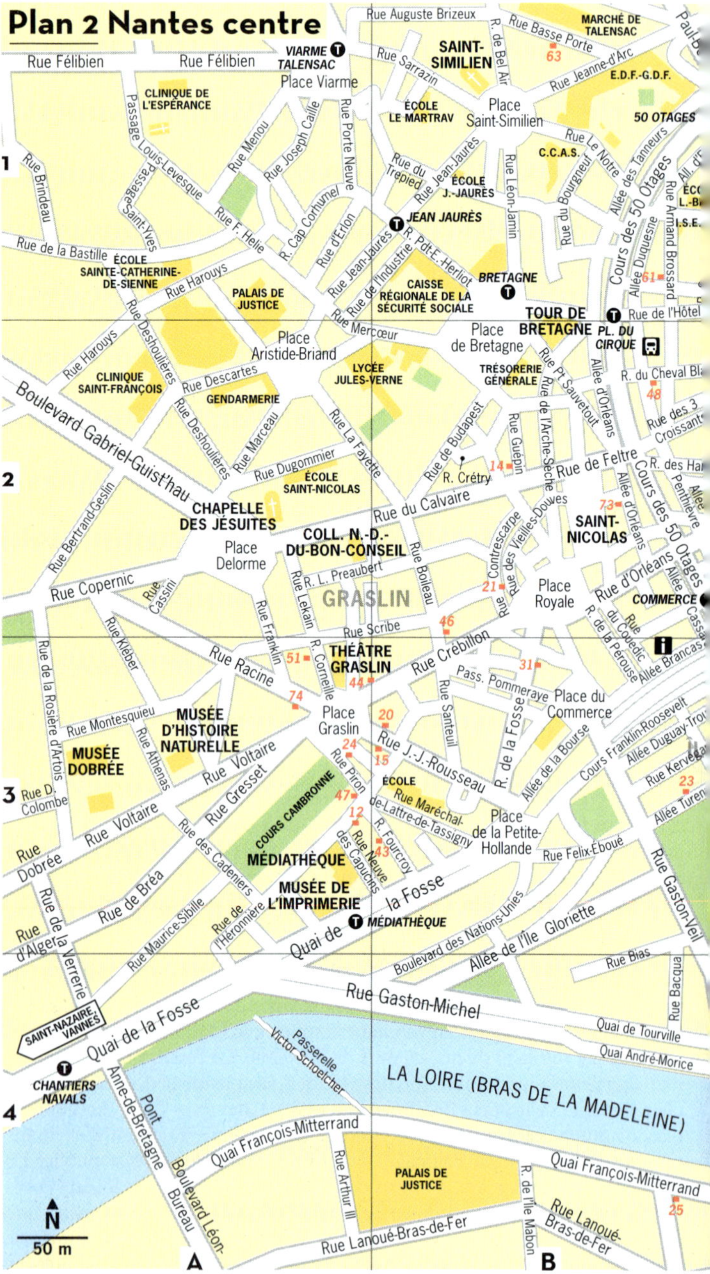
Plan 2 Nantes centre
Rue Félibien
Rue Félibien
VIARME TALENSAC
Place Viarme
Rue Auguste Brizeux
SAINT-SIMILIEN
R. de Bel Air
Rue Basse Porte
MARCHÉ DE TALENSAC
63
Rue Jeanne-d'Arc
E.D.F.-G.D.F.
50 OTAGES
Rue Sarrazin
ÉCOLE LE MARTRAV
Place Saint-Similien
CLINIQUE DE L'ESPÉRANCE
Passage Louis-Levesque
Passage Saint-Yves
Rue Menou
Rue Joseph Caillé
Rue Porte Neuve
Rue du Trépied
Rue Jean-Jaurès
ÉCOLE J.-JAURÈS
Rue Léon-Jamin
C.C.A.S.
Rue Le Notre
Rue du Bourgneuf
Allée des Tanneurs
Cours des 50 Otages
Rue Armand Brossard
Allée Duquesne
61
1
Rue Brindeau
Rue F. Hélie
R. Cap Corhumel
Rue d'Erlon
JEAN JAURÈS
R. Pdt-E.-Herriot
BRETAGNE
Rue de la Bastille
ÉCOLE SAINTE-CATHERINE-DE-SIENNE
Rue Harouys
PALAIS DE JUSTICE
Rue de l'Industrie
CAISSE RÉGIONALE DE LA SÉCURITÉ SOCIALE
TOUR DE BRETAGNE
PL. DU CIRQUE
Rue de l'Hôtel
Rue Mercœur
Place Aristide-Briand
Place de Bretagne
Rue Harouys
Rue Deshoulières
CLINIQUE SAINT-FRANÇOIS
Rue Descartes
GENDARMERIE
LYCÉE JULES-VERNE
TRÉSORERIE GÉNÉRALE
Rue Pt Sauvetout
Allée d'Orléans
R. du Cheval Bl.
48
Rue des 3 Croissants
Boulevard Gabriel-Guist'hau
Rue Deshoulières
Rue Marceau
Rue La Fayette
Rue de Budapest
Rue Guépin
Rue de l'Arche-Sèche
R. Crétry
14
Rue de Feltre
R. des Hal.
2
Rue Dugommier
ÉCOLE SAINT-NICOLAS
Rue Bertrand-Geslin
CHAPELLE DES JÉSUITES
Rue du Calvaire
73
Allée d'Orléans
Cours des 50 Otages
SAINT-NICOLAS
Rue Contrescarpe
Rue des Vieilles-Douves
Place Delorme
COLL. N.-D.-DU-BON-CONSEIL
Rue Boileau
R. L. Preaubert
Rue Lekain
GRASLIN
21
Place Royale
Rue d'Orléans
COMMERCE
Rue Copernic
Rue Cassini
Rue Franklin
Rue Scribe
46
R. de la Pérouse
Rue du Couëdic
Allée Brancas
Rue Kléber
Rue de la Rosière d'Artois
Rue Racine
51
R. Corneille
THÉÂTRE GRASLIN
Rue Crébillon
Pass. Pommeraye
31
Place du Commerce
74
44
Rue Montesquieu
MUSÉE D'HISTOIRE NATURELLE
Place Graslin
20
Rue Santeuil
R. de la Fosse
Allée de la Bourse
Cours Franklin-Roosevelt
Allée Duguay-Trouin
MUSÉE DOBRÉE
Rue Athénas
Rue Voltaire
24
15
Rue J.-J.-Rousseau
Rue Kervégan
23
3
Rue D. Colombe
Rue Gresset
Rue Piron
ÉCOLE
COURS CAMBRONNE
47
Rue Maréchal-de-Lattre-de-Tassigny
Place de la Petite-Hollande
Allée Turenne
Rue Voltaire
Rue des Cadeniers
12
R. Fourcroy
Rue Dobrée
Rue Neuve des Capucins
43
Rue Félix-Éboué
Rue Gaston-Veil
MÉDIATHÈQUE
Rue de Bréa
MUSÉE DE L'IMPRIMERIE
la Fosse
Rue de la Verrerie
Rue d'Alger
Rue Maurice-Sibille
Rue de l'Héronnière
Quai de
MÉDIATHÈQUE
Boulevard des Nations-Unies
Allée de l'Île Gloriette
Rue Bias
Rue Bacqua
Rue Gaston-Michel
SAINT-NAZAIRE, VANNES
Quai de la Fosse
Passerelle Victor-Schoelcher
Quai de Tourville
Quai André-Morice
CHANTIERS NAVALS
LA LOIRE (BRAS DE LA MADELEINE)
Pont Anne-de-Bretagne
4
Quai François-Mitterrand
Rue Arthur III
PALAIS DE JUSTICE
R. de l'Île Mabon
Quai François-Mitterrand
25
Boulevard Léon-Bureau
Rue Lanoué-Bras-de-Fer
Rue Lanoué-Bras-de-Fer
N
50 m
A
B

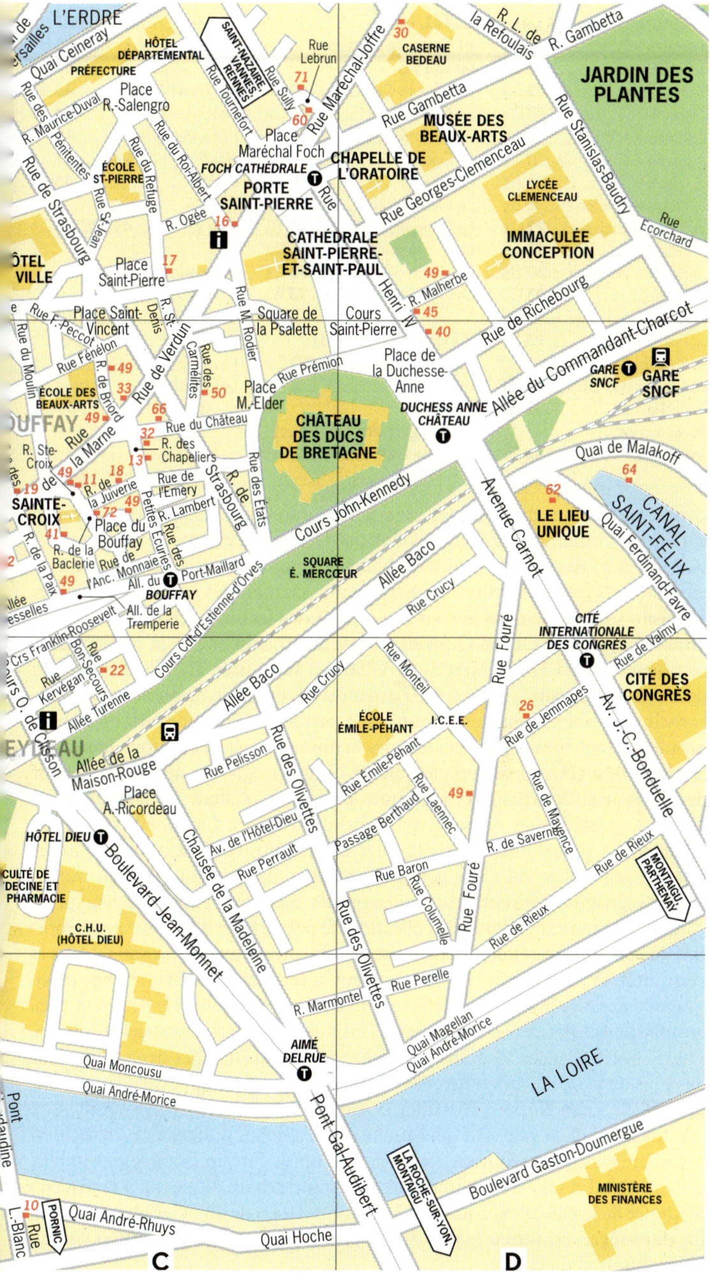
L'ERDRE
Quai Ceineray
HÔTEL DÉPARTEMENTAL
PRÉFECTURE
Place R.-Salengro
R. Maurice-Duval
Rue des Pénitentes
Rue de Strasbourg
ÉCOLE ST-PIERRE
Rue du Refuge
Rue du Roi-Albert
Rue St-Jean
R. Ogée
Rue Tournefort
SAINT-NAZAIRE, VANNES, RENNES
Rue Sully
Rue Lebrun
Place Maréchal Foch
FOCH CATHÉDRALE
PORTE SAINT-PIERRE
Rue Maréchal-Joffre
CHAPELLE DE L'ORATOIRE
CATHÉDRALE SAINT-PIERRE-ET-SAINT-PAUL
CASERNE BEDEAU
Rue Gambetta
R. Gambetta
R. L. de la Refoulais
MUSÉE DES BEAUX-ARTS
Rue Georges-Clemenceau
LYCÉE CLEMENCEAU
IMMACULÉE CONCEPTION
JARDIN DES PLANTES
Rue Stanislas-Baudry
Rue Ecorchard
HÔTEL VILLE
Place Saint-Pierre
Place Saint-Vincent
Rue F.-Peccot
Rue du Moulin
Rue Fénelon
R. de Briord
R. St-Denis
Rue de Verdun
Rue des Carmélites
Rue M.-Rodier
Square de la Psalette
Cours Saint-Pierre
Henri IV
R. Malherbe
Rue de Richebourg
Allée du Commandant-Charcot
GARE SNCF
Place de la Duchesse-Anne
Rue Prémion
Place M.-Elder
ÉCOLE DES BEAUX-ARTS
BOUFFAY
Rue de la Marne
Rue du Château
R. des Chapeliers
CHÂTEAU DES DUCS DE BRETAGNE
DUCHESS ANNE CHÂTEAU
Quai de Malakoff
CANAL SAINT-FÉLIX
Quai Ferdinand-Favre
LE LIEU UNIQUE
R. Ste-Croix
SAINTE-CROIX
R. de la Juiverie
Rue de l'Emery
R. Lambert
Petites Écuries
Rue des Halles
R. de Strasbourg
Rue des États
Cours John-Kennedy
Avenue Carnot
Place du Bouffay
R. de la Baclerie
Rue de l'Anc. Monnaie
R. de la Paix
All. du Port-Maillard
BOUFFAY
All. de la Tremperie
SQUARE É. MERCŒUR
Allée Baco
Rue Crucy
Cours Cdt-d'Estienne-d'Orves
Crs Franklin-Roosevelt
Rue Bon-Secours
Rue Kervégan
Allée Turenne
Cours O. de Clisson
FEYDEAU
Allée de la Maison-Rouge
Rue Pelisson
Rue des Olivettes
Rue Monteil
Rue Fouré
CITÉ INTERNATIONALE DES CONGRÈS
Rue de Valmy
CITÉ DES CONGRÈS
ÉCOLE ÉMILE-PÉHANT
I.C.E.E.
Rue Émile-Péhant
Rue de Jemmapes
Av. J.-C.-Bonduelle
Place A.-Ricordeau
Av. de l'Hôtel-Dieu
Passage Berthaud
Rue Laennec
Rue de Mayence
R. de Saverne
HÔTEL DIEU
Boulevard Jean-Monnet
Chaussée de la Madeleine
Rue Perrault
Rue Baron
Rue Columelle
Rue de Rieux
MONTAIGU, PARTHENAY
FACULTÉ DE MÉDECINE ET PHARMACIE
C.H.U. (HÔTEL DIEU)
Rue Perelle
R. Marmontel
Quai Magellan
Quai André-Morice
AIMÉ DELRUE
Quai Moncousu
Quai André-Morice
LA LOIRE
Pont Gal-Audibert
LA ROCHE-SUR-YON, MONTAIGU
Boulevard Gaston-Doumergue
MINISTÈRE DES FINANCES
Quai André-Rhuys
Quai Hoche
PORNIC
Rue L.-Blanc
C
D

Restauration (nº 10 à 26)
Beckett's ____ **14** B2
Café Cult' ____ **19** C2
Chez Lizette ____ **10** C4
Chez maman ____ **18** C2
Crêperie Ker Breiz ____ **12** A3
Crêperie Sainte-Croix ____ **11** C2
La Cigale ____ **24** A3
La Nouvelle Héloïse* ____ **15** B3
La Vache nantaise ____ **22** C3
Le 1 ____ **25** B4
Le Bouche à oreille ____ **20** B3
Le Kyros* ____ **13** C2
Le Petit Flore ____ **21** B2
Le Pressoir ____ **23** B3
Le Square du Champ de Mars ____ **26** D3
Resto-Revues ____ **17** C1
Rêves marins, crêpes marines ____ **16** C1

Cafés, bars et lieux de sortie (nº 60 à 74)
La Maison Café* ____ **71** C1
Le Bar du Coin* ____ **72** C2
Le Buck Mulligan's ____ **66** C2
Le Goo Bar ____ **61** B1
Le Graslin* ____ **74** A3
Le Lieu Unique* ____ **62** D2
Le Pannonica ____ **63** B1
Le Remorqueur ____ **64** D2
Le Violon dingue ____ **60** C1
Les Fées Maison* ____ **73** B2

Cinémas (nº 50 et 51)
Le Cinématographe* ____ **50** C2
Le Katorza* ____ **51** A3

Hébergement (nº 40 à 49)
Hôtel de France ____ **44** A3-B3
Hôtel du Château ____ **40** D2
Hôtel Le Cambronne ____ **43** B3
Hôtel Graslin ____ **47** A3
Hôtel La Pérouse ____ **48** B2
Hôtel Pommeraye ____ **46** B2
Hôtel Renova ____ **42** C2
Hôtel Saint-Daniel ____ **41** C2
L'Hôtel ____ **45** D1
Un coin chez soi ____ **49** C2/D1/D3

Shopping (nº 30 à 33)
Comptoirs d'Armorique* ____ **30** D1
Debotté* ____ **31** B3
Kezaly* ____ **32** C2
Les Rigolettes nantaises* ____ **33** C2

*À RETROUVER DANS LA PARTIE DÉCOUVRIR

chronologiques et thématiques scandent le parcours, de l'édit de Nantes à la période contemporaine en passant par la traite négrière. La **séquence I** (salles 1 à 5) décrit l'ouverture de Nantes au commerce maritime jusqu'au XVIIe siècle. Cartes, gravures et instruments scientifiques éclairent le propos. La visite se déroule dans la tour et l'espace des Jacobins, charnière entre le Grand Logis et le Grand Gouvernement. Ne manquez pas la remarquable reconstitution en 3D de Nantes en 1756. La **séquence II**, "Nantes, fille du fleuve et de l'Océan" (salles 6 à 10), invite à découvrir la façon dont peintres, écrivains et poètes ont perçu cette ville carrefour. De superbes figures de proue (XIXe siècle) vous accueillent dès la première salle. Point fort du musée, la **séquence III**, qui se déploie dans le Grand Logis, est dédiée au négoce de l'or noir au XVIIIe siècle. Estampes et dessins relatent "l'infâme trafic". Le plus spectaculaire est sans doute celui du navire *La Marie-Séraphique* détaillant la répartition des esclaves à bord. Entraves, gravures abolitionnistes, exemplaires du *Code noir*, documents comptables relatifs au trafic : les témoignages illustrent l'enfer subi par les esclaves. Fruit de ce fructueux commerce, une exceptionnelle collection de porcelaines de Chine aux armoiries des plus grandes familles nantaises s'offre aux yeux des visiteurs. Dans la **séquence IV**, les atrocités de Carrier, sous la Terreur, figurent en bonne place – la toile *Les Noyés de Nantes* illustre le martyre des prisonniers ligotés et jetés vivants dans le fleuve. La **séquence V**, intitulée "Un port industriel et colonial (1815-1940)" (salles 19 à 26), s'attache aux grands travaux de comblement des bras de la Loire, aux nouvelles routes commerciales ainsi qu'à la création du port de Saint-Nazaire. Biscuiteries, savonneries ou conserveries font alors la renommée de la ville : Alfons Mucha et ses affiches publicitaires mais aussi la célèbre silhouette du petit écolier LU, d'après Firmin Bouisset, évoquent cet âge d'or. La salle 27 commémore un épisode dramatique qui a marqué la mémoire de la ville : l'exécution, le 22 octobre 1941, de 48 otages par les nazis. La **dernière séquence** (salles 30 à 32) met en scène la nouvelle politique d'urbanisation de la ville.

☆ **Cathédrale Saint-Pierre et Saint-Paul (plan 2, C1)** La cathédrale que nous voyons aujourd'hui succède à plusieurs bâtiments antérieurs. Sur un édifice primitif fut construite une église (VIe s.) consacrée par saint Félix et détruite lors des invasions normandes. Une église romane (XIe s.) prit sa place ; incendiée, il n'en reste que la crypte. La première pierre de la cathédrale gothique est posée en 1434 par le duc Jean V de Bretagne ; les travaux de construction s'étalent sur quatre siècles et demi, ne prenant fin qu'en 1891, avec l'achèvement du chevet. Bombardée en 1943 – le chœur et les vitraux sont détruits –, incendiée en 1972 – les charpentes, cette fois, sont touchées –, la cathédrale a bénéficié d'importants travaux de restauration et se présente aujourd'hui entière et imposante, haute de 63m et large de 43m.
Pl. Saint-Pierre Ouvert tlj. 9h-19h (dim. 10h)
Visite Dominée par deux tours carrées, la façade comporte cinq portails exceptionnels qui ont résisté aux outrages du temps et au vandalisme révolutionnaire, sans parler des diverses interventions malheureuses (restaurations manquées vers 1830). Trois voussures surmontent le portail central, symbolisant la Résurrection des morts, le Ciel et l'Enfer. À l'intérieur, le visiteur est saisi par l'ampleur des voûtes de la nef qui culminent à 37m. Admirez le triforium à claire-voie (XVIe s.) qui diffuse une très belle lumière indirecte. Le buffet d'orgue placé dans l'avant-nef remonte au XVIIe siècle, tandis que les vitraux du chœur néogothique et ceux des chapelles du déambulatoire sont contemporains, œuvres de Jean Le Moal et Anne Le Chevalier. À l'entrée du déambulatoire, à droite du chœur, un escalier conduit à deux cryptes : l'une, dite de Guérech, date de l'époque romane (XIe s.) et expose le trésor de la cathédrale ; l'autre, dite de Saint-Gohard (1850) fut creusée à l'occasion de l'extension du chevet et accueille une exposition retraçant l'histoire de l'édifice. Le croisillon sud abrite le tombeau de François II et de Marguerite de Foix, commandé au sculpteur Michel Colombe par leur fille Anne de Bretagne. Sculpté de 1502 à 1507, ce monument représente le duc et la duchesse en gisants escortés par trois angelots vers leur résidence céleste, et entourés d'allégories des quatre vertus cardinales. L'ensemble, de structure typiquement médiévale, se caractérise cependant par une facture Renaissance, comme l'attestent le décor à l'antique et la présence de vertus à chaque angle : la Justice (dont le visage serait inspiré de celui d'Anne), la Force, la Tempérance et la Prudence ; celle-ci, tout à fait singulière, présente deux faces : celle d'une jeune femme et celle d'un vieillard, symbolisant la Prudence qui se nourrit du passé pour appréhender l'avenir.

Square de la Psalette (plan 2, C1) Le charmant square de la Psalette permet de rejoindre, de la cathédrale, le cours Saint-Pierre (en passant par l'impasse de la Psalette ou l'impasse Saint-Laurent). L'ancienne Maison du chapitre (XVe s.) y trône. Cette dernière abritait au XVIIe siècle une psalette, c'est-à-dire une école de chant pour enfants de chœur, qui lui laissa ce nom.

Porte Saint-Pierre (plan 2, C1) Voisine de la cathédrale, la porte Saint-Pierre, construite sur les fondations de l'ancienne enceinte de la ville, datant du IIIe siècle, fut surmontée d'un logis en 1502. C'est par cette porte qu'Henri IV pénétra dans la cité quand il vint y signer, en 1598, l'édit de Nantes.

EN TROIS JOURS

Nantes : art et histoire

ANCIENNE CITÉ DUCALE, PÔLE COMMERCIAL ET INDUSTRIEL, CENTRE UNIVERSITAIRE IMPORTANT… DÉCOUVREZ NANTES, VILLE DYNAMIQUE ET AMBITIEUSE, OUVERTE SUR LE MONDE.

VENDREDI

Des lignes néoclassiques du quartier Graslin sur la rive droite de la Loire, aux maisons de pêcheurs de la rive opposée, en passant par le style "néo-industrialo-portuaire" développé dans le cadre du projet d'urbanisme de l'île de Nantes, vivez au rythme d'une ville qui renoue avec son fleuve.

MATINÉE

9h **La Cigale** (p.96) Débutez la journée sur la place Graslin, face au théâtre, en prenant un café dans cette brasserie de style 1900 au décor somptueux, classée monument historique.

9h30 **Quartier Graslin** (p.83) Arpentez la rue Crébillon (haut lieu de la mode à Nantes) et la rue Cassini, pour des emplettes gourmandes, avant d'emprunter les escaliers du passage Pommeraye qui relie le quartier Graslin à la place du Commerce. Un lieu au charme insolite.

11h **Île Feydeau** (p.86) Prenez le temps de flâner dans ce quartier qui n'a d'île que le nom depuis le comblement des bras de la Loire. Remarquez les façades sculptées des riches maisons des anciens négriers, dans la rue Kervégan.

12h30 **Crêperie Ker Breiz** (p.94) Dégustez-y la galette aux moules, si fondante, et la crêpe Tatin… divine !

APRÈS-MIDI

14h **Île de Nantes** (p.87) Prenez la passerelle Victor-Schoelcher et explorez ce quartier qui, du centre commercial de Beaulieu au Hangar à bananes, vit une mutation exceptionnelle. Sur la pointe ouest de l'île, plus attractive, admirez les Machines de l'Île, puis promenez-vous sur l'esplanade arborée et le site des anciens chantiers navals : grues Titan, cale à sous-marins et hangars s'intègrent parfaitement dans le projet d'urbanisme en cours. Au bout du quai des Antilles, admirez la vue sur l'estuaire au travers des Anneaux de Buren. On se croit loin de la ville : on est pourtant en plein cœur de Nantes !

17h **Altercafé** (p.92) Pause en terrasse face à la Loire pour un goûter bio et équitable.

18h30 **Trentemoult** (p.91) Rendez-vous à la gare maritime, sur le quai de la Fosse, et traversez le fleuve à bord d'un Navibus Loire. Perdez-vous dans l'étonnant dédale de maisons colorées et tassées les unes sur les autres de l'ancien village de pêcheurs de Trentemoult. Puis rejoignez le quai pour boire un verre face au fleuve dans une ambiance de guinguette.

SOIRÉE

20h **Le Bouche à oreille** (p.95) De retour dans le centre par le cours Cambronne, laissez-vous tenter par un dîner chaleureux dans ce restaurant lyonnais et savourez une andouillette grillée ou un jarret aux lentilles.

22h **Les Fées Maison** (p.83) Pour conclure cette journée pleine de contrastes, traversez la place Royale et empruntez une rue sombre derrière l'église Saint-Nicolas pour découvrir un lieu étrange où les boissons s'appellent “potions” et où le décor semble sorti tout droit d'un conte.

SAMEDI

Arpentez les ruelles du quartier du Bouffay, aux abords du château des ducs de Bretagne, jusqu'à la cathédrale pour appréhender Nantes, cette vieille dame âgée de plus de 2 000 ans qui nous a légué un patrimoine architectural et culturel inestimable !

MATINÉE

9h **Quartier du Bouffay** (p.81)
Déambulez dans les ruelles piétonnières et profitez-en pour visiter l'église Sainte-Croix, construite à la fin du XVIIe siècle.

10h **Château des ducs de Bretagne** (p.71) Au bout de la rue du Château, vous vous trouverez face à cette forteresse, témoin de l'histoire de Nantes et de la Bretagne. Au-dessus des tours et des remparts, vous apercevrez les toits de l'élégante résidence ducale. Profitez du soleil quelques instants sur les pelouses qui couvrent les douves, ou promenez-vous dans la cour du château et le long des cinq cents mètres de chemin de ronde !

11h **Cathédrale Saint-Pierre et Saint-Paul** (p.75) Remontez la rue Rodier pour admirer la voûte majestueuse de ce joyau du gothique flamboyant qui recèle les tombeaux des parents d'Anne de Bretagne. En chemin, n'oubliez pas de jeter un coup d'œil sur le square de la Psalette et la maison du Chapitre.

12h **Rêves marins, crêpes marines** (p.94) Déjeuner gourmand en vous délectant de bourses de Saint-Jacques aux gambas et au safran dans cette petite crêperie fort sympathique.

APRÈS-MIDI

13h **Shopping gourmand**
Profitez de la promenade digestive pour ajouter quelques douceurs à votre panier : à l'Akabi (p.90), prenez le temps d'admirer l'exposition du moment en dégustant un thé parmi l'incroyable gamme proposée ; à La Friande (p.90), faites provision de chocolats au muscadet, mais aussi de souvenirs originaux ; et aux Rigolettes nantaises (p.83), comprenez que les berlingots multicolores ne demandent qu'à être goûtés immédiatement !

15h **Musée des Beaux-Arts** (p.79)
Découvrez les superbes collections du musée ou optez pour une exposition temporaire, pendant que les enfants s'initient aux arts plastiques dans l'atelier qui leur est réservé, le samedi après-midi.

16h30 **Jardin des Plantes** (p.80)
Sillonnez les allées de ce parc à l'anglaise, entre cascades et pièces d'eau, au milieu de végétaux où la flore d'Armorique côtoie celle d'Amérique, d'Asie et d'Afrique. Admirez les mosaïques de fleurs ainsi que les deux fiertés de la ville : le magnolia d'Hectot, planté en 1807, et les collections de camélias.

SOIRÉE

19h **Goo Bar** (p.92) Situé dans une ruelle reliant l'hôtel de ville au cours des Cinquante-Otages, c'est le

Ronde de nuit

En été, découvrez Nantes différemment : parcourez la ville en nocturne dans un canoë sous la conduite d'un animateur du club Nantes Atlantique Canoë Kayak (p.90). Tous les soirs, sur réservation, vivez quatre heures de balade inoubliables au fil de l'Erdre.

lieu idéal pour prendre l'apéritif si vous aimez les endroits un peu décalés !

21h Le Square du Champ de Mars (p.96) Rejoignez les environs de la Cité des Congrès pour un dîner chic et raffiné. Vos cinq sens y seront immanquablement comblés !

22h30 Le Violon dingue (p.92) Digestif festif dans cette institution du quartier, qui s'anime au gré de concerts et de soirées théâtrales.

1h Le Remorqueur (p.93) Pour une fin de soirée nantaise dans les règles de l'art, encanaillez-vous jusqu'au petit matin dans l'atmosphère survoltée de la cale du Remorqueur, à la simple lueur de quelques ampoules !

DIMANCHE

Un dimanche à la nantaise : marché, balade le long de l'Erdre et... farniente !

MATINÉE

9h Marché de Talensac (p.70) Armé de votre panier, mêlez-vous aux Nantais les plus matinaux et prenez votre petit déjeuner en faisant votre marché de produits locaux de première fraîcheur : anguilles, brochets, et autres fouaces...

11h Rives de l'Erdre (p.89) Louez un vélo dans le parking de la Tour de Bretagne et longez les rives de l'Erdre dans un cadre verdoyant ponctué de manoirs, de parcs - dont celui de la Beaujoire - ou de charmantes péniches habitées.

13h La Belle Équipe (p.90) Profitez du cadre agréable de cette terrasse postée face à la rivière, et de l'enthousiasme des amateurs de sport qui la fréquentent, pour refaire le plein d'énergie.

Île de Versailles

(p.89) Cette île au milieu de l'Erdre est aménagée en un agréable jardin japonais, qui comprend une aire de jeux pour les enfants et un aquarium, à la Maison de l'Erdre. Vous pourrez également louer un bateau électrique sans permis.

APRÈS-MIDI

15h Le Lieu Unique (p.80) Direction Le Lieu Unique, facilement repérable à sa tour. Dans cette ancienne usine LU, devenue aujourd'hui un complexe culturel incontournable, goûtez aux joies d'un hammam bien mérité, avant de boire un verre installé dans un transat.

18h Le Cinématographe (p.83) Pour terminer cet après-midi de détente, découvrez un réalisateur méconnu ou un film rare dans cet espace consacré à l'image, avant d'aller jeter un dernier regard sur le château magnifiquement illuminé.

20h30 Le 1 (p.96) Juste à côté du palais de Justice, finissez la journée par un dîner face à la Loire et aux lumières de la ville, tout en gardant un œil curieux sur ce qui se passe en cuisine !

CONSEIL Laissez votre voiture dans un parking payant, et munissez-vous du "Pass Nantes" (p.68) qui donne accès aux transports, musées et visites guidées.

Place Foch, cours Saint-Pierre et Saint-André (plan 2, C1) Inconnue des Nantais sous le nom de place Foch, la place Louis XVI, comme on l'appelle ici, s'organise autour d'une colonne dorique, surmontée d'une des cinq statues de ce roi visibles en France. Le cours Saint-André, menant à l'Erdre, et le cours Saint-Pierre, menant à la Loire (aujourd'hui comblée), furent aménagés au XVIIIe siècle pour satisfaire le goût de la promenade en vogue à l'époque. À l'origine, ormeaux et tilleuls s'alignaient sur les cours, remplacés au XIXe siècle par des chênes et des marronniers. Ces cours accueillent aujourd'hui, à l'automne et au printemps, une fête foraine. Côté cours Saint-Pierre, la jolie chapelle de l'Oratoire abrite parfois des expositions. On aperçoit également la tour du Lieu Unique (cf. ci-après), qui domine l'ancienne usine LU.

☆ **Musée des Beaux-Arts (plan 2, D1)** Créé en 1800 par arrêté du Consulat et installé dans l'actuel palais des Beaux-Arts en 1900, il accueille des collections de peintures du XIIIe siècle à nos jours, dans un très bel espace mis en valeur par la lumière naturelle que laisse passer la verrière centrale. Un double circuit de galeries et de salles la ceint sur deux niveaux, que distribue un escalier monumental à double volée. Quelques œuvres proviennent de l'ancienne collection royale, mais c'est l'achat par la ville en 1810 de la collection du diplomate François Cacault, constituée entre 1785 et 1803, qui confère au musée toute sa richesse. *10, rue Georges-Clemenceau Tél. 02 51 17 45 00 Ouvert mer.-lun. 10h-18h (jeu. 20h) Fermé j. fér. Tarif 3,50€, réduit 2€, expo. majeure 6€, réduit 3,60€, gratuit 1er dim. du mois de sept. à juin et jeu. en nocturne Café ouvert tlj. 10h-18h, librairie 11h-18h*

Art ancien (XIIIe-XVIIIe s.) Un important fonds de primitifs italiens nous donne à voir des œuvres des écoles florentine et siennoise du XVe siècle ainsi qu'un remarquable ensemble de toiles de la Renaissance, notamment des natures mortes et des paysages. Joyau du musée, trois chefs-d'œuvre de Georges de La Tour (1595-1652), *Le Songe de saint Joseph*, *Le Reniement de saint Pierre* et *Le Vielleur*. Cette dernière toile, œuvre majeure de l'artiste, est classée parmi ses peintures diurnes les plus achevées. Remarquez combien le rictus de douleur du vieil homme, ses vêtements élimés contrastent avec le luxe de la vielle. Les écoles flamande et hollandaise sont aussi représentées, par les grands tableaux d'autel de Rubens ou de Boyermans. Parmi les œuvres du XVIIIe siècle figure un bel ensemble de portraits de Tournières, des natures mortes de Desportes et Oudry, quatre œuvres de Greuze, dont *Le Guitariste*. L'intensité de l'expression du personnage, l'ambiguïté de sa posture, la richesse de son habit captivent le regard.

XIXe siècle Delacroix, Corot, Gérôme, Delaroche, pour ne citer que les plus connus, illustrent l'époque romantique. Mais c'est sans conteste le *Portrait de Madame de Senonnes*, d'Ingres (1780-1867), toile aux coloris vénitiens, rouges et ors chatoyants, qui compte parmi les plus belles pièces de cette période. L'ovale très pur, sensuel, du visage n'est pas sans rappeler les modèles de Raphaël. L'illusion du réel provient du traitement des étoffes, notamment le velours rouge de la robe, ponctuée de rubans et de dentelles, et des multiples bijoux aux pierres de couleur. Autre chef-d'œuvre de cette époque, *Les Cribleuses de blé* de Gustave Courbet (1819-1877). Cette scène domestique, au réalisme certain, reflète les préoccupations sociales de Courbet. La composition est rythmée par le geste de la paysanne qui se déploie en un large arc de cercle. Notez le rouge profond de la robe, travaillé à la brosse et au couteau, qui possède une texture et une densité singulières. Par ailleurs, le musée s'attache à nous faire découvrir des enfants du pays, peintres d'histoire et portraitistes comme Delaunay, Merson ou Baudry, ou paysagistes tels que Leroux ou Maufra, qui figurent en bonne place.

Art moderne De l'impressionnisme à l'expressionnisme, la plupart des courants de l'art moderne du début du XXe siècle sont représentés. Citons une version des *Nymphéas* (1917), *Gondoles à Venise* (1908) de Claude Monet, mais aussi un très beau *Port du Havre* (1906) de Raoul Dufy, ainsi qu'un remarquable *Nu jaune* (1908) de Sonia Delaunay. Se réclamant du surréalisme, Max Ernst réalisa ses premiers "frottages" à Pornic, non loin de Nantes, comme l'illustre *La Forêt* (1925), exposé au musée. Une dizaine d'œuvres de Kandinsky témoignent des expérimentations de l'artiste dans l'Allemagne du Bauhaus, entre 1922 et 1933. Le musée compte également une belle collection de toiles emblématiques de l'art abstrait en France dans les années 1950-1960 (Hans Hartung, Serge Poliakoff, Pierre Soulages). Y sont conservées, d'autre part, de singulières œuvres de Gaston Chaissac et Jean Dubuffet. Les amateurs du grand maître espagnol pourront admirer *Le Couple* (1967) et *L'Homme à la canne* (1971) de Picasso.

Art contemporain Consacrée à la création depuis les années 1960, cette section accueille des œuvres de l'Arte Povera, de Supports/Surfaces ou du Nouveau Réalisme, avec des productions de Villeglé, Raysse, Tinguely ou Dufrêne. Au rez-de-chaussée, une librairie-boutique bien fournie et un café-salon de thé.

Jardin des Plantes (plan 2, D1) En 1805, A. Hector, botaniste et apothicaire, entame les travaux d'aménagement de ce jardin qui constitue un agréable lieu de promenade. La ville connaît alors une longue tradition de conservation des plantes, en raison des multiples espèces d'Amérique, d'Asie ou d'Afrique rapportées par les navigateurs. Le jardin accueille de nombreuses variétés de plantes et d'arbres, dont le plus vieux camélia d'Europe (2,3m de circonférence !). Jardin paysager où l'on enseigne également la botanique, ce conservatoire de plantes régionales et exotiques abrite de belles serres tropicales du XIXe siècle (flore des régions désertiques et de la forêt pluvieuse) ainsi que de remarquables collections dendrologiques (arbres et arbustes), notamment le palmarium (2 000 espèces). Pas de matchs de foot en vue, car l'accès aux pelouses est interdit ; les enfants y trouveront cependant leur compte, grâce à un manège, un espace de jeux, des plans d'eau où s'ébattent de nombreux canards, une volière et un enclos à daims. *Entrées bd Stalingrad (face à la gare SNCF), pl. Sophie-Trébuchet, rue Frédéric-Caillaud Ouvert tlj. à partir de 8h30 jusqu'à 20h (mi-mars-mi-oct.), 18h30 (mi-jan.-mi-mars et mi-oct.-mi-nov.) ou 17h30 (mi-nov.-mi-jan.) Serres ouvertes tlj. sauf mar. Visites guidées (1h) mer. 15h15, jeu. 12h30, ven. 15h, sam.-dim. 15h, 16h, 17h (dim. 10h, 11h) Tél. 02 40 41 65 09 (service des espaces verts) Gratuit*

Le Lieu Unique (plan 2, D2) Unique, assurément ! L'ancienne usine Lefèvre-Utile (ou LU), construite en 1889 sur l'avenue Carnot, en bordure du canal Saint-Félix, et alors surmontée de deux tours symétriques, est devenue un complexe culturel comprenant un bar, un restaurant, une librairie, une salle de spectacles et un hammam. Il se repère facilement grâce à sa tour, recons-

UN VERRE UNIQUE Le restaurant du Lieu Unique ne vaut pas le détour, mais prendre un verre au bar, parmi une clientèle plutôt branchée, permet de profiter des quelques transats installés en bordure du canal Saint-Félix ou du décor intérieur très réussi - mobilier chaleureux dans un cadre brut. **Le Lieu Unique (plan 2, D2 n°62)** *Quai Ferdinand-Favre Tél. 02 40 12 14 34 www.lelieuunique.com Ouvert dim.-lun. 11h-20h, mar.-jeu. 11h-00h, ven.-sam. 11h-3h*

truite en l'an 2000 d'après celles d'origine. Cité en exemple en tant que reconversion réussie d'une friche industrielle en espace de création de réputation internationale, le bâtiment actuel n'occupe qu'une petite partie de la biscuiterie qui a cessé de fonctionner en 1986. Dans un esprit de récupération, les concepteurs du Lieu Unique ont recouvert le plafond du grand atelier de barils multicolores en provenance du Mali. De même, la passerelle qui longe les parois a été confectionnée à partir de lattes de bois récupérées sur des chalutiers hors d'usage. En 1999, il proposait à chacun de venir déposer un objet de son choix, dans le but de constituer une collection éclectique, "insolite et troublante", "à l'usage des générations futures". Consignés dans des boîtes en fer-blanc, ces objets ont été enfermés dans l'un des murs du bâtiment le 31 décembre 1999 à minuit. Des milliers de personnes ont participé à la constitution de cet empilement de boîtes scellées. Les portes de ce "Grenier du siècle" seront rouvertes le 1er janvier 2100 à 17h. *www.lelieuunique.com Tarif hammam 21€*

● Où faire ses achats ? Aux Comptoirs d'Armorique, le long du mur, s'alignent les bouteilles des nombreuses bières produites dans la région. Une foule d'autres produits bretons vous sont proposés, avec le sourire, dans cette petite épicerie fine plutôt bien fournie, spécialisée avant tout dans le vin et les bières artisanales. Excellente table d'hôtes (20€). **Comptoirs d'Armorique (plan 2, D1 n°30)** *55, rue du Maréchal-Joffre Tél. port. 06 86 17 03 45 http://comptoirsdarmorique.blogspot.com Ouvert mer.-sam. 16h-22h, dim. 19h-22h*

● Où boire un verre ? Les clients les plus âgés qui font le tour du propriétaire s'étonnent et s'exclament : "C'est vrai que nous aussi, on avait une cuisine tout orange - quelle horreur !" Les plus jeunes, blasés, ont déjà monopolisé les canapés, le lit ou la baignoire, place la plus prisée de ce café-maison qui distille une ambiance fortement seventies, style *Orange mécanique*. Au salon, à la chambre, à la cuisine ou à la salle de bains, on pourra préférer, l'été, l'étroite terrasse ombragée, au bord du bassin où barbote un poisson, orange lui aussi. **La Maison Café (plan 2, C1 n°71)** *4, rue Lebrun Tél. 02 40 37 04 12 www.lamaisonet.com Ouvert tlj. 15h-2h*

Les quartiers Bouffay et Graslin

☆ Les essentiels Le passage Pommeraye, le musée d'Histoire naturelle
Découvrir autrement Admirez le reliquaire d'Anne de Bretagne au musée Dobrée, avant de prendre un verre au Bar du Coin, l'un des plus branchés de la ville

➤ Carnet d'adresses p.92

Autour de la place Bouffay

Entre le château et le cours des Cinquante-Otages, le quartier Bouffay (plan 2, C2), qui se déploie autour de la place éponyme, permet de découvrir quelques vestiges de la ville médiévale. Il faut l'arpenter en flânant le long de ses ruelles très animées qui rappellent par leur nom le passé parfois douloureux de la ville. Ainsi, la rue de la Juiverie est un ancien ghetto où les juifs, chassés de Bretagne par une ordonnance ducale de 1240, étaient tenus enfermés à la nuit tombée. Le mur aux cheminées, rue des Échevins, témoigne de six siècles d'histoire urbaine. De rares maisons à colombages rue de la Juiverie, rue Bossuet, rue des Carmes ou place du Change, ont résisté aux remaniements de la ville et aux bombardements. Place du Pilori, la "maison de Jean-qui-rit et Jean-qui-pleure" (au n°12) mérite qu'on lève les yeux pour admirer ses nombreux mascarons.

PAUSE FALAFEL Sur place ou à emporter, les sandwichs grecs du Kyros, garnis de moutabal, d'houmous, de falafels ou de feta séduiront les carnivores comme les végétariens. Prix modiques et fraîcheur assurés. **Le Kyros (plan 2, C2 n°13)** *4, rue des Chapeliers Tél. 02 40 47 06 98 Ouvert mar.-sam.*

Cours des Cinquante-Otages (plan 2, B1-B2) Ainsi baptisé en mémoire des quarante-huit otages, dont Guy Môquet, exécutés par les nazis en 1941, ce cours a été aménagé par l'architecte Italo Rota en 1993. Ce dernier a intégré dans son projet paysager une véritable "rivière végétale", formée de parterres successifs, qui rappelle par sa forme l'époque où l'Erdre, affluent de la Loire, coulait à l'air libre. Vénérables platanes, magnolias et buis sculptés qu'agrémentent des plantations variant au gré des saisons serpentent tout au long de cette belle allée de promenade.

Église Sainte-Croix (plan 2, C2) Reconstruite dans le dernier quart du XVIIe siècle, l'église Sainte-Croix fut ornée de son beffroi à angelots en 1860. À l'intérieur, de belles stalles du XVIIe siècle et une statue de Notre-Dame-de-Bon-Secours (XVe siècle) retiendront votre attention. Les Nantais ont coutume de se donner rendez-vous sur son parvis. *Pl. Sainte-Croix Tél. 02 40 47 41 18 Ouvert tlj. 9h-18h30*

Où acheter des vêtements de créateurs ? En langue tzigane, "Kezaly" est l'esprit de la forêt. Dans cet atelier-boutique, Claire Ploquin crée des collections de vêtements féminins en puisant son inspiration dans les cultures du monde et les matières naturelles. Elle passe ainsi des épices de l'Inde aux froids rivages des Inuits, puis à l'univers des sirènes, avec des tons corail et des imprimés Liberty. Prêt-à-porter, sur mesure, accessoires et exposition de modèles. **Kezaly (plan 2, C2 n°32)** *23, rue du Château Tél. 02 40 35 60 68 www.kezaly.com Ouvert mar.-sam. 10h-13h et 14h-19h*

Où déguster des Rigolettes ? Créées rue de la Marne en 1902 par l'épicier Charles Bohu, qui leur donne le nom de son chat, les Rigolettes sont aujourd'hui toujours fabriquées dans les machines d'origine. Ce bonbon composé de pulpe de fruit enrobée de sucre cuit se décline en cinq parfums :

ananas, citron, cassis, framboise et mandarine. **Les Rigolettes nantaises (plan 2, C2 n°33)** *18, rue de Verdun Tél. 02 40 47 58 31 www.les-rigolettes-nantaises.com Ouvert lun.-sam. 10h-19h*

● **Où prendre un verre ?** Sous l'appellation banale de Bar du Coin se cache l'un des bars les plus séduisants du quartier Bouffay. Accolées aux fenêtres, entre un antique téléphone et un présentoir à journaux, des tables hautes permettent de lire la presse sans rien perdre de l'animation de la rue. On installe parfois les tables au milieu de la salle pour des conversations de groupe. Petite terrasse sur la rue piétonne. **Le Bar du Coin (plan 2, C2 n°72)** *21, rue de la Juiverie Tél. 02 40 47 55 05 Ouvert tlj. 11h-2h, dim. 15h-0h*

● **Où se rafraîchir d'une potion ?** À Nantes, le petit peuple niche dans un bar à l'enseigne du crapaud. Les boissons s'appellent potions et sont servies dans un décor discret de grimoires et d'objets étranges évoquant le monde des contes. Aux beaux jours, pointez le museau sur la terrasse-estrade au sol faussement herbeux. **Les Fées Maison (plan 2, B2 n°73)** *3, rue du Pré-Nian Tél. 02 40 48 44 42 Ouvert mar.-dim. 15h30-2h*

Autour de la place Graslin

Le quartier chic de Nantes, à la fois résidentiel et commerçant, s'organise autour de la place Graslin (plan 2, A3), dans l'ouest du centre-ville. Il a vu le jour à la fin du XVIIIe siècle. Jean-Joseph-Louis Graslin (1728-1790), receveur des finances, était désireux de doter la ville d'un quartier neuf, auquel il laisserait son nom. L'architecte Mathurin Crucy fut chargé d'en dessiner les plans : c'est à lui que l'on doit le théâtre et la place Graslin, la

Art et essai

Depuis que septième art rime avec multiplexe, de nombreuses salles du centre-ville ont dû fermer leurs portes. Pathé et UGC dominent aujourd'hui le marché depuis Saint-Herblain (ZAC Atlantis), Gaumont trône sur la place du Commerce... et deux salles méritent ici un petit commentaire. Le **Katorza** propose, outre une bonne sélection de films français et étrangers (en VO, bien sûr), une séance spéciale le jeudi soir, intitulée "L'absurde séance", à l'occasion de laquelle sont programmés des films rares, décalés ou méconnus. Sauvé de l'oubli grâce à des associations de passionnés, le **Cinématographe** offre des projections en marge de l'actualité : classiques, films expérimentaux ou rétrospectives. Des cours d'analyse filmique complètent les séances.
Le Katorza (plan 2, A3 n°51) *3, rue Corneille Tél. 02 51 84 90 60 ou 0892 702 131 (horaires des séances) www.katorza.fr Tarifs 7,50€/5,80€*
Le Cinématographe (plan 2, C2 n°50) *12, rue des Carmélites Tél. 02 40 47 94 80 www.lecinematographe.com Fermé mi-juil.-mi-août Tarifs 5€, réduit 3€, sam. 3€ pour tous ; ciné-concert 6,50€, réduit 5€*

place Royale, le palais de la Bourse ou encore le cours Cambronne. Ce quartier, très animé grâce à ses nombreux commerces, offre une promenade des plus plaisantes.

Place et théâtre Graslin (plan 2, A3) Le majestueux théâtre Graslin, inauguré en 1788, est à l'époque très attendu par les Nantais. Après un incendie en 1796, il ne reste de l'édifice que la façade et le hall. Napoléon ordonne sa reconstruction en 1808, réalisée par Crucy de 1811 à 1813. Le théâtre connaît de grands succès lyriques tout au long du XIXe siècle et accueille encore aujourd'hui de nombreux spectacles d'opéras. La place Graslin, elle-même conçue comme une salle de spectacle – dont le théâtre serait la scène –, est achevée et pavée en 1803.

Cours Cambronne (plan 2, A3) Œuvre de Crucy, à l'ordonnance architecturale proche de celle du Palais-Royal à Paris, le cours Cambronne est aussi un agréable lieu de promenade où quelques bancs invitent à la paresse.

☆ **Passage Pommeraye (plan 2, B3)** Réalisé d'après les plans des architectes Buron et Durand-Gasselin et ouvert au public en 1843, le passage Pommeraye, caractéristique de l'architecture métallique en vogue au XIXe siècle, relie la rue de la Fosse à la rue Santeuil, séparées par un dénivelé de 9,40m. Composé de trois galeries successives, la galerie haute ou galerie de Santeuil, la galerie de l'Horloge et la galerie basse, dite "de la Fosse", il est muni d'un escalier monumental, en bois et en fer forgé, ouvragé jusque dans les contremarches et agrémenté de statues allégoriques. Ce lieu très commerçant est orné de médaillons (représentant Abélard ou Du Guesclin) et de bustes (parmi lesquels ceux de Crucy et de Ceineray), ainsi que de vieilles enseignes au charme suranné. Il a séduit, entre autres artistes, le cinéaste Jacques Demy – qui l'a filmé dans *Lola* et dans *Une chambre en ville* –, et demeure l'un des symboles incontestés de la ville. Un lieu insolite et attachant, incontournable.

Place du Commerce et quai de la Fosse (plan 2, B3) Sur la place du Commerce – ancienne place du Port-au-Vin, centre d'affaires des négriers

Mode et gastronomie

La **rue Crébillon** (plan 2, B3) constitue le haut lieu de la mode chic à Nantes ; quelques boutiques de créateurs se distinguent également vers le quartier Bouffay (rue du Château, rue de la Juiverie, rue de la Paix). Côté victuailles, la **rue Cassini** (plan 2, A2) est certainement l'endroit où faire ses courses de la façon la plus élégante (et la plus onéreuse) qui soit. Et s'il n'est pas besoin de venir à Nantes pour se fournir en petits-beurre LU, les produits dérivés de la marque ou les spécialités comme les berlingots, le nantillais, le gâteau nantais ou encore les bières de la région se trouvent ici plus facilement qu'ailleurs.

nantais –, s'élève le palais de la Bourse – qui abrite aujourd'hui la Fnac. Derrière lui commence le quai de la Fosse, dont les immeubles tout de guingois datent, pour la plupart, du temps des armateurs. Aujourd'hui bien sage, le quai était encore célèbre au début du XXe siècle pour ses bars louches. En le longeant, vous atteindrez la place de la Petite-Hollande puis la médiathèque et, plus loin, le pont piétonnier Victor-Schœlcher qui mène au nouveau palais de justice, sur l'île de Nantes, œuvre de Jean Nouvel.

☆ **Musée d'Histoire naturelle (plan 2, A3)** Ce muséum, qui compte une des plus importantes collections ornithologiques de France, a gardé son charme désuet. Les différentes essences de bois tapissant les murs de l'escalier central sont toujours indiquées sur des étiquettes manuscrites jaunies, tout comme les serpents dans leurs bocaux. La galerie de zoologie, rénovée en 2008, et dont la grande verrière centrale et les vitrines en bois ciré ont été remises à l'honneur, abrite plus de mille spécimens d'animaux vertébrés. Un arbre phylogénétique, très didactique, permet au visiteur de se repérer parmi les différentes branches de classification des espèces animales. Pièce maîtresse de l'étage, le squelette d'une baleine, accidentellement capturée dans la région en 1991, a été déplacé et remonté au cœur de la galerie. Celui de l'éléphant a été restauré, ainsi que ceux de nombreux singes. Le musée a acquis de nouvelles pièces, telles que le zèbre et une superbe collection de poissons. Les grandes vitrines, profondes et remarquablement éclairées, mettent en valeur les animaux naturalisés, comme cette impressionnante tortue luth. Ne manquez pas d'observer la collection de chauve-souris du marquis d'Abadie, amoureusement conservée dans son tiroir d'origine. La visite se clôt par la découverte du vivarium. *12, rue Voltaire Tél. 02 40 41 55 00 www.museum-nantes.fr Ouvert mer.-lun. 10h-18h Tarif 3,50€, réduit 2€*

Musée Dobrée (plan 2, A3) Thomas Dobrée, fils d'un riche armateur nantais, reconverti dans la pêche à la baleine, rachète vers 1850 le manoir de la Touche, ancienne résidence épiscopale du XVe siècle. À côté, il fait construire un bâtiment de style néomédiéval, le palais Dobrée, qui abrite aujourd'hui, outre les "collections éclectiques" de son fondateur, des œuvres d'art du Xe au XXe siècle – on y verra le cœur reliquaire d'Anne de Bretagne, en tôle d'or émaillée. Le palais possède depuis 1974 une annexe abritant le **Musée archéologique**. Celui-ci présente les civilisations de la Méditerranée antique ainsi que l'histoire du département, des origines à l'an mille. Collection numismatique. *18, rue Voltaire Tél. 02 40 71 03 50 Ouvert mar.-ven. 13h30-17h30, sam.-dim. 14h30-17h30 Fermé lun. et j. fér. Tarif 3€, réduit 1,50€, dim. gratuit*

Musée de l'Imprimerie (plan 2, A3) Une salle d'exposition précède l'atelier, cœur de ce musée très animé. Là sont présentées les machines qui, de Gutenberg au XXe siècle, ont contribué à la diffusion de l'écrit. Tout le matériel fonctionne, et il est actionné par des passionnés qui vous expliquent les secrets du métier : "Avoir bon caractère et faire bonne impression !". La visite guidée est conseillée. *24, quai de la Fosse Tél. 02 40 73 26 55 http://musee.imprimerie.free.fr Ouvert sept.-juin : lun.-sam. 10h-12h et 14h-17h30, dim. 14h-17h (d'oct. à avr.) ; juil.-août : lun.-ven. 10h-12h et 14h-17h30 Fermé j. fér. Visite guidée (2h) tlj. sauf dim. Tarif 5€, réduit 3,20€*

● Où acheter des chocolats ? Le superbe magasin de Gautier Debotté regorge de trésors de friandises. Un ravissement pour les yeux comme pour le palais. **Confiserie-chocolaterie Gautier Debotté (plan 2, B3 n°31)** *9, rue de la Fosse Tél. 02 40 48 23 19 www.gautier-debotte.com Ouvert mar.-sam. 9h-19h15*

● Où prendre un thé ? Une salle aux murs tendus d'écru rayé de rose pâle, un service discret, une clientèle surtout féminine... et gourmande ! À l'heure du repas ou du thé, ces dames se régalent de tartes, de scones ou d'un divin chocolat à l'ancienne. Rien n'empêche les messieurs de les rejoindre ! La suggestion du jour (8€) complète la carte. Un verre de vin est conseillé pour chaque mets. **La Nouvelle Héloïse (plan 2, B3 n°15)** *15, rue Jean-Jacques-Rousseau Tél. 02 40 73 62 99 Ouvert lun. 12h-15h, mar.-sam. 12h-19h*

● Où boire un verre ? Le Graslin, l'un des plus chaleureux cafés du quartier, est un pub où l'on sert un choix vertigineux de bières... dans une ambiance bretonne rock'n'roll. Il vaut mieux arriver tôt pour trouver une table dans la salle à l'arrière et jouer la prochaine tournée au Scrabble. **Le Graslin (plan 2, A3 n°74)** *1, rue Racine Tél. 02 40 69 81 79 Ouvert tlj. 16h-2h*

Île Feydeau

En dépit de son nom, ce quartier (plan 2, B3-C3) n'a plus rien d'une île depuis le comblement des bras de la Loire qui l'encerclaient, à partir de 1936. C'est au début du XVIIIe siècle que l'on construit, sur ce banc de sable, des immeubles destinés aux négociants et aux armateurs. L'opulence de ces habitations traduit la prospérité du commerce du "bois d'ébène" – euphémisme désignant la marchandise que constituaient les esclaves noirs. Leur plan correspond aux besoins de l'activité : le rez-de-chaussée abrite les stocks ; au-dessus se trouvent les bureaux et les logements modestes ; les étages supérieurs sont réservés aux propriétaires. De récents travaux d'aménagement ont en partie rendu l'"île" aux piétons. Flânez le long de la rue Kervégan pour découvrir les immeubles des anciens négriers, ornés de riches balcons et de mascarons aux motifs maritimes ou coloniaux. Au n°16 de l'allée Duguay-Trouin, le "Temple du goût", construit vers 1750 pour l'armateur Guillaume Grou, accueille des expositions. Au n°5 du cours Olivier-de-Clisson naquit, le 8 février 1828, l'écrivain Jules Verne. Le long de l'allée de Turenne, restaurée, les immeubles témoignent de l'origine du lieu : les sables sur lesquels ils ont été construits les font pencher irrésistiblement...

Les autres quartiers

☆ **Les essentiels** Les Machines de l'île, le musée Jules-Verne **Découvrir autrement** Prenez un bol de zen dans le jardin japonais de l'île de Versailles, empruntez le bac du Pellerin, à Couëron

> Carnet d'adresses p.92

Outre le centre-ville de Nantes, d'autres quartiers méritent un détour : l'île de Nantes réhabilitée, les bords de l'Erdre, transformés depuis l'avènement du tramway et l'aménagement de l'île de Versailles ; l'ouest de la ville avec la butte Sainte-Anne, dont le charme ne laisse pas indifférents les Nantais en mal de maison ; ou encore, à l'est, le vieux Doulon, avec le parc du Grand-Blottereau pour faire une halte dans un calme reposant.

Île de Nantes

En 1987, les chantiers navals Dubigeon cessent leurs activités sur l'île (plan 1, A2-B2). La municipalité décide d'en réhabiliter le bâtiment principal, puis de réaménager l'île dans son ensemble, au total 337ha. En 2000, Alexandre Chemetoff et Jean-Louis Berthomieux lancent une première phase de travaux visant à ouvrir l'île sur la Loire en restaurant les quais, en créant des promenades et en ouvrant de nouvelles voies afin d'étendre le centre-ville et de reconquérir les rives du fleuve. Le patrimoine portuaire, ainsi conservé et aménagé, accueille de nouvelles fonctions. Du pont Haudaudine au Hangar à bananes, habitat, activités culturelles et économiques s'installent le long des berges, avec des projets majeurs tels que les Machines de l'île ou la Fabrique, ce nouveau pôle de création artistique (il devrait être achevé fin 2011). Situées en face des nefs des ateliers et des chantiers de Nantes, les esplanades ont bénéficié de plantations rappelant les destinations lointaines des anciens navires marchands ; palmiers, séquoias ou micocouliers agrémentent aujourd'hui ces lieux de promenade. Dans le cadre de la manifestation Estuaire, Daniel Buren et Patrick Bouchain ont installé une sculpture monumentale, les *Anneaux*, quai des Antilles, à la pointe de l'île, à l'endroit où la Loire s'ouvre largement sur l'estuaire. Le quai est rythmé de cercles épurés qui focalisent le regard sur la perspective. L'œuvre (pérenne) se découvre dans un parcours jalonné de dix-huit anneaux. Les anciennes cales de lancement se transforment à leur tour en quatre jardins donnant sur le front de Loire. Le quai François-Mitterrand prolonge le centre-ville, et l'on assiste à l'émergence d'un nouveau quartier sur les friches industrielles des entreprises Alstom et Calberson, dont une pépinière de biotechnologies.

☆ **Les Machines de l'île (plan 1, A2)** Spectaculaire, ébouriffant, grandiose, baroque... ce projet fou, véritable "bestiaire de machines vivantes" empreint de poésie – selon les termes de ses concepteurs, François Delarozière et Pierre Orefice, compagnons de route de la troupe Royal de Luxe –, défie l'imagination. À mille lieux d'un parc d'attractions traditionnel, les Machines, éléments pérennes du paysage, sont conçues pour s'intégrer dans le tissu urbain de l'île de Nantes (337ha), en constante évolution, conférant ainsi une nouvelle vocation aux chantiers navals. Situées sur la pointe ouest de l'île, les grandes nefs, ces vastes halles de fer, de béton et d'acier, abritaient au début du siècle dernier les ateliers de chaudronnerie navale. De leurs entrailles sortent dorénavant une dizaine de structures mécaniques monumentales. On peut suivre les étapes de leur fabrication du haut de la coursive, installée à 7,5m de haut, qui surplombe le travail des constructeurs. Ainsi, le Grand Éléphant (12m de haut sur 8m de large), en bois de tulipier de Virginie, ne pèse pas moins de 45t ! Il peut embarquer jusqu'à 35 passagers qui pourront actionner le barrissement de l'animal et en contrôler certains mouvements au cours d'une promenade sur les quais de la Loire. La galerie permet au public de découvrir (et de tester) les machines fabriquées dans l'atelier. Ce dernier comprend tout un bestiaire, de la

Larve de crabe au Poisson pirate en passant par le Calamar à rétropropulsion ou la Raie manta. Ces créatures appartiennent au Grand Manège des mondes marins qui doit être implanté en 2011 sur les bords de la Loire, à proximité des cales. La visite de l'atelier est complétée par une vidéo qui retrace l'histoire et la fabrication des machines. Actuellement en préparation, l'Arbre aux hérons devrait mesurer 45m de diamètre et 28m de hauteur quand il sera terminé (en 2014) ; une branche, d'une longueur de 20m et surplombant la terrasse du bar, est d'ores et déjà ouverte au public, qui l'emprunte en fin de visite. Une fois la construction achevée, on pourra embarquer sur les ailes des volatiles pour un vol circulaire et parcourir de branche en branche les jardins suspendus. Dans ce monde joyeux, ludique, à la croisée des machines de Léonard de Vinci et des fabuleux univers de Jules Verne, la démesure semble décidément être la norme. *Les Chantiers Bd Léon-Bureau Tél. 0810 12 12 25 www.lesmachines-nantes.fr Tarif 7€, réduit 5,50€*

Quartiers de l'Ouest

Butte Sainte-Anne (plan 1, A2) Une table d'orientation en haut de la butte (avant le musée Jules-Verne) permet d'identifier les différents sites que l'on observe de ce point qui domine la Loire. On englobe d'un seul regard les anciens chantiers Dubigeon, sur l'île Sainte-Anne, la Maison radieuse de Le Corbusier, le dôme de l'église Saint-Louis (Notre-Dame-de-Bon-Port), la cathédrale et le fleuve.

Musée naval Maillé Brézé (plan 1, A2) À quai depuis 1988, l'escorteur d'escadre *Maillé-Brézé* hante le port de Nantes de sa sombre silhouette de navire de guerre. Une visite guidée de 1h30 permet de découvrir les ressources (missiles, radars…) dont il disposait pour protéger les navires des sous-marins ennemis. *Quai de la Fosse Tél. 09 79 18 33 51 www.maillebreze.com Ouvert tlj. 14h-18h Tarif 7€, réduit 4€ (visite du bord ou du bord et des machines)*

Activités en famille en Loire-Atlantique

Musée d'Histoire naturelle (Nantes) ___ 85
Les Machines de l'île (Nantes) ___ 87
Planétarium (Nantes) ___ 89
Musée Jules-Verne (Nantes) ___ 89
Île de Versailles (Nantes) ___ 89
Planète sauvage (Port-Saint-Père) ___ 116
Grand Parc des Légendes (Frossay) ___ 130
Paquebot Escal'Atlantic (Saint-Nazaire) ___ 136
Sous-marin Espadon (Saint-Nazaire) ___ 137
Petit train (La Baule) ___ 145
La Promenade (Le Pouliguen) ___ 152
Océarium du Croisic ___ 163
Espace Escargot (Le Croisic) ___ 163
Terre de sel (Guérande) ___ 172
Piriac Aventure ___ 179
Canaux du parc de Brière ___ 180
Chaumière des marionnettes (La Chapelle-des-Marais) ___ 183
Monkey Forest (Saint-Molf) ___ 185
Ferme de l'Orme (Blain) ___ 189

Planétarium (plan 1, A2) Le planétarium de Nantes peut accueillir une soixantaine de personnes sous sa voûte étoilée. La projection, régulièrement enrichie d'effets scéniques nouveaux et commentée en direct, comprend une première partie générale, consacrée à la présentation du ciel et des mouvements de la Terre ; la seconde s'articule autour d'un thème particulier : le système solaire, le milieu interstellaire, etc. En fin de séance, les questions sont les bienvenues. *8, rue des Acadiens Tél. 02 40 73 99 23 Séances lun.-ven. 10h30, 14h15, 15h45, dim. 15h, 16h30 (durée 1h) Fermé sam. et j. fér. Tarif 5€, réduit 2,50€ Accès à partir de 5 ans*

☆ **Musée Jules-Verne (plan 1, A2)** Sans doute l'exposition permanente intéressera-t-elle plus les passionnés de l'écrivain (1828-1905) que les simples amateurs. Elle se compose en effet principalement de livres et d'écrits, parmi lesquels des fac-similés des manuscrits de l'auteur, corrigés de sa main ou annotés par son éditeur, ou des lettres. Mais le très beau musée qui l'accueille vaut le détour : installé dans une maison sur la Loire, il jouit d'une scénographie vraiment agréable, que complète un espace de lecture bienvenu au rez-de-chaussée. On pénètre tout d'abord dans le "salon" où sont accrochés les portraits de l'écrivain et de sa femme Honorine, qui rappelle le décor dans lequel Jules Verne recevait des journalistes venus du monde entier. Les salles suivantes évoquent successivement l'environnement familial, le monde de la mer, les relations avec l'éditeur Hetzel (à travers la reconstitution d'une librairie du XIXe siècle, munie de cartonnages et de catalogues), enfin l'univers des *Mondes connus et inconnus* illustré par des maquettes de machines extraordinaires. Quelques objets, dont les émouvants décors et personnages du théâtre de carton d'Alfred Jacobsen (1883) ou le loto alphabétique du *Tour du monde*, rendent également la visite plus vivante. Ainsi, les jeux issus des œuvres de Jules Verne (puzzle, tour du monde ou loto) nous rappellent que le produit dérivé ne date pas de l'invention du tee-shirt. *3, rue de l'Hermitage Tél. 02 40 69 72 52 Ouvert lun. et mer.-sam. 10h-12h et 14h-18h, dim. 14h-18h Fermé mar. et j. fér. Visite guidée sept.-juin : dim. 15h30 ; juil.-août : tlj. Tarif 3€, réduit 1,50€*

Parc de Procé (hors plan 1, par A1) Le parc de Procé, traversé par la Chézine, comprend, sur ses 12ha, de beaux massifs de rhododendrons entre autres plantations. Le jardin d'enfants et la pataugeoire (rue des Dervallières, face au parc) attirent de nombreuses familles dès le début des beaux jours. Restaurant dans le manoir. *Entrées rue des Dervallières, bd Clovis-Constant, bd des Anglais et pl. Doumer Ouvert tlj. à partir de 8h30 jusqu'à 19h45 (mi-mars-mi-oct.), 18h15 (mi-jan.-mi-mars et mi-oct.-mi-nov.) ou 17h15 (mi-nov.-mi-jan.) Tél. 06 76 08 97 82*

Au nord, les bords de l'Erdre

Pour découvrir "la plus belle rivière de France" et les multiples châteaux qui ornent ses rives, prenez part à une croisière ou, pour naviguer en toute indépendance, louez un bateau électrique sans permis.

☺ **Île de Versailles (plan 1, B1)** Au milieu de l'Erdre, l'île de Versailles (1,7ha), à l'origine simple marécage, fut consolidée par des déblais provenant du creusement du canal de Nantes à Brest. Aujourd'hui aménagée en un agréable jardin japonais résolument contemporain, elle offre un espace de jeux pour les enfants. Entre rocailles et plantes exotiques, l'architecture de la **maison de l'Erdre**, dédiée au patrimoine de la rivière et à l'histoire de l'île, évoque un pavillon de thé japonais. Des bassins effilés bordés de graminées et de bambous épousent le bâtiment sur sa partie est. La cour intérieure recèle un petit jardin sec d'inspiration zen. Trois mille tonnes de rochers disposés autour de l'étang esquissent un paysage de montagne. En avril, cerisiers, azalées et magnolias ponctuent de blanc et rose le jardin, tandis qu'à l'automne, les érables déploient toute leur palette de teintes dorées. Entrée libre. *Île de Versailles Ouvert tlj. à partir de 8h30 jusqu'à 20h (mi-mars-mi-oct.), 18h30 (mi-jan.-mi-mars) ou 17h30 (mi-oct.-mi-jan.) Maison de l'Erdre Tél. 02 40 29 41 11 Ouvert lun., jeu., ven. 13h30-18h15 ; mer., sam., dim. 9h30-12h15 et 14h15-18h15*

● Où acheter des chocolats ? Berlingots, chocolats et autres douceurs attendent les gourmands à La Friande. Des objets inspirés des biscuits LU et d'autres marques à succès constituent autant d'idées de souvenirs ou de cadeaux. **La Friande (plan 1, A1 n°30)** *12, rue Paul-Bellamy Tél. 02 40 20 14 68 Ouvert lun. 14h30-19h, mar.-sam. 9h45-19h*

● Où prendre un verre en terrasse ? Créé par le joueur de football Bracigliano, le bar La Belle Équipe constitue un bon repaire pour manger ou boire un verre sur une terrasse agréable, en regardant passer les bateaux qui sillonnent l'Erdre... Dans un décor original sur le thème du sport à l'époque de nos ancêtres, les esprits s'échauffent lors des rencontres sportives et de la soirée poker du mercredi soir (à partir de sept.) ! **La Belle Équipe (hors plan)** *10, quai de la Jonelière Tél. 02 40 74 30 00 Ouvert tlj. 10h30-2h (sauf lun. soir et dim. soir)*

● Où boire un thé, faire une pause culturelle ? S'agit-il d'un comptoir à thé, d'un bistrot socioculturel, d'une galerie d'art ou d'un café-concert ? De toute évidence, d'un concept hybride fort dynamique et propice aux échanges, animé d'après-midi jeux et de soirées musicales, régulièrement décoré d'expositions de jeunes talents... L'accueil est plein d'énergies et des plus positives ! **Maison Akabi (plan 1, A1 n°16)** *6, rue Paul-Bellamy Tél. 02 40 20 03 34 www.maisonakabi.com Ouvert Comptoir à thé mar.-dim. 10h-19h ; Bistrot mar.-dim. 10h-2h*

● Embarquer pour une balade sur l'Erdre

Bateaux nantais (plan 1, B1) Ils assurent toute l'année des déjeuners ou dîners-croisières sur l'Erdre (réservation impérative). Des promenades commentées de 1h45 vous mèneront au château de la Gascherie de mars à novembre. *Quai de la Motte-Rouge Tél. 02 40 14 51 14 www.bateaux-nantais.fr Tarif 10€, réduit 4,50€, famille (2 adultes, 2 enfants) 26€*

Ruban vert (plan 1, B1) Location de bateaux électriques (4-8 personnes), de l'heure à la journée. De 25€ à 40€/h, 140-160€/jour. *Île de Versailles Tél. 02 51 81 04 24 www.rubanvert.fr Ouvert Pâques-oct.*

Nantes Atlantique Canoë Kayak Le NACK organise des sorties tous les week-ends et loue des canoës (10€/h et 30€/j.) et des kayaks (5€/h et 15€/j.).

De juin à septembre, le club organise une visite commentée (4h) de Nantes "Erdre Nocturne" pour découvrir la ville au fil de l'eau. Réservation indispensable. *La Jonelière Tél. 02 40 29 25 71 www.nack.fr*

● **Rejoindre Saint-Nazaire en bateau** Dans le cadre de la manifestation Estuaire, le prestataire Marine et Loire propose des croisières de Nantes à Saint-Nazaire, au départ du quai Ernest-Renaud, prolongation du Quai de la Fosse. **Marine et Loire (plan 1, A2)** *Tél. 02 40 69 40 40*

Les environs proches de Nantes

Bacs de Loire Pour rejoindre la rive sud de la Loire, évitez les ponts et empruntez le bac. Longez la Loire par la D107 après Chantenay (à l'ouest de Nantes). Le trajet jusqu'à l'embarcadère de **Basse-Indre** (à 9km du centre de Nantes) vous fera passer devant ses belles maisons ; continuez jusqu'au **bac du Pellerin** (à Couëron, 6km plus loin) pour débarquer à proximité du canal de la Martinière (cf. Saint-Brévin-les-Pins). Bac toutes les 15min environ. On pourra également découvrir la Loire, "dernier fleuve sauvage d'Europe", au cours d'excursions organisées. *Maison des Bacs Tél. 02 40 86 01 29*

Parc du Grand-Blottereau (hors plan 1, par B1) Autour du château – une folie construite par Jean-Baptiste Ceineray au XVIIIe siècle –, le majestueux parc du Grand-Blottereau abrite une collection de plantes tropicales unique en France et un jardin coréen. Ses pelouses accueillent, le 2e week-end de septembre, la Fête des plantes. *Bd Auguste-Péneau Ouvert tlj. à partir de 8h30 jusqu'à 19h45 (mi-mars-mi-oct.), 18h15 (mi-jan.-mi-mars et mi-oct.-mi-nov.) ou 17h15 (mi-nov.-mi-jan.)*

Trentemoult (plan 1, A2) Jadis à la fois île et port de pêcheurs, Trentemoult, situé en face de Nantes, appartient aujourd'hui à la commune de Rezé (44400). Le quartier est maintenant plus tourné vers la ville que vers la Loire, mais son port, ses maisons surélevées et ses ruelles étroites – qui laissaient à peine la place au passage d'une barque lors des grandes crues du fleuve – ont gardé un charme authentique. C'est désormais un lieu de promenade très apprécié des Nantais. *À 5min de Nantes, sur la rive sud de la Loire, quartier ouest de Rezé (liaison par bus de la Tan) Rens. mairie de Rezé Pl. J.-B.-Daviais Tél. 02 40 84 43 84*

Maison radieuse (plan 1, A2) Les amateurs d'architecture ne manqueront sûrement pas de s'y arrêter. Sa façade multicolore se repère à quelques lieues à la ronde. Dessinée par Le Corbusier, la Maison radieuse accueillit dès 1953 des familles étonnées par son confort et enchantées par sa convivialité. L'immeuble, comptant près de 300 appartements en duplex, est une ville en soi, avec son école sur le toit-terrasse, sa poste au rez-de-chaussée, sa bibliothèque et son parc. *Bd Le-Corbusier* ***Rezé*** *Visites guidées uniquement : mar., jeu. et sam. matin sur rdv Tél. 02 40 84 43 84 Billet à la mairie Tarif 3,25€, réduit 1,55€*

FRAC (hors plan 1, par B1) Installé dans un élégant bâtiment aux façades en bois, le Fonds régional d'art contemporain des Pays de la Loire ne se contente pas d'exposer les 1 200 œuvres de sa collection. C'est aussi un espace de recherche et d'échanges pour les artistes, un terreau fertilisant les formes les plus actuelles de la création. Possibilité de visites guidées, individuelles (le dimanche à 16h) ou en groupe (sur réservation). *La Fleuriaye 44470* ***Carquefou*** *(au nord de Nantes par l'A11 sortie Carquefou, ou en tramway n°1 arrêt Haluchère et bus n°95 (n°85 le dim.) arrêt La Fleuriaye) Tél. 02 28 01 50 00 www.fracdespaysdelaloire.com Ouvert juil.-août : tlj. 14h-18h ; sept.-juin : mer.-dim. 14h-18h Entrée libre*

CARNET D'ADRESSES

Lieux de sortie

Sous des airs sages, Nantes se dévergonde le soir, et les bars où l'on festoie ne manquent pas, notamment aux beaux jours. Derrière le théâtre Graslin, la jeune bourgeoisie s'encanaille gentiment au **Corneille** ou au **Théâtre** ; le **Scribe** affiche une ambiance plus rock'n'roll. Quartier Bouffay, c'est la place éponyme qui s'emplit des tables déployées par le **Bouffay,** le **13 et 3** ou le **Bar du Coin,** prises d'assaut par une foule bariolée. Entre les deux, la place du Commerce offre ses terrasses un peu anonymes. Pour plus de cachet, continuez jusqu'à l'île Feydeau, où quelques bonnes adresses accueillent les noctambules. Enfin, des établissements excentrés méritent le détour. Les cafés nantais ferment généralement leurs portes à 2h ; quelques-uns font durer le plaisir jusqu'à 4h.

Bars du soir

Le Violon dingue (plan 2, C1 n°60) Dans une ruelle ouverte sur la rue du Maréchal-Joffre, ce bar à l'ambiance sombre fait partie des bonnes vieilles adresses nantaises. Soirées tranquilles ou animées alternent, au gré des concerts, des représentations théâtrales ou des projections de courts métrages. Accueil toujours sympathique. ***Château et cathédrale*** *1, rue Lebrun Tél. 02 40 74 09 29 http://violondingue.free.fr Ouvert tlj. 18h-2h*

Le Goo Bar (plan 2, B1 n°61) Les amateurs d'ambiances industrielles seront ravis : ce bar semble échappé d'une scène de *La Cité des enfants perdus*. Tôle rivetée au sol, tuyaux tordus dont l'un alimente la pompe à bière, bouches d'aération et lumières blafardes. On peut prendre un peu d'altitude sur la petite mezzanine qui domine la pièce et fait face à la chaire où officient les DJ lors des soirées musicales. Une petite terrasse se déploie dans la rue aux beaux jours. ***Bouffay et Graslin*** *8, rue du Marais Tél. 02 40 47 56 41 www.goobar.fr Ouvert mi-avr.-mi-oct., lun., ven., sam. 17h-2h et mar.-jeu. 12h-14h ; mi-oct.-mi-avr., lun.-sam. 18h-2h*

Altercafé (plan 1, A2 n°15) Dans l'alignement des bars du Hangar à bananes, un lieu polyvalent à la fois café, scène musicale et boutique de produits équitables et biologiques... Une décoration originale, entre cargo et chantier naval, et une musique électronique plus industrielle qu'ambiance. Le mardi soir, la scène est ouverte aux musiciens amateurs et les DJ peuvent venir y faire tourner leur "skuds" le mercredi soir. Les vendredi et samedi sont dédiés à la musique électro, et des soirées débats s'égrènent au fil de l'année. ***Autres quartiers*** *Hangar à bananes quai des Antilles Tél. 02 28 20 01 06 www.altercafe.fr Ouvert mar.-mer. 18h-2h, jeu.-ven. 18h-4h, sam. 16h-4h, dim. 16h-21h*

Cafés concerts

De nombreux groupes se produisent dans les cafés nantais. Le programme des festivités est détaillé dans les magazines d'information culturelle (cf. Mode d'emploi). Le Bar du Coin et le Graslin (cf. Découvrir, Les quartiers Bouffay et Graslin) proposent également des concerts.

Le Buck Mulligan's (plan 2, C2 n°66) Ce pub irlandais au cœur de Nantes, propose régulièrement des concerts de tous types (jazz, blues, rock...), qui ne font que donner plus d'ambiance à ce lieu déjà fort sympathique. ***Bouffay et Graslin*** *12, rue du Château Tél. 02 40 20 02 72 www.buckmulligans.com Ouvert tlj. 16h-2h*

Le Lieu Unique (plan 2, D2 n°62) L'ambiance est tranquille en journée (cf. Découvrir les autres quartiers), plus électro, voire technophile le soir ; les mix du DJ s'agrémentent de créations visuelles (projections). ***Autres quartiers*** *Quai Ferdinand-Favre Tél. 02 51 72 05 55 www.lelieuunique.com Ouvert lun. 11h-20h, mar.-jeu. 11h-00h, ven.-sam. 11h-3h, dim. 11h-20h*

Le Pannonica (plan 2, B1 n°63) En sous-sol de la salle Paul-Fort, la scène nantaise du jazz et des musiques improvisées voit passer des grands noms et des artistes locaux moins connus, pour des concerts ou des bœufs. ***Autres quartiers*** *9, rue Basse-Porte Tél. 02 51 72 10 10 www.pannonica.com Fermé juil.-août*

Et aussi...

Manger sur le pouce

Le Kyros ____ 82

Boire un verre

Le Lieu Unique ____ 81
La Maison Café ____ 81
Le Bar du Coin ____ 83
Les Fées Maison ____ 83
La Nouvelle Héloïse ____ 86
Le Graslin ____ 86
La Belle Équipe ____ 90
Maison Akabi ____ 90

Le Canotier Jazz Café (plan 1, B1 n°10) Sa terrasse se déploie sur les quais de l'Erdre et il accueille régulièrement des concerts de jazz (entrée gratuite, majoration sur les consommations les soirs de concert) ainsi que des soirées jeux. ***Autres quartiers*** *21, quai de Versailles Tél. 02 40 12 06 29 Ouvert mar.-sam. 16h-1h, dim. 15h-21h*

Bars de nuits, discothèques

Le Remorqueur (plan 2, D2 n°64) Un ancien remorqueur décoré d'une guirlande lumineuse accueille les insomniaques en tout genre ; si vous trouvez la cale un peu sombre, montez dans la cabine ou sur le pont. ***Autres quartiers*** *Quai Malakoff (près du Lieu Unique) Tél. 02 40 20 49 99 Ouvert jeu.-sam. 22h30-5h Fermé en août*

Le LC Club (plan 1, A2 n°14) L'ancien Quai West a rouvert un peu plus loin, avec deux fois plus de place, une musique plus électronique et une clientèle plus variée. Restaurant. Entrée 15€ avec conso. ***Autres quartiers*** *Le Hangar à bananes 21, quai des Antilles Tél. 02 40 47 68 45 www.lcclub.fr Ouvert jeu.-sam. 23h-7h*

Le Temps d'aimer (plan 1, B2 n°11) À dominante gay, cette discothèque est ouverte à toutes et à tous. Programmation très années 1980 et New Wave, ambiance garantie délirante. ***Autres quartiers*** *14, rue Alexandre-Fourny Tél. 02 40 89 48 60 Tél. portable 06 30 19 98 37 www.letandem.com Ouvert mar.-dim. 0h-7h*

Restauration

En matière de restauration, le choix ne manque pas. À côté des traditionnelles crêperies, quelques chefs, dont certains regroupés dans l'association "Jeunes cuisiniers du Nantais", mettent en valeur le patrimoine gastronomique et cuisinent poissons de mer ou de Loire, canard nantais, légumes des maraîchages tout proches, accompagnés des vins du vignoble voisin. Les tables exotiques abondent aussi. De plus, une nouvelle vague d'adresses appréciées a récemment vu le jour : on y propose des tartines, des assiettes variées à prix modique, dans un cadre chaleureux et coloré.

petits prix

Rêves marins, crêpes marines (plan 2, C1 n°16) Ne cherchez pas les traditionnelles complètes et jambon-fromage. Ici, les crêpes (3€-8€) et les galettes (4€-16€) sont accommodées à la mode marine – bourses de Saint-Jacques aux gambas et au safran, queues d'écrevisses à la vanille et aux arômes de truffe – ou du terroir – galettes de canard braisé aux cerises noires. Petite terrasse et salle à l'étage avec décor marin, cuivre, bois et maquettes de bateaux. ***Château et cathédrale*** *2, rue du Roi-Albert Tél. 02 40 47 00 96 Ouvert mar.-sam. 12h-14h et 19h-22h*

Resto-Revues (plan 2, C1 n°17) Ici, le menu entrée-plat-dessert à prix unique (14,50€) s'accompagne d'une bouteille de vin biologique. Traditionnelle ou végétarienne, la cuisine se pique de touches exotiques. Une affaire. ***Château et cathédrale*** *2, rue du Refuge Tél. 02 40 47 42 91 Ouvert mar.-sam. 19h30-23h (après 23h sur réservation)*

Crêperie Sainte-Croix (plan 2, C2 n°11) Facile à trouver (à gauche de l'église Sainte-Croix), assez grande pour ne pas trop risquer d'être refoulé malgré l'affluence, elle figure parmi les valeurs sûres du petit monde de la crêpe nantaise. Comptez 6,30€ pour une galette copieuse. ***Bouffay et Graslin*** *11, rue Sainte-Croix Tél. 02 40 47 01 83 http://creperiesaintecroix.free.fr Ouvert lun. 12h-14h et 17h30-22h, mar.-jeu. 11h-23h, ven.-sam. 11h-0h*

Crêperie Ker Breiz (plan 2, A3 n°12) Une petite salle et une carte assez mince suffisent à asseoir la réputation de cette crêperie. La galette aux moules est la spécialité revendiquée de la maison. ***Bouffay et Graslin*** *11, rue de l'Héronnière Tél. 02 40 69 80 20 Ouvert lun.-sam. 12h30-14h et 19h-22h, dim. 19h-22h*

Chez maman (plan 2, C2 n°18) Dans le style kitsch, ce restaurant-brocante

GAMME DE PRIX	RESTAURATION	HÉBERGEMENT
Très petits prix	moins de 10€	moins de 30€
Petits prix	de 10 à 20€	de 30 à 50€
Prix moyens	de 20 à 30€	de 50 à 80€
Prix élevés	de 30 à 40€	de 80 à 100€
Prix très élevés	plus de 40€	plus de 100€

offre un cadre agréable. Lampes, affiches, mobilier, tout évoque les charmes de l'époque du Formica et presque tout est à vendre... La cuisine, "familiale et traditionnelle", ne vaut pas le détour en soi, mais la carte est correcte. ***Bouffay et Graslin** 2, rue de la Juiverie Tél. 02 51 72 20 63 Ouvert mar.-sam. 12h-14h et 19h-22h30*

Beckett's (plan 2, B2 n°14) À l'ombre de la Tour de Bretagne, une petite cantine de quartier très attachante où l'on se sent tout de suite comme chez soi. Loin du tumulte de la ville, on déjeune pour 10€ au gré de l'inspiration du patron irlandais. ***Bouffay et Graslin** 3, rue Guépin Tél. 02 40 48 76 46 Ouvert lun.-jeu., sam. 9h-18h ; ven. 9h-16h et 17h-22h*

Café Cult' (plan 2, C2 n°19) Sympa, jeune, pas cher... le café Cult' possède pas mal d'atouts, d'autant qu'il campe dans l'une des plus anciennes maisons de Nantes, une belle bâtisse à colombages du XVe siècle réaménagée. Piochez dans la formule de midi entrée-plat ou plat-dessert (11€/ complète 15€), élaborée à base de produits du marché. Si les recettes manquent parfois d'un brin de folie, tous les plats sont extra-frais. ***Bouffay et Graslin** 2, rue des Carmes/Pl. du Change Tél. 02 40 47 18 49 www.lecult.com Ouvert lun. et sam. 14h-2h, mar.-ven. 12h-2h, service 12h-14h et 19h30-22h*

Le Bouche à oreille (plan 2, B3 n°20) Dès l'entrée, la couleur est annoncée : c'est un cochon qui vous accueille dans ce restaurant lyonnais bon enfant. Sur une nappe à carreaux, dégustez une andouillette grillée (14,80€), un saucisson lyonnais (13,50€) ou un jarret aux lentilles. La décoration affiche elle aussi un goût marqué pour les cochonnailles. Formule à 12,90€ à midi. ***Bouffay et Graslin** 14, rue Jean-Jacques-Rousseau Tél. 02 40 73 00 25 http://le.bouche.oreille.free.fr Ouvert lun.-ven. 12h-14h et 19h30-0h Service jusqu'à minuit*

Crêperies de Loire-Atlantique

Rêves marins, crêpes marines (Nantes) ____ 94
Ker Breiz (Nantes) ____ 94
Sainte-Croix (Nantes) ____ 94
Le Chat botté (Clisson) ____ 111
La Fraiseraie (Pornic) ____ 119
La Chaumière (Pornic) ____ 122
Transat (Saint-Nazaire) ____ 143
Les Années folles (Pornichet) ____ 153
Fleur de sel (Batz-sur-Mer) ____ 160
Le Derwin (Batz-sur-Mer) ____ 160
Chez tante Germaine (Le Croisic) ____ 166
Relais du duc d'Aiguillon (Le Croisic) ____ 166
La Flambée (Guérande) ____ 174
Roc Maria (Guérande) ____ 175
Keroman ____ 179
Lacomère (Piriac) ____ 179
La Hutte briéronne (île de Fédrun) ____ 185
Le Bilig (Châteaubriant) ____ 196

Le Petit Flore (plan 2, B2 n°21) On se sent bien dans cette salle chaleureuse aux meubles en bois chargés de vaisselle et de bouteilles. Au menu figurent des salades, des assiettes, des tartines, des tartes ou un plat du jour (formule midi à 15€) : une cuisine simple, agréable et savoureuse. Les amateurs de goûter apprécieront le bon choix de jus de fruits artisanaux et de thés. ***Bouffay et Graslin** 1, rue des Vieilles-Douves Tél. 02 40 48 24 88 Ouvert lun.-sam. 12h-0h (service jusqu'à 22h30)*

La Vache nantaise (plan 2, C3 n°22) Un tas de sarments encombre l'entrée de cette institution nantaise. Les nappes à carreaux ajoutent une touche campagnarde à ce palais de la viande grillée sous vos yeux dans la cheminée – ce qui lui donne une saveur fumée inimitable. Du boudin à la côte de bœuf de 900g, 4 formules à midi (10,90€-13,50€), kir offert. Le soir, 3 menus (16€-22€). ***Bouffay et Graslin*** *1, rue Kervégan / 11, rue Bon-Secours Tél. 02 40 89 59 69 http://lavachenantaise.free.fr Fermé sam. midi et dim. Service jusqu'à 23h*

La Cigale (plan 2, A3 n°24) Ne quittez pas Nantes sans avoir admiré, ne serait-ce que le temps d'un café, ce décor somptueux, ses miroirs, ses mosaïques et ses boiseries 1900. L'ambiance brasserie impose un service soutenu, mais cordial ; la cuisine n'est pas inoubliable, mais réserve de très bonnes surprises, notamment en matière de dessert. Menus de 16,67€ à 25,49€ et formule déjeuner à 14,03€ ***Bouffay et Graslin*** *4, pl. Graslin Tél. 02 51 84 94 94 www.lacigale.com Ouvert tlj. 7h30-0h30 (réservation conseillée le soir)*

Le Pressoir (plan 2, B3 n°23) Au rez-de-chaussée d'un des beaux immeubles du quai Turenne se cache ce restaurant de renom. L'ambiance bistrot s'assortit d'une cuisine traditionnelle de qualité et d'un bon choix de vins. Portez une attention particulière aux suggestions du jour (de 18€ à 23€). Menus déjeuner et dîner à partir de 28€. ***Autres quartiers*** *11, quai Turenne Tél. 02 40 35 31 10 www.lepressoir-nantes.com Ouvert 12h-14h30 et 19h30-22h, sauf lun. soir, sam. midi, dim.*

Chez Lizette (plan 2, C4 n°10) Poussez la porte de cette salle dont la décoration oscille entre le rétro branché et le kitsch. Une mezzanine domine les tables en Formica et les chaises joyeusement dépareillées en contrebas. Goûtez le cocktail à base de cannelle et de gingembre et laissez-vous tenter par les plats du jour, tout en sachant que les entrées et les desserts réservent des surprises. ***Autres quartiers*** *Île de Nantes 1, rue Louis-Blanc Tél. 02 40 47 04 44 Ouvert lun. 11h-15h, mar.-ven. 11h-15h et 18h-2h, sam. 18h-2h*

prix moyens

Le Square du Champ de Mars (plan 2, D3 n°26) Cette brasserie de caractère du nouveau quartier d'affaires de Nantes s'ouvre sur un bar et une imposante cave à vins. Les convives ont ensuite le choix entre trois salles décorées d'un mobilier contemporain dans les tons chocolat, caramel et aubergine. On y goûte une cuisine inventive, fraîche et pleine de trouvailles gourmandes qui s'appuient sur les richesses du terroir nantais en faisant la part belle aux légumes, secs, exotiques ou oubliés. Rapport qualité-prix remarquable avec une formule à midi pour 13,90€ et un menu à 19,40€ ; à la carte, comptez 30€ env. ***Autres quartiers*** *14, rue Jemmapes Tél. 02 40 35 98 09 www.squarenantes.com Ouvert tlj.*

Le 1 (plan 2, B4 n°25) Une déco urbain-chic épurée et aérienne pour l'une des adresses les plus en vue du moment : la salle est un espace fonctionnel, résolument contemporain, sur lequel donne la cuisine. Le chef se plaît à revisiter les classiques ou à réinventer la gastronomie du monde. Il apporte un soin tout particulier à la fraîcheur des produits, à la façon de les travailler ainsi qu'à la présentation. Cette cuisine trouve de très bons échos du côté de la cave. ***Autres quartiers*** *1, rue Olympe-de-Gouges Tél. 02 40 08 28 00 www.leun.fr Ouvert tlj. 9h-23h*

prix très élevés

L'Atlantide (plan 1, A2 n°1) Installé au-dessus de la chambre de commerce, il offre une vue panoramique sur la Loire. Face à vous se dressent l'imposant Titan (la grosse grue jaune), les anciens chantiers Dubigeon et Trentemoult, un peu plus loin à l'ouest... Ce paysage un peu brut s'illumine le soir. Inspiré par ses voyages, le chef Jean-Yves Gueho puise aussi dans les richesses de la cuisine nantaise pour élaborer une carte qui varie au fil des saisons. Menus de 27€ (à midi) à 80€. ***Autres quartiers*** *16, quai Ernest-Renaud Tél. 02 40 73 23 23 www.restaurant-atlantide.net Fermé sam. midi, dim. et j. fér. (rés. souhaitée), fin juil.-fin août, fêtes de fin d'année*

Hébergement

Point n'est besoin d'être millionnaire pour séjourner dans le centre de Nantes. Si de nombreux hôtels 3 étoiles se disputent les rues les plus en vue, d'autres adresses, aux tarifs abordables, ont trouvé leur place dans le centre. Les amateurs de grand luxe devront quitter la ville pour pouvoir goûter au confort d'un 4-étoiles.

très petits prix

Auberge de jeunesse La Manu (plan 1, B1 n°20) Classée 3 sapins, située dans l'ancienne manufacture des tabacs, elle compte 120 lits en chambres de 4 à 6 pers. Nombre de nuits limité. À 5min du centre en tramway ou à 15min à pied. 18,20€ avec petit déj. Carte obligatoire ***Autres quartiers*** *2, pl. de la Manu Tél. 02 40 29 29 20*

petits prix

Hôtel Saint-Daniel (plan 2, C2 n°41) Un hôtel central à prix raisonnables. Les chambres sont petites, mais très correctes ; certaines donnent sur la cure de Sainte-Croix. De 47€ à 54€ pour une double, 68€ pour une quadruple. Petit déjeuner à 4,50€. ***Bouffay et Graslin*** *4, rue du Bouffay Tél. 02 40 47 41 25 www.hotel-saint daniel.com*

Hôtel du Château (plan 2, D2 n°40) Tenu par un patron chaleureux, l'hôtel jouit d'un charme réel. La réception est au premier étage, en haut d'un escalier étroit qui se poursuit vers les étages où se trouvent les chambres (42€-57€). Les plus charmantes disposent d'une vue sur le château des Ducs. WC dans la chambre ou sur le palier. Petit déjeuner continental 6,50€ ***Château et cathédrale*** *5, pl. de la Duchesse-Anne Tél. 02 40 74 17 16 www.hotelduchateau-nantes.fr*

Hôtel Le Cambronne (plan 2, B3 n°43) Il jouit d'une bonne situation, entre la médiathèque et la place Graslin. Les chambres (de 55€ à 79€), peu spacieuses mais fonctionnelles, donnent sur la cour ou sur la rue. Une bonne surprise dans cette gamme de prix. Petit déj. 6€. ***Bouffay et Graslin*** *11, rue Fourcroy Tél. 02 40 44 68 00 www.hotel-cambronne.com*

Hôtel Renova (plan 2, C2 n°42) Situé dans une rue minuscule du centre, cet hôtel modeste, mais bien tenu, est une excellente base de départ pour visiter la ville. Une préférence pour les chambres sur la rue, au premier étage. Elles sont vastes, sobres, équipées de baignoire et le plafond y est très haut. Toutes les chambres ont un vrai parquet et bénéficient d'un accès Internet. 49€ à 53€, petit déj. à 5€. ***Bouffay et Graslin*** *11, rue Beauregard Cours des 50-Otages Tél. 02 40 47 57 03 www.hotel-renova.com*

prix moyens

Hôtel de France (plan 2, A3-B3 n°44) Sis dans la rue la plus chic de Nantes, il joue le jeu du luxe et de la tradition. Difficile de résister aux chambres Louis XVI, dont les plus belles donnent sur le théâtre et la place Graslin (113€-145€) ! Même les plus petites (à partir de 65€) ont leur charme. Accueil plaisant. Bar, restaurant et accès wifi. Petit déj. 12€. ***Bouffay et Graslin*** *24, rue Crébillon Tél. 02 40 73 57 91*

Hôtel Graslin (plan 2, A3 n°47) Cet établissement offre, outre des chambres insonorisées de très bon confort (75€-105€), un accueil chaleureux. Les amateurs de grands lits choisiront les classes "Espace". Petit déj. 10€. ***Bouffay et Graslin*** *1, rue Piron Tél. 02 40 69 72 91 www.hotel-graslin.com*

Hôtel Pommeraye (plan 2, B2 n°46) Un bon rapport qualité-prix pour cet hôtel situé entre les places Royale et Graslin. Les chambres au mobilier contemporain et aux tons chaleureux voient leur prix varier selon leur taille. Double de 74€ à 134€, petit déj. 9,40€. Accès wifi. ***Bouffay et Graslin*** *2, rue Boileau Tél. 02 40 48 78 79 www.hotel-pommeraye.com*

prix élevés

L'Hôtel (plan 2, D1 n°45) Cet hôtel, moderne et sympathique, offre des chambres tout confort très agréables. Côté rue, elles donnent sur le château, côté cour, elles sont dotées de terrasses très prisées. Toutes sont équipées de baignoire, insonorisées et climatisées. De 90€ à 140€, petit déjeuner buffet 9,90€. ***Château et cathédrale*** *6, rue Henri-IV Tél. 02 40 29 30 31 www.nanteshotel.com*

☺ **Un coin chez soi (plan 2, C2/D1/D3 n°49)** Ce récent concept – entre appart-hôtel et chambre d'hôtes – fera certainement des émules : les 9 appartements de caractère ont été décorés par une équipe d'artistes nantais et meublés avec goût selon des thèmes originaux. Alliant cachet et confort moderne, "l'insolite" (2, rue de la paix), le "nature et bien-être" (7, rue Sainte Croix), le "jeu" ou encore la "gourmandise" (1, rue de Briort) se louent tout équipés pour une nuit ou plus (env. 100€, tarifs dégressifs). ***Bouffay et Graslin*** *Rens. et rés. Tél. port. 06 64 20 31 09 www.uncoinchezsoi.net*

Hôtel La Pérouse (plan 2, B2 n°48) Il se veut résolument contemporain. Son intrigante façade penchée, trouée de longues fenêtres horizontales, cache des chambres spacieuses et lumineuses. Le mobilier, tout de bois massif et de verre, habille à merveille cette adresse où luxe rime avec sobriété. Double 89€-190€, petit déj. 8,50€-13,40€. Accès Internet. ***Bouffay et Graslin*** *3, allée Duquesne Tél. 02 40 89 75 00 www.hotel-laperouse.fr*

GAMME DE PRIX	RESTAURATION	HÉBERGEMENT
Très petits prix	moins de 10€	moins de 30€
Petits prix	de 10 à 20€	de 30 à 50€
Prix moyens	de 20 à 30€	de 50 à 80€
Prix élevés	de 30 à 40€	de 80 à 100€
Prix très élevés	plus de 40€	plus de 100€

VERTOU ET LE VIGNOBLE NANTAIS

44120

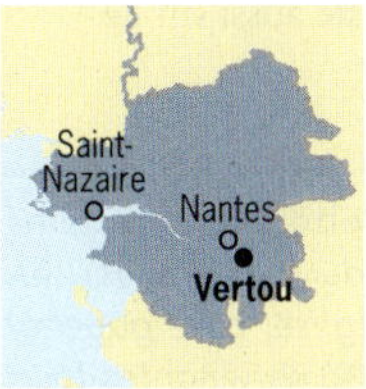

Située à quelques kilomètres de Nantes, Vertou, entre ville et campagne, forte de plus de 21 800 habitants, est la porte du vignoble nantais. Son histoire se confond avec celle de saint Martin de Vertou, grand évangélisateur du sud de la Loire, qui y fonde un monastère au VIe siècle. Chassés par les invasions normandes au IXe siècle, les moines y reviennent à la fin du Xe siècle. Vers l'an mille, ils construisent le barrage de la chaussée des Moines, qui relie les deux rives de la Sèvre et rend la rivière navigable en amont. La ville devient un emplacement stratégique que se disputeront "blancs" et "bleus" pendant la Révolution : le bourg est alors entièrement détruit. Bien d'autres villages du vignoble ont été très rudement éprouvés durant cette période de l'histoire : de nombreux édifices anciens ont disparu, la plupart brûlés pendant les guerres de Vendée. Au centre-ville vertavien, on préférera les bords de Sèvre où ont été aménagés d'agréables parcs et sentiers de promenade, émaillés çà et là de maisons que de riches Nantais ont fait construire au cours des siècles passés.

LE VIGNOBLE NANTAIS : MUSCADET ET GROS-PLANT La route touristique du vignoble nantais, boucle de 70km, commence à Vertou. Le long de cet itinéraire sont indiqués les viticulteurs chez lesquels vous pourrez vous arrêter pour une dégustation et, le cas échéant, l'achat de bouteilles. C'est grâce aux moines que commence, dès le XIe siècle, le grand encépagement du vignoble nantais. En 1709, une gelée dévaste les plants de la région. Seul le cépage importé par les Bourguignons vers 1635 résiste aux températures descendant jusqu'à –20°C. Ce cépage, c'est le melon, qui s'adapte mieux dans le pays nantais que dans sa Bourgogne originelle, et d'où est issu le muscadet. En 1822, il est pourtant soumis à une nouvelle épreuve : le phylloxéra. Pour enrayer l'épidémie qui menace la France entière, on a recours au greffage sur des plants américains, plus résistants.

APPELLATIONS D'ORIGINE CONTRÔLÉE Appellation d'origine contrôlée depuis 1936, le muscadet se décline en trois appellations régionales. Le muscadet dit "de Sèvre-et-Maine", produit au sud-est de Nantes (dans les cantons d'Aigrefeuille, de Clisson, du Loroux-Bottereau, de Vallet et de Vertou), domine le marché. Le coteaux-de-la-loire provient quant à lui des environs d'Ancenis ; il représente 5% de la production de muscadet. Enfin, le côtes-de-grand-lieu, dernier-né des trois – l'appellation date de 1994 –, en couvre 10%. D'une tradition ancienne est née une pratique de vinification de plus en plus courante. Les vignerons conservaient autrefois une "barrique de noce", dans laquelle le vin avait reposé tout l'hiver sur ses lies, levures naturelles de fermentation. Partagée à l'occasion des mariages, cette cuvée offrait à la dégustation une nuance que n'avaient pas les autres barriques : le perlant. C'est pour obtenir cet effet que de nombreux vignerons pratiquent aujourd'hui la mise en bouteille sur lie, d'où naît un muscadet plus fin et plus aromatique. Également très connu, le gros-plant doit son nom à un cépage cultivé dans la région dès le XVIe siècle : la folle-blanche, qui présente un pied épais et charnu. Ce blanc sec, bienvenu avec des huîtres par exemple, existe aussi sur lie.

MODE D'EMPLOI

accès

EN VOITURE
À 8km au sud de Nantes par la D58.

EN TRAIN
Plusieurs liaisons en TER : Nantes-Vertou (ligne 31), Nantes-Cholet (ligne 6), Nantes-Les Sables d'Olonne (ligne 8).
SNCF *Tél. 0810 324 324 www.ter-scnf.com*

EN CAR
Les lignes 4 et 42 du réseau Tan relient Vertou à Nantes
Réseau Tan *Tél. 0240 444 444 www.tan.fr*

orientation

Le centre de Vertou s'organise autour de son église, sise à moins de 1km à l'est de la Sèvre et de la chaussée des Moines.

informations touristiques

Office de tourisme de Nantes Métropole, bureau de Vertou Renseignements, billetterie, réservations hôtelières... *Pl. du Beau-Verger (en contrebas de l'église, côté gauche) Tél. 02 40 34 94 36 www.nantes-tourisme.com et http://vertou.reseaudescommunes.fr (site de la mairie) Ouvert mar. et jeu. 15h-18h, mer., ven. et sam. 10h-12h et 15h-18h*

marchés, fêtes et manifestations

Marché de Vertou *Pl. du Marché Sam. et dim. matin*
Marché de Beautour *La Cale Jeu. matin*
Salon des vins et de la gastronomie *Mi-fév.*
Fête des cerises Elle célèbre l'arrivée du fruit symbolique de l'été. *Parc de la Sèvre www.fete-des-cerises.asso.fr 2e dim. de mai*
Marins d'eau douce Animations nautiques le long de la Sèvre et à Vertou. *www.marin-deau-douce.com Juin*
Rencontres d'illustrateurs *Médiathèque Libre Cours de Vertou Oct.*

DÉCOUVRIR

☆ **Les essentiels** La chaussée des Moines à Vertou, le château et les marais de Goulaine **Découvrir autrement** Prenez un verre à Pont-Caffino, sur les bords de la Maine, savourez des anguilles au restaurant La Divate, à Saint-Julien-de-Concelles **> Carnet d'adresses p.106**

Vertou et le sud du vignoble

☆ **Chaussée des Moines** Le barrage construit par les moines il y a mille ans est aujourd'hui un lieu de promenade et de plaisance. La Sèvre et ses rives offrent un paysage agréable ; il vous faudra vous écarter de la chaussée en suivant les chemins pour jouir de plus de calme, la circulation routière n'étant malheureusement pas loin. *Vertou*

Site de la Cantrie Après un chemin qui descend entre les vignes jusqu'à la Sèvre, ce site plaisant est parcouru de différents sentiers, panoramique, botanique (on compte plus de 110 espèces végétales) et géologique. Expositions artistiques dans ses caves âgées de plus de deux siècles. Charmante aire de pique-nique. *À la sortie de **Saint-Fiacre** (à 6km au sud-est de Vertou) Tél. 02 40 54 82 26 www.lesamisdestfiacre.fr Expositions avr.-oct. : mer.-dim. 14h30-19h*

Musée du Vignoble nantais Des centaines d'outils et de machines, datant du XVIIe siècle à nos jours, sont rassemblées dans ce musée consacré au vignoble et à ses traditions. Une vidéo retrace la vie et l'œuvre d'un enfant du pays, Pierre Abélard. Dégustation et expositions temporaires. *83, rue Pierre-Abélard 44330 **Le Pallet** (à 5km au sud-ouest de Vertou) Tél. 02 40 80 90 13 Ouvert avr.-nov. : tlj. 14h-18h ; mi-juin-mi-sept. : 10h-18h ; visite guidée tous les dim. à 15h30 Tarif 4,50€, réduit 2,50€*

LOIRE-ATLANTIQUE

● Où acheter du vin ?

Château de Chasseloir-maison Chéreau-Carré Il ne reste du château, brûlé sous la Révolution et détruit au cours des guerres de Vendée, qu'une des sept tours que celui-ci comptait au XVe siècle. Chasseloir est l'un des six domaines de la prestigieuse maison Chéreau-Carré. Ici sont produits des muscadets-sur-lie, dont la fameuse cuvée des ceps centenaires, et un muscadet vinifié en fûts de chêne, à l'arôme boisé. À la cave vous accueillent les visages colorés de Gargantua et de Grandgousier. De chaque côté des poutres se répondent les allégories des péchés capitaux et des vertus cardinales, d'inspiration rabelaisienne. *Chasseloir 44690 **Saint-Fiacre-sur-Maine** (à 8km de Vertou sur la D59, dir. Clisson) Tél. 02 40 54 81 15 www.chereau-carre.fr Dégustation et visite lun.-sam. 9h-18h, dim. sur rés.*

Maison des vins Elle abrite les productions de différents domaines de la région. À la boutique sont proposées toutes sortes d'objets liés à la vigne et au vin. Expositions en été. *Site de Bellevue (à la sortie du bourg de **La Haie-Fouassière,** 6km à l'est de Vertou, sur la D359, direction Le Pallet/Clisson, à droite à côté du château d'eau décoré) Tél. 02 40 36 90 10 Ouvert lun.-ven. 9h-12h30 et 14h-17h30*

● Où goûter des biscuits au muscadet ? Dégustez à la ferme de délicieux biscuits croquants au muscadet et de jus de raisin-cassis. Visite de l'exploitation et aire de camping-car. **Domaine des Croix** *23, Les Croix 44690 **Maisdon-sur-Sèvre** Tél. 02 40 06 65 07 www.domainedescroix.fr*

● ☺ Où boire un verre ? Au bord de la Maine, Le Rocher, bar convivial et associatif, accueille les promeneurs pour un vin chaud au coin du feu ; l'été, la terrasse ombragée et le jeu de boules sont pris d'assaut. Spécialités fromagères (rustic'caff) et duo de saucisses au muscadet sont au menu. **Le Rocher** *Pont-Caffino 44690* ***Château-Thébaud*** *(à 8km au sud-est de Vertou) Tél. 02 40 06 53 55 www.lerocher.org Ouvert été : tlj. toute la journée jusqu'à 1h le w.-e. ; hiver : ven.-sam. 17h-1h, dim. et j. fér. 11h-20h*

● Découvrir le vignoble à pied De nombreux sentiers de randonnée, qu'il est impossible de détailler ici, sillonnent le vignoble nantais. Le guide gratuit *Invitation dans le vignoble de Loire*, édité par Interloire, en recense les différents itinéraires. Il est disponible dans les offices de tourisme.
Boucle du Vignoble Formant une partie du GR® de pays Sèvre-et-Maine, elle longe sur 90km les vignes et les coteaux du vignoble nantais. Au départ de Vertou, le sentier suit le cours de la Sèvre jusqu'à Gétigné, passe en Maine-et-Loire le temps de rejoindre Montaigu, puis remonte plein nord en suivant la Maine. Tout au long de ce parcours, des "points randonnée" proposent de courtes escapades d'une durée de 2h à 4h. On pourra ainsi découvrir les environs de Monnières, Clisson, Aigrefeuille-sur-Maine et Château-Thébaud, hauts lieux de la production de muscadet. Le topo-guide *La Sèvre nantaise à pied, trente-et-une promenades et randonnées* décrit ces circuits (gratuit).

LOIRE-ATLANTIQUE

● Explorer la Sèvre en bateau
Ruban vert Des bateaux électriques de 5 à 10 places qui se conduisent sans permis permettent de découvrir la Sèvre sous un jour nouveau (25€-40€/1h, 70€/demi-journée). *La Chaussée-des-Moines* ***Vertou*** *Tél. 02 40 34 67 13 www.rubanvert.fr Ouvert avr.-juin et sept. : 10h-19h ; juil.-août : lun.-ven. 14h-19h, w.-e. 10h-19h*
Club de Canoë-Kayak de Vertou Location de canoës 5,90€/h, 12€ la demi-journée et 14€/j. *Base nautique du Parc Loiry Bd Guichet-Sérex* ***Vertou*** *Tél. 02 40 34 29 97 Tél. port. 06 62 37 45 92 http://ckvertou.free.fr*

● Pratiquer des activités sportives Sur un beau site escarpé des bords de la Maine, à Pont-Caffino, sont proposés les activités de : canoë-kayak, escalade, tir à l'arc, équitation et autres activités de plein air. De l'autre côté du pont, un sentier pédestre permet de remonter jusqu'au bourg par le coteau ; un balcon panoramique à côté de la mairie offre un beau point de vue sur la vallée. Tables de pique-nique et barbecues à disposition. **Base de loisirs Pont-Caffino** *44690* ***Maisdon-sur-Sèvre*** *(à la limite de Château-Thébaud) Tél. 02 40 06 54 07 Ouvert toute l'année selon la météo*

La Goulaine et l'est du vignoble

Entre Loire et marais, les communes de **Basse-Goulaine** et de **Haute-Goulaine**, distantes de 3km, n'ont formé jusqu'au XIIIe siècle qu'une seule paroisse. La première est longée par la **levée de la Divatte**, qui s'étend jusqu'à La Chapelle-Basse-Mer en passant par Saint-Julien-de-Concelles. Construit en dix ans à la fin du XIXe siècle, ce mur de pierre long de 16km et haut de 3m devait empêcher les inondations. On a su lier l'utile à l'agréable : la Divatte a connu ses heures de gloire au début du XXe siècle quand les guinguettes s'y alignaient comme autant de lieux de détente. Aujourd'hui, la Divatte égrène encore quelques restaurants renommés, et le parcours de cette voie entre Loire et maraîchages n'est pas désagréable. Haute-Goulaine, quant à elle, est tournée vers ses marais, que domine le majestueux château de Goulaine.

☆ **Château de Goulaine** Édifié par phases successives du XVe au XVIIIe siècle sur les fondations d'un fort du VIIIe siècle, ce château qui a vu passer Henri IV et Louis XIV, appartient depuis mille ans à la même famille. Après avoir franchi les douves, passé l'enceinte fortifiée et la tour d'entrée à mâchicoulis, on pénètre dans la cour d'honneur qui s'ouvre sur le corps principal du logis (XVe siècle). Son architecture évoque plus les châteaux de la Loire que celle des édifices bretons : la pierre de tuffeau y a supplanté le granit, et les échauguettes des tours d'angle n'ont plus qu'une fonction décorative. Encadrant la façade sud, deux ailes ont été ajoutées au XVIIe siècle ; la façade nord donne sur un jardin à la française. La chapelle et les communs remontent à l'époque Louis XIII. L'élégance de la façade, l'enfilade des pièces d'apparat, les meubles et les boiseries retracent l'univers raffiné de l'époque. Le Salon rouge et son pendant, le Salon bleu, reprennent les couleurs de la famille de Goulaine dont le blason rappelle son appartenance à l'Angleterre (léopards d'or sur fond de gueules) et à la France (fleur de lys sur fond d'azur). Les visiteurs peuvent également admirer le Salon rouge, rénové en 2008, qui, autrefois tendu de cuir de Cordoue, avait été dépouillé au fil du temps. Une aile du château présente de façon permanente une superbe collection des œuvres créées pour la biscuiterie LU par les plus grands artistes des XIXe et XXe siècles. En tout, plus de 500 objets s'offrent au regard : tableaux, dont le

Vin, bière et cidre

À déguster ou à rapporter : goûtez aux productions artisanale de la Bretagne Sud.

Château de Chasseloir-maison Chéreau-Carré (Saint-Fiacre-sur-Maine) — 101
Maison des vins (La Haie-Fouassière) — 101
Domaine de l'Écu-Guy Bossard (Le Landreau) — 104
Musée de la Vigne et du Vin (Le Loroux) — 104
Caveau des muscadets de la vallée de Clisson — 111
Brasserie de la Côte de Jade (Pornic) — 119
Brasserie de la Brière et boutique paysanne (Saint-Lyphard) — 185
Maison des vins (Ancenis) — 198
Brasserie Mor Braz (Theix) — 219
Gérard Le Pocréau (Theix) — 219
Maison de la pomme et du cidre (Sarzeau) — 236
Brasserie Lancelot (Le Roc Saint-André) — 268
Brasserie Tri Martolod (Concarneau) — 444
Brasserie Britt (Trégunc) — 445
Cidre Séhédic (La Forêt-Fouesnant) — 449
Cidrerie de Ménez-Brug (Beg-Meil) — 450
Brasserie de Pouldreuzic — 479
Cidrerie Kerné (Pouldreuzic) — 479
Cidres Le Brun (Plovan) — 479
Cidres de la ferme de Goarimic (Le Faou) — 526
Brasserie Coreff — 540

Petit Écolier à la croix d'honneur de Firmin Bouisset, mais aussi affiches de Mucha, Folon, Sempé, ou mobilier, dont un superbe comptoir de boulangerie. Enfin, la visite se clôt par la découverte d'une serre magnifique, dans laquelle plusieurs centaines de papillons du monde entier volent en liberté. *44115* ***Haute-Goulaine*** *(à 6km au nord-est de Vertou) Tél. 02 40 54 91 42 http://chateau.goulaine.online.fr Ouvert fin mars-début juil. et début sept.-début nov. : sam.-dim. et j. fér. 14h-18h ; début juil.-début sept. : mer.-lun. 14h-18h ; groupes sur réservation Visite guidée (2h) : 14h30-17h Tarif 8€, réduit 4€*

☆ **Marais de Goulaine** S'étendant sur 1 500ha, les marais forment un paysage magique entre terre et eau, à la faune et la flore très riches. Des plantes rares – renoncule grande douve, succise des prés, fritillaire pintade – et des oiseaux – canard colvert, foulque macroule, busard des roseaux – y trouvent refuge. Les marais abritent une des plus importantes frayères à brochets d'Europe. Ils communiquaient autrefois avec la Loire et permettaient l'accès à des ports disparus depuis deux siècles. Selon la légende, la ville de Louen, qui occupait une île au milieu du plan d'eau, fut engloutie en punition de ses vices – on dit que quand Nantes périra, elle renaîtra ! *44115* ***Haute-Goulaine*** *(à 6km au nord-est de Vertou)*

Pont de Louen Il constitue le seul passage entre Haute-Goulaine et Le Loroux-Bottereau (sur la D305). C'est un point de vue privilégié pour l'observation du marais. Au Moyen Âge, des fortifications le protégeaient. Le pont fut reconstruit après les inondations de 1910. Une légende (que l'on retrouve dans de nombreux autres lieux...) affirme qu'on doit le premier ouvrage à saint Martin de Vertou qui, pour l'obtenir, aurait fait un pacte avec le diable, lui promettant l'âme du premier être à le traverser. Mais le rusé Martin envoya un chat noir ! Le diable, furieux, aurait poursuivi l'animal aux cris de "barbe de chat, je te tiens !" – ce qui expliquerait le nom d'une commune voisine : Barbechat.

Musée de la Vigne et du Vin Près de 5 000 outils viticoles issus de la France entière ont été rassemblés dans les anciens chais du XIXe siècle construits sur les ruines de la chapelle de Sainte-Radegonde. Cette collection, la plus complète du pays, dévoile les trésors d'ingéniosité dont ont fait preuve les vignerons des XIXe et XXe siècles. La visite instructive se clôt par une dégustation, car les propriétaires produisent muscadet-sur-lie, chardonnay, gamay... à goûter avant d'acheter ! *Abbaye de Sainte-Radegonde (sur la route de Landemont) 44430* ***Le Loroux-Bottereau*** *(à 15km au nord-ouest de Vertou par la D115) Tél. port. 06 15 86 57 55 www.radegonde.fr Visite guidée et dégustation mar.-ven. 10h-15h sur rés. uniquement 5 pers. minimum (possibilité de regroupement de visiteurs) Tarif 8€, réduit 6,50€, moins de 11 ans 4€*

● **Où acheter du vin ?** Viticulteur agrobiologiste, Guy Bossard travaille au plus près de la terre pour faire naître de ses vignes non traitées des vins toujours meilleurs. **Domaine de l'Écu-Guy Bossard** *La Bretonnière 44430* ***Le Landreau*** *(à 21km au nord-est de Vertou ; à l'entrée du Landreau, en venant de La Chapelle-Heulin ; le domaine est à gauche juste après le parc du lycée de Briacé) Tél. 02 40 06 40 91 Ouvert lun.-sam. midi sur rdv*

Sur les quais, port de Nantes.

● **Faire de la barque sur le marais de Goulaine** Aucun sentier ne permet de parcourir le marais à pied : il faut s'y promener en barque. La Maison bleue propose des visites d'une heure et demie encadrées par un guide pour des groupes de six à douze personnes (à partir de trois ans). **Maison bleue** *134, route du Pont-l'Ouen 44115* ***Haute-Goulaine*** *Tél. 02 40 54 55 50 Rés. obligatoire Port de départ en fonction du guide Tarif 6€*

CARNET D'ADRESSES

Restauration

prix moyens

Monte-Cristo Sa salle panoramique et sa terrasse offrent une belle perspective sur le barrage millénaire. La cuisine du terroir s'enrichit de notes exotiques : souris d'agneau confite façon gigot aux écorces d'orange et gingembre. Menus de 26,20€ à 43€. *11, chaussée des Moines* ***Vertou*** *Tél. 02 40 34 40 36 Ouvert mar., jeu.-sam. 12h-13h30 et 19h30-21h30 ; mer., dim. 12h-13h30*

La Rivière La cuisine nantaise se conjugue en plusieurs menus, de la formule bistrot au repas gastronomique (13,50€-38€). Les produits locaux en sont les acteurs principaux : anguilles, cuisses de grenouilles à l'ail ou beurre blanc de la mère Clémence. *157, rue du Grignon 44115* ***Basse-Goulaine*** *(à 6km au nord de Vertou) Tél. 02 40 03 58 85 www.restaurant-la-riviere.fr Ouvert à midi (sauf mar.), ven. et sam. soir*

Villa Mon rêve Entre fleuve et jardins, cette belle maison bourgeoise initie à la gastronomie des bords de Loire : tartare d'huîtres au gingembre, poêlée de foie gras du bocage aux épices douces, raviole de tourteaux au jus de crustacé et tomates confites... Menus déjeuner à 25,50€ et 29€. Plats à la carte de 17,50€ à 25€. Grand choix de vins locaux. *Route des Bords-de-Loire 44115* ***Basse-Goulaine*** *(à 6km au nord de Vertou sur la D751) Tél. 02 40 03 55 50 www.villa-mon-reve.com Ouvert tlj. 12h15-14h et 19h30-21h30 Fermé mar. et dim. soir*

☺ **Restaurant La Divate** Cet établissement est idéal pour prendre un verre face à la Loire. Côté cuisine, la gastronomie traditionnelle et les vins du Val-de-Loire sont à l'honneur. Anguilles et sandres sont proposés toute l'année. Menu "Terroir" à 18,95€ et menu "Bord de Loire" à 36,60€. *28, levée de la Divatte lieu-dit Boire-Courant 44450* ***Saint-Julien-de-Concelles*** *(à 14km au nord-ouest de Vertou sur la D751) Tél. 02 40 54 19 66 Ouvert jeu.-lun. sauf dim. soir*

Hébergement

camping

Camping à la ferme Ce camping convivial, cerné par les vignes, est agrémenté d'un terrain de volley, d'un jeu de boules, de balançoires... On se procurera à la ferme les œufs frais du jour, les fruits et légumes de saison et le vin du beau-frère ! Environ 7,50€/2 pers. et par jour. *Les Noues 44690* ***Maisdon-sur-Sèvre*** *(à 13km au sud-est de Vertou, sur la D58, à 1,5km du bourg dir. Château-Thébaud) Tél. 02 40 33 56 78 Tél. port. 06 81 34 23 77 Ouvert mi-avr.-mi-oct.*

petits prix

Domaine de la Pénissière Propriétaires et hôtes se partagent cette grande bâtisse en un savant mélange d'indépendance et de convivialité. Trois chambres (48€) joliment décorées et un salon dominé par une belle mezzanine accueillent les visiteurs. Aux beaux jours, le salon passe au jardin... Idéal pour déguster le muscadet de la propriété. *M. et Mme Bousseau La Pénissière 44690* ***Château-Thébaud*** *(à 9km au sud-ouest de Vertou au bord de la D58) Tél. 02 40 06 51 22*

Le Relais de la Rinière Dans cette ancienne bâtisse au milieu des vignes, Françoise Lebarillier a aménagé 3 chambres (42€, petit déj. inclus). Ces nids douillets sont équipés d'un plateau comprenant bouilloire électrique, thé et biscuits ! En été, le petit déj. est servi au jardin. Une chambre avec kitchenette et un gîte pour 5 pers. sont aussi disponibles. L'accueil est plus que charmant. *44430* ***Le Landreau*** *(à 21km à l'est de Vertou, dir. Vallet puis La Renouère 2km plus loin sur la gauche, et continuer sur 2km) Tél. 02 40 06 41 44 www.riniere.com*

prix très élevés

Abbaye de Villeneuve Le seul hôtel 4 étoiles de la région jouit d'un cadre d'exception : l'abbaye de Villeneuve (XVIIIe s.). Vous y jouirez d'un calme bienfaisant et d'un grand confort ; n'oubliez pas de quitter de temps à autre son restaurant et sa piscine pour aller faire un tour à Nantes ! De 95€ à 230€, petit déj. 14€. *Route de la Roche-sur-Yon 44840* ***Les Sorinières*** *(à 8km au sud-ouest de Vertou par la D115) Tél. 02 40 04 40 25 www.abbayedevilleneuve.com*

CLISSON

44190

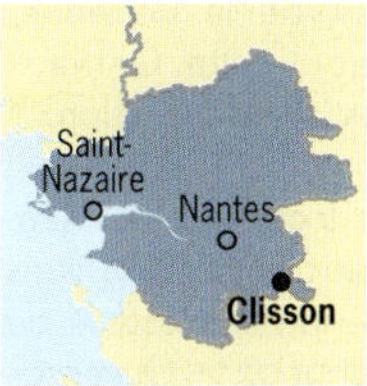

Drôle de ville bretonne que Clisson, rattachée au duché au IXe siècle sous le règne de Nominoë, mais dont les toits de tuile et l'architecture italienne font penser à une cité méridionale. Située à la limite de la Loire-Atlantique, elle est proche de la Bretagne, de l'Anjou et du Poitou. Son histoire tourmentée a entraîné sa reconstruction quasi totale au XIXe siècle par trois passionnés d'art italien. Il suffit qu'un rayon de soleil s'attarde sur la cité et c'est toute la Toscane qui chante, avec, à la place du chianti, un bon muscadet du terroir.

HISTOIRE C'est à partir du XIe siècle que les puissants seigneurs de Clisson, d'origine germanique, règnent sur la ville. Guillaume de Clisson entame au XIIIe siècle la construction du château actuel, dont l'histoire se confond avec celle de la cité. En 1343, Olivier IV de Clisson est décapité sur ordre du roi Philippe VI de Valois. Les Clisson se rangent alors aux côtés des Anglais et du duc de Bretagne au début de la guerre de Cent Ans. Olivier V rejoint le camp français en 1380 pour succéder à Du Guesclin comme connétable de France. Malgré cela, il parvient à se réconcilier avec le duc avant de mourir en 1407, laissant le château à sa fille, Marguerite. Celle-ci, parce qu'elle trahit la Bretagne en tenant prisonnier le duc Jean V, se fait confisquer tous ses biens : en 1420, Clisson revient au duché de Bretagne. Le château est alors agrandi et fortifié. En 1435 y naît François II de Bretagne, qui y donne de fastueuses fêtes en l'honneur de sa favorite Antoinette de Magnolais. Pendant la Ligue, la ville résiste aux assauts du roi Henri IV. Elle développe au XVIIe siècle une économie sereine reposant sur ses industries métallurgiques, ses moulins à farine et à papier, et sa production de vin et de cuirs. La Révolution anéantit cette richesse : située au cœur de la Vendée militaire, Clisson est incendiée. Elle se réveille en 1794, désertée et détruite. Trois hommes, de retour d'Italie, sont à l'origine de sa renaissance. Le peintre Pierre Cacault (1744-1810), séduit par la beauté du site, s'y installe. Il est rejoint par son frère François (1743-1805), collectionneur d'art et diplomate (sa collection enrichira le musée des Beaux-Arts de Nantes), ainsi que par leur ami commun le sculpteur Frédéric Lemot (1771-1827). Ceux-ci font revivre Clisson dans le style italien qu'ils ont tant aimé. À partir de 1805 commence le grand remaniement de la ville. Elle est surnommée le "Tivoli français".

MODE D'EMPLOI

accès

EN VOITURE
À 28km au sud-est de Nantes par la D59.

EN TRAIN
Desservi par les lignes de TER Nantes-Cholet (ligne 6) et Nantes-Sables d'Olonne (ligne 8).
TER *Tél. 0810 324 324 www.ter-sncf.com*

EN CAR
Ligne Lila n°4 Nantes-Clisson.
Réseau Lila *Tél 0825 08 71 56 www.loire-atlantique.fr/lila*

orientation

Clisson est située au confluent de la Sèvre nantaise et de la Moine. Sur la rive gauche de la Sèvre, le centre historique comprend le château, l'église Notre-Dame et les halles. Sur l'autre rive, la Moine sépare le quartier de la Trinité du parc de la Garenne-Lemot, reliés par le viaduc et le pont Saint-Antoine.

informations touristiques

Office de tourisme Il organise des visites commentées de la ville, du vignoble nantais, de la Garenne-Lemot et du moulin de Gervaux (pour les groupes, sur réservation). Il édite tous les ans un guide pratique dans lequel vous trouverez des sentiers d'interprétation dont l'un vous mènera autour de la ville close. *Pl. du Minage Tél. 02 40 54 02 95 Ouvert tlj. 10h-12h30 et 14h30-18h*
Syndicat mixte du pays du vignoble nantais *Maison de pays 5, allée du Chantre Tél. 02 40 36 09 10 www.vignoble-nantais.eu*

marchés, fêtes et manifestations

Tous les renseignements pour les événements et animations indiqués ci-dessous vous seront communiqués par l'office de tourisme.

Marché *Sous les halles Mar. et ven. matin*
Saint-Valentin Avec ses airs de Vérone, Clisson ne pouvait manquer de célébrer les amoureux. Expositions et concours de lettres d'amour. *14 fév.*
Montmartre à Clisson Concours de peinture et de sculpture suivi d'animations musicales. *Juin*
Hellfest Le grand festival français des musiques métal, punk, hardcore au complexe du Val de Moine. *Tél. 02 41 58 71 61 www.hellfest.fr 3 jours en juin*
Les Médiévales/Les Italiennes Clisson vit alors au rythme du Moyen Âge ou de la culture italienne. *Un w.-e fin juil. ou début août en alternance*
Nouvel An du Muscadet Dégustation de la récolte de l'année sous les halles de Clisson. *1er dim. de déc.*

DÉCOUVRIR

☆ **Les essentiels** Le château de Clisson, la Garenne-Lemot **Découvrir autrement** Flânez dans les ruelles de la vieille ville, rue de la Collégiale, rue Tire-Jarrets avant de prendre un verre au café des Cordeliers, dans le quartier Saint-Antoine **> Carnet d'adresses p.111**

Clisson

Traversée par deux rivières, Clisson est dotée de nombreux ponts. Le pont de la Vallée, qui franchit la Sèvre, remonte au XVe siècle ; le pont Saint-Antoine, dont les arches gothiques enjambent la Moine, date de la même époque. De l'impressionnant viaduc à quinze arches (XIXe siècle), haut de 20m, qui surplombe cette dernière rivière, on jouit d'un beau panorama sur la ville et d'une perspective intéressante sur le château.

Halles et ruelles de la vieille ville Seules rescapées des incendies allumés par les "colonnes infernales" de Turreau, les halles de Clisson ont conservé leur charpente en bois (chêne et châtaignier) du XVe siècle. Un marché s'y tient les mardis et vendredis matin. Les ruelles pittoresques alentour – la rue de la Collégiale, la rue Tire-Jarrets… – réservent des perspectives réjouissantes sur la ville.

☆ **Château de Clisson** Ce monument concentre 500 ans de fortifications, du XIIIe au XVIIe siècle. Aux premières constructions de Guillaume le Jeune, Olivier IV ajoute au XIVe siècle un second donjon, qui donne au bâtiment son allure de forteresse. À partir du XVe siècle, les ducs de Bretagne agrandissent et fortifient le château. François II restaure les logis. Des aménagements sont poursuivis aux XVIe et XVIIe siècles, jusqu'à ce que la bâtisse sombre peu à peu dans l'abandon. Peu avant la Révolution, un donjon s'écroule ; en 1793, l'édifice est incendié. En 1807, le sculpteur Lemot, séduit par la beauté romantique de ces ruines, achète le château pour le restaurer. Aujourd'hui cheminées, donjons et prisons s'offrent au regard du visiteur. Le puits témoigne d'une histoire dramatique : en 1794, les "bleus" du général Cordelier se livrent à des massacres dans la ville ; en 1961 on découvrira au fond du puits les squelettes de dix-huit Clissonnais.

Également deux salles scénographiées dans la tour Saint-Louis et dans la prison des femmes. *Tél. 02 40 54 02 22 Ouvert mai-sept. : tlj. sauf mar. 11h-18h ; oct.-avr. : tlj. sauf mar. 14h-17h30 Tarif 2,20€, réduit 1,50€*

Église Notre-Dame Jusqu'à la Révolution, le site de l'ancienne église de la ville, murée, était occupé par la collégiale de chanoines fondée par le testament de 1406 du connétable Olivier de Clisson. Détruite pendant les guerres de Vendée, elle fut remplacée en 1888 par l'église Notre-Dame, bâtie sur le plan des basiliques romaines, et qui s'intègre parfaitement à son environnement. *Pl. Notre-Dame Ouvert tlj. 9h-19h*

Parc et statue Henri IV Le parc Henri IV borde la Sèvre, face à la Garenne-Lemot. On y longe la rivière avant d'atteindre le beau moulin de Plessard. La statue d'Henri IV (à côté du cimetière Saint-Gilles) est l'œuvre de Frédéric Lemot, à qui l'on doit la statue équestre du même roi sur le Pont-Neuf à Paris.

☆ **Garenne-Lemot** En 1805, Frédéric Lemot acquiert les bois de la Garenne, ancienne réserve de chasse des seigneurs de Clisson, et y crée son **parc** idéal, à l'image des modèles italiens. Marronniers, platanes, pins d'Italie et acacias campent le décor dans lequel s'intègrent divers ornements architecturaux. Le long des allées s'égrènent le temple de Vesta, la grotte d'Héloïse et de nombreuses colonnes et sculptures qui créent un univers romantique. La **maison du jardinier**, première demeure édifiée sur le site par Mathurin Crucy de 1811 à 1815, s'inspire de l'architecture des fermes toscanes, avec ses briques roses et sa cour ceinte d'un mur crénelé dominé par une tour. S'y est installé un centre de documentation sur l'histoire du château de Clisson, ses jardins et l'art contemporain (visite sur rés.). Édifiée à partir de 1824 par l'architecte Pierre-Louis Van Cleemputte, la **villa Lemot** ne fut achevée qu'après la mort du sculpteur et fut aménagée par son fils Barthélemy. Cette bâtisse magnifique domine la Sèvre. Colonnades, belvédères et terrasses ombragées rappellent les grandes demeures d'Italie. *Route de Poitiers Gétigné-Clisson (accès possible par la rue Saint-Antoine) Tél. 02 40 54 75 85* **Parc** *Ouvert mai-sept. : tlj. 9h-20h ; oct.-avr. : tlj. 9h30-18h30 Entrée libre* **Maison du jardinier** *Ouvert mai-sept. : tlj. 11h-18h30 ; oct.-avr. : tlj. 14h-17h30* **Villa Lemot** *Ouvert pour*

La Loire-Atlantique des gourmands

Comptoirs d'Armorique (Nantes) — 81
Les Rigolettes nantaises — 83
Confiserie-chocolaterie Gautier Debotté (Nantes) — 86
La Friande (Nantes) — 90
Domaine des Croix (Maisdon-sur-Sèvre) — 101
La Fraiseraie (Pornic) — 119
Les Délices de Saint-Michel (Saint-Michel-Chef-Chef) — 129
Confiserie Manuel (La Baule) — 148
Biscuiterie des Marais (Pornichet) — 150
Biscuiterie de Saint-Guénolé (Batz-sur-Mer) — 159
Terre de sel (Guérande) — 172

des expositions temporaires (dédiées à l'art contemporain) aux horaires de la Maison du jardinier Visite guidée en été : tlj. 11h, 14h30, 16h ; le reste de l'année : le dim. 16h Tarif 2,50€ ; réduit 1,50€

● **Où acheter du vin ?** Installé dans les locaux de l'office de tourisme, le caveau rassemble divers vignerons de la vallée de Clisson, qui proposent la dégustation et la vente de leurs muscadets et gros-plants. **Caveau des muscadets de la vallée de Clisson** *Pl. du Minage Tél. 02 40 54 02 95*

● **Où boire un verre ?** Coloré et convivial, le café des Cordeliers égaie le quartier Saint-Antoine. Ses murs s'habillent régulièrement d'expositions. **Café des Cordeliers** *5, rue de la Vallée Tél. 02 40 54 21 60 Ouvert mar.-ven. 10h-0h ; sam.-dim. 14h-0h*

● **Faire du canoë-kayak** Le club de Clisson loue, du printemps à l'automne, des embarcations de 8€/h à 18€ pour un forfait supérieur à 3h. Balades nocturnes de mi-mai à septembre tous les vendredis à la tombée de la nuit (12€/durée 1h30). **Club de canoë-kayak de Clisson** *Moulin de Plessard 85610* **Cugaud** *(village attenant à Clisson) Tél. 02 40 54 39 59 www.ckclisson.fr Ouvert juil.-août : tlj. 10h-12h et 14h-18h ; mai-juin et sept. : dim. et j. fér. 10h-12h et 14h-18h*

CARNET D'ADRESSES

Restauration

petits prix

Crêperie Le Chat botté Située dans une petite rue escarpée du centre historique, cette crêperie sympathique propose, en plus de ses crêpes, un bon choix de salades et de glaces. Formules midi 9,50€-11,80€ et menus 17,90€-21,90€. *7, rue Tire-Jarrets* **Clisson** *Tél. 02 40 54 29 10 Fermé mar. et dim.*

Le Croque-Mitaine Tout beau tout neuf, le restaurant aux grandes baies vitrées donnant sur le château gagnera à se patiner un peu. La carte offre des spécialités ardéchoises et des salades. Formules 9,50€-11,90€ et menu 25€. *56, rue des Halles* **Clisson** *Tél. 02 40 54 34 84 Ouvert tlj. sauf lun. soir 12h-14h et 19h-21h30*

prix moyens

☺ **Restaurant de la Vallée** Sur la Sèvre, ce restaurant clair et raffiné allie terroir et création ; la cuisine traditionnelle s'agrémente de touches innovantes. Menus de 20€ à 30€. La terrasse surplombe la rivière. Un luxueux écrin pour célébrer une

GAMME DE PRIX	RESTAURATION	HÉBERGEMENT
Très petits prix	moins de 10€	moins de 30€
Petits prix	de 10 à 20€	de 30 à 50€
Prix moyens	de 20 à 30€	de 50 à 80€
Prix élevés	de 30 à 40€	de 80 à 100€
Prix très élevés	plus de 40€	plus de 100€

cuisine de haut vol ! Réservation conseillée. *1, rue de la Vallée* **Clisson** *Tél. 02 40 54 36 23 www.restaurant-delavallee.com Ouvert sept.-juin : tous les midis sauf lun. et ven.-sam. soir ; juil.-août : mar.-sam.*

prix très élevés

La Bonne Auberge Dissimulée dans une discrète maison bourgeoise, elle joue la carte de l'élégance simple et réserve un accueil raffiné. La cuisine est à la fois inventive et traditionnelle. Les menus (42€ et 62€) comprennent poisson et viande, ou les deux, servis avec des légumes bio. Le choix varie au gré de la saison. Formule déjeuner 21€. *1, av. Olivier-de-Clisson* **Clisson** *Tél. 02 40 54 01 90 Fermé dim. soir, lun., mar. midi, mer. soir*

Dans les environs proches

prix élevés

La Gétignière La carte se renouvelle au fil des saisons (foie gras poêlé, gibier, poissons...) ; l'accueil demeure charmant et la réservation fortement conseillée. Menus à 22€ à midi (30€ avec deux verres de vin), de 28€ à 39€ le soir. *3, rue de la Navette 44190* ***Gétigné*** *(à 2km à l'est de Clisson par la N149) Tél. 02 40 36 05 37 www.lagetiniere.com Ouvert mar.-dim. 12h15-13h30 et 20h-21h30 Fermé mar. soir, dim. soir et lun.*

Hébergement

camping

Camping municipal du Moulin Installé sur les bords de la Sèvre nantaise, le camping du Moulin de Clisson (3 étoiles) sera l'occasion de belles balades le long de la rivière. Comptez 10,65€ sans électricité, 13,36€ avec, pour 2 personnes. *Route de Nantes* **Clisson** *Tél. 02 40 54 44 48 Ouvert avr.-oct.*

petits prix

Auberge de la Cascade Dans un superbe décor champêtre, au bord de l'eau et face aux vaches, se tient cette auberge, au charme rustique mais confortable. La décoration demeure un peu vieillotte dans les parties communes, mais les chambres récemment refaites sont claires et agréables. Au premier étage, la grande salle familiale du restaurant jouit d'une belle vue sur la rivière et la nature environnante. Dix chambres de 49€ à 54€. *26, route de Gervaux* **Clisson** *Tél. 02 40 54 02 41*

prix moyens

Hôtel de la Gare Situé un peu en dehors du centre historique, il n'offre pas le charme dont jouit le reste de la cité, mais c'est une adresse pratique et confortable. Chambres doubles de 42€ à 62€. Petit déj. 7€ *23, rue Ferdinand-Albert* **Clisson** *Tél. 02 40 36 16 55*

Dans les environs proches

petits prix

Chambres d'hôtes Chez Nicole et François Dans le bourg de Gétigné, à 5min de Clisson, une ancienne ferme rénovée abrite 3 jolies chambres. Dans la maison règnent chaleur et convivialité. Aux beaux jours, le petit déjeuner est servi dans le jardin. Compter 56€ la nuit pour 2 personnes. *Nicole Baudoux et François Auvray 19, rue des Changes 44190* ***Gétigné*** *(à 2km à l'est de Clisson par la N149) Tél. 02 40 54 09 91 www.chambre-clisson.com Ouvert avr.-oct. et sur demande*

LAC DE GRAND-LIEU

Magnifique et insaisissable, le lac de Grand-Lieu ne se sillonne pas en barque et ne se contourne pas à pied ni en voiture... On peut même ignorer totalement sa présence, tant il est bien caché, entouré de roselières, de forêts flottantes et de propriétés privées. Pourtant, qui prend la peine d'aller à sa rencontre y découvrira une tranquillité absolue, une flore variée et, avec un peu de patience, une faune magnifique. Ici, ne pêche pas qui veut ; seuls les professionnels de Passay, au nombre de sept, pêcheurs de père en fils, à bord de leurs embarcations traditionnelles (les "plates"), en ont le droit. Ce sont les seuls à pouvoir naviguer sur le lac, privilège qu'ils partagent avec les quidams deux fois par an, lors des fêtes de Pierre-Aiguë (fin juin/début juillet) et des Pêcheurs (le 15 août).

UN MILIEU CHANGEANT Grand-Lieu offre des visages différents selon la période de l'année. En hiver, il constitue le plus grand lac français, avec 6 300ha de superficie ; ses eaux montent alors d'environ 1,50m. Elles couvrent les herbiers qui occupent, d'avril à octobre – autour de la petite partie centrale constituée d'eau libre –, 1 400ha ornés des taches colorées des nénuphars blancs, des nénuphars jaunes, du rare limnanthème ou des châtaignes d'eau, et peuplés de poissons et d'oiseaux. Au-delà des herbiers se développent, le long des côtes, des roselières, dont certaines sont devenues de véritables forêts flottantes de saules et d'aulnes ; on les appelle "levis" pour leur capacité à osciller avec le niveau de l'eau.

DES ESPÈCES DIVERSIFIÉES On compte parmi les richesses biologiques de Grand-Lieu quelque 550 espèces végétales, 220 algues et 360 vertébrés, dont les oiseaux (280 espèces) constituent l'intérêt majeur. Le lac abrite la plus grande colonie mondiale de hérons cendrés et la plus vaste colonie française de grands cormorans ; aigrettes garzettes et spatules blanches y nichent en nombre… Au total, plus de 110 000 couples de nicheurs y trouvent refuge. Côté mammifères, vous aurez peu de chances d'apercevoir la loutre ou la genette, dont la présence est cependant attestée autour du lac. Parmi les poissons, c'est l'anguille qui intéresse les pêcheurs de Grand-Lieu.

UN LAC MIRACULÉ Ce sont ses protections naturelles – la présence de la végétation ainsi que la platitude de ses rives – qui ont préservé le lac durant des millénaires ; les mesures concrètes de protection (il jouit désormais de nombreux statuts tels que "site classé", "réserve naturelle", "réserve nationale de pêche", "zone naturelle d'importance écologique et floristique", etc.) n'ont été mises en place qu'à partir de 1980. Le plus ancien et le plus grand lac naturel français a miraculeusement échappé, au cours des quatre derniers siècles, à dix-neuf projets d'assèchement ! Il est toutefois encore en danger : les pollutions urbaines et l'agriculture intensive entraînent la prolifération de végétaux indésirables et l'appauvrissement en oxygène des eaux profondes. La construction d'une digue à Bouaye au XIXe siècle a également nui à cet écosystème. Depuis 1992, un plan de sauvetage tente de remédier à son eutrophisation.

LA LÉGENDE D'HERBAUGE Grand-Lieu possède lui aussi sa ville d'Ys, ou de Sodome. La légende, transcrite au XVe siècle, raconte en effet qu'une ville engloutie repose au fond du lac… La cité d'Herbauge, ville de faste, de luxure et de vices, est l'un des lieux de prêche du moine Martin de Vertou au VIe siècle. Celui-ci, malmené, épuisé face à l'impiété des habitants, implore l'aide de Dieu, qui, irrité, ordonne à Martin de fuir, sans se retourner. Alors que le saint s'enfuit avec ses hôtes, Romain et sa femme, ils entendent tous trois le courroux de Dieu lancé sur la ville… La femme se retourne, suivie par son mari. Ils sont tous deux transformés en statues de pierre : ce sont les deux menhirs que l'on peut voir à l'Halbraudière. La colère divine fut si forte qu'il ne resta rien de la ville, submergée. Ceux qui naviguent sur le lac la nuit du 24 décembre entendent encore sonner le clocher de feue la ville d'Herbauge.

MODE D'EMPLOI

accès

EN VOITURE
Situé à environ 15km au sud-ouest de Nantes, le lac est accessible par deux sites seulement : le village de Passay, à La Chevrolière, et La Pierre-Aiguë, à Saint-Aignan-de-Grand-Lieu.

EN CAR
Ligne Lila n°12 Nantes-Saint-Philbert-de-Grand-Lieu.
Réseau Lila *Tél 0825 08 71 56 www.loire-atlantique.fr/lila*

orientation

Le lac, losange de 13km sur 7km, est alimenté par deux affluents : l'Ognon et la Boulogne – à l'ouest, l'arrivée des eaux du Tenu est contrôlée par l'écluse de Bouaye. Il est cerné par neuf communes riveraines : Bouaye, Saint-Aignan-de-Grand-Lieu, Pont-Saint-Martin, La Chevrolière, Saint-Philbert-de-Grand-Lieu, Saint-Lumine-de-Coutais, Saint-Mars-de-Coutais, Port-Saint-Père et Saint-Léger-les-Vignes.

informations touristiques

Réserve naturelle du lac de Grand-Lieu *Village de l'étier à* ***Bouaye*** *15, rue de la Châtaigneraie Tél. 02 40 32 62 81 Tél. port. 06 07 15 02 21 Ouvert mer.-sam. 14h-18h*
Office de tourisme de Saint-Philbert-de-Grand-Lieu Il édite des fiches décrivant des sentiers de randonnée de difficultés variées. *Le Prieuré Tél. 02 40 78 73 88 www.ot-stphilbertdegrandlieu.fr ou www.stphilbert.fr Ouvert avr.-sept. : tlj. 10h-12h et 14h-18h (18h30 juil.-août) ; oct.-mars : mar.-ven. 10h-12h et 14h-17h30, sam.-dim. et j. fér. 14h-17h30*

marchés, fêtes et manifestations

Marchés *Pl. de l'Église* ***Saint-Philbert-de-Grand-Lieu*** *Dim. matin*
Marchés nocturnes Ils rassemblent des producteurs (produits bio pour beaucoup) et des artisans de la région (rens. à l'OT). ***Saint-Philbert-de-Grand-Lieu****, un en juil., un autre en août*

Fête des anguilles Dégustation, visite du lac en barque. ***Passay*** *Avr.*
Fête de Pierre-Aiguë Promenades en barque et attelages autour du lac. ***Saint-Aignan-de-Grand-Lieu*** *Fin juin-déb. juil.*
Fête des pêcheurs Partie de pêche à la senne, vente à la criée, promenades en barque. ***Passay*** *15 août*

DÉCOUVRIR

☆**Les essentiels** L'abbatiale de Saint-Philbert **Découvrir autrement** Empruntez un sentier balisé vers le site de la Pierre-Aiguë, pour observer hérons et spatules, profitez du panorama fabuleux sur le lac du haut du clocher de Saint-Lumine-de-Coutais **➤ Carnet d'adresses p.116**

Le lac de Grand-Lieu

☺ **Site de la Pierre-Aiguë** C'est le meilleur point de vue sur le lac. En été, des animateurs nature vous guideront dans l'observation des oiseaux ; un observatoire est alors mis en place et équipé de jumelles et de lunettes. Le reste de l'année, prévoyez votre propre matériel ! *Rens. service culturel de la mairie 41, rue des Frères-Rousseau 44860* ***Saint-Aignan-de-Grand-Lieu*** *Tél. 02 40 26 44 44*

Observatoire et Maison du pêcheur Entièrement consacrée au lac – notamment à ses poissons et ses pêcheurs –, la Maison du pêcheur est dotée d'un observatoire qui permet de découvrir le lac et sa faune. *16, rue Yves-Brisson 44118* ***Passay*** *(à 2km de La Chevrolière) Tél. 02 40 31 36 46 ou mairie de La Chevrolière Tél. 02 40 13 30 00 Ouvert mi-juin-mi-sept. : tlj. 10h-19h ; sept.-nov. et mars-mi-juin : mer.-sam. 14h-17h, dim. 14h-18h Ouvert les j. fér. Tarif 4€, réduit 2€*

Maison de la réserve naturelle Excellent point de départ pour la découverte du lac, elle permet de prendre conscience du patrimoine qu'il représente. Des maquettes aident à visualiser le système hydraulique qui l'alimente ; le plan de sauvetage du lac est également commenté. À partir de la Maison de la réserve, on peut rejoindre à pied, par un sentier balisé (environ 2,5km), l'observatoire de la Pierre-Aiguë à Saint-Aignan-de-Grand-Lieu. *L'Étier 44830* ***Bouaye*** *Tél. 02 40 32 62 81/65 57 73 Tél. port. 06 07 15 02 21 www.snpn.com Ouvert mer.-sam. 14h-18h*

Les environs du lac de Grand-Lieu

☆ **Abbatiale de Saint-Philbert** Saint-Philbert-de-Grand-Lieu – traversé par la Boulogne – conserve une des rares abbatiales carolingiennes. L'édifice a été construit au IXe siècle par les moines de Noirmoutier – en fuite après l'invasion de leur île par les Normands – pour abriter les reliques de leur saint fondateur, Philibert. Le sarcophage de celui-ci (VIIe s.) est visible dans la confession. L'architecture de l'abbatiale mêle schiste, tuffeau et brique, illustrant le passage de l'art latin à l'art roman. L'église est entourée de charmants jardins :

celui du cloître, propice à la méditation, le jardin médicinal, planté de nombreuses espèces végétales, et le cimetière-verger. On regrettera que les alentours ne soient pas à la hauteur de l'édifice. Sur le même site, la Maison du lac abrite une collection d'oiseaux empaillés regroupant quelque 225 espèces présentes sur la réserve naturelle du lac. Concerts et expositions animent régulièrement le site. *44310* ***Saint-Philbert-de-Grand-Lieu*** *Entrée par l'office de tourisme Tél. 02 40 78 73 88 Ouvert avr.-sept. : tlj. 10h-12h et 14h-18h (18h30 juil.-août) ; oct.-mars : mar.-ven. 10h-12h et 14h-17h30, sam.-dim. et j. fér. 14h-17h30 Tarif 2,50€, réduit 1,50€ Visites guidées juil.-août : 11h, 15h, 16h, 17h Tarif 3€, réduit 1,50€*

Clocher de Saint-Lumine-de-Coutais Un petit tour à Saint-Lumine-de-Coutais s'impose, le temps de grimper 170 marches jusqu'en haut de son clocher, pour découvrir un panorama magnifique sur le lac, et au-delà. *44310* ***Saint-Lumine-de-Coutais*** *(au sud-ouest du lac) Ouvert tlj. Demander la clé au café Le Cheval Mallet, à la boulangerie Mahé ou à la mairie (Tél. 02 40 02 90 25) quand le café est fermé Tarif 2€, réduit 1,10€*

● **Côtoyer zèbres et dauphins** Planète sauvage, l'attraction majeure du pays de Retz, comprend une cité marine présentant divers spectacles (otaries, etc.), la reconstitution d'un village sénoufo (Côte-d'Ivoire) et, surtout, une piste de safari longue de 10km. Les visiteurs se promènent en voiture dans ce parc peuplé d'animaux en liberté. Après le lac de Grand-Lieu, une promenade dans une nature bien différente... **Planète sauvage** *La Chevalerie 44710* ***Port-Saint-Père*** *(au nord-ouest du lac) Tél. 02 40 04 82 82 www.planetesauvage.com Ouvert avr.-mi-juil. et sept. : sam.-dim. 10h-19h, mi-juil.-août : tlj. 9h30-20h, oct.-nov. : sam.-dim. 10h-18h Tarif 22€, 4-14 ans 17€ Fermé déc.-mars*

CARNET D'ADRESSES

Restauration, hébergement

prix moyens

Hôtel-restaurant La Bosselle Cet établissement doté d'une grande terrasse près du pont sur la Boulogne propose des spécialités d'anguilles du lac, de fruits de mer et autres classiques (menus 18€-35€), et des chambres confortables, mais sans grand charme (58€-70€). Accueil avenant. *8, rue du Port 44310* ***Saint-Philbert-de-Grand-Lieu*** *8, rue du Port Tél. 02 40 78 73 47*

Restaurant Les Pêcheurs Ce restaurant rustique et chaleureux sert des plats axés autour des produits du lac, comme les anguilles, les cuisses de grenouilles et les poissons au beurre blanc. Menus de 20,90€ à 36,90€. *11, rue du Port 44118* ***Passay*** *(à l'est du lac) Tél. 02 40 04 31 94 Ouvert tlj. à midi et sam. soir*

Chambres d'hôtes chez Bernard et Joëlle Une grande maison de village au charme fou ! Trois chambres (55€, petit déj. inclus) décorées avec soin et une charmante terrasse au bord du canal, en pleine nature, le tout assorti d'un accueil aimable et ouvert, pour des vacances de rêve à la campagne. *2, rue de l'Abreuvoir 44310* ***Saint-Philbert-de-Grand-Lieu*** *Tél. 02 40 78 70 32 Tél. port. 06 80 42 88 26*

PORNIC

44210

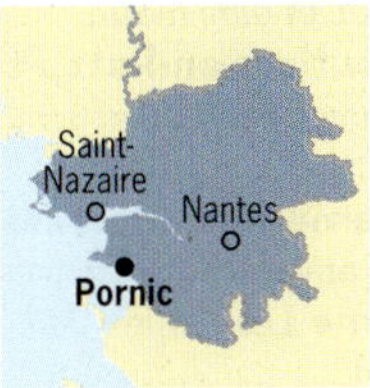

La perle de la côte de Jade ! Pornic est aujourd'hui la plus charmante et la plus élégante des stations balnéaires de cette partie du littoral. Il est vrai qu'elle a changé de visage depuis que le camping de Gourmalon a laissé la place à un institut de thalassothérapie... Portus Nitidus, le "port brillant", vivant de la pêche à la morue jusqu'au XVIIIe siècle, fut largement détruit pendant les guerres de Vendée, avant de renaître au XIXe siècle grâce à l'essor du tourisme sur les pas de George Sand, Gustave Flaubert ou Auguste Renoir... Ses villas où tuiles et briques remplacent la traditionnelle ardoise bretonne, son climat doux, ses escaliers et ses ruelles pentues confèrent à la cité un cachet méridional fort plaisant. Au sud, les deux stations voisines des Moutiers et de Bourgneuf-en-Retz accueillent les vacanciers en nombre, attirés par leurs plages familiales.

MODE D'EMPLOI

accès

EN VOITURE
À 50km environ au sud-ouest de Nantes par la D751.

EN TRAIN
Quatre AR par jour entre Nantes et Pornic (durée 1h10, via Sainte-Pazanne, Bourgneuf-en-Retz, Les Moutiers-en-Retz, La Bernerie-en-Retz).
TER *Tél. 0810 324 324 www.ter-scnf.com*

EN CAR
Ligne Lila n°3 Nantes-Pornic ; ligne n°15 Saint-Nazaire-Pornic.
Réseau Lila *Tél. 0825 08 71 56 www.loire-atlantique.fr/lila*

orientation

Le centre de Pornic s'organise à l'ouest de son port communal ; en poursuivant vers le couchant, on atteint le nouveau port de la Noëveillard, avant d'arriver, 3km plus loin, à Sainte-Marie-sur-Mer. Les Moutiers-en-Retz sont à 10km par la D13, Bourgneuf 5km plus loin.

informations touristiques

Office de tourisme Visites guidées de la ville, traditionnelles ou théâtralisées. Programme des manifestations estivales. *Pl. de la Gare Tél. 02 40 82 04 40 www.ot-pornic.fr Ouvert jan.-mars, oct.-déc. : lun.-sam. 9h15-12h30 et 13h30-18h, dim. et j. fér. 10h30-13h ; avr.-juin, sept. : lun.-sam. 9h15-12h30 et 14h-18h30, dim. et j. fér. 10h30-13h ; juil.-août : lun.-sam. 9h-19h, dim. et j. fér. 10h-18h*
Port de la Noëveillard *Capitainerie Tél. 02 40 82 05 40*
Port communal de Gourmalon *Tél. 02 51 74 15 65*

fêtes et manifestations

Carnaval Pour tout savoir sur les coutumes du carnaval, grande fête populaire pornicaise. Découverte de la construction d'un char. *Printemps Tél. 02 40 82 22 05*

Festival de la chanson de café Dans les cafés du vieux port et de la ville haute. *3 jours fin mars*
Les Estivales Ce festival de musiques et d'arts de la rue anime les abords du port. *Juil.-août, mar. et ven. soir*
Du sable dans les oreilles Série de spectacles pour les enfants dans le cadre des Estivales. *Juil.-août : mar. à 17h Rens. à l'OT*
Fête de la Saint-Gilles Fête celtique et fest-noz. *Vieux port fin août ou début sept.*

marchés

Marché de Pornic *Pl. des Halles et de la Terrasse Jeu. et dim. matin*
Marché de Moutiers-en-Retz *Pl. de l'Église-Madame Jeu. mat. et sam. mat.*
Marché de la Bernerie-en-Retz *Les Halles Mar. mat. et ven. mat.*
Marché nocturne *Les Halles Juil.-août : mar. et ven.*

DÉCOUVRIR

☆ **Les essentiels** La vieille ville de Pornic, la chapelle de Prigny **Découvrir autrement** Savourez une glace exquise à la Fraiseraie, baignez-vous dans les petites criques de Préfailles

> Carnet d'adresses p.122

Pornic

☆ **Balade dans la ville** Pour découvrir Pornic, l'idéal est de partir du port et de flâner le long des quais jusqu'au **château**. Élevé à partir du XIIIe siècle, il fut habité au XIVe siècle par Gilles de Laval, le père de Gilles de Rais. Cette propriété privée ne se visite pas, mais sa haute silhouette est indissociable de l'image de la ville. En poursuivant vers l'ouest, on arrive, par la "promenade des Soupirs" (sentier côtier), au nouveau port de **La Noëveillard**. Traverser la rade et partir vers l'est permet de longer la corniche de **Gourmalon**, bordée de villas élégantes, pour atteindre la charmante **plage de la Source**, dominée par l'ancien casino (1899), transformé en institut de thalassothérapie. Deux promenades séduisantes ! Sur les hauteurs du vieux port se déploie le **centre-ville** aux nombreux escaliers qui permettent de passer d'une rue à l'autre. Les plus fameux, les escaliers Galipaud, relient le port à la ville haute. Enfoncez-vous dans ses ruelles pour découvrir ses jolies maisons et ses halles. L'office de tourisme organise tous les étés des visites guidées à pied et à vélo, ou encore en petit train. La première conduit des quais au quartier des pêcheurs et permet d'accéder aux cours du château. La deuxième explore les alentours, canal de Haute-Perche, étang du Val-Saint-Martin et tumulus des Mousseaux. Une troisième propose d'explorer la ville haute et le quartier du Bourg-aux-Moines. Comptez 5€ pour la balade à pied (1h30-2h30), 14€ à vélo. *Rens. à l'OT*

● **Où dénicher de la faïence ?** La Faïencerie de Pornic est idéale pour découvrir les étapes de fabrication du fameux bol-prénom breton et décorer sa propre assiette ! **Faïencerie de Pornic** *Rue de la Faïencerie Tél. 02 51 74 19 10 www.faiencerie-pornic.fr Ouvert mar.-sam. 10h-12h30 et 14h30-17h30 (été 10h-12h30 et 14h-19h) Visite d'usine mar. et jeu. 14h30 Tarif 3€, réduit 1,50€*

● Où acheter fraises et glaces à la fraise ? Institution qui s'exporte désormais dans d'autres contrées, la Fraiseraie a vu le jour à Pornic ! Comme son nom l'indique, elle produit des fraises ; on peut aller les cueillir soi-même – le meilleur moyen de s'en régaler à moindre prix. La Fraiseraie réalise aussi des glaces sublimes (en vente sur le port), à la fraise, mais également à la framboise ou à la mûroise (mélange mûres-framboises), ainsi que de nombreux produits – sirops ou confitures – à découvrir en été, à l'Espace découverte, où vous sera racontée la *success story* de l'entreprise (expo photo et vidéo). Dégustation offerte. **La Fraiseraie *Boutique et crêperie*** *sur le port, pl. du Petit-Nice Tél. 02 40 82 49 51 Ouvert oct.-fév. : lun.-ven. 10h-12h30 et 14h-18h, sam.-dim. 10h-20h ; mars-sept. : 9h30-20h (été 0h)* ***Espace découverte et cueillette*** *Les Terres-Jarries (zone commerciale sur la route de Sainte-Marie) Tél. 02 40 82 08 21 www.lafraiseraie.com Ouvert mai-août : mer., sam. 9h-12h Minimum 2,5kg pour la cueillette*

● Où trouver de la bière artisanale ? Les délicieuses bières à double fermentation de la Côte de Jade sont brassées selon les méthodes traditionnelles belges : Brigantine Blonde ou Ambrée et deux bières aux fruits de la Fraiseraie (cf. ci-dessus). Visite de la brasserie, dégustation et vente. **Brasserie de la Côte de Jade** *10, rue Becquerel ZI de la Blavetière Tél. 02 40 82 87 16 Ouvert juil.-août : lun.-sam. 10h-12h et 15h-18h30 ; le reste de l'année : lun.-sam. 15h-18h30*

● Où boire un verre ? Si Le Phare (terrasse de l'institut de thalassothérapie) est une valeur sûre, vous trouverez sur le port de Pornic de nombreux autres endroits où boire un verre.

Bar Le Phare La journée, vous pourrez pousser jusqu'à la plage de la Source, pour déguster un cocktail de fruits frais sur le ponton panoramique de l'institut de thalassothérapie, face à la mer. *Plage de la Source Tél. 02 40 82 21 21*

● Pratiquer des activités nautiques

Club nautique de Pornic Stages sur Optimist, dériveurs, catamarans, planches, First Class 8, avirons et stages moussaillon (5-6 ans). *Base de la Noëveillard Sainte-Marie-sur-Mer Tél. 02 40 82 34 72 www.cnpornic.com*

Sailing Styl Competition Location de bateaux à voile ou à moteur. Du croiseur familial pour une escapade en famille (400€/j.) au zodiac pour pratiquer le *wake-board* ou le ski nautique (200€/j.), chacun y trouvera son bonheur. *Base de la Noëveillard* ***Sainte-Marie-sur-Mer*** *Tél. 02 40 82 87 17 www.sailingstylcompetition.com*

● Faire une balade en mer

Croisière sur *Le Brigantin* Tenté par une promenade en mer à bord d'un vieux gréement ? *Le Brigantin* vogue à la découverte des rivages de la côte de Jade et de la baie de Bourgneuf, et propose une introduction à l'histoire de la voile. Il effectue aussi des allers-retours entre Pornic et Noirmoutier (43€/réduit 34€). Balades de 1h30 de juin à sept. Adulte 23€, enfant (moins de 12 ans) 17€. Apéritif offert en soirée. *Rens. et rés. Tél. port. 06 71 17 12 65 (capitaine Le Dréan) http://sites.google.com/site/bateaudecroisierelebrigantin*

Corsaires de Retz D'avril à octobre, cet élégant ketch Formosa de 16m appareille emportant à son bord jusqu'à 20 passagers pour une sortie-découverte ou un week-end croisière, du vendredi au dimanche. Les départs ont lieu en fonction des marées. À partir de 27€ (réduit 20€). *Tél. 02 40 82 04 40 (office de tourisme de Pornic) Tél. port. 06 72 17 90 32 (capitaine) http://corsairesderetz.free.fr*

Centres de thalassothérapie

● **Faire une cure de thalassothérapie** Ce complexe ultramoderne propose de multiples forfaits et prestations pour une remise en forme optimum. Pour un week-end en demi-pension pour deux personnes, comptez à partir de 400€ suivant la saison ; journée soin 99€-139€. **Alliance Pornic Thalassothérapie** *Plage de la Source Tél. 02 40 82 21 21 Tél. 0800 03 03 76 www.thalassopornic.com*

LOIRE-ATLANTIQUE

Les environs de Pornic

À l'ouest

Préfailles Station balnéaire familiale située sur la côte sud de la pointe Saint-Gildas, Préfailles doit son succès, au XIXe siècle, à sa source ferrugineuse. Aujourd'hui, elle n'accueille plus de curistes, mais de nombreux vacanciers. Ses plages de sable fin, orientées au sud, alternent avec des criques plus sauvages, qui en font un lieu de promenade et de baignade très apprécié. *À 10km à l'ouest de Pornic par la D13* **Office de tourisme** *17, Grand-rue Tél. 02 40 21 62 22 www.prefailles.fr (site de la mairie)*

Pointe Saint-Gildas Les nombreux aménagements qui hérissent l'extrémité de la pointe Saint-Gildas pourraient lui valoir le surnom de "parking sur mer". Si l'on tourne le dos à ce spectacle, on pourra toutefois admirer le panorama sur le littoral, de La Baule à la baie de Noirmoutier. Éloignez-vous des infrastructures touristiques pour découvrir une crique au calme. Des sentiers balisés pour piétons ou cyclistes permettent de découvrir la **Côte sauvage**, la lande et l'architecture balnéaire de ce bout de terre. Procurez-vous le dépliant qui les recense à l'office de tourisme. Prenez aussi le temps de découvrir l'Espace muséographique du **sémaphore** de la Pointe. Le bâtiment raconte les phares, les sémaphores, les naufrages, et offre une vue panoramique de la baie de Bourgneuf à l'estuaire de la Loire. **Sémaphore** *Tél. 02 40 21 01 21 Ouvert juil.-août : tlj. 10h-13h et 14h30-19h30 ; sept.-oct. : mer.-lun. 10h-13h et 14h30-18h ; vac. scol. de Toussaint : 14h30-17h30 Tarif 3€, enfant (7-18 ans) 2€, forfait famille 8€*

Les plages Pas de grandes plages sur cette portion de côte où dominent les rochers, mais des petites criques. D'ouest en est se succèdent les agréables plages de **Portmain** et des **Sablons** à Sainte-Marie-sur-Mer, puis celle des Grandes Vallées, avant le port de plaisance. La plage du **Château**, dans l'anse de Pornic, est surplombée par la forteresse. À l'est, la plage de **la Source**, sous le centre de thalassothérapie, est accessible par la corniche de Gourmalon. Enfin, il faut reprendre la route pour atteindre les plages les plus orientales, celles de **la Birochère** et de **la Fontaine-aux-Bretons**.

Les Moutiers-en-Retz

Dernière commune du littoral avant la Vendée, Les Moutiers-en-Retz ont longtemps partagé leur histoire avec la proche station balnéaire de **La Bernerie-en-Retz**, qui lui vole aujourd'hui la vedette. La principale ressource de la commune jusqu'à la fin du Moyen Âge est le sel, qu'elle exporte dans les pays de la Baltique. À partir du XVIIe siècle, le port du Collet, au sud, se développe ; on y construit de gros bateaux dont les voiles – les "bernes" – sont fabriquées au lieu-dit La Bernerie... Les XIXe et XXe siècles voient le déclin de l'activité salicole, l'essor des chantiers ostréicoles et du tourisme, et La Bernerie se sépare des Moutiers en 1863. *À 10km au sud de Pornic par la D13 En train par la ligne de TER Nantes-Pornic (ligne 10) En car, par la ligne n°3 (Nantes-Pornic) du réseau Lila* **Bureau municipal d'accueil touristique** *14, pl. de l'Église-Madame Tél. 02 40 82 72 05 www.mairie-lesmoutiersenretz.fr*

BOIRE UN VERRE À LA BERNERIE
On vient au Zanzibar pour le petit noir du matin, l'apéro ou le pousse-café à midi, ou bien pour le repas dansant du vendredi, sans oublier le concert du samedi soir. Programmation variée (blues, jazz, musiques du monde...) **Zanzibar** *9, rue du Maréchal Foch 44760* ***La Bernerie-en-Retz*** *(à 3km au nord des Moutiers) Tél. 02 40 82 75 90 Ouvert tlj. 9h-21h (w.-e. 2h)*

Lanterne des morts À côté de l'église des Moutiers – sur le site de l'ancien cimetière –, se dresse une étonnante colonne haute de 7m, dont la lanterne annonçait, lorsqu'on l'allumait, la mort d'un membre de la paroisse. Une rare tradition ancestrale – on compte une trentaine de lanternes de ce genre en France –, que Les Moutiers continuent d'honorer à chaque décès, ainsi qu'à la fête des Morts.

Église Saint-Pierre L'église des Moutiers (XIe s.) mérite un détour pour ses retables imposants, richement ouvragés (maniéristes et baroques), datant du début du XVIIe siècle (prévoyez quelques centimes pour la minuterie).

☆ **Chapelle de Prigny** Cette chapelle romane, dédiée à saint Jean-Baptiste, conserve une ancre viking du IXe siècle, une Vierge du sel en bois polychrome (XIIIe siècle) et trois retables des XVIIe et XVIIIe siècles. Elle ouvre ses portes au cours de visites guidées et lors des divers concerts qui s'y déroulent en été tous les mercredis à 21h. ***Prigny*** *(à 2km des Moutiers par la D97 dir. Arthon) Rens. office de tourisme de Moutiers Visite guidée avr.-juin et sept. : sam.-dim., j. fér. 15h-17h ; juil.-août : ven.-dim. 15h-18h*

Bourgneuf-en-Retz

À 5km au sud-est des Moutiers, Bourgneuf est au centre d'une région qui, dès le VIIe siècle, vit de son activité salicole. Sa géographie n'était alors pas celle d'aujourd'hui : la mer s'enfonçait jusqu'à Machecoul ! Le golfe que formait cette région prospère appelée "baye de Bretagne" a été peu à peu comblé par les alluvions que la Loire ne pouvait pas évacuer lors des fortes crues. L'envasement de la baie a eu raison des marais salants et l'ostréiculture a pris le relais. Bourgneuf est aujourd'hui séparée de l'océan par 3km de terres et conserve dans son musée du pays de Retz la mémoire des anciens sauniers (paludiers). *À 15km au sud de Pornic* **Office de tourisme** *La Salorge Route de Bouin Tél. 02 40 21 93 63 Ouvert mar.-sam. 9h30-13h et 14h-17h30 (été 9h30-13h et 14h-18h30, dim. 18h)*

Musée du pays de Retz Ce musée des Arts et Traditions populaires présente la vie traditionnelle de la région : ses costumes, son parler, ses métiers – dont celui de saunier, comme on appelle ici les paludiers… *Tél. 02 40 21 40 83 www.museepaysderetz.com Ouvert avr.-juin, sept., oct. : mar.-dim. 14h30-18h30 ; juil.-août : tlj. 10h30-13h et 15h-19h Fermé nov.-mars Tarif 4€, réduit 2€*

Marais breton Il s'étend au sud de Bourgneuf, aux confins de la Loire-Atlantique. Ce marais ponctué d'écluses et de fermes offre un charme très rural, que l'on appréciera encore mieux à pied ou à vélo. Visitez le port du Collet, au niveau de l'étier du Sud, qui marque la frontière avec la Vendée. On y accède en traversant les anciens marais salants. Les ostréiculteurs y vendent directement leurs produits. À quelques kilomètres à l'est, Port-la-Roche était autrefois un port de mer ; aujourd'hui, son écluse permet de réguler le niveau des eaux dans le marais de Machecoul. À savoir : la **LPO** (Ligue pour la protection des oiseaux) du Marais breton organise des sorties ornithologiques. **LPO** *Tél. 02 51 82 02 97 www.loire-atlantique.lpo.fr*

Château de Machecoul Le peu qu'il reste de l'édifice remonte au XIIIe siècle. Gilles de Rais vécut dans ce château où il fut arrêté en 1440 à la suite de ses crimes. Ce bâtiment de pierre fut construit sur un édifice antérieur, en bois (XIe s.), entouré de douves et protégé par six tours et un donjon. Mais incendies et pillages ont ruiné le bâtiment qu'il est difficile d'approcher. *44270* ***Machecoul*** *(à 17km au sud-est des Moutiers par la D13) Conférence et visite (2h) juil.-août : dim. à 16h et sur rés. Tél. 02 40 78 50 42 Tarif 5€, réduit 4€*

CARNET D'ADRESSES

Restauration

petits prix

La Chaumière Une enseigne que fait grincer le vent annonce cette crêperie accrochée dans une rue en pente. On y cultive l'art de la galette à l'ancienne cuisinée devant le client (6,60€-8,80€). Ce souci de qualité lui a valu le label "Cuisine et terroirs 2004". Aux murs, des photos de la Bretagne d'autrefois. Petit menu en semaine à 9€. *14, rue de la Source*

Pornic *Tél. 02 40 82 60 25 Ouvert jeu.-mar. 12h-14h et 19h-22h*

prix moyens

Chez Rémy Coquillages et crustacés à déguster sur une terrasse animée ! Cette adresse amarrée au port fait chavirer les papilles. On s'y délecte, bien entendu, de poisson frais grillé, en papillote ou en sauce... mais aussi de somptueux plateaux de fruits de mer, des paëllas ou des choucroutes de la mer. *23, quai Leray* **Pornic** *Tél. 02 40 82 52 29 Ouvert oct.-juin : jeu.-lun. ; juil.-sept. : tlj.*

prix élevés

☺ **Beau Rivage** Appréciez sa situation face à la mer, les teintes douces de son intérieur et, bien sûr, sa cuisine. Premier menu 26€ (en semaine), Saveurs régionales 37€-52€, menu de saison 48€-73€, menu Homard 80€. Des produits à la provenance garantie préparés avec soin. *Plage de la Birochère* **Pornic** *Tél. 02 40 82 03 08 www.restaurant-beaurivage.com Ouvert saison : mar.-dim. 12h-13h30 et 19h30-21h ; hors saison : mer.-dim. 12h-13h30 et 19h30-21h Fermé mi-déc.-jan.*

Dans les environs

Au sud de Pornic, plus qu'aux Moutiers, c'est à La Bernerie-en-Retz que l'on trouve une véritable animation de station balnéaire avec la ribambelle de bars, snack-bars et glaciers habituels.

petits prix

La Maison de l'éclusier Dans la salle au décor marin ou sur la terrasse ouverte sur le port, on s'attable autour d'assiettes de grenouilles, d'anguilles, d'huîtres ou de moules. Simple et convivial. Menus de 14,50€ à 24,50€. *Le Port du Collet 44580* **Les Moutiers-en-Retz** *Tél. 02 40 21 10 27 www.restaurant-maison-eclusier.com Ouvert jeu.-mar.*

Le Grand Large Salle panoramique et terrasse ouvertes sur la mer, au niveau du plan d'eau aménagé au bout de la promenade Sainte-Anne. Au menu, des plats simples et frais : menus du jour (19€-26€), moules-frites (10,60€). Au dessert, goûtez l'aumônière de curé nantais et sa pomme caramélisée. *17, rue de la Corderie 44760* **La Bernerie-en-Retz** *Tél. 02 40 64 70 03 www.hotelrestaurantlegrandlarge.com Ouvert juil.-août : tlj. 12h-13h30 et 19h-21h ; hors saison : mer.-dim. midi : 12h-13h30 et 19h-21h Fermé mi-nov.-déb. fév.*

prix moyens

Auberge de la Fontaine-aux-Bretons Des plats privilégiant les produits du terroir et présentés avec soin sont proposés au coin de la cheminée ou dans le jardin. Menus 29€, 36€ et 49€. Hébergement possible (cf. Hébergement dans les environs). *Chemin de Noëlles 44210* **Fontaine-aux-Bretons** *(à 5km de Pornic par la D13 dir. La Bernerie) Tél. 02 51 74 08 08 www.auberge-la-fontaine.com Ouvert avr.-oct. : tlj. 12h15-14h et 19h15-21h30 ; fév.-mars et nov.-déc. : mar.-dim. midi 12h15-14h et 19h15-21h30 Fermé jan.*

Hébergement

campings

Le Port Chéri Près de la plage et du centre-ville, 134 emplacements ombragés, chalets et mobil-homes, et piscine chauffée ! Ambiance familiale. Forfait 2 pers. (emplacement et véhicule) 14€-23€, moins de 7 ans

3€-4€. **Pornic** *Tél. 02 40 82 34 57 www.camping-leportcheri.com*

La Boutinardière À deux cents mètres de l'océan, un camping 3 étoiles tout confort ! Location de mobil-homes et animations en juillet et août. Forfait (2 pers., 1 véhicule et 1 emplacement) 38,50€ en haute saison, enfant (moins de 8 ans) 6,50€. *23, rue de la Plage de la Boutinardière* **Pornic** *Tél. 02 40 82 05 68 www.camping-boutinardiere.com Ouvert avr.-sept.*

prix moyens

Hôtel Les Alizés Proche de la gare, Les Alizés (2 étoiles) comptent des atouts fonctionnels plus qu'esthétiques. Décoration sobre – carrelage gris, murs ocre et tons pastel –, mais un bon entretien général et un accueil disponible. De 60€ à 68€ la chambre double en basse saison et 75€ en saison. *44, rue du Général-de-Gaulle* **Pornic** *Tél. 02 40 82 00 51 www.hotel-alizes-pornic.com*

☺ **Le Jardin de Retz** M. Blondeau, pépiniériste, a créé aux portes de sa maison un paradis luxuriant aux essences les plus diverses, pins et bambous, mimosas et figuiers. Dans ce vallon en pleine ville, on se sent comme isolé au milieu d'une jungle. L'intérieur est décoré avec goût par Madame qui comble les hôtes d'attention. Les 3 chambres (85€-98€ avec petit déj., 2 nuits min.) donnent sur ce nid de verdure d'où émerge la silhouette massive du château de Pornic. *1, chemin des Mousseaux* **Pornic** *Tél. 02 40 82 02 29 Tél. port. 06 30 07 07 66 http://pagesperso-orange.fr/le-jardin-de-retz*

prix élevés

Le Beau Soleil Cet hôtel installé sur le port porte bien son nom. Ses chambres gaies jouissent de belles lumières (59€-125€). Pas très grandes, elles sont joliment aménagées : hublot sur les portes, tapis de coco et linge de couleur réchauffent leur décor. Pour profiter de la vue sur le port sans souffrir du bruit de son animation, demandez une chambre au 2e étage, avec double vitrage et minibalcon. Accès wifi. *70, quai Leray-place du Petit-Nice* **Pornic** *Tél. 02 40 82 34 58*

Dans les environs

campings

Camping de la Prée Petit camping convivial en bord de mer et en pleine nature ! *Chemin de la Prée 44770* **Préfailles** *(à 10km à l'ouest de Pornic) Tél. 02 40 21 02 64 www.camping-prefailles.com Ouvert mi-avr.-sept.*

Camping de la Plage Très bien équipé, il propose 94 emplacements quasiment sur la plage. Forfait min. (2 pers. et 1 véhicule) en juil.-août 21,50€, enfant (2 à 7 ans) 4,30€. *53, route de la Bernerie 44580* **Les Moutiers-en-Retz** *Tél. 02 40 82 71 43 Ouvert avr.-oct.*

GAMME DE PRIX	RESTAURATION	HÉBERGEMENT
Très petits prix	moins de 10€	moins de 30€
Petits prix	de 10 à 20€	de 30 à 50€
Prix moyens	de 20 à 30€	de 50 à 80€
Prix élevés	de 30 à 40€	de 80 à 100€
Prix très élevés	plus de 40€	plus de 100€

prix moyens

☺ **Balao Mingi** Oubliez le dictionnaire breton. *Balao Mingi* signifie "bonjour" dans un dialecte d'Afrique centrale. Sarah, hôtesse au franc-parler, y a passé vingt ans et l'évoque encore avec nostalgie. L'étage, dont le vieux parquet fleure bon la cire, abrite 6 chambres qui se partagent la salle de bains. La 6, vaste et dotée de 3 lits, est parfaite pour une famille. De la 3, parée d'un beau lit ancien et agrémentée d'un balcon, on a une vue imprenable sur le verger. Sarah y cueille les fruits pour les confitures qu'elle sert au petit déjeuner avec du pain, fait maison lui aussi. Comptez 60€ en mai, juin, septembre et octobre ; 65€ en juillet et août (prix dégressif pour plusieurs nuits). *22, rue des Mûres 44770* ***Préfailles*** *(à 10km à l'ouest de Pornic) Tél. 02 40 21 60 93 Ouvert mai-oct.*

prix élevés

Résidence La Fontaine-aux-Bretons À la pointe du progrès, La Fontaine-aux-Bretons s'affiche comme le prototype de l'hébergement "nouvelle vague". Cette assez grosse structure a su créer une atmosphère familiale dans un environnement de charme. Elle se tient dans une ancienne ferme entourée d'un jardin potager, d'un enclos animalier, et domine la mer. Son aménagement fort bien conçu mêle pratique et esthétique ; du studio au T3, ce sont de véritables *homes* qui se louent ici, à la nuitée ou pour un week-end. Location à la semaine uniquement en juillet-août. Une adresse dans l'air du temps, alliant avec succès confort et indépendance. Les samedis matin de juillet-août, un marché du terroir se tient dans l'enceinte de la résidence. Comptez de 85€ à 121€ pour une chambre double, 93€-143€ le studio pour 1-2 pers. et 119€-185€ l'appartement pour 3-4 pers. *Chemin de Noëlles 44210* ***Fontaine-aux-Bretons*** *(à 5km de Pornic par la route de Nantes D13, dir. La Bernerie) Tél. 02 51 74 07 07 www.auberge-la-fontaine.com*

Château de la Gressière L'élégant château de la Gressière, érigé au XIXe siècle par la famille Charrette de Boisfoucault – dont il porte les armoiries –, se dresse sur le site d'une ancienne forteresse médiévale. Si l'architecture et la situation de l'édifice – à deux pas de la mer et au sein d'un beau jardin – sont séduisantes, l'hôtel est plus confortable que luxueux. Double de 75€ à 150€. Menus 27€, 33€ et 46€. *44760* ***La Bernerie-en-Retz*** *Tél. 02 51 74 60 06 www.lagressiere.com Fermé dim. soir-lun. hors saison et en jan.*

prix très élevés

Hôtel Anne de Bretagne Situé face au petit port de la Gravette, cet hôtel jouit de nombreux atouts. À son confort 3 étoiles s'ajoutent une décoration contemporaine de bon ton – privilégiant les teintes claires et le bois sombre –, un espace appréciable dans les chambres dotées d'un coin salon, voire d'une petite terrasse –, et un accueil disponible. Le restaurant du chef Philippe Vételé, maître cuisinier de France, met en avant une cuisine régionale, tout en saveur et subtilité. La proximité de la mer et la présence d'une piscine, d'un parc, d'un bar et d'un salon confortable permettront à chacun de paresser selon ses envies. De 125€ à 325€ la chambre double selon la saison ; de 185€ à 210€ l'appartement. *Port de la Gravette 44770* ***La Plaine-sur-Mer*** *(à 12km à l'ouest de Pornic) Tél. 02 40 21 54 72 www.annedebretagne.com*

SAINT-BREVIN-LES-PINS 44250

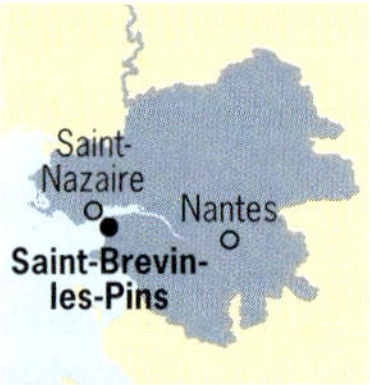

Saint-Brevin, situé sur la rive gauche de l'estuaire de la Loire, est la dernière des stations balnéaires qui se suivent sur la côte de Jade, lorsque l'on vient de la Vendée. La commune compte deux pôles : Saint-Brevin-les-Pins, au nord, qui pourrait aussi s'appeler, par sa position le long de l'estuaire, "Saint-Brevin-la-Loire" ; et Saint-Brevin-l'Océan, au sud, plus animé. Les deux s'enorgueillissent de belles plages de sable fin, bordées par des pins plantés dès le XIXe siècle pour stabiliser les dunes ; les grandes villas témoignent également de l'engouement qu'a connu la région dans la seconde moitié du XIXe siècle. Plus en amont, Paimbœuf et ses maisons d'armateurs reflètent la prospérité du commerce triangulaire au XVIIe siècle.

MODE D'EMPLOI

accès

EN VOITURE
Sur la rive sud de l'estuaire de la Loire, en face de Saint-Nazaire (à moins de 4km par le pont) ; à 50km à l'ouest de Nantes par la D723.

EN CAR
Ligne Lila n°1 Nantes-Saint-Brevin ; ligne n°15 Saint-Nazaire-Pornic ; ligne n°18 Saint-Nazaire-Saint-Père-en-Retz.
Réseau Lila *Tél. 0825 08 71 56 www.loire-atlantique.fr/lila*

orientation

Saint-Brevin-les-Pins au nord, Saint-Brevin-l'Océan au sud se situent entre un long cordon de plages et la D213, dite aussi "route Bleue", qui relie Saint-Nazaire à Pornic.

informations touristiques

Office de tourisme *10, rue de l'Église* ***Saint-Brevin-les-Pins*** *Tél. 02 40 27 24 32 www.saint-brevin.fr Ouvert juil.-août : lun.-sam. 9h30-18h30, et dim. 10h-13h ; sept.-juin : lun.-sam. 9h15-12h15 et 14h-18h*

accès Internet

Bar Le Transat *14, rue du Gal-de-Gaulle* ***Saint-Brevin-les-Pins*** *Tél. 02 40 27 20 57 Fermé mer.*
Alias Informatique *8, allée de la Tour-Carrée* ***Saint-Brevin-l'Océan*** *Tél. 02 40 39 16 16 Ouvert mar.-sam. sauf jeu. a.-m.*

location de deux-roues

Cycl'hic Location de vélos et de rosalies. *11, allée de la Tour-Carrée* ***Saint-Brevin-l'Océan*** *Tél. 02 40 27 34 33 Ouvert avr.-sept.*
Cycles Aron Vélos et rosalies. *9, av. Foch* ***Saint-Brevin-les-Pins*** *Tél. 02 40 27 22 23 Ouvert toute l'année*

fêtes et manifestations

Estuaire Un parcours artistique et culturel pour découvrir les sites exceptionnels de l'estuaire de la Loire. "Estuaire" invite 30 artistes internatio-

naux en 2012 à exposer leurs œuvres de Nantes à Saint-Nazaire. À Paimbœuf, on pourra admirer le Jardin étoilé du japonais Kinya Maruyama. *www.estuaire.info*
Semaine théâtrale *Rens. à l'office de tourisme Fin avr.*
Festival Côté Mer Animations quotidiennes (spectacles pour enfants, musique classique, concerts de rue, théâtre...) *Rens. à l'office de tourisme Juil. et août*
Festival Couvre Feu Les musiques actuelles et indépendantes à l'affiche de trois jours de fête en pleine nature. *www.couvrefeu.com* ***Corsept*** *Fin août*
Semaine musicale *Rens. à l'office de tourisme Fin oct.*

marchés

Marché de Saint-Brevin-les-Pins *Pl. Baslé Jeu. et dim.*
Marché de Saint-Brevin-l'Océan *Av. du Président-Roosevelt Sam.*
Marché artisanal nocturne ***Saint-Brevin-l'Océan*** *Juil.-août : mer. ;* ***Saint-Brevin-les-Pins*** *Ven.*
Marché de Paimbœuf *Pl. du Marché Mar. et ven. matin*

DÉCOUVRIR

☆ **Les essentiels** L'esplanade de Mindin, le canal de la Martinière à Paimbœuf **Découvrir autrement** Goûtez les fameuses galettes de Saint-Michel à Saint-Michel-Chef-Chef, pénétrez le monde des lutins et des fées au Grand Parc des Légendes à Frossay > **Carnet d'adresses p.131**

Saint-Brevin-les-Pins

☆ **Esplanade de Mindin** C'est d'ici que s'élance le pont de Saint-Nazaire, qui traverse la Loire sur plus de 3km. La vue sur cet ouvrage, ainsi que sur le port de Saint-Nazaire et les rives du fleuve, impressionne. L'esplanade en elle-même a été réaménagée récemment ; végétation et jeux pour enfants en font un site où l'on flânera volontiers. Dans le fort de Mindin, reconstruit au XIXe siècle (le site avait été fortifié par Vauban en 1696), se tient un **musée de la Marine**. Maquettes de navires et objets d'époque relatent les nombreux épisodes de la navigation dans la région, de la traite négrière à l'épopée des paquebots transatlantiques. **Musée de la Marine** *Pl. Bougainville Tél. 02 40 27 00 64 Ouvert juin-sept. : tlj. 15h-19h Tarif 3€, moins de 12 ans gratuit*

● Où boire un verre ?

7 Beaufort Le bar branché de Saint-Brevin-l'Océan. Café le matin, glace l'après-midi, apéritif en début de soirée : on y revient faire la fête à la nuit tombée. Belle terrasse, point d'observation idéal sur le centre le plus animé de Saint-Brevin. *Allée des Embruns* ***Saint-Brevin-l'Océan*** *Tél. 02 40 27 03 03 Ouvert tlj. 9h-3h Fermé mar. hors saison*
Kassandra Un cabanon chaleureux où se rafraîchir en cours d'après-midi dans un cadre bois et verre ou les pieds sur le sable. Le soir, au milieu de la longue plage de l'Océan plongée dans l'obscurité, il scintille et résonne d'animation : la fête y bat son plein durant tout l'été ! *Bd de l'Océan* ***Saint-Brevin-l'Océan*** *Tél. port. 06 75 13 42 55 Ouvert juil.-août : tlj. 11h-2h30*

Costume traditionnel bigouden (p.27), détails.

● Pratiquer des sports nautiques

Sports Nautiques Brevinois De Pâques à la Toussaint, location et stages de voile et kayak. Toute l'année : char à voile. *Bd de l'Océan* ***Saint-Brevin-l'Océan*** *Tél. 02 40 64 49 41 www.sportsnautiquesbrevinois.fr*

École de kitesurf Cette école gérée par les Sports Nautiques Brevinois fait découvrir le dernier-né des sports de glisse nautique. Formules découverte (50€/3h), initiation (3 séances, 280€). Location de matériel. *Base nautique du Pointeau* ***Saint-Brevin-l'Océan*** *Tél. 02 40 39 23 81 www.sportsnautiquesbrevinois.fr Ouvert mars-nov.*

Les environs de Saint-Brevin-les-Pins

Vers le sud

Saint-Michel-Chef-Chef Ce nom étrange dérive de Saint-Michel-du-Chevèche, nom de la pointe Saint-Gildas jusqu'en 1750. Le bourg ne forme qu'une seule commune avec **Tharon-Plage**, Tharon étant le nom donné à la partie littorale de Saint-Michel. Au long de ses 4km de côtes s'égrènent villas et pêcheries du pays de Retz. Un manège à l'ancienne trône au centre de Tharon, ajoutant au charme désuet de la station balnéaire. C'est ici que sont nées, en 1905, les fameuses galettes de Saint-Michel, dont on se régalera à la boutique située au centre du bourg. *À 8km au sud de Saint-Brevin-les-Pins*

UNE GALETTE CENTENAIRE

On trouvera aux Délices la fameuse galette Saint-Michel, inventée en 1905, et ses produits dérivés, dont certains en exclusivité ! En été, une vidéo narre l'aventure de ladite galette.
Les Délices de Saint-Michel *8, rue du Chevecier 44730* ***Saint-Michel-Chef-Chef*** *(à 8km au sud de Saint-Brevin-les-Pins) Tél. 02 51 74 75 44 Ouvert sept.-juin : lun.-sam. 10h-12h30 et 14h-19h, dim. 10h-12h30 ; juil.-août : tlj. 10h-19h30*

Les plages De Saint-Brevin-les-Pins à Tharon-Plage, les lieux de baignade ne manquent pas. La longue **plage des Pins** est surveillée au niveau du centre-ville. La plage de **Saint-Brevin-l'Océan**, bien plus fréquentée, est composée de deux zones, elles aussi surveillées, que sont les plages de **l'Océan** au nord et des **Rochettes** au sud. Plus méridionale et familiale, **Tharon** est la plage de Saint-Michel-Chef-Chef. La pêche à pied est praticable dans les rochers qui la bordent à chacune de ses extrémités. En juillet et août, trois clubs situés près des postes de secours des plages des Pins et de l'Océan accueillent les plus jeunes (renseignements et tarifs sur place).

À l'est, Paimbœuf

Les maisons qui longent ses quais sur 2km racontent en partie le passé de Paimbœuf, important avant-port de Nantes au XVIIIe siècle. Si l'activité maritime a depuis longtemps décliné, ce port désormais bien tranquille a conservé un cachet indéniable. C'est à partir de 1650 que le commerce triangulaire enrichit la ville : les navires de fort tonnage, ne pouvant atteindre Nantes, s'arrêtent dans ce qui n'est encore qu'un village de pêcheurs. Des maisons d'armateurs voient alors le jour le long du **quai Éole**, puis des hôtels particuliers dans les rues parallèles, faute d'espace au bord de la Loire. La Révolution et le développement du port de Saint-Nazaire mettent fin à la prospérité de Paimbœuf, qui vit aujourd'hui de son industrie, mais bénéficie toujours de la présence du fleuve. *À 45km env. à l'ouest de Nantes, 12km à l'est de Saint-Brevin En car, ligne Lila n°1 Nantes-Saint-Brevin/Nantes-Paimbœuf ou ligne n°16 Saint-Nazaire-Frossay.* **Office de tourisme** *Quai Sadi-Carnot Tél. 02 40 27 53 82 www.paimboeuf.fr Ouvert juil.-août : lun.-sam. 9h30-12h30 et 14h-18h30, dim. et j. fér. 15h-18h30 ; sept.-juin : mar.-sam. 10h-12h et 14h-17h*

☆ **Canal de la Martinière ou de basse Loire** C'est à partir de 1882 que l'on décide de bâtir, entre Le Pellerin en amont, et Paimbœuf, un canal parallèle à la Loire, qui permettrait aux navires de fort tonnage de remonter le fleuve. Pendant onze ans, 11 000 hommes travaillent à sa construction, dans les pires conditions. L'ouvrage sera utilisé pendant à peine vingt ans, de 1892 à 1911, les bateaux atteignant rapidement des proportions trop importantes pour l'emprunter. En 1920, il devient un cimetière à bateaux, avant de trouver une nouvelle fonction à partir de 1960 : sa réserve d'eau douce permet de réguler les cours d'eau du pays de Retz. Les rives du canal, très appréciées des promeneurs et des pêcheurs, accueillent aujourd'hui des activités nautiques. Le site est un lieu de promenade des plus agréables, ponctué d'écluses, de machineries et d'aires de pique-nique… Des circuits pédestres y ont été aménagés ; vous en trouverez le plan près de la machinerie de la Martinière ; vous pouvez aussi vous procurer le guide *Mieux connaître Le Pellerin*, en vente à la mairie et dans de nombreux commerces. À peu près au milieu du canal, l'île Massereau, réserve ornithologique, permet d'observer de nombreuses espèces : sarcelles d'hiver, cigognes, spatules, bécassines, etc. *Rens. Association culturelle du canal maritime Tél. 02 40 04 65 21 www.canal-maritime-basse-loire.fr Visite de la machinerie du Pellerin juil.-août : jeu. 15h-17h30 ; sept.-juin : sur rdv Tarif 2€, moins de 12 ans gratuit*

● ☺ **Se distraire en famille** Découvrez le monde animal au travers de légendes et d'histoires mythologiques dans ce grand parc de 33ha. Près de 400 animaux, dont une importante population de cervidés, s'ébattent dans une nature verdoyante et côtoient lutins, trolls ou pirates. Ces derniers vous guideront vers une aventure féerique et inoubliable et veilleront au bon déroulement du voyage. La journée est également ponctuée d'animations diverses et de spectacles. **Grand Parc des Légendes-Au Sentier des Daims** *La Poitevinière Route de Saint-Père-en-Retz 44320* ***Frossay*** *Tél. 02 40 39 75 06 www.sentierdesdaims.com Ouvert juil.-août : tlj. 10h-18h ; avr.-juin et sept.-mi-nov. : 14h-17h Tarif avr.-août 14€, réduit 9€ ; mars, sept., oct. 12€, réduit 8€ Animations en déc. pour Noël, se renseigner*

● **Faire de la voile** Le club de La Martinière loue des planches à voile et de dériveurs, et propose des stages de voile pendant les vacances scolaires. **Club nautique de La Martinière** *44640* ***Le Pellerin*** *Tél. 02 40 04 56 45 Tél. port. 06 73 33 06 92 Ouvert avr.-nov.*

● Se balader sur l'estuaire de la Loire Appareillez du port de Paimbœuf pour une découverte de l'estuaire de la Loire : les commentaires à bord sont assurés par des membres du Centre culturel maritime de Nantes et permettent de comprendre le paysage qui s'étire de Saint-Nazaire à Paimbœuf. On découvre ainsi le pont de Saint-Nazaire, le port Atlantique de Montoir, la raffinerie de Donges, les plages de Saint-Brevin et les prairies de Corsept. **Bateaux de la Loire** *Rens. à l'office de tourisme de Paimbœuf Tél. 02 40 27 53 82 Mi-juil.-août : 2 départs/sem. à 14h30 Tarif 18€, moins de 12 ans 12€*

CARNET D'ADRESSES

Restauration, hébergement

camping

Camping Le Fief Véritable village dans la ville avec ses commerces, son espace aquatique, son salon bien-être, ses animations en été... et la mer à deux pas ! Forfait 2 pers. (emplacement et véhicule) en haute saison 37€ et 4,50€ pour les moins de 7 ans. *57, chemin du Fief* ***Saint-Brevin-les-Pins*** *Tél. 02 40 27 23 86 www.lefief.com Ouvert avr.-sept.*

petits prix

Auberge de jeunesse La Pinède À dix minutes à pied de l'océan, cette vieille villa accueillante et conviviale nichée au milieu des pins regarde la Loire. 13,20€/pers., petit déj. 3,60€, carte de membre obligatoire. *1, allée de la Jeunesse* ***Saint-Brevin-les-Pins*** *Tél. 02 40 27 25 27 www.fuaj.org Ouvert mi-mars-sept.*

L'Auberge espagnole On se retrouve au restaurant à midi pour un généreux menu gorgé de soleil à 10,90€, et le soir au bar autour de petites assiettes dans la plus pure tradition hispanique : tapas basques, catalanes ou andalouses à 2,90€ l'unité et 12€ les cinq. *Muy caliente ! 5, rue Chassagne* ***Saint-Brevin-les-Pins*** *Tél. 02 40 21 81 05 Restaurant ouvert mer.-lun. 12h-14h30 Bar à tapas ouvert mer.-sam. à partir de 18h30*

prix moyens

Le Rose-Marie Face à la mer, précédé d'une grande terrasse en partie abritée sous les pins, cet hôtel de 7 chambres (57€-65€) à la façade rose bonbon offre confort et convivialité. Son restaurant propose une formule avec différents choix de plats (17€) : moules-frites, choucroute de la mer ou grillades diverses... Un lieu clair et agréable, à deux pas de la plage. *1, allée des Embruns* ***Saint-Brevin-les-Pins*** *Tél. 02 40 27 20 45 Fermé mi-nov.-fév.*

GAMME DE PRIX	RESTAURATION	HÉBERGEMENT
Très petits prix	moins de 10€	moins de 30€
Petits prix	de 10 à 20€	de 30 à 50€
Prix moyens	de 20 à 30€	de 50 à 80€
Prix élevés	de 30 à 40€	de 80 à 100€
Prix très élevés	plus de 40€	plus de 100€

Le Petit Trianon Situé dans le centre de Saint-Brevin-les-Pins, Le Petit Trianon offre fraîcheur et confort dans ses chambres rénovées (64€-73€). Le restaurant de l'établissement sert d'intéressantes formules à midi (10€-30€), ainsi que des spécialités périgourdines. *239, av. de Mindin* ***Saint-Brevin-les-Pins*** *Tél. 02 40 27 22 16 www.petittrianon.fr*

prix élevés

☺ **La Ferme des Tabacs** Cette ancienne maison noble fortifiée a des airs de mas méridional. Jean-Luc Pennetier y cuisine, avec un goût prononcé pour la coquille Saint-Jacques, les produits de la mer qu'il marie aussi en une délicieuse marmite du pêcheur. On mange aussi des viandes, attablé dans l'une des salles de l'ancienne ferme ou dans la cour intérieure, à l'ombre des pruniers et des saules pleureurs. Formule déjeuner à partir de 15€, et menus de 26,50€ à 35€. Menu gastronomique à 40€ avec 6 plats et dessert. *Chemin du Plessis* ***Saint-Brevin-les-Pins*** *(de l'autre côté de la D213) Tél. 02 40 27 07 84 www.ferme-des-tabacs.com Fermé dim. soir*

Dans les environs

campings

Camping du Bord-de-Mer La plage est de l'autre côté de la route. Ce camping familial classé 3 étoiles offre 88 emplacements sous les pins. Tranquillité assurée à deux pas du port et des commerces. De 19€ à 21€ pour 2 avec une voiture en juil.-août. *44730* ***Saint-Michel-Chef-Chef*** *(à 8km au sud de Saint-Brevin, à l'angle de la rue du Redois et du bd de l'Océan) Tél. 02 40 27 93 16 www.borddemer-camping.com Ouvert mars-nov.*

Camping municipal du Migron Au bord du canal, dans un cadre champêtre, il est idéalement situé pour les randonneurs. Compter 2,20€/pers. (à partir de 8 ans) et 2,70€/emplacement. Location de vélos (4,30€/demi-j., 7,95€/j.). *Chaussée du Migron 44320* ***Frossay*** *(à 24km à l'est de Saint-Brevin) Tél. port. 06 78 03 57 04 (juil.-août) ou 02 40 39 72 72 (mairie, hors saison)*

Camping de l'Estuaire Une centaine de vastes emplacements sous une pinède de 4ha en bord de Loire. Toute promiscuité est ainsi évitée. Piscine, terrain de pétanque, barbecue et proximité du vieux port complètent le tableau et promettent un séjour agréable loin de la foule de la côte. Compter de 14 à 16€ pour 2 personnes en été. ***Paimbœuf*** *(à 12km à l'est de Saint-Brevin, à l'entrée du bourg) Tél. 02 40 27 84 53 ou 06 46 41 60 93 www.campinglestuaire.fr*

prix moyens

☺ **Café-hôtel La Côte de Jade** Les deux filles Le Dimet ont mis l'établissement familial au goût du jour, tout en conservant son charme rétro.

GAMME DE PRIX	RESTAURATION	HÉBERGEMENT
Très petits prix	moins de 10€	moins de 30€
Petits prix	de 10 à 20€	de 30 à 50€
Prix moyens	de 20 à 30€	de 50 à 80€
Prix élevés	de 30 à 40€	de 80 à 100€
Prix très élevés	plus de 40€	plus de 100€

Elles ont créé 7 grandes chambres dont 2 familiales, toutes équipées de belles salles d'eau. Les anciens miroirs ont été inclus dans les mosaïques qui décorent le café, le vieux comptoir a été rehaussé d'une composition de coquillages, et le carrelage d'origine préservé. Le rez-de-chaussée accueille les domaines respectifs des deux sœurs : on traverse la galerie d'art de la première pour accéder au salon de coiffure de la seconde ! Charme, fantaisie et convivialité définissent ce petit hôtel atypique, situé à deux pas de la plage. Chambre double 65€. *2, av. de Bretagne Tharon-Plage 44730* ***Saint-Michel-Chef-Chef*** *(à 10km au sud de Saint-Brevin) Tél. 02 40 27 82 31*

SAINT-NAZAIRE

44600

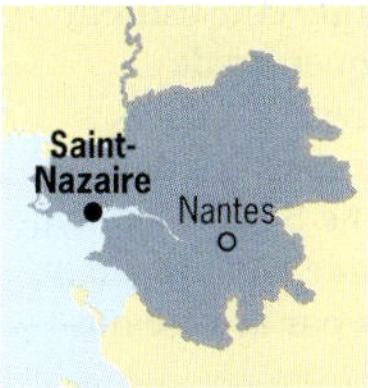

Éclipsé par ses illustres voisines lors de la mode des bains de mer, le magnifique littoral de Saint-Nazaire a échappé aux promoteurs et recèle près d'une vingtaine de plages. Largement ouverte sur le fleuve et l'Océan, la cité portuaire, intimement liée au commerce maritime et à la construction navale, conserve de beaux exemples d'architecture balnéaire. La "ville blanche", reconstruite après la guerre, a pansé ses blessures et dégage aujourd'hui un vrai charme. Emblème de ce renouveau, le quartier de la "Ville-Port", aux lignes bien dessinées et aux couleurs claires, rappelle son histoire transatlantique. Ses larges avenues, bordées d'immeubles bas aux façades d'un blanc lumineux, ses espaces verts, ses aménagements urbains paysagés contribuent à son atmosphère si particulière.

UN AVANT-PORT POUR NANTES Quelques vestiges, comme le tumulus de Dissignac, témoignent encore d'une civilisation néolithique dans la région, mais l'histoire de la ville telle que nous la connaissons ne commence qu'au XIXe siècle. À cette époque, Saint-Nazaire compte seulement quelques centaines d'habitants : des pêcheurs et des pilotes qui conduisent les bateaux jusqu'à Nantes. Les limites de la ville correspondent alors à l'actuel quartier du Petit-Maroc. Vers le milieu du siècle, les gros navires ne pouvant plus atteindre Nantes à cause de l'ensablement régulier de la Loire, la création d'un avant-port devient nécessaire. La concurrence est rude entre Paimbœuf, sur la rive sud, et Saint-Nazaire, qui finalement l'emporte.

LES CHANTIERS NAVALS La construction du premier bassin en eau profonde dure de 1845 à 1856. Six ans plus tard, l'industriel écossais John Scott fonde à Penhoët les chantiers navals d'où sortira, en 1864, l'*Impératrice Eugénie*. Dès 1861, la nécessité d'un second bassin se fait sentir, pour répondre à l'essor du trafic de charbon et à l'expansion des lignes postales transatlantiques. En 1866, Scott fait faillite et la Compagnie générale transatlantique des frères Pereire achète le site. L'activité navale poursuit son essor, avec les chantiers de la Loire, tournés vers la construction de navires de guerre, et les chantiers de Penhoët, spécialisés dans les cargos et les paquebots. Ils participent activement au développement de la ville. Les plus beaux paquebots naissent à Saint-Nazaire pendant l'entre-deux-guerres. À la rapidité croissante des navires s'ajoute un luxe plus raffiné : de grands artistes participent à la décoration des *France*, *Île-de-France* ou *Normandie*. À la fin du XIXe siècle, Saint-Nazaire connaît les débuts du tourisme balnéaire, se dotant de villas et aménageant les plages pour accueillir les visiteurs qui arrivent par le train. En un siècle, Saint-Nazaire devient une ville importante. Mais ses chantiers souffrent dès 1929 de la crise, puis la ville est dévastée par la Seconde Guerre mondiale. L'activité navale reprend après la reconstruction avec la fusion, en 1955, des deux anciens chantiers. Le troisième *France*, lancé en 1960, sera le dernier transatlantique français. Achetés par Alstom en 1976, les Chantiers de l'Atlantique construisent méthaniers et pétroliers. Une reconversion dans les paquebots de croisière, à la fin des années 1980, leur permet de survivre. En 2006, les Chantiers sont rachetés par l'entreprise norvégienne Aker Yards, elle-même vendue en 2007 à la compagnie sud-coréenne STX. S'ils sont reconnus pour leurs compétences dans la construction de navires à haute technologie, les Chantiers sont aussi durement touchés par la crise qui frappe ce secteur.

UNE VILLE DE LA RECONSTRUCTION Haut lieu stratégique du mur de l'Atlantique, Saint-Nazaire vivra l'Occupation jusqu'à la fin de la guerre. De 1940 à 1942, la construction d'une base sous-marine longue de 300m à la place de la gare maritime amènera la conversion du port industriel en port de guerre. La ville, bombardée, est détruite à 85% ; rien ne subsiste de ses réseaux d'éclairage, d'électricité ou de voirie. Première phase de la reconstruction, le déblaiement des ruines permet le comblement des marais, qui freinaient l'expansion de la ville vers l'ouest. Puis le nouveau plan de la ville est dessiné par l'architecte Noël Le Maresquier. Rectiligne, fonctionnelle, tournée vers l'arrière-pays, Saint-Nazaire est coupée de son port. Sa gare et son centre sont déplacés pour laisser plus de place à l'espace industrialo-portuaire, avant qu'un nouveau projet urbain ne tente de ressouder les différentes entités historiques de la cité.

MODE D'EMPLOI

accès

EN VOITURE
À 65km à l'ouest de Nantes par la N165 puis la N171.

EN TRAIN
Des lignes TGV relient Saint-Nazaire à Paris en 2h45 (45min de Nantes, sur la même ligne), Lyon en 5h30, Lille en 4h45. Liaisons régionales (TER) vers Nantes, Le Croisic et Redon.

Gare SNCF (plan 3, B1) *Pl. Pierre-Sémard Rens. SNCF Tél. 36 35 ou 0810 324 324 (TER) www.voyages-sncf.com ou www.ter-sncf.com*

EN CAR

Le réseau Lila dessert les principales villes de la région Loire-Atlantique depuis Saint-Nazaire. Il existe des services spéciaux vers la presqu'île guérandaise et les plages de l'ouest : 1€ le trajet.

Réseau Lila *Tél. 0825 08 71 56 www.loire-atlantique.fr/lila*

orientation

Saint-Nazaire porte bien son surnom de "clé de l'estuaire". Elle se divise en deux quartiers principaux : le **port**, à l'est, s'étend le long de la Loire, des chantiers navals de Penhoët au quartier du Petit-Maroc ; à l'ouest, le **centre-ville** se prolonge jusqu'au front de mer de la rade. Le stationnement en ville est majoritairement gratuit.

informations touristiques et pratiques

Office de tourisme (plan 3, C3) *Base sous-marine, bd de la Légion-d'Honneur Tél. 02 40 22 40 65 ou 0810 888 444 www.saint-nazaire-tourisme.com Ouvert avr.-sept. : tlj. 9h30-12h30, 14h-18h (mi-juil.-août en continu) ; oct.-mars : mar.-dim. 9h30-12h30 et 13h45-17h45*

Poste principale (plan 3, B3) *9-11, av. de la République Tél. 02 40 22 96 50*

transports urbains

Boutique Stran (plan 3, B3) La Stran gère les bus à Saint-Nazaire et dans ses environs, jusqu'à la Brière au nord (Ty'bus). Service de nuit les ven., sam. et veilles de j. fér. de 20h à 6h. *18, av. de la République Tél. 02 40 00 75 75 www.stran.fr*

Coopérative des taxis nazairiens (plan 3, B2) *45, rue Matte Tél. 02 40 66 02 62*

Taxis de l'Estuaire (plan 3, A3) *20, rue Louis-Blanqui Tél. 02 51 76 04 04 ou 08 99 65 90 62*

accès Internet

Multimédia 44 (plan 3, B2-B3) *62 bis, rue Jean-Jaurès Tél. 02 40 17 03 88*

Planet@cybertel (plan 3, B2-B3) *21, av. de la République Tél. 02 40 15 59 18*

marchés, fêtes et manifestations

Marché (plan 3, B2) *Pl. du Commerce Mar., ven. et dim.*

Barquera Grande course de plaisanciers ou régatiers amateurs. *www.labarquera.org Dix jours fin mai-déb. juin*

Estuaire Un parcours artistique et culturel pour découvrir les sites exceptionnels de l'estuaire de la Loire. "Estuaire" invite en 2011 environ 30 artistes internationaux à exposer leurs œuvres de Nantes à Saint-Nazaire. La base sous-marine, le paquebot *Escal'Atlantique* et le Grand Café prennent part à cet événement. *Tél. 02 51 82 15 21 www.estuaire.info Juin-sept.*

Transquadra Course transatlantique, rendez-vous incontournable des plus de 40 ans. *www.transquadra.com Quatre jours en juil.*

Festival Les Escales Tous les ans depuis 1992, des artistes du monde entier entraînent Saint-Nazaire dans deux jours et deux nuits de fête, dans le décor industriel de la zone portuaire. *Tél. 02 51 10 00 00 www.les-escales.com*

Consonances Festival de musique de chambre. *Septembre*

DÉCOUVRIR

☆ **Les essentiels** Le paquebot *Escal'Atlantic*, le sous-marin l'*Espadon* **Découvrir autrement** Promenez-vous dans la ville sur les traces de Tintin, remémorez-vous les vacances de M. Hulot à Saint-Marc-sur-Mer, explorez l'estuaire de la Loire à bord de la *Pimpante II* **➤ Carnet d'adresses p.143**

Saint-Nazaire

Autour de la "Ville-Port"

Saint-Nazaire, séparée de son port par la base sous-marine, a entrepris de relier le cœur de la ville à la mer. En projet, le nouveau théâtre, construit sur le site de l'ancienne gare transatlantique, devrait ouvrir ses portes fin 2011. La découverte des animations portuaires regroupées sous le nom de "Ville-Port" peut prendre une journée, voire plus. Ce quartier, qui mêle histoire, tourisme et industrie, permet de mieux comprendre la ville et de profiter d'un paysage oscillant entre urbanité, souvenirs de guerre et activité navale. La visite du paquebot *Escal'Atlantic* en constitue sans aucun doute le moment le plus ludique ; elle est complétée par celle de l'écomusée. À noter : la découverte des chantiers navals ou de l'airbus se fait uniquement sur rendez-vous. Les amateurs de sous-marins ne manqueront pas la visite de l'*Espadon*. Le soir, le programme Nuit des docks, de Yann Kersalé, illumine magnifiquement le port de Saint-Nazaire. L'éclairage diffère selon la force des vents, le mouvement des écluses et des grues, ou selon le coefficient des marées.

Base sous-marine (plan 3, C3) Le toit de la base constitue un observatoire de premier ordre pour contempler le port, ses bassins, la forme-écluse Joubert, et toute la rade de Saint-Nazaire. Dans le cadre de la manifestation Estuaire, Felice Varini a choisi ce toit-terrasse comme point de vue privilégié pour appréhender son œuvre, *Suite de triangles*, désormais pérenne. Celle-ci matérialise une "ligne horizontale" qui embrasse le paysage du port de Saint-Nazaire. Peinte sur un seul plan, chacune de ses formes, triangle d'un rouge vif, se détache et se superpose à l'architecture à laquelle elle semble appartenir. La rampe qui y donne accès part de la place Marceau (à 30m en face de l'office de tourisme). *Bd de la Légion-d'Honneur Tél. 0810 888 444 Billetterie unique à la base sous-marine pour les sites de la Ville-Port*

☆ ☺ **Paquebot *Escal'Atlantic* (plan 3, C3)** Envie d'embarquer à bord d'un paquebot ? L'occasion vous en est donnée avec *Escal'Atlantic*, véritable "ville flottante" sur trois niveaux et 3 500m^2, amarré dans deux alvéoles de la base sous-marine. Le visiteur est accueilli comme un passager par un personnel en uniforme dans une ambiance nocturne qui met en valeur la coque rivetée du navire. Dès le **hall d'embarquement**, évocation des années 1930, des vitrines présentent des objets de voyage, malles-cabines et autres *steamer bags*, symboles du luxe et de l'art de vivre de l'époque des transatlantiques. En empruntant la coursive qui relie le hall d'embarquement au pont arrière, le visiteur-passager jette un coup d'œil par la porte entrebâillée des **cabines**. Là, un espace "croisière", une cabine du paquebot *Liberté* (1949), ici une cabine première classe du *Normandie* (1935) ou une cabine de steamer (XIXe s.), révèlent l'ingéniosité des architectes. On emprunte ensuite un grand escalier avec ses passerelles métalliques, qui mène aux entrailles du navire, où la **salle des machines** recèle un tableau de commandes ludique et interactif. Dans la cale, les sacs postaux rappellent qu'à l'origine, les premières lignes de paquebots étaient destinées au transport du courrier. L'**entrepont des émigrants**, avec ses lits superposés, sa table et sa vaisselle en fer-blanc, témoigne de l'importante émigration de la fin du XIXe siècle. Le passager peut ensuite s'installer un moment sur le pont-promenade couvert et doté de chaises longues – les fameux "transats". Dans la **timonerie**, on découvre un ensemble rare de pièces anciennes servant à la navigation : sextant, loch et un superbe navisphère. Dans le **salon de musique**, reconstitué grandeur nature avec l'authentique mobilier du *Liberté*, canapé et fauteuils revêtus de tapisseries d'Aubusson restituent l'ambiance à l'élégance feutrée qui régnait à bord. Enfin, la **salle à manger** étonne par ses proportions (9m de hauteur sous plafond !) : dressées, des tables rondes à quatre couverts n'attendent plus que les hôtes de luxe. Chacun prend ensuite place dans la salle de cinéma, dans une ambiance Art déco, pour y visionner des films d'archives avant de regagner – de façon pour le moins inattendue – la librairie-boutique qui clôt la visite. En tout, plus de vingt espaces scénographiés et sonorisés confortent l'illusion d'une traversée au long cours sur le lieu même d'où les navires partaient pour l'Amérique. Une vraie réussite, on respire l'air du grand large ! Comptez environ 1h30 à 2h. Des animations sont régulièrement organisées, plus particulièrement à destination des enfants. *Base sous-marine Tél. 0810 888 444 Ouvert fév., mars et oct.-déc. : mer.-dim. 14h-18h (et 10h-12h30 vac. scol.) ; avr.-juin et sept. : tlj. 10h-10h30 et 14h-18h ; juil.-août : tlj. 10h-19h Fermé jan. Tarif 12,50€, réduit 8€*

Écomusée de Saint-Nazaire (plan 3, C3) D'un abord un peu triste, l'écomusée de Saint-Nazaire n'en est pas moins fort intéressant. Il retrace toute l'histoire de la ville, de la préhistoire à la création de son port et aux débuts de la construction navale. L'exposition permanente "Mémoire d'Estuaire" nous renseigne sur les aménagements de l'espace industriel, sur les techniques de fabrication et l'organisation du travail dans l'espace portuaire. À l'étage, les maquettes d'hydravions et les plans-reliefs animés prennent le relais pour évoquer l'aventure de l'aéronautique. D'autres séquences traitent de l'occupation allemande et de la reconstruction de la ville après la guerre, ainsi que des mouvements sociaux du XXe siècle. Belle collection de gravures sur bois et au burin de Jean-Émile Laboureur (1877-1943). *Tél. 0810 888 444 Ouvert fév., mars et oct.-déc. : mer.-dim. 14h-18h (et 10h-12h30 vac. scol.) ; avr.-juin et sept. : tlj. 10h-12h30 et 14h-18h ; juil.-août : tlj. 10h-19h Fermé jan. Tarif 3€, réduit 2€*

☆ **Sous-marin Espadon (plan 3, C3)** L'*Espadon* est amarré dans une écluse fortifiée par les Allemands pour se protéger des bombardements alliés. Lancé en 1958, il a parcouru des milliers de milles pendant vingt-cinq ans et a été le premier sous-marin français à naviguer sous la banquise. De la chambre des mécaniciens (ou "couchettes chaudes" – 12 couchettes pour 18 hommes)

Plan 3 Saint-Nazaire

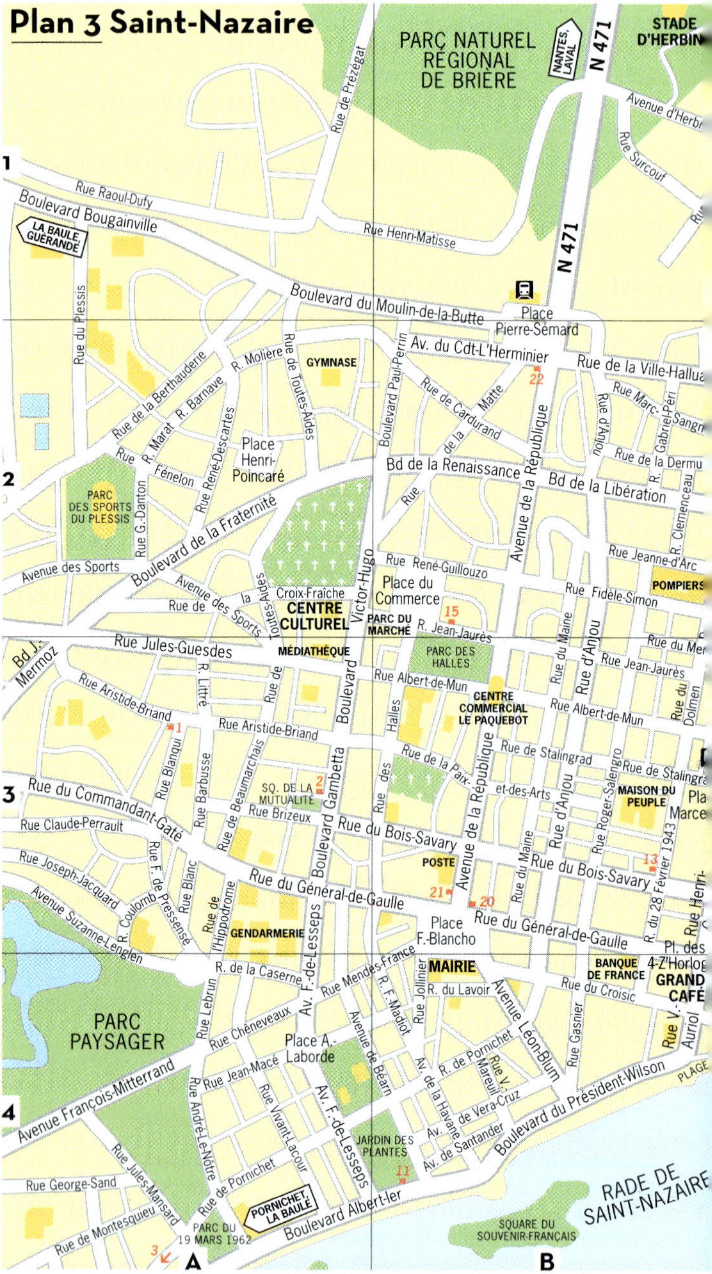

AÉROSPATIALE-
EADS AIRBUS
Boulevard des Apprentis
Chemin de la Petite-Usine
Rue de Trignac
Rue Albert-Thomas
10
Avenue de Penhoët
Bd de la Liberté
8e Av.
Rue de la Commune-de-Paris
Rue René-Cassin
Rue Surcouf
Rue Henri-Gautier
Boulevard Paul-Leferme
Quai des Charbonniers
Quai des Darses
Quai des Formes-de-Radoub
Avenue Antoine-Bourdelle
BASSIN DE PENHOËT
CHANTIER
NAVAL
STX FRANCE
CRUISE
CHANTIERS DE
L'ATLANTIQUE
Avenue de Chatonay
PORT-AUTONOME
Bd de
l'Europe
DOUANES
Avenue du Pertuis
Avenue de la Prise-d'Eau
VILLE-
PORT
Avenue des Frégates
FORME-JOUBERT
ESCAL'
ATLANTIC
BASE SOUS-
MARINE
BASSIN DE
SAINT-NAZAIRE
FORGES
DE L'OUEST
SOUS-MARIN
ESPADON
ÉCLUSE
ÉCOMUSÉE
Bd de la Légion d'honneur
Quai du Commerce
Av. Demange
Av. Saint-Hubert
PARC
D'EXPOSITIONS
Bd René-Coty
Av. de la Vieille-Ville
VIEUX-
MÔLE
Place du
Commando
Rue du Port
R. de l'Écluse
Place de
la Rampe
Rue Durand
Boulevard de Verdun
PHARE DU
VIEUX-MÔLE
PONT
TOURNANT
USINE
ÉLÉVATOIRE
LE PETIT-
MAROC
AVANT-
PORT
EMBOUCHURE DE LA LOIRE
N
200 m
C
D

Cafés, bars et lieux de sortie (n° 1 à 3)

Indian Rock Café*	**1** A3
L'Appart*	**3** A4
Le Bakoua*	**2** A3

Restauration (n° 10 à 15)

Ar Blaz Mad	**12** B4
Chez nous	**10** C1
Le Grain de Sel	**15** B2
Le Trou-du-Fût	**13** B3
Transat	**11** B4

Hébergement (n° 20 à 22)

Hôtel de Touraine	**20** B3
Le Berry	**22** B2
Le Bretagne	**21** B3

*À RETROUVER DANS LA PARTIE DÉCOUVRIR

au sas des nageurs de combat et à la cuisine ("Chez maman"), en passant bien sûr par le centre opérationnel, vous saurez tout de la vie du bord. Clou de la visite, la salle des torpilles : une torpille était en permanence logée dans chaque tube de lancement. Lorsque le stock de munitions n'était pas complet, ce local servait à l'occasion de… cinéma ! Les marins se logeaient alors un peu partout, comme ils le pouvaient. L'audio-guide permet de découvrir la vie des 65 hommes se partageant cet espace exigu, doté d'une unique douche. Claustrophobes s'abstenir… De la terrasse qui couronne ce bunker, vue panoramique sur la base sous-marine. ***Écluse fortifiée*** *Tél. 0810 888 444 Visite audioguidée 30min (départs en continu) Ouvert fév., mars et oct.-déc. : mer.-dim. 14h-18h (et 10h-12h30 vac. scol.) ; avr.-juin et sept. : tlj. 10h-10h30 et 14h-18h ; juil.-août : tlj. 10h-19h Fermé jan. Tarif 8€, réduit 6€*

Chantier naval STX France Cruise, ex-Aker Yards (plan 3, D2) Si la grande époque des transatlantiques est révolue, les chantiers navals de Saint-Nazaire continuent de donner le jour à des bateaux de croisière impressionnants, et s'affirment comme un des premiers constructeurs mondiaux dans ce domaine. Ont ainsi été assemblés de 2007 à 2010 trois navires géants de 330m chacun (*Norwegian Epic*, *MSC Splendida* et *Magnifica*), plus gros que le *Queen Mary II*. Le long d'un parcours de 6km (en car), les visiteurs équipés d'audioguides déambulent parmi les ouvriers au travail, sur les sites de construction de ces villes flottantes. *Visite guidée de 2h mer., sam. et dim., sur réservation (obligatoire) au 0810 888 444 Tarif 12€, réduit 8€*

Airbus (plan 3, D1) Saint-Nazaire ne se contente pas de créer les plus grands paquebots du monde. C'est également ici que l'avionneur européen préassemble des tronçons de l'A-380, le plus gros porteur jamais construit, avant de les envoyer à Toulouse. Les visiteurs sont d'abord invités à découvrir l'Aérothèque, qui retrace l'histoire de l'entreprise, avant d'arpenter les vastes ateliers de fabrication. *Visite guidée de 2h mer. et un dim. par mois, sur rés. (obligatoire) au 0810 888 444 Pièce d'identité obligatoire Tarif 12€, réduit 8€*

Autour du quartier du Petit-Maroc

Le Petit-Maroc (plan 3, C4) Compris entre les entrées sud et est du port, ce quartier correspond à l'implantation ancienne de Saint-Nazaire. Il fut quasiment démoli pendant la guerre, mais l'usine élévatoire (1910) qui contrôlait le niveau de l'eau dans les bassins jusqu'en 1989 a résisté aux bombardements. Sur le quai de la Marée, le phare du Vieux-Môle (1835) est le premier ouvrage portuaire construit à Saint-Nazaire. Plus loin s'élève un étonnant monument du sculpteur Mayo (1991) commémorant l'abolition de l'esclavage. Le site offre une vue d'ensemble sur le pont de Saint-Nazaire.

SUR LES TRACES DE TINTIN
Personnage à part entière des *Sept Boules de cristal*, la ville de Saint-Nazaire rend hommage au célèbre petit reporter à travers six vignettes immenses installées sur les lieux mêmes de l'action : la gare de Penhoët, le quai oblique au pont-roulant et la base sous-marine (plan à l'OT). Une manière originale de présenter différents aspects de la cité avant guerre.

Pont de Saint-Nazaire (plan 3, C4) C'est l'un des plus grands ponts à haubans d'Europe. Haut de 61m, il enjambe la Loire le long d'une courbe de 3 356m, pour rejoindre Saint-Brevin. Sa construction, en 1975, nécessita 17 000t d'acier, 80 000m³ de béton et 140 000m³ d'enrochement, pour lutter contre les marées.

Autour du centre-ville

Au centre de l'avenue de la République, épine dorsale de la ville, trône le centre commercial du Paquebot. L'architecture du centre-ville date de l'après-guerre ; les seuls vestiges de l'ancienne ville se trouvent vers le Jardin des Plantes (plan 3, A4-B4). Le boulevard du Président-Wilson et les avenues de La Havane, de Veracruz ou de Santander abritent quelques belles villas. Côté mer, la promenade offre une belle vue sur la rade où alterne le spectacle des pêcheries et des phares. Le Monument américain (plage du Grand-Traict) rend hommage aux troupes américaines débarquées à partir de 1917.

Le Grand Café-Centre d'art contemporain (plan 3, B3-B4) Le bâtiment actuel fut construit en 1880 à l'emplacement du Café chantant du père d'Aristide Briand. Au début du XXe siècle, il accueillait un café-concert. Cependant l'initiative est bonne : expositions, conférences, rencontres d'artistes s'y tiennent. Sa programmation s'appuie sur des projets de créations spécifiques conçues pour ce lieu en partenariat avec des artistes du monde entier. *Pl. des Quatre-Z'Horloges Tél. 02 44 73 44 00 Ouvert juil.-août : mar.-dim. 11h-19h ; sept.-juin : mar.-dim. 14h-19h Fermé lun. et j. fér. Entrée libre*

● Où boire un verre le soir ? Les jeunes Nazairiens n'hésitent pas à prendre la voiture pour filer jusqu'à Pornichet lors de leurs virées nocturnes, le centre-ville n'étant pas très animé le soir. Quelques adresses offrent cependant l'occasion de passer une bonne soirée.

Indian Rock Café (plan 3, A3 n°1) De loin, la rue paraît déserte : seule une loupiote indique une présence. Mais une fois à l'intérieur, vous comprendrez que vous n'avez pas rêvé ! Ambiance chaleureuse assurée. *55, rue Aristide-Briand Tél. 02 40 22 10 74 Ouvert lun.-jeu. 23h-1h, ven. et sam. 23h-2h*

Le Bakoua (plan 3, A3 n°2) Qui a dit que la vie à Saint-Nazaire était calme ? Ici, on ne craint pas les décibels et on s'installe autour des barriques pour siroter les cocktails maison, assortis, au besoin, d'une ou deux tapas reconstituantes ! *1, square de la Mutualité Tél. 02 40 22 00 43 Ouvert mar.-sam. 18h-2h*

☺ **L'Appart (plan 3, A4 n°3)** Un autre monde se révèle une fois passé la porte de ce bar à vocation culturelle, bercé d'une douce langueur. Partager est le mot-clé de cet endroit qui invite au partage d'idées et d'événements. Dans les différents salons et sur la terrasse, les styles se mélangent dans une ambiance très décontractée. Le cadre insolite et décalé change régulièrement avec une pièce réservée aux créations d'artistes locaux. Des apéros littéraires le dernier mardi de chaque mois à partir de 19h et des concerts très réguliers. *182, rue de Pornichet Tél. 02 40 70 84 95 www.lappart44.com Ouvert lun.-jeu. 17h-2h, ven.-sam. 17h-3h (4h les soirs de live)*

Les environs de Saint-Nazaire

Saint-Marc-sur-Mer C'est à Saint-Marc-sur-Mer que Jacques Tati vint tourner *Les Vacances de M. Hulot* en 1951. En souvenir de son passage, une statue du célèbre hurluberlu surplombe aujourd'hui la "plage de M. Hulot". L'hôtel de la Plage est là lui aussi. Mais une bonne dose d'imagination est nécessaire pour reconnaître les lieux des célèbres *Vacances*. *À 6km env. à l'ouest du centre Possibilité d'emprunter le chemin des Douaniers*

Tumulus de Dissignac Ce lieu de sépulture remontant à 5500 av. J.-C. contient deux chambres funéraires dotées chacune d'un couloir d'accès orienté sud-est, dans la direction du soleil levant lors du solstice d'hiver. C'est le plus ancien édifice du département. ***Dissignac** (à 6km du centre de Saint-Nazaire dir. Pornichet) Tél. 02 51 10 03 03 (écomusée de Saint-Nazaire) Visites juil.-août Tarif 2€, moins de 15 ans gratuit*

Les plages De la capitainerie du port autonome jusqu'aux Jaunais, belle étendue de sable abritée par une dune, le littoral est ourlé d'un chapelet de plages, que l'on peut longer à pied, sur le sentier des douaniers long de 7km (plan disponible à l'OT). La "ville aux vingt plages" n'usurpe pas son appellation : les familles se baigneront à **Ville-ès-Martin** ou à **Porcé**, les inconditionnels de surf iront à **Courance** et les amateurs de calme fileront du côté de **Port-Charlotte** où se dissimulent plusieurs petites criques.

● Où boire un verre ? À deux pas de la plage de M. Hulot, Le Saint-Marcois est un bar sympathique où certaines fins d'après-midi s'animent de concerts à tendance blues ou jazz. **Le Saint-Marcois** *31, rue du commandant Charcot* ***Saint-Marc-sur-Mer** Tél. 02 40 91 90 15 Ouvert tlj. 9h-0h*

● Explorer l'estuaire en bateau Lors d'une croisière spectaculaire et inattendue de deux heures, commentée par un guide professionnel d'Escal'Atlantic, le *Trentemoult* vogue deux heures durant dans l'estuaire (chantier naval, pont

Balades en bateau en Loire-Atlantique

Bateaux nantais (Nantes) ____ 90
Ruban vert (Nantes) ____ 90
Marine et Loire (Nantes) ____ 91
Marais de Goulaine ____ 104
Croisière sur *Le Brigantin* (Pornic) ____ 119
Sailing Styl Competition (Sainte-Marie-sur-Mer) ____ 119
Corsaires de Retz (Pornic) ____ 120
Bateaux de la Loire (Paimbœuf) ____ 131
Croisières Saint-Nazaire-sur-Mer ____ 143
Le Grand Norven (Piriac) ____ 179
Marais de Brière ____ 184
Loire en scène (Oudon) ____ 200

de Saint-Nazaire et terminaux portuaires), avant de caboter le long du littoral. **Croisières Saint-Nazaire-sur-Mer** *Embarquement quai du Commerce, mar. et mer. 14h30 Rés. obligatoire Tél. 0810 888 444 En saison et selon la météo Tarif 16,50€, réduit 12€*

CARNET D'ADRESSES

Restauration

très petits prix

Chez nous (plan 3, C1 n°10) Restaurant ouvrier, à la décoration plutôt sympathique, voilà une adresse conviviale, idéale pour goûter, le temps d'un repas, à l'ambiance du port. Si la patronne connaît ses ouailles, elle ne délaisse pas pour autant les nouvelles têtes. Pour 9,10€ le repas, vin compris, cette petite pause au cœur des chantiers vaut la meilleure des visites. *5, rue de Trignac* ***Saint-Nazaire*** *Tél. 02 40 22 58 43 Fermé ven. soir, dim. et fin déc.*

petits prix

Le Grain de Sel (plan 3, B2 n° 15) Aussi bien qu'à la maison ! Ici, pas de menu, mais une ardoise avec des plats copieux (assiettes thématiques : Boucher, Fromager, Jardinier...) et des desserts alléchants entre 8€ et 10€ environ. Accueil spontané et sympathique, produits de qualité, carte renouvelée chaque jour. *76, rue Jean-Jaurès* ***Saint-Nazaire*** *Tél. 02 40 66 79 73 www.legraindesel-saintnazaire.com Ouvert lun.-sam. 11h30-15h30 et le soir sur rés.*

Transat (plan 3, B4 n°11) D'un côté, la mer ; de l'autre, le Jardin des Plantes. On comprend pourquoi ce restaurant s'est doté d'une baie vitrée panoramique et d'une terrasse. Idéal pour boire un verre ou déguster salades gourmandes (8,90€-11,20€), galettes variées (4,20€-10,40€) et de délicieuses crêpes (1,80€-7,70€). *60, bd du Président-Wilson* ***Saint-Nazaire*** *Tél. 02 40 00 16 96 Ouvert en saison : tlj. ; hors saison : mar.-jeu. midi, sam. soir et ven. soir*

Ar Blaz Mad (plan 3, B4 n°12) "Le bon goût" : tout un programme ! Ce restaurant accueille les gourmands sur fond de musique celtico-classique. Dans l'assiette, tartines de pain bio (9,50€-13€), menus de 12,50€ (à midi) à 15€ et pâtisseries maison. *23, av. René-Coty* ***Saint-Nazaire*** *Tél. 02 40 15 63 70 Ouvert mar.-sam. 12h-13h30 et 19h-21h30*

Le Trou-du-Fût (plan 3, B3 n°13) Animé tous les jours jusque tard dans la nuit, ce bar à vins annonce sa vocation première par une façade de bois en forme de fût. Le rez-de-chaussée est consacré au bar, aux animations et aux discussions passionnées parfois devant les matchs. À l'étage, on déguste des

GAMME DE PRIX	RESTAURATION	HÉBERGEMENT
Très petits prix	moins de 10€	moins de 30€
Petits prix	de 10 à 20€	de 30 à 50€
Prix moyens	de 20 à 30€	de 50 à 80€
Prix élevés	de 30 à 40€	de 80 à 100€
Prix très élevés	plus de 40€	plus de 100€

planches de charcuterie (3€-10€), des plats de foie gras (7,50-13€) ou autre collation (9€-19€). En été, dîner-concert tous les jours. *19, rue du 28-février-1943* ***Saint-Nazaire*** *Tél. 02 40 22 21 88 www.letroudufut.fr Ouvert tlj. 11h-3h*

Hébergement

Saint-Nazaire constitue le plus souvent une courte étape plutôt qu'un séjour de charme. Les plus petits budgets pourront s'accommoder des pensions ouvrières du quartier de Penhoët. Le centre-ville propose des adresses plus touristiques. À noter, vous ne paierez ici aucune taxe de séjour.

petits prix

Hôtel de Touraine (plan 3, B3 n°20) Central, clair et convivial, destiné aux petits budgets, cet hôtel offre un accueil chaleureux. Double avec douche et WC 42€, sans WC 34€. *4, av. de la République* ***Saint-Nazaire*** *Tél. 02 40 22 47 56 www.hotel-de-touraine.com*

prix moyens

Le Bretagne (plan 3, B3 n°21) Établissement confortable. Les parties communes ont été refaites ; les chambres restent très correctes et bien équipées. Trente-deux chambres de 48€ à 54€ avec douche et de 51€ à 57€ avec bains ; petit déj. 6,60€. Accès wifi. *7, av. de la République* ***Saint-Nazaire*** *Tél. 02 51 76 30 00 www.hotel-le-bretagne.com*

prix élevés

Le Berry (plan 3, B2 n°22) Situé juste en face de la gare, ce 3-étoiles est pris d'assaut en semaine par les hommes d'affaires et constitue pour les vacanciers une halte fort appréciable. Au confort des chambres (la salle de bains de certaines est équipée de bain à remous) et aux nombreux services s'ajoutent un bar et un restaurant. De 78€ à 145€. *1, pl. Pierre-Sémard* ***Saint-Nazaire*** *Tél. 02 40 22 42 61 www.hotel-du-berry.fr*

★LA BAULE

44500

Adorée par les uns, détestée par les autres, "la plus belle plage d'Europe" ne laisse personne indifférent. Si sa baie - 9km de sable fin - rassemble plutôt les suffrages, les immeubles disgracieux, le long du remblai, alimentent la polémique. La foule envahit ses plages en été ; le marché et l'avenue de-Gaulle sont des rendez-vous bien connus des habitués.

La station est née grâce au chemin de fer, à la fin du XIXe siècle. La gare d'Escoublac est édifiée en 1876 et le premier train arrive en 1879. Des villas se construisent alors à l'ombre des pins plantés dès 1849, sur l'initiative de l'armateur nantais Yves Bothault, pour stabiliser les dunes. Des immeubles remplacent bientôt ces demeures, dont il reste quelques exemples sur le front de mer. Plus de dunes, plus de pins. Il faut désormais chercher le charme de La Baule dans les avenues du centre. Encadrant de chaque côté leur fortunée voisine, les stations de Pornichet et du Pouliguen offrent un visage plus familial et décontracté.

MODE D'EMPLOI

accès

EN VOITURE

À 75km de Nantes et à 15km de Saint-Nazaire, par la N171.

EN TRAIN

Trois à sept liaisons quotidiennes (AR) en TGV pour Pornichet, La Baule et Le Pouliguen au départ de Paris-Montparnasse (env. 3h via Nantes). Les TER en provenance de Nantes marquent également un arrêt à la gare précédente, celle de La Baule-les-Pins, plus proche de Pornichet. Liaisons régionales vers Saint-Nazaire et Le Croisic.
Gare La Baule-Escoublac *Pl. Rhin-et-Danube Rens. SNCF Tél. 36 35 ou 0810 324 324 (TER) www.voyages-sncf.com ou www.ter-sncf.com*

EN CAR

Ligne A du réseau Lila Saint-Nazaire-Guérande, ligne D Pénestin-La Baule, ligne E Saint-Nazaire–Le Croisic, ligne G Saint-Lyphard–La Baule, ligne H Mesquer-La Baule, ligne J Piriac-La Baule.
Réseau Lila *Tél. 0825 08 71 56 www.loire-atlantique.fr/lila*

orientation

L'avenue du bord de mer est surnommée "le remblai". Les deux principales rues commerçantes lui sont perpendiculaires : la plus courue, l'avenue du Général-de-Gaulle, proche du marché, va vers la gare de La Baule-Escoublac ; l'avenue Lajarrige relie la plage à la gare de La Baule-les-Pins, proche de Pornichet. À l'autre bout du remblai, vers Le Pouliguen, les hôtels les plus luxueux se regroupent autour du casino. De ce côté, la plage Benoît, de sable fin, est bordée par une promenade piétonne.

informations touristiques

Pôle touristique international de La Baule et de la presqu'île guérandaise *3, av. des Noëlles Tél. 02 40 62 02 69 ou 02 51 75 06 80*
Office de tourisme Liste de tous les prestataires d'activités sportives (golf, tennis, voile). Dépliant détaillant trois promenades autour de La Baule au départ de la gare d'Escoublac. *8, pl. de la Victoire Tél. 02 40 24 34 44 www.labaule.fr*
Port de plaisance de Pornichet Environ 150 places sur ponton pour les visiteurs. *Tél. 02 40 61 03 20*
Bureau du port du Pouliguen Quinze places sur ponton pour les visiteurs. *1, quai Rageot-de-la-Touche Tél. 02 40 11 97 97*

transports urbains

La Baule Bus Du lundi au samedi, deux lignes de bus du réseau Lila sillonnent la ville, la N et la N bis. *Tél. 0825 08 71 56 www.loire-atlantique.fr/lila*
Pouligu'en Bus Le réseau Lila opère également une boucle sur la commune du Pouliguen, la ligne M.
Petit train Ce mode de transport, typiquement baulois, permet, à un prix modéré, de parcourir toute la baie, du port de Pornichet au casino de La Baule. Il fonctionne de 10h à 22h45 en juil.-août, avec des départs toutes les demi-heures. *Tél. 02 40 60 78 88 www.trains-touristiques.fr Tarif 2-3€ selon la distance*

taxis

Taxi Robins *La Baule Tél. port. 06 07 06 89 34*
Taxi Thomas *La Baule Tél. port. 06 21 23 06 01*
Taxi Vollet *La Baule Tél. port. 06 07 06 85 78*

ABC Marc Taxi *Pornichet Tél. port. 06 08 78 76 96*
Taxi Justeau *Pornichet Tél. port. 06 07 85 63 69*
Taxi Séveno *Pornichet Tél. port. 06 80 84 55 30*
Ariane Taxi *Le Pouliguen Tél. port. 06 81 30 74 49*
Taxi Jean Florence *Le Pouliguen Tél. port. 06 80 38 56 54*

location de deux-roues

À La Baule, tout comme à Pornichet et au Pouliguen, où le relief est quasi absent, de longues bandes cyclables, notamment tout le long du remblai, sont accessibles aux amateurs de balades, tel l'itinéraire Vélocéan (Pornichet) et le circuit panoramique de 2,5km qui relie la pointe de Penchâteau à la baie du Scall, à l'entrée de Batz-sur-Mer.
Rent La Baule Location de motos, scooters, vélos. *23, av. Georges-Clemenceau* ***La Baule*** *Tél. 02 40 42 00 43*
Michel Chaillou *3, pl. de la Victoire Tél. 02 40 60 07 06 www.chailloulocation.com Ouvert toute l'année, et 213, av. De Lattre-de-Tassigny* ***La Baule*** *Tél. 02 40 60 91 08 Ouvert Pâques-sept.*
Air circus *52, bd des Océanides* ***Pornichet*** *Tél. 02 40 61 58 17 www.air-circus.com*
Mobyloc *1, av. du Général-de-Gaulle* ***Pornichet*** *Tél. 02 40 42 67 38 www.mobyloc.fr*
Cyclocation Vélos et VTT. *27, rue du Général-Leclerc* ***Le Pouliguen*** *Tél. 02 40 62 32 94 www.cyclocation.fr*
Les Cycles de la Presqu'Île Locations vélos et scooters, réparations. *16, bd de l'Atlantique* ***Le Pouliguen*** *Tél. 02 40 42 32 72 www.cyclesdelapresquile.com*
Summer Loc Vélos, scooters, rosalies, bateaux, DVD. *9, rue du Bois* ***Le Pouliguen*** *Tél. 02 40 17 09 98*

accès Internet

Cyberbaule *136, av. du Général-de-Gaulle (galerie la Pergola)* ***La Baule*** *Tél. 02 40 60 21 28 Ouvert tlj. 10h-0h*
Café de la Poste *54, rue du Maréchal-Joffre* ***La Baule*** *Tél. 02 40 60 29 19 Ouvert lun.-sam. 8h30-21h30*
Le Sas Café *146, av. du Général-de-Gaulle* ***Pornichet*** *Tél. 02 40 15 33 46 Ouvert lun. 17h-0h, mar.-jeu. et ven.-sam. 10h-1h, dim. 10h-0h*
Les Souris gourmandes *43, av. du Général-de-Gaulle* ***Pornichet*** *Tél. 02 40 88 76 38 www.les-souris-gourmandes.fr Ouvert mar.-sam. 10h-20h*

fêtes et manifestations

Moments musicaux de l'Hermitage Concerts de musique de chambre dans les salons de l'hôtel Hermitage, mis en place par le CRÉA (qui organise également La Folle Journée à Nantes). ***La Baule*** *Rens. Tél. 02 40 11 46 46 Un w.-e. en mars et un w.-e. en nov.*
Vendredis des p'tits loups Activités ludiques et sportives pour les enfants. Jeux, enquêtes, chasses au trésor. ***Pornichet*** *(rens. à l'OT) Ven. 14h-17h pendant vac. du printemps, d'été et de la Toussaint*
Jumping international de La Baule Épreuve équestre de saut d'obstacles, l'une des plus prestigieuses. ***La Baule*** *www.labaule-cheval.com Début mai*
La Bulle d'Escoublac Festival de la BD et du dessin. ***La Baule*** *Trois jours mi-juil.*
Les Écrivains en Bord de Mer ***La Baule*** *Chapelle Sainte-Anne Mi-juil. http://ecrivainsenborddemer.fr*
Fête bretonne Ar Poulligwen ***Le Pouliguen*** *Tél. 02 51 73 48 89 Trois jours en juil.*
La Baule Jazz Festival ***La Baule*** *Tél. 02 40 24 34 44 Jeu. et ven. en juil.-août*

LOIRE-ATLANTIQUE

Festival les Renc'Arts Spectacles d'art de la rue le mardi soir, et concerts de musique métissée le jeudi soir. Programmation de qualité. ***Pornichet*** *www.rencarts.fr Juil.-août*
Les Mercredis musicaux Concerts de musique classique dans l'église Saint-Nicolas. ***Le Pouliguen*** *Juil.-août : mer. à 21h*
Les soirées du bois Concerts et spectacles les mardis et jeudis. Musiques du monde et rencontres culturelles. ***Le Pouliguen*** *Rens. à l'OT Juil.-août*
Pornichet Roller Estival Un coucher de soleil en roller, sur un circuit sécurisé et sonorisé, face à la mer. ***Pornichet*** *Mer. soir en été à partir de 19h*
Lundis Diaboliks Animations sportives (beach-volley, tir à l'arc, kayak...) pour toute la famille. ***Pornichet*** *(rens. à l'OT) Juil.-août*
Matins Toniks Randonnées et yoga pour tous. ***Pornichet*** *(rens. à l'OT) Juil.-août*
Journée de l'élégance Défilés de vieilles voitures et de belles passagères. ***La Baule*** *Début août*
Pardon de La Baule *Avant-dernière semaine d'août (rens. Association culturelle bretonne, 06 88 56 38 34)*
La Nuit du Swing ***La Baule*** *Automne*
Fest-noz ***Le Pouliguen*** *Sept. et régulièrement dans l'année*

marchés

Marchés de La Baule Passage obligé de tout séjour à La Baule : le marché central. C'est le véritable cœur de la vie bauloise. On s'y rencontre, on s'y retrouve, on y bavarde, et bien sûr l'on y fait ses achats... un peu plus cher qu'ailleurs. Autre marché avenue Lajarrige. ***Pl. du Marché*** *Tous les matins Fermé lun. oct.-mars hors vac. scol.* ***Av. Lajarrige*** *Mar. et sam. (et jeu. en saison)*
Marché de Pornichet L'un des plus réputés de la presqu'île. *Mer. et sam. matin Halles ouvertes tous les matins de mi-juin à mi-sept., du mar. au dim. hors saison.*
Marché du Pouliguen *Sous les halles Juil.-août : tous les matins ; reste de l'année : mar., ven. et dim. matin*

DÉCOUVRIR

☆ **Les essentiels** La plage de La Baule, la Promenade du Pouliguen **Découvrir autrement** Flânez au marché de La Baule, achetez des "niniches" chez Manuel ➤ Carnet d'adresses p.152

La Baule

Dans une ville entièrement destinée à la détente, on cultive son corps plus que son esprit. Peu de lieux de visite à La Baule même, mais de nombreuses promenades. Si l'architecture bétonnée du front de mer heurte votre sens esthétique, préférez les calmes avenues cachées derrière cette façade d'immeubles. Les plus belles villas bauloises sont concentrées vers le casino. Vous trouverez de la verdure dans le charmant parc des Dryades, à La Baule-les-Pins, d'où vous prolongerez la promenade dans la forêt d'Escoublac, surnommée le "bois d'Amour"... sous laquelle reposent les vestiges de l'ancienne commune d'Escoublac, ensevelis sous les sables au XVIIIe siècle.

Chapelle Sainte-Anne Des expositions variées (peintures, sculptures, mosaïques, objets vintage…), ainsi que quelques concerts de musique de chambre s'y déroulent toute l'année. *Pl. du Maréchal-Leclerc Tél. 02 40 24 34 44 (OT) Ouvert juil.-août : 11h-13h et 15h-20h ; sept.-déc. et fév.-juin : 10h30-12h30 et 14h30-19h*

☆ **La plage** L'unique plage de La Baule s'étend sur 9km de sable fin, très agréables à arpenter les pieds dans l'eau. Les nombreux adeptes du footing suivent le remblai pour s'adonner à leur sport préféré. Les clubs pour enfants s'égrènent tout le long de la plage ; les bambins s'y adonnent aux joies du trampoline, du toboggan, ou se disputent le premier prix du concours de château de sable pour un tarif avoisinant les 20€ la journée (dégressif à la semaine). Également plusieurs clubs nautiques ou équestres (cf. ci-après).

● ☺ **Où acheter friandises et confiseries ?** Les promenades post-dînatoires des vacanciers aboutissent toutes au bout de l'avenue du Général-de-Gaulle où siège depuis des années Manuel, le spécialiste des "niniches" (1,20€). Une visite matinale permet d'assister à la confection de ces sucettes. D'autres spécialités de confiseries – divines bûchettes ! –, des gaufres, des glaces à l'italienne ou pilées... et un délicieux parfum vous pousseront vous aussi à aller faire un tour du côté de chez Manuel. **Confiserie Manuel** *2-4, av. du Général-de-Gaulle Tél. 02 40 60 20 66 Ouvert jusqu'à 23h30 en été*

● **Où boire un verre ?** Le TGV a fait de La Baule une banlieue parisienne chic... Certains cafés ont soin de ne pas dépayser les touristes venant de la capitale en leur imposant les prix auxquels ils sont habitués ! Il s'agit surtout des bars de l'**avenue du Général-de-Gaulle**, qui restent animés tard le soir. Mais l'**avenue Pavie** a également la réputation de s'enfiévrer en fin de journée : rendez-vous au Fourmy's, au Bax (brasseries) ou au Théâtre (night-club, cf. infra) ? À vous de choisir !

Écoles et clubs nautiques de Loire-Atlantique

Où sortir ?

Le Pop Café Nuits festives en perspective dans ce bar à tapas. Un look seventies du sol au plafond : bar lumineux, boules à facettes, sièges boule, tons acidulés et ambiance rock'n'roll. *3, allée des Houx Tél. 02 40 60 07 00 http://popcafelabaule.blog4ever.com Ouvert semaine 17h (juil.-août 16h)-1h, w.-e. 10h30-2h*

Café Klimt Adresse ultratendance aux allures de boudoir chic avec sa déco orientalisante. Intime et confortable en début de soirée, avant que les *beautiful people* triés sur le volet le remplissent dès 1h. Ambiance élégante, mais détendue et sons variés : jazz, deep-house, funk, soul... *157, av. du Général-de-Gaulle Tél. 02 40 24 14 46 Ouvert tlj. 18h-4h (uniquement le w.-e. hors saison)*

Le Théâtre L'institution des nuits branchées bauloises se tient près de l'hôtel Royal et du casino. De sa décoration moderne et raffinée (éclairage indirect, bougies, capitons, mosaïques scintillantes et fauteuils confortables) se dégage une atmosphère chaude et feutrée. La musique évolue selon les saisons et les thèmes de la soirée : ici on aime se défouler sur de la musique house, mais on ondule sans problème sur d'autres rythmes. *10, av. Pavie Tél. 02 40 60 41 00 www.theatre-labaule.com*

LOIRE-ATLANTIQUE

Pratiquer des sports nautiques L'ensemble des clubs de voile, comme Les Passagers du vent, proposent tous le même type de prestations (ex. : stages de planche à voile du lun. au ven. ; 135€ pour cinq séances d'1h30).

Les Passagers du vent *Descente de l'allée Cavalière (sur la plage face à l'av. de Saumur) Tél. 02 40 11 13 51 Tél. port. 06 12 17 19 01 www.lespassagersduvent.fr Ouvert avr.-sept.*

Faire une cure de thalassothérapie Le nec plus ultra d'un séjour baulois ! La station compte 2 centres de thalassothérapie ; pour rencontrer les stars qui suivent une cure, c'est la 2e adresse qu'il faut choisir !

Relais thalasso La Baule En plus des cures thalasso, espace Hydrotonic et centre esthétique. *28, bd de l'Océan Tél. 02 40 11 33 11 www.thalasso-labaule.com*

Thalgo La Baule Havre de paix fait de bois et de verre où jouir des bienfaits d'une thalasso moderne, à la fois tonique et apaisante. *Av. Marie-Louise Tél. 02 40 11 99 99 www.thalasso-barriere.com Fermé jan.*

La Baule vue d'avion L'aéro-club vous emmène pour un vol d'initiation, pour découvrir d'une manière unique l'arrière-pays baulois depuis le ciel. Comptez 100€/avion (1 à 3 passagers) les 25min. **Aéro-club de la Côte d'Amour** *Aérodrome d'Escoublac Av. Breton Tél. 02 40 60 23 84 www.aeroclub-labaule.com*

Les environs de La Baule

Pornichet

La vocation balnéaire de Pornichet, le long de la côte d'Amour, précède celle de La Baule. L'ancien village de paludiers se tourne vers l'activité touristique à partir de l'ouverture, en 1857, de la ligne de chemin de fer qui s'arrête alors à Saint-Nazaire. La station séduit éditeurs, libraires et artistes, et prend le nom de "plage des Libraires". De nombreuses villas témoignent de l'âge d'or de Pornichet-les-Pins, bien que le front de mer ait souffert largement de l'assaut des promoteurs. Un peu moins huppée que sa voisine, la ville offre une animation sympathique autour du marché et du port (à l'est de la ville) ; le casino et l'hippodrome sont également recherchés. L'office de tourisme propose des visites commentées (Pâques-sept.) qui allient découverte du patrimoine et découverte de la nature (pour 2h, comptez 5,50€, réduit 3€). *À 71km à l'ouest de Nantes et à 12km de Saint-Nazaire, par la N171 En train, 3 à 7 liaisons/j. en TGV depuis Paris (liaisons régionales vers Saint-Nazaire, Nantes et Le Croisic) En car, sur les lignes A (Saint-Nazaire-Guérande) et E (Saint-Nazaire-Le Croisic) du réseau Lila* **Office de tourisme** *3, bd de la République (pl. du Marché) 44380 Pornichet Tél. 02 40 61 33 33 www.pornichet.fr Ouvert juil.-août : lun.-sam. 9h-19h30, dim. et j. fér. 9h30-18h30 ; sept.-juin : horaires réduits*

Villa Ker Souveraine Reconnaissable à ses sirènes, la plus connue des villas pornichétines (ne se visite pas) trône sur le remblai. Pour découvrir les autres villas, procurez-vous le fascicule *Rêves de villas*, publié par l'office de tourisme (5€).

Port d'échouage et port de plaisance Le spectacle des bateaux à quai est complété par celui de la baie de La Baule, qui s'étire jusqu'au Pouliguen.

Les plages Pornichet compte trois plages principales, surveillées en juil.-août : la plage des **Libraires**, à l'ouest, puis, vers l'est, celles de **Bonne-Source**, particulièrement dédiée aux sports de plage, et de **Sainte-Marguerite**. La station bénéficiant du label Station Kid, de nombreux clubs pour enfants de 2 à 15 ans s'égrènent le long des plages.

● **Où trouver des produits bretons ?** Un choix impressionnant de biscuits, palets, galettes (en boîtes, en sachets, en coffrets-cadeaux...) et bien d'autres produits régionaux devraient vous mettre définitivement à l'abri d'une hypoglycémie. **Biscuiterie des Marais** *152, av. du Général-de-Gaulle (sur la place du Marché) Tél. 02 40 15 20 00 Ouvert tlj. 9h30-19h30*

● **Où déguster des huîtres ?** Le marché s'est doté de nouvelles halles, qui abritent, outre de nombreux poissonniers, un bar sympathique. On s'accoude au comptoir pour déguster une douzaine d'huîtres arrosée d'un verre de blanc (15€ la douzaine d'huîtres, avec pain et beurre). **Le Bar à huîtres** *Marché Ouvert tous les matins Fermé lun. en hiver*

● **Où boire un verre, où sortir ?** Entre la place Foch et la gare, l'avenue de Mazy et ses agréables terrasses constituent le cœur festif de Pornichet. D'une année sur l'autre, certaines adresses se renouvellent ; quelques autres sont toujours au rendez-vous pour accueillir la foule estivale.
Le Bidule Les bouteilles sont nombreuses dans cette cave à vins sans chichis, blotties dans leurs casiers derrière le long comptoir. Les clients partagent les amuse-gueules apportés pour l'apéro, debout, dans la cour arrière, autour de barriques qui font office de tables. Dans une ambiance incomparable, ils

trinquent joyeusement dans les petits verres Arcopal qui ne restent jamais très longtemps vides... Les serveurs, un panier de bouteilles à la main, déambulent entre les tables, s'assurant en toute amitié que personne ne s'assèche ! À découvrir. *122, av. de Mazy Tél. 02 40 61 03 54 Ouvert juil.-août : lun.-sam. 10h-13h et 17h30-20h30, dim. 19h-21h ; sept.-juin : mar.-dim. 10h-13h et 17h30-20h45 (sauf dim.)*

● **Faire une cure de thalassothérapie** Spécialisé en cosmétologie marine, le centre Daniel Jouvance offre un grand savoir-faire en matière de mieux-être. Outre plusieurs cures de thalassothérapie, le programme "spa massages du monde" propose chaque jour des massages ou modelages inspirés des traditions ancestrales tibétaine, marocaine ou chinoise de l'art du massage. Tout un monde de plaisir ! **Daniel Jouvance** *66, bd des Océanides Tél. 02 40 61 89 98 www.thalasso-danieljouvance.com Ouvert tlj. 9h-19h (w.-e. 18h)*

● **Pratiquer des sports nautiques**

Holywind Location de kayaks (30€/j.) et de wakeboards (20€/j.). Également à la vente, planches à voile et kitesurf. *12, bd des Océanides Tél. 02 40 61 24 04 www.holywind.com*

Canoë Kayak Presqu'Île Côte d'Amour Propose des initiations et ministages pour enfants et adultes ainsi que des balades nautiques dans la baie (29€ pour 2h30). *Port d'échouage Tél. port. 06 63 35 96 22 Ouvert avr.-oct.*

APCC Trente ans d'expérience en formation à la voile sportive, d'entraînement à la compétition et aux courses en flotte, ainsi qu'en organisation d'événements sportifs. *Port d'échouage Tél. 02 40 15 48 32 www.apcc-voilesportive.com*

Club de voile Éole En plus des stages de voile collectifs ou individuels, des locations de catamarans (30€ à 40€ pour 1h), de planches à voile (25€/h) et de kayaks (14€/h), le club propose de nombreuses activités tractées comme le ski nautique, le *wake-board* ou une étrange chevauchée de "poisson volant" gonflable. *Plage de Sainte-Marguerite Tél. 02 51 73 25 25 Tél. port. 06 18 63 31 59 www.eole-voile.com Ouvert mai-sept.*

● **Faire de la plongée** Baptême (60€), exploration (de 24€ à 85€ pour plongeur équipé), location de matériel. **Alain 3P** *Port de Plaisance Tél. 02 40 11 62 00 www.alain3p.com*

Le Pouliguen

Entre Batz-sur-Mer et La Baule, Le Pouliguen occupe la pointe rocheuse de Penchâteau et la rive droite de l'étier du Pouliguen, cours d'eau au bord duquel s'étend la vieille ville blottie autour de son église. Dernière des trois stations de la baie de La Baule, Le Pouliguen constitue le point de passage vers la Côte sauvage, qui se prolonge jusqu'au Croisic. L'ambiance y est familiale, tout comme sa Promenade plantée de platanes, qui a gardé, avec ses confiseries et ses jeux, un charme désuet. L'office de tourisme propose des balades pédestres ou cyclistes guidées. *À 80km à l'ouest de Nantes, à 4km à l'ouest de La Baule En train, 3 à 7 liaisons/j. en TGV depuis Paris (liaisons régionales vers Saint-Nazaire, Nantes et Le Croisic) En car, sur les lignes E (Saint-Nazaire–Le Croisic) et L (Batz-sur-Mer–Le Pouliguen) du réseau Lila* **Office de**

tourisme *Port Sterwitz 44150 Le Pouliguen Tél. 02 40 42 31 05 www.tourisme-lepouliguen.fr Ouvert juil.-août : lun.-sam. 9h-19h, dim. et j. fér. 10h-18h ; sept.-juin : lun.-sam. 9h-12h30 et 14h-18h*

☆ **La Promenade** Emblématique du Pouliguen, la Promenade date de 1898. Elle relie le port à la plage du Nau. Les célèbres confiseries (*Pierrot-Gourmand* et *Mignon*) alternent avec les restaurants ou les jeux, comme le circuit automobile. Des générations entières d'enfants sont venues faire naviguer leurs petits bateaux sur l'eau de son bassin. Une tradition à perpétuer… *Quai Jules-Sandeau*

Les plages Après l'étier, la **plage du Nau** ferme la baie sablonneuse de La Baule. De là, on peut continuer par les rochers, vers la pointe de Penchâteau, pour découvrir les villas du bord de mer. Après la pointe, la **Côte sauvage** se poursuit jusqu'à Batz-sur-Mer et voit alterner baies et grottes.

● **Pratiquer des sports nautiques** Au Cercle nautique, on pratique la voile à partir de 4 ans, selon le niveau et les envies (baptêmes, stages et compétitions), croisières et locations de voiliers. **Cercle nautique La Baule-Le Pouliguen-Pornichet** *77, rue François-Bourgouin Tél. 02 40 42 32 11 www.cnbpp.fr*

CARNET D'ADRESSES

Restauration

Les hôtels les plus renommés de **La Baule** sont le plus souvent dotés de restaurants prestigieux. Ils sont cependant complétés par quelques adresses plus abordables. À **Pornichet**, s'alignent le long du nouveau port différents établissements, spécialisés dans les poissons, les pizzas ou les crêpes. Ils offrent depuis leurs grandes terrasses le spectacle des bateaux amarrés et permettent de se restaurer à moindre prix. Mais c'est sur la plage que se trouve l'adresse la plus sympathique de la ville.

petits prix

La Croisette Cette grande brasserie décorée à la façon d'un bateau propose un bon choix de carpaccios (14,90€), salades (13,20€-14,80€), pâtes et d'excellentes spécialités cuisinées au wok. Son agréable pont-terrasse permet également de se détendre au soleil autour d'un verre. *14, allée des Aulnes* ***La Baule*** *Tél. 02 40 60 73 00 Ouvert tlj. 12h-14h30 et 19h-11h (w.-e. 0h)*

prix moyens

Le P'tit bouchon gourmand Un bouchon (restaurant lyonnais) adapté au contexte baulois : les pieds de cochon (14€) et les rognons cuisinés côtoient le saumon ou le filet de bar en marinière bauloise (24€). L'endroit est sympathique, dans des tons rouges, décoré de photos, parfois dédicacées, des stars qui hantent La Baule. Honnête menu à 25€. *275, av. De Lattre-de-Tassigny* ***La Baule*** *Tél. 02 40 60 95 58 Ouvert juil.-août et vac. scol. : mer.-lun. 19h30-1h et dim. midi ; sept.-juin : jeu.-lun. 19h30-1h*

Le Billot Dans une grande maison donnant sur le marché, cette brasserie à la décoration tout en bois et lampes cuivrées offre une cuisine de circonstance : produits du terroir et spécialités de viandes, servis dans une ambiance plutôt décontractée. Carte des plats de 19€ à 52€ et formules déjeuner de 14,50€ à 18,50€. *17, allée des Pétrels* ***La Baule*** *Tél. 02 40 60 00 00 Fermé lun. en saison, lun. et dim. soir hors saison*

prix élevés

☺ **La Véranda** Côté cuisine, Olivier Androuin compose une jolie carte dont les maîtres mots sont créativité et fraîcheur et, côté cave, sa femme Isabel partage avec enthousiasme ses idées et ses trouvailles. La salle à manger offre une vue imprenable sur l'océan. Menu déjeuner à 22€ boisson comprise, menu baulois à 39€ et menu carte blanche à 67€ et 85€ (avec le vin). Service attentif *27, bd de l'Océan* ***La Baule*** *Tél. 02 40 60 57 77 www.restaurant-laveranda.com Ouvert juil.-août : tlj. (sauf lun. midi) 12h-14h et 19h30-21h30 ; sept.-juin : fermé lun. et mer. Fermé mi-déc.-jan.*

prix très élevés

Le Castel Marie-Louise Cette villa voisine du casino est le lieu idéal pour se ruiner de la façon la plus agréable qui soit. La qualité des plats servis dans un cadre classique à l'ambiance feutrée, et les mille et une attentions dont les clients sont l'objet valent bien que l'on se plie au protocole. Menus 65€-98€. *1, av. Andrieu* ***La Baule*** *Tél. 02 40 11 48 38 www.castel-marie-louise.com Ouvert mer.-sam. et lun. 19h30-21h15, dim. (brunch) 12h30-13h45*

Dans les environs

petits prix

Crêperie Les Années folles Cette crêperie décline une délicieuse sélection de galettes (2,40€-9,90€) et de crêpes (2€-6,50€) généreusement garnies de produits de première fraîcheur. *47, av. du Général-de-Gaulle* ***Pornichet*** *Tél. 02 40 61 32 40 Ouvert sept.-juin : mar.-dim. 11h45-14h et 18h30-22h ; juil.-août : tlj. sauf lun. soir*

Julo le Bulot Belles assiettes de bulots aïoli (8€), de moules (10,50€-12,50€) ou salades copieuses (10€-12€) à déguster sur la plage des Libraires. Réservation conseillée en été. *Bd des Océanides* ***Pornichet*** *Tél. 02 40 61 38 73 Ouvert juil.-août : tlj. 12h-14h30 et 20h-22h30 ; mi-mars-juin et sept.-oct. : jeu.-mar. 12h-14h et 20h-22h30*

Le Tonneau "Tartines et canons" : tel est le programme de ce sympathique bistrot sur la place du marché. Les tartines, avec salade et pain bio, sont concurrencées par les huîtres et le menu de midi au prix tout doux de 10€. Ce cadre chaleureux accueille aussi des expositions. *2, rue du Centre (pl. des Halles)* ***Le Pouliguen*** *Tél. 02 40 15 15 15 http://letonneau44.blogspot.com Ouvert 9h30-14h et 18h30-1h (w.-e. 3h) Fermé dim. soir, lun.*

prix moyens

La Source des lys Restaurant chaleureux au décor exotique. Menu

GAMME DE PRIX	RESTAURATION	HÉBERGEMENT
Très petits prix	moins de 10€	moins de 30€
Petits prix	de 10 à 20€	de 30 à 50€
Prix moyens	de 20 à 30€	de 50 à 80€
Prix élevés	de 30 à 40€	de 80 à 100€
Prix très élevés	plus de 40€	plus de 100€

déjeuner la Source Express (8€) et menus du chef (18€-34€). *157, av. de Bonne-Source (à côté de la plage Sainte-Marguerite)* ***Pornichet*** *Tél. 02 51 76 39 77 www.lasourcedeslys.com Ouvert juil.-août : mar.-dim. ; sept.-juin : mer.-dim.*

☺ **Parfums de plage** La fin de journée arrive et la plage se vide : vous prenez l'apéritif sur la terrasse, contemplant le spectacle des derniers baigneurs. Pourquoi ne pas dîner sur place de délicieux poissons ou d'un poulet tandoori suivi d'une tarte fine aux pommes préparée sous vos yeux ? Ces plats sont servis avec bonne humeur, dans un décor à la fois maritime et exotique. Une formule déjeuner à 22€ ; à la carte, comptez entre 14€ et 21€. Réservation recommandée ! *Bd des Océanides (sur la plage des Libraires, face à l'av. des Evens)* ***Pornichet*** *Tél. 02 40 61 85 27 www.parfums-de-plage.com Ouvert juil.-août : tlj. ; fév.-juin et sept.-déc. : mer.-dim.*

☺ **Le Garde-Côte** Situé au bout de la promenade, il évoque un paquebot s'avançant vers la mer. Des maquettes de voilier lui confèrent un décor marin. Saumon fumé maison, tataki de thon et plateaux de fruits de mer (37€/pers.). Formule à midi (14€) et menu (29,50€, vin compris). *22, rue de la Plage* ***Le Pouliguen*** *Tél. 02 40 42 31 20 www.garde-cote.com Ouvert juil.-août : tlj. 12h-14h et 19h-21h30 ; sept.-juin : mar.-sam. 12h-14h et 19h-21h30, dim. 12h-14h*

Hébergement

À **La Baule**, hôtellerie rime avec luxe. Même les adresses les plus modestes abandonnent peu à peu leurs chambres bon marché pour les équiper plus dignement – et plus chèrement. Attention, les tarifs indiqués correspondent à la haute saison : ils s'avèrent parfois très élevés par rapport aux prix pratiqués le reste de l'année. **Pornichet** compte une demi-douzaine de campings dans ses environs, vers Saint-Sébastien ou Sainte-Marguerite. Les hôtels du centre offrent un éventail de prix variés.

campings

Camping à la ferme Saint-Michel L'adresse la moins chère de La Baule ! Un accueil familial chaleureux dans un site verdoyant et ombragé. Sanitaires sommaires. Comptez 12€/2 pers., douche 2€. *La Sauldraie* ***La Baule*** *Tél. 02 40 24 09 14 Ouvert juin-août*

Le Bois d'Amour Suivant une gestion respectueuse de l'environnement, ce petit camping 100% nature offre tous les services et équipements nécessaires (restaurant, laverie, jeux pour enfants... Ne manque que la piscine !). Le cadre, dans le bois d'Amour, est ombragé et plaisant. À 15min de la plage, à pied. Comptez 21,50€ pour 2 campeurs et 25€ pour 2 caravaniers. *3, allée de Diane* ***La Baule*** *Tél. 02 40 60 17 40 Ouvert avr.-oct.*

prix moyens

Hôtel L'Astrolabe Entièrement rénové, l'ancien hôtel Les Sports propose, à 200m de la plage, entre le casino et le marché, des chambres au confort classique et au bon rapport qualité-prix pour La Baule. Accès Internet. Double de 52€ à 67€, 84€ pour 4 pers. *106, av. De Lattre-de-Tassigny* ***La Baule*** *Tél. 02 40 60 21 75 www.hotelastrolabe.fr*

Hôtel des Dunes Ne vous fiez pas à l'apparence quelque peu impersonnelle de cette grande maison normande, qui cache 32 chambres du meilleur confort. Son parking gardé est très utile en été. Enfin, son prix des plus attractifs (de 59€ à 69€ la double et 90€ la quadruple) en fait une adresse bienvenue à La Baule. Possibilité de pension et demi-pension. Accueil sympathique et bar au rez-de-chaussée. *277, av. De-Lattre-de-Tassigny **La Baule** Tél. 02 51 75 07 10 www.hotel-des-dunes.com*

Hostellerie du Bois Installée dans la partie la plus tranquille de l'avenue Lajarrige, l'hostellerie du Bois, à proximité de la gare de La Baule-les-Pins, dispose de 15 chambres agréables et élégantes, dans un environnement fleuri. Accueil charmant. Comptez 74€ et 78€ pour une chambre double. Demi-pension privilégiée en juil.-août (132€ et 136€). *65, av. Lajarrige **La Baule** Tél. 02 40 60 24 78 www.hostellerie-du-bois.com Ouvert mi-mars-mi-nov. et vac. de Noël*

Hôtel Saint-Christophe Une adresse bien connue au sein d'un jardin fleuri, proche du marché et de la plage. Havre de paix au cœur de l'animation estivale, il propose, outre 45 chambres tout confort (dont 4 suites), un bon restaurant. L'accueil souffre cependant de quelques sautes d'humeur. De 183€ à 257€ la chambre double en saison, avec demi-pension obligatoire (rajouter 35€/pers., 18€ pour les moins de 12 ans) ; à partir de 79€ (chambre seulement) en basse saison. Le petit déjeuner est à 11€. *Pl. Notre-Dame **La Baule** Tél. 02 40 62 40 00 www.st-christophe.com*

prix très élevés

L'Hermitage Barrière À La Baule, une situation en bord de mer se paie très cher, surtout lorsqu'elle se trouve au bout du remblai et qu'aucune voiture ne passe entre les chambres et la plage. Cette gigantesque villa de style anglo-normand figure parmi les plus prestigieuses adresses bauloises. Elle accueille en outre de délicieux "Moments musicaux" : des concerts de musique de chambre qui se déroulent dans les salons de l'hôtel en mars et en novembre. Chambres classiques de 211€ à 397€ et comptez de 355€ à 699€ pour une vue sur l'océan. *5, esplanade Lucien-Barrière **La Baule** Tél. 02 40 11 46 46 Tél. réservations 0825 826 016 www.lucienbarriere.com*

Dans les environs

campings

Campings municipaux Deux terrains conviviaux, Les Mouettes et Le Cléin, ouverts de fin mars à septembre. Forfait (2 pers., 1 véhicule, 1 emplacement) 13,60€ et 3,70€ par enfant de 2 à 13 ans. **Les Mouettes** *45, bd de l'Atlantique **Le Pouliguen** Tél. 02 40 42 43 99 Tél. port. 06 37 09 21 66* **Le Cléin** *22, av. de Kerdun **Le Pouliguen** Tél. 02 40 42 43 98 Tél. port. 06 83 69 05 38*

petits prix

L'Albatros L'établissement paraît austère, mais il jouit d'un emplacement

GAMME DE PRIX	RESTAURATION	HÉBERGEMENT
Très petits prix	moins de 10€	moins de 30€
Petits prix	de 10 à 20€	de 30 à 50€
Prix moyens	de 20 à 30€	de 50 à 80€
Prix élevés	de 30 à 40€	de 80 à 100€
Prix très élevés	plus de 40€	plus de 100€

enviable sur la place du marché. Ses 12 chambres (à partir de 45€) dégagent une véritable personnalité. *1, rue du Centre* ***Le Pouliguen*** *Tél. 02 40 42 32 45 www.albatroshotel.fr*

Le Mondés Le plus beau des hôtels du Pouliguen se repère à sa façade colorée dans une rue semi-piétonne, au-dessus d'un bar chaleureux, près de l'église. Accueil souriant, voire riant. Neuf chambres confortables et bien équipées (47€-66€). *13, rue du Centre* ***Le Pouliguen*** *Tél. 02 40 42 31 03 www.hotel-pouliguen.com*

prix moyens

Le Danicheff Le prix et la situation sont ses atouts. Très central, l'hôtel propose des chambres (42€-62€) avec TV. Les mieux loties disposent d'un balcon. *45, av. du Général-de-Gaulle* ***Pornichet*** *Tél. 02 40 61 07 32 www.ledanicheff.com*

Le Normandy Un accueil chaleureux vous attend dans cette grande villa de style normand qui abrite une trentaine de chambres (47€-87€), située sur la place de la Gare, à proximité des bars de Pornichet. Terrasse fleurie aux beaux jours. *120, av. de Mazy* ***Pornichet*** *Tél. 02 40 61 03 08 www.normandyhotel.fr Fermé mi-nov.-mi-fév.*

prix élevés

☺ **Villa Flornoy** Située dans une rue paisible, cette villa imposante est l'adresse la plus charmante de la station. Aux tons pastel de la façade répondent, à l'intérieur, des lumières douces et un accueil souriant. Jardin et restaurant. Saison 112€-124€, hors saison 70€-99€. *7, av. Flornoy* ***Pornichet*** *Tél. 02 40 11 60 00 www.villa-flornoy.com Fermé mi-nov.-fév.*

Le Régent Sa façade orange vif domine le remblai. Quinze chambres confortables dont les plus lumineuses donnent sur la mer, comme la terrasse du restaurant. Spa et hammam. Liaison wifi. De 80€ à 113€ (suite à 133€) en basse saison et de 108€ à 148€ (suite à 173€) en haute saison. *150, bd des Océanides* ***Pornichet*** *Tél. 02 40 61 04 04 www.le-regent.fr*

prix très élevés

Le Sud-Bretagne Installé depuis 1912 dans un ancien relais de poste, cet immense hôtel jouxte le marché et le port de plaisance. Les 29 chambres (120€-180€), toutes différentes, sont décorées avec un goût très sûr par le propriétaire lui-même, au gré de son inspiration. Il en résulte une multitude d'univers alliant grand confort et charme. Appartement de 200 à 275€ la nuitée. *42, bd de la République* ***Pornichet*** *Tél. 02 40 11 65 00 www.hotelsudbretetagne.com*

GAMME DE PRIX	RESTAURATION	HÉBERGEMENT
Très petits prix	moins de 10€	moins de 30€
Petits prix	de 10 à 20€	de 30 à 50€
Prix moyens	de 20 à 30€	de 50 à 80€
Prix élevés	de 30 à 40€	de 80 à 100€
Prix très élevés	plus de 40€	plus de 100€

BATZ-SUR-MER

44740

Cette petite station balnéaire est plus souvent nommée Batz, ou encore Bourg-de-Batz – d'après l'ancien nom breton, Bourc'h Baz. Au début du XXe siècle se parlait ici un breton spécifique à la commune, qui a disparu avec ses derniers locuteurs. Village paludier, le bourg a vécu, du IXe au XVIIIe siècle, de la production et de la commercialisation de son sel. Aujourd'hui tourné vers le tourisme, il offre, outre le charme de son centre et de ses plages, l'occasion de quelques visites instructives autour de l'histoire de la région.

MODE D'EMPLOI

accès

EN VOITURE
À 85km à l'ouest de Nantes. Choisissez de préférence la route de la Côte sauvage, qui part du Pouliguen (5km).

EN TRAIN
Liaisons régionales en TER vers Saint-Nazaire, Nantes et Le Croisic.
TER *Tél. 0810 324 324 www.ter-scnf.com*

EN CAR
Réseau Lila : ligne E Saint-Nazaire-Le Croisic, ligne L Le Pouliguen-Batz-sur-Mer et la ligne en boucle M (Pouligu'en Bus).
Réseau Lila *Tél. 0825 08 71 56 www.loire-atlantique.fr/lila*

informations touristiques

Office de tourisme 25, *rue de la Plage Tél. 02 40 23 92 36 www.ot-batzsurmer.fr Ouvert juil.-août : tlj. 9h30-18h30 ; sept.-mars : lun.-sam. 9h30-12h et 13h-17h (sauf mer. et sam. a.-m.) ; avr.-mai : lun.-sam. 9h30-12h30 et 13h-17h*

transports urbains

Batz Taxi *Tél. port. 06 03 98 54 50*
Batz' Bus et Pouligu'en Bus Les lignes L et M du réseau Lila (cf. ci-dessus, accès) opèrent des boucles sur les communes de Batz-sur-Mer et du Pouliguen. *Tél. 0825 08 71 56 www.loire-atlantique.fr/lila*
Batz Auto Service Location de vélos. *Rue Guichard Tél. 02 40 23 87 51*

marchés, fêtes et manifestations

Marchés *Pl. du Marché Toute l'année : lun. mat. ; juil.-août : lun. et ven. mat.*
Les Nuits salines Trois jours de festivités autour du sel, concerts, fest-noz, marché du terroir. *Tél. 02 40 23 99 96 Fin juil.*
Foire à la brocante Rendez-vous réputé dans la région. *Tél. 02 40 23 92 25 (mairie) Un samedi mi-juil., un samedi mi-août*
Pardon de saint Guénolé Le saint patron de Batz est fêté par une messe avec offrande de sel. *1er dim. d'août*
Concerts à l'église Saint-Guénolé *Rens. à l'OT Juil.-août : jeu. à 21h Entrée libre*

DÉCOUVRIR

☆**Les essentiels** L'église Saint-Guénolé **Découvrir autrement** Grimpez au sommet du clocher pour le panorama, chassez les vagues sur la plage de La Govelle, dégustez un *kig ha fars* à la crêperie Fleur de sel, dans le charmant village de Kervalet ➤ **Carnet d'adresses p.160**

Batz-sur-Mer

☆**Église Saint-Guénolé** Bâtie sur les vestiges d'une église (VIe s.) dédiée à saint Cyr et sainte Juliette, l'édifice actuel, de style gothique flamboyant, date du XVe siècle. Le porche, dit "du Garnal", doit son nom aux sépultures qui s'étendaient autrefois autour de l'église. L'intérieur renferme une statue polychrome d'origine flamande, Notre-Dame du Précieux Sang, et un buffet d'orgues à encorbellement (XVIIe s.). Les clés de voûte s'ornent d'allégories des péchés capitaux, de représentations du Bon Pasteur, de sainte Barbe ou de la Sainte Face. Son clocher, un ancien amer construit à partir de 1658 et visible de toute la région, est accessible du printemps à l'automne. Du haut de ses 60m, il offre une vue sur tous les alentours ; par temps clair, on voit Belle-Île et Noirmoutier. *Accès au clocher : avr.-sept. Billet (1,80€) en face de l'église*

Ruines de la chapelle Notre-Dame-du-Mûrier L'origine du nom de la chapelle provient soit de *mourié*, la "saumure" (l'eau prête à dégorger de sel), soit du nom de l'arbre. Sa construction répondit au vœu des habitants de Batz de remercier la Vierge de leur avoir épargné la peste qui sévissait à la fin du XVe siècle. Pillée au XIXe siècle, après qu'une tempête eut emporté son toit, elle est encore à ciel ouvert… Un endroit poétique, hors du temps. *Derrière l'église Saint-Guénolé*

Musée des Marais salants Il est né de la perspicacité d'une habitante de Batz. Adèle Pichon, pressentant, avec le développement du tourisme, un grand changement dans les coutumes de la région, fonda en 1887 le musée des Anciens Costumes. Aujourd'hui, le musée des Marais salants conserve de beaux exemplaires de vêtements paludiers, présente l'artisanat local, des outils (étonnants ciseaux à anguilles) et retrace l'histoire des marais salants. Pour tout savoir sur le rayage, poissonnage, pontage, boutage et chaussage, ainsi que sur le mode de conservation du poisson ou de la viande. Parmi les costumes, remarquez les "bas à fourchettes" dont la couleur varie selon la situation matrimoniale. La reconstitution d'un intérieur bazin nous renseigne sur les superstitions locales, comme la coutume de recouvrir les meubles d'une laque rouge censée faire fuir le diable. Montages audiovisuels sur les oiseaux du "blanc pays" et les activités maritimes traditionnelles. Belle maquette d'une saunerie gauloise à Piriac (Ier s.). *29 bis, rue Pasteur Tél. 02 40 23 82 79 Ouvert juil.-sept. : tlj. 10h-12h30 et 14h30-19h ; oct.-mai : sam.-dim. et vac. scol. 10h-12h et 14h-18h Tarif 4€, réduit 2€*

Grand Blockhaus Retraçant l'histoire de la poche de Saint-Nazaire, dernière région libérée d'Europe le 11 mai 1945, il s'adresse à des publics variés. Les amateurs seront heureux de trouver descriptifs d'armes ou des uniformes ; pour les autres, la mise en scène de différentes situations grâce à des mannequins, et les nombreux objets ou gadgets de l'époque (chewing-gums, cigarettes, etc.) contribueront à donner vie à ce lieu chargé d'histoire. Le musée est en effet installé dans un des plus grands blockhaus construits par les Allemands, qu'ils avaient pris soin de déguiser en villa. *Sur la Côte sauvage entre Batz et Le Pouliguen Tél. 02 40 23 88 29 www.grand-blockhaus.com Ouvert vac. de fév. et avr.-11 nov. : tlj. 10h-19h Fermé mar. hors vac. Tarif 6,50€, réduit 5€*

Moulin de la Falaise Sur la route du Croisic, impossible de manquer ce moulin "petit pied" (typiquement breton) du XVIe siècle reconstruit en 1992 et en parfait état de marche : il se dresse fièrement, sur fond de salines, son toit en bardeaux de châtaignier tournant pour rester dans le vent. La visite transporte dans le temps. Dans le bruissement de la meule, on y fait connaissance avec les techniques ancestrales des meuniers et des charpentiers-amoulageurs (spécialistes du mécanisme). La production de farine de sarrasin bio (environ 4t par an) est en vente au moulin et dans les commerces des environs. Allez-y lorsque les toiles sont déployées : vous serez sûr que le moulin est ouvert ! *Route de Saint-Nudec Tél. 02 40 23 72 46 Ouvert mi-juin-mi-sept. et vac. de Pâques : lun.-sam. 14h15-18h15 Tarif 2,50€, 10-12 ans 1,60€*

Les plages Trois plages principales méritent une attention particulière sur la Côte sauvage. À l'ouest, la plage **Valentin** est la plus fréquentée. Elle possède une école de voile et un club de plage. Plus à l'est, la plage **Saint-Michel**, abritée par une jetée, séduit les familles avec son club de plage et son petit bassin particulièrement adapté aux jeunes enfants. Enfin, plein est, la plage de **La Govelle** attire surtout les surfeurs.

● Où acheter des produits bretons au beurre ? À la biscuiterie de Saint-Guénolé ! De délicieuses galettes bretonnes et d'autres gourmandises sont fabriquées sur place. **Biscuiterie de Saint-Guénolé** *50, rue du Croisic Tél. 02 40 23 90 01 www.biscuitstguenole.fr Ouvert juil.-août : lun.-sam. 8h30-19h ; avr.-juin et sept. : lun.-sam. 8h30-12h30 et 14h-18h30 ; fin oct.-mi-fév. et mars : lun.-ven. 8h30-12h30 et 14h-18h30*

● Pratiquer des sports nautiques Labellisée par l'EFV et la Ligue de l'enseignement, l'école Valentin propose des stages d'initiation et de perfectionnement (de la demi-journée à la semaine), dès l'âge de 7 ans, en planche à voile, dériveur, catamaran ou habitable. Elle organise également des croisières en habitable avec équipages juniors (12 à 17 ans) ou adultes. **École de voile Valentin** *Plage Valentin Tél. 02 40 23 85 28 www.ecoledevoilevalentin.fr*

Les environs de Batz-sur-Mer

Autour de Batz, quelques villages de paludiers ont conservé leur charme. C'est le cas de **Trégaté** et de **Kervalet**. Ce dernier, organisé autour d'une jolie chapelle du XVe siècle, offre un cachet particulier. Vous y trouverez une sympathique adresse : la crêperie Fleur de sel (cf. Carnet d'adresses). *Entre Batz-sur-Mer et Guérande par la D774*

CARNET D'ADRESSES

Restauration, hébergement

camping

La Govelle Petit camping familial très bien équipé, La Govelle tire son luxe principal de son accès direct sur la plage. Compter 21,50€ pour 2 pers. et 3€ par enfant de moins 7 ans. *10, route de La Govelle* ***Batz-sur-Mer*** *(à 2km par la Côte sauvage) Tél. 02 40 23 91 63 Ouvert fin-avr.-fin sept.*

très petits prix

Le Bateau des marais Ne cherchez pas un esquif mais bien une maison à pans de bois clair ancrée à l'orée des marais salants. Ce gîte bien tenu propose des chambres pour 4 pers. ainsi qu'un dortoir pouvant accueillir 7 pers. Au rdc, une vaste cuisine doublée d'une salle à manger est à la disposition des hôtes. 15,50€/pers. Accès adapté aux personnes handicapées. *Prad-Velin* ***Batz-sur-Mer*** *Tél. 02 40 23 74 94*

☺ **Crêperie Le Derwin** Posée sur les rochers face à l'océan, une crêperie avec ses poutres, ses assiettes sur les murs, ses tables de bois verni et ses fenêtres à petits carreaux. Sa véranda panoramique est toujours prise d'assaut. Galettes de 1,80€ à 7€, crêpes de 1,80€ à 5,50€, fruits de mer de 8,50€ à 20€ et 58€ pour le homard à l'américaine. Pas de CB ni de réservation. *Baie du Derwin* ***Batz-sur-Mer*** *Tél. 02 40 23 90 06 Ouvert avr.-Toussaint : tlj. 12h-14h30 et 18h30-22h30, hors vac. scol. ven.-lun.*

Crêperie Fleur de sel Dans le village de Kervalet, cette authentique maison de paludier très recommandable confectionne ses galettes comme jadis. Elle prépare par ailleurs (de fin sept. à mars) une spécialité, le *kig ha fars* (15,40€), solide recette où bœuf et porc se taillent la vedette, servi avec une farce cuite au bouillon dans un sac de toile (pot-au-feu breton cuit au feu de bois) ; pour déguster cette spécialité, pensez à réserver ! *42, rue de la Chapelle* ***Kervalet*** *(à la sortie de Batz, dir. Guérande) Tél. 02 40 23 90 73 Ouvert haute saison : tlj. 12h-14h et 19h-22h ; basse saison : ven.-dim. 12h-14h et 19h-22h*

prix élevés

La Roche-Mathieu Dans cet établissement consacré aux produits de la mer, on mange dans une superbe véranda surplombant la Côte sauvage, plus impressionnante encore les jours de mer agitée. Le service très soigné et la situation exceptionnelle contribuent à faire de ce restaurant un endroit hors du temps. Fruits de mer en plateau, poissons grillés ou en sauce, crustacés goûteux sont cuisinés

GAMME DE PRIX	RESTAURATION	HÉBERGEMENT
Très petits prix	moins de 10€	moins de 30€
Petits prix	de 10 à 20€	de 30 à 50€
Prix moyens	de 20 à 30€	de 50 à 80€
Prix élevés	de 30 à 40€	de 80 à 100€
Prix très élevés	plus de 40€	plus de 100€

avec le plus grand soin. Laissez-vous notamment tenter par le bar en manteau de sel. Menus de 13,50€ à 17€ à midi et de 28€ à 39€. *28, rue du Golf (route côtière)* ***Batz-sur-Mer*** *Tél. 02 40 23 92 12 http://larochemathieu.voila.net Ouvert vac. scol. : mar.-dim. soir ; reste de l'année : mer.-dim.*

Hôtel Le Lichen de la mer Situé le long de la Côte sauvage, Le Lichen de la mer surplombe l'Océan. Un salon avec cheminée et un bar, où règne, autour du billard, une atmosphère chaleureuse et détendue, permettent de jouir de ce spectacle en toute quiétude. Les chambres sont décorées et équipées avec soin ; la plus belle dispose d'une grande terrasse face à l'Atlantique. De 70€ à 260€. *4, rue de la Govelle (baie du Manérick)* ***Batz-sur-Mer*** *Tél. 02 40 23 91 92 www.le-lichen.com Fermé mi-nov.-mi-déc.*

LE CROISIC

44990

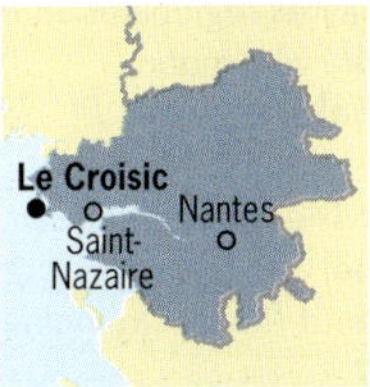

Port de pêche actif, au charme incontestable, Le Croisic garde dans ses murs, qui lui valent le label de “Petite cité de caractère”, le souvenir de son passé glorieux. Terminaison maritime de la presqu'île guérandaise, ancienne île rattachée à la terre par une flèche de sable, bordée au sud par l'Océan, au nord par le traict qui alimente les marais salants, il est tourné vers la pêche à la morue et vers le sel. Dès le Moyen Âge, il est le principal exportateur de sel de la presqu'île : ses bateaux vont jusqu'en Irlande ou en Espagne. L'ensablement du port de Guérande, au XVIe siècle, lui profite : Le Croisic connaît une période des plus prospères, dont témoignent ses belles maisons construites entre les XVe et XVIIIe siècles. Le déclin du port, au XVIIIe siècle, au profit des autres grands ports du royaume, est compensé dès le siècle suivant par un nouveau débouché : le tourisme. Dès 1825, Le Croisic est une station balnéaire reconnue, visitée par Balzac et Flaubert. Le chemin de fer dessert la ville à partir de 1879. Par la suite, les touristes désertent Le Croisic pour Pornichet et La Baule. Aujourd'hui, son port jouit encore d'une activité importante et est renommé pour la pêche à la crevette et la conchyliculture.

MODE D'EMPLOI

accès

EN VOITURE
À 13km de La Baule par la N171 ; en venant de Guérande (12km), emprunter la D774, qui traverse les marais salants.

EN TRAIN
La gare du Croisic est le terminus des TGV en provenance de Paris, de Lille ou de Lyon. Liaisons régionales en TER vers Saint-Nazaire et Le Croisic.
TGV *Tél. 3635 www.tgv.com*
TER *Tél. 0810 324 324 www.ter-scnf.com*

EN CAR

Ligne E Saint-Nazaire–Le Croisic du réseau Lila.

Réseau Lila *Tél. 0825 08 71 56 www.loire-atlantique.fr/lila*

orientation

Le Croisic occupe une presqu'île longue de 4km. Le centre-ville s'organise autour du port, au nord ; la plupart des hôtels se trouvent au sud, vers la plage de Port-Lin. Entre les deux, petites plages et Côte sauvage alternent sur 8km.

informations touristiques

Office de tourisme Il organise des visites guidées de la ville et du port, à pied ou à vélo, dont certaines en nocturne (mars-oct.). *Pl. du 18-Juin-1940 Tél. 02 40 23 00 70 www.tourisme-lecroisic.com Ouvert juil.-août : lun.-sam. 9h-19h, dim. et j. fér. 10h-17h ; sept.-juin : lun.-sam. 9h30-12h et 14h-18h*

Annexe sur le port *Ouvert juil.-août : tlj. 10h-13h et 14h-19h30 ; hors saison : dim. 10h-13h et 14h-19h30*

Bureau du port de plaisance Neuf places pour les visiteurs. *Tél. 02 40 23 10 95*

transports urbains, locations de deux-roues

Bihoré Pascal Location de vélos, de VTT et de rosalies. *34, rue du Traict Tél. 02 40 62 92 81*

Taxi Olivier *Tél. 02 40 23 16 45 Tél. port. 06 09 69 86 44*

Le Croisi' Bus C'est la ligne M du réseau Lila, qui opère une boucle sur la commune du Croisic. *Tél. 0825 08 71 56 www.loire-atlantique.fr/lila*

Le Croisic Taxi *Tél. port. 06 11 97 68 79*

marchés, fêtes et manifestations

Marché des halles Marché alimentaire. *Rue des Cordiers Juil.-août : mar., jeu. et sam. matin ; reste de l'année : jeu. et sam. matin*

Marché en plein air *Pl. de Dinan Jeu. matin*

Marché du terroir Produits frais, biologiques et spécialités régionales. *Rue du Pilori Juil.-août : ven. matin*

Marché artisanal nocturne *Pl. de Dinan Juil.-août : sam. 18h-23h30*

Fête de la mer Messe en plein air, cortège nautique, groupes folkloriques, bagad. *15 août Rens. à la mairie Tél. 02 40 62 91 17*

Les vieux métiers de la mer Démonstrations de ramandage, de matelotage..., bagad, sardines grillées. *Pl. d'Armes Juil.-début sept. : un ven. sur deux (rens. à l'OT)*

Le Croisic m'est conté Spectacle historique à l'ancienne criée : 2 000 ans d'histoire de la ville. *www.le-croisic-m-est-conte.asso-web.com Quatre représentations en juil.-août (rens. à l'OT)*

DÉCOUVRIR

☆ **Les essentiels** Le centre historique **Découvrir autrement** Assistez en famille au déjeuner des manchots à l'Océarium, découvrez à vélo la presqu'île du Croisic, embarquez pour l'île de Hoëdic ➤ **Carnet d'adresses p.166**

Le Croisic

Port Entre le mont Esprit et le mont Lénigo, il offre un spectacle changeant en fonction des marées. Les buttes de terre, hautes d'une trentaine de mètres, ont été formées par le lest qu'y laissaient les navires marchands avant de charger leur sel. Le nom "mont Esprit" provient plus sûrement de l'expression "lest pris" que d'une apparition divine en ce lieu. Ces deux monts, aujourd'hui aménagés en espaces verts, offrent de beaux points de vue sur le traict du Croisic et la pointe de Pen-Bron. En longeant le port, vous verrez les deux criées, la modernité de la nouvelle contrastant avec le charme de l'ancienne.

Jetée du Tréhic Construite de 1839 à 1844, elle protège de ses 858m de long l'entrée du port, et fut complétée par un phare en 1872. Quand il vente, la digue est battue par les vagues, donnant au promeneur l'impression magique de marcher sur la mer. Il convient toutefois de rester prudent.

☆ **Centre historique** Il entoure l'église Notre-Dame-de-la-Pitié (XVe s.) dont la tour-lanterne fut ajoutée au XVIIe siècle, pour rivaliser avec le clocher de Batz. À l'intérieur, deux ex-voto rendent hommage à la sainte patronne de la paroisse et quelques voûtes conservent des vestiges de décors peints (XVIe s.). Une statue de saint Jacques atteste que Le Croisic fut un lieu de rassemblement pour les pèlerins de Compostelle. Les ruelles autour de l'édifice abritent de belles maisons à encorbellement et à pans de bois, avec leurs fenêtres, leurs portes basses et leurs volets colorés.

Océarium du Croisic Ses aquariums présentent les poissons de nos contrées, les espèces de l'autre bout du monde ou encore les bébés méduses. Le déjeuner des manchots constitue l'une des attractions les plus courues. Une visite familiale intéressante, qui reste un peu chère malgré la présence du pavillon aux requins d'Australie dans un bassin d'un million de litres. En 2008 s'est ouvert le Lagon, qui renferme des bassins de poissons tropicaux. *Av. de Saint-Goustan Tél. 02 40 23 02 44 www.ocearium-croisic.fr Ouvert avr.-juin : tlj. 10h-18h ; juil.-août : tlj. 10h-19h ; sept.-oct. : tlj. 10h-12h et 14h-18h ; mi-nov.-mi-déc. 14h-18h ; fin-déc.-début jan. : tlj. 10h-12h et 14h-18h Fermé jan. Parking gratuit Tarif 12€, réduit 9€*

Espace Escargot Visite éducative d'un élevage d'escargots où l'on apprend tout du tragique destin de ce gastéropode, de la ponte à l'assiette en passant par la nurserie. Visite de 30min, support vidéodisque. *Rue des Becs-Salés Tél. 02 40 15 79 69 www.espace-escargots.com Ouvert avr.-sept. : tlj. 10h-12h30 et 14h30-18h30 Tarif 4,50€, réduit 3,20€*

● **Où boire un verre, où sortir ?** Sympathique bistrot à vins, Le Raz-Caillou est posté à côté du mont Lénigo, en bout de quai, à l'abri du flot de touristes. Une décoration amusante et les sourires chaleureux d'Antoine et d'Hélène accueillent les assoiffés. **Le Raz-Caillou** *5, pl. d'Armes Tél. 02 40 23 23 51 Ouvert avr.-sept. : tlj. 10h30-0h (ou plus tard...) ; oct.-mars : jeu.-mar. 10h30-21h*

● ☺ **Se balader à pied ou à vélo** Il faut faire le tour de la presqu'île pour découvrir sa côte découpée et le spectacle qu'offre la pointe du Croisic.

L'office de tourisme propose quatre itinéraires à suivre à pied ou à vélo, et organisés suivant différents thèmes (brochure gratuite). Le circuit "Le Croisic, station balnéaire" (7km) part de l'ancien sanatorium pour aboutir au mont Esprit ; de plages en villas, il égrène quelques-uns des plus beaux sites de la ville. En juillet et août, on peut également faire le tour de la Côte sauvage en petit train.

La Loire-Atlantique en balades et randonnées

Chaussée des Moines (Vertou) — 101
Site de la Cantrie (Vertou) — 101
Boucle du Vignoble (Vertou) — 102
Canal de la Martinière (Paimbœuf) — 130
Presqu'île du Croisic — 163
Sentier côtier (Piriac) — 178
Circuit des chaumières (parc de Brière) — 185
Forêt du Gâvre (Blain) — 189
Vallée du Don (Blain) — 190
Pays des Trois-Rivières (Blain) — 191

● **Découvrir la presqu'île à cheval** Pelamer Équitation organise des chevauchées sur la plage (29€) et à travers la campagne (23€), ainsi que des journées découverte du littoral en vieux gréement (cf. ci-après) puis à cheval. Les plus jeunes ne sont pas en reste puisqu'ils peuvent partir en balade avec les poneys ou même participer à un week-end entier au contact des chevaux ! **Pelamer Équitation** *Route de Pelamer Tél. 02 40 15 75 98 www.pelamerequitation.fr*

● **Embarquer pour les îles** En été, des départs pour **Houat** (1h45, 23€, réduit 15€) ou **Hoëdic** (2h15, 20€, réduit 13€) ont lieu tous les matins depuis Le Croisic pour passer la journée sur l'une d'entre elles, ou même cumuler la visite des deux îles en une seule croisière. La compagnie propose également des départs pour Belle-Île (2h15, 25€ AS, 39€ AR). **Compagnie des Îles** *Départs place d'Armes (face à l'Estacade) Tél. 0825 134 100 www.compagniedesiles.com*

● **Partir en mer à bord d'un vieux gréement** Amateurs débutants ou confirmés peuvent embarquer et participer aux manœuvres pour une journée en mer ou une "chasse aux trésors", à destination des îles de Bretagne Sud (75€). À bord de *Jeune Ariane*, réplique de cotre pilote (voilier à un mât), prenez la mer tout au long de l'année à la découverte du patrimoine maritime de la presqu'île de Guérande ou initiez-vous à la navigation astronomique ou traditionnelle. Consultez le site Internet pour le calendrier des navigations. **Jeune Ariane** *Tél. port. 06 99 36 68 24 www.jeuneariane.com*

● **Faire de la plongée** Mélange d'eau de mer et d'eau douce, les fonds marins de la pointe du Croisic regorgent d'une faune endémique d'une grande biodiversité : éponges, nudibranches, corynactis... Le GAP est une équipe de joyeux lurons qui adore faire des bulles dans les épaves et les recoins de ce plateau rocheux, et invite les plongeurs de tous niveaux à les y rejoindre car plus on est d'instruits plus on rit ! Comptez 28€ par plongée, carte 6 plongées plus avantageuse (156€). **Groupe Atlantique de plongée** *Rue du Pont-de-Chat Tél. 02 40 62 91 83 http://gapplongee.free.fr Ouvert juil.-août : tlj. ; sept.-juin : dim.*

Côte sauvage, presqu'île de Quiberon (p.307).

CARNET D'ADRESSES

Restauration

Très fréquenté en été, Le Croisic offre une multitude d'adresses en matière de restauration. Tout le long du port s'alignent crêperies et restaurants de fruits de mer, la plupart agrémentés de terrasses.

petits prix

Crêperie Chez tante Germaine Les petites rues situées derrière le port ménagent, entre autres bonnes surprises, la découverte d'une charmante crêperie. Au programme crêpes (de 2,30€ à 7€) et galettes (de 2,40€ à 7,90€) excellentes, cidre artisanal et accueil souriant. Pas de réservation en saison. *31, rue de l'Église* **Le Croisic** *Tél. 02 40 23 23 78 Ouvert juin-sept. : tlj. ; oct.-mai : jeu.-dim.*

Relais du duc d'Aiguillon Située dans les vieux quartiers médiévaux du Croisic, cette maison à colombages rouges fait face à la mairie. Dans la salle un peu sombre en été, les cuistots officient devant les clients, garantie du soin apporté à la fabrication des crêpes (de 2€ à 6,80€) et des galettes (de 2,40€ à 8,90€). Aux beaux jours, une terrasse permet de se restaurer au soleil. Le menu affiche toutes les spécialités que l'on peut attendre d'une crêperie traditionnelle pour un coût des plus modiques. *21, rue Donatien-Lepré* **Le Croisic** *Tél. 02 40 62 94 62 Ouvert fév.-11 nov. : tlj. midi et soir Fermé jan.*

prix moyens

Le Lénigo Tout au bout du port, ce restaurant se distingue de ses collègues par son cadre contemporain. Sa "cuisine de la côte" aux touches exotiques s'inscrit toutefois dans la tradition : moules à la crème de safran et au chorizo (11€) et dos de bar sauvage piqué au lime et caramel d'épice (28€). Menus de 24€ à 38€. *11, quai du Lénigo* **Le Croisic** *Tél. 02 40 23 00 31 www.le-lenigo.fr Ouvert juil.-août : tlj. ; sept.-juin : mer.-dim.*

Hébergement

Sur ce bout de terre d'à peine 2km de large, vous ne serez jamais bien loin de l'Océan. La majorité des hôtels du Croisic est située au sud de la presqu'île, près de la plage de Port-Lin. Sur la Côte sauvage, les adresses sont le plus souvent exceptionnelles.

camping

L'Océan Ce vaste camping, situé à 150m de la plage, est également équipé de nombreuses infrastructures aquatiques (piscines, hammam, jacuzzi...) et offre un confort 3 étoiles. Comptez, pour un emplacement/véhicule/2 personnes, 40€ en saison, électricité comprise. *Route de la*

GAMME DE PRIX	RESTAURATION	HÉBERGEMENT
Très petits prix	moins de 10€	moins de 30€
Petits prix	de 10 à 20€	de 30 à 50€
Prix moyens	de 20 à 30€	de 50 à 80€
Prix élevés	de 30 à 40€	de 80 à 100€
Prix très élevés	plus de 40€	plus de 100€

Maison-Rouge **Le Croisic** *Tél. 02 40 23 07 69 www.camping-ocean.com Ouvert avr.-sept.*

prix moyens

Hôtel L'Estacade Situé en face de la nouvelle criée, il est donc très central. Les chambres (45€-79€) sont équipées "confort" ou "grand confort". Choisissez de préférence celles qui donnent sur le port. Le restaurant jouit d'une bonne réputation. *4, quai du Lénigo* **Le Croisic** *Tél. 02 40 23 03 77 http://lestacade.net Restaurant fermé lun. et mar. en hiver*

Castel Moor Le principal atout du Castel Moor est sa situation privilégiée sur la Côte sauvage. Chambres calmes et lumineuses avec terrasse, mais salles d'eau parfois très petites. Au restaurant (menus : 16€, 22€ et 29,50€) : fruits de mer et cuisine du terroir. Chambres de 65€ à 130€ ; demi-pension privilégiée en juil.-août. *Baie du Castouillet* **Le Croisic** *Tél. 02 40 23 24 18 www.castel-moor.com*

prix très élevés

Le Fort de l'Océan Sensation du bout du monde… Le Fort de l'Océan, à la pointe du Croisic, domine la mer et semble la braver. À l'intérieur, les éléments s'apaisent et laissent la place au luxe des 9 chambres, aménagées dans ce fort du XVIIe siècle. Même raffinement exquis dans le restaurant. Chambres de 190€ à 280€, 310€ pour les suites. *La Côte sauvage* **Le Croisic** *Tél. 02 40 15 77 77 www.hotelfortocean.com*

☆ GUÉRANDE

44350

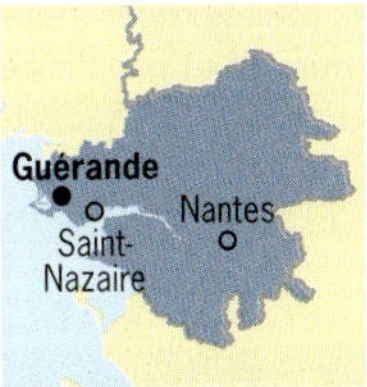

Coiffant à l'ouest le "pays blanc", domaine des paludiers, et à l'est le "pays noir", marais des paysans briérons, Guérande fut, jusqu'à l'ensablement de son port au XVIe siècle, un centre de commerce très actif. Si la commune s'étend avec la multiplication des constructions récentes, la ville close conserve une architecture médiévale exceptionnelle. Ceinte de remparts, parcourue de ruelles aux maisons anciennes, elle constitue le cœur historique de "la ville blanche" (*Gwen Rann*). Couronnement d'un savoir-faire millénaire, la fleur de sel de Guérande, appréciée dans le monde entier pour sa saveur délicate, est également prisée des plus grands chefs. Sur la côte, le port de La Turballe, l'un des plus importants du littoral atlantique, voit son avenir suspendu aux décisions européennes concernant la pêche à l'anchois.

UNE HISTOIRE LIÉE AU SEL L'exploitation de l'or blanc remonte aux Celtes, qui le récoltaient en faisant chauffer la saumure jusqu'à ce que le sel cristallise. Sous les Romains apparaissent les premières salines, organisées selon le modèle des exploitations actuelles. Du IXe au XVIIIe siècle, le sel fera vivre la ville et ses environs. Si Guérande s'enrichit considérablement au XVe siècle, son essor diminue à mesure que la ville est supplantée par des ports concurrents, comme Le Croisic. Elle demeure cependant jusqu'au XIXe siècle un important centre de commerce. À cette même époque, la mode des bains de mer et l'arrivée du chemin de fer annoncent l'heure du tourisme. La concurrence des salins du Midi avait mis les marais à rude épreuve dès le XIXe siècle. Mais les paludiers guérandais ont su maintenir leur activité. Comme les dunes de La Baule, les marais salants de Guérande ont fortement intéressé les promoteurs ; heureusement, ils sont protégés depuis leur classement en 1996. Pour découvrir les producteurs, laissez-vous aller au hasard des petites routes qui serpentent entre Guérande, Batz et La Turballe ; l'aube et le coucher du soleil sont des moments privilégiés pour cette promenade.

MODE D'EMPLOI

accès

EN VOITURE

À 80km à l'ouest de Nantes et à 20km de Saint-Nazaire par la N171.

EN CAR

Lignes A et B (Saint-Nazaire-Guérande), ligne C (Saint-Nazaire-Herbignac), ligne D (Pénestin-La Baule), ligne G (Saint-Lyphard-La Baule), ligne H (Mesquer-La Baule) et ligne J (Piriac-La Baule) du réseau Lila.

Réseau Lila *Tél. 0825 08 71 56 www.loire-atlantique.fr/lila*

orientation

Les principaux atouts touristiques de Guérande sont concentrés dans la ville fortifiée ; ses quatre portes coïncident à peu près avec les points cardinaux : la porte **Saint-Michel**, la plus importante, se tient à l'est de la cité, la porte de **Saillé** est située au sud, la porte **Bizienne** à l'ouest et enfin la porte **Vannetaise** au nord.

informations touristiques et pratiques

Office de tourisme Renseignements sur des visites thématiques, des visites théâtralisées. *1, pl. du Marché-au-Bois (extra-muros, au niveau de la porte Saint-Michel) Tél. 0820 150 044 www.ot-guerande.fr Ouvert juil.-août : lun.-sam. 9h30-19h, dim. 10h-13h et 15h-17h ; juin et sept. : lun.-sam. 9h30-18h, dim. 10h-13h et 15h-17h ; oct.-Pâques : lun.-sam. 9h30-12h30 et 13h-18h (mar. 10h-12h30 et 13h30-18h) ; Pâques-mai : lun.-sam. 9h30-12h30 et 13h30-18h, dim. et j. fér. 10h-13h et 15h-17h*

Capitainerie de La Turballe Vingt places sur ponton, tous services (douches, laverie, carburant) et proximité centre. *Tél. 02 40 23 41 65 www.port-peche-turballe.fr*

Avocette taxi *Tél. port. 06 09 70 04 73*

cyclotourisme

Le dispositif **Vélocéan** offre entre La Baule et Guérande (7km), et Guérande et Piriac (15km) des pistes cyclables parfaitement adaptées aux déplacements à vélo (carte disponible à l'office de tourisme).

accès Internet

Cybercentre *22, faubourg Saint-Michel Tél. 02 40 15 64 16*

guer@nde.net *30, bd Émile-Pourieux Tél. 02 40 24 88 40*

marchés, fêtes et manifestations

Marché de Guérande *Pl. Saint-Aubin, intra-muros Mer., sam. matin*
Marché de La Turballe *Espace Garlahy Mer. et sam. matin*
Fête médiévale Tournois équestres, joutes et autres festivités mettent en scène la Guérande du Moyen Âge. ***Guérande*** *3e w.-e. de mai*
Festival de musique de Guérande Concerts de musique classique dans les chapelles Saint-Michel et Notre-Dame-la-Blanche. ***Guérande*** *Rens. Athanor Tél. 02 40 24 73 73 Quatre jours dans la 2e quinz. d'août*
Les Celtiques de Guérande Danse et musique pendant plusieurs jours. ***Guérande*** *Début août*
La Voix des Orgues Dans la collégiale. ***Guérande*** *Ven. à 21h en juil. et en août, vente de billets sur place*
Ballades guérandaises Concerts gratuits de musiques internationales. ***Guérande*** *Pl. Saint-Aubin Jeu. soir à 21h en juil. et en août Tél. 02 40 24 73 73*
Marché du livre et du papier ancien Rassemblement de professionnels du livre, bouquinistes, enlumineurs, papetiers, relieurs, cartophiles... ***Guérande*** *Pl. Saint-Aubin Lun. soir de 17h à 22h en juil. et août*
Fête de la sardine Animations et dégustation des différentes façons d'accommoder la sardine. Feu d'artifice à 23h ***La Turballe*** *Deux fois durant l'été : mi-juil. et mi-août, de 11h à 22h30*
Fête de la Sainte-Anne Messe en plein air et dépôts de gerbes en mer en mémoire des disparus. ***La Turballe*** *Juil.*

LOIRE-ATLANTIQUE

DÉCOUVRIR

☆ **Les essentiels** La ville médiévale, la collégiale Saint-Aubin, Terre de sel
Découvrir autrement Grimpez au sommet de Saint-Pierre-de-Trescalan (La Turballe), promenez-vous au crépuscule sur le site naturel de Pen-Bron
> **Carnet d'adresses p.174**

Guérande

☆ **Remparts** Après le sac de la ville par les troupes de Charles de Blois en 1343, Jean de Montfort ordonne l'édification de l'enceinte de Guérande. Cette dernière, flanquée de six tours et percée de portes aux quatre points cardinaux, se développe sur près de 1,5km. La cité conserve des douves qui longent encore les remparts dans les parties nord et ouest, de la tour Théologale à la porte Bizienne. Archères, tours en fer à cheval, châtelet : autant de témoignages d'une architecture militaire exceptionnelle. Des marques de tâcherons (équerre, compas, cœur, marteau) sont encore visibles par endroits sur les remparts. L'accès au chemin de ronde n'est possible que d'avril à octobre (visite comprise dans celle du musée du Pays de Guérande).

☆ **Ville close** Son tracé s'ordonne autour de deux places centrales, la place Saint-Aubin et la place du Pilori, reliées par quatre rues aux portes correspondantes et raccordées entre elles par un étroit réseau de venelles. Au hasard des ruelles, de belles demeures à pans de bois, à encorbellements et à lucarnes ouvragées s'offrent au regard du visiteur. Porte Saint-Michel, logis-châtelet du XVe siècle, remarquez la ligne droite de mâchicoulis entre les deux tours, les armoiries à la cordelière, ainsi que les merlons et créneaux des parapets qui flanquent l'édifice de part et d'autre. Place Saint-Jean, l'hôpital du même nom (XVIIe siècle), auquel est accolée une tourelle à encorbellement, exhibe en façade une grande porte à imposte, à moulurations et à lucarnes passantes, ornées de frontons triangulaires. Rue du Vieux-Marché-aux-Grains, au n°10, s'élève une demeure avec une superbe porte en anse de panier. Place du Pilori, se dresse une remarquable maison à pans de bois (de couleur bleu et blanc), caractéristique des riches logis de marchands : munie de fenêtres à gorges et à griffes et d'une porte en plein cintre à trois claveaux, elle a conservé son échoppe au rez-de-chaussée. Un peu plus loin, carrefour de la Psalette, la maison du même nom (XVIIe s.), ancienne école de musique rattachée à la collégiale Saint-Aubin, présente de belles fenêtres avec encadrements et arcs de décharge. En levant les yeux, vous découvrirez qu'un superbe oculus perlé orne la partie gauche de la façade.

Musée du Pays de Guérande Aménagée par François II au XVe siècle, la porte Saint-Michel, symbole du prestige du duché, sert de résidence au capitaine de la cité puis à son gouverneur, avant d'être transformée en prison pendant la Révolution. Converti en musée en 1928, ce châtelet abrite des collections de costumes régionaux, de faïences du Croisic, le trésor de la collégiale Saint-Aubin et divers meubles et objets représentatifs de la presqu'île guérandaise. La visite comprend l'accès à une partie du chemin de ronde de la cité. *Porte Saint-Michel Tél. 02 28 55 05 05 Ouvert avr.-oct. : tlj. sauf lun. matin 10h-12h30 et 14h30-19h ; nov.-mars : 14h-18h Tarif 5€, réduit 2€*

☆ **Collégiale Saint-Aubin** Dédiée au saint patron de Guérande, la collégiale de Saint-Aubin affiche un mélange de styles roman et gothique flamboyant. L'église, illustrant à sa manière les péripéties de l'Histoire, succède à différents édifices, eux-mêmes sis à l'emplacement d'un baptistère mérovingien ; sa reconstruction après le sac de Guérande s'est poursuivie jusqu'au XVIIe siècle. À l'extérieur, remarquez sa chaire en granit (XVe s.), située sur le contrefort gauche de la façade occidentale et desservie par l'escalier du clocher – tout à fait exceptionnelle dans l'Ouest de la France. À l'extérieur du transept sud, juché sur une console, saint Aubin semble veiller sur la ville. Admirez les voussures ouvragées du porche (XVIe s.) de style Renaissance. Depuis le XIIIe siècle, plusieurs flèches se sont succédé au sommet de l'édifice. À l'intérieur, vestiges de l'église du XIIe siècle, des chapiteaux romans, à motifs végétaux ou historiés, relatent pour certains les martyrs de saint Étienne et de saint Simon et côtoient les retables et les stalles du XVIIe siècle. Le vitrail de saint Pierre, le plus ancien, date quant à lui du XIVe siècle. Ne manquez pas de visiter la crypte du déambulatoire (sur la droite), elle abrite le double gisant de Tristan de Carne – capitaine de Guérande au XVIe siècle – et de sa femme, ainsi qu'un sarcophage du XIIe siècle. Sous le chœur subsistent quelques vestiges carolingiens. *Tél. 02 40 24 90 68 Ouvert tlj. 9h-18h Concerts réguliers, en particulier l'été lors du festival La Voix des orgues*

Musée de la Poupée et des Jouets anciens La collection de Mme Brisou a trouvé une place de choix dans l'ancienne chapelle de l'hôpital Saint-Jean, à proximité de la porte de Saillé. Les poupées, présentées dans leur costume d'origine et mises en scène dans des décors en miniature d'époque, témoignent, au-delà de l'histoire du jouet, de celle de la mode et des loisirs. *23, rue de Saillé Tél. 02 40 15 69 13 Ouvert avr.-oct. et vac. scol. : tlj. 10h-13h30 et 14h30-19h (dim. 14h30-18h30) ; nov.-mars : vac. scol. : 14h-18h (groupes sur rdv) Tarif 4€, réduit 2,50€*

● **Où sortir ?** Depuis des décennies qu'elle existe, La Grange reste l'adresse incontournable des nuits de la presqu'île guérandaise. Ambiances différentes dans chaque salle. Comptez 15€ l'entrée avec une consommation (puis 10€ la conso). **Villa La Grange** *Chemin de la Nantaise Tél. 02 51 75 01 91 Tél. port. 06 79 72 32 73 www.la-grange.com Ouvert ven.-sam., veilles de fêtes et tlj. en juil.-août : 23h-6h*

Les environs de Guérande

Au sud

Château de Careil Entre La Baule et Guérande, un château habité, dans un état de conservation exceptionnel au regard des outrages qu'il a subis, offre aux visiteurs un bon aperçu de l'évolution de l'architecture bretonne. Édifié du XIVe au XVIe siècle, il a servi de refuge aux protestants pendant les guerres de Religion, au cours desquelles il fut pillé. *Route de La Baule-Guérande* ***Careil*** *(à 2km au sud de Guérande par la D92) Tél. 02 40 60 22 99 Tél. port. 06 81 37 00 68 www.careil.com Ouvert juin-août : tlj. 10h30-12h et 14h30-19h30 ; sept.-juin : sur rdv Visite spectacle : juil.-août : lun.-mer. 21h30 Tarif 10€, réduit 6€ Visite-jeu de piste pour enfants : juil.-août : mar., jeu. et sam. 17h Tarif 6€, réduit 5€*

Maison des paludiers Sa visite permet de mieux comprendre les techniques de ce métier qui est toujours pratiqué artisanalement sur la presqu'île guérandaise. Le **musée** en lui-même s'avère plutôt sommaire ; mais les explications du guide valent la peine : à partir de la maquette d'un marais salant, il commente avec humour et pédagogie le trajet de l'eau dans les différents bassins. En été, visite d'une **saline** en activité. *18, rue des Prés-*

Sel gris ou fleur de sel ?

Le sel breton, récolté selon une méthode entièrement artisanale et dans un grand respect de l'environnement, n'est ni lavé ni traité. La fleur de sel, fine pellicule de sel que l'on recueille à la surface de l'eau, a fait la renommée de l'activité salicole guérandaise. Plus raffinée que le sel gris, dans son apparence comme au goût, elle se "cueille" en petite quantité, ce qui explique son prix élevé.

Garnier ***Saillé*** *(à 3km au sud de Guérande) Tél. 02 40 62 21 96 www.maisondespaludiers.fr* **Musée** *Ouvert juin-août : tlj. 10h-12h30 et 14h30-18h ; mai et sept. : tlj. 10h-12h30 et 14h-18h ; avril : tlj. 10h-12h30 et 14h30-17h30 ; fév.-mars et oct. : tlj. 14h30-17h ; nov.-jan. : sam. 14h30-17h Tarif 4,40€, réduit 3,10€* **Saline** *Visite juil.-août : tlj. à 10h30, 14h30, 15h30 ; juin-sept. : tlj. à 16h30 Tarif 6,50€, réduit 4,50€*

☆ **Terre de sel** Née d'un projet commun de la coopérative des producteurs de sel de Guérande, Terre de sel fait découvrir le milieu particulier des marais salants, à travers des expositions et des sorties-découverte. Qu'il s'agisse de balades familiales, culturelles ou à thème, paludiers ou animateurs professionnels feront toute la lumière sur le fonctionnement des marais et l'exploitation du sel, les richesses et la fragilité de cet écosystème ou les plaisirs du goût, en fonction des intérêts de chacun. Une visite hautement pédagogique avec un véritable travail de sensibilisation au respect de l'environnement et au développement durable… Ou comment profiter d'un lieu magique tout en le comprenant mieux. Ne pas manquer de remplir son caddie du meilleur sel de Guérande en vente directe et d'autres produits régionaux ! *Route des Marais-Salants* ***Pradel*** *(à 4km au sud-ouest de Guérande) Tél. 02 40 62 08 80 www.terredesel.fr Ouvert juil.-août : tlj. 9h30-19h30 ; printemps et automne : tlj. 10h-18h ; hiver : 10h-12h30 et 14h-17h Tarif exposition 4€, réduit 2,50€ ; visite (de 45min à 3h) 7€-11€, réduit 4€-8€, famille 19€-33€*

Sur la côte, La Turballe

C'est au XIXe siècle que La Turballe, un hameau placé jusqu'alors sous la protection de Guérande, prend son essor grâce au développement de la pêche à la sardine. Devenue une commune indépendante et un port de pêche actif, elle s'oriente peu à peu vers la conserverie. La Turballe s'affirme aujourd'hui comme le premier port de pêche de la Loire-Atlantique. À ce titre, il mérite le détour pour cette ambiance particulière d'une ville entièrement tournée vers la mer et ses ressources (notamment lors de la Fête estivale de la sardine début août, la pêche de cette dernière ayant repris depuis mars 2010). La Turballe s'étend sur un périmètre assez vaste ; attardez-vous principalement autour du port et dans les rues avoisinantes. Le quartier de Trescalan, lieu d'implantation originel de la commune, est situé à quelques kilomètres de là, vers l'est. L'office de tourisme distribue *La Turballe*, brochure gratuite qui fourmille d'informations sur la ville, son port, ses poissons, ses oiseaux, etc. *À 7km au nord-ouest de Guérande En car ligne H (Mesquer-La Baule), J (Piriac-La Baule) et T (Saint-Molf-La Turballe) du réseau Lila* **Office de tourisme** *Pl. du Général-de-Gaulle (sur le port) 44220 La Turballe Tél. 02 40 23 39 87 www.laturballe.info Ouvert juil.-août : lun.-sam. 9h30-19h, dim. 10h-13h et 14h-17h ; avr.-juin et sept. : lun.-sam. 10h-12h30 et 14h-18h30 ; oct.-mars : lun.-sam. 10h-12h30 et 14h-18h*

Musée de la Maison de la pêche Sur la terrasse de la criée se dresse la Maison de la pêche, où siège la dynamique association "Au Gré des Vents". Une exposition y présente le milieu maritime et les différentes techniques de la pêche à La Turballe (visite libre, 45min). Le port fait aussi l'objet d'une

IL EST BEAU, MON POISSON !
La criée a lieu à 6h du matin, du lundi au vendredi, toute l'année ; en fonction de la saison, elle est plus ou moins importante. Vue d'ensemble sur le port depuis la terrasse au premier étage (accessible par l'escalier ou l'ascenseur). **Centre-Marée** *La Turballe Pas de visite individuelle mais des visites guidées (1h30) à 6h Rens. et réservations au Musée de la Maison de la pêche Tél. 02 40 11 71 31 Billet jumelé à celui du musée*

visite commentée de 1h30. Enfin, des ateliers de matelotage (1h30, 5,50€) et de charpenterie de marine permettent aux enfants de réaliser des tableaux de nœuds marins et de comprendre le processus de fabrication des bateaux en créant des maquettes (atelier P'tit Mousse 1h30, 3,50€). *Terrasse du Centre-Marée Tél. 02 40 11 71 31 Ouvert juil.-août : tlj. 10h-12h30 et 15h-18h30 ; juin, sept. et vac. scol. (hors été) : lun.-sam. 10h-12h30 et 14h30-18h, dim. 15h-18h Musée adulte 2,50€, enfants 1€ Visite du port 4€, réduit 3,50€*

LOIRE-ATLANTIQUE

Chalutier Au Gré des Vents Vouée à la vulgarisation du patrimoine maritime, l'association Au Gré des Vents propose la visite du sardinier éponyme, à coque de bois. Sauvé de la destruction en 1992, il a été restauré et affiche fièrement ses couleurs pistache et blanc sous le soleil du port. Lors d'une visite à quai de 45min, les plus souples pourront se glisser dans l'étroite cambuse, déambuler le long des couchettes cercueils et examiner la glacière. Autant de témoignages de la rude vie quotidienne des pêcheurs en mer ! *Rens. et tickets au Musée de la Maison de la pêche Tél. 02 40 11 71 31 Tarif 4,50€, réduit 3,50€*

☺ **Église Saint-Pierre-de-Trescalan** Son clocher-belvédère offre un large panorama sur les marais salants, la Brière, ou encore l'embouchure de la Vilaine. Si le clocher n'est haut que de 33m (seulement 110 marches !), le début de l'escalier est situé à la même altitude que l'extrémité du clocher de Batz-sur-Mer. Les Allemands avaient fait de ce lieu stratégique un poste d'observation pendant l'Occupation. *Ouvert juil.-août : tlj. 14h30-17h30 Tarif 1€, moins de 10 ans gratuit*

Les plages Au nord, la plage de **Ker-Elizabeth** occupe une anse enserrée de rochers. Mais la plus célèbre reste celle des **Bretons**, étendant son sable parfait jusqu'à la plage de la **Grande-Falaise** qui la prolonge plus au sud sur trois bons kilomètres. Ces trois plages sont surveillées. Vers l'extrémité de la pointe de **Pen-Bron** se trouve, regardant à l'est, une très belle plage naturiste. Un sentier littoral de 10km et deux circuits de randonnée invitent à de superbes promenades (rens. à l'OT).

☺ **Site naturel de Pen-Bron** La pointe de Pen-Bron fait face à celle du Croisic, et se situe comme elle entre Océan et traict. Protégé par le Conservatoire du littoral, le site alterne dunes et forêts de pins. Le centre héliomarin, au bout de la pointe, accueillait au XIXe siècle des enfants atteints de tuberculose osseuse. Un cimetière émouvant abrite les tombes de quelques-uns d'entre eux. C'est aujourd'hui un centre de rééducation et de réadaptation. Quand sonne la cloche, au crépuscule, une atmosphère particulière enveloppe Pen-Bron. Jean-Loup Hubert, séduit, y a tourné son film, *Marthe*, en 1997. L'association des **Alguistes du Castelli** propose des balades-découverte sur la pointe et dans toute la région. *À 6km au sud de La Turballe* **Alguistes du Castelli** *Tél. 06 78 98 73 36 http://algastelli.free.fr*

● Embarquer pour les îles En été et également lors des grands week-ends, la Compagnie des îles organise des départs pour Houat (1h45, comptez 35€, tarif réduit 23€) ou Hoëdic (1h15, 31€, réduit 20€) tous les jours du port de La Turballe. On peut embarquer pour passer la journée sur l'une d'entre elles, ou même cumuler la visite des deux îles en une seule croisière. La compagnie propose également des départs pour Belle-Île (1h45, 25€ AS, 39€ AR). **Compagnie des îles** *Départ du quai Saint-Jacques Tél. 0825 134 180 www.compagniedesiles.com*

● Pêcher en mer Avant d'embarquer, passez au Café du Port pour faire le plein d'informations utiles et réserver votre sortie. *Tél. 02 40 23 30 63*
Du Bar au Lancer Sorties en mer avec un guide-moniteur de pêche. *Départs quai du Commandant-Famchon Tél. 02 40 42 53 11 Tél. port. 06 63 43 91 71*
La Toison d'Or Pêche ou promenades en mer accompagnées d'un guide-moniteur de pêche. *Tél. port. 06 87 15 70 32 (Marc Burgot) Mai-sept.*
Le Benji-Yomi Sorties en mer avec un pêcheur professionnel (jusqu'à 5 personnes). *Départ quai du Commandant-Famchon. Tél. port. 06 68 10 50 94*

CARNET D'ADRESSES

Restauration, hébergement

N'oubliez pas que La Turballe est le premier port de pêche de la Loire-Atlantique : fraîcheur du poisson garantie !

petits prix

Crêperie La Flambée Le nom de cette crêperie provient de la cheminée monumentale qui occupe la grande salle. À l'étage, tapisseries et gonfanons à la mode médiévale ornent les murs. Derrière les comptoirs en bois ouvragé récupérés dans une antique boutique LU nantaise, on confectionne des galettes inventives à base de farine bio et de beurre de baratte, comme la galette saumon fumé et salicornes à la crème ciboulette citronnée ou la crêpe Gelée des druides aux onze plantes aromatiques, miel et épices. Musique bretonne en fond. De 2,50€ à 9€ la galette. *12, rue de Saillé* **Guérande** *Tél. 02 40 24 73 82 Ouvert juil.-août : tlj. ; sept.-juin : tlj. sauf lun. soir et jeu. soir Fermé mi-nov.-mi déc.*

GAMME DE PRIX	RESTAURATION	HÉBERGEMENT
Très petits prix	moins de 10€	moins de 30€
Petits prix	de 10 à 20€	de 30 à 50€
Prix moyens	de 20 à 30€	de 50 à 80€
Prix élevés	de 30 à 40€	de 80 à 100€
Prix très élevés	plus de 40€	plus de 100€

Hôtel-restaurant Les Remparts Des chambres confortables et une situation idéale (à côté de la porte Saint-Michel) en font une adresse de très bon rapport qualité-prix, où l'accueil agréable pallie le manque de cachet. Le chef propose, dans le cadre de menus allant de 19€ à 40€, une cuisine de qualité, privilégiant les poissons... et le sel de Guérande. Comptez 49,50€ la double, demi-pension obligatoire en août (54€/pers.). *14-15, bd du Nord* ***Guérande*** *Tél. 02 40 24 90 69 Fermé déc.-jan. et dim. soir-lun.*

prix moyens

Hôtel-crêperie Roc Maria Situé dans la ville médiévale, c'est le seul hôtel intramuros de Guérande. Ses 10 chambres confortables meublées d'armoires anciennes et laissant voir çà et là les pierres de la bâtisse dégagent un charme que complète un accueil sympathique. De 51€ à 53€ hors saison et de 57€ à 59€ en saison. Sur l'ardoise de la crêperie, un menu à 9,60€ et une grande variété de galettes (de 2,20€ à 8,85€) et de crêpes (de 2,10€ à 7,30€) très originales. *1, rue du Vieux-Marché-aux-Grains* ***Guérande*** *Tél. 02 40 24 90 51 www.hotel-creperie-rocmaria.com*

☺ **Chambres d'hôtes La Guérandière** Les chambres d'hôtes de cet hôtel particulier du XIXe siècle adossé aux remparts offrent un charme indéniable. Colorées sans être criardes, elles sont décorées avec goût par la propriétaire Valérie Lauvray ; l'arrangement des sdb jouit de la même attention. Quant à la chambre rouge, c'est un petit appartement comprenant une chambre pour les enfants, séparée de celle des parents (115€-135€). Dans le salon trône une grande cheminée ; le jardin accueille les petits déjeuners estivaux (10€). Une adresse délicieuse et gaie. Double 60€-90€, triple 85€-105€. Minimum de deux nuits pour les réservations. Parking fermé et prêt de vélos. *5, rue Vannetaise* ***Guérande*** *Tél. 02 40 62 17 15 ou Tél. port. 06 86 77 84 43 www.guerande.fr*

prix très élevés

Chambres d'hôtes Le Tricot Idéal pour une escapade en amoureux, le plus vaste hôtel particulier de Guérande se cache derrière de hauts murs de pierre. Il abrite 3 magnifiques chambres (de 100€ à 145€) et une suite (180€-210€) pour 4 personnes. Meubles de famille et tableaux ajoutent une touche supplémentaire au charme du lieu ! *M. et Mme Loïc de Champsavin 8, rue du Tricot* ***Guérande*** *Tél. 02 40 24 90 72 www.letricot-guerande.com Fermé mi-nov.-mi-avr.*

Dans les environs

campings

Parc Sainte-Brigitte Dans le grand domaine boisé du manoir de Brehet, le camping offre un confort 4 étoiles avec des emplacements en sous-bois ou en prairie. Étang et piscine. Comptez 26,50€/2 pers. et 5€ par enfant. *Domaine de Bréhet* ***La Turballe*** *(à 3km de Guérande sur la D99 dir. La Turballe) Tél. 02 40 24 88 91 www.campingsaintebrigitte.com Ouvert avr.-sept.*

Les Chardons bleus Calme camping 3 étoiles à la situation appréciable : accès direct sur la plage de la Grande-Falaise, qui précède le site protégé de Pen-Bron. Forfait une personne + emplacement + véhicule 12,40€, enfant 2,35€, personne supplémentaire 4,35€. *Bd de la Grande-Falaise* ***La Turballe*** *Tél. 02 40 62 80 60*

Tremondec À l'ombre du château et à deux pas des marais salants et des plages, un camping qui propose emplacements, chalets et mobil-homes pour un hébergement de qualité. Forfait 2 pers. avec électricité de 11€ à 15,50€ selon la saison. 48, rue du Château ***Careil** (à 4km au sud de Guérande dir. La Baule) Tél. 02 40 60 00 07 www.camping-tremondec.com*

prix moyens

La Godille Dans une salle claire agrémentée d'une cheminée et aux murs de brique apparente, on hésitera entre soupe de poisson et douzaine d'huîtres, puis entre poêlée de Saint-Jacques et de Saint-Pierre à la provençale et paëlla aux fruits de mer... Quelques plats de viande complètent ce bel éventail de recettes maritimes. Menus de 11€ à 37,90€. Terrasse. *10, rue du Maréchal-Leclerc **La Turballe** Tél. 02 40 23 45 28 http://laturballe.free.fr/la-godille Fermé mar.-mer. hors saison et déc.-jan.*

Le Chaudron Cette belle maison de 1764 voisine du calvaire de Fourbihan (XVIe s.) offre un cadre raffiné qui la distingue des autres adresses de La Turballe. Le classique choix de poissons et de fruits de mer s'enrichit de beaux plats de viande. Formules midi à 13,20€ et 18€ et menus de 26€ à 34€, maigre sauvage grillé au romarin et écrasé de pomme de terre au citron ; pour le dessert, gourmandise de fraise et chocolat blanc, sorbet citron vert et cactus. La carte change régulièrement. Petite terrasse. *1, pl. Poulloué **La Turballe** Tél. 02 40 23 32 52 Fermé juil.-août : lun. ; sept.-juin : lun.-mar.*

Hôtel Les Chants d'ailes Moderne et fonctionnel, cet hôtel dispose de 19 chambres confortables, dont la plupart font face à la mer, les plus plaisantes étant équipées de bow-windows. De 58€ à 69€ la double. Petit déjeuner à 7,50€. *11, bd Bellanger **La Turballe** Tél. 02 40 23 47 28 http://laturballe.free.fr/hotel-chantsdailes Fermé mi-nov.-mi-déc.*

La Cabane à Jules Dans une ancienne salorge rénovée au cœur des marais, des mannequins font les acrobates sur les passerelles ou sous l'œil attentif d'un bison. La terrasse s'ouvre sur les coteaux de Guérande. L'atmosphère est détendue. Autour de grandes tables rondes, les familles se régalent d'assiettes-repas (18,90€-21€) et peuvent finir la soirée par un gâteau au chocolat noir accompagné de sa glace au chocolat blanc façon tante Julie (6,50€). Menus de 18,90€ à 25,90€ et formule découverte à midi : le client fait son choix parmi une proposition de plats puis en estime le prix. Quelques animations en soirée durant l'été. *Leniphen **Saillé** (à 4km au sud du centre de Guérande) Tél. 02 40 88 78 24 www.lacabaneajules.fr*

GAMME DE PRIX	RESTAURATION	HÉBERGEMENT
Très petits prix	moins de 10€	moins de 30€
Petits prix	de 10 à 20€	de 30 à 50€
Prix moyens	de 20 à 30€	de 50 à 80€
Prix élevés	de 30 à 40€	de 80 à 100€
Prix très élevés	plus de 40€	plus de 100€

PIRIAC-SUR-MER

44420

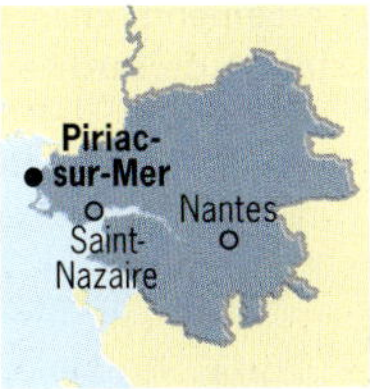

Si la fondation de Piriac est traditionnellement attribuée au Vannetais Waroc'h (VIe s.), l'histoire du village s'avère au moins cinq fois millénaire, comme en témoignent les mégalithes trouvés sur son site. Après les guerres de Religion, pendant lesquelles le bourg accueille de nombreux protestants, Piriac prend son essor au XVIIe siècle en se tournant vers la pêche ; de cette époque prospère subsistent de nombreuses maisons. Le pittoresque de l'endroit a séduit, au XIXe siècle, des écrivains voyageurs tels Alphonse Daudet, Émile Zola ou Gustave Flaubert. Si le port de pêche est devenu un port de plaisance, Piriac a su s'accommoder du tourisme balnéaire sans rien y laisser de son statut de "petite cité de caractère". Elle bénéficie également des labels Station nautique et Station Kid.

L'ÎLE DUMET Seule île de la Loire-Atlantique, l'île Dumet, qui étend ses huit hectares à 6km au large des côtes de Piriac-sur-Mer, a vu partir ses deux derniers habitants en 1986. Devenue en 1994 propriété du Conservatoire du littoral, elle abrite, depuis, une réserve ornithologique interdite d'accès au public, essentiellement composée de goélands. Sa situation stratégique lui a pourtant valu des périodes moins paisibles ; elle est dotée de deux forts militaires, qui n'accueillent plus aujourd'hui que les oiseaux.

MODE D'EMPLOI

accès

EN VOITURE
À 90km à l'ouest de Nantes et à 12km au nord-ouest de Guérande par la D99 puis la D333.

EN CAR
Sur la ligne Lila J (Piriac-La Baule).
Réseau Lila *Tél. 0825 08 71 56 www.loire-atlantique.fr/lila*

orientation

L'activité principale se concentre autour du port et plus particulièrement dans la rue de Keroman où se trouvent la plupart des établissements, hôtels, bars et restaurants. La circulation automobile est interdite dans les ruelles de la commune en été. Garez-vous sur le vaste parking que constitue la place Paul-Vince.

informations touristiques et pratiques

Office de tourisme En été, il organise des balades ludiques en ville ou sur la plage et de nombreuses animations pour enfants (jeux-découverte, concerts ou spectacles...). *7, rue des Cap-Horniers Tél. 02 40 23 51 42 www.piriac.net Ouvert juil.-août : lun.-sam. 9h30-19h, dim. et j. fér. 10h-13h et 15h-18h ; sept.-juin : lun.-sam. 9h-12h30 et 14h-18h*

Capitainerie Bassin à flot accessible par porte basculante, 30 places pour les visiteurs, tous services. *1, rue Fort-Baron Tél. 02 40 23 52 32*

marchés, fêtes et manifestations

Marché Il attire les habitants des villes voisines. *Pl. Paul-Vince Mi-juin-mi-sept. : lun., mer. et sam. ; reste de l'année : mar. et sam.*

Marché artisanal nocturne Rassemblement d'artisans créateurs de la région. *Pl. de l'Église Juil.-août : jeu. 18h30-23h*

Fête du *Grand Norven* Rassemblement de vieux gréements, chants marins et... dégustation de sardines grillées. *Fin août*

DÉCOUVRIR

☆ **Les essentiels** Les sites historiques du sentier côtier **Découvrir autrement** Embarquez sur le *Grand Norven* pour une balade le long du littoral

> **Carnet d'adresses p.179**

Piriac-sur-Mer

☆ **Sentier côtier** Après la plage Saint-Michel, il atteint la pointe du Castelli (à 1km du port) où se trouve la croix de Pen-Ar-Ran ("la pointe du pays", XIVe-XVe s.) qui représente la Visitation et la Crucifixion. Il passe ensuite par le tombeau d'Almanzor et la "grotte à Madame". Selon une légende, "Madame", attendant chaque jour son mari Almanzor, parti en croisade avec saint Louis, n'en vit revenir que le cadavre, apporté par la marée à l'endroit où se trouve son "tombeau", un rocher sculpté par la mer.

Maison du patrimoine Installée dans l'ancienne école du bourg, elle présente une exposition permanente d'objets et de costumes liés au Piriac du temps passé, une exposition temporaire et des projections de documentaires qui, chaque année, abordent un nouveau thème régional. *3, pl. Henri Vignioboul Tél. 02 40 15 59 71 www.patrimoinepiriac.fr Ouvert vac. scol. de Pâques, w.-e. prolongés de Pâques à fin juin et du 1er juil. aux Journées du patrimoine : sam.-mer. 15h-19h, jeu.-ven. 10h-12h et 15h-19h (nocturne le jeu. 21h-23h) Tarif 2€*

● Où boire un verre ?

☺ **Le Vercoquin** Ah ! la jolie tonnelle ! On y boit du vin blanc et bien d'autres choses, car cette maison au charme ancien et aux volets bleus, repérable à son enseigne – une baigneuse corpulente –, est décidément des plus accueillantes. *10, rue de Keroman Tél. 06 61 95 80 05 www.vercoquin.fr Ouvert lun. 10h-13h30 et 16h-1h45, mer.-ven. 16h-1h45, w.-e. 11h-14h et 16h-1h45 Fermé jan.*

Transat' café Au milieu du village, la façade de ce vieux bistrot est attirante. Une fois la porte franchie, l'impression se confirme : mobilier rustique, espadon qui fixe le client et décoration à caractère marin font qu'on s'y sent bien. Endroit un brin nostalgique où l'on prend le temps de vivre ! *7, rue Keroman Tél. 02 40 23 62 10 Ouvert juil.-août : tlj. dès 18h ; mai-juin, sept.-oct. : w.-e. dès 18h*

● Pratiquer des sports nautiques La Maison de la mer est le siège de "Nautisme en pays blanc", la première école de voile du département (également présente à La Turballe et à Quimiac). Bon panel d'activités, de l'Optimist au catamaran, en passant par la planche à voile ou le kayak de mer. On peut également embarquer sur le *Fillao* pour des balades de 2h ou 5h en goëlette jusqu'à l'île Dumet. **Maison de la mer** *Rue du Fort-Baron Tél. 02 40 23 53 84 www.npb.asso.fr*

● Embarquer à bord d'un vieux gréement *Le Grand Norven*, sardinier de 28 pieds construit en 1993, emmène à son bord loups de mer et moussaillons vers de belles balades et leur offre l'occasion de s'initier à la navigation traditionnelle. Et ceux qui n'ont pas le pied marin pourront l'admirer, amarré sur le quai Verdun du port de Piriac. ***Le Grand Norven*** *Tél. 02 40 23 67 35*

● Faire une promenade à cheval Le CE Bel-Air propose cours d'équitation, balades et randonnées dans les marais de la Brière ainsi que sur les plages de la Côte sauvage. **Centre Équestre du Bel-Air** *Route de Piriac (D52)* ***Mesquer*** *Tél. 02 40 23 56 86 Tél. port. 06 08 24 32 74 www.centre-equestre-du-bel-air.fr Ouvert toute l'année*

● Se défouler en pleine nature Pour les Tarzans en herbe (dès 4 ans) ou confirmés, Piriac Aventure offre des heures de sensations fortes et d'acrobaties en tout genre. Les parcours sont adaptés à chaque âge. Ludique et sportif. **Piriac Aventure** *Route de Mesquer (suivre la D52, dir. Mesquer, Saint-Molf) Tél. 02 40 23 66 66 www.piriac-aventure.com Ouvert juil.-août : tlj. 9h30-19h30 ; sept. : mer., sam.-dim. 13h-19h ; avr.-juin : mer. et sam.-dim. 10h-19h Tarif 20€, réduit 14€-18€, famille 60€*

CARNET D'ADRESSES

Restauration, hébergement

camping

Mon calme À 400m environ au sud de Piriac et à 300m de la mer, ce camping dispose d'une centaine d'emplacements ombragés avec un snack et une belle piscine à 2 bassins. Comptez de 21€ à 24€ pour 2 pers. avec une voiture et un emplacement. *Rue de Norvoret* ***Piriac*** *Tél. 02 40 23 60 77 www.camping moncalme.com Ouvert avr.-oct.*

petits prix

Crêperie de Keroman Il faut descendre quelques marches pour pénétrer dans la maison traditionnelle qui abrite cette crêperie. Au boudin blanc, à la sardine fumée et à la crème fraîche les galettes sont toutes délicieuses, crêpe au chocolat comprise (4,50€). Comptez 6,60€ pour une galette copieuse. Réservation conseillée. *6, rue de Keroman* ***Piriac*** *Tél. 02 40 23 61 04 Ouvert en saison : tlj. ; hors saison : ven.-dim.*

Crêperie Lacomère Les préparations culinaires comprennent, outre les crêpes et galettes, quelques plats maritimes ou exotiques. Sa charmante terrasse qui vole quelques mètres carrés à la rue est souvent bondée ; réservez ! Ambiance garantie : cornemuse et personnel en tenues médiévales vous accueillent joyeusement. Menus de 11€ à 18€. *18, rue de Keroman* ***Piriac*** *Tél. 02 40 23 53 63 Ouvert juil.-août : tlj. 13h-14h30 et 18h-22h ; Pâques-juin et sept.-Toussaint : mer.-dim. 13h-14h30 et 18h-22h*

prix moyens

Le Bodega Bay Très tendance, ce restaurant affiche un petit air colonial tropical chic avec tables en teck et auvent couleur vert forêt vierge. Tous les plats, par leurs noms ou leurs saveurs, évoquent les contrées ensoleillées et lointaines. Brochettes de Saint-Jacques au magret fumé et son pistou provençal, assiettes garnies d'une multitude de tapas (bulots, gambas, serrano, calamars, poulet au miel, saumon fumé, tapenade) à 18€. Plats de 11€ à 19€. Formule à 15€ et moules-frites 11€. *17, rue Keroman* ***Piriac*** *Tél. 02 40 23 62 24 Ouvert juil.-août et vac. scol. : tlj. ; sept.-mai : ven.-lun.*

Dans les environs

camping

Le Château du Petit Bois Un grand camping abrité par des chênes qui fera le bonheur des enfants avec sa piscine et ses toboggans géants… mais aussi celui des plus grands avec son grand lagon équipé de balnéo et de geysers. Forfait 2 pers. (avec un véhicule et un emplacement) à 22,20€ et 4,40€ par enfant (de 3 à 7 ans). *1 820, route de Kerlagadec* ***Mesquer*** *(à 7km de Piriac par la D52) Tél. 02 40 42 68 77 www.campingdupetitbois.com*

prix moyens

☺ **Chambres d'hôtes Le Clos de Botelo** Liliane est une femme de caractère, peintre à ses heures comme en témoignent les tableaux qui ornent les murs. À quelques encablures du petit port de Kercabellec, Le Clos de Botelo, cette belle maison donnant sur les marais salants, ouvre ses 5 chambres calmes et confortables aux visiteurs de passage. Dans la n°4, une lunette permet d'observer les oiseaux du marais. Petit déjeuner avec confitures maison et jus des pommes du jardin. Compter 60€ pour 2 personnes (avec petit déj.). *249, rue des Cap-Horniers* ***Mesquer*** *(à 8km à l'est de Piriac par la D52) Tél. 02 40 42 50 20 www.leduc-liliane.fr*

PARC NATUREL RÉGIONAL DE BRIÈRE

Le parc naturel régional de Brière, créé en 1970, est l'un des plus anciens de France. Son territoire, au cœur de la presqu'île de Guérande, se situe entre l'estuaire de la Loire au sud et l'estuaire de la Vilaine au nord, à proximité de l'Océan. Il se divise entre terres et marais. Ces derniers comportent deux zones distinctes : à l'est, les marais de Donges, un ensemble de prairies privées, essentiellement

consacrées à l'élevage ; à l'ouest, s'étendent les marais salants du Més, partie intégrante du bassin de production de sel de Guérande. La Grande Brière, ce paysage morcelé, parcouru de canaux (ou curées), est composé de prairies inondables, de piardes (plans d'eau formés par l'extraction de la tourbe) ou de roselières. Elle est restée, depuis 1461, grâce aux lettres patentes de François II – confirmées au XVIIIe siècle par les rois de France –, la propriété indivise de ses habitants. Les vingt et une communes riveraines la gèrent grâce à une commission syndicale créée en 1838. Depuis toujours : "Briéron est maître chez lui."

LES MARAIS DE BRIÈRE La formation du marais résulte d'un effondrement du sol survenu il y a quarante millions d'années. La mer envahit cette dépression avant de laisser la place, lors des glaciations du quaternaire, à la forêt où les premiers hommes s'installent. L'occupation néolithique est attestée par la présence de dolmens dont les plus beaux sont ceux de Kerbourg (près de Kerhinet) et de la Roche-aux-Loups (à Sainte-Reine-de-Bretagne). Ces habitants primitifs sont chassés par la fonte des glaciers. Arrivés après que la mer a définitivement laissé la place aux marais, leurs successeurs développent au long des siècles un mode de vie propre à ce milieu. L'activité du marais, le deuxième de France après celui de Camargue, est liée à l'exploitation de la tourbe et du chaume. Les Briérons ont longtemps vécu en autarcie. Leur savoir-faire en matière de construction navale leur a permis d'être recrutés à Saint-Nazaire lors de l'ouverture des chantiers. La tourbe n'est plus utilisée : elle dégage beaucoup de fumée et ses vertus calorifiques ne sont pas performantes. Quant au chaume qui sert à la confection des chaumières de Brière – leurs occupants reçoivent des aides pour préserver l'harmonie du paysage –, il est importé de Camargue. Les machines ne peuvent pas passer dans ces marais, et le ramassage manuel des roseaux ne constitue pas une activité assez rentable pour être encore pratiquée. L'évolution du mode de vie des Briérons nuit au biotope : tourbes et roseaux n'étant plus exploités, la terre gagne de plus en plus sur le marais. La Brière risque de devenir une vaste forêt, qui mettrait en péril la faune et la flore qu'abrite ce milieu écologique rare.

MODE D'EMPLOI

accès

EN VOITURE

La Brière étant située au milieu de la presqu'île de Guérande, on l'approchera par Trignac ou Saint-André-des-Eaux si l'on vient de Nantes (60km env.) ou de Saint-Nazaire (7km env.), et par Saint-Lyphard si l'on vient de Guérande (13km env.).

EN CAR

Réseau Lila : ligne C Saint-Nazaire-Herbignac, ligne D Pénestin-La Baule, ligne G La Baule-Saint-Lyphard.

Réseau Lila *Tél. 0825 08 71 56 www.loire-atlantique.fr/lila*

orientation

La Brière comprend les communes suivantes : Saint-Lyphard et Saint-André-des-Eaux à l'ouest ; Trignac au sud ; Montoir-de-Bretagne, Saint-Malo-de-Guersac, Saint-Joachim à l'est ; Sainte-Reine-de-Bretagne, La Chapelle-des-Marais et Missillac au nord.

informations touristiques

Maison du tourisme du parc naturel régional de Brière Toutes les informations concernant le parc naturel et les possibilités de découverte de cette région. Balades guidées thématiques en juil.-août. *Maison du parc, village de Kerhinet 44410* ***Saint-Lyphard*** *Tél. 02 40 66 85 01 www.parc-naturel-briere.fr Ouvert juin-sept. : tlj. 10h-13h et 14h-18h ; oct.-mai : lun.-sam. 10h-13h et 14h-18h (sam. 17h30)*

Office de tourisme de Saint-Lyphard Renseignements pour la visite du clocher offrant une vue panoramique sur les marais. *Pl. de l'Église 44410* ***Saint-Lyphard*** *Tél. 02 40 91 41 34 www.saint-lyphard.com Ouvert juil.-août : tlj. 10h-13h et 14h-19h (dim. et j. fér. 10h-12h30 et 14h-18h) ; avr.-juin et sept. : lun.-sam. 10h30-12h30 et 14h-18h ; oct.-mars : mar.-sam. 10h-12h30 et 14h-17h30*

Office de tourisme de Saint-André-des-Eaux *7, pl. de l'Église 44117* ***Saint-André-des-Eaux*** *Tél. 02 40 91 53 53 www.saintandredeseaux.com Ouvert mi-juin-mi-sept. : tlj. (sauf dim. a.-m.) 9h30-13h et 15h-18h30 ; mi-sept.-mi juin : tlj. 10h-12h30 et 15h-17h30*

transports urbains

Stran Ty'bus Liaison en autocar entre les communes de Saint-André-des-Eaux (ligne 1), La Chapelle-des-Marais (ligne 4), Saint-Joachim (lignes 2 et 3), Besné (ligne 9), Donges (ligne 5) et Saint-Nazaire. *Tél. 02 40 00 75 75 www.stran.fr Service régulier lun.-sam. 7h-20h ; de 20h à 7h sur rés. (avant 18h) ; dim. et j. fér. : sur rés. la veille avant 18h*

Yannick Cadiet Location de vélos sur rés. *3, rue des Aubépines 44410* ***Saint-Lyphard*** *Tél. port. 06 32 44 71 46 Mars-sept.*

marchés, fêtes et manifestations

Marché d'Herbignac *Mer.*

Marché de Saint-Joachim *Sam.*

Marché aux produits du terroir ***Kerhinet*** *Juil.-début sept. : jeu.*

Les Anguillades ***Saint-Joachim*** *Fin juil.*

Fête des chalands fleuris ***Saint-André-des-Eaux*** *http://chalands-fleuris.free.fr 1er dim. d'août*

Fête de la Brière ***Saint-Joachim*** *Mi-août*

Rencontres franco-américaines de musique de chambre *www.rencontresfrancoamericaines-musiquedechambre.com* ***Missillac*** *Mi-août*

Fête des Battages ***Saint-Molf*** *Mi-août*

DÉCOUVRIR

☆ **Les essentiels** Le village de Kerhinet **Découvrir autrement** Parcourez les marais en barque, dégustez de l'anguille fumée dans une chaumière briéronne, admirez le travail des ouvrières de la Maison de la mariée, sur l'île de Fédrun **> Carnet d'adresses p.185**

Le parc naturel régional de Brière

☆ **Kerhinet** Restauré par le parc naturel régional de Brière, le village de Kerhinet présente un décor de chaumières traditionnelles. Préférez pour le découvrir le printemps ou l'automne : la foule estivale nuit à son charme… Ce village-musée (habité, mais soumis à des règles drastiques en matière d'esthétique) se visite à pied (parking attenant). Vous pénétrerez dans les chaumières à l'occasion d'une halte à l'auberge de Kerhinet (hôtel-restaurant) ou au **musée du Chaume**. Dans la **Chaumière des saveurs et de l'artisanat**, vous découvrirez les œuvres d'artistes ou d'artisans locaux ; des produits du terroir sont également en vente. Marché aux produits du terroir le jeudi, de juillet à la mi-septembre. *À 8km de Guérande par la D51* **Musée du Chaume** *Tél. 02 40 66 85 01 Ouvert vac. de Pâques et juin-sept. : tlj. 10h30-13h et 14h30-18h30 ; vac. Toussaint, w.-e. et j. fér. : 14h30-18h30 Expositions temporaires annuelles Tarif 5€, réduit 2,50€* **Chaumière des saveurs et de l'artisanat** *Tél. 02 40 61 95 63 Ouvert juil.-sept. : tlj. 10h-18h30 ; fév.-juin et oct.-déc. : mar.-dim. 14h-18h Entrée libre*

Château de Ranrouët Vestige médiéval, à la fois forteresse et résidence seigneuriale, il reste un témoin incontournable de l'histoire de la Bretagne. Ne subsiste de l'édifice que ses six tours imposantes, qui illustrent l'évolution de l'architecture militaire du XIIIe au XVIIe siècle. Malgré les aléas de l'Histoire, celles-ci ont toujours fière allure. Visite guidée conseillée. *44410* ***Herbignac*** *(à 20km au nord de Guérande par la D774) Tél. 02 40 88 96 17 www.herbignac.com Visite guidée : juil.-août : tlj. 10h-19h ; avr.-juin et sept. : mar.-dim. et j. fér. (sauf 1er mai) 14h30-18h30 Tarif 4€ (visite guidée 5€), réduit 3€ (guidée 4€)*

Chaumière des marionnettes Cette banale maison abrite d'étranges êtres animés : bonshommes à tête de cafetière, petits fantômes rapides comme l'éclair, fabriqués par la maîtresse des lieux et mis en scène avec humour. Si vous le souhaitez, vous pourrez à votre tour venir fabriquer votre marionnette (stages adultes et enfants). *28, rue de la Herviais Mayun 44410* ***La Chapelle-des-Marais*** *(à 21km au nord-est de Guérande par la D51) Tél. 02 40 53 22 40 Ouvert avr.-oct. : sam.-dim. et j. fér. 14h-19h ; vac. scol. : tlj. 14h-19h Tarif 4€*

Château de la Bretesche Cet édifice majestueux est construit au XVe siècle par Jean de Laval, baron de La Roche-Bernard, avant d'être fortifié sous le duc François II. Il sert de refuge aux protestants pendant les guerres de la Ligue et subit le siège des troupes catholiques de Mercœur en 1591. Pendant la Révolution, les royalistes s'y abritent, bientôt chassés par le général républicain Avril qui incendie l'édifice. Le château, qui a connu de nombreux remaniements au XIXe siècle, n'est pas sans évoquer un univers de conte de fées. Il ne se visite pas, mais son parc est ouvert à tous et promet de belles promenades. *44780* ***Missillac*** *(à 6km au nord de La Chapelle-des-Marais) Visite de la cour intérieure du château en juil.-août : tlj. 14h-18h*

Île de Fédrun C'est l'une des sept îles des marais de Saint-Joachim, et la plus touristique. Passé le petit pont, on déambule entre ses chaumières comme dans un village de conte de fées… La **Maison de la mariée** évoque le travail des ouvrières dans les ateliers de fabrication de fleurs d'orangers, la création des couronnes de mariées et du globe de la mariée. *À 15km au nord de Saint-Nazaire* **Maison de la mariée** *130, île de Fédrun 44720* ***Saint-Joachim*** *Tél. 02 40 66 85 01 Ouvert vac. de Pâques et juin-sept. : tlj. 10h30-13h et 14h30-18h30 ; vac. Toussaint, w.-e. et j. fér. : 14h30-18h30 Tarif 4€, réduit 2,50€*

Port de Rozé Situé entre Saint-Joachim et Saint-Malo-de-Guersac, le port de Rozé, autrefois très actif pour le commerce de la tourbe, offre un cadre magnifique, donnant à la fois sur la Grande Brière Mottière et sur les marais de Donges – avec le pont de Saint-Nazaire en arrière-plan. La **Maison de l'éclusier**, transformée en musée, offre des informations intéressantes sur l'exploitation des marais et sur la faune et la flore de Brière. La **réserve Pierre-Constant** se découvre au cours d'un circuit pédestre de 1,5km, le long des vasières et des piardes. Visite guidée, parcours "jeunes aventuriers" et location de jumelles possibles. *44550* ***Saint-Malo-de-Guersac*** *(à 3km au sud de Saint-Joachim)* **Maison de l'éclusier** *Tél. 02 40 91 17 80/66 85 01 Ouvert juil.-août : tlj. 10h30-13h et 14h30-18h30 ; avr.-juin et sept. : sur rendez-vous* **Réserve Pierre-Constant** *Ouvert juil.-août. : tlj. 10h30-13h et 14h30-18h30 ; avr.-juin et sept. : sur rendez-vous Tarif juil.-août : gratuit ; hors saison : 4€ (visite guidée 6,50€), réduit 2,50€ (guidée 4€)*

LOIRE-ATLANTIQUE

Jardins du Marais Peintres, poètes et jardiniers, Annick et Yves Gillen vous invitent à découvrir leur jardin, patiemment aménagé depuis plus de trente ans sur une ancienne parcelle marécageuse de plus de 1ha. Dans ce "jardin biologique", point de tondeuse ou de taille-haie – seul le clic-clac du sécateur a droit de cité – et pas de produit de synthèse, ni arrosage, ni bêchage, afin de préserver la qualité du biotope. Au potager, fleurs et légumes mêlent joyeusement leurs arômes et leurs couleurs, tandis qu'au jardin d'ornement, les feuilles de l'acanthe rivalisent d'élégance avec les rosiers anciens et les espèces indigènes des marais, l'osmonde royale ou l'eupatoire chanvrine. Créations d'Yves Gillen, de malicieux animaux en bois, en tôle ou en tissu surgissent au détour d'une allée. *44410* ***Hoscas*** *(à 5km d'Herbignac) Tél. 02 40 91 47 44 Ouvert mai-juin et sept. : mer.-lun. 16h-19h ; juil.-août : tlj. 16h-19h ; reste de l'année : sur rdv Tarif 5€, moins de 15 ans 2,50€*

● Où acheter de la bière et des spécialités régionales ? Du brassage à la mise en bouteille, assistez à la fabrication de bières artisanales

Promenade en barque

Pour découvrir les marais de Brière, parcourez-les en barque de préférence au printemps ou à l'automne, muni de jumelles pour jouir du spectacle. Des guides vous attendent aux ports de Bréca (5km au sud de Saint-Lyphard), de la Pierre-Fendue (Saint-Lyphard), de La Chaussée-Neuve (4km au nord de Saint-André-des-Eaux), de Fédrun (Saint-Joachim) ou des Fossés-Blancs (La Chapelle-des-Marais). Une liste de neuf d'entre eux ayant signé une charte de qualité avec le parc naturel est disponible à l'office de tourisme. D'autres organisent des promenades en calèche (7€ et 12€/pers.). Les barques se louent aussi sans accompagnement.

L'Arche briéronne *Port de Bréca Tél. 02 40 91 33 97*

La Faune briéronne *Port de Bréca Tél. 02 40 91 48 09*

Brière Évasion *Port de la Pierre-Fendue Tél. 02 40 91 41 96*

Philippe Garoux *Île de Fédrun Tél. port. 06 84 40 77 82*

puis, dans le petit magasin attenant, faites les provisions pour le prochain pique-nique : bières artisanales blondes, ambrées, brunes ou blanches, cidres et produits fermiers ou bio de la région. **Brasserie de la Brière et boutique paysanne** *Le Nézil 44410* ***Saint-Lyphard*** *Tél. 02 40 91 33 62 www.brasseriedelabriere.fr Ouvert juil.-août : tlj. 9h-12h et 14h-19h sauf dim. matin ; nov.-avr. : tlj. 9h-12h et 14h-18h sauf dim. matin Visite possible sur rendez-vous (1h) Tarif 3,50€*

● **Se balader à vélo ou à pied** Le choix des randonnées cyclistes est immense puisque 210km d'itinéraires balisés parcourent les marais de la Brière. Et pour les grands marcheurs, un tour de Brière prend trois jours. Attention : les eaux de pluies saisonnières inondent parfois les sentiers ! Parmi les itinéraires possibles, le **circuit des chaumières** constitue un charmant circuit à découvrir à pied ou à vélo au départ de Saint-Lyphard (balises roses). Il sillonne la campagne entre chaumières (plus de 150 sur le parcours), fours à pain et mégalithes. *Rens. à l'office de tourisme de Saint-Lyphard Tél. 02 40 91 41 34 ou à la Maison du tourisme de Brière Tél. 02 40 66 85 01*

● **Parcourir la Brière à cheval** Le centre équestre La Champagne propose promenades ou randonnées à longueur d'année pour profiter de la nature briéronne différemment. À partir de 20€ (réduit 14€) **Centre équestre La Champagne** *44350* ***Saint-Molf*** *(à 10km au nord de Guérande par la D233) Tél. 06 08 50 69 43 www.equitationlachampagne.com Ouvert tlj. 9h-12h et 14h-18h*

● **Jouer au golf** La Bretesche est un green somptueux praticable toute l'année, niché au cœur de la forêt centenaire et bordé par un étang et les remparts du château. Dix-huit trous de 50€ à 78€ selon la saison et 9 trous de 35€ à 60€. **Golf de la Bretesche** *44780* ***Missillac*** *(à 13km à l'est d'Herbignac) Tél. 02 51 76 86 86 www.golf-bretesche.com*

● **Se distraire en famille** Les amoureux de la nature et de sport trouveront à Monkey Forest, 10 parcours aventureux à vivre suspendu d'arbre en arbre, ou bien s'adonneront au saut à l'élastique ou au trampoline géant. **Monkey Forest** *Route de Guérande 44350* ***Saint-Molf*** *(sur la D774 entre Herbignac et Guérande) Tél. port. 06 60 84 46 00 www.monkey-forest.fr Ouvert juil.-août : tlj. 10h-20h ; avr.-juin et sept.-oct. : lun.-ven. 10h-19h sur rés., w.-e. 10h-13h (sur rés.) et 14h-19h en permanence Tarif 20€, 8-15 ans 16€, 4-7 ans 13€ (parcours de 3h)*

CARNET D'ADRESSES

Restauration

La plupart des restaurants de la région, agréés par le parc, proposent une cuisine du terroir composée de gibier et de poissons de mer et d'eau douce.

petits prix

La Hutte briéronne Le menu de crêpes à 10€ est une aubaine ! Dans une ambiance conviviale, autour d'un feu de cheminée, on pourra aussi goûter à des plats briérons, piocher dans la marmite de la hutte (27€) ou déguster une anguille grillée au feu de bois. Menus à 15€, 26€ ou 32€. *181, île de Fédrun 44720* ***Saint-Joachim*** *Tél. 02 40 88 43 05 Ouvert juil.-sept. : jeu.-mar. midi ; oct.-déc. et mars-juin : lun.-mar., jeu., dim. midi et ven.-sam. soir*

Chez Monsieur Cochon Une bonne adresse pour les amoureux de viande. Pascal Etourneau grille cochon, bœuf ou poulet dans la cheminée monumentale. Pour ne pas faillir à sa réputation de bouchon briéron, la cuisine propose aussi des produits locaux : anguilles, moules ou veau façon grand-mère ! Menus à 13,50€ et 17,50€. *Bd de la Brière – 6, rue de la Paix 44410* ***Herbignac*** *Tél. 02 40 88 99 85 www.chezmonsieurcochon.fr Ouvert tlj. 12h-14h30 et 19h-22h30*

LOIRE-ATLANTIQUE

prix moyens

Les Typhas Ce restaurant installé face au lac dans une chaumière moderne est une invitation au voyage depuis le cœur du pays de Brière. La cuisine allie les saveurs des épices exotiques aux richesses de la terre et de l'océan. Au menu : fricassée de gambas et son velouté aux épices marocaines ou émincé de magret de canard poêlé et son jus de fèves de cacao. Menus de 20€ à 44€. *Rue du Vignonnet 44410* ***Saint-Lyphard*** *Tél. 02 40 91 32 32 www.leschaumieresdulac.com Fermé mar.-mer. midi*

prix élevés

Auberge de Bréca En face du port de Bréca, dans un écrin de nature apaisant, cet ancien relais de chasse, décoré dans un style classique et élégant, propose une gastronomie du terroir des plus séduisantes, et ouvre son jardin en été. Formule midi 17,70€ et menus de 26,60€ à 52€. *Tony et Chantal Bréca 44410* ***Saint-Lyphard*** *Tél. 02 40 91 41 42 www.auberge-breca.com Ouvert toute l'année mar.-dim.*

prix très élevés

Auberge du Parc La Mare aux oiseaux Située sur l'île de Fédrun, dans une chaumière briéronne, cette auberge propose de véritables petites merveilles gastronomiques à base de produits régionaux. Pigeon de l'ami Rémy, lingot de foie gras au chocolat, blanc de flétan et vierge de tomates à la truffe blanche... autant de plats préparés avec inspiration sous la direction d'Éric Guérin, et présentés avec soin dans 4 beaux menus : Balade en Brière (40€), La Mare aux oiseaux (56€), le menu carte blanche "Picorons ensemble" (66€) et le Cœur de Brière (85€). *162, île de Fédrun 44720* ***Saint-Joachim*** *Tél. 02 40 88 53 01 www.mareauxoiseaux.fr Ouvert tlj. sauf lun. midi*

Hébergement

camping

Le Clos des Bruyères La famille Leroux propose aux campeurs de tous horizons de planter leur tente dans l'herbe grasse de leur ferme. Côté activités, ils organisent une fois par semaine une visite de l'exploitation et un circuit pour les vélos, ainsi que les nombreuses randonnées pédestres dans le cadre préservé du Parc de Brière, pour un séjour 100% nature. Comptez 3€/adulte, 2€/enfant et 3,50€/emplacement. *Village de Longle 44410* ***Herbignac*** *Tél. 02 40 88 85 57 Ouvert Pâques-Toussaint*

prix moyens

La Noé de Marlais Dans une longère au calme, Henri et Josiane Fresne ont aménagé 3 belles chambres donnant sur la campagne. L'une d'elles, familiale, permet d'accueillir parents et enfants (deux lits et un lit de bébé) dans deux pièces communicantes. Lui, ébéniste, a le goût du beau meuble ; elle, ayant l'esprit plus pratique, a pensé à installer la TV pour les inconditionnels du petit écran. L'alliance réussie du charme et de la fonctionnalité. Compter 44€ (2 pers.), 73€ (3 pers.), 89€ (4 pers.). *12, rue Jean-de-Rieux, Marlais 44410* ***Herbignac*** *(D47 dir. Saint-Nazaire) Tél. 02 40 91 40 83 http://pages perso-orange.fr/lanoedemarlais*

☺ **Auberge de Kerhinet** Calme et sérénité dans une chaumière briéronne typique... ou comment trouver refuge dans le plus charmant des villages de Brière. Attention cependant à l'afflux des touristes en été. Les chambres, au nombre de sept, sont à 60€ pour deux personnes. Le petit déjeuner est à 7€ et on peut se rassasier d'un menu terroir à partir de 15€. *44410* ***Saint-Lyphard*** *Tél. 02 40 61 91 46*

prix très élevés

☺ **La Mare aux oiseaux** Derrière l'auberge du Parc (cf. Restauration), un petit jardin aux accents orientaux s'avance vers le marais. La Maison des échassiers se dresse là, juchée sur ses pilotis, juste au bord de l'eau. Derrière ses portes, 3 chambres aux noms d'oiseaux, Butor, Aigrette et Héron, toutes différentes, partagent le même raffinement dans le choix des matières, où domine l'écru, et le soin dans l'agencement du mobilier. Adossées au restaurant, 7 autres chambres ouvrent leurs fenêtres sur l'étendue marécageuse. De 145€ à 160€. *Île de Fédrun 44720* ***Saint-Joachim*** *Tél. 02 40 88 53 01 www.mareauxoiseaux.fr*

BLAIN

44130

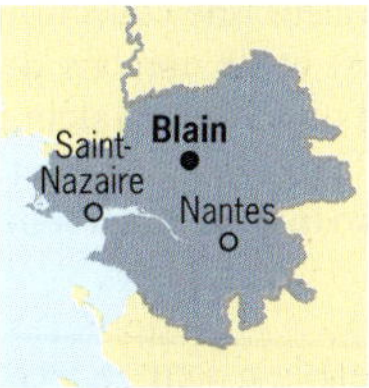

Blain s'affiche comme la "capitale" du pays des Trois-Rivières, qui s'étend sur seize communes autour des vallées de l'Isac, du Don et du Brivet. C'est une région où tourisme rime surtout avec nature ; mais vous y trouverez également une architecture spécifique, utilisant le schiste brun ferrugineux, caractéristique de la région, et des sites historiques d'intérêt. Blain, qui jouit d'un port agréable sur le canal de Nantes à Brest, est connu pour deux bâtiments principaux : la propriété de Pont-Piétin, transformée depuis 1960 en un immense centre hospitalier psychiatrique, devenu le premier employeur de la commune, et le château de la Groulais, propriété des Clisson, puis des Rohan, qui rappelle que la ville se tenait autrefois le long des marches de Bretagne.

MODE D'EMPLOI

accès

EN VOITURE
À 37km au nord-ouest de Nantes par la N137, puis la D164.

EN CAR
Blain est desservi par le réseau Lila : ligne 10 Nantes-Héric-Blain, ligne 71 Nantes-Bouvron-Blain.
Réseau Lila *Tél. 0825 08 71 56 www.loire-atlantique.fr/lila*

orientation

La petite ville de Blain, en bord du canal de Nantes à Brest, est traversée du nord au sud par la D171 et d'est en ouest par la D164. La ville s'organise autour de la place de l'église où se concentrent les commerces et institutions.

informations touristiques

Office de tourisme *2, pl. Jean-Guihard Tél. 02 40 87 15 11 http://otsi.blain.free.fr Ouvert mar.-ven. 10h-12h et 14h-18h, sam. 10h-12h et 14h-17h30*

marchés, fêtes et manifestations

Marché *Mar. et sam. matin, un grand marché a lieu le 1er mar. du mois*
Fête de la Forêt *Le Gâvre Mi-juil.*
Fête des Battages *La Chevalleraie Dernier w.-e. de juil.*
Fête de la Saint-Laurent Le saint patron est fêté pendant 5 jours lors de festivités qui culminent le dimanche soir. *Autour du 10 août*
Celtival du Don Fête celtique à Guémené-Penfao (marché, concerts, bagadou et fest-noz). *www.celtival.fr*

LOIRE-ATLANTIQUE

DÉCOUVRIR

☆**Les essentiels** L'église abbatiale de Saint-Gildas-des-Bois **Découvrir autrement** Descendez le Don en canoë ➤ **Carnet d'adresses p.191**

Blain

Musée de Blain Le musée des traditions populaires et de l'histoire de Blain rassemble des objets et des céramiques de l'époque gallo-romaine. Plus original et multicolore, le deuxième étage met en valeur une collection de fèves unique en son genre (plus de 10 000 pièces) et de crèches du monde. La dernière partie de la visite restitue la place d'un village du début du siècle dernier avec son épicerie, sa poste, son coiffeur et son sabotier. *2, pl. Jean-Guihard Tél. 02 40 79 98 51 www.musee-de-blain.fr Ouvert mar.-ven. 14h-18h, sam. 14h-17h30 Tarif 3€, réduit 1,50€*

Château de la Groulais L'histoire du château de Blain (XIIe s.) est longue et tourmentée. Il est détruit dès le XIIIe siècle par le duc de Bretagne Jean Ier le Roux, contre qui Olivier Ier de Clisson, propriétaire du domaine, s'est révolté. Les successeurs d'Olivier entreprennent sa reconstruction ; le connétable Olivier V, notamment, restaure les fortifications originelles, qu'il complète de quatre tours. C'est par sa fille Béatrix, mariée au vicomte Alain VIII de Rohan, que la forteresse passe aux mains de cette illustre famille, pour devenir, au XVIe siècle, un vaste et luxueux château fort bien défendu. Mais les Rohan, convertis au protestantisme, sont attaqués par les troupes du duc de Mercœur pendant les guerres de Religion ; le château est incendié. L'ancien ouvrage militaire, dévasté, se transforme au cours des siècles suivants en une demeure agréable, entourée par la forêt de Groulais, réserve de chasse des Rohan. La Révolution n'épargne pas le château, dont une partie sera restaurée à partir du XIXe siècle dans un style néogothique. C'est à la fin du XXe siècle que la tour du pont-levis et ses courtines, la tour de la prison, les tours sud-est et sud-ouest, la tour du Connétable et la façade du logis du roi (fermé à la visite) sont classées aux Monuments historiques. Depuis 1989, l'association Château Essor Blinois œuvre à la restauration et à l'animation du site. La partie du château ouverte au public propose régulièrement des expositions temporaires et abrite un atelier d'imprimerie. Vous pourrez également demander les clés de la chapelle Saint-Roch (XVe s.), distante d'un kilomètre, qui abrite une fresque immense (plus de 100m^2), exécutée au XXe siècle selon la technique millénaire *a fresco*, représentant notamment une danse macabre. *Accès par la N171 Tél. 02 40 79 07 81 www.chateau-blain.fr Ouvert mars-nov. : mar.-dim. 11h-18h Entrée libre sauf expositions 3€*

LOIRE-ATLANTIQUE

● Se détendre en famille Entre 1992 et 1995, trois frères éleveurs amateurs d'animaux d'ornement et collectionneurs de minéraux ont transformé leur ferme en parc animalier et y ont aménagé une "mine-musée" dans l'unique but de partager leurs passions avec le public. Aux détours des allées magnifiquement agencées, chèvres, cochons ou lapins nains guident ainsi les pas des visiteurs entre les enclos où 600 oiseaux et petits mammifères du monde entier étalent leurs couleurs exotiques. **La ferme de l'Orme** *Blain Tél. 02 40 79 19 83 Ouvert avr.-oct. : tlj. 10h-18h (juil.-août 20h) Tarif 10€, réduit 6€ (ticket combiné parc et musée, possibilité de visiter parc ou musée séparément)*

Les environs de Blain

Forêt du Gâvre Le plus grand massif forestier de Bretagne après Brocéliande couvre près de 4 500ha, au nord-ouest de Blain. Elle est majoritairement plantée de chênes, mais aussi de pins sylvestres et maritimes, de hêtres, auxquels s'ajoutent quelques châtaigniers, charmes et bouleaux. Elle appartenait au XIe siècle aux ducs de Nantes, avant de devenir propriété des ducs de Bretagne puis de la couronne de France en 1491, après le mariage d'Anne de Bretagne avec le roi Charles VIII. C'est en 1810 que sont tracées les dix allées qui la desservent, au départ du grand carrefour de l'Étoile (à 5,5km de Blain par la D15). Vous trouverez à cet endroit le plan des nombreux sentiers qui la traversent, permettant la promenade à pied, à cheval ou à vélo. La forêt abrite également une faune importante : cerfs, biches, chevreuils. Ces derniers, appelés *gavr* en celtique, ont donné leur nom au domaine. On recense également soixante-dix espèces d'oiseaux dans cette zone d'intérêt communautaire pour les oiseaux (classement européen). Parcours de santé, balade ornithologique, cueillette des champignons… chacun trouvera une raison d'arpenter la forêt ; procurez-vous le calendrier de la **Maison de la forêt**, lieu d'exposition, d'éducation et de sensibilisation à la biodiversité des écosystèmes forestiers et à l'environnement, ainsi qu'à l'histoire rurale et aux métiers de la forêt. Elle organise, entre autres, des sorties "Brame du cerf" – un moment magique – des rendez-vous botanique, archéologique ou ornithologique… **Maison de la forêt** *2, route de Conquereuil 44130* ***Le Gâvre*** *(à 5,5km au nord de Blain par la D42) Tél. 02 40 51 25 14 http://maisondelaforet44.free.fr Ouvert vac. scol. zone A tlj. 14h30-18h30 ; w.-e. et j. fér. 14h30-18h30 Tarif 4€, réduit 2€ ; sortie nature 5€, réduit 3€*

☺ **Vallée du Don** Les rives du Don, à l'est de Guémené-Penfao, égrènent quelques belles surprises, comme le château de Juzet édifié au XIXe siècle (privé, ne se visite pas). Au pied de celui-ci, le moulin du même nom a cessé son activité au milieu du XXe siècle et est aujourd'hui occupé par une crêperie. Plus loin, la commune de Conquereuil abrite un château privé au lieu-dit du Grand-Pont-Veix. En contrebas, un gué, aménagé sur le Don avant la conquête romaine, précède les vestiges d'une voie romaine datant du Ier siècle av. J.-C., qui reliait Blain au Grand-Fougeray. Plus à l'est, à Marsac-sur-Don, l'étang de la Roche, havre de paix, offre quelques kilomètres de promenade le long de ses rives boisées. On peut également descendre le Don en canoë. La Maison du tourisme de Guémené-Penfao distribue des plans des circuits pédestres desservant ces différents sites. **Maison du tourisme** *9, pl. Simon 44290* ***Guémené-Penfao*** *(à 20km au nord de Blain par la D15) Tél. 02 40 79 30 83 Ouvert mar.-ven. 9h30-12h30 et 14h30-17h30, sam. 10h-12h30*

☆ **Église abbatiale de Saint-Gildas-des-Bois** Elle fut construite au XIIe siècle, et conserve maints témoignages de cette époque. La nef, harmonieuse, utilise un grès ferrugineux de la région – appelé "roussard" ou "roussin" pour sa couleur. Si les voûtes en pierre à nu du chœur ont remplacé au XIXe siècle l'ancien lambris, le porche d'entrée date quant à lui du XIIIe siècle. L'édifice abrite deux splendides retables ; dans le transept nord, le retable du Rosaire, de 1677, et dans le transept sud, celui de Saint-Nicolas, de 1725. Admirez également l'ancienne clôture du chœur des moines, chef-d'œuvre de ferronnerie datant de 1711. *Visite guidée organisée en juil.-août jeu. à 15h30 (durée 2h) Rens. office de tourisme 17, rue des Forges 44530* ***Saint-Gildas-des-Bois*** *(à 24km à l'ouest de Blain) Tél. 02 40 01 40 10 www.tourismesaintgildasdesbois.fr*

Calvaire de Pontchâteau Édifié à partir de 1709 par la volonté de saint Louis-Marie Grignion de Montfort, le calvaire de Pontchâteau est détruit avant même sa bénédiction (prévue le 14 août 1710), sur ordre de Louis XIV. Il sera reconstruit par le curé de la commune, l'abbé Couray, au début du XIXe siècle. N'attendez pas un modeste calvaire breton de granit : les monuments et statues, grandeur nature, qui composent ce gigantesque ensemble aux airs de grosse meringue sont répartis sur 14ha. Les stations du chemin de croix, particulièrement, attirent les pèlerins en nombre, surtout au 15 août et lors des pèlerinages des dimanches de septembre. *44160* ***Pontchâteau*** *(à 30km à l'ouest de Blain)*

● **Se balader dans le pays des Trois-Rivières** Reliant Blain, Guémené-Penfao, Saint-Nicolas-de-Redon et Fégréac, un **GR® de pays** forme une boucle de 125km dans le pays des Trois-Rivières. Il permet de découvrir la forêt du Gâvre, les rives du Don, le canal de Nantes à Brest, etc. Munissez-vous du coffret de 25 fiches itinéraire en vente dans les offices (9€). Les marcheurs moins ambitieux pourront emprunter les cinq sentiers d'interprétation (de 3 à 25km) qui sillonnent le pays. On part ainsi à la découverte du canal à Guenrouet, du dolmen de la Roche-aux-Loups à Missillac, des landes des Bilais à Drefféac ou de la voie romaine... *Carnets de route en vente dans les offices de tourisme de la région pour 1€ l'unité*

CARNET D'ADRESSES

Restauration, hébergement

très petits prix

Gîte d'étape de Pont-Miny (Maison du canal) Un hébergement dans 3 chambres (de 2, 3 ou 5 couchages) vous donnera l'occasion de dormir au bord de l'eau pour 9,05€. La Maison du canal abrite aussi une exposition permanente consacrée à la construction du canal de Nantes à Brest ainsi que des expositions temporaires (mai-sept.). Accueil aimable et compétent, et nombreuses informations sur le canal et ses infrastructures. Location de VTT. *44460* ***Pont-Miny*** *(au sud de Fégréac sur la D773, 30km au nord-ouest de Blain) Tél. 02 40 91 20 21 Tél. port. 06 85 57 51 97 Ouvert toute l'année*

petits prix

Chambres d'hôtes la Mercerais Au bout d'une route champêtre, cette grande maison semble marquer une dernière étape avant le bout du monde. Le silence, à peine brisé par le chant des oiseaux, y est roi, l'accueil aimable et discret. Yvonne et Marcel ont su créer un lieu chaleureux en aménageant pour leurs hôtes 3 chambres coquettes (dont une avec sanitaires sur le palier). Comptez 42€ pour une personne, 50€ pour deux et 65€ pour trois avec le petit déjeuner inclus. ***Blain*** *(à la sortie de la ville sur la N171 dir. Nozay, sur la droite) Tél. 02 40 79 04 30*

prix moyens

Auberge de la Forêt Non loin du bourg du Gâvre et à l'orée de la forêt, une halte confortable attend les hôtes de cette auberge (doubles de 75€ à 99€). Le restaurant, très convivial, propose d'honnêtes menus plat-dessert-vin à partir de 12,60€ à midi, puis de 21,90€ à 39,90€. *La Maillardais 44130* ***Le Gâvre*** *(à 5km au nord de Blain) Tél. 02 40 51 20 26 www.auberge-delaforet.fr*

GAMME DE PRIX	RESTAURATION	HÉBERGEMENT
Très petits prix	moins de 10€	moins de 30€
Petits prix	de 10 à 20€	de 30 à 50€
Prix moyens	de 20 à 30€	de 50 à 80€
Prix élevés	de 30 à 40€	de 80 à 100€
Prix très élevés	plus de 40€	plus de 100€

★ CHÂTEAUBRIANT

44110

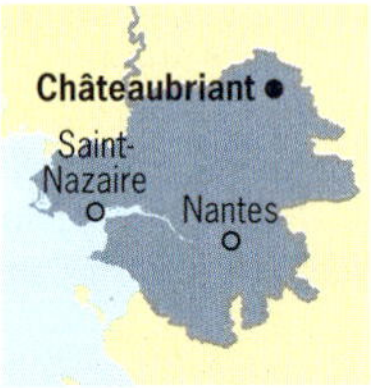

L'ancienne capitale du pays de la Mée ("du milieu de la Bretagne") a vu le jour avec la construction de son château par le seigneur Brient. Chasteau Brient gardera, malgré une graphie différente, son nom primitif. Au XVe siècle, la ville passe aux mains des Laval ; au siècle suivant, Jean de Laval, devenu gouverneur de Bretagne, tiendra une petite cour, dans son château Renaissance nouvellement construit. L'édifice utilise le tuffeau et emprunte beaucoup à Chenonceaux, ce qui en fait un château d'inspiration ligérienne. Traditionnellement, le pays de Châteaubriant est avant tout un pays agricole, vivant de l'élevage et du commerce des bestiaux. Il tire aujourd'hui sa fierté d'une foire agricole quasi millénaire ; la première s'est tenue vers 1050 sur le champ Saint-Père auprès de l'église de Béré. Les environs de la ville sont surtout marqués par un tourisme industriel. La métallurgie, notamment, a prospéré dans cette région qui compte de nombreux moulins et carrières : autant de sites à découvrir, pour mieux comprendre son passé. Encore plus que dans le pays des Trois-Rivières, le schiste domine ici, valant même aux environs de Nozay (au sud-ouest de Châteaubriant) l'appellation de "pays de la pierre bleue".

MODE D'EMPLOI

accès

EN VOITURE
À 70km au nord de Nantes par la D178.

EN TRAIN
Liaisons régionales TER vers Rennes.
TER *Tél. 0810 324 324 www.ter-scnf.com*

EN CAR
Lignes 40 et 41A (Nantes-Nort-sur-Erdre-Châteaubriant) et ligne 42 (Nantes-Nozay-Châteaubriant) du réseau Lila. Des bus SNCF relient en 2h les gares de Châteaubriant et d'Angers 3 à 4 fois par jour. Le réseau Destineo propose plusieurs liaisons quotidiennes entre Châteaubriant et Angers.
Destineo *www.destineo.fr*
Réseau Lila *Tél. 0825 08 71 56 www.loire-atlantique.fr/lila*
Bus SNCF *Tél. 0810 324 324 www.ter-scnf.com*

orientation

Le centre-ville de Châteaubriant se concentre immédiatement à l'ouest de son château. Le quartier de Béré, siège de l'église Saint-Jean et de la foire de septembre, s'étend vers le nord-ouest (direction Bain-de-Bretagne/Rennes).

informations touristiques

Office de tourisme Il tient ses quartiers dans la maison de l'Ange, jadis habitée par la tante de Sophie Françoise Trébuchet, mère de Victor Hugo. Il diffuse les fiches itinéraires *Randonnées nature au cœur du pays de Châteaubriant* qui vous guideront à travers les sites naturels de la région (vallée du Don, de la Chère...). Possibilité de les télécharger sur Internet. *22, rue de Couéré Tél. 02 40 28 20 90 www.tourisme-chateaubriant.fr Ouvert lun. 14h-18h, mar.-ven. 9h30-12h30 et 14h-18h, sam. 9h30-12h30 (juil.-août 14h-17h)*

Pays de Châteaubriant et des marches de Bretagne Il édite un guide sur le passé et le patrimoine industriel : *Fer et Forges* (10€). *Le Château Tél. 02 40 81 40 82 www.aupaysdechateaubriant.com*

marchés, fêtes et manifestations

Marché *Mer.*

Foire agricole et commerçante de Béré Elle accueille 500 exposants et 50 000 visiteurs chaque année, et se double d'une fête foraine. *2e w.-e. de sept. Tél. 02 40 81 23 81*

DÉCOUVRIR

☆ **Les essentiels** La ville médiévale, le château de Châteaubriant **Découvrir autrement** Abordez l'histoire de la région par son patrimoine industriel, faites connaissance avec l'instituteur-poète René Guy Cadou, goûtez le curé nantais pané au blé noir du Bilig ➤ Carnet d'adresses p.196

Châteaubriant

☆ **Vieille ville** Des remparts de la cité, qui se déployait à l'ouest du château (l'enceinte murée de la ville close, avec ses portes et ses douves, était visible jusque vers 1820) ne subsiste que la **porte Neuve**, ou porte Saint-Nicolas (XVIe s.). À l'étage du bâtiment, la salle d'auditoire servit d'hôtel de ville et de palais de justice jusqu'à la Révolution, alors que la tour attenante faisait office de prison. Axe principal de la cité jusqu'à la fin du XIXe siècle, la Grande-Rue se prolonge par la rue du Couëré, au-delà de l'emplacement des anciennes halles. Châteaubriant affiche encore quelques belles demeures, à découvrir dans un circuit historique et touristique (dépliant disponible à l'office de tourisme). Parmi les plus notables, l'**hôtel de La Houssaye**, édifié en 1769 (29, Grande-Rue), présente de belles fenêtres à imposte, en schiste au premier étage et en tuffeau au deuxième étage. Son porche d'entrée et ses balcons en fer forgé ne sont pas sans rappeler l'architecture des hôtels particuliers de Nantes. La rue Basse et la rue de Couëré offrent de beaux exemples de maisons à colombages en encorbellement, telle la **maison de l'Ange** (24, rue de Couëré). Édifiée au XVe siècle sur un soubassement de pierres, cette dernière doit son nom à un drôle d'ange portant un écu, sculpté sur le poteau d'angle. Elle conserve un étal en schiste que surmonte un singulier décor à pans de bois en damier, en croix de Saint-André et en épi.

☆ **Château** La découverte du château (ou plutôt des châteaux) de Châteaubriant est l'occasion d'une agréable promenade dans l'histoire. L'édification du premier bâtiment remonte au XIe siècle, quand le seigneur de Brient est chargé de fermer les marches de Bretagne en ce lieu stratégique.

Brient érige donc une motte féodale sur les bords de la Chère, à proximité de la commune de Béré. Aux constructions en bois originelles succèdent les bâtiments visibles aujourd'hui dans la partie occidentale du site, comprenant un donjon et une chapelle – dont la façade conserve la trace d'un arc en plein cintre appartenant à l'oratoire qu'elle a remplacé –, datant du XIIIe siècle, un logis seigneurial et un châtelet d'entrée. Après le siège d'une semaine tenu par les troupes de Charles VIII en 1488, les fortifications du château sont très endommagées, une tour du logis est détruite. La construction d'un logis neuf (le bâtiment des Gardes) est alors amorcée, sous l'impulsion de Françoise de Dinan. Son petit-fils, Jean de Laval, poursuivra cet ouvrage et le complétera d'un second logis, construit dans le prolongement du premier, et comprenant un logis principal, un escalier d'apparat et une galerie à arcades. À l'intérieur, on peut visiter la chambre de sa femme Françoise de Foix – favorite du roi François Ier –, dite "chambre dorée", datée du XVIIe siècle. Cette partie "neuve" du château accueille également les visiteurs pour des expositions temporaires. *Tél. 02 40 28 20 20 Ouvert mai-sept. : tlj. 11h-18h ; oct.-avr. : tlj. 14h-17h30 Tarif 2,50€, réduit 1,50€ Visite-découverte mai-sept. : tlj. à 11h, 14h30 et 16h ; oct.-avril : sam. et dim. à 15h30*

Église Saint-Jean-de-Béré Construite au XIe siècle en moellons de grès et de schiste, elle se targue d'être l'une des plus anciennes de la Loire-Atlantique. Elle fut, bien sûr, remodelée au cours des siècles. Le clocher ainsi que les sacristies entourant le chœur datent du XIXe siècle. À l'intérieur, vous pourrez admirer un très riche mobilier composé de retables en pierre calcaire et en marbre, et de statues, dont une superbe Vierge à l'Enfant et un saint Julien datant de la fin du XIVe siècle. *Quartier nord-ouest de Châteaubriant (dir. Bain-de-Bretagne/Rennes) Visite guidée organisée par l'office de tourisme (4€)*

Les environs de Châteaubriant

Maison d'écrivain de René Guy Cadou René Guy Cadou (1920-1951), aujourd'hui bien connu des écoliers – au-delà de Louisfert –, n'a pourtant écrit que très peu de dictées ! Drôle de destin que celui de cet instituteur-poète mort à trente et un ans, et dont la vie ne commençait, de son propre aveu, "qu'après 5h du soir". La maison-école où il enseigna et écrivit nombre de ses poèmes abrite désormais un touchant musée entièrement consacré à ce chantre de sa région et de l'amour. Les quelques années qu'il a passées dans ce village avec sa femme Hélène – à l'origine de la création du musée – sont admirablement narrées par celle-ci dans son émouvant récit *C'était hier et c'est demain* (Éditions du Rocher). *3, rue René-Guy-Cadou 44110* ***Louisfert*** *(à 8,5km au sud-est de Châteaubriant par la N171) Tél. 02 40 81 22 64 Ouvert juin-mi-sept. : jeu.-dim. 14h-18h30 Tarif 2€*

☺ **Château de La Motte-Glain** On pénètre dans le château de La Motte-Glain par un châtelet d'entrée arborant les trois attributs du pèlerin : coquille Saint-Jacques, besace et bâton se retrouvent partout sur les façades et à l'intérieur du château, indiquant que celui-ci se situait sans doute sur une ancienne route du pèlerinage de Saint-Jacques-de-Compostelle. Le château, encore en partie habité, fut édifié à partir de 1495 par Pierre de Rohan, sur les bases de l'ancienne forteresse des seigneurs de Rougé. La visite commence par la découverte de la chapelle où Anne de Bretagne, comme d'autres visiteurs illustres, vint se recueillir lors de son passage. Puis la visite égrène le salon, la salle à manger, la salle de billard et la "chambre de la reine". À l'exception d'un coffre, miraculé, tout le mobilier présent a été placé ici après la Révolution – époque à laquelle le château a été largement pillé. Cependant, le bâtiment a été bien conservé : cheminées, fenêtres et lucarnes du XVe siècle confèrent une majesté indéniable à l'édifice, qui campe de plus dans un fort joli coin de campagne, au bord d'un étang. *44670* ***La Motte-Glain*** *(à 17km au sud-est de Châteaubriant par Saint-Julien-de-Vouvantes et La Chapelle-Glain, D163 puis D878) Tél. 02 40 55 52 01 Ouvert mi-juin-mi-sept. : mer.-lun. 14h30-18h30 Tarif 6€, réduit 4€*

Carrière des Fusillés Au lieu-dit La Sablière, un monument commémore l'exécution en 1941 des vingt-sept otages du camp de Choisel – parmi lesquels Guy Môquet, âgé de dix-sept ans – fusillés en représailles de l'exécution à Nantes d'un officier allemand. Installé dans une ferme proche de la carrière, un petit **musée de la Résistance**, rassemblant divers documents et témoignages, évoque la mémoire de ces martyrs. *Sur la route de Segré (à 2km à l'est de Châteaubriant, dir. Laval) Visite libre de la carrière toute l'année (commentaire audio sur place), visite commentée pour les groupes sur rdv Tél. 02 40 28 20 90* **Musée de la Résistance** *Tél. 02 40 28 60 36 Ouvert mer. et sam. 14h-17h30 ou sur rdv*

Le patrimoine industriel

Particularité du pays de Châteaubriant, la grande concentration de vestiges industriels témoigne d'un passé actif dans le domaine de la métallurgie notamment. Cette activité, qui s'est structurée au XVIe siècle, a survécu jusqu'à la fin du XIXe siècle, et l'on peut toujours en voir des traces dans la campagne environnante.

Forges de la Hunaudière Entre Sion-les-Mines et Châteaubriant, elles sont parmi les premières à voir le jour et les dernières à fermer leurs portes en 1884. Le mardi à 14h45, démonstration de fondeurs et visite commentée par les Amis des Forges de la Hunaudière. *Nesly 44590* ***Sion-les-Mines*** *(à 22km à l'ouest de Châteaubriant) Tél. 02 40 28 94 29 www.lesforgesdelahunaudiere.org Tarif 4€, réduit 2€ et 1,50€ la visite commentée*

Écomusée de La Forge-Neuve À Moisdon-la-Rivière, cet écomusée sur le site d'anciennes forges du XVIIe siècle vous permettra de découvrir l'architecture et l'histoire liées à l'activité métallurgique. Vidéo sur l'histoire des forges en fin de visite. *44520* ***Moisdon-la-Rivière*** *(à 12km au sud de Châteaubriant par la D178) Tél. 02 40 07 22 44 Ouvert mer.-dim. 15h-19h Tarif 1€*

Écomusée d'Erbray À Erbray, c'est à l'industrie chaufournière que vous pourrez vous intéresser, grâce à un écomusée implanté sur le site des anciens fours à chaux, éteints en 1978. *44110* ***Erbray*** *(à 8km au sud de Châteaubriant par la D163 puis la D14) Visite sur réservation Tél. 06 84 23 33 97 Tarif 3€, réduit 2€*

Mine d'étain d'Abbaretz Enfin, l'ancienne mine d'étain d'Abbaretz vous accueille pour admirer, du haut d'un terril à l'aspect lunaire, un panorama époustouflant sur la région. Randonnées commentées (2h45) en été. *À 25km au sud de Châteaubriant sur la D35. Pour les randonnées, rens. à l'office de tourisme de Nozay Tél. 02 40 79 31 64 www.tourisme-nozay.fr*

CARNET D'ADRESSES

Restauration, hébergement

camping

Camping municipal Les Briotais Jouxtant le terrain de foot, 35 emplacements ombragés et calmes. Comptez 6,50€ pour deux personnes. *Rue de Tugny* ***Châteaubriant*** *Tél. 02 40 81 14 38 (avr.-sept.) ou 02 40 81 02 32 (mairie, hors saison)*

petits prix

Le Bilig Cette crêperie réputée, face à l'église Saint-Nicolas, jouit du cadre charmant d'une maison du XVIIe siècle. Elle propose, en plus de ses crêpes et galettes, une sélection de plats variés : brochettes de Saint-Jacques, escargots, confit de lapin au cidre et aux pommes, et un curé nantais pané au blé noir du plus bel effet. Menus de 10€ à 32€. *1, rue Joseph-Hervouet (pl. Saint-Nicolas)* ***Châteaubriant*** *Tél. 02 40 81 48 49 Tél. port. 06 08 99 39 14 Fermé lun.*

prix moyens

☺ **L'Auberge bretonne** Cet hôtel-restaurant 3 étoiles, installé dans le centre de Châteaubriant, vous étonnera par son excellent rapport qualité-prix. Les produits du marché servent à concocter de savoureux menus allant de 14€ à 34€. Les chambres, à la décoration soignée, toutes équipées de salle de bains, télévision et téléphone, s'y monnaient de 38€ à 100€. Une adresse centrale et accueillante. *23, pl. de la Motte* ***Châteaubriant*** *Tél. 02 40 81 03 05*

Dans les environs

petits prix

☺ **Chez Pierre et Monique Marzelière** Cette ancienne ferme-école, rachetée en 1900 par le grand-père de l'actuel propriétaire, ouvre ses portes aux voyageurs depuis plus de 15 ans... Tout en hauteur, elle dispose d'une double chambre (avec salle de bains commune) au premier étage et de 3 autres chambres (pour 2 ou 3 personnes) au second. Décorées avec goût, ces pièces offrent le charme d'une maison familiale, confortable et accueillante. Le petit déjeuner se prend dans la vaste salle à manger dont les fenêtres ouvrent sur un jardin fleuri. Comptez 47€ pour 2 personnes. *Grand-Jouan 44170* ***Nozay*** *(à 25km au sud-ouest de Châteaubriant, à l'entrée de Nozay) Tél. 02 40 79 45 85 Tél. port. 06 80 84 18 63 http://grandjouan.online.fr*

ANCENIS

44150

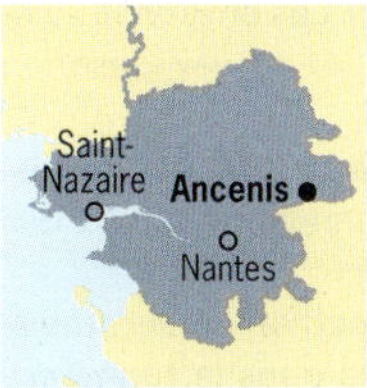

Au nord de la Loire, entre le pays nantais et le Maine-et-Loire, s'étend le pays d'Ancenis. Le fleuve au long duquel s'égrenaient autrefois de nombreux petits ports a façonné l'identité de la région au fil des siècles. Située à la frontière de l'Anjou, Ancenis a longtemps commandé l'entrée de la Bretagne par voie fluviale. Elle accomplissait à la fois un rôle de défense des marches de Bretagne – le premier château fondé dans la ville remonte au Xe siècle –, mais également d'échange avec les contrées voisines. C'était au Moyen Âge un important port de commerce et le principal port à vin de l'Ouest, pour ses relations avec l'Anjou et le Poitou. Par sa position frontalière, la ville a également accueilli de multiples foires et perpétue cette tradition avec son marché du jeudi. Étape gastronomique, Ancenis est aussi une ville dynamique, véritable pôle d'attraction en Loire-Atlantique, dont le charme demeure lié à la présence de la Loire, dans cette partie ponctuée de nombreuses îles.

VIGNOBLE DU PAYS D'ANCENIS L'implantation régionale du vignoble remonte sans doute à l'invasion romaine, mais les vins des coteaux d'Ancenis ne sont reconnus que depuis le XVIIe siècle. Le pays se targue aujourd'hui de donner naissance à de nombreux crus – gamay, cabernet, malvoisie, pinot, muscadet coteaux-de-la-loire, gros-plant – et d'être traversé par la route touristique du vignoble qui se prolonge, à l'ouest, jusque dans le pays de Retz ainsi qu'à l'est et au sud, en Anjou. Comme dans le vignoble du sud du pays nantais, les vins accompagnent ici volontiers une cuisine régionale, où abondent les poissons de la Loire.

MODE D'EMPLOI

accès

EN VOITURE
À 30km à l'est de Nantes par l'A11 (payante) ou par la N23.

EN TRAIN
Sur la ligne TER Nantes-Angers.
TER *Tél. 0810 324 324 www.ter-scnf.com*

orientation

Située sur la rive nord de la Loire, Ancenis fait face au Maine-et-Loire, qui commence sur l'autre rive du fleuve et que l'on peut rejoindre par le grand pont élevé dès 1837 (le pont actuel date de 1953).

informations touristiques

Office de tourisme Visites commentées de la ville les soirs d'été, organisées autour de différents thèmes : la Loire, les caves, le patrimoine... *27, rue du Château Tél. 02 40 96 43 26 www.pays-ancenis.com Ouvert lun.-ven. 8h30-12h30 et 14h-17h30*
Pôle touristique du pays d'Ancenis Ce bureau ne reçoit pas de visiteurs,

mais peut renseigner par téléphone. *Centre administratif Les Ursulines Quartier Rohan Tél. 02 40 96 31 89*

marchés, fêtes et manifestations

Marché Le plus grand marché de la Loire-Atlantique. *Jeu. matin*

Remontée du sel, fêtes de Loire, vins et gastronomie *Fin avr.-début mai*

Les Orientales Bien que ce festival, dédié aux musiques et traditions d'Orient, se déroule majoritairement à Saint-Florent-le-Vieil dans le Maine-et-Loire, la Loire-Atlantique accueille quelques-unes de ses manifestations : entre autres les concerts de Varades au palais Briau (cf. Les environs). *Juin-juil. Tél. 02 41 72 62 02 www.lesorientales.fr*

Salon du Dahlia 10 000 fleurs illustrent un thème annuel. *Tous les 2 ans en sept.*

Oudon Blues Festival Ateliers musicaux et concerts dans la tour. *Septembre*

DÉCOUVRIR

☆ **Les essentiels** L'église Saint-Pierre à Ancenis **Découvrir autrement** Offrez-vous un week-end en amoureux au palais Briau, dans un cadre exceptionnel, montez à bord de *La Luce* pour une croisière "Loire en scène" **➤ Carnet d'adresses p.200**

Ancenis

☆ **Église Saint-Pierre** La première église date du XIe siècle. L'édifice visible aujourd'hui, commencé au XVe siècle, a connu une série d'ajouts et de rénovations jusqu'au XIXe siècle. Son clocher-porte (XVe s.), surmonté d'un campanile d'une blancheur étincelante, est remarquable. L'église conserve des retables (XVIIe s.) et un tombeau de marbre noir veiné de blanc (XVIIIe s.). À ses côtés, la chapelle Notre-Dame-de-la-Délivrance, ornée de bas-reliefs représentant la Crucifixion, l'Annonciation, la Nativité et le Couronnement de la Vierge, date de 1944.

● **Où acheter du vin ?** Près du centre, le long de la Loire, la Maison des vins (XVIe s.) constitue une halte incontournable pour une découverte des vins de la région. Muscadet, coteaux-de-la-loire, coteaux-d'ancenis, gamay, cabernet, pinot ou malvoisie à goûter et à acheter. **Maison des vins** *28, pl. du Millénaire Tél. 02 40 96 14 92 www.maisondesvins-d-ancenis.com Ouvert avr.-oct. : lun.-sam. 9h30-12h30 et 15h-18h, dim. 15h-18h30 et sur rés.*

● **Se balader en canoë** Pour un autre point de vue sur la région, vous pouvez aussi choisir de sillonner le fleuve en canoë-kayak. **Plein air ancenien** *Bd des Alliés Tél. 02 40 83 21 45 http://paackancenis.canalblog.com*

● **Randonner en bord de Loire** Les bords du fleuve, jalonnés de nombreux sentiers pédestres et cyclables, offrent des promenades ravissantes (renseignements au pôle touristique du pays d'Ancenis). L'office de tourisme édite des fiches pratiques sur les circuits touristiques du pays et les sentiers cyclables balisés.

Les environs d'Ancenis

☺ **Palais Briau** En 1854, l'ingénieur de chemin de fer François Briau, devenu riche en travaillant notamment en Italie, fit construire à Varades, par l'architecte Édouard Moll, un palais de style italianisant, équipé de tout le confort de l'époque. Le site choisi, qui domine la Loire en face de Saint-Florent-le-Vieil, sert d'écrin à l'édifice. Le palais trône sur le coteau de la Madeleine, au sein d'un magnifique parc de 18ha émaillé de constructions qui contribuent à son charme. La promenade dans le parc permet de découvrir l'orangerie, les vestiges du château médiéval qui occupait originellement le site et le sous-sol du palais. Le rez-de-chaussée fait l'objet de visites guidées ; l'essentiel du mobilier et de la décoration est d'origine et témoigne à la fois des modes du XIXe siècle et des goûts démesurés de l'ingénieur. L'escalier d'honneur qui mène au premier étage (aujourd'hui transformé en chambres d'hôtes ; cf. Carnet d'adresses) occupe à lui seul un sixième de la maison ! Les deux derniers week-ends de juin, le palais accueille des concerts dans le cadre du Festival oriental de Saint-Florent-le-Vieil (Maine-et-Loire). *Rue de la Madeleine 44370* ***Varades*** *(à 11km à l'est d'Ancenis ; accès facile à partir du rond-point du Super U) Tél. 02 40 83 45 00 www.palais-briau.com Visite guidée avr.-oct. : w.-e. et j. fér. ; août : tlj. 14h30, 15h30, 16h30 et 17h30 Tarif 7€, réduit 6€ (comprenant l'accès au parc) Parc Ouvert avr.-fin sept. : tlj. 14h30-18h30 Tarif 4€*

Tour médiévale d'Oudon Attesté dès le XIe siècle, le château d'Oudon, à la lisière de la Bretagne, fut l'enjeu d'un conflit entre la province et le royaume de France. À la fin du XIVe siècle, Alain de Malestroit, seigneur d'Oudon, obtint du duc Jean IV la permission de reconstruire l'édifice. La forteresse, malmenée durant la Révolution, se limite aujourd'hui à sa tour, haute de 40m, que l'on arpente le long d'un "parcours-spectacle" agrémenté de vidéos. *44521* ***Oudon*** *(à 9km à l'ouest d'Ancenis par la D723 et la D323) Tél. 02 40 83 60 00 Entrée par l'office de tourisme Ouvert mars : dim. et j. fér. 10h-12h30 et 14h-18h30 ; avr.-juin, sept. : tlj. 10h-12h30 et 14h-18h30 ; juil.-août : tlj. 10h-12h30 et 14h-19h ; oct. : w.-e. 10h-12h30 et 14h-18h30 ; Toussaint : tlj. 10h-12h30 et 14h-18h Tarif 6€, 5-15 ans 3,80€ ; billet jumelé avec la croisière sur Loire en scène (cf. ci-après) : 13€, 5-14 ans 7,50€*

● **Piquer une tête** Faute de se baigner dans la Loire, on pourra toujours aller piquer une tête dans le plan d'eau aménagé à Oudon. Zone de pêche. Possibilité d'excursion depuis le centre équestre voisin. **Plan d'eau d'Oudon** *44521* ***Oudon*** *(à 9km d'Ancenis par la D723 et la D323) Baignade surveillée juil.-août : 14h-19h Centre équestre Tél. 02 40 83 84 28*

● **Faire une croisière sur la Loire** À bord de *La Luce*, embarquez-vous pour "Loire en scène", une croisière commentée de 1h à la découverte des rives du fleuve entre Ancenis et Le Cellier - port de la Patache, folies Siffait, château de Clermont - ainsi que de la faune et de la flore des bords de Loire. **Loire en scène** *11, rue du Pont-Levis 44521* **Oudon** *(à 9km d'Ancenis par la D723 et la D323) Tél. 02 40 83 60 00 www.loire-en-scene.fr Tarif 8,50€, 5-15 ans 4,80€ ; billet jumelé avec le parcours-spectacle de la tour médiévale (cf. ci-dessus) 13€, 5-14 ans 7,50€*

● **Se promener en canoë ou en barque** Sur la rivière du Hâvre, l'office de tourisme d'Oudon loue barques (12€/h et 36€/j.) et canoës (7€/h et 25€/j.). **Office de tourisme** *11, rue du Pont-Levis 44521* **Oudon** *(à 9km d'Ancenis par la D723 et la D323) Tél. 02 40 83 80 04*

● **Survoler la région en montgolfière** D'avril à octobre flottent dans le ciel ancenien des enveloppes multicolores chargées de passagers ébahis par le spectacle de la Loire, de ses châteaux, de l'Erdre... Tarif 240€/pers. (tarif dégressif en fonction du nombre de passagers). **Nemo-Nantes Montgolfières** *44850* **Ligné** *(à 20km à l'ouest d'Ancenis) Tél. 02 40 92 87 46 Tél. port. 06 70 32 85 90 www.nantes-montgolfieres.fr*

CARNET D'ADRESSES

Restauration

petits prix

L'Eau à la bouche Sur une toue cabanée (bateau traditionnel de la Loire) amarrée à côté du pont de Bretagne, la petite dernière des adresses anceniennes ne manque pas de charme et d'originalité. Sur des tables hautes faisant face à la Loire ou confortablement installé sur le pont arrière éclairé à la bougie en soirée, on déguste des crostinis (6,10€-7,10€) ou une planchette de charcuterie (7,60€) en goûtant aux vins de Loire. Pizzas de 7,20€ à 11,50€. *Pont de Bretagne* **Ancenis** *Tél. 02 41 34 17 69 www.eau-a-la-bouche.com Ouvert mar.-sam. 10h-15h et 18h-23h ; juil.-août : lun.-sam. 10h-15h et 18h-23h*

prix moyens

La Toile à beurre On vient de Nantes pour s'y régaler. Une décoration rustique dans une cave en tuffeau, et des menus de saison servis au coin de la cheminée ou dans le jardin sont la recette de ce succès. Les plats du terroir au gré du marché privilégient les poissons sauvages de la Loire, accompagnés de vins du Val-de-Loire. La carte change toutes les semaines. Menus de 18,50€ à 65€ (avec une succession de 8 plats). *82, rue Saint-Pierre* **Ancenis** *Tél. 02 40 98 89 64 Fermé dim. soir, lun. et mar.*

La Table du pêcheur Dans une petite salle aux influences marines, une succulente table traditionnelle et simple : fruits de mer et poissons de Loire (anguilles, mulets, voire lamproies), fraîchement pêchés par l'un des derniers pêcheurs professionnels de Loire, mais aussi filet de canette à l'infusion d'orange ou filet de bœuf à l'Anjou... Grandes salades à 10,58€, plateaux de fruits de mer (16,90€-24,60€) et menus marins (14,90€-26€). *11, bd Léon-Séché* **Ancenis** *Tél. 02 40 83 11 36 www.latabledupecheur.com Ouvert tlj. 12h-14h30 et 19h-21h30 (sam. 22h30)*

prix élevés

La Charbonnière Laurence et Pierre Cuasante servent une cuisine raffinée, comme une invitation à naviguer sur la Loire depuis la salle ou la terrasse panoramique de leur restaurant. Une brochette d'anguilles au romarin précède un sandre au beurre blanc et, pour les plus avides de découverte, l'aile et la cuisse d'un colvert, le tout suivi d'un fromage tiré à quatre épingles et d'un dessert aux fruits de saison, et arrosé d'un vin de pays : tel est l'itinéraire du menu des Pays de la Loire (33€ ou 41€ avec viande et poisson). Formule midi en semaine à 14,50€, menus végétarien à 19€, saveurs du monde à 22,50€. *Pl. de La Charbonnière* ***Ancenis*** *Tél. 02 40 83 25 17 www.restaurant-la-charbonniere.com Fermé dim. soir, mer. soir, nov.-avr. : sam. midi*

Hébergement

camping

Camping de l'Île Mouchet Calme et ombragé, en bordure de Loire, il offre un large éventail de prestations. Forfait min. (1 pers., 1 emplacement, 1 véhicule) 10,80€, 3,10€/pers. suppl., 2,60€/enfant (moins de 7 ans). ***Ancenis*** *Tél. 02 40 83 08 43 Tél. port. 06 62 54 24 73 (hors saison) www.camping-estivance.com Ouvert avr.-mi-oct.*

prix moyens

Hôtel Akwaba Installé dans un quartier récent, en face du centre commercial des Arcades, il ne présente pas un grand charme, mais offre un confort très respectable. Ses chambres bien équipées (67,90€-69,90€, suite à 105€) et ses nombreux services (accès wifi) en font une halte pratique. Au restaurant, menus de 12€ à 29,50€. *Centre les Arcades 119, bd du Docteur-Moutel* ***Ancenis*** *Tél. 02 40 83 30 30 www.hotel-akwaba.com Restaurant fermé fin juil.-mi-août et fin déc.-début jan.*

Dans les environs

camping

Camping de la Tour Soixante-dix places dans un écrin de verdure en bordure de Loire : calme et détente assurés ! Forfait min. (1 pers., 1 emplacement, 1 véhicule) 6,50€, 2,10€ par pers. suppl., 1,50€ par enfant (moins de 7 ans). *44521* ***Oudon*** *(à 9km à l'ouest d'Ancenis par la D723 et la D323) Tél. 02 40 83 80 22 Ouvert juin-mi-sept.*

prix très élevés

☺ **Palais Briau** Le premier étage de ce palais (cf. Découvrir, Les environs) est réservé à l'accueil d'hôtes, dans 3 chambres (120€-140€) et 1 suite (180€ pour 3 pers.) délicieusement décorées. Mobilier Napoléon III, ciels de lit, sdb de style oriental, vue sur le parc de 18ha ou sur l'abbaye de Saint-Florent-le-Vieil... ici, tout n'est que charme et confort. Calme rare et accueil attentif dans un cadre exceptionnel. *M. et Mme Devouge Rue de la Madeleine 44370* ***Varades*** *(à 13km à l'est d'Ancenis par la D723) Tél. 02 40 83 45 00 www.palais-briau.com*

GEOREGION

Rassemblement de monocoques, dans le golfe du Morbihan.

GOLFE DU MORBIHAN ET ARRIÈRE-PAYS

Brest
Quimper
Rennes
Lorient
Vannes
BELLE-ÎLE
Nantes
N
10 km
Malguénac
Sainte-Noyale
Gueltas
Rohan
Pontivy
Noyal-Pontivy
PLATEAU D
Bréha
Le Sourn
Kerfourn
Crédin
Saint-Thuriau
D764
Saint-Nicolas-des-Eaux
Naizin
SITE DE CASTENNEC
Moustoir-Remungol
Pleugriffet
D768
D767
Réguiny
Pluméliau
ÉVEL
Radenac
Saint-Barthélemy
Remungol
Buléo
Pays de Lorient et de Quimperlé
Moréac
Guénin
Saint-Allouest
N24
Baud
Locminé
Bignan
Château de Kerguehennec
BLAVET
La Chapelle-Neuve
Plumelin
Camors
Mostoir-Ac
Languidic
FORÊT DOMANIALE DE CAMORS
FORÊT DOMANIALE DE FLORANGES
Saint-Jean-Brévelay
LORIENT
Colpo
Brandérion
N165
Landévant
Pluvigner
Plaudren
Nostang
MORBIHAN
Grand-Champ
Landaul
LOC'H
Plumergat
Sainte-Hélène
Locoal-Mendon
Brech
Monterblanc
RIA D'ÉTEL
Saint-Degan
Sainte-Anne-d'Auray
Meucon
MARAIS DE KERZO
Saint-Cado
Champ des Martyrs
Plescop
Saint-Nolf
Belz
Pluneret
Étel
D22
Auray
Saint-Avé
Keravéon
Sainte-Avoye
Erdeven
Kercadio
Ploemel
Plougoumelen
Vannes
RIA D'AURAY
Le Bono
Arradon
Conleau
D781
D28
N165
Séné
Crach
Baden
Plouharnel
Larmor-Baden
ÎLE AUX MOINES
ÎLE D'ARZ
RÉSERVE NATURELLE
Theix
La Trinité-sur-Mer
Noyalo
Le Pô
Le Hézo
Saint-Colomban
Carnac
CAIRN DE GAVRINIS
ÎLE BERDER
Penthièvre
Saint-Armel
CÔTE DES MÉGALITHES
Locmariaquer
Arzon
GOLFE DU MORBIHAN
D20
D780
Port-Navalo
TUMULUS DE TUMIAC
PETIT MONT
CÔTE SAUVAGE
PORT DU CROUESTY
Sarzeau
Le Tour-du-Parc
PRESQU'ÎLE DE QUIBERON
BAIE DE QUIBERON
PRESQU'ÎLE DE RHUYS
Château de Suscinio
Quiberon
Saint-Gildas-de-Rhuys
Penvins
POINTE DU CONGUEL
RADE DE PÉNERF
ÎLE DE HOUAT
ÎLE DE HOËDIC
BELLE-ÎLE-EN-MER
OCÉAN ATLANTIQUE

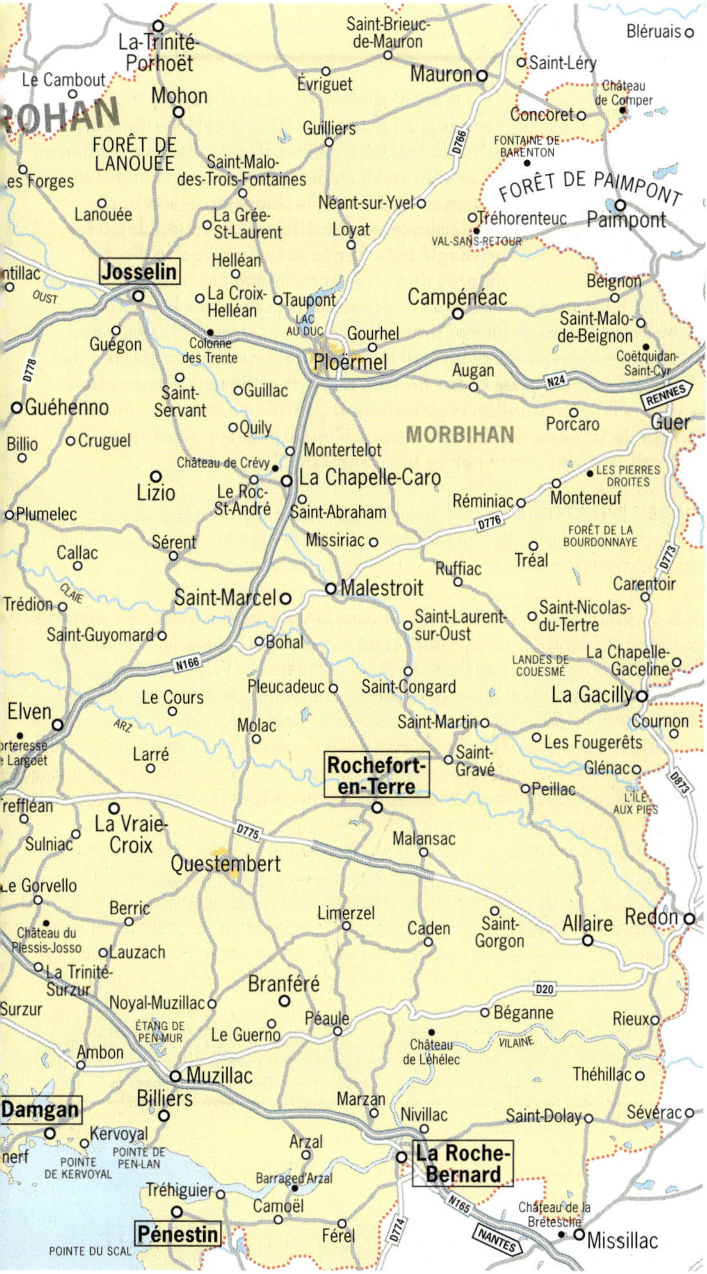
La-Trinité-Porhoët
Saint-Brieuc-de-Mauron
Bléruais
Le Cambout
Évriguet
Mauron
Saint-Léry
Mohon
Château de Comper
ROHAN
Concoret
FORÊT DE LANOUÉE
Guilliers
D766
FONTAINE DE BARENTON
Les Forges
Saint-Malo-des-Trois-Fontaines
FORÊT DE PAIMPONT
Néant-sur-Yvel
Lanouée
La Grée-St-Laurent
Loyat
Tréhorenteuc
Paimpont
VAL-SANS-RETOUR
Helléan
Josselin
La Croix-Helléan
Taupont
Campénéac
Beignon
OUST
LAC AU DUC
Saint-Malo-de-Beignon
Guégon
Colonne des Trente
Gourhel
Coëtquidan-Saint-Cyr
D778
Ploërmel
Augan
N24
Saint-Servant
Guillac
RENNES
Guéhenno
Porcaro
Guer
MORBIHAN
Quily
Billio
Cruguel
Montertelot
Château de Crévy
LES PIERRES DROITES
Lizio
La Chapelle-Caro
Le Roc-St-André
Saint-Abraham
Réminiac
Monteneuf
Plumelec
D776
Missiriac
FORÊT DE LA BOURDONNAYE
Callac
Sérent
Tréal
D773
Ruffiac
CLAIE
Malestroit
Carentoir
Trédion
Saint-Marcel
Saint-Nicolas-du-Tertre
Saint-Laurent-sur-Oust
Saint-Guyomard
Bohal
La Chapelle-Gaceline
LANDES DE COUESMÉ
N166
Pleucadeuc
Saint-Congard
La Gacilly
Le Cours
Elven
Saint-Martin
Cournon
ARZ
Molac
Les Fougerêts
Larré
Saint-Gravé
Glénac
Rochefort-en-Terre
Peillac
D873
L'ÎLE AUX PIES
La Vraie-Croix
Sulniac
D775
Malansac
Questembert
Le Gorvello
Berric
Limerzel
Caden
Saint-Gorgon
Allaire
Redon
Château du Plessis-Josso
Lauzach
La Trinité-Surzur
Branféré
D20
Surzur
Noyal-Muzillac
Béganne
Rieux
ÉTANG DE PEN-MUR
Le Guerno
Péaule
Château de Léhélec
VILAINE
Ambon
Théhillac
Muzillac
Billiers
Damgan
Marzan
Nivillac
Saint-Dolay
Sévérac
Kervoyal
POINTE DE PEN-LAN
POINTE DE KERVOYAL
Arzal
La Roche-Bernard
Barrage d'Arzal
Tréhiguier
N165
Camoël
Château de la Bretesche
Pénestin
D774
Férel
NANTES
Missillac
POINTE DU SCAL

VANNES

56000

Ville d'art et d'histoire, et chef-lieu du Morbihan, Vannes jouit d'une situation idéale sur les bords du golfe du Morbihan. Elle offre au visiteur le charme de sa ville close au patrimoine exceptionnel et largement piétonne, la douceur de son port de plaisance, et constitue un point de départ privilégié pour la découverte du golfe. Forte de près de soixante mille habitants, elle s'affirme aujourd'hui comme un pôle d'emploi attractif, tant dans le secteur tertiaire que dans celui de l'industrie – avec notamment la présence de chantiers navals de pointe. Plus qu'une destination touristique de choix, Vannes offre un cadre de vie vraiment séduisant. Pour preuve, la ville voit sa population régulièrement gonfler d'année en année. Revers de la médaille, l'urbanisation galopante de ses alentours pourrait, à terme, entamer ce beau capital…

UN PEU D'HISTOIRE La cité primitive de Darioritum voit le jour sur le site de l'actuel quartier Saint-Patern. Les Vénètes – le plus puissant des cinq peuples primitifs de l'Armorique – y règnent jusqu'en 56 av. J.-C., où ils capitulent face aux envahisseurs romains lors d'une bataille navale près du golfe, relatée par Jules César dans la *Guerre des Gaules*. Ces derniers en feront un centre politique important. À partir du IIIe siècle, l'érection de fortifications s'impose. Puis la ville se christianise : l'élection de saint Patern en 465 en fait un des premiers évêchés de Bretagne ; pendant de nombreux siècles, elle sera une étape obligée sur la route du *Tro Breiz* (tour de Bretagne). Le chef breton Waroch s'empare de la ville en 578. Au IXe siècle, Nominoë y proclame l'indépendance de la Bretagne. Les invasions se succèdent – les Normands, notamment, incendient la cité au Xe siècle –, mais Vannes, protégée par les ducs de Bretagne, parvient à développer un commerce fructueux, jusqu'à devenir une des villes les plus importantes du duché. Après la guerre de succession, les ducs y demeurent pendant plus d'un siècle. Ils construisent le château de l'Hermine et agrandissent les remparts de la ville. En 1532, François Ier rencontre les États de Bretagne à Vannes : le traité d'union au royaume de France y est signé. Un siècle plus tard, la ville accueille le parlement, chassé de Rennes ; de 1675 à 1689, elle

Tableau kilométrique

	Vannes	Arzon	La Roche-Bernard	Rochefort-en-Terre	Josselin	Auray
Arzon	35					
La Roche-Bernard	40	50				
Rochefort-en-Terre	40	60	25			
Josselin	65	90	65	45		
Auray	20	50	60	50	80	
Quiberon	45	80	85	80	105	30

connaît une dynamique nouvelle. Les parlementaires et les nombreux négociants font bâtir de prestigieuses demeures, encore visibles aujourd'hui. Au début du XVIIIe siècle, la concurrence de Lorient et l'envasement du port de Vannes amorcent le déclin des activités portuaires, achevé au XIXe siècle. Vannes, devenue chef-lieu du département du Morbihan pendant la Révolution, se modernise mais demeure une ville discrète. Épargnée par la Seconde Guerre mondiale, elle accueille pendant cette période plusieurs centaines de Lorientais. Vingt ans plus tard, les premiers travaux d'aménagement du port de plaisance annoncent son réveil.

SAINT VINCENT En 1418, Jean V, inquiet de l'impiété des Vannetais, fait appel à Vincent Ferrier, prêtre espagnol originaire de Valence, pour prêcher sur ses terres. Le futur saint (il sera canonisé en 1455) rassemble d'immenses foules à Vannes et dans toute la Bretagne, qu'il sillonne un an durant. Après avoir accompli pas moins de 873 miracles, il revient, épuisé, à Vannes, où il meurt en 1419. Son corps repose à la cathédrale ; saint Vincent est resté une figure populaire de la ville.

MODE D'EMPLOI

accès

EN VOITURE

Vannes est située sur la N165, entre Nantes (109km) et Quimper (115km).

EN TRAIN

Le TGV Atlantique Paris/Quimper dessert Vannes, via Rennes en 3h30.

Gare SNCF (plan 4, B1) *Pl. de la Gare Tél. 36 35 www.voyages-sncf.com*

EN CAR

La ville est desservie par le réseau TIM : ligne 1 (Vannes-Auray-Quiberon), ligne 2 (Vannes-Grand-Champ), ligne 3 (Vannes-Locminé-Pontivy), ligne 3B (Vannes-Saint-Jean-Brevelay), ligne 4 (Vannes-Ploërmel), ligne 5 (Vannes-Auray-Baud), ligne 7 (Vannes-Port-Navalo), ligne 8 (Vannes-Muzillac-La Roche-Bernard), ligne 9 (Vannes-Questembert-Rochefort-en-Terre). Départ des bus à la gare routière et achat des tickets (2€, tarif unique) auprès des conducteurs.

Réseau TIM *Tél. 0810 10 10 56 www.morbihan.fr*

Gare routière (plan 4, B1) *Pl. de la Gare (en face de la gare SNCF) Tél. 02 97 01 22 10*

orientation

Le charme de Vannes se concentre dans la vieille ville, en partie ceinte de remparts ; le quartier de Saint-Patern, à l'ouest, et le port de plaisance, au sud, ne manquent pas non plus de cachet. Plus au sud, à 2km, se trouvent la gare maritime (embarquement pour les croisières dans le golfe) et le parc du Golfe, où sont réunis le Jardin des papillons et l'aquarium.

informations touristiques et pratiques

Office de tourisme (plan 4, A3) *Quai Tabarly Tél. 0825 13 56 10 www.tourisme-vannes.com Ouvert juil.-août : lun.-sam. 9h-19h, dim. et j. fér. 10h-18h ; sept.-juin : lun.-sam. 9h30-12h30 et 13h30-18h*

Port de plaisance (plan 4, A3) *Tél. 02 97 54 16 08*

Gare maritime *Parc du Golfe, rue Gilles Gahinet*

visites-découvertes

"Laissez-vous conter Vannes" Membre du Réseau des Villes et Pays d'art et d'histoire, Vannes propose toute l'année des visites de la ville commentées par un guide conférencier agréé par le ministère de la Culture (environ 1h30). Celles-ci abordent des thèmes variés : le XVIIe siècle, le port, les remparts, l'île de Conleau... Certaines, destinées aux enfants, ont lieu en juillet et en août (lun.-sam. à 14h30). Il est possible de télécharger sur le site de la mairie des fichiers audio retraçant des promenades dans la ville (www.mairie-vannes.fr/decouvrir_vannes). Balades nocturnes en juillet-août. *Informations à l'office de tourisme ou au service du patrimoine*

Animation du patrimoine (plan 4, B3) *Les Lavoirs 15, rue Porte-Poterne Tél. 02 97 01 64 00*

Balades au clair de lune *Juil.-août : mar. 21h30, mer. 22h et jeu. 22h Durée 1h30 Tarif 7,50€, réduit 5€*

transports urbains

Transports du pays vannetais (plan 4, A2) Le réseau TPV assure les transports collectifs de Vannes et de ses environs. Il vous permet notamment de rejoindre facilement les presqu'îles de Conleau (ligne 3) et de Séné (ligne 6). Tickets en vente auprès des conducteurs de bus et chez de nombreux dépositaires (1,30€ l'unité). *Infobus Pl. de la République Tél. 02 97 01 22 23 www.tpv.fr*

parkings

Vous trouverez différents parkings payants dans le centre-ville et quelques parkings gratuits, dont celui du parc du Golfe (gare maritime et visites), d'où des navettes gratuites conduisent vers le centre-ville en juillet-août (sauf dimanche et jours fériés).

location de véhicules et de deux-roues

Cycles Le Mellec *51 ter, rue Jean-Gougaud (pl. de la Madeleine) Tél. 02 97 63 00 24*

Société Ouest-Location Loueur de voitures. *Pl. de la Gare Tél. 02 97 47 54 54*

poste et accès Internet

Poste centrale (plan 4, A2) *27, pl. de la République Tél. 02 97 68 30 20*

Ath@lie Services (plan 4, B3) Connexion 4€/h. *4, rue de la Porte-Poterne Ouvert lun.-sam. 10h30-12h30 et 14h-19h Tél. 02 97 47 59 02*

marchés, fêtes et manifestations

Marchés ***Grand marché*** *Pl. des Lices Sam. matin* ***Petit marché*** *Mer.* ***Marché de la halle aux poissons*** *Mar.-sam. 7h-13h*

Fêtes bretonnes d'Arvor Sur le port et dans la vieille ville, trois jours de fête en lien avec la culture bretonne : Fête de la mer, élection de la reine d'Arvor, fest-noz, défilés et concerts. *Mi-août www.fetes-arvor.org*

Fêtes historiques Sur un thème historique prédéfini, reconstitutions, tableaux vivants, défilés, gastronomie, etc., durant cinq jours. *Début et mi-juil.*

Festival de jazz Concerts (payants) et tremplins (gratuits) pendant cinq jours dans les jardins de Limur. *Fin juil.*

Nuits musicales du Golfe Concerts de musique classique dans six villes autour du golfe : Vannes, Elven, Saint-Avé, Arradon, Séné, Theix. *www.musicalesdugolfe.com Fin juil.-début août*

DÉCOUVRIR

☆ **Les essentiels** La cathédrale Saint-Pierre, la Cohue, le quartier Saint-Patern **Découvrir autrement** Flânez sur la promenade de la Rabine le long du port de plaisance, dégustez un succulent *kouign-amann* chez Le Brun ➤ Carnet d'adresses p.219

Vannes

☺ **Ville close (plan 4, A2-A3)** Que l'on pénètre dans la ville close par la porte Prison, la porte Poterne ou la porte Saint-Vincent, on est frappé par l'harmonie et le charme de ces ruelles miraculeusement conservées. De la rue Saint-Vincent, dont les maisons ont été construites par les parlementaires au XVIIe siècle, à la place des Lices, où prêcha saint Vincent Ferrier – et où se tient le marché les mercredis et samedis matin –, en passant par la place du Poids-Public, tout rappelle le passé prospère de la cité. Ne manquez pas la rue Noé, où trône le Château-Gaillard ; en face de lui, les visages bonhommes de la sculpture *Vannes et sa femme* émergent d'une belle demeure du XVIe siècle. On ne connaît pas l'origine de cette sculpture en pierre polychrome, qui est un des symboles de la ville. L'étroite rue des Halles, bordée de commerces et de restaurants, vous mènera vers la place Henri-IV ; en rejoignant la place Saint-Pierre et la cathédrale, vous découvrirez la Cohue, anciennes halles transformées en musée. À l'ouest, c'est la rue Thiers – et sa circulation ininterrompue – qui semble servir de limite au vieux Vannes ; traversez-la pour découvrir l'hôtel de ville. Élevé en 1886 dans un style inspiré de la Renaissance italienne, il fait partie des fiertés des Vannetais.

PAUSE GOÛTER
À deux pas des remparts, dans une rue piétonne, le ravissant Thé gourmand, salon de thé au décor rose et coquet, constitue une pause idéale pour reprendre des forces avant de (re-)partir à la découverte de la ville. Sélection de 42 thés (3,50€) venus de Chine, d'Inde ou de Ceylan avec l'explication de leurs bienfaits. Accordez-vous un petit péché mignon pour le goûter : de généreuses pâtisseries comme le moelleux au chocolat (5,50€), la tarte au citron ou les crêpes sucrées. Thés glacés pour se rafraîchir.
Le Thé gourmand (plan 4, B2 n°16) *18, rue des Vierges Tél. 02 97 69 16 74* Ouvert *lun.-sam. 9h30-19h*

Remparts (plan 4, B2) Les remparts de Vannes, élevés à partir du XIIIe siècle sur les vestiges de l'enceinte gallo-romaine, ceignent encore une partie de la ville ; bordés de jardins à la française et longés par la Marle, ils constituent une promenade agréable. On les suit de la porte Prison (à l'est) à la porte Saint-Vincent (au sud). La première (XIVe-XVe s.), entrée principale de la ville close, comptait deux tours jusqu'à son démantèlement en 1886. Primitivement appelée porte Saint-Patern, elle change de nom à la Révolution, quand son premier étage sert à enfermer royalistes, religieux et autres opposants. La seconde porte (XVIIe s., reconstruite en 1742) relie la place Gambetta à la ville close. La statue de saint Vincent qui trône dans la niche supérieure date de la fin du XIXe siècle ; on dit que, lorsque le bras du saint s'abaissera, la ville de Vannes sera inondée. Près de la porte

Prison, les remparts conservent des vestiges des fortifications gallo-romaines ; en suivant l'enceinte vers le sud, on découvrira la tour Joliette (XIVe-XVe s.) – on peut accéder à sa courtine en empruntant la rue des Vierges, *intra-muros*. Puis la poudrière précède la tour du Connétable, élevée vers 1420-1425, et le bastion de la Garenne (1626-1628), devant lesquels se tiennent les charmants lavoirs édifiés au XIXe siècle. Un pont étroit, construit sur l'écluse de la Marle, mène à la porte Poterne (1679). La statue polychrome de la Vierge à l'Enfant qui la surmonte est une copie d'une œuvre du XVIIe siècle, dont l'original est conservé au musée de la Cohue. La grande bâtisse du château de l'Hermine (XIVe s.), demeure ducale devenue résidence des gouverneurs de Vannes puis tombée en ruine, fut transformée en hôtel particulier au XVIIIe siècle. Enfin vient la tour de Calmont (XIVe-XVe s.), derrière laquelle on aperçoit le haut de la tour Trompette – où habitait le trompette de la ville. Le jardin de la Garenne (derrière vous si vous vous tenez face aux remparts) constitue une promenade agréable en même temps qu'un bon point de vue sur les fortifications de la ville.

☆ **Cathédrale Saint-Pierre (plan 4, A2)** De l'édifice primitif du XIIe siècle, ne subsistent que quelques traces à la base du clocher et dans son chœur. Il est reconstruit au XVe siècle selon le plan général qu'on lui connaît aujourd'hui :

Activités en famille dans le Morbihan

une nef desservant directement dix chapelles latérales, interdisant toute déambulation circulaire. Elle est ensuite remaniée au XVIe siècle : le portail nord est arrangé dans un style flamboyant ; la chapelle du Saint-Sacrement, première chapelle ronde de Bretagne et exemple précoce d'architecture Renaissance dans la région, est construite en 1536 et 1537. Elle est dédiée à saint Vincent Ferrier, dont elle abrite le tombeau et un buste reliquaire. Elle comprend également la tapisserie d'Aubusson (1615), sur laquelle sont représentés divers miracles accomplis par le saint, ainsi que sa canonisation. Le trésor de la cathédrale, conservé dans la salle capitulaire, recèle notamment un superbe et rare coffret de mariage en bois recouvert de parchemin, du XIIe siècle.

CACHEZ CE SEIN... Dès sa présentation, le *Christ sur la Croix* de Delacroix suscite une violente polémique. Sa composition inhabituelle (le Christ n'occupe pas le centre de la toile) et la gorge dénudée de Madeleine choquent le public. Acquis par l'État et attribué à la ville de Vannes sur la demande du parlementaire Vigier, la toile subira d'importantes dégradations : le curé de Saint-Patern fera recouvrir le corsage de la pécheresse à grands coups de pinceau, avant de remiser la toile dans le clocher, en dépit des protestations de l'artiste. Le tableau est restauré en 1863.

☆Musée de la Cohue-musée des Beaux-Arts (plan 4, A2) C'est à la fin du XIXe siècle que se constituent les premières collections du musée des Beaux-Arts, d'abord conservées à la mairie. Elles déménageront plusieurs fois avant d'être installées à la Cohue en 1980. Ce lieu historique, dont le nom vient du breton *koc'hu* "halle", fut édifié à partir du XIIIe siècle et agrandi aux XIVe et XVIIe siècles. Au Moyen Âge et jusqu'en 1840 s'y tenait un marché important ; jusqu'en 1796, on y rendait la justice. Propriété de la ville depuis 1813, la Cohue abrite aujourd'hui un musée dont le chef-d'œuvre est le célèbre *Christ sur la Croix* (1835) de Delacroix (cf. ci-contre). Une salle entière est consacrée aux œuvres de peintres bretons tels Frélaut, Dubreuil ou Maufra. L'École de Paris est également bien représentée avec des œuvres de Jean Le Moal, Alfred Mannessier ou Jean Bertholle. Le musée s'ouvre également à la création contemporaine et accueille des toiles de Pierre Tal Coat, Pierre Soulages ou Geneviève Asse. Également une belle collection de sculptures en bois polychromes (XIVe et XVIe s.). Expositions temporaires (5 ou 6 par an) et concerts organisés avec la complicité de l'École nationale de musique. *9 et 15, pl. Saint-Pierre Tél. 02 97 01 63 00 Ouvert mi-juin-fin sept. : tlj. 10h-18h ; hors saison : tlj. 13h-18h Tarif 4,30€, réduit 2,70€, moins de 12 ans et dim. gratuit "Pass-musée" en été (Château-Gaillard et Cohue) 6€, réduit 4€ Fermé j. fér.*

Château-Gaillard-musée d'Histoire de Vannes (plan 4, A2) C'est dans le Château-Gaillard, érigé au XVe siècle par le duc Jean V le Sage, que la Société polymathique du Morbihan, propriétaire du lieu depuis 1912, a réuni ses riches collections préhistoriques. L'époque néolithique est particulièrement bien représentée, avec de nombreux outils, bijoux, poteries, provenant des sites mégalithiques du département, fouillés à partir du XIXe siècle (Carnac, Locmariaquer, etc.). Au premier étage, la salle Louis-Marsille, au superbe plafond sculpté, conserve de nombreux vestiges en provenance de Tumiac, dont un exceptionnel mobilier funéraire comprenant trente-deux haches polies et trois colliers en variscite. Des pièces plus récentes, de l'époque gallo-romaine à la Renaissance, la complètent. Au deuxième étage, ne manquez pas le cabinet des Pères du désert : les murs et la cheminée (XVe s.) sont entièrement lambrissés de boiseries ornées de cinquante-sept panneaux peints, d'inspiration flamande, relatant la vie des saints ermites d'Orient et différents épisodes de la vie du Christ. En tout, le musée comporte quatre niveaux que dessert un très bel escalier à vis. La salle du rez-de-chaussée (collection du Moyen Âge) s'ouvre sur un charmant jardin où vous pourrez faire une pause. *2, rue Noé Tél. 02 97 01 63 00 Ouvert juin-sept. : tlj. 10h-18h ; hors saison : groupes sur réservation Tarif 4,30€, réduit 2,70€, moins de 12 ans gratuit "Pass-musée" (Château-Gaillard et Cohue) 6€, réduit 4€ Fermé j. fér.*

☆ **Quartier Saint-Patern (plan 4, B2)** Le quartier Saint-Patern, cœur historique de Vannes, garde le souvenir de la ville médiévale au fil de ses belles maisons à colombages. L'église Saint-Patern est restée pendant tout le Moyen Âge un important centre de pèlerinage, suite au massacre de Patern par les Normands. En tant que l'un des sept saints fondateurs de la Bretagne, on l'honorait au cours du *Tro Breiz*. Victime de tempêtes au début du XVIIIe siècle, l'édifice a été entièrement reconstruit et conserve aujourd'hui un mobilier des XVIIIe et XIXe siècles, principalement constitué de retables.

● **Où acheter des œuvres d'art contemporain ?** La galerie des Funambules expose des œuvres d'artistes contemporains, dont les encres sur papier du maître des lieux, Matthieu Bobin. À la belle saison, organisation de "promenades-croquis" sur les îles et les sentiers côtiers du golfe. **Les Funambules (plan 4, A3 n°33)** *23, pl. de la Poissonnerie (rive gauche du port) Tél. 02 97 01 93 36 www.lesfunambules.com Ouvert mar.-sam. 10h-12h30 et 15h-19h*

● **Où trouver des couteaux bretons ?** Per Chemereau fabrique des couteaux depuis des décennies. En 1994, il ouvre une boutique à Vannes. C'est la Bretagne et son âme celte qui guident sa main dans la réalisation de pièces uniques, parfois inspirées de couteaux historiques entraperçus dans des musées. Commander une lame requiert de la patience. Comptez 600€ pour un couteau pliant, de 310€ à 420€ pour un non-pliant. **Coutellerie Per (plan 4, A2 n°31)** *13, rue Émile-Burgault Tél. 02 97 42 64 87 http://couteau.per.monsite-orange.fr Ouvert mar.-sam. 10h-12h et 14h-19h*

● ☺ **Où déguster un *kouign-amann* ?** Un détour gourmand s'impose chez Le Brun pour déguster le *kouign-amann*, salué par les connaisseurs comme l'un des meilleurs de Bretagne. **Boulangerie Le Brun (plan 4, A3 n°30)** *9, rue Saint-Vincent Tél. 02 97 47 40 07 www.boulangerielebrun.com Ouvert mar.-dim. 7h-20h*

● **Où faire un shopping gourmand ?** La vitrine de La Tapenalgue, épicerie fine au cœur du vieux Vannes, concentre les plus typiques produits de la région. Une escale idéale, donc, pour repartir avec un goût de Bretagne. Vous trouverez le véritable chouchen du pays vannetais, les incontournables

Plan 4 Vannes

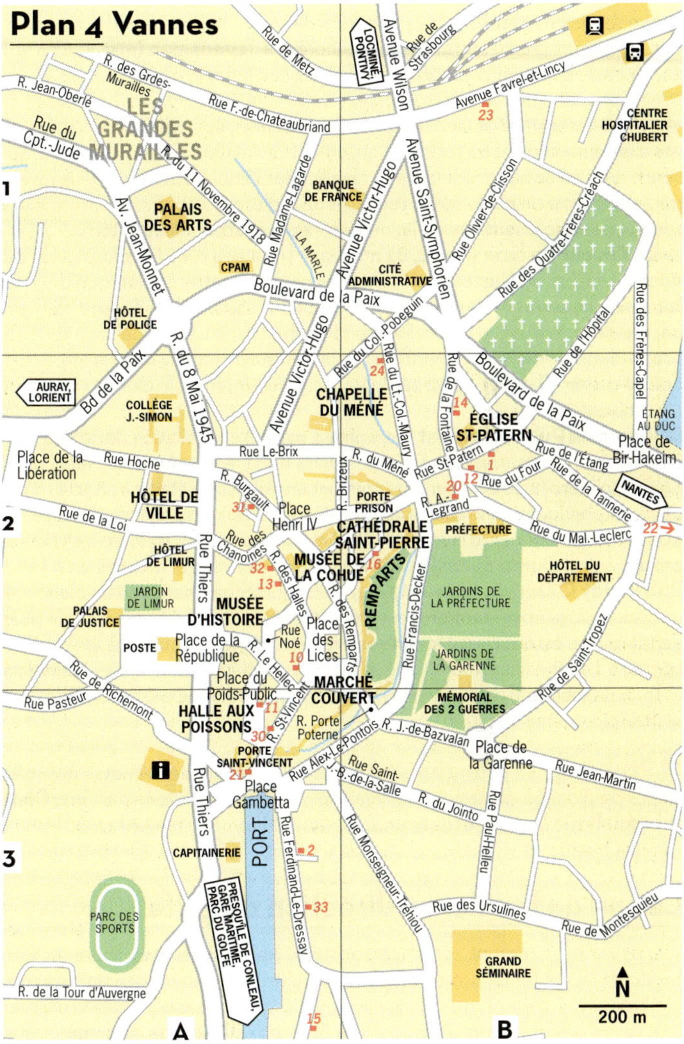

Cafés, bars et lieux de sortie (n° 1 et 2)

Le Buveur de lune* 1 B2
Pub Paddy O'Dowd's* 2 A3

Restauration (n° 10 à 16)

Afghan Café 14 B2
À l'Aise Breizh Café 15 A3
Café de la Poissonnerie 11 A3
Crêperie Dan Ewen 12 B2
Crêperie La Taupinière 10 A2
La Brasserie des Halles 13 A2
Le Thé gourmand* 16 B2

Hébergement (n° 20 à 24)

Hôtel Manche-Océan 24 B2
La Marébaudière 22 B2
Le Marina 21 A3
Le Relais du golfe 20 B2
Villa Kérasy 23 B1

Shopping (n° 30 à 33)

Coutellerie Per* 31 A2
La Tapenalgue* 32 A2
Le Brun* 30 A3
Les Funambules* 33 A3

*À RETROUVER DANS LA PARTIE DÉCOUVRIR

caramels beurre salé, le gros sel de Saint-Armel, le beurre d'huître, le whisky pur blé noir et bien d'autres trésors encore. **La Tapenalgue (plan 4, A2 n°32)** *23, rue des Halles Tél. 02 97 42 69 65 Ouvert lun. 14h-19h, mar.-sam. 9h-19h*

● Où boire un verre ? Plus que les étudiants, éparpillés dans Vannes et ses alentours, ce sont les touristes qui créent l'animation nocturne. La ville, qui s'endort tôt en hiver, commence à se réveiller dès Pâques, autour de deux foyers de vie nocturne : le port – où les terrasses de la place Gambetta, orientées plein sud, ne désemplissent pas de la journée – et le quartier Saint-Patern.

☺ **Le Buveur de lune (plan 4, B2 n°1)** Dans l'une des rues les plus raides du quartier, ce bar se gagne au prix d'une bonne grimpette. Si bien que dehors, la minuscule terrasse prend des airs de balcon suspendu à la façade blanche barrée de colombages bleus. Passez la porte et entrez dans la salle tout en profondeur. Un ciel étoilé peint sur le plafond surplombe la mezzanine. *8, rue Saint-Patern Tél. 02 97 54 32 32 kervernic@club-internet.fr Ouvert mer.-dim. 17h-2h (sauf jeu. 1h)*

O'Riverside Pub-restaurant (hors plan 4, par A2) L'appellation de ce pub-restaurant n'est pas usurpée : sa terrasse donne sur la rivière du Vincin. Idéal pour boire une bière (2,40€ le demi) ou combler un petit creux (tartines 8,50€) dans un décor poétique et une atmosphère chaleureuse. Soirées poker ou concerts en plein air. *2, rue Campen (à la sortie de Vannes dir. Arradon) Tél. 02 97 40 43 32 www.oriverside.fr.st Ouvert tlj. 12h-15h et 17h-2h Fermé dim. midi et dim. soir en hiver*

Pub Paddy O'Dowd's (plan 4, A3 n°2) Ceux qui recherchent une ambiance et un cadre 100% "irish" tout en pouvant admirer le coucher du soleil sur le port de plaisance, seront ravis ! Ici, bières pression, scotchs, bourbons et whiskies sont rois. Le service est toujours souriant et sympathique. On y croise Vannetais et touristes sur fond de bonne musique. *23, rue Ferdinand-Le-Dressay Tél. 02 97 47 87 81 Ouvert tlj. 15h30-1h30*

● Pratiquer la plongée sous-marine Le club des Vénètes propose stages de plongée, de niveau I à niveau IV, baptêmes, sorties en mer, etc. **Club subaquatique Les Vénètes (plan 4, B1)** *5, av. Wilson Tél. 02 97 42 47 00 http://venetes.free.fr*

Le sud de la ville, en direction du golfe

Vos pas vous mèneront certainement sur le **port de Vannes** (plan 4, A3), bordé de belles bâtisses du XIXe siècle. Aujourd'hui entièrement consacré à la plaisance, il connut, du XVIe siècle jusqu'à son envasement au XVIIIe, une intense activité. La **promenade de la Rabine** qui le longe côté ouest vous conduira, au terme de 2km, au parc du Golfe et, 2km plus loin, à la **presqu'île de Conleau**, lieu de plaisance très apprécié sur les bords du golfe du Morbihan. Enfin, le **golfe du Morbihan** tout proche offre de nombreuses promenades dans un environnement exceptionnel. Vous pouvez embarquer pour les îles à partir du parc du Golfe, de Port-Navalo ou de Locmariaquer.

Aquarium L'aquarium du Golfe recense de nombreuses espèces marines du monde entier. Vous en découvrirez d'étonnantes, telles que la très grosse tortue carette, le requin des récifs à pointe blanche ou à pointe noire, le crocodile du

Nil, trouvé dans les égouts de Paris et premier pensionnaire de l'aquarium, l'anguille électrique, les limules, les piranhas ou les méduses aux repas spectaculaires… L'aquarium met aussi l'accent sur les hippocampes, espèce jadis prolifique dans le golfe et aujourd'hui menacée. *Parc du Golfe Tél. 0810 40 69 01 www.aquarium-du-golfe.com Ouvert jan.-mars et oct.-nov. : tlj. 10h-12h et 14h-18h ; avr.-juin : tlj. 10h-12h et 14h-18h ; juil.-août : tlj. 9h-19h30 ; sept. : tlj. 14h-18h Tarif 10,80€, réduit 7,50€, moins de 4 ans gratuit Un pass (13,50€, réduit 8€) donne accès à l'aquarium et au Jardin aux papillons (cf. ci-après)*

Jardin aux papillons Dans une vaste serre tropicale, plus d'une centaine de papillons évoluent en liberté au milieu des plantes exotiques, dont plus de trois cents espèces d'orchidées du monde entier. Avec un peu de patience, vous pourrez assister, au sein de l'éclosoir, à la naissance de l'un de ces délicats insectes. *Parc du Golfe Tél. 0810 40 69 01 www.jardinauxpapillons.com Ouvert avr.-juin et sept. : tlj. 10h-12h et 14h-18h ; juil.-août : tlj. 10h-19h Fermé oct.-mars Tarif 6,30€, réduit 3€*

● Où boire un verre ? La presqu'île de Conleau mérite un détour pour son cadre sublime... et pour le Corlazo, grande maison aux volets vert pomme, d'où part depuis 1996, en mai, la sympathique course "Barabar", dont le parcours relie ce café au bar la Trinquette, sur l'île de Hoëdic ! Départ du comptoir, tous les skippers la main sur le zinc ! En fin de journée, vous ne pourrez pas résister à l'appel de sa grande terrasse caressée par le soleil couchant. L'hiver, la cheminée réchauffe les parties de cartes locales, encore pratiquées ici par les anciens. Petite restauration à midi. **Le Corlazo (hors plan 4, par A3)** ***Presqu'île de Conleau*** *5, allée du Dr-François-Salomon Tél. 02 97 63 24 43 Ouvert tlj. 9h30-21h*

Les environs de Vannes

☺ Réserve naturelle des marais de Séné Les anciens marais salants du golfe, en activité de 1735 au début du XXe siècle, sont devenus des lieux d'observation de la nature. Des sentiers mènent à quatre observatoires d'où l'on peut, seul ou avec un animateur, observer les oiseaux, en fonction de la saison et des espèces présentes (prêt de jumelles). Exposition dans la Maison de la réserve. Balades-nature avec un guide. *56860* ***Séné*** *(à 4km au sud de Vannes, suivre "Séné Centre" puis "Réserve naturelle") Tél. 02 97 66 92 76 www.reservedesene.com Ouvert fév.-mars : tlj. 14h-18h ; avr.-juin : pendant les vacances de Printemps et dim. et j. fér. tlj. 14h-19h ; juil.-août : tlj. 10h-13h et 14h-19h Tarif 5€, moins de 7 ans gratuit Balade-nature (rés. obligatoire) Mer.-jeu. à 19h en juil.-août, durée 2h30 Tarif 6€, réduit 4,50€*

Forteresse de Largoët (ou tours d'Elven) Au bout d'une allée boisée de plus de 800m, près d'un étang, surgissent les "tours d'Elven", vestiges de l'imposante forteresse de Largoët, érigée à partir du XIIIe siècle et tombée en ruine au XIXe siècle. Les heures les plus sanglantes de l'édifice remontent à la guerre de succession de Bretagne (1341-1364). Les travaux entrepris à la fin du XXe siècle permettent de découvrir aujourd'hui le plus haut donjon de France (45m), de forme octogonale. Du haut de ses cinq étages, celui-ci offre une vue

EN DEUX JOURS

Vannes et les îles du golfe

LE GOLFE SE DÉCOUVRE PAR SES SENTIERS ET SES RIVAGES. MÊME EN ÉTÉ, N'HÉSITEZ PAS : VOUS TROUVEREZ TOUJOURS UN PETIT COIN TRANQUILLE SUR ARZ OU SUR L'ÎLE AUX MOINES…

VENDREDI

Ville fortifiée blottie au fond du golfe du Morbihan, Vannes présente un charme certain. Déambulez dans la ville close aux maisons à colombages et aux étroites ruelles, et visitez le musée de la Cohue. Puis, direction le golfe pour goûter au dépaysement de la charmante île d'Arz. Parcourez les sentiers côtiers à pied ou à vélo, profitez des petites plages avant de revenir sur le continent où une vie nocturne animée vous attend.

MATINÉE

9h Port de plaisance
La terrasse du café du Marina (p.221) est agréable pour prendre son petit déjeuner. À deux pas, rue Saint-Vincent, ne manquez pas de goûter au *kouign-amann* de la boulangerie Le Brun (p.212)

10h Ville close, remparts, quartier Saint-Patern (p.209-214)
De la porte Saint-Vincent à la porte Prison, longez les remparts du XIIIe siècle bordés de jardins à la française, rejoignez le quartier Saint-Patern, puis entrez dans la ville close. Promenez-vous dans ses ruelles, de la rue Noé et son Château-Gaillard à la rue des Halles, en passant par les maisons de parlementaires de la rue Saint-Vincent. Faites un tour à la cathédrale Saint-Pierre, qui renferme un trésor : un coffret de mariage en bois recouvert d'un parchemin du XIIe siècle.

11h30 La Cohue (p.211) Installé dans une ancienne halle du XIIIe siècle, le musée des Beaux-Arts possède une collection intéressante de peintres bretons, tel Jean Frélaut, ainsi que la célèbre Crucifixion de Delacroix.

13h Crêperie Dan Ewen (p.219)
Franchissez le seuil de cette maison à colombages du quartier Saint-Patern, une ambiance sympathique et de délicieuses crêpes et galettes vous y attendent.

APRÈS-MIDI

14h30 Île d'Arz (p.229)
Embarquez pour l'île d'Arz et louez un vélo au débarcadère, pour vous lancer à la découverte de ses bourgs riches d'anciennes maisons de capitaines.

16h30 Pause baignade (p.230)
L'île possède quelques petites plages agréables. Profitez notamment de celle de la Falaise, toute proche de l'embarcadère, ou de la plage de Rudevent, face aux marais salants.

18h O'Riverside (p.214) Revenez prendre l'apéritif sur le continent. Pour cela, rendez-vous dans le jardin de ce pub qui donne sur un bras de la rivière du Vincin et dont la salle présente une décoration originale en trompe-l'œil.

Le golfe en catamaran

À Larmor-Baden, l'école Cataschool56 (p.227) propose des locations de kayaks, mais aussi d'originales randonnées en catamaran pour parcourir le golfe du Morbihan.

SOIRÉE

20h À l'Aise Breizh (p.220)
Goûtez aux spécialités bretonnes dans ce café au décor moderne, dont la grande terrasse surplombe le port de plaisance.

22h Le Buveur de lune (p.214)
Profitez de la vie nocturne de Vannes, en prenant un verre dans ce bar animé de la rue Saint-Patern.

Logis du parc Er Gréo (p.223)
Passez la nuit dans ce petit hôtel à l'atmosphère intime, avec piscine et jardin, situé non loin de Vannes.

SAMEDI

Découvrez un chef-d'œuvre de l'art néolithique sur l'île de Gavrinis. Si vous avez le temps, faites un tour sur l'île voisine de Berder, puis embarquez pour l'île aux Moines. Profitez de sa nature luxuriante et de sa douceur de vivre pour de belles promenades. En fin de journée, dégustez des huîtres au bord de l'eau avant de dîner dans un restaurant de poisson.

MATINÉE

9h30 Le Corlazo (p.215) Sur la presqu'île de Conleau, prenez votre petit déjeuner sur la terrasse de ce bar en contemplant le golfe.

10h30 Cairn de Gavrinis (p.227)
Du port de Larmor-Baden, rejoignez l'île privée de Gavrinis, qui abrite un joyau de l'art néolithique. Une visite guidée vous fera découvrir le site.

12h00 Île de Berder (p.227) Une belle promenade vous attend dans cette oasis de charme et de sérénité, qu'une passerelle de 80m relie au continent – à marée basse uniquement.

13h Crêperie Er Lannic (p.231) Avant d'embarquer pour l'île aux Moines, attablez-vous devant quelques crêpes à Port-Blanc.

APRÈS-MIDI

14h30 Île aux Moines (p.228)
Sans voiture, gagnez cette île où la variété de la nature et la douceur de l'air vous plongent dans un réel dépaysement. Louez un vélo pour la parcourir et découvrir ses plages et ses dolmens, ainsi que le calvaire et la chapelle de l'Espérance.

16h30 Pause baignade (p.228)
Après un bon exercice, rien de tel qu'une bonne trempette ! Préférez les plages de Drehen, sur la côte ouest, ou de Locmiquel, sur la côte est – à marée haute uniquement.

Visite contée par un garde du littoral

Sans doute le meilleur moyen de découvrir en 2h toute la diversité du patrimoine naturel et culturel de l'île aux Moines (p.229).

17h30 Ets Martin (p.229) Rejoignez la pointe du Trech par le sentier côtier et dégustez les huîtres de Pierre Martin au bord de l'eau.

SOIRÉE

20h Restaurant L'Hippocampe (p.232) Dans une atmosphère chaleureuse, régalez-vous de fruits de mer ultrafrais et de desserts maison.

Le Chemin des Îles (p.234) Sur l'île aux Moines, un repos absolu vous attend dans cette maison d'hôtes à l'agréable jardin.

CONSEIL L'été et le printemps restent malgré la foule les saisons les plus agréables pour visiter les îles du golfe et ses stations balnéaires.

impressionnante sur les environs… et sur le donjon lui-même : les planchers ayant depuis longtemps disparu, gare au vertige ! Subsistent également la tour crénelée à trois étages (XVe s.) et le châtelet d'entrée. La maison du gardien (billetterie), ancien pavillon de chasse, exhibe en façade de drôles de lièvres sculptés. La forêt qui sert d'écrin à ce site romantique est propice à la promenade. *56250* ***Elven*** *(à 15km au nord-est de Vannes par la N166) Tél. 02 97 53 35 96 http://forteresselargoet.free.fr Ouvert mi-mars-mai, oct. et nov. : sam.-dim., j. fér. et vac. scol. 14h30-18h30 ; juin-sept. : mer.-lun. 10h30-12h10 et 14h20-18h30 Tarif 5€, moins de 10 ans gratuit*

☺ **Manoir du Plessis-Josso** Vous traverserez le village du Gorvello, à l'harmonieuse architecture ancienne, avant de découvrir ce charmant coin de campagne où se dresse le Plessis-Josso, qui doit son nom à son premier propriétaire, Guillaume Josso. Lieu fortifié à l'origine, comme le suggère son nom Plessis, le premier manoir date de 1350, et le corps de logis, parfait exemple de l'ancienne demeure seigneuriale, remonte au XVe siècle pour ses parties les plus anciennes. L'édifice a conservé son enceinte fortifiée qui le préservait des bandes de pillards sévissant aux époques les plus troublées. Le manoir primitif comprenait trois salles superposées munies chacune d'une fenêtre et d'une cheminée monumentale. Il fut prolongé en logis par une tour pentagonale qui vient rompre la ligne de la façade. À la fin du XVIe siècle, Marc de Rosmadec fait élever un pavillon perpendiculaire au logis. Le bâtiment, coiffé d'un grand toit à la française, présente de larges ouvertures et des murs ornés d'oculi. Seul le décor de la chambre d'apparat rompt avec l'austère simplicité de l'aménagement intérieur. La cuisine a conservé son potager, sa maie, et son astucieux système de poulie à rôtisserie. Remarquez les moules à beurre, gravés aux armes de la maison. La visite guidée vous permettra de comprendre l'évolution de la vie dans un manoir breton du XIVe au XVIIe siècle. *56450* ***Theix*** *(à 15km à l'est de Vannes par la N165, puis D7 vers Le Gorvello) Tél. 02 97 43 16 16 www.plessis-josso.com Visite guidée juil.-août : tlj. 14h-19h Tarif 5€, réduit 3,50€, moins de 7 ans gratuit*

☺ **Domaine de Kerguéhennec** Art, architecture et paysage… Le Domaine de Kerguéhennec, propriété du département du Morbihan depuis 1972, abrite, au cœur d'un parc paysager de 45ha, dessiné par les frères Bülher, célèbres paysagistes de la fin du XIXe siècle , l'un des plus importants parcs de sculpture européens (une vingtaine d'œuvres majeures d'artistes internationaux) et un château du XVIIIe siècle, remanié à la fin du XIXe, dont le 1er étage et les communs accueillent des expositions d'art moderne et contemporain ainsi qu'un centre de recherche dédié à l'artiste d'origine bretonne Pierre Tal Coat (1905-1985). Une dizaine d'expositions sont présentées chaque année et deux ou trois d'entre elles sont visibles simultanément. Des visites accompagnées du parc, du château et des expositions sont proposées tous les jours ainsi que des ateliers de pratique artistique pour les enfants et les familles. Le Café du Parc, aménagé dans l'ancienne bergerie, vous permettra de vous restaurer sur place dans un cadre très agréable. Ainsi ce vaste domaine, aux entrées multiples, vous retiendra-t-il pour votre plus grand plaisir toute la journée… *56500* ***Bignan*** *(25 km au nord de Vannes dir. Pontivy puis Saint-Jean-Brévelay) Ouvert juil.-sept. : Tlj. 11h-19h ; hors-saison : mer.-dim. 12h-18h Tél. 02 97 60 31 84 www.kerguehennec.fr*

Où acheter de la bière ou du cidre ?

Brasserie Mor Braz On découvre ici les coulisses d'une recette très originale : la bière à l'eau de mer, déclinée en cinq spécialités, alliance entre Bretagne maritime et sa sœur des terres. La visite d'une heure commence et s'achève par une dégustation aussi attendue que délectable. Sur réservation, 2,60€. *4, rue Ampère Zone Saint-Léonard 56450* ***Theix*** *(à 7km à l'est de Vannes) Tél. 02 97 42 53 53 www.morbraz.com*

Gérard Le Pocréau C'est ici le repaire d'un producteur (les pommes sont du verger) et transformateur (l'attirail cuves-alambic est caché dans la grange), au catalogue fort complet. L'odeur de pomme titille les narines dès le portail de la propriété franchi. Vous pourrez acheter aussi bien du cidre que du pommeau de Bretagne, de la fine ou encore du Guillevic, mélange de cidre et de fine. Vend aussi par correspondance. *Le château Le Gorvello 56450* ***Theix*** *(à 16km à l'est de Vannes) Tél. 02 97 43 17 88 Ouvert lun.-ven. 9h-17h (19h en été), sam. 9h-12h*

CARNET D'ADRESSES

Restauration

très petits prix

☺ **Crêperie La Taupinière (plan 4, A2 n°10)** Enfouie dans un sous-sol aveugle, La Taupinière porte bien son nom. L'atmosphère n'y est toutefois pas confinée, et la qualité des crêpes mérite bien qu'on s'enterre. Les spécialités proposées (autour de 9€) en font une crêperie gastronomique à petits prix : aumônière de blé noir aux noix de Saint-Jacques et filaments de carottes ou croustillant de chèvre à l'huile de noix renouvellent le genre avec talent. Côté dessert, les "Variations autour d'une crêpe aux pommes" ou les "Délices de la Taupinière" raviront vos papilles. Service charmant. Menu à midi à 9,50€ ou à 11,30€. *9, pl. des Lices* ***Vannes*** *Tél. 02 97 42 57 82 Fermé dim. et mer.*

☺ **Café de la Poissonnerie (plan 4, A3 n°11)** Face à la halle aux poissons, ce café, d'apparence classique, dissimule un secret : la recette des gargantuesques croque-monsieur que prépare longuement la patronne. Si longuement que certains s'en plaindront, à tort, puisque c'est la meilleure preuve du soin apporté à leur confection. Une fois le marché fermé, les poissonniers tonitruants viennent déjeuner, lever le coude et tailler une bavette. Ambiance et ragots de pêcheurs garantis. À ne pas manquer. Croque de 6,90€ à 8,50€ pour la version saumon. Accès wifi gratuit. *21, pl. de la Poissonnerie* ***Vannes*** *Tél. 02 97 47 15 58 http://cafedelapoissonnerie.pagesperso-orange.fr Ouvert mar.-sam. 8h30-21h (mer. et sam. 7h-21h)*

Crêperie Dan Ewen (plan 4, B2 n°12) Cette maison à colombages du quartier de Saint-Patern abrite une sympathique crêperie. Menus galette-crêpe-bolée de cidre pour 9€ à midi. Également des salades et des tartes. *3, pl. du Général-de-Gaulle* ***Vannes*** *Tél. 02 97 42 44 34 Fermé dim. et lun.*

petits prix

La Brasserie des Halles (plan 4, A2 n°13) Dans l'étroite et sombre rue des Halles, cette brasserie dispose d'une terrasse minuscule. À l'intérieur, un puits de lumière et des touches colorées viennent égayer sa grande salle où règne une ambiance de cantine chic. Sa décoration, surtout marquée par de grands tableaux de faïence modernes, aurait pu être vraiment réussie mais il y manque peut-être un peu d'âme. Le service cordial et efficace, le choix des plats – assiettes de la mer, poissons, viandes et service brasserie (croque, salades, etc.) – et quelques détails sympathiques, tels que les petits pains individuels au cumin ou la jolie vaisselle, font de cet établissement une bonne adresse. Formule à midi 15€ (entrée et plat, ou plat et dessert) ou 18€ avec café gourmand inclus. *9, rue des Halles* ***Vannes*** *Tél. 02 97 54 08 34 www.brasseriedeshallesvannes.com Ouvert tlj. 12h-0h*

prix moyens

À l'Aise Breizh Café (plan 4, A3 n°15) Ici, point de folklore breton ! Le restaurant et sa terrasse, situés au-dessus de la capitainerie, offrent l'image d'une Bretagne moderne – parquet et mobilier en bois clair, chaises hautes, espace ouvert façon loft – en habillant sa carte de plats inspirés de ses quatre départements. Vous trouverez la brandade de morue des terre-neuves (14€), les moules de Guémené (8,50€), et, en dessert, le *krampouezh* (crêpe) en terrine beurre suzette (5,50€). En semaine, menu à midi à partir de 11,15€. *4, rue du Commerce (port de Plaisance)* ***Vannes*** *Tél. 02 97 68 15 89 Restaurant ouvert lun.-ven. 12h-14h et 19h-22h ; sam.-dim. 12h-14h30 et 19h-22h30 Bar ouvert tlj. 9h-1h*

☺ **Afghan Café (plan 4, B2 n°14)** Ce “café” n'est rien d'autre qu'un restaurant gastronomique afghan ! La petite salle qui se cache derrière une façade vert pistache lambrissée est ornée de paysages d'Afghanistan et de portraits de Massoud. La cuisine colorée et parfumée séduira les palais les plus délicats. Le riz – un délice ! –, accompagne de savoureux plats de veau, de poulet, de gambas, ou des plats végétariens. Arrosez votre repas de thé à la cardamome… L'adresse est courue, et deux services s'imposent le soir pour satisfaire la demande. Pensez à réserver, et dînez plus tard de préférence, vous serez moins bousculé. Pour un repas complet, comptez 25€. *12, rue de la Fontaine* ***Vannes*** *Tél. 02 97 42 77 77 Ouvert mar.-dim. 20h-1h*

Dans les environs

petits prix

Le Café de Conleau Annexe du restaurant de l'hôtel Roof (cf. Hébergement dans les environs), le Café de Conleau propose la même cuisine que son grand frère, mais dans une version brasserie ; les prix en sont donc d'autant plus légers. On y trouvera une cuisine de qualité, avec différents plats de 11€ à 14€, une convaincante assiette du pêcheur composée de bulots, crevettes, d'huîtres, de langoustines, bigorneaux, tourteaux et palourdes à 24€, ou encore une formule du jour (entrée-plat ou plat-dessert) à 13,90€. Menu en semaine à 19,85€. Belle terrasse. ***Presqu'île de Conleau*** *(à 3km au sud de Vannes) Tél. 02 97 63 47 47 www.le-roof.com Ouvert mai-sept. : tlj. 12h15-14h15 et 19h15-21h15*

Auberge du Petit Verger Maison de pierre perdue dans la campagne au nord de Vannes, cette auberge n'en est pas moins une adresse recherchée, où la réservation est conseillée. Ici, on sert des plats inspirés de la Bretagne et du Sud-Ouest de la France, dont le patron est originaire. Effilochée de chevreau aux herbes, salade occitane de gésiers confits, etc., à déguster, selon la saison, au coin de la cheminée, ou dans un délicieux cadre champêtre.

Menu plaisir à 25€. *Corn er Houët 56250* ***Monterblanc*** *(à 10km au nord de Vannes par la D126 ou la D767, route de Pontivy) Tél. 02 97 45 95 57 www.aubergedupetitverger.fr Ouvert mar., 12h-13h30 et à partir de 19h15, mer. 12h-13h30, jeu.-sam. 12h-13h30 et à partir de 19h15, dim. 12h-13h30*

Les Vénètes La belle salle à manger donnant sur la mer constitue le cadre idéal à la dégustation de recettes savoureuses. Menus de 35€ à 75€. Voir aussi la rubrique Hébergement. *La pointe d'Arradon 56610* ***Arradon*** *(à 5km au sud-ouest de Vannes) Tél. 02 97 44 85 85 www.lesvenetes.com Ouvert saison : tlj. 12h-13h30 et 19h30-21h15 ; hors saison : fermé dim. soir et lun.*

Le Pressoir Maître incontesté de la gastronomie vannetaise, Bernard Rambaud cuisine les délices de la mer et de la terre comme personne. Il marie crustacés et poissons, dévoilant des saveurs subtiles. La galette de rouget est la spécialité de la maison. Rayon terroir, l'andouille tient une place de choix. Une cuisine bretonne de très haute volée dans un cadre chaleureux. Menus allant de 35€ (Affaire) à 94€ (Dégustation). *7, rue de l'Hôpital 56890* ***Saint-Avé*** *(à 4km au nord de Vannes par la D126) Tél. 02 97 60 87 63 www.le-pressoir-st-ave.com Fermé dim. soir, lun. et mar. (sauf j. fér.)*

Hébergement

prix moyens

Hôtel Le Relais du Golfe (plan 4, B2 n°20) Face à la préfecture dans le quartier Saint-Patern, cet hôtel séduit par son ambiance familiale. Les patrons vous accueillent avec le sourire et beaucoup de disponibilité. Les chambres, entièrement refaites, sont bien tenues et proposent un bon rapport qualité-prix : de 40€ (avec lavabo) à 68€ (avec douche et WC). Clientèle d'habitués. *10, pl. du Général-de-Gaulle* ***Vannes*** *Tél. 02 97 47 14 74*

Le Marina (plan 4, A3 n°21) Cet établissement bien tenu campe au-dessus du Café l'Océan (même gestion), face au port et à deux pas de la vieille ville. Une chambre au Marina vous réserve un agréable séjour à Vannes, d'autant que le double-vitrage isole de la rumeur venant des terrasses voisines et de l'agitation estivale de la place Gambetta. Choisissez une chambre donnant sur le port. Le prix varie de 38€ (avec lavabo) à 61€ (bain-WC-TV). Accueil charmant. *4, pl. Gambetta* ***Vannes*** *Tél. 02 97 47 00 10 www.hotellemarina.fr*

prix élevés

Hôtel Manche-Océan (plan 4, B2 n°24) Cet hôtel proche du quartier historique propose 41 chambres (51€-95€) au décor passe-partout, mais confortables. Accueil 24h/24. Belle salle à manger pour le petit déjeuner (8,50€). Accès wifi. *31, rue du Lt-Colonel-Maury* ***Vannes*** *Tél. 02 97 47 26 46 www.manche-ocean.com*

La Marébaudière (plan 4, B2 n°22) Les 41 chambres s'étagent sur trois niveaux. Toutes sont confortables, quoique sans charme ; certaines peuvent accueillir jusqu'à 4 personnes. Ses allures d'hôtel-bureau n'en laissent pas moins la place à un accueil de qualité. À 10min de marche du centre. Bar et grand parking gratuit (fermé la nuit) à la disposition de la clientèle. De 74€ à 108€ en haute saison. Petit déj. 10€. *4, rue Aristide-Briand* ***Vannes*** *Tél. 02 97 47 34 29 www.marebaudiere.com*

La Villa Catherine (hors plan 4, par B2) À un quart d'heure à pied du port de plaisance, dans la partie moderne de la ville, s'élève une belle maison de pierre entièrement restaurée par Catherine et Frédéric, qui vous accueillent chaleureusement. Les chambres (à partir de 86€), au décor discret et raffiné comme les fleurs dont elles portent le nom, ont été réalisées avec des matériaux naturels et non polluants. Une préférence pour celles à l'étage, plus spacieuses et lumineuses. Petit déjeuner copieux, concocté à base de produits biologiques et de pain maison. *89, av. du Président-Herriot* **Vannes** *Tél. 02 97 42 48 59 Tél. port. 06 79 24 36 88 www.villa-catherine.fr*

prix très élevés

☺ **Villa Kérasy (plan 4, B1 n°23)** Proche de la gare, la villa Kérasy invite à la fois à un séjour de charme et à une aventure asiatique. Ses 14 chambres (97€ à 380€ pour une suite) aux doux noms de “Pondichéry”, “Canton”, “Madras”, “Port-Louis” sont décorées dans un style inspiré des 12 comptoirs de la Compagnie des Indes, et ont chacune leur personnalité : chaque lit a été spécialement dessiné pour la pièce qu'il occupe. Elles donnent sur le petit jardin japonais aménagé à l'arrière (chambre Deluxe) ou sur la rue (chambre Élégance). Spa, et salon de thé qui propose des pâtisseries maison. *20, av. Favrel-et-Lincy* **Vannes** *Tél. 02 97 68 36 83 www.villakerasy.com*

Dans les environs

camping

Camping L'opportunité de planter sa tente sur la presqu'île de Conleau, au bord du golfe du Morbihan, ne devrait pas laisser les campeurs indifférents. Pour cela, le camping municipal de Conleau est idéal, et jouit, de plus, d'un confort 3 étoiles. Comptez 18,55€ la nuit pour 2 personnes. *188, av. Maréchal-Juin* **Conleau** *Accès depuis Vannes par la ligne de bus n°3 (en juillet et août, une navette gratuite relie le camping au centre de Vannes) Tél. 02 97 63 13 88 Ouvert avr.-fin sept.*

petits prix

☺ **Chez Mme Labbé** La plus grande fierté du maître de maison, qui est aussi maire de son village, est l'organisation, plusieurs années de suite, d'un festival à Saint-Nolff. À l'époque, les plus grands noms du rock français avaient répondu présent, comme en témoignent les affiches et photos dédicacées qui ornent les murs. Mais la décoration, c'est l'affaire de sa femme, redoutable chineuse. La maison, y compris les 2 chambres d'hôtes, présente une savante accumulation d'objets hétéroclites, angelots, présentoirs de cartes postales, table de billard, plaques émaillées clouées jusque sur le plancher de l'étage. Une discrète influence marocaine perce parfois sous la forme d'une lampe de fer forgé ou d'un moucharabieh. Difficile de résister à cette ambiance envoûtante et à la douce folie de ces hôtes uniques. Comptez 45€ la nuit avec le petit déjeuner. *19, rue des Lavandières 56250* ***Saint-Nolff*** *(à 8km au nord-est de Vannes par la D135) Tél. 02 97 45 46 64*

prix élevés

Le Moulin du Bois Cette maison d'hôtes blottie au milieu des prairies, des sous-bois et des étangs inspire quiétude et enchantement. Pascale et Thierry ont restauré une bâtisse de pierre et son moulin du XVIIe siècle, s'appliquant à décorer chaque chambre dans un esprit “rétro-brocante”, avec des ciels de lit aériens en petites dentelles. Vous pourrez profiter également d'une belle piscine et de l'espace de jeu dédié aux enfants. La table du petit déjeuner change de vaisselle et de décoration tous les jours. Compter 110€ pour une chambre double avec petit déjeuner selon la saison. *Lieu-dit La Ville-au-Vent 56230* ***Berric*** *(à 20km à l'est de Vannes) Tél. 02 97 67 04 44 Tél. port. 06 60 12 29 96 www.moulin dubois.com*

prix très élevés

Le Logis du parc Er Gréo Calme, confort et accueil irréprochables pour ce petit hôtel 3 étoiles. Une atmosphère chaleureuse se dégage de cette bâtisse à la décoration soignée. Vous profiterez d'un jardin et d'une piscine, ouverte durant toute la saison. Le golfe n'est pas loin, et les environs de l'hôtel offrent de belles balades le long des sentiers côtiers. De 100€ à 140€ la chambre en saison (225€ la suite, 290€ le duplex), petit déj. à 14€. *9, rue Mane-Guen Le Gréo 56610* ***Arradon*** *(à 5km au sud-ouest de Vannes) Tél. 02 97 44 73 03 www.parcergreo.com Ouvert mi-mars–mi-nov.*

Hôtel Roof Cet hôtel de la chaîne Best Western occupe une grande bâtisse récente, confortable et, surtout, divinement située sur la presqu'île de Conleau – qui plonge dans le golfe du Morbihan, juste au sud de Vannes. Difficile de résister aux chambres avec vue sur la mer. Le charme du jardin et des balcons contraste avec l'intérieur des chambres, classique et fonctionnel. De 113 à 138€ avec vue sur rue ; de 131€ à 158€ avec vue mer. Petit déj. à 13€. ***Presqu'île de Conleau*** *Tél. 02 97 63 47 47 www.le-roof.com*

Hôtel-restaurant Les Vénètes Les balcons et la véranda de cette grande maison au toit en ardoise et aux volets bleus donnent directement sur le golfe du Morbihan ! À cette situation de rêve sur la pointe d'Arradon s'ajoutent la qualité du lit et celle du couvert. Un seul bémol à ce tableau idyllique : l'accueil, un peu sec. Côté hébergement, confort 3 étoiles, aménagement coquet et vue sur l'île Logoden (de 100€ à 150€ vue mer et jusqu'à 200€ pour un balcon ; de 150€ à 230€ pour les deux appartements). Côté restauration (cf. Restauration), le cadre comme la table ne décevront pas. Un séjour délicieux en perspective. *La pointe d'Arradon 56610* ***Arradon*** *(à 5km au sud-ouest de Vannes) Tél. 02 97 44 85 85 www.lesvenetes.com*

★ GOLFE DU MORBIHAN

Ouvert sur l'Océan entre Locmariaquer, à l'ouest, et Port-Navalo, à l'est, et s'étendant au nord jusqu'à Vannes, le golfe du Morbihan égrène sur ses rives des trésors paysagers, du cairn de Gavrinis à la presqu'île de Rhuys, et de l'île d'Arz à l'île aux Moines. Offerte et secrète à la fois, cette petite mer intérieure (un peu plus de 100km²) s'aborde en bateau bien sûr, mais aussi à pied ou encore à vélo.

HISTOIRE D'UNE "PETITE MER" Au néolithique, alors que les hommes élèvent menhirs et autres mégalithes dans la région, seules deux rivières, appelées "rias", pénètrent dans les terres du pays vannetais ; l'une vers Auray, l'autre vers Vannes. La première, la rivière d'Auray, est encore visible aujourd'hui ; la seconde, celle de Vannes, s'est noyée dans le plan d'eau de près de 12 000ha que forme le golfe du Morbihan. Cette "petite mer" – traduction française de *mor bihan* – est reliée à l'océan Atlantique par un goulet large d'à peine 1km, entre Locmariaquer et Port-Navalo. Émaillé d'îles et d'îlots multiples, peuplé de nombreux oiseaux, le Golfe attire inlassablement plaisanciers et touristes, venus profiter de la douceur du climat et de la splendeur des paysages. La petite mer intérieure que forme le golfe du Morbihan offre des particularités qui font tout son charme. Bien abritée par les 200km de littoral qui l'entourent, elle n'est cependant pas à l'abri des courants, qui peuvent atteindre la vitesse de 30km/h ! Lors des grandes marées, ce sont 400 millions de m^3 d'eau salée qui viennent emplir cet immense bassin ! Ici, l'eau modèle le paysage et la vie. La salicorne et la lavande de mer se développent sur le schorre (vase herbue) ; le slikke abrite herbiers et algues, qui permettent également aux oiseaux d'y trouver refuge. Sédentaires et migrateurs sont nombreux, et vous pourrez observer, selon la saison, des échasses, aigrettes garzettes, harles huppés, bernaches cravants, spatules blanches, hérons cendrés, tadornes, etc. Enfin, le golfe est un milieu apprécié de l'homme… qui n'y pratique pas que la plaisance. Si les marais salants et la pêche ont été progressivement abandonnés, de nombreux chantiers ostréicoles fonctionnent encore.

RICHESSES MÉGALITHIQUES La région du golfe abrite plusieurs sites mégalithiques, dont les plus célèbres se trouvent à Locmariaquer, Arzon ou Gavrinis. L'île d'Arz et l'île aux Moines comptent aussi quelques dolmens sur leur territoire. Moins connue, Er Lannic, une petite île voisine de Gavrinis, abrite un double cromlech (cercle de pierres) dont seule la moitié est visible, et en bateau seulement ; l'autre partie, immergée, témoigne de la montée des eaux du golfe depuis la préhistoire.

MODE D'EMPLOI

accès aux îles en bateau

Les îles du golfe sont aussi nombreuses que les jours de l'année, dit la légende. En fait, on en compte une cinquantaine, toutes privées à l'exception des deux plus grandes, l'**île d'Arz** et l'**île aux Moines**, que vous rejoindrez en bateau. À marée basse, certaines îles sont accessibles à pied ; vous pourrez en arpenter les grèves, sans oublier que la propriété privée commence 3m après la laisse de marée haute. Exception notable, l'**île de Berder** est gracieusement mise à la disposition des visiteurs, à condition de respecter le sentier balisé.

Vedettes blanches Embarquement à Larmor-Baden ; tours du golfe avec ou sans escale à l'île aux Moines. *Quai Pen-Lannic 56870* ***Larmor-Baden*** *Tél. 02 97 57 15 27 Tél. port. 06 08 28 82 72 www.croisieres-golfe-du-morbihan.com*

La Compagnie des Îles Embarquement à Vannes (parc du Golfe), Port-Navalo ou Locmariaquer. Tous types de formules (minicroisière, grand tour du golfe), avec ou sans escale sur l'île d'Arz ou l'île aux Moines (possibilité de deux îles à la journée). *Parc du Golfe Allée*

Loïc-Caradec **Vannes** *Tél. 0825 134 100 (Vannes), 0825 134 120 (Port-Navalo) et 0825 134 130 (Locqmariaquer) www.compagniedesiles.com*

Navix Embarquement à Vannes (parc du Golfe), Port-Navalo ou Locmariaquer. Nombreuses formules. Croisières simples ou gourmandes (déjeuner ou dîner) dans le golfe, escales à l'île aux Moines ou l'île d'Arz, remontée de la rivière d'Auray, etc. *Parc du Golfe* **Vannes** *Tél. 0825 132 100 www.navix.fr*

Izenah-Croisières Embarquement à Port-Blanc-en-Baden ; liaisons régulières avec l'île aux Moines toutes les demi-heures en juillet et août de 7h à 22h, et de septembre à juin de 7h à 19h30 ; croisière ou grand tour du golfe. *Rue Bénony-Praud 56780* **Île aux Moines** *Tél. 02 97 26 31 45/57 23 24 www.izenah-croisieres.com*

La Compagnie du Golfe Elle assure toute l'année des liaisons régulières pour l'île d'Arz ; passages toutes les heures à partir de Conleau (au sud de Vannes, après le parc du Golfe) de 6h20 à 19h25 (8€ AR). Départs possibles également de Barrarach (Séné, à 4km au sud-est de Vannes). *43, rue des Frères-Lumière* **Conleau** *Tél. 02 97 01 22 80 www.compagnie-du-golfe.fr*

transports dans les îles

ÎLE AUX MOINES

On circule à pied ou à vélo ; de nombreux loueurs de cycles vous attendent près du débarcadère – pensez à vérifier le bon fonctionnement de l'engin avant d'avoir gravi la première côte, cela vous évitera de redescendre pour remonter... Sans avoir beaucoup de relief, l'île est tout de même assez vallonnée. Comptez autour de 10€ la journée de location. Des services de minibus, présents à chaque arrivée de bateau, permettent de rejoindre le bourg ou n'importe quel point de l'île.

Guy Allioux L'été, visites guidées en minibus (13€). Départs du port à 11h15, 14h, 15h15 et 16h30 (durée 1h). **Île aux Moines** *Tél. 02 97 60 31 76 Tél. port. 06 88 17 24 23*

Taxi île *Tél. port. 06 78 90 61 38 ou 06 11 71 51 36*

Abbis Locations Location de vélos pour 12€ la journée. **Île aux Moines** *Tél. 02 97 53 64 64 Tél. port. 06 82 59 48 15 Ouvert avr.-sept. : tlj. 9h30-18h30 ; hors saison : réservations par téléphone*

ÎLE D'ARZ

Comme sur l'île aux Moines, privilégiez la marche ou le vélo. Vous trouverez deux loueurs de cycles à la sortie du bateau (autour de 10€ la journée de location).

Transports iledarais Ses bus-camionnettes assurent la correspondance avec tous les bateaux. 1,50€ le trajet jusqu'au bourg. *Tél. le soir 02 97 44 30 82*

Hôtel L'Escale Juste en face de l'embarcadère : location de kayaks (40€ la journée) et de vélos (10€ la journée). *Le Béluré Tél. 02 97 44 32 15*

location de vélos

Vélo and Co Possibilité de louer des vélos au camping de Larmor-Baden et de les rendre dans d'autres points de location. 12€ la journée. *Camping le Diben, Le Diben* **Larmor-Baden** *Tél. 02 97 53 70 55 www.veloandco.fr Ouvert mai-sept.*

fêtes et manifestations

Festival du conte de Baden Des conteurs du monde entier font revivre la tradition orale à travers des randonnées-contes, "apéro-contes" et soirées spectacles. **Baden** *(à 5km au nord de Larmor-Baden) Tél. 02 97 57 23 96 http://contes-baden.eklablog.com Fin juil.*

Pardon de la mer *Île aux Moines Fin juil.-début août*
Festival de la voile *Île aux Moines www.festivaldelavoile.fr Mi-août*

Concerts Concerts de musique classique au cours de l'été dans l'église de l'île. ***Île aux Moines***

DÉCOUVRIR

☆ **Les essentiels** L'île de Berder, le cairn de Gavrinis, l'île aux Moines **Découvrir autrement** Laissez-vous conter l'île aux Moines par un garde du littoral, empruntez le circuit vert qui traverse les anciens marais salants d'Arz

➤ **Carnet d'adresses p.230**

Le golfe du Morbihan et ses îles

● **Admirer le golfe depuis la côte** Vous pourrez jouir de points de vue magnifiques sur le golfe depuis les côtes : n'hésitez pas à vous aventurer vers les nombreuses pointes que dessine le littoral. Des sentiers de randonnée ont été ouverts, et les marcheurs aguerris pourront effectuer un tour complet du golfe, de Locmariaquer à Arzon, en passant par Auray, Le Bono, Vannes, Noyalo, etc. Le conseil général édite un guide intitulé *Sur les sentiers de la petite mer*, disponible gratuitement dans de nombreux offices de tourisme.

● **Survoler le golfe** L'aéro-club de Vannes propose, toute l'année, des promenades de 30min, qui permettent d'embrasser d'un seul coup d'œil ce puzzle de mer et de terres. 120€ pour 2 personnes. **Aéro-club de Vannes** *Tél. 02 97 60 73 08 www.aeroclub-vannes.fr*

● **Parcourir le golfe en catamaran ou en kayak** Si vous n'êtes pas féru de promenades en groupes, sachez qu'il existe d'autres façons de naviguer dans le golfe qu'en bateau à moteur. Le kayak de mer, notamment, permet de découvrir, au ras de l'eau et en toute liberté, les richesses de ce milieu ; des particuliers pourront également vous emmener faire un tour à bord de leur vieux gréement. Les offices de tourisme sauront vous renseigner sur les multiples possibilités qui s'offrent à vous, selon votre point de départ.

Centre nautique Cataschool56 Location de kayaks à l'heure (15€) ou à la journée (41€). L'école propose également des randonnées en catamaran (38€ à 44€). ***Larmor-Baden*** *Port de Pen Lannic Tél. 02 97 57 20 80 www.cataschool.com Ouvert juin-mi-sept., randonnées juil.-août*

Le Blan Marine Location de bateaux sans permis (110€ à 125€ la demi-journée). *7, rue de la Carrière Le Port* ***Arradon*** *Tél. 02 97 44 06 90 Ouvert avr.-oct. : tlj. 9h-12h30 et 14h-18h30 www.leblanmarine.com*

Centre nautique du pays de Vannes École de voile : Optimist, planche à voile, catamaran... *56610* ***Arradon*** *Tél. 02 97 44 72 92 www.centre-nautique-arradon.com*

Club La Mouette sinagote Voile et kayak de mer. *56860* ***Séné*** *Tél. 02 97 66 53 67 www.lamouettesinagote.com*

Larmor-Baden

Autrefois village de pêcheurs et de paludiers, Larmor-Baden a longtemps ignoré que se tenait, à quelques encablures de ses côtes, un chef-d'œuvre de l'art néolithique : Gavrinis. La commune compte trois autres îles : Radenec, l'île Longue et l'île de Berder, sur laquelle il est permis de se promener. Tournée vers le golfe, Larmor-Baden vit aujourd'hui du tourisme, grâce à ses petites plages familiales, tout en continuant ses activités, agricole et ostréicole. *À 13km au sud-ouest de Vannes par la D101* **Point-Information** *Pl. de l'Église 56260* **Larmor-Baden** *Tél. port. 06 23 62 50 04 Ouvert juil.-août* **Bureau du port** *(capitainerie) Tél. 02 97 57 20 86*

● **Où acheter des huîtres ?** Vente d'huîtres et de coquillages. **Ets Creneguy** *7, chemin du Port au port de Pen Lannic* **Larmor-Baden** *Tél. 02 97 57 16 48 Ouvert tlj. sauf dim. matin 9h30-13h30 et 16h30-19h30*

● **Jouer au golf** Le golf de Baden propose un parcours de 18 trous en bordure de la rivière d'Auray, qui combine les atmosphères maritimes et champêtres. **Golf de Baden** **Kernic** *(à 1km à l'ouest de Baden) Tél. 02 97 57 18 96 www.golfdebaden.fr*

☆ Île de Berder

Reliée au continent par une chaussée de 80m de long accessible pendant quatre heures avant d'être recouverte par la marée haute, la petite île de Berder est une oasis de calme et de charme. On en fait le tour en moins de 60min, le long d'un délicieux sentier côtier duquel on est tenu de ne pas s'éloigner : l'île est une propriété privée. Entre les arbres, on découvrira le château et la tour, édifiés par le comte Dillon, propriétaire de Berder à la fin du XIXe siècle. Ces bâtiments sont désormais investis par l'association Loisirs Vacances Tourisme (cf. Carnet d'adresses). L'île comprend également une chapelle, qui abrite les tombeaux du comte Dillon et de sa femme. Ses plages vous accueilleront pour une baignade ou un pique-nique. Attention : gardez en tête l'horaire de la marée montante, pour ne pas avoir à regagner le continent les pieds dans l'eau (de plus, ça glisse !). Sinon, l'aimable passeur pourra vous ramener à bon port (de 7h30 à 22h).

☆ Cairn de Gavrinis

Si vous voulez cumuler visite d'un site exceptionnel et petite promenade dans le golfe, embarquez sans hésiter à Larmor-Baden : après 15min de traversée, vous poserez le pied sur l'île (privée) de Gavrinis, qui abrite un joyau de l'art néolithique, édifié il y a plus de cinq mille ans. Le monument se compose d'un couloir dallé long de 14m, desservant une chambre que l'on estime funéraire bien qu'aucun ossement n'y ait été trouvé, le tout, recouvert de pierres sèches empilées en terrasse. Cet édifice imposant – près de 20 000t de matériau ont été nécessaires à son érection – présente une grande finesse décorative : les dalles du couloir et de la chambre arborent, sur toute leur surface, des gravures de haches, de crosses, de cercles concentriques, dont on ne peut que supposer le sens. Les guides, passionnés, sauront vous intéresser à cette période de l'histoire et vous la faire découvrir avec pédagogie. À ne pas manquer. **Accès** *Au départ de Larmor-Baden Réservation obligatoire pour l'accès en bateau et la visite guidée Tél. 02 97 57 19 38 www.gavrinis.info* **Visite guidée** *(45min) : juil.-août : tlj. 9h30-12h30 et 13h30-19h (derniers départs 12h/17h30) ; avr., juin et sept. : tlj. 9h30-12h30 et 13h30-18h30 (derniers départs 10h/17h) ; mai : lun.-ven. 13h30-18h30, week-end et j. fér. 9h30-12h30 et 13h30-18h30 (derniers départs 10h/17h) ; oct.-nov., mars : tlj. sauf mer. 13h30-17h (dernier départ 15h ou 15h30)* **Tarif** *traversée+visite 12€, réduit 10€ ; accès simple 9€, réduit 8€ Attention ! Hors saison les départs se font en fonction de l'affluence* **Circuit des mégalithes** *Avr.-juin : 16h30 ; juil.-sept. : 17h Durée 2h (il passe par Gavrinis et près de l'îlot d'Er Lannic)*

☆☺ Île aux Moines

L'île aux Moines, l'une des plus grandes du golfe, est à cinq minutes de croisière du continent. La mer marque toutefois une frontière importante car, une fois sur l'île, le dépaysement est garanti. La douceur de l'air, qui permet à une végétation luxuriante de se développer, alliée à la douceur de vivre loin du bruit et de la pollution, fait de cette escale un réel délice. Vous y trouverez quelques mégalithes, témoins d'une occupation ancienne, mais surtout des maisons et des petits murs de pierre, des côtes découpées et des chemins parfumés… Partout, les jardins regorgent de lilas, de camélias et de figuiers ; le doux climat de cette terre hospitalière permet même à quelques essences exotiques, tel le palmier, de s'épanouir. Les habitants, au nombre de six cents, voient ce chiffre décupler en saison ; l'île, qui vit essentiellement de l'ostréiculture et du tourisme, abrite de nombreuses résidences secondaires. Chaque jour, en été, les bateaux y déversent des flots de visiteurs qui repartent le soir même. Pour s'imprégner au mieux de l'atmosphère de l'île aux Moines, privilégiez le printemps, pour le calme et la beauté de la végétation, et le vélo ou la marche (cf. Mode d'emploi, transports dans les îles). *Accès par Izenah Croisières (cf. Mode d'emploi, accès) au départ de Port-Blanc-en-Baden (à 12km au sud-ouest de Vannes par la D101) Durée de la traversée 5min, tarif 4€* **Office de tourisme** *Sur le port 56780* **Île aux Moines** *Tél. 02 97 26 32 45 www.ileauxmoines.fr Ouvert avr.-fin sept.* **Poste** *Rue de la Mairie Distributeur automatique 24h/24* **Capitainerie** *Tél. 02 97 26 30 57*

La Bretagne Sud vue d'en haut

Aéro-club de la Côte d'Amour (La Baule) ____ 149
Nemo-Nantes Montgolfières (Couëron) ____ 200
Aéro-club de Vannes ____ 226
Quiberon Air-Club ____ 313
Aéroclub de Quimper ____ 421
Club celtic de vol libre (Plomodiern) ____ 507

Les plages L'île aux Moines n'est pas l'endroit le plus propice aux bains de mer. Les plages de **Drehen**, sur la côte ouest, juste derrière le port, et celle de **Locmiquel** en contrebas du bourg sur la côte est, sont les plus prisées. Évitez la marée basse où la mer s'éloigne très loin, découvrant une vaste étendue de vase.

● Où acheter des huîtres ? À partir du bourg, suivre le chemin jaune en direction de la pointe du Trech. Au bout du sentier côtier, M. Martin vend ses huîtres et ses coquillages. Pour la dégustation, quelques tables sont disposées face à la mer. **Ets Martin** *Beg Moussir Tél. 02 97 26 31 56 Tél. port. 06 88 58 32 91 http://huitres-ileauxmoines.fr*

● Se balader au fil des chemins Que faire sur l'île aux Moines, sinon se laisser vivre, errer au fil des chemins pour imprégner ses poumons d'iode ou de délicieuses senteurs végétales ? Procurez-vous une carte de l'île (à l'office de tourisme ou en louant un vélo) pour repérer ses plages et ses sites remarquables ; les **dolmens de Boglieux** ou de **Penhap** au sud, les **menhirs de Kergonan** ou le **calvaire** à paliers du nord de l'île, qui offre une vue superbe sur Arradon, méritent un détour, ainsi que la **chapelle de l'Espérance** avec ses tableaux naïfs et ses ex-voto offerts par des rescapés de naufrages.

☺ **Balade nature** Une visite contée par un garde du littoral constitue le meilleur moyen de partir à la découverte du patrimoine naturel et culturel de l'île. L'exploration se concentre sur le site du Penhap, soit une quarantaine d'hectares appartenant au Conservatoire du littoral et dont la commune de l'île aux Moines est gestionnaire. La promenade de 2h parcourt ce paysage formé de landes, prairies, bois de pins qui abrite des espèces végétales et animales propres à ces milieux. Vous découvrirez au détour des chemins des fontaines, puits, murets ainsi que des vestiges mégalithiques (dolmens) qui vous enchanteront. *De juin à août (rens. à l'office de tourisme pour les horaires et le lieu de rdv Tél. 02 97 26 32 45) Tarif 3€, réduit 1€*

Itinéraires balisés Trois itinéraires principaux parcourent l'île, au départ du bourg. Du plus court au plus long : le parcours de la pointe du Trech (jaune, 4km AR), celui de la pointe de Brouel (rouge, 5km AR) et celui de la pointe de Penhap (bleu, 8,8km AR), le plus vallonné. Les cyclistes un peu aguerris n'auront pas de mal à les parcourir tous dans la même journée. Il est de plus impossible de se perdre sur l'île : toutes les flèches vertes dessinées au sol indiquent la direction du bourg.

Sentier côtier Seule une portion de côte est accessible pour une balade de 4km AR au ras de l'eau. Depuis le bourg, prendre la route du Trech puis tourner à droite au calvaire. La promenade longe le rivage est de la pointe et passe devant deux jetées. On atteint ensuite l'**atelier ostréicole Mallégol** (*Tél. 02 97 26 39 75*) où une dégustation d'huîtres est possible. Le sentier continue en direction de la plage de Port-Micquel et retrouve enfin le chemin du bourg.

● Pratiquer des activités nautiques Le club nautique de l'île loue kayaks, catamarans ou petits bateaux à moteur. **École de voile-club nautique Anne-Caseneuve** *Sur la Grande Plage Tél. port. 06 82 69 38 13 ou 06 74 69 13 59 www.ileauxmoines.fr/voile.php*

☺ Île d'Arz

Du charme, rien que du charme. Et ça commence dès le bateau, où tout le monde embarque pêle-mêle, qui avec sa planche de surf, qui avec sa canne à pêche, qui avec ses plantes pour refaire un peu le jardin. Les touristes, les mains chargées, se mêlent joyeusement aux Iledarais pour un court voyage de 15min dans le golfe, avant de débarquer sur une terre toute de pointes et de plages, de maisons de caractère aux habitants souriants, qui promènent leurs enfants à bord de petites charrettes en guise de poussettes. L'"île des capitaines" – 10% de la population au XVIIIe siècle ! – ne compte pas plus de trois cents âmes. Plus sauvage et moins touristique que l'île aux Moines, Arz séduira les amateurs de calme et d'authenticité. Une escale à ne pas manquer. *Accès régulier par la Compagnie du Golfe, ou en formule-croisière par Navix, la Compagnie des îles ou Izenah (cf. Mode d'emploi, accès)* **Mairie** *Rue du Prieuré 56840* **Île d'Arz** *Tél. 02 97 44 31 14 www.iledarz.fr Ouvert mar.-ven. 10h-12h et 14h-16h sauf mer. a.-m. Pas de distributeur d'argent sur l'île (ni aux débarcadères de Conleau et de Barrarach), faites des réserves à Vannes !*

Les plages Arz possède quelques petites mais belles plages. Citons la plage de **la Falaise**, proche de l'embarcadère et face au camping, la plage de **Rudevent**, dos aux marais salants, celle de **Billhervé**, la plus excentrée, celle de **Kérolan** que les baigneurs partagent avec l'école de voile, enfin celle de **Brouel**, la plus méridionale. Elles sont toutes orientées différemment et vous en trouverez toujours une à votre convenance.

● **Se balader dans les villages et sur les sentiers côtiers** Vous apprécierez de vous promener dans le bourg et les villages, pour découvrir les anciennes maisons de capitaines, dont certaines remontent au XVIIe siècle... et vous ne risquez pas grand-chose à vous aventurer dans "les terres", expression un peu vaine à Arz, où aucun point n'est éloigné de la mer de plus de 400m. L'île d'Arz totalise 18km de sentiers côtiers. Deux circuits balisés permettent d'en faire le tour (carte de l'île sur le bateau ou dans les commerces) : à partir du débarcadère, le **circuit vert** (7,5km) traverse les anciens marais salants et rejoint la plage de la Fontaine-Viara, à l'est de l'île ; le **circuit bleu** (9km) longe la côte ouest et le moulin à marée de la pointe de Berno (XVIe s.) pour gagner la plage de Kérolan.

● **Faire de la voile** Parmi les quatre écoles de voile de l'île, celle installée sur la plage de Kérolan est une antenne de la prestigieuse école des Glénans. Elle propose trois activités : catamaran, dériveur et initiation à la croisière (vers Houat, Hoëdic ou Belle-Île). Pour les stages en internat, comptez de 400 à 480€ la semaine (selon la saison). Le week-end de trois jours en initiation croisière est à 190€. **Centre nautique des Glénans, base de Kérolan** *Tél. 02 97 44 31 16 www.glenans.asso.fr*

CARNET D'ADRESSES

Restauration

Sur l'**île aux Moines**, vous trouverez sur le port de quoi vous remettre de votre croisière ; en arrivant, arrêtez-vous donc **Chez Jeannette**, pour un café au comptoir, ou **Chez Charlemagne**, pour une demi-douzaine d'huîtres arrosée d'un bon verre de blanc. Les adresses se concentrent ensuite dans le bourg, où vous sont proposés crêpes, fruits de mer et autres délices dans des établissements le plus souvent sympathiques.

petits prix

Crêperie Ty Fétan À deux pas du port, cette crêperie offre un choix complet de galettes et de crêpes, à déguster en terrasse ou à l'intérieur. Elle propose également une formule moules marinière avec cidre ou bière pour 13€. Ambiance familiale et décontractée. *15, rue Pen-Lannic* ***Larmor-Baden*** *Tél. 02 97 57 16 51 Ouvert avr.-sept. : tlj. restaurant 12h-14h30 et 19h-21h30, bar-crêperie 11h-1h*

Crêperie Er Lannic Située au rond-point de Port-Blanc, elle propose des galettes réalisées avec soin dans une ambiance champêtre. Si le temps le permet, on peut manger en terrasse ; sinon, la chaleureuse salle aux murs de pierre jouera son rôle d'abri. Une bonne et simple adresse où prendre des forces avant d'attaquer l'exploration de l'île aux Moines. Pizzas, salades. Comptez de 8,80€ à 12€ pour un plat, à partir de 2,20€ pour une galette, et 13€ pour une douzaine d'huîtres. ***Port-Blanc*** *(à 9km au nord-ouest de Larmor-Baden) Tél. 02 97 57 07 07 Ouvert fév.-mi-nov.*

Côte et Jardin Crêperie, brasserie et saladerie, Côte et Jardin propose des formules de 12€ à 22€, des assiettes fraîcheur et autres plaisirs à base de viande ou de poisson. C'est aussi son cadre charmant qu'on appréciera. Le grand jardin ombragé par des tonnelles et des eucalyptus est, la nuit venue, éclairé par une guirlande lumineuse. *Rue Neuve* ***Île aux Moines*** *Tél. 02 97 26 33 33 Ouvert mi-mars-fin oct.*

Crêperie-restaurant Les Îles Des crêpes de farine biologique (choix de complètes de 5,60€ à 7,70€), des plats du jour à petits prix (de 10€ à 13,20€), une terrasse au soleil (garanti !) et un intérieur cosy (la salle à manger accueille régulièrement des expositions de peinture), idéal pour un dîner en amoureux : cette adresse saura vous séduire. En été, elle organise une promenade sur les sentiers de l'île avec un guide spécialisé et des concerts. *Centre-bourg* ***Île d'Arz*** *Tél. 02 97 44 30 95 www.creperiedesiles-arz.fr Ouvert mi-mars-Toussaint*

Le Triskel Excellent point de chute ! Ce bar prodigue à la fois confort – belle salle, terrasse sur la rue et agréable jardin intérieur – et ambiance locale. Laissez traîner vos oreilles et vous apprendrez toutes les nouvelles de l'île... Hors saison, la restauration peut se limiter à un plat du jour à 10€. Point wifi. *Le bourg* ***Île d'Arz*** *Tél. 02 97 44 33 65*

prix moyens

Le Gavrinis Un style blanc cassé épuré pour cette salle de restaurant gastronomique, ceinte de grandes baies vitrées, où vous découvrirez une cuisine inventive, respectueuse des produits de saison et du terroir. Le service y est discret et de bon conseil. Outre une carte de crus français, le sommelier, amateur d'exotisme, propose une sélection amusante de vins en provenance d'Allemagne, de Grèce ou d'Afrique du Sud. Que vous vous laissiez tenter par un poisson (pavé de turbot sauvage poêlé aux girolles, 26€) ou par une viande (épaule d'agneau confite, 22€), vous serez surpris par la fraîcheur des produits et leur parfaite cuisson. Un moment savoureux pour les papilles. Un conseil : optez pour le menu du marché (23€) ou du terroir (27€) avec entrée, plat et dessert (ne passez pas à côté de la crème brûlée à la lavande). Les fous de homard pourront se régaler du menu spécial... à un prix fou : 71€ ! Formule déj. à 14,50€ en semaine. *1, rue de l'Île-Gavrinis* ***Baden*** *Tél. 02 97 57 00 82 www.gavrinis.com*

Les Embruns Les places se paient cher en terrasse, où l'on se serre pour déguster de délicieuses recettes de la mer : arrivez de bonne heure ! Pour un plateau de fruits de mer (33€), pensez à commander la veille ; en cas d'oubli, vous vous consolerez facilement avec une cotriade ou un plat de poisson cuisiné dans les règles de l'art. Menus à 18,50€ et à 25,50€. *Le Bourg* ***Île aux Moines*** *Tél. 02 97 26 30 86 www.restaurant-ile-morbihan.com Fermé mer. et mi-janv.-mars*

L'Hippocampe Le restaurant met à l'honneur les produits de la mer, mais les plats de viande ne sont pas en reste ! Tous les produits jouissent d'une fraîcheur irréprochable, et les desserts sont garantis maison. Des expositions de photos ou peinture, aux murs de la salle, créent une ambiance chaleureuse. L'accueil est souriant. Comptez de 11€ à 16€ pour un plat, 18€ pour une belle entrecôte (400g.) ; menu à 19,50€. *Rue du Commerce* ***Île aux Moines*** *Tél. 02 97 26 38 29 Fermé jeu. en saison, lun. hors saison*

Hébergement

À **Arz**, la capacité d'accueil se limite à un hôtel et un camping ; on vient ici le plus souvent pour la journée ou pour un long séjour dans sa résidence secondaire ou dans une maison de location. Des chambres d'hôtes complètent l'offre (liste à la mairie).

campings

Camping municipal Le Vieux moulin Moins d'une cinquantaine d'emplacements sont disponibles dans le camping convivial de l'île aux Moines : la réservation est conseillée ! Pratique, il est situé à proximité du bourg… et de la mer, bien sûr ! Comptez 12€ pour 2 personnes. *Le Vieux Moulin* ***Île aux Moines*** *(à 300m à l'est du bourg vers la pointe de Brouel, bien indiqué) Tél. 02 97 26 30 68/32 61 Ouvert mi-juin-mi-sept.*

Camping municipal Les Tamaris Proche de l'embarcadère et de la plage de la Falaise, un camping pratique plus que confortable. Comptez 13,42€ pour 2 personnes. *Av. Charles-de-Gaulle* ***Île d'Arz*** *Tél. 02 97 44 33 97/31 14 Ouvert avr.-oct.*

petits prix

Association Loisirs Vacances Tourisme Pour goûter au charme de la vie sur une – toute petite – île du golfe. L'association LVT propose à ses hôtes hébergement et restauration sur l'île, pour un prix variable selon les revenus de chacun. Des activités de tous types sont proposées, de la balade à poney à l'excursion sur l'île de Houat. Chacun est libre de participer ou de profiter à sa guise de sa vie de Robinson. À partir de 300€ par personne en pension complète pour une semaine (en fonction du quotient familial). ***Île de Berder*** *Tél. 02 97 57 03 74 www.lvt-berder.com Fermé déc.-fév.*

☺ **Chambres d'hôtes Chez Joël Porsmoguer** Cette famille a des choses à raconter : on y compte des marins, des gardiens de phares, et la maîtresse de maison vous fera partager le récit de son enfance sur l'île. À l'étage, une grande chambre où l'on se sent vite chez soi. À côté, une autre chambre, décorée de lambris, évoque une cabine de navire et dissimule, dans un angle, une maquette du phare mythique d'Ar Men où servit le père de Joël. Comptez 50€. *Depuis le débarcadère, prendre à gauche juste après le camping puis tout droit, grande maison blanche à volets bleus avec panneau "La Gofourn" Penéro* ***Île d'Arz*** *Tél. 02 97 44 33 02*

prix moyens

Chambres d'hôtes Edmond Bévière Deux chambres spacieuses, sans grand effet de décor, mais confortables et bien tenues. Chacune bénéficie d'une terrasse avec petite table et d'une entrée indépendante. En retrait du centre, vous serez au calme, aux mains d'hôtes attentionnés. 54€ la nuit, petit déj. inclus. *17, chemin de la Fontaine* ***Larmor-Baden*** *Tél. 02 97 57 12 55 Tél. port. 06 75 88 21 79 edmond.beviere@orange.fr*

Auberge du Parc Fétan Les tonalités blanches et bleues et les dessins de bateaux qui ornent les murs confèrent à cet hôtel un air marin. Les chambres sur jardin (58€-65€) sont certes plus spacieuses, mais nous vous conseillons d'opter pour celles avec vue sur le golfe (68€-75€). Piscine chauffée d'avril à septembre. Possibilité de louer des appartements dans la même résidence pour 2 à 5 pers. (studio à partir de 320€ la semaine). *17, rue Berder* ***Larmor-Baden*** *Tél. 02 97 57 04 38 www.hotel-parcfetan.com*

Kerdelan Une allée arborée mène à cette vaste maison qu'entoure un parc de 2ha. L'accueil est discret, mais attentionné – à l'anglaise, dirions-nous. Des 4 chambres, entretenues avec soin, notre préférence va à celle dont les fenêtres s'ouvrent sur les eaux sereines du golfe. Un salon doté d'une bibliothèque et d'un billard est à la disposition des hôtes, et la terrasse, abritée, autorise les petits déjeuners en plein air, même par temps incertain. Comptez de 60€ à 75€ pour une chambre avec salle de bains, petit déj. inclus. *Au lieu-dit* ***Locqueltas*** *entre Larmor-Baden et le rond-point de Port-Blanc Tél. 02 97 57 05 85 www.kerdelan.com Fermé août*

Chambres d'hôtes Chez Jeannine et Robert Le Bloch Proche de la précédente, cette maison récente offre 3 belles chambres meublées dans le style années 1930 (60€). L'accueil est prévenant et les hôtes vous prodiguent des conseils sur la meilleure façon de découvrir l'île. Aux beaux jours, le petit déjeuner se prend sur la pelouse du jardin. *Depuis le débarcadère, prendre à gauche juste après le camping puis à droite (c'est la maison près du petit calvaire) Penéro* ***Île d'Arz*** *Tél. 02 97 44 31 21*

prix élevés

☺ **Bar-hôtel-crêperie de l'Isle** Difficile de croire que cette étroite maison d'angle du centre-bourg puisse abriter hôtel, restaurant et bar. Si ce dernier est animé mais sans réelle personnalité, l'hôtel, refait à neuf, est des plus sympathiques. Clair et douillet, il offre de belles chambres de 75€ à 95€, une suite en duplex (120€), en plein centre de l'île. Au rez-de-chaussée, excellente crêperie aux spécialités alléchantes – galettes au lieu fumé, au saumon – et un bar. Jetez un coup d'œil sur l'ardoise du jour (menus de 20€ à 25€). *Rue du Commerce* ***Île aux Moines*** *Tél. 02 97 26 32 50 www.hotel-de-lisle.com*

☺ **Ker Isa** À la lisière est du bourg, cette maison de granit déploie sa silhouette massive au bout d'une allée de plants de lavande. Isabelle, la maîtresse des lieux, veille à la tranquillité et au bien-être de ses hôtes. Cinq chambres et un studio (pour 2 personnes) occupent un curieux étage au plancher de vieux bois, fait de recoins et d'escaliers minuscules, comme dans les maisons que l'on imagine enfant. Et quel meilleur endroit pour le petit déjeuner que le jardin où prospèrent les mimosas ? À partir de 105€. *Dans* *le bourg* ***Île aux Moines*** *Tél.* 02 97 26 32 52 *www.kerisa.fr*

Le Chemin des Îles Passez le portail blanc, suivez le chemin fleuri et parfumé qui vous mène jusqu'à la maison aux grandes fenêtres encadrées de granit beige, et vous sentirez tout de suite la paix et la quiétude qu'inspire ce lieu. Terrasses ombragées, jacuzzi extérieur, jardin clos... soit un espace hors du temps pour un voyage au bout du monde au travers de chambres désignées par des noms d'îles paradisiaques. Vous serez en Afrique avec la chambre "Mombasa" beige et chocolat, en Thaïlande si vous profitez de la chambre "Koh Tao", ou perdu dans le Pacifique avec "Moorea". La table d'hôtes s'inspire également de saveurs exotiques tout en privilégiant les produits biologiques de la région. Une salle est réservée pour les séances collectives de Chi Kong (10€/h). Pour parfaire la détente offrez-vous un massage ayurvédique ou californien (60€-75€). Chambre double à partir de 110€ avec petit déjeuner. *Rue des Escaliers Le Bourg* ***Île aux Moines*** *Tél.* 02 97 42 63 45 *Tél. port.* 06 07 40 40 59 *www.lechemindesiles.com*

prix très élevés

Hôtel Le San Francisco Ce charmant hôtel installé dans une ancienne abbaye, près du débarcadère, domine le golfe du Morbihan. Vous y trouverez 8 chambres calmes, dont 2 offrent une vue sur la mer. Comptez de 85€ à 140€ par nuit dans ce havre de paix entouré d'un joli jardin. Accueil cordial. *Rue du Port* ***Île aux Moines*** *Tél.* 02 97 26 31 52 *www.le-sanfrancisco.com*

SARZEAU

56370

La commune de Sarzeau occupe plus de la moitié de la presqu'île de Rhuys et jouit donc d'une double façade maritime. Le long du golfe du Morbihan, au nord de la presqu'île, le littoral abrite la réserve ornithologique de la pointe du Duer et a gardé, dans ses villages, de multiples traces de l'architecture traditionnelle. Au sud, les rives de l'Atlantique ont vu naître de nombreuses constructions récentes, pour répondre aux nécessités du tourisme. C'est aux XIVe et XVe siècles que Sarzeau a vécu ses heures de gloire, grâce à la présence des ducs de Bretagne dans le château de Suscinio.

MODE D'EMPLOI

accès

EN VOITURE

Sarzeau est à 24km de Vannes par la D780. Arzon, qui clôt la presqu'île de Rhuys, est situé 13 km plus à l'ouest.

EN CAR

La ville est desservie par le réseau TIM ligne 7 (Vannes-Port-Navalo). **Réseau TIM** *Tél.* 0810 10 10 56 *www.morbihan.fr*

EN BATEAU
À noter que le ***Petit Passeur*** relie Vannes (presqu'île de Séné) au village de Saint-Armel, à l'entrée de la presqu'île de Rhuys (à 9km au nord de Sarzeau). Ce moyen de transport est idéal pour les cyclistes et autres promeneurs, qui pourront ainsi couper à travers mer, sans avoir à contourner la réserve des marais de Séné. *En été, 10h-13h et 14h-18h30 Rens. offices de tourisme de Sarzeau et d'Arzon*

orientation

Le bourg de Sarzeau se situe à 2km en retrait de la D780. Il s'organise autour de la place de l'église où se concentrent les principaux commerces, bars et restaurants. Deux grands parkings se trouvent place de la Trinitaine et au niveau de l'espace culturel. La commune comprend, à l'ouest, le bourg de Briac, au sud, celui de Saint-Jacques, au sud-est, Penvins et, au nord-est, Saint-Colombier où se trouve l'office de tourisme.

informations touristiques

Maison du tourisme Elle rassemble les informations touristiques concernant la presqu'île. *À l'entrée de Saint-Colombier Tél. 02 97 26 45 26 www.rhuys.com*

Office de tourisme *Rue du Général-de-Gaulle Tél. 02 97 41 82 37 www.tourisme-sarzeau.com Ouvert avr.-sept. : lun.-sam. 9h-12h30 et 14h-18h, dim. 10h-12h ; hors saison : lun.-sam. 9h-12h et 14h-18h*

Abbis Location Location de vélos et de scooters. *Belle-Croix (entre Penvins et le Tour du Parc) Tél. port. 06 82 59 48 15*

marchés, fêtes et manifestations

Marchés de Sarzeau *Lun., jeu., sam. matin et 3e mer. du mois*

Marché de Saint-Gildas-de-Rhuys *Mar., ven. et en été tous les matins*

Circuit Chapelles de Sarzeau Concerts classiques alliant poésies, chants et récits, dans plusieurs chapelles de la commune. *Fin juil.-début août*

Journées d'animations médiévales *Château de Suscinio http://spectacles-suscinio.fr Fin juil.-début août*

Fêtes des potiers Exposition de céramiques et de poteries. Animations gratuites : ateliers de modelage, démonstrations de raku, etc. *Château de Suscinio Mi-juil.*

DÉCOUVRIR

☆**Les essentiels** Le château de Suscinio, l'église abbatiale de Saint-Gildas-de-Rhuys **Découvrir autrement** Participez, en été, aux fêtes médiévales au château de Suscinio, savourez une bolée de cidre à la Maison de la pomme **> Carnet d'adresses p.238**

Sarzeau et ses environs

☆**Château de Suscinio** Située face à l'Océan, entre forêt et marais, l'ancienne résidence préférée des ducs de Bretagne (XIIIe s.), peu à peu délaissée au profit du château de Nantes et finalement confisquée par la couronne de France en 1520, a bien failli disparaître : après la Révolution, l'édifice, en piteux état, est vendu à un particulier qui l'exploite comme carrière de pierre... Prosper Mérimée sauve Suscinio en le classant monument historique en 1835. Il faudra attendre les travaux réalisés en 1975 pour découvrir les restes d'une chapelle construite hors les murs. Des pavements vernissés et émaillés, d'une qualité exceptionnelle – dont un de 270m² –, sont dégagés. Ils figurent des animaux parfois imaginaires, des monstres et un portrait d'une remarquable précision. L'édifice, superbement restauré, a retrouvé l'aspect qu'il arborait au XIVe siècle : ceint de douves, il présente la forme d'un quadrilatère irrégulier. De part et d'autre d'une vaste cour, deux corps de logis sont reliés par des courtines. Sept tours, dont une quadrangulaire, renforcent l'enceinte. Son musée abrite une collection relatant l'histoire du château et de sa restauration, ainsi que des expositions temporaires. En juillet-août, un spectacle propose des reconstitutions historiques. Des visites spécialement dédiées aux enfants leur feront découvrir les secrets d'un château fort et de la vie au Moyen Âge. **Suscinio** *(à 3km au sud-est de Sarzeau) Tél. 02 97 41 91 91 www.suscinio.info Ouvert avr.-sept. : tlj. 10h-19h ; oct., fév.-mars : tlj. 10h-12h et 14h-18h ; nov.-jan. : tlj. 10h-12h et 14h-17h Tarif 7€, réduit 6€*

ÉCHARPES ET CHAUSSETTES

Rosa Cobos et Patrice Noury élèvent une cinquantaine de chèvres angora. Leur toison donne le fameux mohair, une fibre légère au pouvoir isolant exceptionnel. Dans le magasin, des pelotes (8,50€-10€) et quelques créations : plaids (99€-160€), couvertures (275€-410€), écharpes (45€), chaussettes (17€-20€). **Mohair du Golfe** *28, route de Saint-Gildas* ***Sarzeau*** *Tél. 02 97 48 20 92 mohairdugolfe@free.fr http://mohairdugolfe.free.fr Ouvert mar. et sam. 15h-19h*

Musée des Arts, Métiers et Commerces L'animateur de cet organisme privé a rassemblé une collection pléthorique qui propose un voyage dans le temps. Pharmacie, épicerie, atelier d'horloger, salon de barbier-coiffeur : une trentaine de boutiques et ateliers grandeur nature mettent en scène les métiers d'autrefois. Au début de la visite, attardez-vous dans la salle dédiée aux arts populaires, qui expose plus de cent coiffes bretonnes, toutes plus ouvragées les unes que les autres. Elle recèle notamment une ravissante cuiller de mariée en buis (XIXe s.), ainsi qu'un superbe châle en tulle incrusté de nacre provenant de la presqu'île de Rhuys. La visite, semi-guidée, permet de se promener à son rythme. Café offert à tous les visiteurs. 56730 **Largueven** *(sur la D780 entre Sarzeau et Arzon) Tél. 02 97 53 68 25 www.musee-arts-metiers.com Ouvert juil.-août : lun.-sam. 10h-12h et 14h-19h, dim. 14h-19h ; sept.-déc. et fév.-juin : mar.-dim. 14h-19h Tarif 5,50€, réduit 3€*

Maison de la pomme et du cidre Le musée du Hézo varie les supports pour vous faire découvrir toutes les richesses de la pomme et du cidre. On visite également le site de production de cidre. Dégustation et boutique à la clé. 56450 **Le Hézo** *(à 10km au nord de Sarzeau au bord de la route de Vannes) Tél. 02 97 26 47 40 www.museeducidre.com Ouvert juil.-août : lun.-sam. 10h-19h ; avr.-juin et sept.-oct. : lun.-sam. 10h-12h et 14h30-18h30, dim.-lun. 14h30-18h30 Tarif 5€, moins de 16 ans gratuit*

☆ **Église abbatiale de Saint-Gildas-de-Rhuys** C'est au moine celte Gildas que l'on doit la fondation d'un premier monastère sur le territoire de Saint-Gildas-de-Rhuys, en 536. Le saint, bien que mort à Houat, y sera enterré en 565 ; son tombeau (XIe s.) est visible dans le chœur. Ce dernier constitue la partie la plus ancienne de l'édifice (XIe-XIIe s.) et comprend un déambulatoire voûté d'arêtes, élément rare de l'architecture romane en Bretagne. Les remaniements des XVIIe et XVIIIe siècles ont touché la nef et la tour romane – détruite en 1668 et remplacée par l'actuelle tour carrée –, mais ont épargné le chœur. Le chevet semi-circulaire et le bras nord du transept sont les seuls vestiges romans. Situé dans la chapelle sud, le retable (XVIIe s.) présente un magnifique décor composé de volutes, d'angelots et de frontons. Remarquez les deux bénitiers taillés dans deux chapiteaux (XIIe s.) ornés de lions bicéphales : leur registre décoratif se distingue de celui des autres chapiteaux, décorés de motifs végétaux. Le trésor conservé à la sacristie (visible seulement de la mi-juillet à fin août) présente de superbes pièces anciennes : croix-reliquaire en vermeil du XVIe siècle, chef de saint Gildas en argent rehaussé d'or, etc. L'abbatiale de Saint-Gildas est également connue pour avoir accueilli le célèbre abbé Pierre Abélard, qui faillit y périr, empoisonné par ses moines !
56730 ***Saint-Gildas-de-Rhuys*** *(à 6km au sud-ouest de Sarzeau par la D198)*

● **Où acheter des huîtres ?** Stéphane Dorso propose une visite de sa ferme ostréicole, agrémentée d'un film sur la vie des huîtres – elle arrivent dans votre assiette à l'âge de 4 ans – et d'une dégustation ! **Ets Stéphane Dorso**

Écoles et clubs nautiques du Morbihan

Le Ruault *(de Sarzeau, prendre la route du golfe puis, à Saint-Martin, à droite de la chapelle) Tél. 02 97 48 27 66 Tél. port. 06 30 02 36 55 ou 06 73 25 05 71 www.dorso-ostriculteur.com Ouvert toute l'année Visite avr.-sept.*

● Où acheter du fromage à la ferme ? Ce n'est pas seulement pour acheter de la tomme de Rhuys qu'on s'arrête à la ferme de Suscinio, tenue par un charmant couple d'éleveurs, M. et Mme Bourvellec. Prenez le temps de déguster de grosses tartines gourmandes grillées accompagnées d'un *gwell* (yaourt du Finistère). Et si vous n'êtes pas pressé, pourquoi ne pas assister à la traite des vaches qui a lieu chaque jour à 17h30 ? D'autres produits frais sont en vente : lait cru, crème fraîche, fromage blanc, etc. **Ferme fromagère de Suscinio** *Route de Penvins* ***Sarzeau*** *(près du château) Tél. 06 60 73 59 12 www.ferme-fromagere-suscinio.com Ouvert tlj.*

● Se balader sur la presqu'île de Rhuys Les promeneurs peuvent se procurer le guide *Balades et randonnées en presqu'île de Rhuys* (6€) à l'office de tourisme de Sarzeau. Des sorties ornithologiques accompagnées permettent de découvrir les oiseaux de la pointe du Duer, réserve ornithologique où, à la fin de l'automne, les migrateurs se comptent par milliers. *Rens. à l'OT*

● Pratiquer des activités nautiques Appartenant au réseau Point Passion Plage, le centre propose, à l'année, cours et stages de voile. **Centre nautique de Sarzeau** ***Penvins*** *Saint-Jacques-Le-Logeo Tél. 02 97 67 38 47 Fermé déc.-jan.*

CARNET D'ADRESSES

Restauration, hébergement

camping

Le Manoir de Ker An Poul À peine 800m séparent le Manoir de Ker An Poul des plages de Penvins – que vous snoberez peut-être au profit de la piscine chauffée. Confort 3 étoiles et terrain joliment arboré. Comptez de 19€ à 25€ pour 2 personnes. ***Penvins*** *(à 7km à l'est de Sarzeau) Tél. 02 97 67 33 30 www.manoirdekeranpoul.com Ouvert avr.-fin sept.*

très petits prix

Crêperie Bretonne à la ferme Le nom de cette crêperie n'est pas une simple formule : elle est en effet installée dans une ferme avec ses chevaux, ses vaches et ses boucs ! Les enfants sautent sur de grosses bottes de paille pour s'ouvrir l'appétit. Le patron, au caractère bien trempé, clame haut et fort qu'"ici, il n'y a pas de ketchup, coca ou nutella !"... Résultat, il y a peu de produits, mais tous sont d'excellente qualité et viennent de la région : œufs, lards, fromages, légumes et cidre. Vous choisirez entre la grande salle aux murs de rondins, avec ses tables aux napperons à carreaux, et la terrasse sous la tonnelle. Crêpes et galettes de qualité irréprochable à petits prix. En été deux services, à 19h et à 21h, sont nécessaires car la crêperie ne désemplit pas. Réservation conseillée. *Route de la Forêt ducale* ***Le Bodérin***

(dir. Penvins) Tél. 02 97 41 85 14 Ouvert avr.-sept., juil.-août et vac. scol. : tlj. ; hors vac. scol. : ven.-dim.

petits prix

La Crêperie d'antan Cette crêperie au cadre typique de pierres et de poutres vous amènera à vous balader dans le paisible bourg de Saint-Gildas, et peut-être à visiter son église abbatiale. La pâte croustillante des galettes de blé noir est un délice. Pour la complète, comptez 5,50€ et, si vous avez un gros appétit, tentez les galettes spéciales “lyonnaises” ou “provençales” (8,50€), ou la “Prince de Bretagne” au fromage, fond d'artichaut et poitrine fumée (7,70€). Côté crêpes, essayez le “Délice de grand-mère” aux pommes flambées et caramélisées. *15, rue du Général-de-Gaulle 56730* ***Saint-Gildas*** *(à 6km au sud-ouest de Sarzeau) Tél. 02 97 45 28 77 http://creperiedantan.free.fr Ouvert avr.-oct. : tlj.*

Restaurant La Rose des vents Poussez la porte de cette grande maison aux murs couverts de lierre. Dans la salle et sous le préau de la terrasse, où la pierre côtoie le bois des poutres, sont servies des spécialités garnies de mouclade, de noix de Saint-Jacques à la fondue de poireaux ou encore de mousseline de fromage blanc aux herbes. Les menus traditionnels (de 11,70€ à midi en semaine à 29,50€) proposent des grillades de poisson et de viande. Une qualité certaine, malheureusement ternie par un service un rien tendu. Petit jardin intérieur. *5, rue Saint-Vincent* ***Sarzeau*** *Tél. 02 97 41 93 77 www.larosedesvents-sarzeau.com Fermé lun. hors saison*

prix moyens

Les Fougères Cette maison d'hôtes, à 300m de la plage, est à recommander à ceux qui aiment le calme. Les 3 chambres, spacieuses et décorées avec goût, ont vue sur mer. Celle du rez-de-chaussée, aux légères touches africaines, possède une terrasse. Les deux autres, à l'étage, l'une dans les tons marins et l'autre aux accents de Provence, sont tout aussi agréables. Vous pourrez vous détendre sous la véranda. Accueil attentionné. 59€ la nuit avec petit déj. ***Landrezac*** *(à 6km à l'est de Sarzeau) Tél. 02 97 41 82 75*

Hôtel Le Mur du roy Cet hôtel 2 étoiles à l'ambiance lumineuse, qui fait face à l'Océan, propose 10 chambres agréables et de bon confort. La décoration a été conçue avec goût. Tarifs de 52€ à 86€, petit déj. 10€. Calme et douceur de vivre en perspective. ***Penvins*** *(à 7km à l'est de Sarzeau) Tél. 02 97 67 34 08 www.lemurduroy.com*

prix élevés

Auberge de Kerstephany Charmante et vaste maison dans la campagne, avec un beau jardin, un portique pour les enfants, quelques arbres pour l'ombre et une curieuse statue de grenouille géante assise dans l'herbe. Parmi les spécialités figurent le homard du vivier et la demi-caille farcie au foie gras. Mais le menu gourmand à 26,50€ est tout aussi recommandable. Le “Saveurs” (35€) s'ouvre sur une mise en bouche, suivie de noix de Saint-Jacques sur un caviar d'aubergine, d'un granité maison et d'un jarreton d'agneau confit au citron et gingembre. Fromage et dessert ferment la ronde. Menu du jour à 15€ en semaine, café compris. *Route du* ***Roaliguen*** *(à 2,5km au sud de Sarzeau, bien indiqué depuis la D780) Tél. 02 97 41 72 41 www.auberge-kerstephany.com*

ARZON

56640

Arzon, dont le territoire couvre la pointe de la presqu'île de Rhuys, comprend deux ports renommés. Le port traditionnel de Port-Navalo et le nord de la presqu'île permettent de découvrir des plages ravissantes le long d'une côte découpée, avec des vues imprenables sur le golfe du Morbihan et le charme d'anciens hameaux. Au sud, Port-Crouesty, gigantesque port en eau profonde, aux infrastructures modernes, voisine avec de grandes plages bordées de constructions sans âme… Un tableau un rien manichéen, mais qui, cependant, ne manque pas de réalisme…

MODE D'EMPLOI

accès

EN VOITURE
Tout au bout de la presqu'île de Rhuys, à 12km de Sarzeau par la D780.

EN CAR
La ville est desservie par le réseau TIM ligne 7 (Vannes–Port-Navalo).
Réseau TIM *Tél. 0810 10 10 56 www.morbihan.fr*

orientation

Le bourg d'Arzon, dans les terres, est entouré de **Port-Navalo**, à l'est, et de **Port-Crouesty**, au sud.

informations touristiques et pratiques

Office de tourisme *Maison du Port Rond-point du Crouesty Tél. 02 97 53 69 69 www.crouesty.com Ouvert juil.-août : lun.-sam. 9h-13h et 14h-19h, dim. 10h-13h ; hors saison : lun.-sam. 9h-12h et 14h-18h*
Le Trait d'union Journal d'information sur l'extrémité de la presqu'île, il paraît deux fois par mois, et est disponible gratuitement dans les commerces et auprès de l'office de tourisme.
Capitainerie de Port-Navalo *Tél. 02 97 53 82 12*
Capitainerie de Port-Crouesty *Tél. 02 97 53 73 33*
Poste d'Arzon *Tél. 02 97 53 70 44*

marchés, fêtes et manifestations

Marché d'Arzon *Pl. de l'Église et rues alentour Mar. matin*
Marché de Port-Navalo *Pâques-Toussaint : ven. matin et mar. soir (juil.-août)*
Marché de Port-Crouesty *Juil.-août : lun. matin*
Régates de Port-Navalo Régates et fest-noz. *Tél. 02 97 53 78 07 (Yacht-club du Crouesty-Arzon) Juil.*
Le Mille Sabords du Crouesty Le salon nautique de l'occasion accueille, pendant quatre jours, les amateurs et les curieux par dizaines de milliers. *Tél. 02 97 53 74 43 www.lemillesabords.com Fin oct.-début nov.*
Festival Place aux Mômes Spectacles pour enfants tous les mercredis sur le port. *Port Crouesty Juil.-août*

DÉCOUVRIR

☆**Les essentiels** Port-Navalo, le cairn du Petit-Mont **Découvrir autrement** Bivouaquez sur une île du golfe après une sortie en mer avec Kerners-Kayak **> Carnet d'adresses p.244**

Arzon

Vous ne manquerez pas de faire un tour dans le bourg, pour apprécier les vitraux et les ex-voto de son église, reconstruite au XIXᵉ siècle ; mais c'est surtout le long du littoral que se trouvent les centres d'intérêt de la commune.

☆ **Port-Navalo** Port-Navalo se situe à l'embouchure du golfe du Morbihan, en face de Locmariaquer. La pointe offre un excellent point de vue sur les courants qui naissent de la rencontre entre les eaux du golfe et celles de l'océan. Côté Atlantique, l'île Méaban est une réserve ornithologique. Son port pittoresque est le point de départ de croisières pour les îles du large ou le golfe (cf. Golfe du Morbihan).

Port-Crouesty Bien différent de Port-Navalo, le port du Crouesty affiche une image de modernité. Il accueille quelque 1 200 bateaux de plaisance qui y trouvent tous les équipements souhaités. Le long des quais s'alignent bars, restaurants et commerces. À l'entrée du port se trouve la chapelle du Croisty, bien connue des marins qui se découvraient en dépassant l'édifice, après avoir remis leur sort entre les mains de la Vierge. C'est là que se serait échouée, le 11 mai 565, la barque portant la dépouille de saint Gildas, mort sur l'île de Houat (son corps repose à l'abbaye de Saint-Gildas-de-Rhuys). Une messe y est célébrée le 15 août, à la mémoire des marins disparus.

☆ **Cairn du Petit-Mont** Le cairn du Petit-Mont constitue sans aucun doute l'un des édifices mégalithiques majeurs du golfe du Morbihan, avec la table des Marchand de Locmariaquer et le cairn de Gavrinis. Sa construction sur un site dominant de 35m le niveau de la mer s'est poursuivie en quatre étapes de –5000 à –2700, soit durant plus de vingt siècles ! Quelques millénaires plus tard, le site a souffert de l'édification du mur de l'Atlantique, qui a fait disparaître une des trois chambres funéraires. Les deux chambres restantes conservent des gravures magnifiques. *Rens. Tél. 06 03 95 90 78 Ouvert mars-juin et sept. : jeu.-mar. 14h30-18h30 ; juil.-août : tlj. 10h-13h et 14h30-18h30 Tarif 4€, réduit 3€ Visite guidée (45min) mars-juin et sept. : jeu.-mar. 14h45 et 16h30 ; juil.-août : tlj. 10h30, 14h45, 15h30, 16h et 17h Tarif 6€, réduit 3€*

Tumulus de Tumiac (ou butte de César) Les fouilles commencées au XIXᵉ siècle ont permis de mettre au jour de nombreux objets néolithiques, désormais conservés dans les musées archéologiques de Vannes et de Carnac. Le surnom du site lui vient d'une légende selon laquelle, du haut de ce belvédère, Jules César aurait assisté à la défaite des Vénètes face à ses troupes (en 56 av. J.-C.). *Sur la D780 entre Arzon et Sarzeau (accès libre)*

☺ **Kerners et moulin de Pen-Castel** Kerners, au nord du bourg d'Arzon, est le plus ancien village de la commune. Ses belles maisons entourent la charmante chapelle Saint-Nicolas (XVIe s.). À 1km au nord, la pointe de Kerners plonge dans le golfe du Morbihan et semble rejoindre l'île aux Moines, toute proche. À 800m à l'est, se trouve le moulin de Pen-Castel, dont l'origine remonte au XIIe siècle. L'édifice actuel, qui date du XVIIe siècle, est resté en activité jusqu'en 1914. Sa façade Renaissance et sa situation sur les eaux, entre le golfe et l'étang de Pen-Castel, méritent le détour.

Les plages On compte peu de plages côté golfe, où elles sont rapidement envasées lorsque la mer se retire. En revanche, on trouvera de belles étendues de sable côté Océan, entre Saint-Jacques et la pointe de Beg-Lan. Au Crouesty, la plage surveillée du **Fogeo** remporte tous les suffrages. Celle de **Port-Sable**, plus à l'ouest, n'est accessible que par un sentier côtier, ce qui lui confère un calme plaisant. Enfin, la petite plage de **Port-Navalo**, elle aussi surveillée, clôt à l'ouest la liste des plages de la presqu'île.

Le Morbihan en balades et randonnées

Golfe du Morbihan ____ 223
Île aux Moines ____ 229
Île d'Arz ____ 230
Presqu'île de Rhuys ____ 238
Route côtière (Pénestin) ____ 257
Circuit des Ardoisiers (Rochefort) ____ 262
Lac au Duc (Josselin) ____ 270
Sentiers d'Ozegan (Monteneuf) ____ 270
Sentier des douaniers (La Trinité) ____ 293
Belle-Île ____ 324
Île de Houat ____ 335
Île de Groix ____ 369
Rives du Blavet ____ 380
Roches du Diable ____ 387
Forêt de Carnoët (Clohars) ____ 388
Chemin des Peintres (Clohars) ____ 389
Forêt de Quénécan ____ 402

● Où boire un verre ?

Le Green S'il y a un bar qui reste animé jusque tard dans la nuit, c'est bien celui-ci ! Vous pourrez commencer par un apéritif sur la terrasse à l'heure du coucher de soleil en admirant les voiliers amarrés, puis revenir plus tard en soirée pour un dernier verre, bien assis dans un fauteuil de cuir vert. Au programme, en été, deux concerts par semaine devant la terrasse. Le mercredi, le festival Place aux Mômes organise un spectacle pour enfants (voir le programme à l'office de tourisme). *Pl. des Huniers* ***Port-Crouesty*** *Tél. 02 97 53 91 94 Ouvert mars-oct. : tlj. 9h-1h*

Le Cherokee Une tribu indienne se serait-elle égarée en plein Morbihan ? Alain a préféré mettre steaks hachés et jambon de côté pour faire de sa boucherie un des bars les plus originaux de la région. Voyant dans l'histoire des Indiens d'Amérique une similitude avec celle des Bretons – il s'en expliquera par lui-même ! –, il a donné à son établissement un look "Far-West" : selles de cheval, grande pipe à tabac et parures de plumes. Au bord de la vieille rade de Port-Navalo, il ne passe pas inaperçu. Concerts réguliers. *12, pl. du Commerce* ***Port-Navalo*** *Tél. 02 97 53 70 32 http://cherock56.chez.com Ouvert vac. scol. : tlj. 17h30-1h30 ; hors vac. scol. : ven.-dim. 17h30-1h30*

Phare de Sauzon (p.323), Belle-Île.

● **Où danser ?** À partir de 23h, vous pourrez aller vous agiter sur les pistes du Malvern, établissement à la décoration "médiévalisante" qui évoque un château d'*heroic fantasy*. C'est la boîte de la presqu'île ! Comptez 10€ avec consommation. **Malvern** *Tumiac (face au tumulus)* ***Port-Navalo*** *Tél. 02 97 53 93 93 www.lemalvern.com Ouvert toute l'année ven.-sam. et veilles de fêtes de 23h (été 22h) à l'aube (5h)*

● **Se balader sur les sentiers côtiers** Le littoral arzonnais est bordé de sentiers. Suivez ceux qui longent le golfe du Morbihan, au nord de la presqu'île. Les multiples pointes – du Monteno, de Pembert, de la Palisse, etc. – offrent des points de vue superbes sur cette petite mer et jouissent d'un cadre préservé.

● **Observer les oiseaux** L'office de tourisme organise des sorties commentées au printemps par les ornithologues David Lédan et Jean David, et en été par les animateurs de l'association Bretagne vivante/SEPNB. Un excellent moyen de découvrir la faune des marais du Duer au bord du golfe, de ceux de la pointe de Penvins et du marais de Suscinio côté océan.

● **Partir pour les îles**

La Compagnie des Îles Croisières avec escale à l'île d'Arz au départ de Port-Navalo. 12€/pers. *Tél. 0825 134 120 www.compagniedesiles.com*

Navix Plusieurs formules : croisière dans le golfe avec ou sans escale sur l'île d'Arz et l'île aux Moines (15€ à 29€), et une "découverte gourmande" avec un dîner ou déjeuner à bord. Liaison entre Port-Navalo, Le Palais et Vannes, de mars à septembre (passagers avec bagage à main uniquement). *Tél. 0825 132 100 www.navix.fr*

La Compagnie du Golfe Elle organise une croisière de 2h30 sans escale dans le golfe. Comptez 22€/pers. *En juil.-août : tlj. Tél. 02 97 01 22 80 www.compagnie-du-golfe.fr*

● **Pratiquer le kayak de mer** Les multiples formules de ce club vous donneront envie de pagayer : sorties "découverte" ou "soleil couchant", stages, week-end avec bivouac sur une île du golfe... L'aventure en toute sécurité ! Location de matériel pour les initiés. Comptez Sortie "découverte" 20€ (1h30), stage 90€ (trois fois 2h30), balade au coucher du soleil 25€ (1h30). **Kerners-Kayak** ***Pointe de Kerners*** *Tél. 06 80 32 34 93 www.kerners-kayak.com*

CARNET D'ADRESSES

Restauration

très petits prix

Crêperie La Sorcière Un décor chaleureux – envahi par de nombreuses sorcières – et crêpes et galettes (de 2,40€ à 9,90€) des plus honnêtes à savourer sur la terrasse, un peu proche du parking mais face au golfe. Accueil un peu sec. *59, rue des Fontaines* ***Port-Navalo*** *Tél. 02 97 53 87 25 Ouvert midi et soir Fermé lun. et mi-nov.-fin jan. (hors saison, autres jours de fermeture selon les mois)*

L'Épidor Le savoir-faire de cette crêperie réputée au cadre élégant, installée sur le port du Crouesty, en impose ; ingrédients et pâte de qualité concourent à la bonne teneur de ses spécialités (autour de 8€, dont la Mille Sabords aux champignons, Saint-Jacques et poisson). *13, pl. des Timoniers* ***Port-Crouesty*** *Tél. 02 97 53 98 21*

petits prix

Yacht-Club C'est le repaire des "voileux" qui surplombe la capitainerie. On peut y manger une formule à midi, qui fait la part belle au poisson (12€). ***Port-Crouesty*** *Tél. 02 97 53 96 08*

prix moyens

Le P'tit crabe Ce petit restaurant qui fait face au port de plaisance possède le label Qualité tourisme. L'amateur de fruits de mer tout comme celui de poissons sera comblé par une carte proposant de nombreuses formules. Le menu du "Matelot" (19,50€) permet de goûter aux rillettes de maquereau maison ; le "P'tit Crabe" (25€) affiche salade bretonne au filet mignon de porc fumé ; le "Gros Crabe" (32€) propose huîtres, langoustines, cocotte de Saint-Jacques et cotriade aux petits légumes. Et ce n'est là qu'un aperçu de la carte riche en poissons. Aux beaux jours, le restaurant déploie une vaste terrasse couverte, particulièrement agréable les jours de marché où l'animation du port est à son comble. Décor "naturel" : plantes, bois flottés, expositions de peintures. *14 et 15, quai des Voiliers* ***Port-Crouesty*** *Tél. 02 97 53 89 56 Ouvert mi-fév.-mi-juin et mi-oct.-mi-nov. (hors vac. scol.) : mer.-dim. 12h-14h30 et 19h-22h30 ; mi-juin-sept. et vac. scol. : tlj. 12h-14h30 et 19h-22h30 Fermé jan.-mi-fév., mi-oct.-fin oct. et nov.-vac. scol. déc.*

prix très élevés

Le Grand largue Cet établissement huppé couronne l'extrémité de la presqu'île de Rhuys, à quelques encablures de Locmariaquer. L'accueil très professionnel est un peu guindé. Le premier menu, qui varie selon le marché, est à 38€ en semaine, suivi par un menu à 58€. Le menu "Amiral" à 68€ (homard ou viande) ou à 87€ (homard et viande), précédé d'une mise en bouche, est renversant. Le bar à huîtres du restaurant, Le P'tit Zef, face au golfe et à la jetée (*Tél. 02 97 49 40 34*), est plus décontracté. *1, rue du Phare* ***Port-Navalo*** *Tél. 02 97 53 71 58 www.grandlargue.fr Ouvert mer.-dim.*

Hébergement

campings

Camping municipal de Port-Sable Il occupe un petit vallon dévalant en pente douce vers une plage accessible uniquement par un sentier côtier. Le calme règne, loin de toute route fréquentée, à l'ombre des grands pins qui abritent la majeure partie des 194 emplacements. Un accueil des

GAMME DE PRIX	RESTAURATION	HÉBERGEMENT
Très petits prix	moins de 10€	moins de 30€
Petits prix	de 10 à 20€	de 30 à 50€
Prix moyens	de 20 à 30€	de 50 à 80€
Prix élevés	de 30 à 40€	de 80 à 100€
Prix très élevés	plus de 40€	plus de 100€

personnes handicapées est prévu. Comptez 14,60€ pour 2 pers. avec un véhicule en été. *Accès par le bd de la Résistance juste avant d'entrer à Port-Navalo puis par le chemin des Toulassais à* ***Port-Crouesty*** *Tél. 02 97 53 71 98*

Camping de Bilouris Bienheureux ceux qui résideront dans ce camping 2 étoiles installé sur la belle pointe de Kerners. Ombragé et fleuri, il jouit d'une vue magnifique sur le golfe et d'une ambiance conviviale. 17€ pour 2 personnes avec voiture. ***Pointe de Kerners*** *Tél. 02 97 53 70 55 www.campingdebilouris.com*

prix très élevés

Le Miramar Comme le centre de thalassothérapie Louison-Bobet, l'hôtel 4 étoiles Miramar est installé dans l'énorme bâtisse "Le Paquebot". Vous ne risquez pas de le manquer ! Oasis de luxe pour qui apprécie le gigantisme, l'établissement propose 120 chambres avec vue sur la mer. Deux restaurants, dont un diététique, piscine, piano-bar ; à deux pas du port et de la plage du Fogeo. Chambre de 160€ à 280€ selon la saison. ***Port-Crouesty*** *Tél. 02 97 53 49 13 www.miramarcrouesty.com Fermé jan.*

DAMGAN

56750

Laissons parler les chiffres : 1 350 habitants en hiver, contre 30 000 en été ! Autant dire que, selon la période à laquelle on se rend à Damgan, commune située entre la presqu'île de Rhuys et l'embouchure de la Vilaine, ce sont deux univers différents que l'on aborde. Hors saison, sa longue plage de 6km distille un charme austère et quasi nordique. En été, plus question d'austérité : la station est avant tout le rendez-vous des familles. Elle est réputée pour ses chantiers ostréicoles – on y élève la délicieuse huître pénerfine. Et, de Billiers à Pénerf, les proches sentiers côtiers invitent à la promenade.

MODE D'EMPLOI

accès

EN VOITURE
À 10km au sud-ouest de Muzillac par la D20, et à 27km à l'est de Vannes.

EN CAR
La ville est desservie par le réseau TIM ligne 8 (Vannes-Muzillac-La Roche Bernard).
Réseau TIM *Tél. 0810 10 10 56 www.morbihan.fr*

Gare routière *Tél. 02 97 01 22 10*

orientation

La commune de Damgan est située entre la rivière Pénerf et l'embouchure de la Vilaine. La longue plage s'étend sur 3km de la pointe du Bile à la pointe de Kervoyal. Le port de Pénerf est à 2km du bourg. Possibilité de stationner le long de la côte ou sur la place Alexandre-Tiffoche.

informations touristiques et pratiques

Office de tourisme Organise des visites sur des chantiers ostréicoles ; tarif 5€, réduit 3,50€. *Pl. Alexandre-Tiffoche Tél. 02 97 41 11 32 www.ot-damgan.com*

Taxis M. Le Guyader *Tél. 02 97 41 25 10 Tél. port. 06 85 66 50 29*

Abbis Location Location de vélos (12€/j.), tandems (24€/j.), scooters (55€/j.). *1, rue des Dunes Tél. 02 97 48 10 49*

fêtes et manifestations

Marché de Damgan *Sam. matin et mar. matin (seulement en été)*

Fête de la mer et de la rivière *Pénerf Mi-août*

La Renverse L'affiche de ce festival présente des artistes venus des quatre coins du monde. ***Muzillac** 2 jours mi-août*

Festival théâtre et tartines Rassemblement de troupes d'amateurs de la région. Spectacles de cabaret et théâtre en salle. ***Muzillac** 3 jours mi-nov.*

DÉCOUVRIR

☆ **Les essentiels** Le port de Pénerf, Le Guerno et ses fontaines, le parc animalier et botanique de Branféré **Découvrir autrement** Partez à la découverte du milieu naturel, en été, initiez-vous à l'art du papetier au moulin de Pen-Mur > **Carnet d'adresses p.250**

Damgan

☆ **Port de Pénerf** Au IXe siècle, Pénerf était déjà l'avant-port d'Ambon, un abri naturel permettant aux bateaux de rester à flot à marée basse et de développer ainsi le commerce du sel des marais. Sa prospérité commence au XIIIe siècle. Là sont débarqués le vin et le goémon, engrais de l'époque. Les bateaux repartent avec le sel et les céréales de Rhuys vers le sud et le nord de l'Europe. Le XVIe siècle sonne l'âge d'or pour Pénerf, alors quatrième port breton. Aujourd'hui, pêcheurs, ostréiculteurs, oiseaux… et vacanciers empruntent le chenal calme et préservé.

Pointe de Kervoyal L'anse qu'elle ferme, orientée vers l'embouchure de la Vilaine, à l'est de Damgan, a été classée "Natura 2000" en raison de la richesse de sa faune et de sa flore. Une promenade sur les rochers permet d'apercevoir le pont Saint-Sauveur, pont naturel créé par l'érosion de la mer. On pourra y observer des cabines de bain Belle Époque dressées face à l'océan, derniers vestiges du début du XXe siècle.

DANSE BRETONNE
En été, le kiosque à musique de la place centrale de Damgan offre une programmation variée : concerts, initiation à la danse bretonne, karaoké, etc. **Kiosque à musique** *Face à l'OT Tél. 02 97 41 17 58*

Tour des Anglais Cette tour à feu (15m de hauteur), ancêtre des phares, est un vestige de la grande époque du port de Pénerf. Elle fut bâtie au XVIe siècle sur des pâturages, aujourd'hui engloutis par la mer, à la pointe du Lenn. Le nom de tour des Anglais reste inexpliqué. Avant 1910, elle est appelée tour de Pénerf ou tour Blanche. Ce serait la plus ancienne tour à feu du littoral atlantique français. Sa fonction était de signaler l'entrée de la rivière de Pénerf et de guetter l'arrivée de corsaires ennemis. Elle ne constitue plus aujourd'hui qu'un amer pour les pêcheurs et les plaisanciers.

Les plages La **grande plage** de Damgan offre 6km de sable fin et de baignade. Ceux qui préfèrent les plages plus petites choisiront celle de **Kervoyal**, abritée du vent. En fin de journée, une balade (à pied ou à vélo) depuis Kervoyal jusqu'à Pénerf s'impose pour admirer le coucher du soleil. En face, vous apercevez l'île Dumet et les falaises de Pénestin. Par temps clair, vous aurez peut-être la chance de voir les îles de Houat et de Hoëdic.

● **Où acheter des huîtres ?** Le premier parc à huîtres de Pénerf date de 1848, alors que l'huître y vivait déjà depuis des siècles sur des bancs naturels. À la suite de deux épidémies (1920 et 1974), la plate fut remplacée par la creuse portugaise, puis par la japonaise (*Cassostrea gigas*). La richesse et le renouvellement constant des eaux de Pénerf et Pen Cadénic (sur la rive opposée de la rivière) font de cette huître un authentique “cru”, la “Pénerfine”. **Viviers de la Cotriade** *Port de Pénerf Tél. 02 97 41 15 07 Ouvert mi-juin-mi-sept. : 9h-13h et 15h-19h ; hors saison : 9h-12h30 et 14h-17h30*

● **Partir à la découverte du milieu naturel** En juillet et août des sorties, encadrées par un guide spécialisé de la réserve naturelle de Séné, vous emmènent à la découverte de la faune et de la flore des marais, des dunes, plages et vasières. Un thème est donné à chaque visite. Comptez 5€ par personne. *Rens. à l'office de tourisme de Damgan Tél. 02 97 41 11 32*

● **Faire de la voile** Le centre nautique Brise et Voiles propose à la location Optimist, planches à voile et catamarans. Comptez 45€ pour 2 personnes pour un circuit de 2h30 sur la rivière Pénerf en kayak. Char à voile pour 35€/h. **Brise et Voiles** *Impasse des Mâts, route de Pénerf Tél. 02 97 41 10 62 www.briseetvoiles.com*

Les environs de Damgan

Muzillac La petite ville vaut surtout pour ses environs (Noyal-Muzillac et Le Guerno, le parc de Branféré, etc.), mais on pourra néanmoins s'arrêter dans le bourg pour la belle porte Renaissance (XVIe s.) de la maison de l'Anglais. Ce bâtiment fut utilisé comme une prison pour les condamnés aux galères sur la route de Brest. Dans la Grande Rue, vous trouverez deux maisons à colombages qui comportent des sculptures grotesques des XVe et XVIe siècles. Vous pourrez également profiter des alentours en louant un vélo à Claude Flohic. *À 24km au sud-est de Vannes par la N165 En car, sur la ligne TIM 8 (Damgan-Vannes)* **Office de tourisme du pays de Muzillac** *Pl. Saint-Julien 56190* **Muzillac** *Tél. 02 97 41 53 04 www.tourisme-muzillac.com* **Claude Flohic** *Parc de l'Estuaire Tél. 02 97 41 66 40*

Moulin de Pen-Mur L'ancien moulin à farine de Pen-Mur, reconverti en moulin à papier, trône dans le site bucolique de l'étang de Pen-Mur. Sa visite est l'occasion de découvrir l'art délicat du papetier, qui travaille ici de façon entièrement artisanale, suivant la tradition du XVIIIe siècle, à partir de chiffons. *À 2km au nord de* ***Muzillac*** *Tél. 02 97 41 43 79 www.moulin-pen-mur.com Ouvert juil.-août : lun.-ven. 10h-12h30 et 14h30-19h, sam. 14h30-19h, dim. 14h30-19h ; le reste de l'année : se rens. Visites guidées tlj. : 11h, 15h, 16h, 17h et 18h Tarif 6€, réduit 4€*

☺ **Église Saint-Cyr-Sainte-Julitte d'Ambon** Sise au cœur d'Ambon, proche d'une belle demeure à colombages, cette église dégage un charme puissant, intemporel. Bâti sur les vestiges d'une église préromane (Ve siècle), laquelle reposait sur des vestiges romains, l'édifice actuel a connu de nombreuses transformations au fil du temps. De la première église romane (XIIe siècle), subsistent la façade ouest, le portail en plein cintre encadré de hauts contreforts, la nef et ses deux bas-côtés. Les deux chapelles latérales qui prolongent le chœur datent du XVe siècle. À l'intérieur, de beaux chapiteaux sculptés, un retable et un lutrin (XVIIe siècle). ***Ambon*** *À 6km à l'ouest de Muzillac sur la D20*

☆ **Le Guerno** Le village offre une très belle harmonie architecturale autour de son église du XVIe siècle. Un peu en dehors du bourg se succèdent deux **fontaines** remarquables : la fontaine Sainte-Anne, de 1784, considérée comme l'une des plus majestueuses de Bretagne, et la fontaine Sainte-Marie, plus massive (1787). Le bourg, qui compte un bar-restaurant et une crêperie, accueille, tous les mardis en juillet et août, un marché nocturne de produits du terroir et d'artisanat. *À 8km au nord-est de Muzillac par la D20*

Noyal-Muzillac Il compte également de nombreuses maisons anciennes, dont les belles lucarnes témoignent de l'essor du bourg du XVe au XVIIe siècle. La Maison du patrimoine, ouverte en été, propose quelques expositions dédiées à ce patrimoine historique et culturel, et des visites guidées de Noyal-Muzillac sur demande. *À 5km au nord de Muzillac par la D5*

● ☆ **Se divertir en famille** Dans le parc botanique de Branféré, planté d'essences rares au XVIIIe siècle, Hélène et Paul Jourde, les fondateurs, ont rassemblé de nombreux animaux rapportés de leurs voyages autour du monde. L'esprit de liberté qui présidait à leur action se perpétue encore dans ce parc (légué à la Fondation de France), où "les pelouses sont le domaine réservé des animaux". En un sens, les rôles sont inversés : c'est le visiteur qui, ici, est enfermé dans les allées. Enfermement tout relatif, car la déambulation dans ce site remarquable est un vrai bonheur ; la végétation omniprésente, la quasi-absence de cages – les frontières naturelles (pelouses, cours d'eau) sont privilégiées – font de ce parc animalier un lieu bien éloigné des zoos habituels. Vous y verrez, entre autres, des wallabies, des émeus, des gibbons, des zèbres, des flamants rouges ou roses, etc. Emporter des jumelles peut s'avérer utile, car quelques solitaires préfèrent parfois se tenir à distance des visiteurs. Le château des anciens propriétaires – laissé tel qu'à leur époque et orné des peintures animalières de Mme Jourde – se visite aussi. Le parc abrite depuis quelques années l'école Nicolas Hulot pour la biodiversité. Lancez-vous dans l'aventure du Parabout : des filets sont tendus entre les arbres et forment un trampoline géant ! **Parc animalier et botanique de**

Branféré Le Guerno *(à 8km au nord-est de Muzillac) Tél. 02 97 42 94 66 www.branfere.com Ouvert fév.-avr. : tlj. 10h-17h ; juil.-sept. : tlj. 10h-18h ; oct.-nov. : tlj. 10h-16h Dernière entrée 1h30 avant la fermeture des caisses Tarif 16€, 13-17 ans 14,50€, 4-12 ans 11€ Visite du château en sus 3€, moins de 12 ans gratuit (seulement en été)*

● **Partir en croisière** Au port de Pen-Lan, vous pourrez embarquer à bord de *La Belle de Vilaine*, construite sur le modèle des anciennes chaloupes "à cul rond", pour une croisière dans l'estuaire ou vers les îles. **La Belle de Vilaine** *Port de Pen-Lan* **Billiers** *Tél. 02 97 45 60 89/41 58 35 (hors saison) belledevilaine@wanadoo.fr Adhésion 30€/adulte, 11€/enfant Ouvert mai-oct.*

CARNET D'ADRESSES

Restauration, hébergement

camping

Camping du Lenn Calme et convivial, il séduit surtout par sa situation sur la pointe de Pénerf, entre mer et campagne. Bien protégé et arboré, il offre un accès direct à la mer. Confort 2 étoiles. Comptez de 13€ à 17€ pour 2 personnes avec un véhicule. ***Pénerf*** *Tél. 02 97 41 10 85 Tél. port. 06 85 66 51 69 www.campingdulenn.com Ouvert avr.-oct.*

très petits prix

☺ **Crêperie L'Écurie** Une tonnelle fleurie annonce cette crêperie dont la décoration rustique ne laisse pas deviner le raffinement. Et pourtant ! La finesse de la pâte et le soin apporté aux garnitures rendent les assiettes, fort joliment présentées, tout simplement délicieuses. Le tout servi avec humour et bonne humeur. *31, Grand-Rue* **Kervoyal** *Tél. 02 97 41 03 29 www.creperie-lecurie-damgan.com Ouvert en saison : tlj. ; hors saison : jeu.-dim.*

petits prix

Bistrot de la mer Certes, le bistrot n'a pas vue sur mer, mais vous y trouverez une bonne cuisine du terroir. Aurélie est en salle tandis que son mari, en cuisine, concocte des recettes à base de fruits de mer et de poissons. Sur l'agréable terrasse ou dans le petit intérieur cosy, dégustez une bouillabaisse à la bretonne (18,20€) ou des moules marinière au muscadet (11,80€). Formule à 17,50€, menus "Balade à Belle-Île" à 22,50 et "Balade à Pénerf" à 31€. Pour les gourmands, le fondant au chocolat "Fanny", selon la recette de l'arrière-grand-mère, est un incontournable (5,20€). ***Pénerf*** *17, rue du Port Tél. 02 97 41 00 97 Ouvert tlj. sauf mar. et lun. soir hors saison*

GAMME DE PRIX	RESTAURATION	HÉBERGEMENT
Très petits prix	moins de 10€	moins de 30€
Petits prix	de 10 à 20€	de 30 à 50€
Prix moyens	de 20 à 30€	de 50 à 80€
Prix élevés	de 30 à 40€	de 80 à 100€
Prix très élevés	plus de 40€	plus de 100€

Hôtel Les Genêts d'or Vous ne trouverez certes rien de très luxueux à l'hôtel des Genêts d'or – lino au sol, sdb dans le couloir, décoration monacale –, mais un accueil aimable et une addition légère. Même simplicité au restaurant : la formule du jour est à 9,50€ (formule déj. en semaine à 8€) et des menus à 17,50€ et 23,50€ sont proposés. Une adresse sans chichis, en plein centre de Muzillac. Chambres de 32€ à 47€. *5, rue du Couvent* ***Muzillac*** *Tél. 02 97 41 68 49 www.hotel-lesgenetsdor.com*

prix élevés

Hôtel de la Plage Bonne surprise que cet établissement, qui sait ménager, sous des allures ultramodernes, une chaleur appréciable, tant dans l'accueil réservé aux hôtes que dans l'aménagement des chambres. Celles-ci jouissent d'un confort irréprochable et, pour la plupart, d'une vue sur la mer. Agréablement décorées, sans grande fantaisie, mais avec des petites attentions bienvenues : touches colorées, lumières tamisées... Le bar de l'hôtel, le Solent, malheureusement un peu froid, dispose d'une terrasse agréable donnant sur la mer. Chambres de 75€ à 125€, suites de 100€ à 155€ ; petit déjeuner 12€. *38, bd de l'Océan* ***Damgan*** *Tél. 02 97 41 10 07 www.hotel-morbihan.com*

prix très élevés

☺ **Domaine de Rochevilaine** Pour pénétrer dans ce domaine, campé tout au bout de la pointe de Pen-Lan, il faut emprunter le "portail de la Vérité" (XIIIe s.). De l'autre côté de ce porche s'ouvre un monde de luxe et de raffinement. Les charmes d'une hôtellerie haut de gamme – les 39 chambres et suites, récemment refaites avec une décoration privilégiant les matières et la patine des cartes anciennes, se répartissent entre différents bâtiments des XVe et XVIe siècles reconstruits pierre par pierre – se conjuguent à la délicatesse d'une cuisine de maître et aux bienfaits d'un centre de balnéothérapie (un spa, donc) de première classe. Le tout face à l'Océan... Chambres de 260€ à 690€ en saison, de 150€ à 490€ hors saison ; le premier menu "retour du marché" est à 40€ (déjeuner), puis de 72€ à 105€. L'accès à la balnéothérapie n'est pas réservé aux clients de l'hôtel. *Pointe de Pen-Lan* ***Billiers*** *16, rue du Phare (à 3km au sud de Muzillac par la D5) Tél. 02 97 41 61 61 www.domainerochevilaine.com*

LA ROCHE-BERNARD

56130

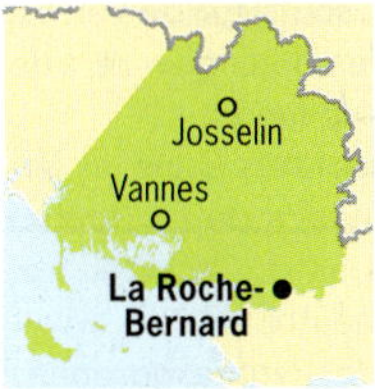

Cette petite cité de caractère, établie sur un promontoire rocheux qui surplombe l'estuaire de la Vilaine, est, avec ses 42ha et un peu plus de 800 habitants permanents, l'une des plus petites communes de France. Elle se compose d'un bourg charmant, constitué de belles demeures anciennes, hôtels particuliers, greniers à sel et entrepôts, et d'un port de plaisance dominé par son pont suspendu, qui enjambe la Vilaine. Ce mariage réussi entre patrimoine et plaisance vaut à la cité le label "Escale d'une rive à l'autre" décerné aux villes situées en bordure de voie navigable.

UN PEU D'HISTOIRE L'origine de la cité de La Roche-Bernard remonterait au xe siècle, quand le chef viking Bernhardt y érige un premier château – à moins que son nom ne dérive de celui d'un vicaire de la paroisse qui aurait vécu à la même époque. Le bourg et le port se développent au cours des siècles suivants pour devenir, à la fin du Moyen Âge, un centre important du commerce du sel. Le bois, le blé, les épices et l'étain transitent par ce port prospère. Au xve siècle, les halles accueillent deux marchés par semaine et six foires par an. De 1629 à 1634, les rives de la Vilaine sont occupées par un chantier naval d'importance : Richelieu y fait construire *La Couronne*, premier vaisseau français à trois ponts. Sous la Révolution, les Rochois se placent sans compromis du côté des "bleus". Leur maire, M. Sauveur, abattu par les royalistes, sera cité en exemple ; jusqu'en 1805, sa ville portera en son honneur le nom de Roche-Sauveur. Au xixe siècle, La Roche-Bernard se consacre au commerce de bois d'étayage à destination des mines du pays de Galles.

MODE D'EMPLOI

accès

EN VOITURE

Entre Pontchâteau (23km) et Vannes (35km) sur la N165.

EN CAR

La ville est desservie par le réseau TIM ligne 8 (Vannes-Muzillac-La Roche-Bernard) et ligne 10G (La Roche-Bernard-Redon-Rochefort-en-Terre).

Réseau TIM *Tél. 0810 10 10 56 www.morbihan.fr*

orientation et stationnement

Accroché à son rocher, le centre historique de La Roche-Bernard, où se trouvent les édifices les plus anciens, est un dédale de ruelles qui surplombent la Vilaine. L'agglomération plus récente s'étend à l'est de la place du Marchix sur un terrain en pente. Stationnement en ville gratuit. Il est plus facile de trouver à se garer dans l'un des trois parkings, gratuits eux aussi, du Vieux Port, de la place du Dôme et du port Neuf.

informations touristiques

Office de tourisme *14, rue du Docteur-Cornudet Tél. 02 99 90 67 98 www.roche-bernard.com Ouvert juil.-août : tlj. 10h-19h ; hors saison : mar.-sam. 10h-13h et 14h-18h*

Port de plaisance Soixante-seize places pour les navires visiteurs. *Tél. 02 99 90 62 17 roche-bernard@sagemor.fr*

marchés, fêtes et manifestations

Marché Dans les rues de la ville. *Jeu. mat.*

Marché d'artisanat d'art Potier, verrier, mosaïste, souffleur de verre... s'installent dans les vieux quartiers de la ville. *Juil.-août, le lundi*

Festival des Garennes Dans les jardins – ou "garennes" – de La Roche-Bernard, musiques du monde, traditionnelles et théâtre de rue. *www.myspace.com/lefestivaldesgarennes 2 jours le 2e w.-e. d'août*

Festiv'Arz Tous les ans pour le 15 août se déroulent au barrage d'Arzal des jeux bretons (lutte bretonne, entre autres), où les champions s'affrontent au son des concerts, des fest-noz. Artisanat et son et lumière complètent la fête. *2€, moins de 14 ans gratuit* ***Arzal***

DÉCOUVRIR

☆ **Les essentiels** Le centre historique **Découvrir autrement** Faites une croisière sur la Vilaine, dégustez une crêpe dans une maison à colombages

➤ **Carnet d'adresses p.255**

La Roche-Bernard

☆ **Centre historique** Le vieux quartier de La Roche-Bernard, autour de la charmante place du Bouffay, conserve de nombreux témoignages des heures prospères de la cité ; maisons à encorbellement, à pignon ou à façades sculptées, hôtels particuliers, ruelles et escaliers lui confèrent un cachet indéniable. Un circuit d'interprétation du patrimoine, composé de vingt-trois panneaux explicatifs répartis dans toute la ville, aide à décrypter l'histoire de la baronnie et notamment de ses édifices religieux. Le plan détaillé du circuit est disponible gratuitement à l'office de tourisme. Il faut compter 1h30 pour le parcourir dans son intégralité. La brochure *Pays de La Roche-Bernard*, qui est également disponible à l'office de tourisme, propose une visite commentée de la ville à travers ses vieux quartiers et les ateliers des artisans qui les occupent aujourd'hui, et détaille l'histoire de ses principaux monuments, de la **Maison du canon** (1599), qui abrite aujourd'hui la mairie, au **pont du Morbihan** (1996). Passez rue de la Saulnerie, au n°12 se dresse un ancien grenier à sel : cette maison à pignon présente des œils-de-bœuf et de belles lucarnes moulurées, en s'approchant on distingue encore quelques graffitis maritimes sur les murs. Le passage de la Quenelle (qui tire probablement son nom d'un impôt prélevé sur les barriques) est bordé de hautes maisons munies de fenêtres taillées dans le tuffeau.

Ponts L'histoire de La Roche-Bernard est intimement liée à celle de ses ponts. Les habitués de la route Vannes–Saint-Nazaire gardent un vif souvenir des embouteillages dus à l'étroitesse du pont suspendu, jusqu'à l'inauguration du pont du Morbihan en 1996. Bien avant cela, le passage de la Vilaine s'effectuait en bac… Une traversée de 300m, assez pénible et souvent périlleuse, qui, au début du XIXe siècle, demanda 6h au préfet

DU MIEL AU CHOUCHEN

Le bourdonnant Rémi Lucas, apiculteur depuis 1974, fait partager sa passion des abeilles dans une ancienne demeure accolée au rocher emblématique de la ville. Au programme de ce musée-boutique, démonstration d'extraction du miel et surtout dégustation des différents produits de la ruche : miel, bien sûr, pollen, gelée royale... sans parler du chouchen, boisson bretonne par excellence.
La Maison de l'abeille
8, rue du Passage
Tél. 02 99 90 79 50
Ouvert avr.-juin et sept. : lun.-sam. 15h30-18h ; juil.-août : lun.-sam. 10h30-12h et 14h30-19h ; oct.-déc. : lun.-sam. 14h30-19h

du Morbihan en mission dans la région ! Le premier pont suspendu voit le jour en 1839 mais ne résiste pas longtemps aux assauts du vent ; dès 1872, la construction d'une passerelle provisoire (maintenue jusqu'en 1911 !) s'impose. Puis c'est un pont en arche qui enjambe la Vilaine et s'effondre en 1944, victime d'un orage (il avait été miné par les Allemands). Une passerelle provisoire précède à nouveau le beau pont suspendu que nous connaissons aujourd'hui, construit en 1960, et que voisine désormais le pont du Morbihan, qui a permis de désengorger la ville.

Musée de la Vilaine maritime Installé dans le château des Basses-Fosses, un hôtel particulier des XVIe et XVIIe siècles, ainsi nommé parce qu'il compte deux niveaux côté sud, contre cinq côté nord, le musée propose, sur un mode vivant, la découverte de la vie traditionnelle à La Roche-Bernard et dans ses environs. Pêche, construction du navire *La Couronne*, élévation des différents ponts qui se sont succédé sur le fleuve, sont traitées grâce à divers supports : diaporamas, témoignages audios, vidéos… Une cabine de chasse-marée grandeur nature a été habilement reconstituée dans une petite salle. Bref, le cadre historique dans lequel s'inscrit ce musée n'est pas son seul atout. *Château des Basses-Fosses 6, rue Ruicard Tél. 02 99 90 83 47 Ouvert mi-juin-mi-sept. : tlj. 10h30-12h30 et 14h30-18h30 ; vac. scol. de Pâques, 1re quinz. de juin et 2e quinz. de sept. : tlj. 14h30-18h30 ; mai : sam.-dim. et j. fér. 14h30-18h30 Fermé oct.-avr. (sauf groupes sur réservation) Tarif 3€, réduit 2,30€ et 1,60€*

● Où sortir dans un lieu insolite ? Éric cherchait un café tranquille où s'installer lorsqu'il poussa la porte de cet ancien entrepôt à grain, vieux de deux siècles. Pas question de toucher à la structure avec les 10m sous plafond et les gradins qui dégringolent au milieu de la salle (installés là par un metteur en scène qui occupait les lieux précédemment). Ce qu'Éric va apporter, c'est bien plus qu'un changement de structure : il lui donne un ton nouveau, celui d'un café-concert qui attire aujourd'hui toute la région, mélangeant les âges et les genres. Il agrémente tout cela de quelques touches de déco kitsch entre meubles récupérés dans des brocantes et d'autres de designers. Place donc, le samedi, à de folles soirées musicales... Vive le jazz manouche, la musique tzigane et la chanson française ! Si vous avez un creux, une petite restauration (bar à pâtes) est disponible ; plat du jour à 8,50€. **Le Sarah B** *9, quai Saint-Antoine Le Vieux Port Tél. 02 99 90 74 60 www.lesarahb.fr Ouvert lun.-ven. 11h30-15h et 18h-1h (w.-e. en continu)*

● Pratiquer des activités nautiques Location de kayaks et bateaux à moteur sans permis. Le centre propose une sortie-découverte de la Vilaine (15€ les 2h). Compter 13€/pers. pour un kayak à la demi-journée. **Loisirs Temps Libre** *5, Chemin du Pâtis Tél. 02 99 90 83 25 Tél. port. 06 74 57 32 19 http://loisirstempslibre.free.fr*

Les environs de La Roche-Bernard

Barrage d'Arzal Construit en 1970 pour réguler le niveau de la Vilaine, le barrage d'Arzal – le plus grand barrage estuarien d'Europe –, conçu pour

limiter l'inondation des rives et approvisionner la région en eau potable, a permis le maintien de l'agriculture dans les marais et le développement du tourisme. Alentour s'est développée une intense activité de plaisance ; de nombreux bateaux mouillent à l'année dans le port d'Arzal-Camoël, des entreprises navales (réparation, accastillage…) s'y sont implantées, et quelques bars ou restaurants ont fleuri. Le site ne présente pas un intérêt majeur, mais le barrage permet de traverser la Vilaine sans passer par La Roche-Bernard. Depuis 1995, une passe à poissons permet aux migrateurs de remonter la rivière ; on les avait d'abord oubliés (!) et leur population en a considérablement souffert… Cette passe facilite de plus leur comptage et leur observation. Vous pourrez vous y arrêter pour découvrir, selon la saison, les aloses, les anguilles ou les truites de mer, de retour de leur long voyage.
À 12km env. à l'ouest de La Roche-Bernard

● **Embarquer pour une croisière** Les Vedettes jaunes vous emmènent pour une croisière au départ d'Arzal, à destination de La Roche-Bernard (tous les jours en juillet et août, trajet 17km, durée 1h30, 11€/6,50€) ou de Redon (le jeudi en juillet et août, trajet 84km, départ 9h30, retour 18h, 27€/13€ ; sur réservation d'avril à septembre). Elles organisent également des croisières déjeuner ou dîner aux chandelles toute l'année (sur réservation). **Vedettes jaunes** *Armement Dréno* ***Arzal*** *Tél. 02 97 45 02 81 www.vedettesjaunes.com*

● **Faire une balade en bateau ou en kayak** Le centre nautique Au Gré du Vent propose à la location des kayaks (21€ la journée), des bateaux sans permis (25€/h, 100€/j.), des vélos (12€ la journée), et organise des croisières dans le golfe. **Au Gré du Vent** *Port de plaisance d'Arzal* ***Camoë*** *Tél. 02 99 90 56 91 Tél. port. 06 20 67 49 92 www.augreduvent.fr*

CARNET D'ADRESSES

Restauration, hébergement

petits prix

Crêperie de la Roche Elle est installée dans la dernière maison à colombages du XVe siècle à subsister en ville. Vous pourrez y déguster une galette à l'andouille (6,90€) en vous réchauffant en hiver près de la grande cheminée de la salle à manger. Pour le dessert, crêpe aux pommes rissolées et au caramel maison accompagnée de glace à la vanille (6,90€). Formule midi à 10€ (bolée de cidre, galette complète et crêpe). *14, rue de la Saulnerie* ***La Roche-Bernard*** *Tél. 02 99 90 63 60 Ouvert été et vac. scol. : tlj. ; hors saison : jeu.-lun.*

Crêperie La Sarrasine Elle occupe deux salles dans une maison aux murs de pierre. Salades et grillades complètent efficacement une carte où dominent des galettes présentées avec soin. Moules-frites en été. À l'arrière, la petite terrasse-patio abritée par des palissades et des bouquets de bambous est des plus agréables. L'autre terrasse donne sur la rue. Bonnes crêpes spéciales pour 8€. *1, pl. Marchix* ***La Roche-Bernard*** *Tél. 02 99 90 77 44 Ouvert avr.-oct. : tlj. Fermé mer. et jeu. hors saison*

prix moyens

☺ **L'Auberge des Deux Magots** Bonne auberge, où la qualité du gîte et du couvert se double d'un accueil professionnel et chaleureux. Ce bel hôtel particulier orné de sculptures de singes magots – d'où son nom – domine la place du Bouffay. En saison, les chambres sur l'arrière garantissent plus de calme. Il règne une atmosphère un peu désuète dans cet établissement très bien tenu qui offre un bon confort ; le mobilier ancien des chambres lui octroie de plus un certain cachet. Le restaurant propose une cuisine régionale avec des menus de 15€ (déjeuner) à 37€. Spécialités de la maison : la mouclade de Pénestin et la terrine de coquillages. La carte propose aussi une poêlée de Saint-Jacques aux petits légumes et au beurre d'agrumes. Les becs sucrés ne manqueront pas la tarte fine aux pommes. Service discret et souriant. Chambres de 52€ à 85€, petit déjeuner 7€. *1, pl. du Bouffay* ***La Roche-Bernard*** *Tél. 02 99 90 60 75/68 13 www.auberge-les2magots.com Restaurant fermé dim. soir*

Bed & Breakfast Ricky, ancien cuisinier anglais, et sa femme Dany se sont installés au cœur du vieux quartier. Le grand salon-bibliothèque et son balcon donnant sur la place sont à votre disposition. Les chambres (55€-62€ avec petit déj.), toutes avec salle de bains, certaines mansardées, sont simples, mais bien agencées. Une bonne adresse à un prix raisonnable. *6, pl. du Bouffay* ***La Roche-Bernard*** *Tél. 02 99 90 75 53 Tél. port. 06 33 78 55 49 www.bedandbreakfastinfrance.net*

prix très élevés

L'Auberge bretonne Grande bâtisse bretonne sise sur les hauteurs de la ville, l'auberge de Jacques Thorel et de son épouse en constitue le point de chute le plus en vue. Le restaurant a été complété, il y a quelques années, par 11 chambres qui permettent d'y séjourner en toute quiétude. La salle s'ordonne autour d'un jardin potager intérieur, qui fournit au chef quelques-uns de ses ingrédients. Les autres produits utilisés sont choisis avec autant de soin ; la carte évolue sans cesse, au fil des saisons et de l'humeur du maître des lieux, mais reste toujours imprégnée du terroir cher à son cœur. Menus de 30€ à 120€ ; chambres de 180€ à 280€. *2, pl. Du Guesclin* ***La Roche-Bernard*** *Tél. 02 99 90 60 28 www.auberge-bretonne.com Restaurant ouvert mer., sam., dim. toute la journée, les lun., mar. et ven. soir Fermé mi-nov.-mi-jan. sauf vac. scol.*

PÉNESTIN

56760

Le nom de Pénestin viendrait de l'époque lointaine où les Phéniciens avaient établi sur cette côte un comptoir destiné à entreposer l'étain rapporté des îles anglaises de Scilly. Au cours des siècles, la commune a vécu de son agriculture et de ses marais salants, activités aujourd'hui relayées par la mytiliculture. Située au sud de l'estuaire de la Vilaine, Pénestin dispose d'une façade maritime

de 25km, du port de Tréhiguier à la pointe du Bile. Ses plages et sa belle campagne parcourue de nombreux sentiers, en font une destination très appréciée du tourisme familial.

MODE D'EMPLOI

accès

EN VOITURE

Au sud de l'estuaire de la Vilaine, accès par la D34 (à 20km à l'ouest de La Roche-Bernard).

EN CAR

La ville est desservie par le réseau Lila ligne D (La Baule-Guérande-Assérac-Herbignac-Pénestin).
Réseau Lila *Tél. 0825 08 71 56 www.loire-atlantique.fr/lila*

orientation

Le bourg de Pénestin est la principale agglomération d'une avancée dans la mer, qui s'étend de l'estuaire de la Vilaine à la pointe du Bile. Les divers lieux-dits qui la composent sont reliés par une boucle formée côté terre par la route d'Assérac.

informations touristiques

Office de tourisme *Allée du Grand-Pré Tél. 02 99 90 37 74 www.penestin.com Ouvert juil.-août : lun.-sam. 10h-12h30 et 13h30-18h, dim. 10h-13h ; hors saison : lun.-sam. 10h-12h30 et 13h30-18h*

location de vélos

Maison service bricolage Comptez 8€/j. *74, rue du Calvaire Tél. 02 99 90 35 92*

marchés, fêtes et manifestations

L'office de tourisme distribue gratuitement en juillet et août un programme des manifestations, "Bulles de juillet" et "Bulles d'août".
Marché *Mer. et dim. (dim. seulement hors saison)*

DÉCOUVRIR

☆**Les essentiels** La pointe du Bile, la plage de la Mine d'or **Découvrir autrement** Découvrez le métier de mytiliculteur dans l'ancien phare du port de Tréhiguier, pratiquez le kitesurf à Pont-Mahé

> **Carnet d'adresses p.259**

Pénestin

La route côtière de Pénestin dessert les différentes plages et pointes qui s'égrènent le long des 25km de littoral que compte la commune. Quel que soit votre programme, n'oubliez pas toutefois de marquer deux pauses : l'une à la ☆ **pointe du Bile**, où sont concentrées de nombreuses exploitations mytilicoles, l'autre à la ☆ **plage de la Mine d'or**, qui doit son nom à une ancienne exploitation aurifère autant qu'aux ocres magnifiques qu'arborent ses falaises du quaternaire. Des sentiers pédestres suivent également la côte. D'autres circuits, pour piétons ou VTT, permettent de découvrir Pénestin sous ses différents visages : campagne, hameaux aux maisons anciennes, rives de la Vilaine, etc. Plan des circuits disponible à l'office de tourisme (3,50€), qui organise également des sorties-nature en été.

Port de Tréhiguier Situé au nord de la commune de Pénestin, donc sur la rive sud de la Vilaine, le port de pêche de Tréhiguier offre une atmosphère charmante. À la **Maison de la mytiliculture**, installée dans son ancien phare, vous apprendrez tout sur les moules, le métier des mytiliculteurs et le milieu marin. Attardez-vous également dans l'ancienne **chapelle** du port, pour vous approvisionner en moules, huîtres, fruits de mer ou chouchen ! **Maison de la mytiliculture** *Tél. 02 99 90 33 11 Ouvert vac. scol. de Pâques : tlj. 15h-18h ; mai-juin : groupes sur rés. ; juil.-août : tlj. 10h30-12h30 et 15h-18h ; Tarifs 3,60€/2,65€* **Chapelle** *Tél. 02 99 90 31 52 Ouvert juil.-août : tlj. 9h30-12h30 et 15h-19h ; hors saison : ven.-dim. 9h30-12h30 et 15h-19h*

Les plages À l'ouest, les plages surveillées de la **Source** et de la **Mine d'or** (avec ses falaises d'ocre) sont les plus fréquentées. Sur la côte sud, celles du **Palandrin** et de **Pont-Mahé** attirent véliplanchistes et amateurs de kitesurf. Très découvertes lorsque la mer est basse, il est conseillé de s'y rendre à marée haute. L'office de tourisme édite un dépliant très précis pour la pêche à pied. Vous y trouverez la description de chaque portion de côte, le détail des fruits de mer que l'on peut y récolter et les précautions à observer pour pêcher en sécurité.

● Où boire un verre ?

Pub 21 Voici le repaire des surfeurs de Pénestin, juste au-dessus du restaurant Ty Matao. Vidéos de glisse en permanence ainsi que déco ensoleillée et planches de surf. Ambiance plutôt "déjantée" et dynamique. *21, rue de l'Église Tél. 02 99 90 39 32 Ouvert mai-sept. : tlj. 16h-2h*

Le Bateau livre Ne manquez pas de déguster un "vers"... dans ce café littéraire. Un endroit sympathique pour écouter un concert, assister à une soirée "documentaire", prendre un café ou acheter un livre. L'espace intérieur, occupé par le bar et le piano, est plutôt restreint, mais quand vient la fête, la foule s'installe aussi dehors et une atmosphère champêtre est au rendez-vous. À l'étage : collection de livres de voyages et exposition de peintures ou de photos. *106, Le Haut Pénestin Tél. 02 23 10 00 86 www.lebateaulivre-penestin.com*

● Se balader sur l'estran Mer et Nature est une association qui organise régulièrement des visites à pied à marée basse sur l'estran, partie du littoral alternativement couverte et découverte par la mer. L'objectif est de mieux connaître le milieu naturel où sont élevées les huîtres, moules et palourdes. Deux sites sont proposés à la visite : la pointe du Bile à Pénestin et la baie de Pen Bé à Assérac. Tarif 4€ par adulte et 2,50€ par enfant. **Mer et Nature** *40, rue de l'Église Tél. port. 06 08 52 53 50 (Brigitte Métayer) brigittemetayer@wanadoo.fr*

Pratiquer des activités nautiques Le club de Pénestin, école française de voile, propose des stages individuels de planche à voile (124€), catamaran (165€), dériveur (122€), etc., pour tous les publics en juillet-août. Location de matériel et sorties à l'année. Adhésion obligatoire 2€/j., réduit 1,50€/j. **Club nautique de Pénestin** *Plage de Poudrantais Tél. 02 99 90 32 50 www.cnpenestin.com*

CARNET D'ADRESSES

Restauration, hébergement

camping

Domaine d'Inly Ce camping de luxe a de nombreux atouts : une piscine avec toboggans, un étang parcouru de pédalos, un bar, une salle de jeux et une épicerie. Les parcelles s'agencent comme autant de quartiers disposés autour d'une placette ronde centrale. Comptez 15€ à 39€ pour 2 pers. selon la saison. *Route de Couarne* ***Pénestin*** *Tél. 02 99 90 35 09 www.camping-inly.com*

très petits prix

Relais international de la jeunesse de la Mine d'or Amateurs de nature et de convivialité, ne manquez pas ce relais, installé dans un superbe site arboré surplombant la plage de la Mine d'or. En été, ouvert à tous sous réserve d'adhésion (4€), il propose un hébergement en dortoir, bungalow ou sous la tente – vous pouvez aussi y planter la vôtre. Les repas se prennent en commun, dans la grande salle ou dans le jardin fleuri. Comptez 18€ en demi-pension, 27€ en pension complète. Repas sans boisson 9€ ; nuit 9€ avec petit-déj. *La Mine d'or* ***Pénestin*** *Tél. 02 99 90 30 22 http://clajpenestin.free.fr Ouvert juil.-août*

prix élevés

La Visnonia Cette adresse reconnue, dont la simplicité charme les habitués comme les touristes, se trouve sur le port de Tréhiguier. Par temps clément, installez-vous sur la terrasse pour déguster quelques délices de la mer tout en contemplant les rives de la Vilaine. Menus à 26€, 38€ (3 plats, fromage et dessert) et 41€, plateau de fruits de mer à 40€. En juil.-août, fruits de mer à volonté pour 34€/pers. *35, rue du Port* ***Tréhiguier*** *(au nord-est de Pénestin) Tél. 02 99 90 31 58 Fermé lun. (et mar. hors saison)*

Hôtel de Loscolo Un peu vieillot peut-être, l'hôtel de Loscolo n'en jouit pas moins d'une situation privilégiée au bout de la pointe du même nom, avec vue sur la mer. Le confort 3 étoiles s'inscrit donc dans un cadre des plus reposants, grâce

GAMME DE PRIX	RESTAURATION	HÉBERGEMENT
Très petits prix	moins de 10€	moins de 30€
Petits prix	de 10 à 20€	de 30 à 50€
Prix moyens	de 20 à 30€	de 50 à 80€
Prix élevés	de 30 à 40€	de 80 à 100€
Prix très élevés	plus de 40€	plus de 100€

notamment à son jardin. Certaines chambres disposent d'une terrasse privative ; toutes sont bien équipées et dotées d'une baignoire. Une adresse qui mériterait un petit coup de jeune, néanmoins agréable notamment grâce à un accueil très aimable. Chambres de 60€ à 112€. ***Pointe de Loscolo*** *Tél. 02 99 90 31 90 www.hotelloscolo.com Ouvert fin avril-oct. : tlj.*

★☺ ROCHEFORT-EN-TERRE

56220

Fleurie, pittoresque, séduisante, Rochefort-en-Terre, petite cité de caractère accrochée à un site escarpé, mérite bien des louanges. En vous promenant dans ce village de moins de sept cents habitants, animé par le ballet des touristes, vous découvrirez le charme de ses maisons des XVIe, XVIIe et XVIIIe siècles, de son ancien lavoir, de ses halles et de ses multiples boutiques d'artisanat d'art. Au détour des nombreux escaliers, prenez le temps d'admirer la vue sur les environs, et laissez-vous porter par le parfum des glycines ou des lilas qui émane des jardins. À la nuit tombée, un éclairage savant confère au village une beauté mystérieuse.

MODE D'EMPLOI

accès

EN VOITURE
À 34km au sud de Ploërmel par la N166 et à 35km à l'est de Vannes.

EN CAR
La ville est desservie par le réseau TIM ligne 9 (Vannes-Questembert-Rochefort-en-Terre).
Réseau TIM *Tél. 0810 10 10 56 www.morbihan.fr*

orientation

Rochefort s'étend le long de la D774. La rue principale est fermée à toute circulation en été, mais quelques parkings, vite pleins, vous attendent aux extrémités du bourg. Il vaut mieux arriver tôt.

informations touristiques

Office de tourisme *7, pl. du Puits Tél. 02 97 43 33 57 www.rochefort-en-terre.com Ouvert en saison : lun.-sam. 10h-13h et 14h-18h ; hors saison : mar.-sam. 10h-13h et 14h-17h*

fêtes et manifestations

Pardon de Notre-Dame-de-la-Tronchaye *15 août*
Les Loustiks de l'Akoustik Deux jours de concerts dans les rues. Toutes les musiques s'y retrouvent, du jazz au rock. *www.loustiks.org Fin août*
Expositions de peintres américains *Château de Rochefort-en-Terre Juil.-août*

DÉCOUVRIR

☆ **Les essentiels** L'église Notre-Dame-de-la-Tronchaye, l'église Saint-Gilles de Malestroit **Découvrir autrement** Assistez à un concert au Café de la Pente, au pied des murailles de Rochefort, empruntez le "circuit des Ardoisiers" et découvrez des mégalithes > Carnet d'adresses p.264

Rochefort-en-Terre

Château Au XIIe siècle, les Rochefort établissent un château sur cet éperon rocheux qui domine la vallée du Gueuzon. De nombreux autres seigneurs – les Rieux, les Coligny, les Lorraine-Elbeuf – se succèdent dans la ville, qui constitue un remarquable point d'observation de la route menant de La Roche-Bernard à Malestroit et Josselin. La place forte est démantelée à la Révolution. En 1907, le peintre américain Alfred Klots rachète les vestiges du château. Il restaure l'édifice en utilisant des éléments provenant du château de Keralio (près de Muzillac) et en fait sa résidence. Son fils Trafford, également peintre, en hérite. Depuis la mort de ce dernier en 1976, le château est la propriété du département. Il n'est plus ouvert à la visite, mais l'on peut découvrir dans une de ses dépendances un musée regroupant les collections de ces Américains amateurs d'art et d'antiquités, ainsi que des œuvres contemporaines. Le domaine accueille en effet, de mai à juillet, des artistes venus d'outre-Atlantique, dans le cadre d'un échange avec le Maryland Institute de Baltimore. Ce musée dévoile aussi les arts et traditions de la région : objets divers, costumes, tableaux. *Tél. 02 97 43 31 56 Ouvert mai : ven.-dim. et j. fér. 14h-18h ; juil.-août : tlj. 11h-19h ; juin et sept. : tlj. 10h-18h Tarif 2€, réduit 1€*

VIE À LA FERME Tous les étés, le Groupement de vulgarisation agricole organise des après-midi "découverte d'une exploitation agricole". Vous en saurez plus sur le fonctionnement d'un élevage porcin, bovin ou de poules pondeuses. Ces sessions, parfaites pour les enfants, se déroulent dans les communes environnantes à 14h30. **Les Vendredis de la ferme** *Rens. 02 97 26 60 06 ou 02 97 43 33 57 (OT) Tarif 3€, moins de 10 ans gratuit*

☆ Église Notre-Dame-de-la-Tronchaye

Construite au XIIe siècle, l'église Notre-Dame-de-la-Tronchaye fut transformée en collégiale en 1498 et presque entièrement remaniée au XVIe siècle. Vous trouverez, sur votre gauche en entrant, un exemple rare de sculpture macabre. Les sablières sculptées, les retables des XVIIe et XVIIIe siècles, ainsi que la tribune, provenant de l'ancien jubé du XVIe siècle, sont également des pièces remarquables. Devant l'église, attardez-vous à la "lecture" du magnifique **calvaire** sculpté, du XVIe siècle.

● **Où boire un verre ?** Le Café de la Pente est le seul bar de Rochefort, mais quel bar ! Il abrite l'association qui se voue à l'animation de la cité, Le Point commun. Concerts et expositions dans la salle du bas, mais on joue aussi de la musique dans le jardin, sous les lampions, juste sous les murailles de la ville.

On trinque, plus au calme, dans la salle ou sur la terrasse. Si vous croyez que Rochefort cesse de vivre à la nuit tombée une fois les touristes partis, flânez le long des rues et laissez-vous guider par une rumeur qui vous mènera droit au Café de la Pente. **Le Café de la Pente** *9, rue du Vieux-Bourg Tél. 02 97 43 40 11 www.lepotcommun.com Ouvert en été : tlj. 16h-1h ; en hiver : mer.-jeu. 18h-0h, ven.-sam. 19h-1h, dim. 18h-22h*

● **Emprunter le "circuit des Ardoisiers"** Les environs de Rochefort se prêtent merveilleusement à la flânerie. Le paysage escarpé dissimule des bords de rivières encaissées, des étangs, des vallons ombragés et des collines où l'on découvre parfois les carrières d'ardoise qui faisaient la richesse du pays il y a encore un siècle. L'office de tourisme pourra vous fournir une carte décrivant deux circuits qui empruntent une portion du GR®38 reliant Redon à Douarnenez. Le premier vous mènera autour de Rochefort, le second, dit "circuit des Ardoisiers", musarde dans les mystérieuses landes de Lanvaux, croise des mégalithes antiques et serpente jusqu'aux anciennes carrières.

Les environs de Rochefort-en-Terre

Parc de la préhistoire On est loin de Jurassic Park… Les dinosaures et autres bestioles préhistoriques "grandeur nature" s'avèrent peu impressionnants, les hommes représentés ne sont pas plus convaincants et les reconstitutions laissent sceptique… Bref, un peu cher payé pour une simple balade (env. 2h). Néanmoins, le parc est beau. ***Malansac** (à 3km au sud-est de Rochefort-en-Terre, bien indiqué) Tél. 02 97 43 34 17 www.prehistoire.com Ouvert avr.-mi-oct. : tlj. 10h-19h (juil.-août 18h) ; mi-oct.-mi-nov. : dim. 13h-18h30 ; vac. de la Toussaint : tlj. 13h30-18h Tarif 10,50€, réduit 6,50€*

Questembert À l'intérieur des terres, Questembert, dont les demeures anciennes charmeront les amateurs de quiétude et de vieilles pierres, constitue une halte gastronomique plus que touristique. Ses magnifiques halles du XVIe siècle abritent toujours le marché traditionnel du lundi matin où se pressent les producteurs des alentours. Au cœur d'une campagne bretonne qui peut être écrasée, l'été, par le soleil, on est, ici, à l'ombre des ruelles qui dissimulent des maisons des XVe et XVIe siècles, bien loin des foules et de l'agitation du littoral… *À 10km au sud-ouest de Rochefort par la D777*

☆ **Malestroit** La "perle de l'Oust" doit son surnom à sa situation sur la rivière et à son patrimoine architectural, à découvrir au fil des rues bordées de maisons à colombages, qui s'étirent autour de la place du Bouffay et jusque sur les rives de l'Oust (circuit des Besants, 1h15, information à l'office de tourisme). Étonnante, l'église Saint-Gilles, bâtie sur un plan original à double nef, est surmontée de deux clochers. Une première chapelle fut édifiée en 1144 à l'emplacement d'une fontaine. Elle fut remplacée au XIIIe siècle par une église romane, dont il reste le croisillon sud, avant de subir, au XVIe siècle, de nombreux remaniements. L'église est très riche par ses sculptures, notamment sur la façade sud, ses vitraux, dont certains, comme l'arbre de Jessé, datent du XVe siècle, et son mobilier, avec une pietà en bois polychrome datant du XVe ou du XVIe siècle. *À 13km au nord-ouest de Rochefort par la D774 Rens. à l'OT de Malestroit Tél. 02 97 75 14 57 www.malestroit.com*

Musée de la Résistance bretonne Les nombreux objets de ce musée offrent une approche concrète des heures sombres qu'ont connues le monde et la Bretagne au milieu du XXe siècle. L'exposition est complétée par plusieurs vidéos, un diaporama et la visite du parc qui peut se faire en véhicule d'époque en juillet et août, hors week-end. *56140* ***Saint-Marcel*** *(à 14km au nord de Rochefort) Un peu en dehors du bourg par la rue du Maquis Tél. 02 97 75 16 90 wwww.resistance-bretonne.com Ouvert mi-juin-mi-sept. : tlj. 10h-19h ; mi-sept.-mi-juin : tlj. 10h-12h et 14h-18h Tarif 7,20€, réduit 5,70€*

Balades romantiques

Des villages, des châteaux ou des îles, où se promener main dans la main...

● Pratiquer le canoë-kayak

Tenu par des bénévoles, le club de canoë-kayak La Daufresne organise des compétitions et des sorties-tourisme. En juillet et août, location d'embarcations à l'heure, à la journée ou à la semaine, pour sillonner l'Oust en toute liberté. Les randonnées peuvent être accompagnées par un moniteur. **Base nautique La Daufresne** *56140* ***Bohal*** *(à 5km de Malestroit dir. Vannes) Tél. 02 97 75 29 86 Ouvert tous les sam. a.-m. et juil.-août*

● Faire une balade à dos de curly Le curly est une race de cheval au poil frisé et hypoallergénique venue des États-Unis et d'Écosse. De caractère doux, il ne mord pas et se laisse facilement caresser par les enfants. Vous pourrez admirer aux écuries de Quily leur amusante toison bouclée, abondante en hiver, en visitant les écuries. Promenade à l'heure (15€) et, en été, possibilité de randonnées à la journée (70€) ou à la demi-journée (40€). Au programme : apprentissage autour de l'alimentation, du brossage et de la pose de la selle. Prévoir un pique-nique si vous restez la journée. **Les écuries de Quily** *Beausoleil de Quily Route de Limerzel 56230* ***Questembert*** *Tél. 06 62 94 01 85 www.curly-quily.fr*

CARNET D'ADRESSES

Restauration, hébergement

petits prix

Crêperie Le Café breton Si vous comptez vous installer en terrasse, mieux vaut arriver tôt ! Deux tables à peine tiennent sur le petit perron du Café breton situé au beau milieu de la rue principale... L'intérieur, chaleureux et convivial, est orné de peintures du peintre américain Klots, et affiche, pour le reste, une ambiance rustique qui lui sied à merveille. Une adresse d'autant plus convaincante que les galettes proposées sont délicieuses et vraiment abordables (à partir de 2€ et de 4,70€ pour une complète). Petite déception du côté des crêpes, mais sans gravité. Fond de musique décontractée et sourire accueillant. *Rue du Porche* ***Rochefort-en-Terre*** *Tél. 02 97 43 32 60/39 69*

La Petite Bretonne C'est dans une grande salle un peu sombre au style traditionnel – poutres en bois, tables décorées de napperons, grande cheminée –, que vous attendent de délicieuses galettes et crêpes qui font la fierté du chef. Spécialités de la maison : galettes au beurre d'ail et "attrap'andouille", pour les gros appétits, à base d'andouille, de fromage, pommes de terre et salade (7,90€). Le chef vous propose aussi sa crêpe à la pomme flambée au calvados (5,80€). *8, rue du Porte-Cadre* ***Rochefort-en-Terre*** *Tél. 02 97 43 37 68*

☺ **Chambres d'hôtes Chez M. Pinat** Un excellent rapport qualité-prix pour ces 2 chambres au cœur du village, qui sont en fait de véritables petits studios avec entrée indépendante. Ils se louent à la nuitée toute l'année (37€ pour 2 personnes) ; à la semaine en juillet et août (260€). Le petit déjeuner (5€) est facultatif, puisqu'on jouit ici d'une totale liberté. Les studios donnent sur une impasse qui longe les douves du château. Le confort est parfait : sanitaires et literie sont de premier choix... tout comme le thé et les petits gâteaux laissés à disposition. Sont aussi disponibles à la location des maisons récemment rénovées entre confort et modernité pour 4 à 6 pers ; comptez 48€/nuit pour 2 pers. et 12€/pers. suppl. Sourire et efficacité sont au rendez-vous. *Chemin des Douves* ***Rochefort-en-Terre*** *Tél. 02 97 43 30 43 francois.pinat@gmail.com www.chabresetgites.fr*

prix moyens

Manoir de Saint-Fiacre Trônant dans un parc à la sortie de Rochefort, le manoir domine la vieille cité du haut de sa colline. M. et Mme Goapper ont installé 5 chambres d'hôtes dans une aile rénovée des dépendances. Préférez celles du premier étage, acces-

GAMME DE PRIX	RESTAURATION	HÉBERGEMENT
Très petits prix	moins de 10€	moins de 30€
Petits prix	de 10 à 20€	de 30 à 50€
Prix moyens	de 20 à 30€	de 50 à 80€
Prix élevés	de 30 à 40€	de 80 à 100€
Prix très élevés	plus de 40€	plus de 100€

sibles par un bel escalier extérieur et, si l'espace est pour vous synonyme de luxe, optez pour l'une des 3 grandes chambres de 80m². Petit déjeuner gourmand avec riz ou œufs au lait et œuf à la coque. Le tout produit et fabriqué au manoir. Comptez de 65€ à 80€ la nuit avec petit déjeuner. ***Malansac** (au sud de Rochefort) Tél. 02 97 43 43 90*

Hôtel-restaurant Le Pélican En plein centre de Rochefort-en-Terre, ce petit hôtel bien vite complet vous accueillera de façon tout à fait charmante, pour peu que vous vous y preniez un peu d'avance. Les 7 chambres se louent à partir de 78€ la nuit avec le petit déjeuner. Demandez-en une qui donne sur la rue calme. Les menus du restaurant, qui s'échelonnent de 19€ (à midi) à 52€, proposent une cuisine fraîche et classique. *Pl. des Halles **Rochefort-en-Terre** Tél. 02 97 43 38 48 www.hotel-pelican-rochefort.com*

Dans les environs

prix très élevés

Le Bretagne Si vous ne résidez pas dans cet hôtel de charme 4 étoiles et que vous souhaitez faire une halte gastronomique, voilà une bonne adresse ! La salle de restaurant feutrée et le jardin d'hiver vous attendent pour un voyage culinaire élaboré par le chef Alain Orillac, originaire de la région Poitou-Charentes. Laissez de côté vos idées reçues sur certains mariages osés en tentant, par exemple, en entrée, la mousseline au combava et asperges blanches glacée à l'olive noire, jus de tonka et citronnelle (30€). Côté crustacés, il faudra vous y prendre 24h d'avance pour commander le homard rôti au beurre de corail. Côté viandes, pigeon cuisiné au jus de badiane accompagnée d'une purée d'amandes amères (32€). Pour le dessert, vous pourrez balancez entre par exemple la sphère fondante aux fruits exotiques (15€) et le sablé au blé noir et son crémeux au chocolat et caramel accompagné d'une tuile caramel et d'une glace caramel à l'infusion de sarrasin (18€). Premier menu en semaine à 26€ (entrée et plat ; 32€ pour le complet). *13, rue Saint-Michel 56230 **Questembert** (à 10km au sud-ouest de Rochefort) Tél. 02 97 26 11 12 www.residence-le-bretagne.com*

JOSSELIN

56120

Josselin, capitale du Porhoët – "pays à travers bois" –, est établie sur le flanc d'une colline au bord de l'Oust. C'est au début du XIe siècle que Guéthenoc, seigneur de Porhoët, ordonne l'élévation de son église, Notre-Dame-du-Roncier, sur les lieux de la découverte d'une statue miraculeuse de la Vierge. Puis vient la construction du premier château, autour duquel se développe une ville qui prend le nom de Josselin, fils de Guéthenoc, dont les fameux Rohan sont les descendants. Le destin de la ville demeurera lié à cette illustre famille. Malgré les multiples assauts que connaît le château du XIIe siècle jusqu'aux guerres de

Religion, Josselin reste une ville active et commerçante. Elle est alors également connue pour le pèlerinage de Notre-Dame-du-Roncier. Aujourd'hui fort appréciée des touristes anglo-saxons, la ville dotée du label "petite cité de caractère", traversée par le canal de Nantes à Brest, respire une nonchalance propre à l'intérieur de la Bretagne, loin de l'agitation du littoral.

LE COMBAT DES TRENTE Un des épisodes les plus célèbres de la guerre de succession de Bretagne, le combat des Trente (1351), opposa trente chevaliers français avec à leur tête Jean de Beaumanoir, capitaine de Josselin, à trente chevaliers anglais que menait Richard de Bremborough. Il se déroula entre Josselin et Ploërmel, sur le site désormais indiqué par la colonne des Trente.

MODE D'EMPLOI

accès

EN VOITURE
Josselin est située à 13km au nord-ouest de Ploërmel, par la N24.

EN CAR
La ville est desservie par la ligne Rennes-Pontivy du réseau régional Keolis-Armor et irrégulièrement par la ligne R2 (Pontivy-Ploërmel) du réseau TIM.
Réseau Kéolis-Armor *Tél. 02 99 26 16 03/01 www.keolis-armor.fr*
Réseau TIM *Tél. 0810 10 10 56 www.morbihan.fr*

orientation

Josselin se divise en deux quartiers principaux : le centre-ville, autour du château et de la basilique Notre-Dame-du-Roncier, avec la petite place Notre-Dame ; de l'autre côté de la rivière, le vieux quartier Sainte-Croix, avec ses ruelles escarpées.

informations touristiques

Office de tourisme *4, rue Beaumanoir Tél. 02 97 22 36 43 www.paysdejosselin-tourisme.com Ouvert juil.-août : tlj. 10h-18h ; avr.-juin et sept. : lun.-sam. 10h-12h et 14h-18h, dim. et j. fér. 14h-18h ; oct.-mars : lun.-ven. 10h-12h et 14h-17h30, sam. 10h-12h*

location de vélos

Guého-Roblin Location 12€/j. *6, pl. de la Duchesse-Anne Tél. 02 97 22 28 02*

marchés, fêtes et manifestations

Marché *Sam. matin*
Festives'été Spectacles en plein air tous les mercredis soir de l'été (21h), concerts et expos gratuits.
Courses hippiques *Deuxième dim. d'août*
Pardon de la Madone des motards Chaque année, des pèlerins à deux-roues se rendent par milliers à l'oratoire de la Madone des motards de Porcaro, à une vingtaine de kilomètres à l'est de Ploërmel (D118/D772). *Mi-août*
Pardon de Notre-Dame-du-Roncier Également appelé pardon "des aboyeuses" ou des épileptiques, qu'il est censé guérir. *8 sept.*
Festival médiéval Défilés en habits d'époque. *Les années paires le 14 juil.*

DÉCOUVRIR

☆ **Les essentiels** La basilique Notre-Dame-du-Roncier et le château de Josselin, le calvaire de Guéhenno **Découvrir autrement** Visitez en famille l'insectarium de Lizio, initiez-vous aux légendes celtiques au Centre de l'imaginaire arthurien ➤ **Carnet d'adresses p.271**

Josselin

☆ **Basilique Notre-Dame-du-Roncier** C'est le premier édifice construit sur le site de Josselin, au XIe siècle. À cet emplacement fut découverte, au IXe siècle, une statue miraculeuse de la Vierge. Le laboureur qui l'avait dénichée l'ayant rapportée chez lui, la retrouva le lendemain au milieu du roncier d'où il l'avait extraite et où l'on fonda un oratoire. Depuis, la basilique a été maintes fois remaniée et date pour l'essentiel de la fin du XVe siècle. Des gargouilles pittoresques ornent sa façade sud. Elle abrite notamment le cénotaphe d'Olivier de Clisson et de son épouse Marguerite de Rohan, monument en marbre datant du XVe siècle et rénové au XIXe. Du haut de son clocher, on jouit d'une vue plongeante sur le château et tous les environs (petite ascension de cent trente-sept marches, accessible d'avril à septembre).

☆ **Château** Après que Guéthenoc eut délaissé Josselin pour Rohan, au XIIe siècle, il fallut attendre le XIVe siècle pour qu'Olivier de Clisson, connétable de France et époux de Marguerite de Rohan, acquière et restaure le château primitif, bâti avant 1008. L'édifice, paré de neuf tours – il n'en reste que quatre – et d'un donjon, est détruit en 1488 par le duc François II. C'est à la fin du XVe siècle qu'est ajouté le superbe logis que l'on visite aujourd'hui. Alain IX, puis Jean II de Rohan en font un joyau du gothique flamboyant et de la Renaissance bretonne. La façade du bâtiment ornée de sculptures est une véritable dentelle de granit. Le château, démantelé par Richelieu en 1629, abandonné au XVIIIe siècle, est réhabilité au XIXe siècle : c'est de cette époque que date l'aménagement intérieur. On visite le rez-de-chaussée de cette demeure, toujours habitée par les Rohan, meublée de pièces prestigieuses. Le parc, qui domine la vallée de l'Oust, a été aménagé en jardin à la française au début du XXe siècle. *Tél. 02 97 22 36 45 www.chateaujosselin.fr Ouvert avr.-mi-juil. et sept. : tlj. 14h-18h ; mi-juil.-août : tlj. 11h-18h ; oct. : w.-e. et vac. scolaires 14h-17h Fermé nov.-avr. Visite guidée (45min) obligatoire 7,40€, réduit 5€ Possibilité de billet jumelé avec le musée de Poupées 12,20€, réduit 8,40€*

☺ **Musée de Poupées** Le musée de Poupées de Josselin, installé depuis 1984 dans les anciennes écuries du château, superbement réaménagées, est issu de la collection commencée par la duchesse Antoinette de Rohan à la fin du XIXe siècle. Son originalité et son intérêt viennent de son enrichissement permanent et des expositions temporaires qui se tiennent à l'étage (la collection est telle, que le musée ne peut présenter toutes les pièces à la fois). Parmi les poupées les plus récentes, éditions limitées ou pièces uniques, on compte quelques purs chefs-d'œuvre. *3, rue des Trente Tél. 02 97 22 36 45 www.chateaujosselin.fr Mêmes horaires que pour le château Tarif 6,40€, réduit 4,60€, billet jumelé avec le château 11,90€, réduit 8,20€*

● **Où acheter de la bière ?** Quand on s'appelle Lancelot et qu'on brasse de la bière en Bretagne, on a toutes les chances d'avoir du succès. Cette brasserie artisanale le mérite. On y fabrique des bières originales et goûteuses sur le site d'une ancienne mine d'or aux fondations toujours visibles. La visite permet de comprendre les techniques de brassage et de fermentation utilisées dans l'entreprise. Ensuite viennent la dégustation et les achats. De la Telenn Du, à base de sarrasin – légère, malgré sa couleur sombre –, à la Bonnets rouges aux baies de sureau, en passant par la XI.I Samhain – qui titre 11,1° d'alcool –, la cervoise, boisson d'immortalité des Celtes, et la Blanche Hermine, vous aurez le choix. Cidre et chouchen sont aussi en vente. Vous trouverez au rayon sans alcool le subversif Breizh cola, le "cola du phare Ouest"... **Brasserie Lancelot** *La Villeder Site de la mine d'or 56460* ***Le Roc-Saint-André*** *(quitter Josselin vers le sud par la D4 dir. Roc-Saint-André, puis tourner à gauche au croisement de la D4 et de la D143) Tél. 02 97 74 74 74 www.brasserie-lancelot.com Ouvert lun.-jeu. 9h-12h30 et 13h30-18h, ven. 9h-12h30 et 13h30-17h Visite et dégustation lun.-ven. à 14h30, 15h30 et 16h30 (gratuit)*

● **Où boire un verre ?** Le Notre Dame's est l'unique pub du centre-ville avec un choix correct de bières à la pression. Selon les jours, ambiance calme ou débridée sur la terrasse dès l'heure de l'apéritif. La place Notre-Dame, avec la majestueuse façade de la basilique en toile de fond et son puits fleuri, devient un rendez-vous apprécié. Le soir, il n'est pas rare qu'un groupe fasse escale pour un concert, drainant alors les amateurs de musique de la région. Le reste du temps, difficile de se frayer une place jusqu'au billard monopolisé par les habitués. **Notre Dame's Pub** *12, pl. Notre-Dame Tél. 02 97 22 21 72 Ouvert 10h30-1h*

Les environs de Josselin

Au sud

☆ **Calvaire de Guéhenno** Ce calvaire monumental est le seul de ce type dans le Morbihan. Sa construction, due à un certain Guillonic, remonte à 1550. Deux siècles plus tard, pendant la Terreur, les soldats de l'armée républicaine mettent Guéhenno à feu et à sang : ils brûlent l'église et détruisent le calvaire. Les habitants du village ont cependant soin d'en ramasser les morceaux. Cet effort ne demeure pas vain puisqu'en 1853, l'abbé Jacquot entreprend de restaurer le monument. Il s'entoure de son vicaire et de deux maçons, avec lesquels il va, d'une part, reconstituer les parties préexistantes, d'autre part, ajouter différents éléments : les statues des prophètes Isaïe, Jérémie, Ézéchiel et Daniel qui entourent l'autel, certains bas-reliefs ou encore l'ossuaire, composé de trois chambres, qui se trouve derrière le calvaire et où figure un tombeau du Christ. Le calvaire forme aujourd'hui un tout cohérent, grâce au talent de ses restaurateurs. Dans le cimetière, vous pouvez voir la tombe de l'abbé Jacquot, mort en 1866. *56420* ***Guéhenno*** *(à 10km au sud de Josselin par la D123 ou N24)*

Insectarium Un musée très bien conçu pour les petits comme les grands, où l'on est de plus accueilli avec toute l'attention souhaitée. *Rue du Stade* **Lizio** *(à 12km au sud de Josselin) Tél. 02 97 74 94 31 Tél. port. 06 67 53 83 94 www.insectariumdelizio.fr Ouvert avr.-juin, sept. et oct. : tlj. 14h-18h ; juil.-août : tlj. 10h-19h Tarif 7€, réduit 5€*

Le Poète ferrailleur Ce "poète ferrailleur" est en fait un bricoleur atypique, créateur d'un musée étonnant, à la lisière de Lizio. On repère son petit monde depuis la route : des éoliennes colorées et des sculptures annoncent un univers étrange, peuplé d'automates, de machines animées par l'eau ou le vent et réalisées à partir d'objets de récupération. Une sorte d'usine à fabriquer du rêve. *La Ville-Stéphant 56460* **Lizio** *(à 10km au sud-est de Josselin, un peu avant le bourg en venant de la D4) Tél. 02 97 74 97 94 Tél. port. 06 77 81 11 44 www.poeteferrailleur.com Ouvert juil.-sept. : tlj. 10h30-12h30 et 14h-19h ; avr.-début nov. : dim., vac. scol. et j. fér. 14h-18h Tarif 6€, réduit 5€*

Écomusée de la Ferme et des Vieux Métiers Une collection à couper le souffle, résultat d'une vie entière consacrée à fouiner, chercher, chiner. Dans cette étonnante caverne d'Ali Baba, découvrez une boutique de chapelier, de bijoutier, une boucherie, un garage, une classe d'école, renfermant des objets typiques, comiques ou déroutants. Une visite touchante, que les remarques avisées des propriétaires rendent instructive et conviviale. **Lizio** *(à 4km du village) Tél. 02 97 74 93 01 www.ecomuseelizio.com Ouvert avr.-juin et mi-sept.-nov. : tlj. 14h-18h ; juil.-mi-sept. : 10h-12h et 14h-19h ; nov.-jan. : sur rdv Tarif 5,80€, réduit 4€*

Ploërmel La ville possède un charmant quartier ancien. L'église Saint-Armel (XVe-XVIIIe s.), qui abrite les statues funéraires des ducs Jean II et Jean III, mérite un détour pour ses vitraux et son portail nord, finement sculpté. Au fil des rues qui avoisinent l'église, on découvrira la maison des ducs de Bretagne (rue Beaumanoir), construite en 1150, et dans laquelle ont logé les ducs jusqu'au XIVe siècle ; en face, la Maison des marmousets (au n°7), décorée de sculptures grotesques en bois, date du XVe siècle. Dans le lycée des Frères-de-Ploërmel, ne manquez pas l'horloge astronomique créée par le frère Bernardin, entre 1850 et 1855, pour ses élèves. *À 13km au sud-est de Josselin par la N24* **Office de tourisme** *5, rue du Val Tél. 02 97 74 02 70 www.ploermel.com*

● Où boire un verre ? Les "Cafés de Pays" sont un regroupement de bars accueillants qui proposent des boissons bretonnes et une petite restauration. Ils sont aussi le rendez-vous culturel de la région avec des concerts, du théâtre, des contes et des expositions. Très animés lors de ces événements, tels que les sympathiques Retour aux Sources à Lizio et L'Horizon à Taupont, ils n'attirent guère les touristes le reste du temps. Pour les programmes culturels, rens. à l'OT.
Le Retour aux Sources *Rue de la Résistance* **Lizio** *Tél. 02 97 74 95 25*
L'Horizon *24, av. Porhoët* **Taupont** *Tél. 02 97 93 54 15*

● Côtoyer cochons nains et dindons Marie-Eveline et Jean-Pierre proposent une visite ludique et éducative de leur élevage de plus de 150 truies et autres animaux (ânesse, cochon nain, dindons, chèvres, etc.). L'accueil se fait dans une grande salle où vous pourrez acheter rillettes et pâtés, un pique-nique complet ou un plat chaud (4€-8€). La ferme se trouve au départ d'un chemin de randonnée de 3,5km. Possibilité de laisser la voiture au parking pour faire la balade. Soyez matinal si vous souhaitez assister aux soins aux animaux. **Brénature** *Saint-Servant-sur-Oust Tél. 02 97 75 60 65 Tél. port. 06 09 15 82 78 ou 06 09 01 60 49 www.brenature.fr Ouvert mi-juin-mi-sept. : lun.-ven. 10h-17h ; fév.-mi-nov., hors vac. scol. : mer. 10h-17h30 Tarif visite 3,50€, réduit 1,50€*

● **Se balader, se baigner, faire du pédalo...** Au départ du lac au Duc, le plus grand lac naturel de Bretagne (250ha), sont balisés trois circuits pédestres de 3km, 13km et 16km (panneau d'informations au niveau du parking). Sur l'un d'eux, on admirera en saison de multiples espèces d'hortensias. Le lac et ses berges sont aussi un espace de loisirs avec un golf, des pédalos et diverses autres activités sportives. **Lac au Duc** *Route de Loudéac à partir de Ploërmel (à 13km au sud-est de Josselin) Rens. à l'office de tourisme de Ploërmel (cf. ci-dessus)*

Vers l'est et Brocéliande

Centre de l'imaginaire arthurien Le premier château de Comper-en-Brocéliande remonte au XIe siècle. Il y eut bien des troubles et des restaurations avant que, en 1990, le Centre de l'imaginaire arthurien établisse son siège dans l'édifice reconstruit par Armand de Charrette au XIXe siècle. Idéalement situé à la lisière de la forêt de Paimpont, le Centre se veut, à travers diverses expositions, vidéos, et même spectacles, une introduction au légendaire celtique lié à la forêt de Brocéliande et aux personnages de la Table ronde. Au départ du château sont également organisées, sur réservation, des sorties en forêt, qui permettront de découvrir les lieux marqués par cette histoire fantastique : le val Sans-Retour, la fontaine de Barenton, le tombeau de Merlin et l'étang de la dame du Lac dans lequel se mire le château. *Château de* ***Comper*** *(à la sortie de 56430 Concoret, juste avant la forêt de Paimpont) Tél. 02 97 22 79 96 www.centre-arthurien-broceliande.com Ouvert juil.-août : jeu.-mar. 10h-19h ; avr.-juin et sept.-oct. : jeu.-lun. 10h-17h30 Tarif 5,50€, réduit 4€, moins de 10 ans gratuit*

Traque aux korrigans...

Les korrigans (en breton "petits... nains" !) sont des esprits malveillants ou bienveillants, lutins légendaires qui peuplent le folklore breton. Les **sentiers d'Ozegan** constituent un parcours ludique qui emmène adultes et enfants à la découverte du monde insolite de ces créatures. Une "Korricarte" vous est remise pour une virée au pays des contes, de l'imaginaire et de la nature. Les sentiers sont ouverts de mi-juin à fin septembre. Pour les informations et l'achat de la carte s'adresser, le week-end, au site des Pierres Droites et, en semaine, au Centre Les Landes. Tarif 3€/pers. ou 12€/famille. **Centre Les Landes** *1, rue des Menhirs 56380* ***Monteneuf*** *Tél. 02 97 93 26 74 www.centreleslandes.com.*

Chêne à Guillotin (ou chêne Éon) Ce vénérable chêne millénaire de 9,65m de circonférence a sauvé l'abbé Guillotin poursuivi par les "bleus" pendant la Terreur. Alors qu'il se cachait dans la béance de l'arbre, Notre-Dame de Paimpont en boucha l'entrée par une toile d'araignée qui fit dire aux soldats républicains que le prêtre recherché ne risquait pas de s'y trouver… Guillotin a laissé un témoignage de la vie à Concoret durant cette période difficile dans ses *Mémoires d'un prêtre réfractaire pendant la Terreur. À la sortie de* ***Concoret*** *vers Tréhorenteuc (indiqué)*

Église de Tréhorenteuc C'est grâce à la passion de l'abbé Gillard qu'elle est devenue l'église des chevaliers du Graal. L'histoire d'Arthur et de ses camarades se lit sur les vitraux comme sur les murs ou les tableaux, faisant de ce lieu de prières une sorte d'exposition sur la légende arthurienne. 56430 ***Tréhorenteuc*** *(au sud-ouest de Concoret, à la lisière de la forêt de Paimpont) Visite guidée au départ de l'OT à 10h et 14h30 (8€-15€) Rens. à l'office de tourisme Tél. 02 97 93 05 12 www.valsansretour.com*

Val Sans-Retour Même s'il fait administrativement partie du département voisin, son accès n'est possible que par Tréhorenteuc. Dans ce profond vallon encaissé de 3km, on s'attend à tout instant à voir surgir de chaque bosquet, de chaque anfractuosité de rocher, un druide ou quelque chevalier armé de pied en cap. Tout au bout, où l'on rejoint la légende, trône le très controversé *Arbre d'or*, œuvre de François Davin, symbole de la renaissance du val après l'incendie qui l'a ravagé en 1990.

Site des Pierres droites Ce site mégalithique, redécouvert et valorisé à partir de 1989, accueille des ateliers où l'on apprend à lever des menhirs, à pratiquer des fouilles ou encore à faire un feu préhistorique. En été : championnat d'Europe de tir aux armes préhistoriques (!), promenades contées en forêt, dégustations de galettes néolithiques, etc. On peut aussi tout simplement se promener dans ce dédale de pierres aux étranges reflets violacés, couleur du schiste local dont elles sont faites. Des chemins balisés partent du parking pour rejoindre des sites voisins comme les allées couvertes des Bordoués (1,5km AR), l'allée couverte de la Morinais (3km AR), ou encore de parcourir un sentier de découverte botanique de 2,5km. 56380 ***Monteneuf*** *(à 20km env. au sud-est de Ploërmel, sur la D776) Rens. Centre Les Landes Tél. 02 97 93 26 74 Accès libre toute l'année Animations et ateliers juil.-août (3,50€)*

CARNET D'ADRESSES

Restauration, hébergement

camping

Camping des Cerisiers On est loin des campings de luxe mais c'est tant mieux. Ici, il règne un calme et une ambiance chaleureuse, comme si Paula et Dick Turac n'hébergeaient sur leur terrain que de vieux amis. Le GR®37 passe à proximité, propice à de belles balades, ainsi que le canal de Nantes à Brest. Le bloc sanitaire est adapté aux personnes handicapées. Comptez 13,50€ pour 2 pers. en haute saison avec voiture. Petit déjeuner (sur réservation). *À 2km à l'est de* **Josselin** *Sur la route de Guillac Tél. 02 97 75 61 24 www.josselincamping.com*

petits prix

Crêperie La Marine Une crêperie de caractère à la terrasse longue et étroite, certes gagnée sur la rue, mais d'où l'on jouit d'une vue exceptionnelle. Sur les eaux lisses du canal en contrebas se reflètent les trois tours du château juchées sur leur morceau de falaise. Crêpes (4,50€) et galettes (de 6,10€ à 9€ pour celle aux noix de Saint-Jacques) sont dans l'ensemble sans surprise (goûtez cependant la "Josselinaise" aux pommes et au boudin), mais la qualité du service, rapide sans être stressant, souriant et efficace, fait toute la différence. À l'intérieur, décor marin. *8, rue du Canal* **Josselin** *Tél. 02 97 22 21 98*

Les Néfliers Marie-Claude et Jean-Claude ont conçu une maison écologique à base de bois, de chaux et de chanvre. Les chambres, avec douche, sont spartiates et peu spacieuses, mais offrent l'avantage d'être au calme. À votre disposition : une grande pièce à vivre donnant sur le jardin et la cuisine, pour préparer un repas. Produits biologiques au petit déjeuner et sur la table d'hôtes. La maison se situe sur le point de passage de la voie verte Questembert-Mauron. Comptez 48€ en chambre double, petit déj. inclus. *Lieu-dit La Ville-es-Mélais 56430* **Mauron** *(à 20km env. au nord-ouest de Josselin) Tél. 02 97 22 90 42 www.les-nefliers.com*

☺ **Chambres d'hôtes Les Chimères** Les Blanchard-Lucas ont installé leurs chambres d'hôtes au rez-de-chaussée de leur maison du XVIe siècle, dont la façade est ornée de bas-reliefs présentant des êtres fantastiques, d'où son nom. Les 4 chambres gaies et joliment décorées disposent d'un accès indépendant. Trois d'entre elles sont en duplex ; celle de plain-pied est accessible aux personnes handicapées, avec aide. La plus grande peut accueillir 5 personnes et dispose d'une cuisine. Possibilité pour les autres d'utiliser la kitchenette installée dans le couloir. Lit de bébé à disposition. Les hôtes peuvent profiter du jardin (portique) pour pique-niquer ainsi que d'une salle équipée pour organiser des soirées. Accueil charmant et calme assuré. De 48€ à 50€ pour 2 pers., petit déj. compris. *Florence et Robert Blanchard-Lucas 3, rue Saint-Pierre (à deux pas du calvaire) 56420* **Guéhenno** *(à 10km au sud-est de Josselin par la D778) Tél. 02 97 42 30 14 Tél. port. 06 67 17 94 92 www.leschimeres.com*

prix moyens

Le Saint-Marc Le service attentionné et la qualité des mets font vite oublier le décor de ce restaurant qui mériterait un petit coup de jeune. Le menu du ter-

GAMME DE PRIX	RESTAURATION	HÉBERGEMENT
Très petits prix	moins de 10€	moins de 30€
Petits prix	de 10 à 20€	de 30 à 50€
Prix moyens	de 20 à 30€	de 50 à 80€
Prix élevés	de 30 à 40€	de 80 à 100€
Prix très élevés	plus de 40€	plus de 100€

roir (28€) propose une entrée d'huîtres tièdes ou une cassolette de Saint-Jacques au curry, suivie d'un turbot grillé aux noix de Saint-Jacques ou d'un filet mignon de biche aux poivres. Belle carte de vins. Menu du jour en semaine à 12,59€. *1, pl. St-Marc 56800* ***Ploërmel*** *Tél. 02 97 74 00 01 www.hotel-restaurant-saintmarc.com Fermé dim. soir*

Chambres d'hôtes Chez Jean et Marie Guyot À 500m du centre du bourg, là où s'arrête une route serpentant sur les hauteurs de Josselin, on jouit de la plus belle vue sur la ville et son château. C'est là que Jean et Marie ont choisi d'habiter, et où, une fois les enfants envolés du nid, ils louent 4 chambres coquettes équipées de WC et sdb. L'accueil est charmant et des plus attentionnés. Comptez 55€ la nuit pour 2. ***Josselin*** *Butte-Saint-Laurent (passez le pont sur l'Oust en direction de Roc-Saint-André, prenez la 1re à droite et suivez les flèches) Tél. 02 97 22 22 09 www.chambres-bretagne.com*

☺ **Le Thy** "Klimt", "Bonnard", "Van Gogh", "Hopper", "Hugo Pratt", "Tàpies" et "L'Atelier"... voilà les noms des 7 chambres personnalisées qui vous attendent au Thy. Cet hôtel original propose de vastes chambres colorées, bien équipées et délicieusement atypiques, pour un prix raisonnable (de 50€ à 60€, petit déj. 6€). L'établissement affiche un mélange de styles assez réjouissant : au rez-de-chaussée, la salle de PMU côtoie directement un bar à la décoration somme toute recherchée ; une salle de concert (qui n'ouvre ses portes que le week-end) complète le tout. De plus, une petite restauration est proposée au bar, avec un choix de tartines chaudes ou froides. *8, bd Foch 56800* ***Ploërmel*** *(à 13km au sud-est de Josselin) Tél. 02 97 74 05 21 www.le-thy.com*

AURAY

56400

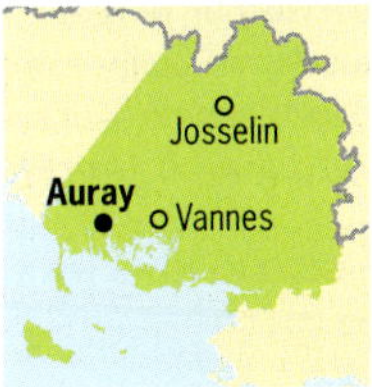

Campée sur un site déjà occupé par les Romains, au fond d'une ria, la "capitale des mégalithes" vit aujourd'hui essentiellement du tourisme, de la plaisance et de l'ostréiculture. La ville enjambe le Loch, qui débouche dans le golfe. D'un côté, la ville haute, édifiée sur les flancs d'un promontoire qui toise la rivière. De l'autre, la ville basse, ou quartier de Saint-Goustan, lové dans un méandre du Loch. Il fait bon flâner dans les ruelles de ce véritable petit port, au décor tout droit sorti d'un film de cape et d'épée. Ses belles demeures en pierre ou à colombages ont valu à la cité le label de "Ville d'art et d'histoire". Bourgade commerçante très active, Auray connaît une intense activité le lundi, jour de marché.

HISTOIRE Depuis toujours, le site d'Auray, installé en surplomb du Loch, a été convoité. Les Romains y fondèrent une place forte. Les Bretons y érigèrent une motte féodale qui fut détruite par les Normands au IXe siècle. Un château y voit le jour en 1201, sous le duc Arthur de Bretagne. Dès le XIIIe siècle, la ville constitue, grâce à son port, un centre d'activité important et prospère ; des halles sont construites en 1306. C'est à Auray que s'affrontent au XIVe siècle deux rivaux de la guerre de succession de Bretagne, Jean de Montfort (soutenu par Olivier de Clisson et Chandos) et Charles de Blois (avec Du Guesclin et Beaumanoir). Le 29 septembre 1364, dans les environs des marais de Kerzo, se déroule la bataille d'Auray, au cours de laquelle chaque camp perdra un millier d'hommes. Charles de Blois est abattu ; Montfort fils remporte la victoire et deviendra le duc Jean IV. L'année suivante sera signé, à Guérande, le premier traité mettant fin à cette guerre. Une fois la Bretagne définitivement liée à la France, Auray se défait de son château : celui-ci, déjà partiellement en ruine, est démantelé à partir de 1558, sous Henri II. Ses pierres serviront en partie à l'érection de la citadelle de Belle-Île-en-Mer. Il n'en reste plus aujourd'hui qu'une belle promenade le long des remparts du Loch.

GEORGES CADOUDAL ET LES TRACES DE LA CHOUANNERIE Le chef chouan Georges Cadoudal est né en 1771 dans le village de Kerléano, au sud d'Auray. Son mausolée, érigé au XIXe siècle, s'y dresse encore. Dès 1791, ce royaliste convaincu est de toutes les batailles. En juin 1795, il est à la tête des cinq mille chouans qui rejoignent les émigrés fraîchement arrivés dans l'espoir de reconquérir la France. L'accostage est un échec (cf. Presqu'île de Quiberon). Sur le champ des Martyrs, à 1km au nord d'Auray, de nombreux royalistes sont fusillés. Cadoudal s'exile en 1800 à Londres, où il fomente un complot contre Napoléon. Par deux fois, sa tentative d'assassinat échouera ; il est finalement arrêté et exécuté en 1804.

MODE D'EMPLOI

accès

EN VOITURE

La ville est située entre Lorient (35km) et Vannes (15km) sur la N165.

EN TRAIN

Auray est à 3h20 de la capitale sur la ligne de TGV Paris-Quimper (6 AR par jour en saison). De fin juin à fin août, le train **"Tire-bouchon"** relie Auray à Quiberon pour éviter l'engorgement de voitures dans la presqu'île.

EN CAR

La ville est desservie par le réseau TIM ligne 1 (Vannes-Auray-Quiberon), ligne 5 (Vannes-Baud), ligne 6 (Auray-Larmor-Baden) et ligne 16 (Auray-Lorient).

Réseau TIM *Tél. 0810 10 10 56 www.morbihan.fr*

orientation

Le centre d'Auray se divise en deux quartiers : à l'ouest, le **centre-ville**, organisé autour de la place de la

République ; à l'est et en contrebas, sur les rives du Loch, le **quartier de Saint-Goustan**, que l'on peut rejoindre en descendant la rue du Château ou en arpentant les remparts du Loch.

informations touristiques

Office de tourisme Situé dans une superbe chapelle datant de 1672. Visite guidée de la ville en été jeu. à 10h30 (4€), hors saison sur rdv. *20, rue du Lait Tél. 02 97 24 09 75 www.auray-tourisme.com Ouvert juil.-août : lun.-sam. 9h-19h, dim. 9h-12h ; sept.-juin : lun.-ven. 9h30-12h* et *14h-18h*

marchés

Marché *Autour des halles et de la pl. de la République Lun.*
Marché bio *Pl. Notre-Dame Jeu. 17h-20h*

DÉCOUVRIR

☆ **Les essentiels** L'église Saint-Gildas et le quartier Saint-Goustan à Auray, la chapelle Sainte-Avoye **Découvrir autrement** Imaginez la vie paysanne du pays d'Auray au XIXe siècle à l'écomusée de Saint-Degan-en-Brech, dégustez une crêpe à La Belle Bio ➤ **Carnet d'adresses p.280**

Auray

Le centre-ville

C'est au fil des rues d'Auray que l'on découvre les richesses et l'histoire de la cité. Le centre se limite à la **place de la République**, dominée par l'hôtel de ville. Ce bâtiment de style classique, surmonté d'un élégant beffroi, date de 1776 ; avec son avant-corps, ses bossages d'angle, ses arcades et son fronton typique de la période néoclassique, il contraste avec les maisons à pans de bois qui l'entourent. Derrière l'hôtel de ville, les **nouvelles halles**, construites en 1905, connaissent une intense activité le lundi. On se promènera dans les ruelles de ce quartier animé et commerçant, vers la **rue du Lait** – où l'office de tourisme occupe l'ancienne chapelle de la Congrégation –, la **rue Barré** ou la **rue du Jeu-de-Paume**.

☆ **Église Saint-Gildas** Le clocher carré de Saint-Gildas, haut de trois étages, domine la ville de son lanternon daté de 1660. L'église, construite de 1623 à 1641, est surtout connue pour son superbe portail Renaissance (côté sud) de 1636, et pour le retable monumental qu'elle abrite. Ce dernier, de marbre et de pierre, tout en sculptures et dorures, orné de multiples couleurs, fut construit en 1657 par l'architecte lavallois Olivier Martinet. Un magnifique buffet d'orgue de Hubert Waltrin (XVIIIe s.) s'élève au-dessus de la tribune à balustre. Restauré, il conserve néanmoins une partie de sa tuyauterie d'origine. À voir également : le gisant représentant le Christ (XIVe s.).

Ancienne collégiale du Saint-Esprit Cet édifice (XIIIe siècle) accueillit la commanderie des membres de l'ordre du Saint-Esprit, fondé au XIIe siècle à Montpellier, avant de tenir lieu d'hôpital au XVIIIe siècle, puis de caserne en 1831. Ce plus ancien monument d'Auray vaut particulièrement le détour pour ses impressionnantes arcades en ogive. *Au sud de la place Notre-Dame Ouvert pendant les expositions*

Remparts du Loch Cette promenade constituée de terrasses étagées, qui descend du centre-ville d'Auray (par la rue du Belvédère, à gauche de la chapelle du Père-Éternel) aux rives du Loch, occupe l'emplacement de l'ancien château des ducs d'Auray. Offrant une superbe vue d'ensemble sur Saint-Goustan, c'est le moyen le plus agréable de se rendre dans ce quartier et de découvrir le port dans toute sa splendeur.

● **Où goûter une kouignette ?** Qui peut résister aux kouignettes ? Cette appellation amusante cache un mini *kouign-amann* qui porte bien son nom ! La recette traditionnelle bretonne a été repensée et déclinée en une dizaine de parfums, de la noix de coco au caramel beurre salé en passant par l'abricot, la pistache ou le rhum raisins. Faites vous-même votre choix dans les bacs en bois de ce biscuitier élu meilleur ouvrier de France (1,25€/pièce). **Biscuiterie-Chocolaterie G. Larnicol** *1, quai Martin Tél. 02 97 29 43 62 www.larnicol.com Ouvert tlj. 9h-23h*

● **Où chiner des curiosités ?** Ni une librairie, ni un antiquaire, Le Livre Penseur, nous ne vous le cachons pas, est un vrai bazar dans lequel on passerait des heures à se perdre, fouiller, feuilleter. Quand finalement on apprend que Jean-Louis est un ancien bouquiniste des quais de Seine à Paris, on comprend mieux... L'endroit respire la nostalgie, la fascination du temps qui passe et l'amour du papier sous toutes ses formes : photos, affiches, estampes, cartes postales (déjà écrites !), mais aussi vieux costumes et vinyles... Un méli-mélo de souvenirs attachants qui vaut le détour. **Le Livre Penseur** *36, rue Clemenceau Tél. 02 97 50 73 14 ou 06 29 93 18 97 Ouvert lun.-sam. 10h-12h30 et 15h30-19h*

☆ Autour du quartier Saint-Goustan

Ce quartier pittoresque connut une grande activité portuaire, avec le transport de céréales et de vins, avant l'arrivée du chemin de fer au XIXe siècle. Il vit aujourd'hui du tourisme et de la plaisance, dégageant une atmosphère de calme et de détente. Installé sur la rive est du Loch, au niveau d'un gué, Saint-Goustan était autrefois accessible à pied à marée basse et en bac à marée haute. Le premier pont fut construit au XIIIe siècle. Chahuté par les marées, il a été maintes fois restauré. L'édifice actuel (XVIIIe s.) conserve l'allure originelle avec ses quatre grandes arches voûtées en anse de panier qui enjambent les rives du Loch. Le **port de Saint-Goustan** a valu à Auray ses heures de gloire. Il figure en troisième place des ports bretons aux XVIe et XVIIe siècles, grâce à un commerce fructueux de céréales et de vins, auquel s'ajoutent, au XVIIIe siècle, les constructions navales. En 1776, il reçoit la visite de Benjamin Franklin, envoyé par les États-Unis d'Amérique pour négocier une alliance avec la France, qui fait escale le long du quai qui porte aujourd'hui son nom. Parallèlement au quai Franklin, la rue du Petit-Port bénéficie depuis toujours de l'animation du port. On peut y voir encore de belles bâtisses en torchis et à pans de bois ou en granit (XVe-XVIIe siècle). La **place Saint-Sauveur**, ancien lieu de débarquement des marchandises, conserve, ainsi que les ruelles aux pavés bombés qui l'entourent, de belles maisons en encorbellement. La rue Saint-René mène à l'**église Saint-Sauveur**, érigée en 1469 et restaurée au XIXe siècle, dont le portail occidental déploie un superbe décor d'origine. De l'ancien enclos, seul se dresse encore le calvaire.

● Où boire un verre ? Vous trouverez forcément terrasse à votre goût près du port de Saint-Goustan. La place Saint-Sauveur est bordée de bars et de restaurants qui constituent des repaires sympathiques ; à choisir selon l'orientation du soleil !

● Faire une croisière sur la ria d'Auray Les rives de la ria d'Auray sont émaillées de belles demeures, manoirs dont on n'admire jamais mieux la splendeur que depuis l'eau. Au départ du port de Saint-Goustan, une promenade en bateau avec Navix vous permettra de découvrir, entre autres, le Plessis-Kaër – la plus ancienne baronnie du pays d'Auray –, le château de Kerantrech, propriété de la famille d'Aboville, ou encore le Fort espagnol, cale utilisée par les nombreux ostréiculteurs des environs. Les croisières sur la ria peuvent se prolonger par un tour dans le golfe du Morbihan, avec des escales à l'île aux Moines ou à l'île d'Arz. De 22€ à 28€ (réduit de 14€ à 18€). **Navix** *Port de Saint-Goustan Tél. 0825 13 21 00 www.navix.fr*

Balades en bateau dans le Morbihan

Compagnie Navix	225, 244, 280, 290
Le Blan Marine (Larmor)	226
Le Petit Passeur (Vannes)	235
La Belle de Vilaine (Muzillac)	250
Vedettes jaunes (la Vilaine)	255
Ria d'Auray	277
Vedettes L'Angélus (Guilvin)	290
Ruban vert (La Trinité)	293
Plaisance évolution (La Trinité)	293
Saint-Cado Plaisance (Étel)	342
CTRL (Lorient)	353
Escal'Ouest (Lorient)	353
Centre nautique de Port-Mélite (Groix)	369
Croisière sur le Blavet (Hennebont)	380

Les environs d'Auray

Chartreuse d'Auray Un premier monastère est érigé par Jean IV au XVe siècle, sur le site de la bataille d'Auray, pour commémorer sa victoire sur Charles de Blois. Plus tard, François II en fait don aux Chartreux, qui transforment le bâtiment, confisqué sous la Révolution. La chartreuse revient à sa vocation religieuse en 1808, quand le curé d'Auray l'achète et la confie aux sœurs de la Sagesse, qui y fondent une maison de retraite. Les bâtiments du monastère actuel, de style classique, datent des XVIIe et XVIIIe siècles. On visite l'église et le cloître, orné de fresques – copies des tableaux de Lesueur exposés au Louvre – évoquant la vie de saint Bruno. À voir également : sur le **champ des Martyrs**, la chapelle funéraire et le mausolée en marbre blanc, érigés en 1828 par la duchesse d'Angoulême en hommage aux royalistes exécutés en 1795. *À 2km au nord d'Auray vers Brech Tél. 02 97 24 27 02 Ouvert juil.-sept. : 14h30-17h30 Fermé mar.*

☺ **Écomusée de Saint-Degan-en-Brech** L'écomusée occupe une partie du village du même nom : on se promène d'une maison à l'autre pour découvrir le puits, le four à pains ainsi que la chaumière meublée de son lit clos (XVIIe s.) et la longère avec ses dépendances (XIXe s.) aménagées comme autrefois. Cet excellent musée propose une approche vivante et pédagogique de la société paysanne du pays d'Auray au XIXe siècle. Accueil sympathique et engageant, animations régulières (cuisson du pain au four, battage à l'ancienne, ferrage de roues, pressage de pommes). Les plus courageux s'initieront à la danse bretonne, les autres partiront pour une "balade légende". ***Brech*** *(à 6km au nord d'Auray) Tél. 02 97 57 66 00 www.ecomusee-st-degan.fr Ouvert juil.-août : tlj. 10h-19h (dernière visite 17h30) ; avr.-juin et sept. : dim.-ven. 14h-17h30 ; oct.-mars : vac. scol. sauf sam. 14h-17h30 Tarif 5€, réduit 2,50€*

Au sud, sur la route des chapelles

Le Bono C'est son port qui confère tout son charme au Bono. Si son aménagement date du début du XXe siècle, la tradition maritime du lieu est bien plus ancienne : une aura de légende tourne autour des pêcheurs, les forbans, qui ont donné leur nom à ces embarcations qu'eux seuls savaient manœuvrer. Une réplique d'un de ces navires à deux mâts, non pontés, mouille aujourd'hui dans le port. Ce dernier est dominé par deux ponts : le premier, lointain, voit passer les nombreuses voitures qui sillonnent la D101 ; le second, beaucoup plus intéressant, est une passerelle piétonnière reconstruite en 1907, d'où l'on jouit d'une vue superbe… sur le port, bien sûr, mais également sur la rivière du Bono et ses berges boisées. Un lieu qui invite à la promenade et à la rêverie. À partir du pont du Bono (côté opposé au bourg), un chemin pédestre permet de suivre les rives arborées de la rivière du même nom, jusqu'à Sainte-Avoye (il faut compter 2h). *À 5km au sud-est d'Auray par la D101 sur la rivière du Bono*

☆ **Chapelle Sainte-Avoye** Joyau de la Renaissance, cette chapelle se compose d'un vaisseau unique à chevet plat. Deux élégants portails permettent l'accès des fidèles à la nef et celui des clercs au chœur. Deux fenêtres en plein cintre suivent la même répartition tandis qu'une tourelle grimpe au jubé. Sur la façade occidentale, subsistent les vestiges d'un clocher-porche avec, sur le mur nord, une élégante niche. Les puissants contreforts sembleraient indiquer l'existence d'une tour. À l'intérieur, le sol est en terre battue, comme à l'origine. La voûte de la nef, en forme de carène de bateau renversée, date de 1557. Le jubé, d'une facture exceptionnelle, notamment par son escalier hors œuvre, comporte les statues des douze apôtres, de saint Jean et de la Vierge côté nef, les sept Vertus et les cinq Saints côté chœur. Selon la légende, sainte Avoye aurait emprunté un esquif de pierre – que figure l'auge placée devant le jubé – pour gagner la chapelle. *À 4km au sud-est d'Auray par la D101 puis à gauche après le passage de la N165 Ouvert mi-juin-mi-sept. : ven.-mar. 15h-18h, mer.-jeu. 14h-18h Visite guidée juil.-sept. : mer. et sam. 14h-17h*

☺ **Chapelle Notre-Dame de Béquerel** Dominant l'étang du moulin de Kervilio, dans un très bel environnement préservé, cette émouvante chapelle du XIVe siècle, reconstruite au XVIe siècle, préside à l'un des pardons les

EN UNE JOURNÉE

Auray et Carnac

UNE MATINÉE ENTRE LE PORT DU BONO ET LA CHAPELLE SAINTE-AVOYE, PUIS VISITE DES MERVEILLES D'AURAY ET DE CARNAC, AGRÉMENTÉE DE BAIGNADES ET DE DÉGUSTATIONS.

MATINÉE

9h **Port du Bono** (p.278)
Ce port invite à la flânerie... Commencez la journée en admirant la vue du haut de la passerelle piétonne qui donne sur la rivière, les berges boisées et le port. Empruntez ensuite le chemin pédestre pour parcourir les rives arborées du Bono jusqu'à la chapelle Sainte-Avoye.

10h30 **Chapelle Sainte-Avoye** (p.278) Datée du XVIe siècle, elle possède un superbe jubé Renaissance.

11h30 **Quartier Saint-Goustan** (p.276) Ce quartier pittoresque d'Auray dégage une atmosphère de calme et de détente. Baladez-vous sur le port, la place Saint-Sauveur et dans la rue Saint-René.

13h **Le Chasse-Marée** (p.281) Un plateau de fruits de mer vous attend sur la terrasse ensoleillée de ce restaurant. Pour le dessert, dégustez une kouignette de Georges Larnicol (p.276), de l'autre côté du port.

APRÈS-MIDI

14h30 **Alignements de Carnac** (p.302) Comptez les 3 000 pierres alignées qui vous attendent depuis 4 500 av. J.-C. sur le site de Carnac ! Pour tenter d'en percer le mystère, rendez-vous à la Maison des mégalithes (p.302).

16h **Pause baignade** (p.302) Difficile de résister à l'appel de la mer... Profitez des cinq plages de Carnac et de leurs nombreuses activités nautiques.

18h **Port du Pô** (p.304) À la faveur d'une balade sur le chemin qui mène au port du Pô, observez les maisons de pêcheurs du XIXe siècle et faites une halte chez l'ostréiculteur Tibidy.

Croisière sur la ria d'Auray

Si vous aimez les croisières, découvrez en bateau les rives d'Auray bordées de belles demeures dont la splendeur est admirable depuis l'eau (p.277).

SOIRÉE

20h **La Calypso** (p.305)
Ce restaurant de poisson installé près du port du Pô propose des spécialités de grillades et de fruits de mer.

22h **Tournée des bars** (p.303) Vous n'avez pas sommeil ? Découvrez les bars qui animent la vie nocturne de Carnac : prenez un premier verre à La Baignoire de Joséphine, poursuivez la virée par le West Pub Company et terminez par Le Flamingo, s'il vous reste encore de l'énergie !

La Maison de Flore (p.306) À l'orée du bourg, dormez dans une maison d'hôtes en pierre typiquement bretonne, ceinte d'un jardin fleuri.

CONSEIL Attention, entre avril et septembre, l'inscription à une visite-conférence est obligatoire pour pouvoir découvrir les alignements de Carnac.

plus fréquentés de la région. Si son architecture témoigne de trois époques différentes, c'est de la Renaissance que datent son bandeau mouluré et le banc qui longent les parois, ainsi que le larmier et les contreforts à ressauts. La chapelle exhibe une belle fenêtre à réseaux trilobée et quadrilobée. Notre-Dame de Béquerel est connue pour ses sablières sculptées de la nef gauche (XIIIe-XIVe s.) : ces sculptures étonnent par leur cocasserie – en témoigne ce porc jouant du biniou. Ce décor allégorique symbolise le vol, l'avarice et l'impureté que Dieu, sortant de son éternité (figurée par une coquille), vient punir. Deux ex-voto, imposants vaisseaux, sont portés en procession lors du pardon du 15 août. Un lieu hors du temps. *À 10km au sud-est d'Auray (au départ du port du Bono, emprunter le sentier côtier dir. Plougoumelen, suivre la rivière pendant 2km, laisser le moulin de Kervilio sur la gauche, suivre le chemin fléché à droite sur environ 1km)*

● **Où acheter des fruits ?** Une quinzaine de variétés de pommes sont cultivées à Kerbellec avec le minimum d'insecticides. Sur place, vous trouverez du jus de pomme artisanal, du cidre ou des confitures, et des légumes de vergers voisins. En automne, vente de noix, châtaignes et noisettes. **Les Vergers de Kerbellec** *Kerbellec* ***Brech*** *Tél. 02 97 24 16 61 Tél. port. 06 64 61 35 00 Ouvert lun.-ven. 14h-18h, sam. 9h-12h et 14h-18h*

● **Faire une balade en bateau dans le golfe** Suivant la marée, la compagnie Navix vous emmène pour une balade dans le golfe en embarquant soit à Auray, soit au Bono. **Compagnie Navix** *Tél. 02 97 46 60 00 ou 0825 162 140 www.navix.fr*

CARNET D'ADRESSES

Restauration, hébergement

Auray n'offre pas vraiment d'adresses qui jouiraient d'un charme similaire à celui de la ville. Dommage...

petits prix

☺ **La Belle Bio** Crêperie simple et charmante, joliment décorée de quelques tableaux colorés, meublée de bois clair, et pourvue d'une grande cheminée. La pâte à galettes est faite à l'eau de source, la farine, issue d'un moulin à meule de pierre. Bref, la cuisine est savoureuse. Spécialité de la maison : la crêpe à la banane rissolée, caramel au beurre salé, glace vanille et amandes grillées. "La Belle-Île", coquilles Saint-Jacques et fondue de poireaux (8,90€), remporte un franc succès. Au dessert, alléchant choix de crêpes comme celle aux pommes caramélisées et sa glace à la vanille (7,20€). Le tout arrosé d'une bouteille de cidre bio ! Belle adresse, donc, et accueil chaleureux. Terrasse couverte et fleurie à l'étage, feu de cheminée. *4, rue Philippe-Vannier* ***Auray*** *(centre) Tél. 02 97 24 26 75 Ouvert tlj. sauf dim.-lun. soir 12h-14h et 19h-23h ; fermé dim. midi en été*

Crêperie La Frégate Ne tardez pas trop, à l'heure du repas, pour vous décider à franchir le seuil de La Frégate... sa toute petite salle est bien vite complète ! Madame, de ses fourneaux, accueille les clients, que monsieur sert avec le sourire. Une ambiance conviviale à deux pas du port de Saint-Goustan, et des galettes copieuses qui ne sauraient décevoir les amateurs. Bon choix de spécialités (de 7,20€ à 8,90€), parmi lesquelles la très recommandable "Frégate", aux noix de Saint-Jacques et fondue de poireaux. La crêpe au chocolat maison mérite également quelques compliments (3,80€). *11, rue du Petit-Port* ***Auray*** *(Saint-Goustan) Tél. 02 97 50 71 95 Ouvert tlj. sauf sam. midi*

prix moyens

Le Chasse-Marée Le restaurant, reconnaissable à sa devanture rouge et sa terrasse chauffée, propose une cuisine traditionnelle avec un effort sur la présentation des plats, toujours copieux. Parmi les spécialités, essayez la farandole de Saint-Jacques et andouille de Guémené (14,90€) ou le tajine de homard à la goustanaise en hiver (21,90€), et, en dessert le classique far breton et son caramel beurre salé maison. Service rapide et efficace. Menu à partir de 16€. En apéritif, sangria faite maison. *11, pl. Saint-Sauveur* ***Auray*** *(Saint-Goustan) Tél. 02 97 56 50 46 www.lechasse maree.com Ouvert haute saison : tlj. ; basse saison : mer.-lun. midi*

Hôtel Le Cadoudal Hôtel correct et bien tenu, situé en plein centre-ville, Le Cadoudal propose des chambres de 38€ à 90€ (45€ avec douche et WC). Cependant, certaines chambres peuvent accueillir jusqu'à 4 pers. ; dans ce cas les prix deviennent nettement plus intéressants. *9, pl. Notre-Dame* ***Auray*** *(centre) Tél. 02 97 24 14 65 www.hotellecadoudal-auray.com*

Hôtel Le Celtic Cet hôtel 2 étoiles, à deux pas du centre historique, a récemment été rénové. Le cadre est résolument moderne et les chambres, bien agencées, aux couleurs chaudes, sont équipées d'une literie et de salle de douche dernier cri. Le bar-brasserie, qui appartient à l'hôtel, s'inscrit dans la même modernité avec ses amusantes chaises zébrées. Par beau temps, vous apprécierez la terrasse et sa palissade de bambous (menu déjeuner 13€). Double à partir de 69€ en haute saison. *38, rue Georges-Clemenceau* ***Auray*** *(centre) Tél. 02 97 24 05 37 www.celtic-hotel.fr*

☺ **Hôtel Le Marin** Unique hôtel de Saint-Goustan, Le Marin affiche une décoration maritime, plus proche du yacht que du chalutier. Ses chambres impeccables, meublées de bois sombre, donnent sur le port ou sur le jardin. La chambre familiale (80€-95€), très agréable, est munie d'une vraie terrasse. Toutes sont bien équipées et disposent d'un espace correct. Le bar du rez-de-chaussée est complété par un petit salon chaleureux réservé aux hôtes. Cet hôtel de bonne tenue constitue certainement la meilleure adresse de la ville, en partie grâce à sa situation à deux pas du port. À partir de 55€. *1, pl. du*

GAMME DE PRIX	RESTAURATION	HÉBERGEMENT
Très petits prix	moins de 10€	moins de 30€
Petits prix	de 10 à 20€	de 30 à 50€
Prix moyens	de 20 à 30€	de 50 à 80€
Prix élevés	de 30 à 40€	de 80 à 100€
Prix très élevés	plus de 40€	plus de 100€

Roland ***Auray*** *(Saint-Goustan) Tél. 02 97 24 14 58 www.hotel-lemarin.com*

prix élevés

La Closerie de Kerdrain Superbe maison de maître du XVIe siècle couverte d'une glycine, La Closerie de Kerdrain est située à l'entrée d'Auray (en venant de Port-Louis ou de Quiberon). La traversée du jardin, délicieuse entrée en matière, ouvre sur une salle tout aussi agréable et raffinée. Au menu, plats savoureux, renouvelés selon la saison et le retour du marché. Produits de la mer et du terroir. En été, terrasse dans le parc, et véranda ouverte avec vue sur le potager. Menus de 24,50€ (le midi en semaine) à 90€. *20, rue Louis-Billet* ***Auray*** *(centre) Tél. 02 97 56 61 27 www.lacloseriedekerdrain.com Fermé lun.*

Dans les environs proches

petits prix

Aux Galettes d'antan Passez sans crainte le seuil de cette étonnante maison et laissez-vous porter par la douce folie de ses propriétaires. Les serveuses vous accueillent en tenues du XIXe siècle, dans un décor de cabaret avec chandeliers, drapés rouges et vieilles affiches. Parmi les spécialités : "Le Moulin de la galette" avec oignons au cidre, reblochon et bacon (9,50€) et la "Folies Bergères" à la fondue de poireaux et poitrine fumée (7,50€). En fin de semaine, soirées spectacles type french cancan. *6, rue Georges-Cadoudal* ***Pluneret*** *(à 2km à l'est d'Auray) Tél. 02 97 29 17 60 www.auxgalettesdantan.fr Ouvert en été et vac. scol. : tlj. ; hors saison : jeu.-dim. soir Rés. conseillée*

SAINTE-ANNE-D'AURAY

56400

Si la religion est omniprésente en Bretagne, elle s'exprime à Sainte-Anne-d'Auray plus qu'ailleurs. La ville est connue pour son pardon, le plus important de Bretagne (vingt mille pèlerins par an), et pour les nombreux pèlerinages qui s'y déroulent du 7 mars au rosaire (1er dimanche d'octobre). Le 20 septembre 1996, huit cent mille pèlerins ont assisté à la venue du pape Jean-Paul II. Dès les beaux jours, de nombreux pèlerins, seuls ou en groupe, se rendent à pied à Sainte-Anne, où tout Breton se doit d'aller au moins une fois dans sa vie... La ville s'empreint alors d'une ferveur religieuse bien particulière. Sur la place, où sont réunis la basilique, la *scala sancta* et le monument aux morts, l'atmosphère est beaucoup plus au recueillement et à la dévotion qu'à la détente, même si Sainte-Anne-d'Auray compte, parmi ses visiteurs, de nombreux curieux.

L'APPARITION À YVES NICOLAZIC L'histoire de Sainte-Anne-d'Auray commence en août 1623, quand sainte Anne apparaît à un laboureur de la région, Yves Nicolazic. La mère de Marie demande à celui-ci d'ériger, à l'endroit où elle était autrefois vénérée, une chapelle en son honneur. Sur le site indiqué, au milieu d'un champ qui lui appartient, Yves trouve une ancienne statue de la sainte. Le clergé, qui se défiait du laboureur, finit alors par croire à l'apparition. Un édifice religieux est construit et les premiers pèlerinages sont organisés. La chapelle de 1625, détruite en 1790, a été remplacée par la basilique actuelle à la fin du XIXe siècle.

MODE D'EMPLOI

accès

EN VOITURE
À 7km au nord-est d'Auray, sur la D17. C'est en arrivant de Brech par la D19 que l'entrée dans la ville est la plus impressionnante : la basilique apparaît dans toute sa splendeur au bout de la ligne droite que dessine la route.

EN CAR
La ville est desservie par le réseau TIM ligne 1 (Vannes-Auray-Quiberon), ligne 5 (Vannes-Auray-Baud).
Réseau TIM *Tél. 0810 10 10 56 www.morbihan.fr*

orientation

Les commerces se regroupent principalement rue de Vannes et rue du Général-de-Gaulle. Le sanctuaire se trouve à droite de la rue de Vannes.

informations touristiques

Office de tourisme *9, rue de Vannes Tél. 02 97 24 34 94 www.sainte-anne-auray.net Ouvert mi-juin-mi-sept. : lun.-sam. 9h-12h30 et 13h30-17h30 ; mi-sept.-mi-juin : lun.-sam. 10h-12h et 14h-17h*

fêtes et manifestations

Pardon de sainte Anne Le plus impressionnant pardon de Bretagne rassemble une foule toujours renouvelée. *Dernier dim. de juil.*

DÉCOUVRIR

☆ **Les essentiels** La basilique de Sainte-Anne-d'Auray et le sanctuaire
Découvrir autrement Assistez au pardon de sainte Anne, fin juillet
➤ **Carnet d'adresses p.286**

Sainte-Anne-d'Auray

C'est le sanctuaire et la basilique qui attirent visiteurs et fidèles à Sainte-Anne. Pour en savoir plus sur l'origine du pèlerinage, vous pourrez visiter l'**Historial**, musée de cire consacré à l'histoire religieuse de la ville. Le **musée du Costume breton** présente, quant à lui, plus d'une centaine de pièces et quelques objets d'art populaire, ainsi que des bannières de procession et deux maquettes de voiliers. ***Historial*** *6, rue de Vannes Tél. 02 97 57 64 05 www.musee-de-cire.com Ouvert toute l'année 8h-19h Tarif 4€, réduit 1,50€* ***Musée du costume breton*** *9, rue de Vannes Tél. 02 97 57 68 80 Ouvert mars-oct. : tlj. 10h-18h ; le reste de l'année dim. 14h30-18h*

GEOPLUS

PARDONS, PÈLERINAGES, TROMÉNIES

Catholicisme et identité bretonne

Par **Yann Rivallain**, journaliste, rédacteur en chef de la revue *ArMen*

Plus encore que le renouveau culturel, l'affluence que connaissent certains pardons et pèlerinages ne manque pas d'étonner les visiteurs. Mais on aurait tort de voir dans ces festivités mi-religieuses mi-profanes, la seule marque d'une religiosité plus affirmée qu'ailleurs.

Entre la fin du mois de janvier et le début du mois de décembre, on recense en Bretagne près d'une centaine de pèlerinages et pardons. Si tous n'ont pas l'affluence de celui de Sainte-Anne-d'Auray, du Folgoët ou de Locronan, ils sont, pour les participants de toutes générations et de tous milieux, une occasion très particulière de renouer avec des éléments essentiels de leur identité : spiritualité, liens familiaux, affirmation d'une histoire commune et de l'unité bretonne. Dans le cortège de la troménie de Locronan, on peut s'amuser de voir un tel, qu'on sait non-croyant, au milieu de la procession et portant la bannière et surtout l'habit traditionnel de son grand-père. Là réside de nos jours la force d'attraction de ces fêtes religieuses, au-delà même des émouvantes déambulations, de l'exposition de reliquaires des saints protecteurs, des costumes, des bannières brodées ou encore des lieux magiques où ils se déroulent souvent – du sommet du Méné Bré au chaos de Sainte-Barbe, au Faouët. Après avoir culminé au XIXe siècle, les pardons ont connu un déclin, souffrant d'une trop grande folklorisation liée au tourisme, mais aussi aux débordements festifs. Aujourd'hui, on ne participe plus à un pardon pour obtenir des indulgences divines ou une guérison, et l'on ne croit généralement plus au pouvoir ni des fontaines dans lesquelles on jetait autrefois des épingles à cheveux, ni des pierres sacrées sur lesquelles les femmes se frottaient le ventre pour garantir leur fertilité, mais on les respecte et on s'y attarde toujours. Même le Tro Breizh, le tour des sept évêchés des saints fondateurs de la Bretagne, qui fut au Moyen Âge l'un des grands itinéraires de pèlerinage breton, connaît un renouveau certain.

Origines immémoriales, goût du mystère L'existence de croyances et de rituels antérieurs repris par l'Église explique un certain particularisme des pèlerinages, lequel se retrouve en Irlande. L'enracinement des pardons tient aussi au puissant culte des saints venus d'outre-Manche, qu'on compte par dizaines et parmi lesquels figurent cinq des sept saints fondateurs des évêchés bretons (Saint-Malo, fondé par saint Malo ou Maclou ; Dol-de-Bretagne, par saint Samson ; Saint-Brieuc, par saint Brieuc ; Tréguier, par saint Tugdual ; Saint-Pol-de-Léon, par saint Pol Aurélien). Les diocèses de Quimper (saint Corentin) et Vannes (saint Patern ou Paterne) ont été fondés par des saints dont les origines seraient armoricaines. Le parcours des troménies, comme celle de Locronan, est censé reproduire celui du saint fondateur, et pourrait, selon l'ethnologue Donatien Laurent, correspondre à un calendrier celtique ancien. Si certaines ont disparu, on peut encore assister à celles de Gouesnou ou de Landeleau. D'aucuns estiment que l'attrait des Bretons pour tout ce qui est mystérieux explique la multiplication des miracles et des signes divins qui ont souvent donné naissance à ces rendez-vous populaires. Et l'Église s'est appuyée sur les croyances locales pour accélérer la christianisation de la Bretagne. En accordant des indulgences aux participants, leur permettant d'obtenir le pardon en échange d'un paiement et de diverses offrandes, le clergé a d'ailleurs trouvé dans la multiplication des pardons une importante source de revenus.

QUELQUES RENDEZ-VOUS EN BRETAGNE SUD

- Troménie de Locronan *(2e dimanche de juillet)*
- Pardon de Sainte-Anne, à Auray *(dernier dimanche d'août)*
- Pardon de Notre-Dame de Penhors, à Pont-l'Abbé *(dernier dimanche de juillet)*
- Pardon de Sainte-Anne-la-Palud, à Locronan *(dernier dimanche d'août)*
- Pardon de Notre-Dame du Crann, à Spézet *(dimanche suivant la Pentecôte)*

Anne et Yves en tête du hit-parade Après le pèlerinage à Sainte-Anne-d'Auray, créé au XVIIe siècle, le pardon de Saint-Yves, qui s'est développé au XVe siècle, est le plus célèbre. Il a la particularité d'être dédié à un personnage historique, Yves Hélory, juriste et homme d'église trégorrois qui fut canonisé en 1347 et qui est devenu le saint patron des Bretons. Chaque année, le 19 mai, des avocats du monde entier affluent pour lui rendre hommage. Parmi les dizaines d'autres pardons recensés, certains sont consacrés aux chevaux, aux bateaux, aux oiseaux ou encore aux motards ! Certains sont des créations récentes, comme le fascinant pardon islamo-chrétien qui a pris naissance à Vieux-Marché dans les années 1960

☆ **Basilique** Érigée de 1865 à 1872, la basilique de Sainte-Anne-d'Auray, d'inspiration Renaissance, a remplacé l'édifice primitif brûlé en 1790, et dont la taille ne permettait pas d'accueillir des foules toujours plus nombreuses. En haut de la flèche trône une statue de sainte Anne telle qu'elle est apparue à Nicolazic, un flambeau à la main. À l'intérieur, la longue nef paraît plutôt dépouillée par rapport aux chapelles qui la longent, dont une, sur la droite, est entièrement dédiée à Yves Nicolazic. Dans le transept droit, la statue de sainte Anne, de 1825, renferme un fragment de la statue primitive (brûlée à la Révolution). Très richement décoré, le retable comprend sept médaillons sculptés dans le marbre par Falguière. Le trésor, dans le cloître, est composé de quelques œuvres d'art et de nombreux ex-voto où voisinent, entre autres, une maquette de bateau, une robe de baptême et une croix de première communion, témoignant d'une inépuisable ferveur populaire. *Ouvert tlj. 8h-20h*

☆ **Sanctuaire** Autour de la basilique, le sanctuaire de Sainte-Anne-d'Auray comprend la fontaine miraculeuse (c'est à cet endroit précis qu'Yves Nicolazic aurait vu la Vierge pour la première fois) et la *scala sancta* ; les plus fervents fidèles montent toujours à genoux ce double escalier, érigé au XVIIe siècle. Au fond du parc, un imposant monument aux morts, construit en 1932 par les catholiques des cinq diocèses de Bretagne, rend hommage aux 240 000 soldats bretons décédés pendant la Première Guerre mondiale. *Ouvert tlj. 8h-20h*

CARNET D'ADRESSES

Restauration, hébergement

À moins d'être catholique pratiquant, vous n'éprouverez pas beaucoup de plaisir à séjourner à Sainte-Anne-d'Auray, où la religion est prédominante. Le dimanche matin, la messe ne se cantonne pas aux limites de l'église : des haut-parleurs permettent à toute la place d'en profiter. Pour séjourner dans la ville pendant le pardon, les réservations doivent être prises un an d'avance.

petits prix

Les Ajoncs En face de l'église, cette crêperie aux allures de bistrot n'est pas des plus chaleureuses, mais on y mange bien et à des prix très raisonnables. Les garnitures sont au choix et plutôt généreuses. Comptez 6€ à 10€ la salée et 2€ à 4€ la sucrée. *4, rue de Vannes* ***Sainte-Anne-d'Auray*** *Tél. 02 97 57 62 94 Ouvert juin-sept. : mar.-sam. 12h-14h et 19h-21h, dim. 12h-18h*

prix moyens

Hôtel-restaurant Le Moderne Situé à deux pas de la basilique, il propose un confort très correct, sans luxe. Les chambres (62€ en juillet et août) sont pour la plupart installées dans un bâtiment indépendant à l'arrière, ce qui lui donne un faux air de motel. Le restaurant propose notamment des spécialités de poisson ; premier menu à 12€ à midi (entrée-plat-dessert), puis à partir de 19,50€. Parking privé. *8, rue de Vannes* ***Sainte-Anne-d'Auray*** *Tél. 02 97 57 66 55*

LOCMARIAQUER

56740

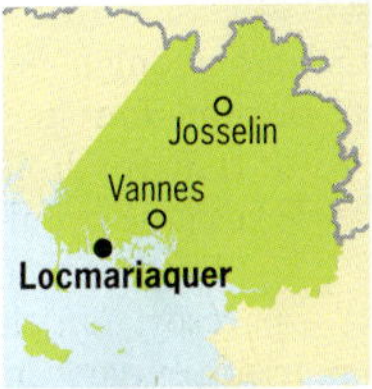

Installée sur une presqu'île qui délimite l'entrée du golfe du Morbihan face à Port-Navalo, Locmariaquer concentre en un seul site de nombreux atouts. Si la commune est surtout connue pour ses mégalithes, et notamment pour le dolmen de la table des Marchand, elle constitue également une station balnéaire de qualité, organisée autour d'un joli bourg fleuri et d'un charmant petit port. Cernée par la mer, elle offre des plages aux orientations multiples, qui séduiront les amateurs de bains de soleil comme de sports nautiques. C'est également le point de départ de nombreuses croisières dans le golfe.

UN SITE CONVOITÉ Locmariaquer a été au centre de multiples desseins. Au XVIIe siècle, sa rade, et notamment la pointe de Kerpenhir, est pressentie pour l'implantation de la Compagnie des Indes ; Colbert préférera finalement Port-Louis. Au XIXe siècle, le diplomate et administrateur Ferdinand de Lesseps envisage d'y implanter "le port le plus complet du monde". Enfin, en 1944, le général Eisenhower entend utiliser le site comme port d'appoint en cas d'échec du débarquement de Normandie. Si tous ces projets ont avorté, Locmariaquer ne fait pas cependant figure d'enfant pauvre du littoral breton. La ville n'est certes pas entrée dans l'histoire, mais les vestiges néolithiques qu'elle abrite lui valent une renommée internationale. De plus, ses activités traditionnelles (pêche, ostréiculture, activités portuaires) lui ont apporté une prospérité certaine au XIXe siècle. C'est à cette même époque que débutent les nombreuses fouilles archéologiques, relayées plus tard par le tourisme.

MODE D'EMPLOI

accès

EN VOITURE
À 13km d'Auray par la D28 puis la D781.

EN CAR
La ville est desservie par le réseau TIM ligne 1bis (Vannes-Auray-Quiberon).
Réseau TIM *Tél. 0810 10 10 56 www.morbihan.fr*

orientation

Les plages sont situées au sud-est et au sud-ouest de Locmariaquer. Les chantiers ostréicoles sont regroupés au nord du bourg.

informations touristiques

Office de tourisme *1, rue de la Victoire Tél. 02 97 57 33 05 www.ot-locmariaquer.fr*

fêtes et manifestations

Fête de l'huître Incontournable ; vous pourrez prendre part à une dégustation ou assister à des expositions et animations autour de l'huître. *3e dim. d'août*

DÉCOUVRIR

☆ **Les essentiels** L'église Notre-Dame-de-Kerdro, le site mégalithique avec son Grand Menhir brisé, l'allée couverte des Pierres-Plates **Découvrir autrement** Remontez la rivière d'Auray en vedette, visitez une exploitation ostréicole

➤ **Carnet d'adresses p.290**

Locmariaquer

☆ **Église Notre-Dame-de-Kerdro** L'église de Locmariaquer date du XIe siècle, époque à laquelle la paroisse fut remise en état, après le choc des invasions normandes. L'abside et le transept, beaux exemples d'art roman, sont d'origine ; le dernier présente de superbes chapiteaux sculptés. Remarquez également le bénitier du XVe siècle et les retables lavallois du XVIe siècle.

☆ **Site mégalithique de Locmariaquer** Il offre, sur un périmètre assez restreint, trois monuments de taille. Le **Grand Menhir brisé**, en quatre morceaux épars, représente certainement le plus gros menhir jamais travaillé : long de 21m et d'un poids de plus de 300t. Les origines de sa chute sont mystérieuses : peut-être fut-il renversé par ceux-là mêmes qui l'avaient dressé, à la suite d'un changement de culte. Les deux autres éléments du site ont été largement restaurés. La **table des Marchand**, dolmen à couloir du IVe millénaire av. J.-C., n'a été à nouveau couverte de son cairn d'origine que récemment ; les représentations du monument, jusqu'au début du XXe siècle, le montrent nu. Le chevet de la chambre, une stèle sculptée, est orné de gravures de crosses en relief. Sur sa dalle de couverture, des dessins de bovidés et de haches-charrues ont permis de faire le lien avec le cairn de Gavrinis (cf. Le golfe du Morbihan), dont une des stèles présente la continuité exacte de ces motifs (sur une face cachée). Ces deux éléments, distants de 4km, proviendraient du même menhir brisé, dont une troisième partie aurait échoué au **tumulus d'Er Grah** (ou d'**Er Vinglé**). Ce dernier monument, long de 140m, appartient à la famille des sépultures à caveau fermé ; aucun accès ne permet d'atteindre la chambre qu'il recouvre. Une visite commentée (1h) et une vidéo (15min) permettent d'en savoir plus sur le site de Locmariaquer. *Route de Kerlogonan (suivre le fléchage) Tél. 02 97 57 37 59 Ouvert mai-juin : tlj. 10h-18h ; juil.-août : tlj. 10h-17h ; sept.-avr. : tlj. 10h-12h30 et 14h-17h Tarif 5€, réduit 3,50€, moins de 18 ans gratuit Visite guidée : 11h, 14h30 et 16h (horaires suppl. en été) Il est possible de voir le Grand Menhir brisé de la terrasse panoramique*

Autres mégalithes D'autres sites émaillent Locmariaquer et sont libres d'accès : munissez-vous d'une lampe de poche pour en découvrir les gravures. On ne voit le **dolmen de Mané-Lud** (indiqué sur la droite en arrivant à Locmariaquer) qu'une fois dessus : les tables de cette allée couverte sont situées au niveau du sol. On peut y pénétrer en se baissant le long du couloir avant de se redresser dans la chambre. Le **dolmen de Mané-Rutual**, indiqué depuis l'office de tourisme (on y accède par un court chemin qui passe entre des maisons), présente une dalle de couverture de 11m de long. Son long couloir mène à deux chambres aux dalles gravées. Près de la Grande Plage, sur un site magnifique au bord du golfe, siège ☆ l'**allée couverte des Pierres-Plates** (environ 3000 av. J.-C.). Elle appartient à la famille des sépultures "coudées" ou "en équerre". Ses stèles sont ornées d'une série d'idoles en écusson, dont les cercles concentriques seraient des variations du motif de la déesse-mère.

Pointe de Kerpenhir La pointe de Kerpenhir fait face à Port-Navalo, de l'autre côté du golfe du Morbihan. Si moins de 1km de mer sépare ces deux pointes, il faut compter quelque 70km de route pour les relier en voiture ! Kerpenhir, site naturel protégé, offre un point de vue privilégié sur le golfe. La table d'orientation a malheureusement vieilli ; emportez une carte si vous voulez tenter de reconnaître tous les petits bouts de terre qui s'offrent à votre regard ! Côté Océan, vous identifierez facilement l'île de Méaban, qui abrite une réserve ornithologique. La statue de Notre-Dame-de-Kerdro (ce qui signifie "bon retour" en breton) a été érigée pour saluer les marins.

Les plages Une superbe plage de sable fin, celle de la **Falaise**, s'étend sur la droite de la pointe de Kerpenhir en venant du village. À Saint-Philibert, celle de la pointe de **Kernevest** est idéale pour pratiquer le funboard. La plage de **Men-ar-Beleg** est plus abritée.

● Où acheter des produits régionaux ? La célèbre biscuiterie La Trinitaine propose galettes, madeleines, palets, nature ou chocolat, et un large choix de spécialités bretonnes. **Biscuiterie La Trinitaine** *56470 **Saint-Philibert** (à 6km de Locmariaquer sur la D28 dir. Crach) Tél. 02 97 55 02 04 www.latrinitaine.com Ouvert tlj. 9h-19h*

● Visiter une exploitation ostréicole On compte plus d'une trentaine d'exploitations à Locmariaquer. Les visites, organisées par l'office de tourisme, ont lieu de juillet à août.

Le Morbihan des gourmands

Boulangerie Le Brun (Vannes) ____ 212
La Tapenalgue (Vannes) ____ 214
Ferme fromagère de Suscinio ____ 238
La Maison de l'abeille (La Roche-Bernard) ____ 253
Biscuiterie-Chocolaterie G. Larnicol (Auray) ____ 276
Les Vergers de Kerbellec (Auray) ____ 280
Biscuiterie La Trinitaine (Saint-Philibert) ____ 289
Conserverie La Belle-Îloise (Quiberon) ____ 310
Chocolaterie Henry Le Roux (Quiberon) ____ 310
La Maison d'Armorine (Quiberon) ____ 312
La Maison Riguidel (Quiberon) ____ 312
La Quiberonnaise (Quiberon) ____ 312
La Belle-Îloise (Belle-Île) ____ 323
La Palantine (Belle-Île) ____ 323
La Bien Nommée (Belle-Île) ____ 323
Aux Mille Délices (Lorient) ____ 355
Comptoir de l'île de Groix ____ 368
Biscuiterie La Lorientaise (Kervignac) ____ 381
Lozachmeur (Baye) ____ 388
Maison de l'andouille (Guémené) ____ 403

Faire une excursion en vedette

Vedettes L'Angélus Elles proposent des croisières tous les jours à partir de Pâques. Remontée de la rivière d'Auray, grand tour du golfe, escales sur les îles... à partir de 14€ (réduit 9€) pour la promenade de 1h30. *Bureau du port du Guilvin Tél. 02 97 57 30 29 www.vedettes-angelus.com*

Navix Formules de découverte du golfe et de ses îles, ainsi que la remontée de la rivière d'Auray (22€-28€, réduit 14€-18€). *6, pl. Dariorigum Tél. 0825 162 130 www.navix.fr*

Compagnie des Îles Elle propose de mi-avril jusqu'à fin septembre des tours dans le golfe du Morbihan avec ou sans escales sur l'île d'Arz et l'île aux Moines. À partir de 15€ (tarif réduit 10€) pour la "minicroisière". Achat des billets sur le port. *Pl. Dariorigum Tél. 0825 134 130 www.compagniedesiles.com*

CARNET D'ADRESSES

Restauration, hébergement

camping

Camping municipal La Falaise Ce camping 3 étoiles, planté de pins, protégé du vent par des haies naturelles, est idéalement placé à proximité de la plage. Comptez 14,90€ pour 2 pers. avec voiture et électricité. *10, rue Henri-Ezan (Kerpenhir)* ***Locmariaquer*** *Tél. 02 97 57 31 59 Ouvert mi-mars-mi-oct.*

petits prix

Hôtel-restaurant du Menhir Cet hôtel au vieil escalier de bois et aux chambres arrangées à l'ancienne et tapissées de papier à fleurs défraîchi semble rempli de souvenirs. Un charme vieillot qui va de pair avec des tarifs économiques. Les chambres offrent toutes le même – petit – niveau de confort : elles ne sont équipées que d'un lavabo ; les simples se monnaient 30€, les doubles 40€. Pour tout le monde, la douche et les WC – plutôt récents et très propres – sont dans le couloir. Au restaurant, cuisine élaborée à partir de produits de la mer dans des menus qui vont de 16€ à 22€. Accueil simple et aimable. *7, rue Wilson* ***Locmariaquer*** *Tél. 02 97 57 33 48*

Hôtel-restaurant Lautram Dans une maison familiale et sans originalité apparente se cachent des chambres plutôt gaies (à partir de 43€ avec douche et WC). Ce "Logis de France" confortable propose, outre les chambres de la bâtisse principale, une dizaine d'autres dans une annexe. Formule déjeuner à 14€ et menus de 23€ à 32€. *Pl. de l'Église Tél. 02 97 57 31 32 www.hotel-golfe-morbihan.com*

GAMME DE PRIX	RESTAURATION	HÉBERGEMENT
Très petits prix	moins de 10€	moins de 30€
Petits prix	de 10 à 20€	de 30 à 50€
Prix moyens	de 20 à 30€	de 50 à 80€
Prix élevés	de 30 à 40€	de 80 à 100€
Prix très élevés	plus de 40€	plus de 100€

prix élevés

Hôtel des Trois fontaines Cet hôtel moderne 3 étoiles compte 18 chambres charmantes et personnalisées, dont certaines disposent d'une vue (parfois oblique) sur le golfe du Morbihan. Les prix varient selon leur grandeur et leur orientation (78€-130€). Toutes sont lumineuses, décorées de tissus gais, joliment meublées et bien équipées. Une adresse mêlant avec brio confort et élégance. Petit déjeuner 11€. *Route d'Auray (à l'entrée du bourg)* ***Locmariaquer*** *Tél. 02 97 57 42 70 www.hotel-troisfontaines.com*

LA TRINITÉ-SUR-MER

56470

Une forêt de mâts : telle est la première vision du visiteur qui arrive au port de La Trinité-sur-Mer. Le regard se perd dans cet enchevêtrement de cordages, de coques et de gréements qui s'entrechoquent dans un cliquetis permanent. Point de départ de nombreuses régates, La Trinité accueille les plus grands navigateurs, les plus beaux bateaux, mais aussi les simples vacanciers, qui y trouvent toutes sortes de loisirs. En amont du port, le bourg offre une animation appréciée, autour de son marché ou le long de ses rues bordées de boutiques diverses ; ses plages en font une station balnéaire reconnue. La Trinité-sur-Mer possède également un riche patrimoine archéologique comme en témoignent les nombreux mégalithes présents, tels que les alignements du Petit Ménec ou encore le dolmen à galerie de Kermarquer.

CAPITALE DE LA PLAISANCE La Trinité-sur-Mer, qui n'était au Moyen Âge qu'un petit village de pêcheurs et de paludiers sous l'égide de Carnac, devient une commune indépendante en 1864. La Société nautique trinitaise est fondée dès 1879. Dans les années 1960, le port est un des premiers, avec Port-Haliguen à Quiberon, à s'équiper d'installations telles que jetées, pontons et bassins à flot. Cette capitale historique de la plaisance rassemble un nombre impressionnant de professionnels de la voile, de la petite boutique de location aux chantiers navals de pointe, et vit aujourd'hui largement du tourisme, tout en poursuivant ses activités de pêche et d'ostréiculture.

MODE D'EMPLOI

accès

EN VOITURE

La Trinité-sur-Mer est située à 13km d'Auray par la D28 (3km avant Carnac).

EN CAR

La ville est desservie par le réseau TIM ligne 1 (Vannes-Auray-Quiberon) et ligne 18 (La Trinité-sur-Mer-Belz-Lorient).

Réseau TIM *Tél. 0810 10 10 56 www.morbihan.fr*

orientation

La Trinité-sur-Mer s'étend le long de la rive droite de la rivière Crach, qui rencontre l'Océan au niveau de la pointe de Kerbihan.

informations touristiques

Office de tourisme *30, cours des Quais Tél. 02 97 55 72 21 www.ot-trinite-sur-mer.fr*
Capitainerie Quatre-vingts emplacements pour visiteurs ; tous services disponibles à proximité du port. *Tél. 02 97 55 71 49*

transports

Bus Tatoovu Liaisons pendant la période estivale entre La Trinité, Carnac et Plouharnel. *Rens. à l'office de tourisme*

marchés, fêtes et manifestations

Marché Il a lieu le mardi et le vendredi matin. La criée, située entre le port de plaisance et le bassin de pêcheurs, est ouverte tous les matins.
Régates Parmi les nombreuses régates qui se déroulent à La Trinité – notamment pendant l'été –, les plus connues sont le Spi Ouest-France-SFR (le week-end de Pâques) et le Trophée des multicoques. *Rens. à l'office de tourisme*

DÉCOUVRIR

☆**Les essentiels** Le port de plaisance **Découvrir autrement** Empruntez le sentier des douaniers jusqu'à Kervillen, offrez-vous une sortie en mer sur un vieux gréement, prenez un verre en compagnie de "voileux" à la terrasse du Carré, sur le port ➤ **Carnet d'adresses p.294**

La Trinité-sur-Mer

☆**Port de plaisance** S'il est une chose à voir à La Trinité-sur-Mer, c'est bien son port. Un spectacle dont on ne se lasse pas, vu l'ampleur de la structure : ses 1 250 emplacements à flot en font l'un des ports majeurs du littoral atlantique. Ici, l'activité est incessante. Promenez-vous le long des pontons pour voir, de près, les plus beaux bateaux, et n'hésitez pas à multiplier les points de vue : cette impressionnante forêt de mâts offre un visage différent selon qu'on la contemple du pont de Kerisper ou depuis la rive opposée de la rivière Crach. L'activité est à son comble au moment des départs et des arrivées des nombreuses régates organisées à La Trinité.

Les plages Situées au sud de la commune, les plages sont accessibles à pied. L'itinéraire qui part du port passe par Kerbihan (à 2km du port), avant d'arriver à la plage de **Kervillen**, principale étendue sableuse de la station, plein sud et surveillée en juillet-août.

● **Où dénicher des photos marines ?** Le photographe Philip Plisson règne en maître incontesté à La Trinité. Dans sa galerie, il y en a pour tous les goûts et pour tous les prix : des digigraphies (430€-2 300€) aux reproductions (en moyenne 8€), en passant par les albums consacrés aux phares d'Iroise. **Galerie-boutique Plisson** *Cours des Quais Tél. 02 97 30 15 15 www.plisson.com Ouvert saison et vac. scol. : tlj. 10h-12h30 et 14h30-19h ; hors saison : fermé dim.*

● Où acheter des huîtres ? Une histoire de famille que La Belle de Quiberon, une entreprise d'ostréiculteurs, médaille d'or du concours de Paris : nous voilà à la cinquième génération ! La Belle possède trois sites de production : la baie de Quiberon, la baie du Mont-Saint-Michel et la rade de Brest. C'est sous ses auspices qu'est organisé le Festival de l'huître de Bretagne Sud au port de Saint-Goustan (début septembre). **La Belle de Quiberon** *19, route de Quéhan Tél. 02 97 55 00 52 www.la-belle-de-quiberon.com*

● Où boire un verre ? Une décoration soignée mais sans tape-à-l'œil orne le joli café du Carré, situé dans la plus ancienne maison du quai. De belles lumières douces, un plancher qui pourrait en raconter long, une terrasse donnant sur le port... et bien sûr, des photos de bateaux créent l'atmosphère chaleureuse de ce rendez-vous des "voileux" et promeneurs. **Le Carré** *9, cours des Quais Tél. 02 97 30 12 83 Ouvert tlj. 9h30-1h*

● Suivre le sentier des douaniers Du port, le sentier surplombe la "rivière" et mène à la pointe de Kerbihan où le panorama sur Quiberon, Belle-Île, la côte de Locmariaquer et la ria de La Trinité est superbe. Le chemin rejoint ensuite la plage de Kervillen. Comptez 1h45 de marche (environ 7km). *Rens. à l'office de tourisme*

● Pratiquer des activités nautiques

Société nautique On y enseigne la voile sous toutes ses formes : stage de dériveur et de catamaran, entraînement à la compétition, cours de planche à voile, kayak de mer. "Jardin de l'Atlantique" (découverte du milieu marin), pour les petits de 5 à 7 ans. *Môle Éric-Tabarly Cours des Quais Tél. 02 97 55 73 48 www.snt-voile.org*

Ruban vert Location de bateaux électriques pour découvrir le port et la rivière Crach ; compter 40€/h et 70€/2h *Près du pont de Kerisper Tél. port. 06 76 82 23 32 www.location-bateaux-electriques.com Ouvert juil.-août : tlj. 10h-20h*

● Faire une croisière vers les îles Outre les promenades dans le golfe, on peut louer un bateau (voilier, vedette de luxe, ou même vieux gréement) avec skipper. *Rens. à l'office de tourisme*

☺ **Plaisance évolution** Passionné de voile et navigateur chevronné depuis plus de trente ans, Dominique Paris propose des balades au plus proche de la nature sur *Mordicus*, un 35-pieds. Possibilité de participer aux manœuvres et à la navigation. Exploration du golfe, des îles Houat, Hoëdic et Belle-Île (110€/pers./j., 500€/6 pers./j.). *Tél. 02 97 57 46 00 Tél. port. 06 09 79 65 01 www.plaisance-evolution.com*

Navix Traversées en juillet-août vers Belle-Île et Houat. *Tél. 0825 132 150 www.navix.fr*

CARNET D'ADRESSES

Restauration

Comme sur tout port breton qui se respecte, les restaurants et cafés abondent le long des quais. Fruits de mer, crêpes et pizzas... vous trouverez bien quelque chose à vous mettre sous la dent. Si vous êtes tenté par une des adresses ci-dessous, sachez qu'il est plus prudent de réserver.

petits prix

Crêperie du Bourg Un peu en retrait du port de La Trinité, la crêperie du Bourg semble épargnée par l'agitation qui y règne. Le choix de galettes s'organise autour de différentes garnitures, comme la noix de porc, les Saint-Jacques, les épinards, etc. Pas vraiment de surprise... mais une qualité irréprochable. *16, rue des Frères- Kermorvant* ***La Trinité*** *Tél. 02 97 55 73 26 Fermé jan. et dim. soir, lun. hors saison*

prix moyens

L'Arrosoir Dirigé par l'équipe du Petit hôtel des Hortensias (cf. Hébergement), ce restaurant jouit du même raffinement, tout en offrant une ambiance décontractée. Une salle éclairée de lumières douces et prolongée par une belle terrasse vous accueille pour déguster une cuisine de bon ton, servie à la carte uniquement (de 15€ à 25€ le plat ; moules à partir de 15€). *4, pl. Yvonne-Sarcey (près de la mairie)* ***La Trinité*** *Tél. 02 97 30 13 58 Fermé mi-nov.-fév. Bar ouvert tlj. 21h30-1h, hors saison le w.-e.*

prix élevés

L'Azimut Qualité et inventivité sont les maîtres mots de la cuisine de M. Deniaud, qui mêle avec talent produits "de la mer et du potager" dans son restaurant au cadre chaleureux. Les plats sont savamment mis en scène et accompagnés de vins bien choisis. Une adresse très gourmande, de bon rapport qualité-prix. Menu de 20€ à 60€, formule midi 16,50€. *1, rue du Men-Dû (en quittant le port vers Carnac-Plage)* ***La Trinité*** *Tél. 02 97 55 71 88 www.lazimut-latrinite.com Ouvert juil.-août : mar.-dim. ; hors saison : jeu.-mar. midi 12h-13h45 et 19h-21h45*

Le Chantier On parvient au Chantier après avoir traversé le pont de Kerisper. Une fois de ce côté de la rivière, ô surprise, une nouvelle vue sur le port de La Trinité se déploie, loin des néons des restaurants alignés sur les cours du quai. On est ici sur une rive plus calme, dans un lieu convivial – ou sur sa terrasse –, pour déguster fruits de mer et poissons d'une fraîcheur absolue. Comptez 15,50€ la douzaine d'huîtres, 37€ le plateau de fruits de mer (1 personne), 22€ à 25€ le plat de poisson selon l'arrivage. *13, chemin Passeur 56470* ***Saint-Philibert*** *(dir. Locmariaquer, juste à droite après le pont de Kerisper, puis à gauche) Tél. 02 97 55 17 42 Ouvert fév.-mi-nov.*

Hébergement

L'hôtellerie haut de gamme domine à La Trinité – qui compte également un bon nombre de campings –, avec notamment deux adresses de charme. L'occasion de faire une petite folie.

camping

Camping de la Baie Ce camping 4 étoiles est situé à 500m de la pointe de Kerbihan, à mi-chemin entre deux plages. La Baie dispose de beaux emplacements, bien délimités par de hautes haies, et propose un panel d'activités très complet (piscine, tennis, etc.). Comptez, en haute saison, entre 35 et 40€/nuit pour 2 campeurs avec électricité et 721€/semaine pour un mobil-home (1-4 pers.). *Kerbihan* ***La Trinité*** *Tél. 02 97 55 73 42 www.campingdelabaie.com Ouvert mi-mai-mi-sept.*

prix moyens

Hôtel-restaurant L'Ostrea Restauré, L'Ostrea s'affiche tout beau tout neuf. Les 12 chambres (50€-80€), décorées dans des tons clairs, où dominent le jaune et le bleu, jouissent d'une belle lumière. De grandeurs variables, elles disposent d'un confort raisonnable, sans excès. La salle de restaurant et sa terrasse donnant sur la mer éveilleront certainement quelques fringales maritimes, à combler à partir de 18,90€. Formule midi à 10€. *34, cours des Quais* ***La Trinité*** *Tél. 02 97 55 73 23 www.hotel-ostrea.com*

prix élevés

La Villa Armor Cette maison d'hôtes - dont l'esprit s'apparente plutôt à celui d'un petit hôtel de charme puisque les propriétaires n'y habitent pas - offre un bon confort dans un cadre moderne et chaleureux, à deux pas de la plage. Les 5 chambres réparties sur trois étages ont vue sur mer et sont égayées par les photos maritimes de Plisson (cf. Où dénicher des photos marines). L'une d'elles possède un agréable balcon. Seul bémol : la rue derrière la maison est un peu passante. Les prix des chambres grimpent avec les étages : 90€ à 130€ pour les doubles et 150€ pour la suite au dernier étage. *10, rue des Résistants* ***La Trinité*** *Tél. 02 97 30 16 46 www.villa-armor.fr*

prix très élevés

Petit hôtel des Hortensias Une ambiance de maison de vacances règne dans ce petit hôtel géré par les propriétaires du restaurant voisin, L'Arrosoir (cf. Restauration). Cette bâtisse du XIXe siècle, en retrait de l'animation des quais, domine le port de son élégance altière. Ses 6 chambres décorées dans un style marin (99€-175€), dont une accessible aux handicapés, offrent luxe et caractère. Terrasse plantée de palmiers. *4, pl. Yvonne-Sarcey Tél. 02 97 30 10 30*

★CARNAC

56340

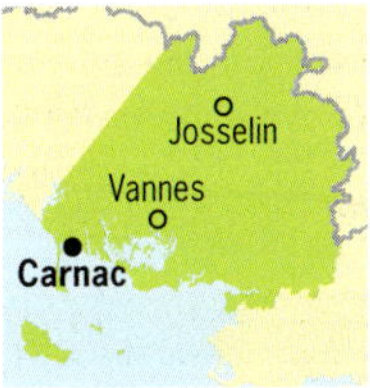

Dites "Carnac", et trois mille pierres dressées vers le ciel surgissent dans l'imaginaire collectif. Ajoutez à peine plus d'habitants que de pierres - disons quatre mille cinq cents -, à multiplier par dix ou quinze en été, plus de cent hôtels et restaurants, de nombreux bars, une vingtaine de campings, cinq plages, un centre de thalassothérapie, et un ensoleillement annuel au-dessus de la moyenne. Voici Carnac. La première station balnéaire du Morbihan propose un heureux mélange de patrimoine et de loisirs, un charme breton saupoudré d'un rien de parisianisme en été.

LES MÉGALITHES Si les mégalithes qui ponctuent le site de Carnac témoignent de son occupation au néolithique, l'implantation humaine remonte plus avant dans la préhistoire. Celtes et Romains se succèdent ensuite, puis vient le temps du christianisme, avec les saints venus d'Irlande. Toutes ces populations côtoient les mégalithes, qu'elles associent certainement à des cérémonies cultuelles. Bien que polis par le temps, ces gigantesques blocs de pierre étonnent toujours par la rigueur de leur ordonnance et par la difficulté de leur mise en place. C'est au XIXe siècle que les chercheurs s'intéressent de plus près à l'origine de ce patrimoine. L'Écossais James Miln, notamment, ouvre la voie par ses nombreuses fouilles, dont les résultats sont aujourd'hui exposés, avec d'autres, au musée qui porte son nom (cf. Découvrir). Au-delà de la recherche historique ou scientifique, les alignements de Carnac exercent sur tous une fascination sans égale, dont témoignent de nombreux textes et gravures, et qui explique, en partie, les interprétations fantaisistes données par certains archéologues. La théorie la plus largement acceptée concernant leur sens s'appuie sur le fait que les lignes de menhirs sont orientées suivant les levers de soleil des solstices et des équinoxes, et admet un lien entre la disposition des pierres et le cycle des astres. Kermario, Kerlescan, Ménec, etc., ne seraient rien d'autre qu'un gigantesque calendrier à ciel ouvert.

CARNAC, CITÉ BALNÉAIRE La station balnéaire de Carnac-Plage n'a, quant à elle, vu le jour qu'au début du XXe siècle : cette partie de la ville ne comptait que cinq maisons avant la Première Guerre mondiale ! Les effectifs sont aujourd'hui multipliés par plus de mille. C'est avec bonheur que l'on découvre que le front de mer a résisté au bétonnage à tout-va, et qu'il offre une architecture balnéaire de petits immeubles ou de grandes villas. Le centre de cette ville jeune est animé de bars, de jeux, de magasins fréquentés par une foule iodée pendant l'été, tandis que ses plages regorgent de "bronzeurs" et de baigneurs.

MODE D'EMPLOI

accès

EN VOITURE

À 16km au sud-ouest d'Auray par la D28.

EN CAR

La ville est desservie par le réseau TIM ligne 1 (Vannes-Auray-Quiberon) et la ligne 18 (La Trinité-sur-Mer-Belz-Lorient).
Réseau TIM *Tél. 0810 10 10 56 www.morbihan.fr*

orientation

Carnac-Plage et Carnac-Ville sont séparés de 1km tout au plus. Les sites mégalithiques s'étendent au nord de la commune. C'est côté plage que se trouve l'animation maximum : concentration de restaurants, bars et commerces liés au tourisme balnéaire. La ville, plus calme, s'organise au nord, autour de l'église Saint-Cornély.

informations touristiques

Office de tourisme *74, av. des Druides Carnac-Plage Tél. 02 97 52 13 52 www.carnac.fr*
Annexe de l'office de tourisme *Pl. de l'Église Carnac-Ville (même tél.) Ouvert avr.-sept. et vac. scol.*

transports urbains

Bus Tatoovu Circule sur la majeure partie de la commune de Carnac de mi-juin à mi-septembre de 9h30 à 19h15. En période estivale, liaisons régulières entre Carnac, La Trinité et Plouharnel. *Rens. à l'office de tourisme*

DÉCOUVRIR

☆ **Les essentiels** L'église Saint-Cornély et les alignements de mégalithes de Carnac **Découvrir autrement** Profitez des nombreuses infrastructures balnéaires de la Grande Plage, achetez des huîtres au producteur dans le port du Pô **> Carnet d'adresses p.304**

Carnac

☆ **Église Saint-Cornély** Érigée au XVIIe siècle en l'honneur de saint Cornély, à qui l'on attribue volontiers la présence de menhirs dans le pays – il aurait, selon la légende locale, transformé les soldats qui le poursuivaient en pierres –, l'église de Carnac passe pour l'un des plus beaux monuments Renaissance de Bretagne. Remarquez notamment l'étonnant baldaquin en granit, de 1792, qui orne le porche du flanc nord. À l'intérieur, ses voûtes lambrissées, peintes au XVIIIe siècle et réalisées dans un décor en trompe-l'œil par Louis Le Corre, relatent sur 750m^2 les vies de saint Cornély, de saint Jean-Baptiste et du Christ. Le mobilier comprend une magnifique chaire en ferronnerie de 1783 et un orgue splendide du XVIIIe siècle.

Musée James Miln-Zacharie Le Rouzic Le premier musée de Préhistoire est fondé à Carnac en 1882 par Robert Miln pour abriter les collections que son frère James, passionné d'archéologie, a léguées à la ville. Celles-ci s'enrichissent par la suite des dons de Zacharie Le Rouzic, préhistorien et ancien disciple de Miln. Depuis, de nombreuses pièces ont été acquises, et le musée, qui a déménagé de son site originel, expose plus de 6 000 objets, retraçant 450 000 années d'histoire ! La matière est donc extrêmement riche, mais la présentation, nécessitant beaucoup de lecture, s'avère malheureusement trop linéaire. Parmi les pièces exposées, le novice se trouve un peu désappointé, ne sachant où porter son regard en priorité. Une vidéo (au 2e étage) aidera les plus récalcitrants à se mettre dans l'ambiance. Les enfants, armés d'un guide et d'un lexique, peuvent suivre Néo, leur amie néolithique, pour une visite

PARCOURS ARCHÉOLOGIQUE

Menhirs, dolmens et tumulus

SI LES MÉGALITHES GARDENT EN GRANDE PARTIE LEURS MYSTÈRES, NULLE PART AILLEURS QU'EN BRETAGNE SUD ILS NE S'EXPOSENT AVEC AUTANT DE FORCE ET D'ÉVIDENCE.

Un séjour en Bretagne Sud vous offrira une occasion unique de découvrir de fabuleux sites mégalithiques. De la presqu'île de Quiberon aux landes de Lanvaux, de nombreux vestiges d'une civilisation disparue s'offrent à vous. Ces gigantesques menhirs, alignés avec rigueur ou organisés en tables et couloirs, continuent de nous fasciner. Les enfants ne seront pas en reste : du dressage de menhirs à la réalisation de pendeloques, ils trouveront de quoi se distraire tout en s'instruisant. Et si le cœur vous en dit, pourquoi ne pas partager avec eux un "goûter préhistorique" en compagnie d'archéologues au musée de Carnac ?

GRANDS SITES

Carnac (p.295) Les champs de menhirs de Carnac sont absolument uniques par leur gigantisme, leur état de conservation et leur environnement incomparable. Les alignements font de Carnac le plus grand site mégalithique du monde ! Un incontournable.

Locmariaquer (p.287) Le Grand Menhir brisé, le tumulus d'Er Grah et le cairn de la table des Marchand illustrent les principales familles de mégalithes : la pierre dressée, le monument funéraire à caveau fermé et la tombe à couloir. Ces trois monuments peuvent se découvrir ensemble lors d'une visite commentée de 1h, et agrémentée d'une vidéo de 15min.

Gavrinis (p.227) L'île de Gavrinis, rocher de granit de 14ha, n'est accessible qu'en bateau (15min de traversée) au départ de Larmor-Baden. Cette petite île privée abrite un magnifique édifice néolithique : le cairn de Gavrinis, qui a longtemps servi de repère aux navigateurs, et cache un long couloir dallé de 14m ainsi qu'une chambre funéraire. La décoration somptueuse des dalles et de la chambre (crosses et haches) en fait un site exceptionnel. Certains archéologues ont émis l'hypothèse que le monument était peut-être, à l'origine, orné de superbes motifs polychromes. Les faux reliefs aux formes serpentines et concentriques représentent peut-être la déesse-mère.

Monteneuf (p.271) Le fameux site des Pierres droites, mais aussi les menhirs de Chomet de Coëtplan, la Pierre Lée de la Verrie et cinq allées couvertes rappellent que la région connaît une occupation très dense dès l'ère préhistorique. Des groupes d'habitants sédentarisés ont vécu sur ce site et élevé

Renseignements pratiques

Référez-vous aux chapitres "Mode d'emploi" du guide pour les visites guidées des différents sites. Une adresse Internet incontournable : www.culture.gouv.fr/culture/arcnat/megalithes/fr

Îlot interdit

Cromlech d'Er Lannic Cet îlot est interdit d'accès (c'est une réserve ornithologique), mais vous pourrez l'apercevoir du bateau vous menant de Larmor-Baden à l'île de Gavrinis. En effet, on distingue ce double cromlech en forme de huit, en partie submergé. Le sommet du premier cercle présente encore de nombreux menhirs debout. Il s'agirait des vestiges d'un observatoire astronomique.

des sépultures collectives ; d'autres monuments mégalithiques semblent être associés à des lieux de vie.

TUMULUS

Dissignac à Saint-Nazaire (p.142) Témoin du génie néolithique, le tumulus de Dissignac (monument historique) fut construit vers 5 500 av. J.-C., et servait de tombeau collectif et d'édifice de prestige marquant un territoire. Il renferme deux tombes composées chacune d'une chambre et d'un couloir d'accès.

Cairn du Petit-Mont à Arzon (p.241) C'est l'un des édifices mégalithiques majeurs du Morbihan. Deux chambres funéraires, ornées de magnifiques gravures, très bien conservées.

Tumiac à Arzon (p.241) Ce tumulus porte aussi le surnom de "butte de César". La légende rapporte qu'il aurait servi de belvédère au conquérant romain lors de la bataille qui opposa ses troupes aux Vénètes en 56 av. J.-C.

Er Grah à Locmariaquer (p.288) Ce tumulus, troisième monument du site de Locmariaquer, est avant tout impressionnant par ses dimensions (140m de long).

ALIGNEMENTS

Kerzerho à Erdeven (p.342) C'est l'ensemble le plus important du Morbihan après les 3 alignements de Carnac. Il comprend 1 130 menhirs disposés sur 11 files dont 2 pierres de plus de 4m de haut. Remarquez la "table du sacrifice" : cette pierre couchée est située à l'extrémité d'une file de menhirs perpendiculaire aux alignements. De plus, contrairement à Carnac, vous pourrez vous promener librement sur le site toute l'année. Les alignements se trouvent en bordure de la RD 780. Deux menhirs de 6m de haut s'élèvent au nord des alignements.

Kerlescan à Carnac (p.302) Les alignements de Kerlescan comptent 555 menhirs répartis sur 3 sites.

Kermario à Carnac (p.302) Plus de 1 000 menhirs sont alignés sur l'ensemble du site.

Petit lexique archéologique

Allée couverte Tombe à couloir datant de la fin du néolithique, comportant une étroite et longue chambre

Cairn Architecture de pierre sèche encerclant ou couvrant une ou plusieurs tombes

Cromlech Pierres disposées en cercles

Dolmen (ou "table de pierre") Monument formé d'une grande pierre plate reposant sur des pierres dressées verticalement

Menhir Pierre "longue" dressée, isolée ou en alignement

Tertre Monticule de pierres recouvrant une sépulture

Tumulus Dispositif fermant une tombe

Le Ménec à Carnac (p.302) Ce sont en tout 1 099 pierres alignées réparties sur 11 files, avec deux cromlechs marquant les extrémités.
Kergonan à l'île aux Moines (p.229) Dans le hameau de Kergonan, se dressent 24 menhirs formant l'une des plus remarquables enceintes mégalithiques de Bretagne.
Lagatjar à Camaret-sur-Mer (p.519) En tout, 143 menhirs alignés sur les hauteurs de la plage du Toulinguet.

DOLMENS

Table des Marchand à Locmariaquer (p.288) La tombe funéraire a la forme d'un dolmen à couloir. Restaurée, elle est à nouveau couverte d'un cairn.
Mané-Lud et Mané-Rutual à Locmariaquer (p.288) Avec ses 12m de long, la dalle de couverture de Mané-Rutual aurait fait partie d'un autre menhir brisé.
Penhap à l'île aux Moines (p.229) Ce dolmen à couloir s'érige à 24m d'altitude. Une de ses pierres-supports est ornée de gravures figurant une hache et une hache-charrue.
Dolmens de Carnac Parmi les dolmens du site, on trouve Kercado, un monument à couloir recouvert d'un cairn en ruines. Les fouilles y ont révélé un mobilier important : haches polies, poteries. Autre dolmen, Kériaval, à chambres multiples, est dit à "double-transept" en raison de son couloir qui dessert quatre chambres. Mané-Kérioned est en fait un ensemble composé de trois dolmens à couloir, dont l'un s'enorgueillit de gravures pariétales exceptionnelles. Il se distingue par son agencement singulier : les dolmens sont en effet disposés en fer à cheval et non parallèles (6 des 27 piliers du dolmen situé à l'est sont ornés).

Mesures de sauvegarde

Le piétinement des nombreux visiteurs compromettant la conservation des mégalithes, les alignements de Carnac ont été clôturés afin de permettre à la végétation de se régénérer et aux sols de se stabiliser. Pendant la période estivale, le site n'est pas accessible librement. Cependant, il est autorisé d'octobre à mars tandis que des visites guidées sont organisées l'été.

MENHIRS

Grand Menhir à Locmariaquer (p.288) Il est aujourd'hui à terre et brisé en 4 morceaux. C'est sans doute le plus gros menhir que l'homme ait jamais érigé, une prouesse technique sans précédent au regard des moyens de l'époque. La question du transport et de l'érection de cette pierre dressée gigantesque (plus de 300 tonnes) a gardé tout son mystère, dans la mesure où le gisement de granit le plus proche est à 8km.
Géant du Manio à Carnac (p.302) Le rôle de cette pierre dressée de 6,50m n'est toujours pas élucidé, peut-être servait-elle à délimiter un territoire. Il s'agit du plus haut menhir de la région.

ALLÉES COUVERTES

Kergoustance, Kérandrège, Kermeur-Bihan à Quimperlé (p.390) Trois allées couvertes, proches les unes des autres, à découvrir au cours d'une même visite.
Pierres-Plates à Locmariaquer (p.289) Cette allée couverte appartient à la famille des sépultures "coudées" ou "en équerre". Ses parois sont ornées de nombreuses gravures.

La légende des korrigans

Lutins discrets, serviables ou facétieux, les korrigans vivent en groupe. Ces gnomes espiègles, d'allure humaine, aiment à se rassembler au clair de lune dans les alignements de Carnac où on les appelle également kérions.

MUSÉES

Maison des mégalithes à Carnac (p.302) Elle constitue une bonne introduction aux alignements de Carnac. Expos et vidéo.

Musée de la Préhistoire James Miln-Zacharie Le Rouzic à Carnac (p.297) Situé dans un ancien presbytère, ce musée expose plus de 6 000 objets, retraçant plus de 450 000 ans d'histoire ! Parcours chronologique (du paléolithique à l'époque romaine), et thématique au sein de chaque période. De très belles pièces, notamment des haches polies en jadéite et des colliers en variscite.

Musée d'Histoire et d'Archéologie à Vannes (p.211) L'époque néolithique est particulièrement bien représentée, avec de nombreux outils, bijoux, poteries, provenant des sites mégalithiques du Morbihan.

EN FAMILLE

Afin de sensibiliser les enfants (et les plus vieux) au patrimoine mégalithique, et de les familiariser avec la période néolithique, le Centre des monuments nationaux organise divers ateliers et animations destinés au jeune public.

Carnac (p.297) Le musée préhistorique organise des "goûters néolithiques" en juillet-août, des démonstrations de techniques préhistoriques (allumage du feu, taille de silex) commentées par des archéologues.

Site des Pierres droites à Monteneuf (p.271) Le centre des Landes propose d'imaginer la vie il y a 5 000 ans, grâce aux démonstrations et aux reconstitutions d'habitats néolithiques. Destinés à un public familial, des ateliers d'initiation à l'allumage du feu, au dressage de menhir, etc., ainsi que des promenades sur des chemins balisés qui permettent d'accéder aux allées couvertes vous seront proposés. Balades animées par un conteur, avec illumination des Pierres droites. Parcours ludique "Le sentier d'Ozégan" pour partir à la découverte du monde insolite des korrigans.

LES PLUS BEAUX POINTS DE VUE

Cairn du Petit-Mont à Arzon (p.241) Sa position offre une vue imprenable sur Quiberon et les îles de Houat et de Hoëdic.

Menhirs de Kergonan à l'île aux Moines (p.229) Près du dolmen de Nioul, au sud du hameau de Kergonan, vous bénéficierez d'un superbe point de vue sur le Golfe.

Tumulus Saint-Michel Situé avant d'arriver à Carnac bourg, il porte à son sommet une table d'orientation qui permet de profiter d'un large panorama sur la baie et la presqu'île de Quiberon, Belle-Île et la presqu'île de Rhuys.

CONSEIL Procurez-vous à l'office de tourisme de Carnac la carte, très complète, de la côte des Mégalithes où sont répertoriés tous les sites.

MAISON DES MÉGALITHES
Constituant une bonne introduction à la visite des alignements, ce bâtiment présente les sites, leur projet d'aménagement et comprend une librairie-boutique intéressante. C'est là, également, que se font les réservations et inscriptions pour les visites-conférences. Expositions et vidéo (50min). *En face des alignements du Ménec Tél. 02 97 52 29 81 Ouvert juil.-août : tlj. 9h-20h ; mai-juin : tlj. 9h-19h ; sept.-mars : tlj. 10h-17h Accès libre*

ponctuée de petits jeux éducatifs. Un effort à poursuivre. *10, pl. de la Chapelle Carnac-Ville Tél. 02 97 52 22 04 www.museedecarnac.com Ouvert juil.-août : tlj. 10h-18h ; mai-juin et sept. : 10h-12h30 et 14h-18h sauf mar. ; oct.-avril : 10h-12h30 et 14h-17h sauf mar. Tarif 5€, réduit 2,50€ Visite guidée 7,50€, réduit 4,20€*

☆ **Alignements de mégalithes** Les alignements de Carnac, dont la signification reste un mystère, constituent le plus grand site mégalithique du monde. Les menhirs commencent à pâtir de l'intense fréquentation touristique, les champs sont donc entourés, depuis 1991, d'un grillage en interdisant l'accès (sauf d'octobre à mars et lors des visites-conférences, voir ci-après). Pour l'instant, priorité est donnée à la végétation qui, en repoussant, stabilise le sol et limite le déchaussement des pierres. De futurs aménagements (panneaux, circuits, etc.) devraient permettre aux visiteurs de mieux profiter de ce patrimoine exceptionnel – la déambulation autour des enclos générant une certaine frustration. Récemment, s'est ouvert un sentier piétonnier (circuit nord) entre Le Ménec et Kermario, permettant d'approcher le site au plus près. Amateur d'histoire ou de mystère, ne manquez pas de jeter un coup d'œil aux alignements… vous compterez ainsi parmi les personnes se posant la fameuse question sur laquelle butent encore tous les spécialistes : pourquoi ? Les mégalithes carnacéens, élevés vers 4 500 av. J.-C., sont répartis sur trois sites, tous situés au nord de la commune. Ils sont ici présentés d'est en ouest. Les **alignements de Kerlescan**, les moins importants, regroupent 555 menhirs répartis sur trois lignes, à l'extrémité desquelles trente-neuf pierres organisées en cercle composent un cromlech (côté ouest). Les **alignements de Kermario** comptent plus de mille menhirs et un dolmen (au bord de la route). Entre Kerlescan et Kermario, près d'un groupement de petits menhirs appelé "le quadrilatère du Manio", se dresse le **Géant du Manio**, le plus haut menhir de la région (6,50m). Les **alignements du Ménec** rassemblent le plus grand nombre de mégalithes : aux 1 099 pierres alignées s'ajoutent deux cromlechs qui marquent les extrémités de la composition. À l'est, le cercle est très endommagé ; à l'ouest, il compte encore quelque soixante et onze menhirs, qui s'intercalent parfois entre les maisons du village du Ménec. *Oct.-mars : accès libre 10h-17h ; avr.-sept. : inscription à une visite-conférence obligatoire (Tél. 02 97 52 29 81, durée 1h, tarif 4,50€, réduit 4€ ; la fréquence des conférences n'est pas régulière) Il est possible de voir les menhirs à travers les grillages toute l'année*

Les plages Des cinq plages de Carnac – toutes très familiales, surveillées et protégées du vent par la presqu'île de Quiberon –, la plus connue, la plus grande et la plus fréquentée est la bien-nommée **Grande Plage**. Nombreux clubs de plage et de voile.

● Où sortir ? En été, l'animation nocturne est intense à Carnac, où tous les bars sont immenses et savamment décorés.

West Pub Company Sur les traces du décorateur le plus en vogue de tout l'Ouest… ou comment visiter la Bretagne par ses pubs ! Si vous avez l'œil, vous ne mettrez pas longtemps à remarquer que la décoration de ce grand bar rappelle étrangement celle du O'Flaherty's à Lorient, ou du Thy à Ploërmel. Sa recette : un intérieur sophistiqué et chaleureux, agrémenté de notes décalées – comme ce confessionnal installé sur la mezzanine. Le genre plaît… et l'on se retrouve nombreux dans ce lieu où la musique s'exprime à pleins décibels. Pour les palabres, préférez peut-être la terrasse. *14, allée des Menhirs Tél. 02 97 52 90 80 Ouvert mai-juin et sept. : jeu.-dim. 18h-2h ; juil.-août : tlj. 18h-2h*

La Baignoire de Joséphine Une ambiance décontractée règne dans ce café à la décoration hétéroclite, mêlant divers types de meubles récupérés ici ou là : tables d'écoliers, chaises dépareillées… et, tout de même, une planche à voile, pour ne pas oublier qu'on se trouve dans un repaire de “voileux” ! Belle terrasse. *16, allée des Alignements Tél. 02 97 52 88 95 Ouvert avr.-sept. 17h-2h ; le reste de l'année : w.-e. et vac. scol. 18h-2h Fermé jan.*

La Belle Époque Si votre soif de sorties fait que vous avez déjà visité les adresses ci-dessus, sachez qu'il reste encore La Belle Époque, “B.E.” pour les initiés, qui sert également quelques plats, dont un couscous fameux. *43, av. Port-en-Drô Tél. 02 97 52 90 47 Ouvert 18h-2h*

Le Flamingo Autre adresse qui ne désemplit pas pendant l'été, notamment grâce aux nombreuses animations qui s'y déroulent (l'occasion inespérée de gagner tee-shirts, casquettes, et autres cadeaux !). *35, av. Port-en-Drô Tél. 02 97 52 73 25 www.flamingo-carnac.com*

● Pratiquer des activités nautiques Installée sur le site de l'ancien port de pêche, la base de Port-en-Dro organise tous types de cours et stages de voile, de plongée, de catamaran et de planche à voile. Elle accueille aussi les enfants de 4 à 7 ans pour un “éveil aquatique”. **Base nautique de Port-en-Dro** *Tél. 02 97 52 10 98 www.yccarnac.com*

Les plages de la Bretagne Sud

● **Faire une cure de thalassothérapie** Au centre de thalasso de Carnac, vous trouverez un large éventail de cures, un espace esthétique, une salle de gym et de musculation, un hammam et une piscine chauffée à 29°C, auxquels se sont ajoutés les 1 500m² d'eau de mer du spa marin, avec geysers, jardin tropical, espace fitness, etc. **Centre de thalassothérapie de Carnac** *Av. de l'Atlantique Tél. 02 97 52 53 54 www.thalasso-carnac.com*

Les environs de Carnac

Saint-Colomban L'ancien village de pêcheurs de Saint-Colomban mérite un détour pour son bourg, qui présente un bel ensemble de constructions en granit, autour de sa chapelle du XVIe siècle. De style gothique flamboyant, elle se distingue par son clocher percé de baies et flanqué de quatre petits pinacles. La fontaine qui la complète, 500m avant le bourg, date de la même époque, et est censée, entre autres vertus, guérir de la folie. Cette fontaine alimente un abreuvoir et un lavoir parfois submergés par les grandes marées. Sur la route de Saint-Colomban, en venant de Carnac, vous verrez sur votre gauche (500m avant la fontaine) la croix des Émigrés. Elle fut érigée en 1850 en souvenir des émigrés et royalistes débarqués le 26 juin 1795 sur les plages de Carnac, avant d'être repoussés jusqu'à Quiberon. *À 2km à l'ouest du centre de Carnac, par l'av. Saint-Colomban (indiqué)*

☺ **Le Pô** Ce port pittoresque, qui a pour grand avantage d'être en partie épargné par la fréquentation touristique, jouit d'un cadre naturel plein de charme. Il est bordé de maisons de pêcheurs du XIXe siècle et offre une promenade des plus plaisantes. De nombreux ostréiculteurs y vendent leurs huîtres au détail : l'occasion de faire quelques emplettes gourmandes ou un pique-nique improvisé. *À 2km à l'ouest du centre de Carnac, par la rue du Pô (indiqué)*

● **Où acheter des huîtres ?** Tibidy, producteur d'huîtres, vend également des rillettes de coquillages, des homards, des palourdes et des moules. En juillet et août, il propose des visites d'initiation à la découverte de l'huître avec la projection d'un film suivie d'une dégustation de 6 huîtres et vin blanc (7€/pers.). **Ostréiculteur Tibidy** *171,* ***Le Pô*** *Tél. 02 97 52 08 15 www.tibidy-huitres.com Ouvert tlj. sauf dim. en hiver*

CARNET D'ADRESSES

Restauration

petits prix

Crêperie Chez Marie Cette crêperie qui trône depuis quelques décennies au cœur du bourg de Carnac n'a pas usurpé sa réputation. Ses trois salles et sa terrasse ne désemplissent que rarement. Dans ce cadre rustique, meublé à la bretonne, on se cale l'estomac avec de copieuses galettes. Le menu à 11€ comprend une galette complète, une crêpe au sucre ou à la confiture, une bolée de cidre et un café ou un sorbet ! *3, pl. de l'Église* ***Carnac-Ville*** *Tél. 02 97 52 07 93 Ouvert fév.-nov. : mar.-dim.*

La Chaumière des salines Charmante chaumière située en dehors du centre de Carnac, sur la route de Saint-Colomban. Belle terrasse dans le jardin, accueil souriant et crêpes à prix d'ami (env. 5€). On peut également déguster des salades et une raclette. *Av. de Saint-Colomban* ***Carnac-Ville*** *Tél. 02 97 52 17 20 Ouvert avr.-mi-sept.*

Césarine Décoration Au bout d'une enfilade de restaurants qui rivalisent de néons, cette adresse affiche un net contraste. On se sent au calme aussi bien sur la terrasse aux tables espacées qu'à l'intérieur où les deux petites salles décorées de grandes armoires en bois vous attendent pour un thé, un déjeuner ou un dîner. Au menu : des tartes salées, des salades ou un plat du jour (10€). Au dessert, ne pas manquer l'assiette de madeleines accompagnées d'une sauce caramel au beurre salé (4,50€). Le tout à un bon rapport qualité-prix. Les serveuses sont quelquefois débordées mais elles gardent le sourire ! Premier menu (plat et dessert) à 12,50€. *22, av. Miln* ***Carnac-Plage*** *Tél. 02 97 52 22 76 Ouvert tlj. 10h-23h Fermé lun. et mar. en hiver*

prix élevés

La Côte Situé en contrebas des alignements de Kermario, ce restaurant original propose, dans un cadre cependant classique, des mets inspirés de la mer. Le chef, Pierre Michaud, concocte une cuisine raffinée et inventive, de l'entrée (langoustines rôties servies en brouillade et compotée de tomates à la cardamone) au dessert. Un cigare tulipe enrobé de chocolat et sa mousseline de chocolat blanc accompagné d'une gelée de fruits rouges vous tenterait-il ? Ou préféreriez-vous une crêpe au beurre d'orange façon suzette ? La confection des plats est très soignée et tous les produits sont garantis maison, du pain aux sorbets ; la carte change régulièrement. Jardin avec terrasse. Menus à 25€ à midi en semaine, puis de 35€ à 83€. *3, impasse Parc-er-Forn* ***Kermario*** *(à 2km au nord de Carnac) Tél. 02 97 52 02 80 Fermé hors saison : mar. midi, sam. midi, dim. soir et lun. toute la journée ; juil.-août : lun. et mar. midi*

La Calypso Parce qu'elle est unique, délicieuse et connue... il est conseillé de réserver pour dîner à La Calypso ! Ce restaurant de poisson, installé vers les exploitations ostréicoles du Pô, propose des spécialités de grillades (viandes et poissons grillés dans l'âtre) et de fruits de mer. Chaleur dans la maison, fraîcheur dans l'assiette : la meilleure recette d'un succès mérité. De 16€ à 38€ le plat de poisson. ***Le Pô*** *(à 2km à l'ouest de Carnac) Tél. 02 97 52 06 14 www.calypso-carnac.com Fermé juil.-août : lun. ; déc.-jan. : dim. soir et lun. hors vac. scol.*

Hébergement

L'offre est pléthorique. Aux nombreux campings des alentours s'ajoute une concentration d'hôtels importante à Carnac-Plage. L'originalité n'en est cependant pas la première qualité.

camping

La Grande Métairie Il offre des emplacements spacieux pour caravanes, tentes ou camping-cars. Vous y trouverez de nombreuses animations : parc aquatique, accrobranches, water-polo, tir à l'arc, tennis et animations. Mobil-homes et cabanes dans les arbres (95€-115€) également proposés en location. Pour un emplacement simple, comptez entre 8€ (hors saison) et 24,30€ (juil.-août). *Route des Alignements de Kermario* ***Carnac*** *Tél. 02 97 52 24 01 www.lagrandemetairie.com*

prix moyens

Chez Nous Cette maison d'hôtes n'est pas des plus joyeuses, mais offre l'avantage d'être au cœur du bourg dans une rue calme et à des prix convenables. Les chambres – préférez celles mansardées – sont spacieuses et bien tenues avec salle de bains privée. Double entre 50€ et 56€ ; ajoutez 6,20€ pour le petit déjeuner. *5, pl. de la Chapelle* **Carnac-Ville** *Tél. 02 97 52 07 28 chez.nous56@orange.fr*

Hôtel-restaurant Le Râtelier Un hôtel confortable et agréable, au cachet rustique de bon ton. Les chambres (de 48€ à 62€), aux poutres apparentes, sont mises en valeur par des couleurs chaudes et des tissus riches. La grande salle à manger invite à de fameux festins de la mer (à partir de 21€, puis de 39€ à 46€, pour le “Voyage autour du homard”). L'établissement, situé dans une vaste maison avec jardin à 300m de l'église, jouit d'un calme bienfaisant. *4, chemin du Douët* **Carnac-Ville** *Tél. 02 97 52 05 04 www.le-ratelier.com Restaurant fermé mar. et mer. (hors saison)*

Bar-hôtel La Marine Au-dessus du bar la Marine, installé dans le centre de Carnac-Ville, vous trouverez une trentaine de chambres de confort 2 étoiles, sans originalité mais correctes, tenues par des patrons accueillants. Le bar fait brasserie (formule à midi à 11,50€) et propose un bon choix, dont quelques plats du jour à 7,60€. Chambres de 39€ à 189€, toutes avec sdb et TV. Salle de séminaire disponible. *4, pl. de la Chapelle* **Carnac-Ville** *Tél. 02 97 52 07 33 www.hotel-restaurant-carnac.com*

prix élevés

La Maison de Flore Le cœur sur la main, toujours le sourire et prête à vous donner les meilleurs tuyaux pour visiter la région, Flore vous accueille dans sa ravissante maison aux volets bleus ceinte d'un jardin fleuri. Chaque chambre, dans les doux tons pastel, a son caractère propre, avec un mobilier chiné et des meubles de famille restaurés par ses soins. Flore s'amuse à communiquer avec vous au travers de petites ardoises sur lesquelles est inscrite, par exemple, la météo du jour (toujours excellente en Bretagne bien entendu !). La maison, en pleine campagne, n'est située qu'à 600m du centre de Carnac. Repos et tranquillité sont à l'honneur. Comptez de 85€ à 100€ avec petit déjeuner pour une chambre double et de 100€ à 120€ pour le gîte “le grenier”. **Cloucarnac** *Tél. 06 74 53 70 37 www.lamaisondflore.com Fermé jan.*

Rivages C'est à se demander qui a le plus de caractère : le maître des lieux ultraperfectionniste ou bien les chambres dont il a lui-même fabriqué les meubles ? David a bien du goût, de l'imagination et de l'amour pour les matières avec lesquelles il travaille. À elles seules, leur sonorité évoque un voyage : cocotier, iroko, terre cuite, ébène, zebrano... Une invitation vers trois destinations déclinée en trois chambres. “Petite mer” toute de bois, de hublots et de bleu vêtue, comme sur un bateau. “Afrique” avec sa chaude atmosphère de savane dans les tons ocre et chocolat. Ou alors “Orient” dont le rouge vif rappelle la Chine et le lit, le Japon. Chambre double de 85€ à 105€ avec petit déjeuner (copieux) inclus. *23, rue de Courdiec* **Carnac-Ville** *Tél. 06 60 65 86 12 www.rivages-carnac.com*

prix très élevés

Le Diana Cette immense villa bleue et blanche, face à la Grande Plage, réunit tous les atouts d'un confort 4 étoiles. Équipées jusque dans les moindres détails (avec coffre, minibar, etc.), les chambres (145€-250€) disposent toutes d'un bel espace. Piscine, hammam, jacuzzi, UV et sports divers compléteront les bienfaits de la mer et du grand air. L'établissement est doté d'un restaurant ; son bar, L'Atlantide, propose un choix de rhums intéressant, tout cela dans une ambiance feutrée. *21, bd de la Plage* **Carnac-Plage** *Tél. 02 97 52 05 38 www.lediana.com Ouvert avr.-nov.*

PRESQU'ÎLE DE QUIBERON

Embarquement pour Belle-Île, Houat ou Hoëdic, surf, thalassothérapie, balade sur la Côte sauvage... Chacun a une raison de se rendre à Quiberon, et la presqu'île connaît, surtout en été, une très forte affluence. Cette longue bande de terre de 14km qui s'étire dans l'Océan est une ancienne île granitique reliée au continent par l'isthme de Penthièvre, un tombolo de 7km constitué de sable et de débris rocheux. Par endroits, il est si étroit (22m) qu'il laisse tout juste la place au passage des voitures et de la voie ferrée. Vous profiterez donc d'une double vue : sur l'Océan à l'ouest, sur la baie de Quiberon à l'est. Au bout du tombolo s'élève le fort de Penthièvre, qui garde le souvenir d'un événement marquant de l'histoire de la presqu'île : l'affaire de Quiberon, où "blancs" et "bleus" s'affrontèrent en des combats sanglants. Aujourd'hui, la presqu'île offre, dans ses deux communes Quiberon et Saint-Pierre-Quiberon, des infrastructures touristiques dont l'attrait n'est plus à prouver, et vit à l'année de ses activités de pêche et de transport maritime.

L'AFFAIRE DE QUIBERON La presqu'île, occupée depuis le IIIe millénaire av. J.-C., est au Moyen Âge une vaste forêt – terre giboyeuse appréciée par les ducs de Bretagne lors de leurs parties de chasse –, qui sera déboisée à partir du XIIIe siècle. En 1746, les Anglais, en guerre contre les Français et honteux de leur échec à Lorient, se rabattent sur Quiberon, dont ils détruisent les villages. Cinquante ans plus tard éclate l'"affaire de Quiberon". Les émigrés, royalistes exilés en Angleterre après la Révolution, débarquent près de Carnac le 25 juin 1795 grâce à l'aide des Anglais. Ils y retrouvent les cinq mille chouans réunis par Cadoudal. Hoche, mis au courant, rassemble les hommes nécessaires et force les "blancs" à se replier vers Quiberon. Quelques-uns arrivent à regagner leurs vaisseaux, d'autres se réfugient dans le fort de Penthièvre ; on leur promet l'indulgence s'ils se rendent. Les royalistes capitulent, mais plus de neuf cents d'entre eux seront fusillés près d'Auray, sur le site du "champ des Martyrs"...

UNE ÉCONOMIE TOURNÉE VERS LA MER ET LE TOURISME C'est au XIXe siècle, et notamment avec l'arrivée du chemin de fer en 1882, que l'activité quiberonnaise se développe. La conserverie, d'abord, prend de l'ampleur ; le chemin de fer facilite le transport des poissons, mais aussi, très vite, des voyageurs. Ceux-ci découvrent dans la presqu'île le doux climat qui lui vaudra d'être classée station climatique en 1924. Sur les douze conserveries que comptait la ville au milieu du XXe siècle, il en reste deux. L'implantation, en 1964, de l'institut de thalassothérapie Louison-Bobet (aujourd'hui Hôtel Miramar) marque le passage à une ère nouvelle, où le tourisme constitue l'essentiel des ressources de la ville.

MODE D'EMPLOI

accès

EN VOITURE
Une seule route mène à la presqu'île de Quiberon, la D768. En été, la forte fréquentation entraîne des embouteillages incessants.

EN TRAIN
Le bien-nommé "Tire-bouchon" relie Auray à Quiberon en juillet et août, à raison de 9 AR par jour.

EN CAR
Les villes de Quiberon et Saint-Pierre-Quiberon sont desservies par le réseau TIM ligne 1 (Vannes-Auray-Quiberon).
Réseau TIM *Tél. 0810 10 10 56 www.morbihan.fr*

orientation

La presqu'île de Quiberon comprend deux communes : **Saint-Pierre-Quiberon** au nord (code postal 56510) et **Quiberon** au sud (code postal 56170).

informations touristiques et pratiques

Office de tourisme *14, rue de Verdun* **Quiberon** *Tél. 0825 135 600 www.quiberon.com*
Annexe de l'office de tourisme *Saint-Pierre-Quiberon Tél. 0825 135 600 www.saintpierrequiberon.fr*
Gare maritime Port-Maria *Tél. 0820 056 000 www.smn-navigation.fr*

Port de plaisance de Port-Haliguen
Cent places sur ponton pour les visiteurs.

transports et stationnement

Il n'y a pas de transports en commun à Quiberon. Si vous arrivez en train, vous pourrez facilement louer un vélo à la gare. Sinon, il vous faudra prendre un taxi. En voiture, après les embouteillages, vous découvrirez les joies du stationnement quiberonnais, sévèrement réglementé : à certains endroits du centre, il est payant de 9h à 20h sans interruption... Des parkings surveillés sont à votre disposition si vous embarquez pour les îles. Vous pourrez y laisser votre véhicule en toute sécurité, que vous partiez pour deux jours ou pour deux mois... Le grand parking du Sémaphore compte 1 200 places (de 3,60€ les 4h à environ 103€ le mois), et des navettes gratuites permettent de rejoindre la gare maritime sans encombre.

embarquer pour les îles

Pour les détails concernant les liaisons avec Belle-Île (Le Palais et Sauzon), voir le Mode d'emploi de Belle-Île.
Compagnie Océane Elle relie Quiberon (Port-Maria) à Belle-Île (Le Palais, et Sauzon en été). Liaisons également avec Houat et Hoëdic au départ de Quiberon (Port-Maria). *Tél. 0820 056 156 www.compagnie-oceane.fr*

Compagnie des Îles Outre les traversées vers Belle-Île, elle propose des croisières dans le golfe et la baie de Quiberon avec une escale à l'île aux Moines (27€). *Tél. 0825 134 140 www.compagniedesiles.com*

Navix En juillet et août, la compagnie assure une liaison entre Quiberon (Port-Haliguen) et l'île de Houat en 45min. *Tél. 0825 132 100 www.navix.fr*

location de deux-roues

Cyclomar Location de vélos, tandems, scooters, motos. *47, pl. Hoche **Quiberon** Tél. 02 97 50 26 00 www.cyclomar.fr*

Catcycles Location de vélos, scooters, motos, quads. ***Saint-Pierre-Quiberon** (sur la nationale au niveau de la station service) Tél. 02 97 30 83 28 www.catcycles.com*

fêtes et manifestations

En été, la presqu'île de Quiberon s'anime de nombreuses manifestations : concerts gratuits sur la grande plage tous les jeudis à 22h, fest-noz, régates ou Fêtes de la sardine... Marché le samedi matin sur la place du Varquez. *Rens. à l'OT*

DÉCOUVRIR

☆ **Les essentiels** La Côte sauvage **Découvrir autrement** Déambulez sur le port de Portivy à Saint-Pierre-Quiberon, faites vos emplettes de boîtes de sardines ou de soupes de poisson à La Belle-Îloise, survolez la presqu'île avec Quiberon Air-Club **> Carnet d'adresses p.313**

La presqu'île de Quiberon

Éloignez-vous du centre de Quiberon, dont l'activité et la circulation incessantes ne permettent pas de profiter pleinement du charme de la presqu'île. Du nord au sud, vous découvrirez tout d'abord **Portivy**, un joli port de pêche connu pour ses noctambules et ses spots de surf. **Saint-Pierre-Quiberon**, où siège l'École nationale de voile, offre le charme d'une station familiale aux plages abritées. À **Quiberon**, le quartier de Saint-Julien s'inscrit également dans cette lignée, avant de laisser la place aux plages (très fréquentées) de la station phare de la presqu'île. Si le port de plaisance de **Port-Haliguen** offre la quiétude et le spectacle attachant de ses bateaux amarrés, **Port-Maria**, port de pêche d'où partent les bateaux pour les îles, et le **centre-ville**, voisin, sont envahis de commerces en tout genre dont, selon les jours, vous apprécierez ou détesterez l'animation. La **promenade de la Plage**, piétonne, qui relie la gare maritime au boulevard Chanard, est un passage obligé ; ses bancs invitent à la détente et à la contemplation des bateaux et des estivants toujours affairés.

Fort de Penthièvre Vous ne visiterez pas le fort de Penthièvre, propriété du ministère de la Défense, visible en arrivant sur la presqu'île. Édifié en 1747 par le duc de Penthièvre, après le ravage de la région par les Anglais, le fort abrite en 1795 les émigrés en péril. C'est en 1841 qu'il prend la forme qu'on lui connaît aujourd'hui. Des Allemands s'y réfugient lors de la Grande Guerre.

Pendant la Seconde Guerre mondiale, il fait partie du mur de l'Atlantique ; la presqu'île de Quiberon, comme la poche de Lorient et Belle-Île, ne sera libérée qu'à la fin de la guerre, le 8 mai 1945. On y découvrira alors les corps de cinquante-neuf résistants. *À droite, au bout de l'isthme*

☆ **Côte sauvage** S'il fallait ne voir qu'un site de la presqu'île de Quiberon, ce serait sa côte ouest, qui n'a pas usurpé son qualificatif de "sauvage". Le vent et l'érosion ont sculpté le relief de la côte où viennent se fracasser les vagues, libérant d'impressionnantes nuées d'écume les jours de grand vent. Un sentier côtier réservé aux piétons permet d'admirer la mer battant les rochers comme dans peu d'autres endroits en Bretagne. Une beauté dangereuse : des accidents surviennent souvent. N'oubliez jamais que des lames de fond peuvent surgir à tout moment. Sachez également que la baignade est interdite tout le long de ce littoral agité.

Conserverie La Belle-Îloise Élue "Meilleur site de tourisme industriel et technique de Bretagne", la conserverie La Belle-Îloise vous fera découvrir les techniques de conserverie et la vie des ouvrières d'hier et d'aujourd'hui – à travers de très intéressantes projections et reconstitutions –, et vous permettra d'acheter des produits sains, confectionnés dans l'amour du métier et le respect du client. La visite gratuite se termine en effet par un petit tour à la **boutique**. Ne résistez pas à la tentation d'acheter quelques conserves de cette marque renommée, après en avoir découvert la belle histoire et dégusté quelques échantillons ! *ZA Plein-Ouest (derrière le cimetière) Tél. 02 97 50 08 77 www.labelleiloise.fr Visite juil.-août : lun.-sam. à 10h30, 11h30, 14h30, 15h30, 16h30, 17h30 (sam. dernière visite à 16h30) ; avr.-juin et sept.-oct. : lun.-sam. à 10h, 11h, 15h, 16h ; hors saison : mar.-ven. et dim. à 11h et 15h* **Boutique** *10, rue de Kervozès Tél. 02 97 30 59 19 www.labelleiloise.fr Ouvert févr.-déc. : lun.-sam. 9h-12h et 14h-18h*

Musée du Patrimoine Ce musée local fait beaucoup avec peu de moyens. Au programme : histoire de la presqu'île, peinture de la société traditionnelle et archéologie marine. Peu d'objets authentiques et un peu trop de lecture, mais la bonne volonté du conservateur est indéniable ! Chaque année, il organise une exposition sur un thème différent. *11, rue de Port-Haliguen (à côté de l'église) museequiberon@port-haliguen.com http://museequiberon.port-haliguen.com Ouvert juil.-août : mer.-lun. 14h-18h ; sept. : sam.-dim. 14h-18h ; hors saison : rens. à l'office de tourisme Tarif 4€*

Les plages Les plus fréquentées sont la **grande plage**, à l'extrémité sud de la presqu'île, et la plage de **Kéraude**, située à Saint-Pierre-Quiberon. La plage de **Penthièvre** est idéale pour les amateurs de kayak et de char à voile.

● **Où acheter du chocolat ?** Chez Le Roux, le nappage des chocolats est appétissant, les ganaches souples et le praliné maison fin et croquant. On se rend surtout dans cette élégante boutique pour le caramel au beurre salé en bonbon (12,80€ le sachet de 200g), ou en pâte à napper ou à tartiner (6€ les 200g). Possibilité de visiter l'atelier de fabrication en été. **Chocolaterie Henry Le Roux** *18, rue de Port-Maria* **Quiberon** *Tél. 02 97 50 06 83 www.chocolatleroux.com Ouvert mar.-sam. 10h-12h30 et 15h30-19h15*

Plage de Port-Donnant (p.326), côte ouest de Belle-Île.

Chambre funéraire, cairn de Gavrinis (p.227), golfe du Morbihan.

Où goûter les niniches ? Au rayon confiserie, les niniches, sucettes à pâte molle déclinées en une pléthore de saveurs, sont bien sûr les stars mais le Salidou aussi (1,70€ les 50g), une crème onctueuse de caramel au beurre salé. Côté biscuit, goûtez au "cœur de beurre" (5,90€ les 200g), un mariage entre le délicieux sablé breton et le Salidou. **La Maison d'Armorine** *5, bd Chanard* **Quiberon** *Tél. 02 97 50 09 96 www.maison-armorine.com Ouvert juil.-août : tlj. 9h-23h ; le reste de l'année : tlj. 9h30-12h30 et 14h30-19h* **Espace visite** *1, rue des Confiseurs Tél. 02 97 50 24 25 Film sur la fabrication et dégustation gratuite*

Où déguster un *kouign-amann* ? Pour le *kouign-amann*, rendez-vous les yeux fermés chez Riguidel, pâtisserie où vous trouverez également d'autres spécialités bretonnes, comme les fars ou les galettes au beurre, réalisées dans la tradition et le secret des recettes familiales. **La Maison Riguidel** *38, rue de Port-Maria* **Quiberon** *Tél. 02 97 50 07 41*

Où faire provision de conserves ? La Quiberonnaise est une conserverie qui célèbre la sardine en boîte à l'huile d'olive, aux épices, au citron ou au vin blanc. Environ 3,60€ l'unité. Également dans les rayons : thon blanc, soupe de poisson, crèmes pour l'apéritif et des filets de maquereau. **La Quiberonnaise** *30, rue du Port-de-Pêche* **Quiberon** *Tél. 02 97 50 12 54 www.laquiberonnaise.fr Ouvert tlj. 9h-12h et 14h-18h30 sauf dim. et j. fér. En saison, un second point de vente est ouvert sur le port 5, quai de Houat (Port-Maria) Ouvert avr.-sept. tlj. 10h-12h15 et 15h30-19h*

Pratiquer des activités nautiques Quiberon bénéficie du **label Point Passion Plage** qui garantit la variété de l'offre. Les clubs de voile sont nombreux sur toute la presqu'île ; il existe également une école de surf et une de plongée. Les plages situées à l'ouest de la presqu'île (sauf la Côte sauvage, trop dangereuse), exposées à la force de l'Atlantique, comme Penthièvre ou Portivy, offrent des conditions de voile qui séduiront les plus férus ; les amateurs moins rodés apprécieront d'être à l'abri de la baie de Quiberon, à l'est. Ceux qui préfèrent lézarder au soleil n'auront que l'embarras du choix. La plage de Penthièvre s'étire depuis le fort éponyme, à l'entrée de la presqu'île, jusqu'à Étel, le long de quelques kilomètres de sable fin. À Quiberon, la grande plage compte deux **clubs de loisirs** pour les petits ; elle est surveillée tout l'été. Les plages de Porigo, Saint-Julien, Kéraude, Kermahé et Penthièvre disposent également chacune d'un poste de secours.

Vent de Sable Chars à voile pour enfants et adultes. L'école fournit le matériel de protection (un casque et une surcombinaison), mais pensez à prendre des gants, des lunettes, une paire de tennis et une tenue de rechange. 32€/2h. *1, av. Saint-Malo* **Penthièvre** *Tél. 06 11 26 22 10 www.char-a-voile-bretagne.com Ouvert avr.-sept.*

Surfing Paradise École de surf. Comptez par exemple 30€ pour un cours de 2h. *Zone artisanale de Ker Groix* **Saint-Pierre-Quiberon** *Tél. 02 97 50 39 67 Tél. port. 06 14 40 16 74 www.quiberonsurfparadise.com*

Quiberon Plongée À partir de 8 ans, baptême de plongée (50€) et exploration (48€). **Port-Maria** *Tél. 02 97 50 00 98 quiberon-plongee@orange.fr www.quiberon-plongee.com Ouvert avr.-nov.*

ASNQ Affiliée à la Fédération française de voile, cette école propose à tous, à partir de 3 ans, toutes les formules possibles, du stage de découverte (à partir de 115€) au perfectionnement. ***Base du Porigo*** *Tél. 02 97 30 56 54 www.asnquiberon.com*

Centre Haliotis Plongée Le centre propose des plongées sur des épaves, au sein des canyons, ou même de nuit. Baptême (40€) possible à partir de 8 ans. *Portivy* ***Saint-Pierre-Quiberon*** *Tél. 06 87 49 25 68 www.haliotisplongee.com*

● Survoler la presqu'île de Quiberon Avec le Quiberon Air-Club, partez en promenade aérienne pour survoler la presqu'île, Belle-Île, Houat et le golfe du Morbihan (30min de vol). Comptez 146€ pour l'avion (pouvant contenir 3 personnes). **Quiberon Air-Club** *Aérodrome du Roch-Priol Rue de l'Aérodrome* ***Quiberon*** *Tél. 02 97 50 11 05 www.quiberonairclub.com*

● Faire une cure de thalassothérapie L'institut Louison-Bobet, réputé, est posté face à la mer. Piscine aux larges baies vitrées donnant également sur la mer. **Institut Louison-Bobet** *Pointe du Goulvars* ***Quiberon*** *Tél. 02 98 75 55 55 www.thalassa.com*

CARNET D'ADRESSES

Restauration

Cette sélection d'adresses pourra être complétée par les restaurants des hôtels présentés ci-après.

petits prix

Crêperie du Ker-David On y est un peu serré, car la petite maison de pêcheur qui abrite la crêperie du Ker-David n'est pas bien large... Ça fait partie de son charme ! L'accueil très serviable vous mettra à l'aise et, dans ce cadre convivial, vous vous régalerez de copieuses crêpes et galettes. *18, av. des Druides* ***Saint-Pierre-Quiberon*** *Tél. 02 97 30 80 21 Fermé hors saison : mer.-jeu. ; en saison : mer.*

Crêperie du Manoir Des murs de pierre, envahis de glycine, enserrent le jardin fleuri d'un manoir du XVIIe siècle couvert de lierre. Cette adresse de charme, située à deux pas de l'église, propose des spécialités alléchantes : galette gourmande (aux Saint-Jacques et à la fondue de poireaux) ou galette au saumon, iledaraise (poitrine fumée, oignons, crème de pruneaux), pour moins de 8€. La tentation est aussi forte du côté des crêpes au caramel au beurre salé maison par exemple (5,50€). Toutes sont faites à partir de farine biologique. Les menus oscillent entre 11 et 15€. Également tartiflette et salades (10€-12€). *2, rue du Puits* ***Quiberon*** *Tél. 02 97 50 13 86 Fermé mer. hors saison*

Bar-restaurant Le Vivier Une maison sans prétention, appréciable pour sa situation au-dessus de la Côte sauvage et pour la fraîcheur de ses produits. La véranda permet d'admirer la mer tout en restant à l'abri du vent. À toute heure, on déguste de belles assiettes de fruits de mer (27,50€) ou une soupe de poisson (7€) ; on peut aussi y boire un verre. Une halte sympathique, dans un cadre unique. ***Côte sauvage*** *(à moins de 2km après Port-Maria) Tél. 02 97 50 12 60 Ouvert fév.-nov. Fermé lun. hors saison*

prix moyens

La Chaumine Cette petite bâtisse blanche aux volets bleus cache l'une des meilleures tables de la région. Les menus, qui vont de 17€ (à midi) à 37€, font la part belle aux plats de poissons. La sole au jus de girolles est un délice ! *76, rue de Port-Haliguen* **Quiberon** *Tél. 02 97 50 17 67 www.restaurant-lachaumine.com Ouvert juil.-août : mar.-dim. ; hors saison : mar.-dim. midi*

La Villa Margot À l'intérieur, le cadre contemporain contraste avec les murs de pierre de cette villa du XIXe siècle, remarquable par sa grosse tour. Légèrement en retrait et surélevée, la terrasse permet de profiter d'une vue sur la mer tout en étant au calme des foules qui arpentent la digue. Le poisson est à l'honneur dans le menu. En entrée vous sera proposé un croustillant de queues de langoustines sur tartare de tomates (14€). Ensuite, vous pourrez goûter au filet de Saint-Pierre aux asperges vertes (26,50€). En dessert : bonbons croustillants de bananes et de poires, sorbet framboise ; moelleux à la crème de caramel, marinade de fruits de saison au lambig ; ou encore tartelette chocolat, arlette croustillante, sorbet pêche de vigne (8,50€). Un bémol : le service est très

Crêperies du Morbihan

vite débordé et pas toujours efficace. Menu à partir de 18€ à midi. Réservation conseillée. *7, rue de Port-Maria* ***Quiberon*** *Tél. 02 97 50 33 89 www.villamargot.fr*

Hébergement

campings

Le Conguel Près de la pointe du Conguel, à côté de la plage, un camping 4 étoiles très équipé : piscines, sauna, tennis, restaurant... En saison, de 26,70€ à 44,15€ pour 2 pers. *Bd de la Teignouse (au port, dir. aérodrome)* ***Quiberon*** *Tél. 02 97 50 19 11 www.campingduconguel.com Ouvert avr.-oct.*

Camping Beauséjour À quelques dizaines de mètres de la plage, ce camping 2 étoiles dispose d'un espace de jeux réservé aux enfants. Comptez 28€ pour deux personnes. ***Saint-Julien-Quiberon*** *Tél. 02 97 30 44 93 Ouvert avr.-mi-sept.*

Relais Saint-Joseph de l'Océan Entre la baie de Quiberon et la Côte sauvage, ce camping est idéalement placé. Comptez 16,90€ pour deux personnes en haute saison. En face du camping, le même établissement propose 51 chambres avec salle de bains, à la décoration très sobre. Deux atouts : le prix raisonnable – 26,50€ par personne avec petit déjeuner – et la vue sur mer. *16, av. de Groix (au feu à droite de Kerhostin, route de la Côte sauvage)* ***Saint-Pierre-Quiberon*** *Tél. 02 97 30 91 29 www.relaisdelocean.com*

très petits prix

Auberge de jeunesse de Quiberon Un rien bohème, l'auberge de jeunesse de Quiberon, située à 500m de la grande plage, propose des couchages en dortoirs de 8 lits (11,20€, draps inclus), ou sous la tente dans le jardin (6€). Prêt de tente possible. Ambiance décontractée et conviviale. *45, rue du Roch-Priol* ***Quiberon*** *Tél. 02 97 50 15 54 quiberon@fuaj.org www.fuaj.org/quiberon Ouvert avr.-sept.*

prix moyens

Hôtel de l'Océan À Port-Maria, vous le reconnaîtrez à ses volets peints de toutes les couleurs. Au rez-de-chaussée, un bar ensoleillé offre une belle vue sur le port. Dans cette grande bâtisse bien tenue, les chambres (60€-74€) sont nombreuses, mais de taille réduite. *Port-Maria* ***Quiberon*** *Tél. 02 97 50 07 58 www.hotel-de-locean.com Ouvert Pâques-Toussaint*

Hôtel Men-Er-Vro Adresse familiale à 2min du centre : accueil cordial et une dizaine de chambres bien équipées (55€-77€). *22, rue de Port-Haliguen* ***Quiberon*** *Tél. 02 97 50 16 08 www.hotel-menervro.com Ouvert avr.-mi-nov.*

Hôtel Navirotel (hôtel Port-Haliguen) Dominant Port-Haliguen de sa large façade, le Navirotel jouit d'une situation superbe et d'une décoration laissant place à la fraîcheur. Les chambres donnent sur la mer ou sur le jardin ; certaines disposent d'un balcon. Les tarifs varient selon le niveau de confort et la période (60€-86€ en saison ; 46€-76€ hors saison). *Pl. de Port-Haliguen* ***Port-Haliguen*** *Tél. 02 97 50 16 52 www.hotel-navirotel.com Fermé mi-nov.-début mars*

prix élevés

Hôtel-restaurant de la Plage Situé face à la plage de Kéraude et au port d'Orange, l'hôtel de la Plage propose des chambres de tailles variables (de 2 à 5 pers.) ; certaines disposent d'un balcon sur la mer. Toutes sont accueillantes et très bien tenues. Menus de 23€ à 32€ au restaurant, doté d'une belle terrasse sur la baie de Quiberon. Accueil très souriant. À partir de 82€ au plus fort de la saison (à partir de 54€ hors saison). *25, quai d'Orange* ***Saint-Pierre-Quiberon*** *Tél. 02 97 30 92 10 www.hotel-la-plage.com*

Hôtel-restaurant Les Druides Hôtel 3 étoiles inscrit aux Logis de France. Les chambres confortables jouent la carte marine dans la décoration, toute de blanc et de bleu. Côté mer, elles disposent d'un balcon ensoleillé et d'une vue très appréciable sur l'Océan. Si l'hôtel est superbement situé, à deux pas de la grande plage et de Port-Maria, les tarifs sont en conséquence élevés. Cependant, l'accueil est à la hauteur : patient et disponible. Le restaurant propose de belles spécialités de produits de la mer. Menus déjeuner à 15€ puis de 19,50 à 26,50€. Pour une chambre double, compter 91€ en haute saison et 69€ en basse saison. *6, rue de Port-Maria* ***Quiberon*** *Tél. 02 97 50 14 74 www.hotel-des-druides.com*

Le Petit Hôtel du Grand Large Idéalement placé sur le port, il mérite bien son nom avec ses chambres sans télévision ni téléphone... Catherine a fait la déco, sobre et élégante, avec des touches qui rappellent la mer, comme ces miroirs bordés de coquillages. Cerise sur le gâteau, les fenêtres offrent toutes une vue sur la baie. Hervé, son compagnon, est en cuisine, un autodidacte qui se laisse guider par son imagination et réalise des mets originaux relevés par des aromates et des épices du monde. La carte est en perpétuel changement. Seule constante : le "méconnu", un poisson dont on vous dévoilera le nom à la fin de votre dégustation. Un exemple de plat et dessert selon l'humeur du chef : bar de ligne aux palourdes cuit dans un bouillon dashi au sarrasin, sorbet à l'ananas et crème au rhum. Menu à 38€. Comptez de 90€ à 110€ en basse saison pour une chambre double et de 110€ à 130€ en haute saison. *Portivy* ***Saint-Pierre-Quiberon*** *Tél. 02 97 30 91 61 www.lepetithoteldugrandlarge.fr*

★ BELLE-ÎLE-EN-MER

56360

Depuis que la poétesse Éva Jouan l'a qualifiée de "bien nommée", l'expression n'a jamais été démentie. Voilà pourtant plus d'un siècle de cela... Si l'île la plus vaste de Bretagne a changé de visage, elle demeure l'un des joyaux de la région. Elle déploie sur 84km² des richesses végétales, ornithologiques et architecturales, laissant admirer le travail des hommes comme celui de la nature. Nombreux sont ceux qui ont succombé à son charme : Sarah Bernhardt ou Arletty venaient s'y reposer, et Claude Monet s'y est adonné à un travail acharné, peignant et repeignant les sites magnifiques qui s'offraient à son talent. Belle-Île-en-Mer, escale

pittoresque, historique, naturaliste… mais également gastronomique : c'est ici que l'on trouvera les fameux pouces-pieds, crustacés à l'allure étonnante qui font merveille à l'heure de l'apéritif.

UNE BELLE CONVOITÉE Restée comme toute la région sous l'emprise des Romains pendant trois siècles, Belle-Île a connu de nombreux autres envahisseurs qui y voyaient un site stratégique entre la péninsule Ibérique et les îles Britanniques. Au début du XIe siècle, le duc de Bretagne Geoffroy Ier s'en empare et en fait don aux moines de l'abbaye de Redon, puis de Quimperlé. Ceux-ci affrontent des pirates de tout poil, jusqu'à ce que, à la fin du XVIe siècle, Charles IX remette l'île aux mains d'Albert de Gondi, futur duc de Retz, selon lui plus apte à la défendre. Les Gondi vont consacrer leur fortune à fortifier la Belle, sur la base du château fort construit par les Rohan en 1550, mais devront finalement la céder à Nicolas Fouquet, surintendant des Finances de Louis XIV, en 1658. Les travaux de Fouquet sont interrompus par sa disgrâce ; Vauban prendra le relais à partir de 1674, après que les Hollandais eurent pillé et incendié l'île. Le maréchal conçoit alors la place forte que nous connaissons aujourd'hui, flanquée de quatre bastions et entourée d'une enveloppe à huit redans. La ville du Palais n'est pas encore entièrement ceinte de remparts à la fin du XVIIIe siècle, ce qui permet aux Anglais de s'en emparer en 1761 ; ils rendront cependant le territoire à la France deux ans plus tard. En 1765, la vie bellliloise est bouleversée par l'arrivée de soixante-dix-huit familles acadiennes, nouveaux immigrants chassés du Canada français, qui vont s'installer sur l'île et y faire souche, épisode largement évoqué au musée de la Citadelle.

MODE D'EMPLOI

accès en bateau

Seule la compagnie Océane assure la liaison de passagers et véhicules toute l'année. Les trois autres compagnies (Navix, compagnie des Îles et compagnie du Golfe) relient Belle-Île au continent seulement pendant la haute saison touristique, les bateaux de Navix et la compagnie des îles n'embarquant que des passagers avec bagage à main. Les bateaux partent de Port-Maria, à Quiberon, et arrivent soit au Palais, soit à Sauzon.

Compagnie Océane Elle relie toute l'année Quiberon (Port-Maria) au Palais. Transport de passagers et de véhicules en 45min. Entre 5 et 13 AR/j. selon la saison. De juin à sept., elle assure les liaisons entre Quiberon (Port-Maria) et Sauzon (passagers avec bagage à main, 30,15€) en 25min. Ses deux bateaux principaux, le *Vindilis* (462 passagers, 39 véhicules de tourisme) et le *Bangor* (450 passagers, 32 véhicules de tourisme), sont équipés pour faciliter l'embarquement aux personnes en fauteuil. Hors saison, la compagnie fait des offres. *Tél. 0820 056 156 www.compagnie-oceane.fr*

Compagnie des Îles Deux départs par jour d'avril à septembre de Quiberon (Port-Maria) pour Sauzon. Comptez 27€ l'AR. *Tél. 0825 134 140 www.compagniedesiles.com*

Navix Départs de Port-Navalo et de Vannes, d'avril à mi-octobre, pour Sauzon et Le Palais. Comptez de 30€ à 44€ l'AR. *Tél. 0825 132 100 www.navix.fr*

Compagnie du Golfe Elle relie Vannes (parc du Golfe) et Port-Navalo à Sauzon d'avril à septembre. Comptez 29€ l'AR. *Tél. 02 53 46 56 56 www.compagnie-du-golfe.fr*

orientation

Belle-Île est la plus grande île du Ponant, elle mesure 17km dans sa plus grande longueur et 8km dans sa plus grande largeur. Elle constitue un canton, qui se divise en quatre communes. **Le Palais**, principal port d'arrivée, fait office de capitale ; à l'ouest, **Sauzon** est le deuxième port de l'île ; **Bangor**, au sud, est le seul bourg situé à l'intérieur des terres ; **Locmaria**, enfin, se trouve à la pointe est.

informations touristiques et pratiques

Nombreux distributeurs et banques à Belle-Île.

Office de tourisme *Quai Bonnelle* ***Le Palais*** *Tél. 02 97 31 81 93 www.belle-ile.com Ouvert juil.-août : tlj. 8h45-19h30 ; hors saison : lun.-sam. 9h-12h30 et 14h-18h, dim. 10h-12h30*

Point information *Quai Guerveur* ***Sauzon*** *Tél. 02 97 31 69 49 Ouvert Pâques-fin sept. : tlj. 17h-20h30*

Bureau du port du Palais *Quai Bonnelle Tél. 02 97 31 42 90*

Bureau du port de Sauzon *Quai Guerveur Tél. 02 97 31 63 40*

Poste principale *Quai Nicolas-Fouquet* ***Le Palais*** *Tél. 02 97 31 80 40*

presse locale

Si vous tombez amoureux de la beauté de la "bien-nommée", alors peut-être vous découvrirez-vous soudainement une passion pour les informations locales. Vous trouverez dans *La Gazette de Belle-Île* toutes sortes de nouvelles sur les Bellilois, mais aussi sur les dernières actualités culturelles (festivals, expos...). Le mensuel, créé en 1979, est lu dans le monde entier par des "expatriés" nostalgiques. En vente dans les kiosques à journaux : 3,50€.

se déplacer sur l'île

EN VOITURE

À Belle-Île comme ailleurs, la voiture est synonyme d'indépendance... et d'embouteillages. La fréquentation touristique est telle en été que Le Palais et ses environs n'échappent pas aux bouchons ! Du Palais, on rejoindra facilement Sauzon ou Locmaria par la D30, qui longe la côte nord. L'île est ensuite traversée par deux routes principales, en croix ; l'une relie, d'est en ouest, Locmaria à la pointe des Poulains ; l'autre, du nord au sud, mène du Palais aux aiguilles de Port-Coton, en passant par Bangor. Des routes secondaires desservent ensuite les plages et les sites touristiques. Enfin, de nombreux chemins finissent en cul-de-sac au milieu d'un hameau... Évitez d'y aller en voiture afin de préserver la tranquillité des îliens.

EN BUS

Quatre lignes de bus relient les communes entre elles et permettent d'accéder facilement aux sites remarquables de Belle-Île (pointe des Poulains, grotte de l'Apothicairerie, etc.). Tickets en vente à bord des bus : à l'unité (2,50€), forfaits 1 jour (8€), 2 jours (11€), 7 jours (21€) et carnets de 10 tickets (18€).

Les Cars verts Fiches horaires, lignes et tarifs téléchargeables sur le site de l'OT *1, quai de l'Yser* ***Le Palais*** *Tél. 02 97 31 81 88 www.cars-verts.com/taolmor Ouvert toute l'année*

EN TAXI

Taxîle *Tél. 02 97 31 32 88 Tél. port. 06 08 77 41 74*

À VÉLO

Bien que très vallonnée, Belle-Île se prête admirablement au vélo : de nombreux itinéraires sont balisés pour les cyclistes (panneaux verts sur fond blanc). Pour des raisons de sécurité, le sentier côtier leur est formellement interdit. Prudence également dans les pentes, parfois très marquées : il est conseillé de descendre de vélo, surtout si vous êtes avec des enfants. Un topoguide recensant les itinéraires pour cyclistes est en vente à l'office de tourisme (5€).

À PIED

C'est sans doute le meilleur moyen de découvrir l'île : les sentiers côtiers qui en font le tour (plus de 100km) sont exclusivement réservés aux piétons ! De nombreux chemins de traverse permettent également de découvrir la campagne et ses hameaux. Un topoguide recensant les itinéraires pédestres est en vente à l'office de tourisme (7€).

Association Arzic Tours Elle peut vous aider à préparer vos randonnées (avec ou sans accompagnateur). *2, pl. de l'Hôtel-de-Ville Keroulep* ***Locmaria*** *Tél. 06 26 89 87 54 arzictours@hotmail.fr www.arzictours.com*

Auberge de jeunesse du Palais Elle se propose de faciliter votre tour de l'île en assurant jour après jour votre transport d'étape en étape (cf. Carnet d'adresses).

location de deux-roues

La majorité des loueurs se concentre au Palais, entre le débarcadère et le bourg, mais vous en trouverez également à Locmaria et à Bangor. Comptez environ 10€ la journée pour un vélo, 40€ pour un scooter, à partir de 50€ pour une voiture ; pour un court séjour, la location s'avère souvent plus rentable que de faire passer son propre véhicule.

Didier Banet Vélos, VTT, Solex. *Quai de l'Acadie* ***Le Palais*** *Tél. 02 97 31 84 74*

Reversade Tandems, scooters... *14, rue de l'Église* ***Le Palais*** *Tél. 02 97 31 84 19 www.location-reversade.com*

Locatourisle Tous types de voitures (électrique, cabriolet, méhari...). *Face au débarcadère* ***Le Palais*** *Tél. 02 97 31 83 56 www.locatourisle.com*

Belle-Isle tourisme Pour parader en 2CV rouge, cheveux au vent... *1, quai de l'Yser* ***Le Palais*** *Tél. 02 97 31 23 69 www.belle-isle-tourisme.com*

LMT Scooters, motos, autos, voitures électriques, etc. *1, quai Vauban* ***Le Palais*** *Tél. 02 97 31 46 46 www.lmt-carbike.com*

marchés, fêtes et manifestations

Marché Arpentez le marché du Palais ! Il est particulièrement bien fourni les mardi, jeudi et samedi. On y trouve d'excellents fromages de chèvre frais. La boulangerie Gautier confectionne une recette originale, le Palantin, sorte de clafoutis aux pommes caramélisées, vendu entier ou à la part. *Pl. de la République Tlj.*

Notes à Belle-Isle Durant une semaine, des animations musicales (concerts, balades en musique) sont proposées sur les marchés, les ports et les plages, dans les quatre communes de Belle-Île ainsi qu'à Hoëdic ; bœufs le soir. L'association Le Bec, qui l'organise, vous renseignera sur ce festival de jazz. *Mi-juil. www.notabi.net Tél. 02 97 31 50 06*

Festival lyrique de Belle-Île-en-Mer Concerts lyriques à la citadelle Vauban, dans l'église de Locmaria, et sur d'autres sites, de mi-juillet à mi-août. Vous trouverez des informations sur le festival au Château-Fouquet, au

Palais. *Tél. 02 97 31 59 59 www.belle-ile.net*

Festival de Bangor Concerts de musique classique dans les églises de Bangor et de Locmaria. *Pendant une semaine début août*

Festival de théâtre Par la compagnie Vindilis. *En été*

DÉCOUVRIR

☆**Les essentiels** La citadelle Vauban et l'enceinte fortifiée du Palais
Découvrir autrement Observez les oiseaux de la réserve de Koh Kastell, gravissez les 247 marches du Grand Phare, posez votre serviette à l'abri des regards dans la crique de Locmaria ➤ **Carnet d'adresses p.327**

Belle-Île-en-Mer

D'une ville à l'autre, on s'attardera le long des sentiers côtiers bordés d'ajoncs au doux parfum de vanille, ou l'on se régalera du spectacle d'une campagne toujours maritime ; les mouettes sont tout aussi nombreuses le long des côtes que dans les champs, suivant les labours à la recherche de nourriture.

Le Palais

"Capitale" de Belle-Île, Le Palais rassemble la majorité de ses habitants, et ses principaux commerces – on pourra y faire du shopping dans les boutiques de mode ou de décoration. Étape quasi incontournable (c'est le principal port d'arrivée), il mérite qu'on prenne le temps de le visiter, pour sa citadelle, son port qui s'enfonce dans les terres, son ambiance, comme il mérite qu'on s'en éloigne, pour découvrir la campagne environnante et fuir la fréquentation touristique, surtout en été.

☆ **Citadelle Vauban-Musée historique** Témoin de l'histoire militaire et de l'intérêt stratégique de l'île au cours des siècles, la citadelle Vauban, à l'allure agressive et aux bastions affûtés, vous séduira par son aménagement. Sur une superficie de 10ha, elle compte 4km de remparts et une dizaine de bâtiments entourés de jardins superbes. La visite (2h) commence par la salle des maquettes dont l'accès est gratuit. On pénètre ensuite dans le musée qui permet la découverte des bastions dominant la mer, de la poudrière circulaire, des cachots, des cuisines… à parcourir librement. Au deuxième étage de l'arsenal, une salle superbe accueille des expositions. Le bastion Saint-Louis, à côté du musée, abrite des cartes qui permettent de suivre la construction de la citadelle. Le Musée historique dédié à Belle-Île évoque les heures heureuses et tragiques de la "bien-nommée", en s'attardant sur l'arrivée des Acadiens, à la fin du XVIIIe siècle et sur les célébrités qui

CHASSE AU TRÉSOR Quoi de mieux pour découvrir l'île avec des enfants qu'une chasse au trésor ? Cette "**Belle-Île aux Trésors**" entraîne pendant quatre jours enfants et parents sur les pas de Jack le Pirate à la découverte de l'histoire et de la nature de l'île. La carte et le livre s'achètent à l'office de tourisme (18€). *Quai Bonnelle* ***Le Palais*** *Tél. 02 97 31 81 93*

ont succombé au charme de l'île : Claude Monet, Arletty… et surtout Sarah Bernhardt, qui passa une trentaine d'étés dans sa villégiature de la pointe des Poulains, et que l'on découvre "en colère" sur un portrait réalisé par son ami peintre, Georges Clairin. Les richesses naturelles et le patrimoine local sont également évoqués. Bien organisé et riche en informations, ce musée se visite avec beaucoup de plaisir. On trouvera un restaurant (menus de 20€ à 65€) et un hôtel (chambres de 145€ à 500€) dans l'enceinte même de la citadelle. *Tél. 02 97 31 84 17 www.citadellevauban.com Ouvert juil.-août : tlj. 9h-19h ; sept.-oct. et avr.-juin : tlj. 9h30-18h ; nov.-mars : tlj. 9h30-17h Tarif 6,50€, réduit 3,50€, visite guidée (en saison) 8€, réduit 5€ Fermé jan. La poudrière, accolée à l'enceinte extérieure en amont de la passerelle menant à la citadelle, accueille des expositions temporaires gratuites*

☆ **Enceinte fortifiée** Dès 1683, Vauban avait prévu de protéger Le Palais par une enceinte fortifiée ; mais les travaux ne seront finalement commencés qu'en 1802, soit un siècle après sa mort. On rajouta à son projet trois forts, qui seront reliés entre eux à la fin du XIXe siècle, pour aboutir aux remparts que nous connaissons aujourd'hui. Ne manquez pas l'impressionnante porte Vauban, sur la route de Bangor… mais n'hésitez pas à arpenter à pied cette ceinture de pierre, entourée d'espaces verts et traversée de passages aux allures de souterrains.

Maison de la nature Créée en 1990 pour étudier le milieu naturel de Belle-Île, elle rassemble des informations sur la géologie, la faune, la flore ou encore l'histoire de la "bien-nommée". Conférences et animations diverses sont organisées toute l'année, à destination des petits et des grands. Une exposition permanente permet de découvrir les oiseaux, plantes, coquillages, etc., de l'île (entrée libre). *Réduit "A" Rue des Remparts Tél. 02 97 31 40 15 www.belle-ile-nature.com Exposition permanente entrée libre ; conférence et animation 4,50€, réduit 3€*

La "belle fontaine" On attribue la construction de cette citerne, d'une capacité de 860 000l, à Vauban ; il semble pourtant que l'ingénieur se soit contenté d'indiquer la présence d'une source sur ce site. C'est vraisemblablement avec le développement de la Compagnie des Indes, au début du XVIIIe siècle, que fut érigée cette "fontaine", à laquelle de nombreux vaisseaux sont venus s'approvisionner en eau douce. *Accessible par le sentier côtier, à 200m de la plage de Bordardoué*

Plage des Grands Sables À Belle-Île, choisir une plage plutôt qu'une autre est un dilemme cornélien. Une préférence pour la mer calme ? Optez pour les plages des côtes nord et est, abritées des vents du large. Ceux qui aiment les mers plus agitées trouveront leur bonheur au sud, mais prudence car la baignade y est parfois dangereuse. Les Grands Sables, long ruban de sable protégé par les murailles de Vauban, est le paradis des planchistes. Du Palais, vous y accédez par la route côtière, après la pointe du Bugul. Elle s'étend sur 2km avec la plage de Samzun qui la prolonge. Orientée au nord-est, elle est ensoleillée toute la journée et abritée des vents d'ouest. La mer y est calme. Un parking se trouve à l'entrée du côté de l'école de voile (cf. Pratiquer des sports nautiques).

Plan 5 Îles du Morbihan

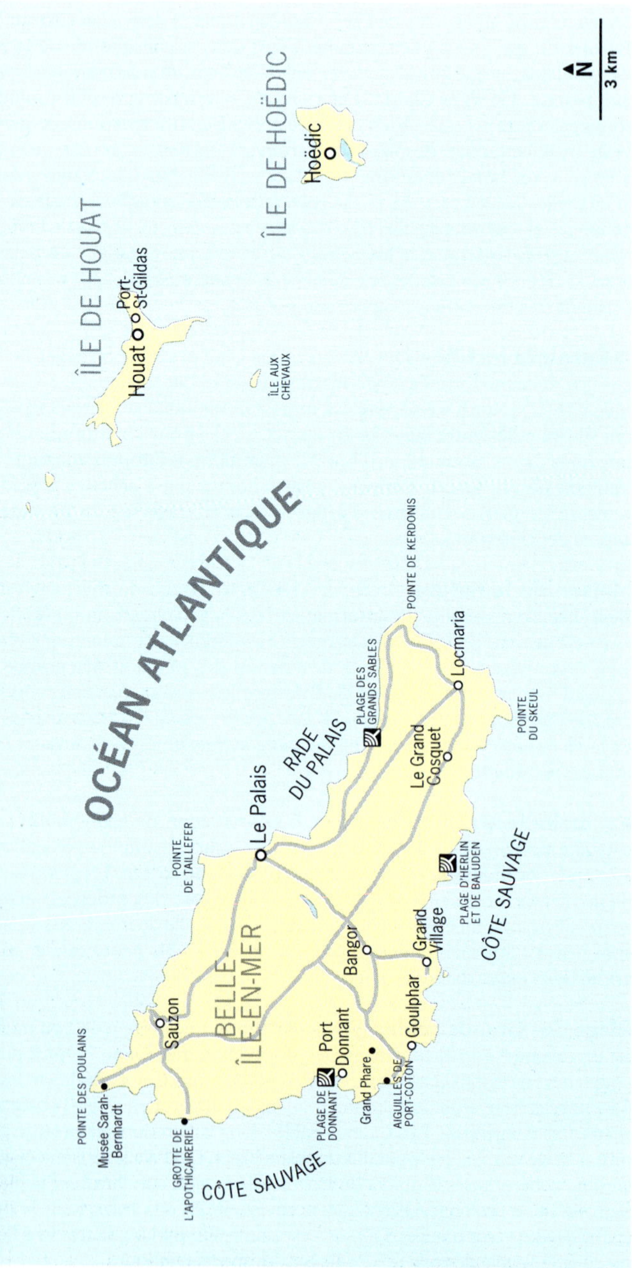

● **Où acheter des conserves de sardines ?** La Belle-Îloise vend directement ses produits, de confection artisanale. Faites le plein de boîtes de sardines ou de thon, de soupe de poisson, de rillettes de maquereau : elles n'ont rien à voir avec ce que vous connaissez ! Assortiment de 6 variétés 16,90€. **La Belle-Îloise** *6, pl. de la République Tél. 02 97 31 29 14 www.labelleiloise.fr Ouvert lun.-sam. 9h30-h13h et 15h-19h30, dim. 10h-12h30 et 15h-19h*

● **Où déguster du chocolat ?** Une petite grimpette s'impose pour atteindre la boutique de Patrick Thomas. Le parfum de chocolat embaume la pièce – l'atelier est juste derrière le comptoir. Craquez pour un praliné à la fleur de sel ou un rocher. Goûtez aux originales tablettes (à partir de 3,50€) de gingembre confit, raisins golden ou cardamome. **La Palantine** *7, rue Willaumez Tél. 02 97 31 82 47 www.lapalantine.com Ouvert été : lun.-sam. 9h-19h, hors saison : mar.-sam. 10h-12h30 et 15h-18h*

● **Où goûter à la crème caramel au beurre salé ?** La Bien Nommée est la seule biscuiterie-confiserie qui possède son atelier sur l'île et que vous pourrez visiter. Sa spécialité est la crème caramel au beurre salé à napper ou à tartiner. Vous trouverez aussi une déclinaison de la galette bretonne (12€ les 6 paquets) : galettes fines au beurre frais et au beurre salé, petit sablé, palet breton et galette de blé noir. Les produits conçus ici ne contiennent ni levure chimique ni conservateurs. **La Bien Nommée** *ZA de Bordilla, Tél. 02 97 31 34 99 www.labiennommee.com Ouvert hors saison : lun.-sam. 14h-19h ; hors saison : lun.-ven. 10h-12h et 14h-18h Ateliers Ouvert tlj. 14h-19h, entrée gratuite suivie d'une dégustation*

● **Où trouver des vêtements marins ?** On trouve au Comptoir de la mer le nécessaire pour la mer, le bateau et la pêche : vêtements, outils, chaussures et objets de décoration. **Comptoir de la mer** *Av. Carnot Tél. 02 97 31 82 48 Ouvert juil.-août : 9h30-12h30 et 14h-19h ; basse saison : 9h-12h15 et 14h-18h30*

● **Où boire un verre, où sortir ?** Le Goéland, pub chaleureux, où l'on peut également se restaurer, accueille des concerts (gratuits, majoration sur les consommations). Bonne ambiance. **Le Goéland** *3, quai Vauban Tél. 02 97 31 81 26 Ouvert jusqu'à 2h*

● **Pratiquer des sports nautiques** Située sur la plage des Grands Sables, l'école de voile Horizon propose à la location des kayaks, dériveurs, planches de mer, catamarans, bateaux à moteur (avec ski nautique, etc.). **Horizon** *Plage des Grands Sables* **Locmaria** *Tél. 02 97 31 54 71 www.belleile-horizon.com*

Sauzon

Dire que le nom de ce port au charme irrésistible, animé par une forte activité de pêche au milieu du XIXe siècle, vient des pirates anglais qui y faisaient escale– *Sauzon* signifiant "saxon" en breton ! Aujourd'hui, les maisons coquettes aux tons jaune ou rose – dont les volets sont traditionnellement peints avec le reste de peinture utilisée pour les bateaux –, le port de plaisance, son quai, joyeusement animé par les restaurants en été, son phare, ainsi que les ruelles autour de l'église, invitent à la flânerie et à la douceur de vivre. Au-delà du bourg, la nature quasi sauvage reprend sa place. *À 7km au nord-ouest du Palais*

Pointe des Poulains L'extrémité nord-ouest de l'île, la pointe des Poulains, attire les touristes pour le panorama magnifique, qui s'étend jusqu'à Groix quand le temps est dégagé. C'est avant tout un site naturel d'une incroyable beauté, façonné par 50 millions d'années de houle, de vent et de sel qui ont raviné ces rochers. Des veines de quartz se sont immiscées dans les plis de ces roches de schistes noirs apportant une touche claire et blanche à cette palette de gris. L'îlot des Poulains est encore relié à Belle-Île à marée basse mais il s'en détache progressivement. *À 3,5km au nord de Sauzon*

LA BONNE DAME DE PENHOËT
C'est ainsi que les îliens surnommaient Sarah Bernhardt (1844-1923), qui passa vingt-neuf de ses étés à la pointe nord de leur île. Attentive à la vie quotidienne de ses concitoyens estivaux, la comédienne ira jusqu'à financer une boulangerie coopérative, afin d'assurer le pain pour tous.

Musée Sarah-Bernhardt On comprend que la tragédienne Sarah Bernhardt ait été conquise par la grandeur de ce fort, à la pointe des Poulains, dont elle fut la propriétaire de 1894 à 1923. Pour ses proches, elle fit construire la "Villa des Cinq Parties du Monde" et la "Villa Lysiane", prénom de sa petite-fille. C'est à travers son regard que la visite commence : une exposition-spectacle retrace les moments importants de sa vie, commentée par un audioguide pour lequel Fanny Ardant a prêté sa voix. Le tour se poursuit par le fort – la Villa des Cinq Parties du Monde – où ses appartements ont été reconstitués. Enfin, si la marée le permet, vous pourrez vous rendre jusqu'au phare, où le garde du littoral est là pour partager ses connaissances sur les richesses naturelles de la Pointe, exposition à l'appui. *Pointe des Poulains Tél. 02 97 31 61 29 Ouvert avr.-sept. : tlj. 10h30-17h30 ; avr.-juin et sept. : fermé lun. Tarif 4€, réduit 2€, moins de 13 ans gratuit Entrée libre pour la visite du phare*

☺ **Jean et Jeanne** Au bord de la route, deux menhirs. Et puisqu'il faut bien une légende, sachez que Jean et Jeanne, promis l'un à l'autre, avaient décidé de se voir en cachette avant leur mariage. Aussi furent-ils changés en pierres, condamnés pour l'éternité à se contempler sans pouvoir se toucher. Pour l'éternité ? Pas sûr. D'aucuns prétendent que certaines nuits, ils progressent l'un vers l'autre, imperceptiblement.

● **Où prendre un verre ?** Quelques tables sont disposées au bord du quai de Sauzon. Elles vous attendent pour un apéritif au coucher du soleil. Devant vous le phare, à côté les bateaux de plaisance, au loin le large. Que demander de plus... **Café de l'hôtel du Phare** *Le Port Tél. 02 97 31 60 36 Ouvert juil.-août 10h-21h ; le reste de l'année en fonction de l'affluence*

● **Se balader à Belle-Île** L'office de tourisme édite un livret qui décrit dix-sept circuits de randonnée pédestre ainsi que six circuits à découvrir à vélo. Les curiosités naturelles qui émaillent la côte sont les principaux sites de Belle-

Île. Si le littoral mérite d'être découvert en entier, au long du sentier pédestre, quelques visites s'imposent particulièrement. À proximité de Sauzon, l'extrémité nord-ouest de l'île, dite pointe des Poulains, offre son panorama superbe et le fort des Poulains, ancienne propriété de Sarah Bernhardt (cf. ci-dessus). Plus au sud, la **grotte de l'Apothicairerie** doit son nom aux cormorans alignés sur la falaise comme des bocaux. L'accès à la grotte est interdit en raison du danger, mais le spectacle depuis cette falaise haute de 40m battue par les flots vaut le détour. Entre Bangor et Sauzon, la **plage de Donnant** est connue pour ses vagues qui en font un lieu de baignade réservé aux bons nageurs. Arpenter ses dunes magnifiques reste un exercice à la portée de tous. Les **aiguilles de Port-Coton**, à l'extrémité sud-ouest de l'île, doivent leur notoriété aux tableaux qu'en a fait Claude Monet et à l'écume blanche qui les fouette dès que la mer s'agite.

● **Observer les oiseaux de l'île** Pour découvrir les oiseaux de Belle-Île, visitez la réserve ornithologique de **Koh Kastell** (ou réserve du "Vieux Château"), encadrée par les animateurs de Bretagne vivante. **Bretagne vivante** *Rés. sur place ou Tél. 02 97 31 63 67 ou 06 43 88 04 63 ou 06 75 72 28 99 www.bretagne-vivante.org Visite juil.-août : mar.-dim. Accueil au kiosque du parking de l'Apothicairerie, rdv 10h, 14h, 16h Tarif 5€, réduit 4€*

● **Se balader à cheval** Le Poney bleu organise des promenades accompagnées et stages tous niveaux. **Ferme du Poney bleu** *Anterre (à 5km au sud de Sauzon) Tél. 02 97 31 64 32 http://poneybleu.pagesperso-orange.fr*

● **Parcourir les greens** Golf de l'Extrême : une appellation bien trouvée pour ce golf du bout du monde ! Dans un cadre unique, le parcours en 14 trous est à la merci du vent. Le fameux trou n°2 a un green posé sur la falaise entourée par la mer. Prévoir dans son sac une réserve de balles : vous risquez d'en perdre beaucoup, sauf si vous êtes chanceux ou très doué ! **Golf de l'Extrême** *Les Poulains* **Sauzon** *Tél. 02 97 31 64 65 www.golf-belleile.com Ouvert mi-mars-mi-nov.*

Bangor

Bangor, seul bourg à l'intérieur des terres mais aussi le plus proche de la Côte sauvage, offre un calme rural qui contraste avec l'agitation du littoral voisin, au sud. Une église et quelques rues permettent de rejoindre l'ensemble des villages de la commune. Face au grand large et blotti au creux des vallons, Bangor fut fondé par les Gallois au Ve siècle. L'église Saint-Pierre-et-Saint-Paul avec sa voûte lambrissée et son autel vaut le coup d'œil. Au Petit Cosquet, vous verrez l'un des huit moulins à vent du XVIIIe siècle encore debout, le moulin du Varrec. *À 5km au sud-ouest du Palais*

Aiguilles de Port-Coton Le peintre Claude Monet a révélé la beauté de ces roches dentelées sujettes à l'érosion. Leur appellation vient de l'écume qui, fouettée par gros temps, forme des flocons mousseux semblables à du coton. Ce paysage pittoresque, dont les couleurs changent au gré de la lumière, est particulièrement remarquable à l'heure du coucher du soleil. Un spectacle à ne pas manquer… *À 5km à l'ouest de Bangor*

Grand Phare Deux cent cinquante-six marches, jusqu'à la lanterne, mais simplement deux cent quarante-sept pour le visiteur, du haut desquelles on sera récompensé de sa peine. Perché sur ce belvédère, on jouit d'un spectacle magnifique, embrassant d'un seul regard l'île, la mer, le continent… Le phare est toujours surveillé ; plusieurs gardiens s'y relaient et répondront volontiers à vos questions. ***Kervilahouen*** *(à 3,5km de Bangor dir. les aiguilles de Port-Coton) Tél. 02 97 31 82 08 Accès en juil.-août : tlj. 10h30-13h et 15h-17h15 (sauf mauvaises conditions météorologiques) Tarif 2€, moins de 12 ans gratuit*

● **Où s'offrir un pull en mohair ?** Un jardin fleuri mène jusqu'à la petite échoppe Cabriolaine qui jouxte la maison d'Annick Gaillard. Elle élève des chèvres angora, dont la toison donne le fameux mohair, recherché pour sa légèreté et son pouvoir isolant exceptionnel. En vente : des pelotes de 25 couleurs différentes et des pulls, chaussettes, écharpes, couvertures, etc. Vers le 15 août, vous pourrez assister à la tonte. **Cabriolaine** *Grand Village (à 2km au sud de Bangor) Tél. 02 97 31 42 87 gaillardannick1@aol.com Ouvert tlj. sauf sam. 11h-20h*

● **Où acheter un bateau-moule ?** Il y a plus de vingt ans, Jean Guillaume créait un mobile en bois en forme de mouette, que l'on suspend au plafond et dont on fait battre les ailes en tirant une cordelette : un succès. Maintes fois copié, il a abandonné son hobby pour un autre : les bateaux-moules. Depuis douze ans, il confectionne des maquettes de voiliers à partir des coquilles de ces mollusques. C'est un travail de patience et d'observation, puisque tous les modèles créés sont l'exacte réplique de navires traditionnels qui croisent au large de l'île. Ouvrez l'œil à Belle-Île : il n'est pas d'endroit où ses œuvres ne soient présentes. Jean travaille uniquement sur commande (comptez de 500€ à 1 000€) et peut demander jusqu'à un an de délai. Son fils Baptiste a repris en main la fabrication des mouettes (40€). **Les bateaux-moules de Jean Guillaume** *Borlagadec (à 3km à l'est de Bangor) Tél. 02 97 31 42 44 Tél. port. 06 81 18 46 88*

● **Faire une cure de thalassothérapie** Massages, hammams, enveloppements… dans le cadre luxueux du Castel Clara (cf. Hébergement). **Castel Clara** *Port de* ***Goulphar*** *(à 4km au sud-ouest de Bangor) Tél. 02 97 31 84 21 www.castel-clara.com Fermé de mi-nov. à mi-fév.*

Plage de Port-Donnant La côte sud, ouverte au grand large, propose des choix plus vivifiants. Port-Donnant, dominée par sa dune, est probablement la plage la plus célèbre et la plus fréquentée de l'île. Elle bénéficie d'un ensoleillement jusqu'au soir. Le spectacle des rouleaux est grandiose, ce qui ravira les amateurs de bodyboard. Faites attention car la baignade peut s'avérer dangereuse par grand vent. Les lève-tôt et les chanceux pourront observer, à l'aube, des barges, échassiers à long bec. *À 4km à l'ouest de Bangor*

Locmaria

À l'extrémité est de l'île, entre la côte intérieure et le grand large, Locmaria occupe le point culminant de l'île (73m). Le bourg entoure une église de style gothique breton. De là, une route rejoint la plage de Port-Maria, surplombée par un fort du Second Empire aujourd'hui transformé en habitation. En 1674, des Hollandais dont le navire avait échoué sur les côtes de Locmaria, abattirent un orme pour remplacer leur mât. L'arbre se tordit. Les Locmaristes attribuèrent cet événement merveilleux à la Vierge, patronne de la paroisse que l'on surnomme depuis "Notre-Dame-de-Tors". *À 10km env. au sud-est du Palais*

Notre-Dame de l'Assomption C'est la plus ancienne église de Belle-Île, avec une façade blanche et un clocher-porche coiffé d'un dôme en ardoise. Elle fit partie des édifices religieux construits en bois puis réédifiés au XIe siècle en pierre. À l'intérieur, vous trouverez une série de vitraux représentant les chapelles des communes. Dans chaque image on retrouve un bateau, élément étonnant car Locmaria était plutôt tournée vers la terre et l'agriculture que vers la mer.

Jardin de La Boulaye Sa genèse vient d'un rêve qu'avaient fait Rodolphe et Véronique de Laboulaye de créer un jardin dans un vallon près de la mer. Ils commencent à le réaliser en 1993 après avoir acheté un terrain à la croisée des vallons abandonnés et impénétrables de Bortinec et de Pouldon, sur la Côte sauvage. Il faudra des mois de travail pour retrouver les chemins existants, en retracer d'autres, permettre aux ruisseaux de reprendre leur cours, créer des étangs, restaurer d'anciens murets et un lavoir, vestiges de l'agriculture passée. Aujourd'hui, le jardin est une merveille, et c'est avec Véronique, amoureuse des plantes et des fleurs, que vous pourrez en faire la découverte lors d'une promenade d'1h30 env. Prévoyez des chaussures fermées. ***Le Grand Cosquet*** *(à 5km à l'ouest de Locmaria) Tél. 02 97 31 76 09 Visite sur rdv uniquement 7€*

Plage de Port-Maria Ouverte dans une falaise rocheuse, cette plage de sable fin est orientée au sud-est et est partagée par une jetée basse en pierre. À marée haute, elle ne peut accueillir qu'une vingtaine de personnes. Nous vous conseillons de laisser votre voiture sur la place du bourg de Locmaria et de suivre la route pentue qui part de l'église. Le parking proche de la plage (en face du fort privé) ne peut contenir qu'une dizaine de voitures.

Plage de Port-Andro Vaste à marée basse, cette belle plage de sable d'or et d'eau claire se réduit à marée haute à une quinzaine de mètres de large. Vous pourrez vous promener à pied de la plage jusqu'au village de Kerdonis, un chemin agréable à l'ombre des arbres. Stationnement possible sur le petit parking à l'arrivée ou sur le grand parking de la route principale. *À 3km au nord de Locmaria*

CARNET D'ADRESSES

Restauration

Tout le monde vous le dira, Sauzon est le lieu idéal pour dénicher le restaurant qui comblera vos désirs, dans le cadre magnifique de cette anse encore à demi sauvage. Loin des restaurants aguicheurs du Palais, on trouve ici intimité, savoir-faire et gourmandise.

petits prix

La Chaloupe Même si le rythme du service rappelle les cadences d'usine, elle reste la crêperie la plus recommandable du Palais, à deux pas du port. La pâte est réalisée exclusivement à partir de farine biologique, et cuisinée devant vous (ou presque) : la cuisine occupe un coin de la salle. Les spécialités sont copieuses et variées. Pour une vraie grande faim à deux, la "Gargantua" (15,50€) s'impose : deux galettes en une et pas mal d'ingrédients ! Spécialité du chef : la Belle-Îloise aux fruits de mer et à la sauce maison (11,40€). Salle agréable et terrasse. *10, av. Carnot* ***Le Palais*** *Tél. 02 97 31 88 27 www.lachaloupe.com Ouvert 11h-23h*

Les Embruns Cette crêperie est repérable de loin, avec sa terrasse rose bonbon ! Ici, tout est bio et depuis toujours. Les galettes croustillantes sont élaborées avec du blé noir bio breton, de l'eau filtrée et du gros sel gris bio. Grand choix de produits frais pour les garnitures. La galette chèvre et noix avec crème fraîche sur un lit de salade est un délice (10,30€). Le must en dessert est la crêpe "Les Embruns" (9,35€) : du chocolat noir sur des tranches d'orange confites avec boule de vanille, le tout flambé au Grand Marnier... *Le Port* ***Sauzon*** *Tél. 02 97 31 64 78 http://les-embruns.pagesperso-orange.fr Ouvert tlj. 12h-23h*

☺ **Chez Renée** On s'y sent bien... Sa maison, fraîchement repeinte en rouge brique, est sise dans un charmant jardin ombragé par une tonnelle. Une guirlande lumineuse lui donne un air de fête. Des expositions de tableaux égaient les murs de la salle aux couleurs chaudes éclairée par des loupiotes. Un piano est à la disposition des clients. Les spécialités mettent à l'honneur saumon et coquilles Saint-Jacques. Essayez aussi la galette au chèvre et au miel de Belle-Île. L'adresse étant bonne et peu onéreuse, mieux vaut réserver. *21, rue Sarah-Bernhardt (route de Grand-Village)* ***Bangor*** *Tél. 02 97 31 52 87 Ouvert avr.-sept. : mar.-dim. ; oct.-mars : sam.-dim. et vac. scol.*

prix moyens

L'Annexe Sur le port, face à la citadelle, ce restaurant discret annonce "poissons et viandes grillés au feu de bois". Et c'est en effet bien ainsi que sont préparés les plats, servis avec distinction dans la luxueuse salle lambrissée de blanc où les appliques en cuivre renforcent encore l'aspect maritime. En cuisine, Pierre Gravier s'en donne à cœur joie, avec une passion pour le poisson, en souvenir peut-être de son ancienne activité de poissonnier. Aux beaux jours, quelques tables sont installées juste devant, dans la partie la plus paisible du port. Comptez entre 14,50€ et 26,90€ pour une viande, entre 15€ et 25€ pour un plat de poisson (lotte grillée au poivre, 20€). *3, quai de l'Yser* ***Le Palais*** *Tél. 02 97 31 81 53 Ouvert de 19h30 jusque tard tous les soirs*

Le Bistrot du Port Carole, la maîtresse des lieux, cuisine sous les yeux des clients, installée sur une chaise à roulettes entre le frigo et la cuisinière. Elle présente d'abord le poisson au

GAMME DE PRIX	RESTAURATION	HÉBERGEMENT
Très petits prix	moins de 10€	moins de 30€
Petits prix	de 10 à 20€	de 30 à 50€
Prix moyens	de 20 à 30€	de 50 à 80€
Prix élevés	de 30 à 40€	de 80 à 100€
Prix très élevés	plus de 40€	plus de 100€

client : “Vous avez vu votre sole ?”, avant de la piquer d'ail : “Vous aimez l'ail ?”, et de la mettre au feu : “Plus ou moins cuit ?”... La cuisson du poisson peut demander quelque réajustement, auquel Carole se prête, heureusement, bien volontiers. Petites pommes de terre rissolées et autres garnitures accompagnent bien ses papillotes. Assiette de bigorneaux idéale pour un en-cas (4,80€), ainsi que friture d'éperlans (7,80€). Terrasse donnant sur la mer. Réservation conseillée. *Quai Joseph-Naudin* ***Sauzon*** *Tél. 02 97 31 60 55 Fermé fév.-mars*

Le Café de la Cale Avec une devanture vert clair, dans les tons des volets du bourg, ce restaurant possède une grande terrasse ouverte sur le port de plaisance. L'intérieur est tout aussi agréable et joliment décoré avec des objets marins. Au menu, belle sélection de produits de la mer et poissons de qualité. Le plateau est à 29,50€ et les plats entre 12,90€ et 26€. À essayer, le crabe farci, spécialité de la maison. *Quai du Guerveur* ***Sauzon*** *Tél. 02 97 31 65 74 www.cafedelacale.pagecom.fr Ouvert avr.-oct. et vac. scol.*

☺ **Auberge Chouk'Azé** Chouk'Azé, c'est une vieille expression belliloise signifiant : “Assieds-toi, parlons.” C'est exactement ce que l'on fait dès le seuil franchi. Les discussions vont rapidement bon train, sur les petites histoires de l'île, sur les plaisirs de la table et sur la vie. La bonne humeur des patronnes se transmettant aux convives, les conversations roulent d'une table à l'autre. Accessoirement, on mange aussi. La carte évolue de jour en jour, proposant à partir de 11€ des plats élaborés avec soin suivant l'humeur du chef et le marché du jour, avec quelques constantes, comme les brochettes de sardines. Formule midi à 15€ (sauf le dim.). À l'extérieur, belle terrasse avec des jeux pour les enfants sur la pelouse. L'été, plusieurs soirées à thème sont organisées chaque semaine. En partant, emportez *La Feuille de chou* (le journal du lieu), qui vous en dira beaucoup sur la face cachée de Belle-Île. Comme le reste, c'est un régal. *Chemin du Petit-Houx* ***Locmaria*** *Tél. 02 97 31 79 69 www.choukaze.com*

prix élevés

Roz Avel Ce restaurant en apparence rustique, aux solides chaises bretonnes et aux nappes blanches, n'en réserve pas moins des surprises dans l'assiette. Le “retour de poisson” ou “l'agneau de l'isle” s'avèrent parfaits. Pour le dessert, laissez vous tenter par le kouign amann aux quatre épices et fruits rouges marinés à la menthe avec une glace à la rose ou en ananas confit à la vanille accompagné d'un milk-shake de banane (9€). Une cuisine très appréciée : il est conseillé de réserver. Belle terrasse sur jardin. Menus à 30€ et 46€. *Pl. de l'Église* ***Sauzon*** *Tél. 02 97 31 61 48 http://restaurant.roz-avel.pagesperso-orange.fr Ouvert mi-mars-mi-nov. et vac. de Noël : midi et soir Fermé mer.*

Le Contre-Quai Ses tables bien dressées, sa décoration simple et rétro – des napperons en guise d'abat-jour – vous donneront envie de pousser la porte du Contre-Quai... pour votre plus grand plaisir. La cuisine du marché servie ici utilise avec talent les produits bellilois ; poissons sauvages, coquillages et viandes de l'île s'en trouvent sublimés. Une excellente table, avec un choix restreint mais sûr, qui a un prix : comptez facilement 35€ le soir pour une entrée et un plat. *Rue Saint-Nicolas* ***Sauzon*** *(dans une rue parallèle au port sur ses hauteurs) Tél. 02 97 31 60 60 Fermé à midi*

Hébergement

La solution la plus pratique, si vous ne passez qu'une nuit ou deux sur l'île (proximité du bateau, consigne des bagages...) est de dormir au Palais. Pour un séjour plus long, n'hésitez pas à vous en éloigner un peu. Sauzon est le meilleur endroit pour séjourner à Belle-Île, tant pour le choix qu'il offre que pour le charme naturel du site.

camping

Camping de la Source Situé au sud de Sauzon, bien arboré, ce camping très bien tenu, aux emplacements délimités par la végétation, propose la location de mobil-homes et de chalets. En saison, 2 pers. en tente (avec ou sans véhicule) : 13,50€. ***Sauzon*** *Tél. 02 97 31 60 95 www.belleile-lasource.com Ouvert avr.-sept.*

très petits prix

Auberge de jeunesse Haute-Boulogne Outre l'hébergement – 96 places en chambres de 1 et 3 personnes –, elle propose de nombreux services : restauration, location de vélos (en association avec Cyclo-loisirs à Sauzon), et même organisation d'un tour complet de l'île. 13,20€/pers. la nuitée. ***Le Palais*** *Tél. 02 97 31 81 33 Accueil ouvert 8h30-10h et 18h-20h*

☺ **Gîte d'étape de Porzh-Gwenn** Dans le vallon verdoyant de Port-Guen, au pied de la terrible côte de Borthélo, ce gîte occupe les bâtiments rouge brique d'une ancienne conserverie de sardines. Destiné avant tout aux randonneurs, il comprend des chambres de 2 à 6 lits (simples ou superposés) ainsi qu'un vaste jardin fleuri, un barbecue et des cuisines. À 2min de là, une minuscule anse de sable plonge dans l'Océan. Comptez 14,50€ par personne, 28,50€ par personne pour la demi-pension, avec 4€ en sus pour la location de draps. Accessible aux handicapés. *À 3km du* ***Palais*** *dir. les Grands Sables Tél. 02 97 31 89 60 www.gites-belle-ile.fr*

Escale à Belle-Isle Dans les hauteurs du bourg, gîte d'étape pour groupes et individuels, convivial et bien tenu. Comptez 26€ la chambre. Petit déjeuner 4€. *Route de l'Apothicairerie* ***Sauzon*** *Tél. 02 97 31 66 23 www.belleile.org*

prix moyens

Hôtel Le Vauban Installé à proximité du port du Palais, il fait face à la mer. Si le cadre est séduisant et les chambres (66€-85€) confortables, les aménagements manquent un peu de chaleur. Les chambres du rez-de-chaussée donnent directement sur la rue – peu fréquentée, mais tout de même ! –, tandis que celles de l'étage, plus vastes, dominent la mer. *1, rue des Remparts* ***Le Palais*** *Tél. 02 97 31 45 42 www.hotelvauban.com Ouvert mars-mi-nov.*

Hôtel-restaurant du Phare Idéalement situé à l'entrée du port de Sauzon – c'est son atout principal –, cet hôtel propose des chambres sans prétention, donnant sur le port ou sur le phare. On trouvera au restaurant une cuisine traditionnelle sûre, avec un menu à 17,80€, ainsi que du homard sur demande. Le plateau de fruits de mer est à 34€. Belle terrasse dominant le port. Chambre double à 58€. ***Sauzon*** *Tél. 02 97 31 60 36 www.hotelduphare.blogspot.com Ouvert avr.-oct. et vac. scol. d'hiver (Toussaint, Noël, février, hôtel seulement)*

Les Tamaris Sous des allures modestes, cet hôtel dispose d'une quinzaine de chambres dans un environne-

Pêcheur thonier, île de Groix (p.364).

ment agréable, à 800m seulement de Sauzon. La salle de petit déjeuner et les chambres du rez-de-chaussée donnent sur le jardin. Les tarifs varient de 50€ à 70€ en fonction de la taille des chambres – à l'aménagement plus pratique qu'esthétique – et de leur niveau de confort (douche ou douche et WC). Accès Internet. Une adresse très bien tenue, où le confort et l'indépendance des résidants ont la priorité. *Allée des Peupliers* ***Sauzon*** *Tél. 02 97 31 65 09 http://hotel.les.tamaris.free.fr*

Chez Colette et Didier Au-dessus de leur bar-boutique de location de cycles, ils ont aménagé 1 studio et 3 chambres agréables, simples et ensoleillées. Une mezzanine permet de loger une troisième personne. Le studio accueille jusqu'à 4 personnes. Les hôtes jouissent d'un très bon accueil et d'une réduction de 10% sur la location de cycles. Chambre de 53€ à 62€. Comptez 381,50€/sem. la location du studio pour 2 pers. *Rue des Acadiens* ***Locmaria*** *Tél. 02 97 31 72 90 www.location-locmaria.com*

prix élevés

Hôtel-restaurant Le Grand large Il propose des chambres spacieuses et lumineuses, avec vue sur la mer ou sur la campagne, quelques-unes avec terrasse. Colorées et bien tenues, elles sont également très chaleureuses. Des chambres familiales et des duplex sont aussi disponibles. Accueil très aimable. Chambres de 119€ à 239€ côté mer ; 99€ à 169€ côté campagne ; 89€ à 99€ avec vue sur le grand jardin. *Goulphar* ***Bangor*** *Tél. 02 97 31 80 92 www.hotelgrandlarge.com*

prix très élevés

☺ **La Touline** L'enseigne de bois peint ornée d'un voilier se balance dans une petite rue derrière le phare. Sur la façade, une pierre de granit portant la date de 1723 a échappé au crépi. M. et Mme Bertho proposent 5 petites chambres douillettes, toutes différentes. La "Bretagne" est décorée d'un beau mobilier en bois ancien, la "Coloniale" exhale un parfum d'exotisme et la "Capitaine" rappelle que le grand large n'est qu'à quelques encablures. Côté jardin, la véranda avec vue sur un minuscule carré de verdure accueille les petits déjeuners. Comptez 125€ pour 2 personnes ; petit déjeuner 13€. *Rue du Port-Vihan* ***Sauzon*** *Tél. 02 97 31 69 69 www.hostellerielatouline.com Ouvert mi-mars–sept.*

Le Cardinal Cet hôtel 3 étoiles propose 65 chambres confortables avec vue sur la mer ou sur la campagne. L'établissement réserve un très bon accueil à ses hôtes, et une souplesse appréciable dans les prestations, notamment en ce qui concerne la demi-pension. Chambres de 95€ à 170€ selon la saison ; de 170€ à 200€ pour la demi-pension. Pour un appartement, comptez de 180€ à 226€ selon le nombre de personnes (de 3 à 5) et la saison. À noter qu'une piscine chauffée se trouve à disposition des clients. *Port-Bellec* ***Sauzon*** *Tél. 02 97 31 61 60 www.hotel-cardinal.fr*

L'Aubergerie Cette ancienne bergerie, à l'intérieur des terres, a été reconvertie en maison d'hôtes par Michel, qui voue une véritable passion pour les objets et les meubles qu'il a chinés ou récupérés dans les greniers de sa famille. Chacun a son histoire : cette cheminée en pierre, qui se trouvait dans un manoir promis à la destruction, a été récupérée in extremis, ce canapé était un lit appartenant à Sarah Bernhardt. Les chambres – "Grange", "Poulailler", "Forge", "Sellerie" – au décor baroque et romantique, avec des ciels de lit en broderie et dentelles d'un autre âge, sont des petits joyaux. 90€ à 198€, petit déjeuner compris. ***Borgroix** (Sauzon) Tél. 02 97 31 64 61 Tél. port. 06 24 37 12 18 www.aubergerie-belleile.com*

La Désirade Résidence atypique sise dans la campagne des environs de Bangor, elle se distingue des 3 étoiles traditionnels par sa structure autant que par son style. Les 32 chambres qui composent cet "hôtel-village" se tiennent dans des maisons roses aux volets bleus. Si les façades arborent des couleurs un peu criardes, l'intérieur se révèle plus doux ; lambris, meubles en rotin et tissus fleuris créent une atmosphère de maison de vacances, intime et agréable ; s'y ajoute un confort excellent. Vous trouverez sur place une piscine, un salon-salle de petit déjeuner clair et gai, et des services tels que la location de vélos. En outre, un espace bien-être, regroupant salle de fitness, hammam, sauna et jacuzzi a été créé. De l'autre côté de la route se tient le restaurant de l'établissement, où l'on sert une cuisine de marché, savoureuse et raffinée. Les prix des menus s'échelonnent entre 30 et 82€. Chambre double de 125€ à 170€ selon la saison ; demi-pension de 195€ à 254€ pour 2 personnes. Petit déjeuner-brunch à 15,50€ *Le Petit-Cosquet **Bangor** Tél. 02 97 31 70 70 www.hotel-la-desirade.com*

Hôtel-thalasso Castel Clara Le premier luxe du Castel Clara est sa situation sur l'anse de Goulphar, charmante crique des environs de Bangor. S'y ajoutent un très grand confort (4 étoiles), des chambres au décor classique, mais aménagées avec soin, une piscine chauffée et de multiples services. L'hôtel, directement relié à l'institut de thalasso, propose un forfait "bien-être" avec diverses formules. Chambres côté mer de 290€ à 360€ selon la saison ; côté terre, de 210€ à 280€. Possibilité de louer un appartement : de 300€ à 450€ pour 4 pers. *Port de Goulphar **Bangor** Tél. 02 97 31 84 21 www.castel-clara.com*

ÎLE DE HOUAT

56170

Pas de voitures, aucun autre bruit que celui des vagues et du vent... Houat et sa voisine Hoëdic portent bien leur nom d'"îles du silence". Au large de Quiberon, ces deux îlots offrent aux visiteurs le charme et la rudesse de leur situation isolée. Houat – "cane" en breton, Hoëdic signifiant "caneton" –, la plus proche du continent, est aussi la plus peuplée. Cette île de pêcheurs accueillante, dont le centre garde le charme d'un bourg breton typique malgré des constructions récentes, s'organise en venelles et petites places bordées de riantes maisons en pierre. La campagne n'est pas loin : la partie ouest de l'île, inhabitée, n'est que sentiers et pointes... à arpenter le visage rougi par le vent ou chauffé par le soleil, en ouvrant grands les yeux pour découvrir la végétation qui couvre ses dunes : œillets, touffes d'immortelles, chardons bleus ou encore le fameux "lys de Houat" (*Pancratium maritimum*).

HOUAT ET HOËDIC, UN MÊME DESTIN POUR DEUX ÎLES Sœurs de malheur, Houat et Hoëdic ont affronté l'une et l'autre de nombreuses invasions, de la part des Normands d'abord, puis des Anglais, des Hollandais ou des Espagnols, jusqu'au XIXe siècle ; toutes deux conservent d'ailleurs d'anciennes fortifications défensives. Pendant la Révolution, elles accueillent des prêtres et des soldats royalistes qui tentent de fuir vers l'Angleterre. À la chute de l'Empire, en 1815, les deux îles, délaissées par le continent – elles sont mises en quarantaine pour cause de contrebande –, livrées à elles-mêmes, vivent dans la plus extrême misère. Elles s'inventent un règlement propre, fondé sur la "charte de Hoëdic", accordant aux recteurs – les curés – l'autorité suprême. Si ce fonctionnement prend fin officiellement en 1892, il faut attendre la seconde moitié du XXe siècle pour le voir réellement disparaître. Jusque dans les années 1950, toute femme désireuse de se rendre sur le continent devait au préalable en demander l'autorisation au recteur…

PÊCHE ET TOURISME : DEUX ACTIVITÉS POUR UN AVENIR INCERTAIN Houat compte trois cent trente habitants, nourris par la mer – de moins en moins – et par le tourisme – qui entraîne d'autres soucis. Depuis quelques années, le nombre des résidences secondaires dépasse celui des résidences principales… Le centre du bourg appartient aux vacanciers, situation délicate pour les Houatais, relégués aux marges du bourg, et qui ne veulent pas voir leur île devenir un centre de vacances fermé l'hiver. La pêche fait quant à elle partie du quotidien de Houat depuis ses origines. Après avoir connu un certain dynamisme au milieu du XXe siècle, elle accuse désormais un rude déclin. Seule une vingtaine de bateaux naviguent toujours – on en comptait encore le double il y a vingt ans. L'attachement des pêcheurs houatais à leur métier se lit notamment dans l'organisation de leur port, qui ne laisse que peu de place aux plaisanciers. En 1972, un projet d'écloserie a vu le jour pour relancer l'activité. Il s'agissait de repeupler les fonds marins grâce à un élevage de homards. Les résultats techniques de la pouponnière se montrèrent convaincants, mais les pêcheurs n'ont pas été assez soutenus dans leur initiative, et l'écloserie a dû fermer ses portes en 1989. Elle a depuis laissé la place à l'Éclosarium (cf. Découvrir). Une reconversion très discutée : l'entreprise génère peu d'emplois et ne permet pas de maintenir les Houatais sur leur île.

MODE D'EMPLOI

accès en bateau

Compagnie Océane Liaisons quotidiennes entre Quiberon et Houat. Comptez environ 30€ l'AR pour 45min de traversée et env. 15€ l'AR entre Houat et Hoëdic. *Tél. 0820 056 156 www.compagnie-oceane.fr*

Compagnie des Îles En juillet et août, elle relie Houat en 1h45 à La Turballe (*Tél. 0825 134 180*) et au Croisic (*Tél. 0825 134 170*). Comptez 23€ AS et 35€ AR. *www.compagniedesiles.com*

Navix Départs de Vannes et de Port-Navalo en saison uniquement. *Tél. 02 97 46 60 00 www.navix.fr*

orientation

L'île mesure 5km de long sur environ 3km de large ; le bourg s'étend jusqu'au port Saint-Gildas (débarcadère) et concentre toute sa population à l'est de l'île.

informations touristiques et pratiques

Munissez-vous d'espèces : il n'y a pas de distributeur de billets sur l'île.
Point-info. *Sur le port Ouvert mi-juin-mi-sept.*
Mairie *Tél. 02 97 30 68 04*
Poste *Au bourg Tél. 02 97 52 45 23 Ouvert lun.-ven. 10h30-12h et 15h-18h, sam. 10h30-12h*

se déplacer sur l'île

Les voitures sont interdites sur l'île ; on ne s'y déplace qu'à pied ou à vélo. Un sentier côtier pédestre permet d'en faire le tour ; comptez env. 5h pour parcourir ses 16km.
Houat vélos À 100m à droite après le débarcadère. Comptez 3€/h ; 8€ la demi-journée ; 12€ la journée. *Rue du Port Tél. 02 97 30 66 64 Ouvert avr.-mi-sept.*

DÉCOUVRIR

☆ **Les essentiels** La grande plage **Découvrir autrement** Visitez l'Éclosarium pour tout savoir sur l'île, flânez du côté du port Saint-Gildas à l'heure où les pêcheurs rentrent, aventurez-vous à la pointe ouest de l'île muni de votre pique-nique ➤ **Carnet d'adresses p.336**

L'île de Houat

Après avoir observé l'activité du **port Saint-Gildas**, on peut rejoindre la magnifique ☆ **grande plage** (Treac'h er Goured), longue de 1,5km. En suivant la côte sud pour regagner le bourg, on découvre, près de l'Éclosarium, les ruines du **fort Vauban** où, en 1696, une quinzaine d'hommes repoussa les assauts des cinq cents soldats conduits par l'amiral anglais Berckley. Mais le meilleur moyen de profiter de Houat est de s'aventurer vers la pointe ouest pour découvrir les nombreuses criques désertes.

Éclosarium Une partie de l'Éclosarium est consacrée à l'histoire de l'île ; l'autre présente la richesse du phytoplancton, ressource naturelle sur laquelle repose l'activité du centre de recherche Daniel Jouvance, qui a pris le relais de l'ancienne écloserie de homards, fermée en 1989. À la fois tourné vers le patrimoine et vers la science, utilisant diaporamas, bornes audio et vidéo, l'Éclosarium constitue une visite intéressante, dynamique et conviviale. *À 1km au sud du port Tél. 02 97 52 38 38 Ouvert juil.-août : 10h-18h ; sept., Pâques-juin : 10h-12h et 14h-17h Tarif 4,50€, réduit 4€*

● **Où boire un verre ?** Le Spi est le premier bar que vous verrez en arrivant à Houat... et le dernier où boire un verre avant de repartir ! Mais c'est aussi un rendez-vous du soir sur l'île. Restauration légère, crêpes, sandwichs.
Bar Le Spi *Port Saint-Gildas Tél. 02 97 30 66 12*

CARNET D'ADRESSES

Restauration, hébergement

Vous pourrez séjourner toute l'année à Houat, bien que l'île ne connaisse pas la même animation en hiver – attendez-vous alors à un choix limité, notamment en matière de restauration. Sachez aussi que diverses formules d'hébergement chez l'habitant, en chambre d'hôtes ou en location, complètent les lits d'hôtel (demandez la liste à la mairie). Il n'existe pas de camping officiel à Houat, mais sa pratique est cependant tolérée, dans certaines limites (et moyennant une petite rétribution). Récemment, la vente de terrains privés a entraîné des changements dans les habitudes des campeurs... Pour savoir où poser votre tente, prenez la précaution de téléphoner à la mairie.

petits prix

Crêperie Chez Loulou Vous trouverez la crêperie sur la gauche après la poste en montant du port. Si elle est fermée, vous ne le verrez sans doute même pas. Elle est en effet installée dans le jardin d'une maison particulière : chez Loulou, donc ! Vous y trouverez des spécialités de galettes au saumon fumé, aux noix de Saint-Jacques, à la provençale, au chèvre et aux fines herbes (environ 8€), et de poissons – soupe de poisson, assiettes nordiques, salade de dorade crue, seiche grillée – pour 13€-18€. Avec vue sur la mer ! *Le bourg* ***Île de Houat*** *Tél. 02 97 30 67 88 Ouvert avr.-oct. : tlj. midi et soir*

Bar Le Siata Il ne frappe pas par son originalité, mais sa situation centrale en fait un lieu de passage et de convivialité où vous vous attarderez volontiers, notamment, si le soleil est de la partie, sur sa grande terrasse. Poissons du jour (autour de 10€) et autres petits plats permettent de se restaurer à moindre prix – cuisine sûre, recettes simples et produits frais. *Le bourg* ***Île de Houat*** *Tél. 02 97 30 66 13 Ouvert avril-sept. : tlj. 9h-23h (dim. 21h) ; hors saison : ouvert aux heures d'arrivée des bateaux Fermé fév.*

prix moyens

Hôtel-bar L'Ezenn La vue sur la mer et le jardin compensent le manque de charme intérieur de cette grande maison, qui offre 6 chambres (52€-78€) à l'aménagement très simple. La literie et les salles de bains sont très correctes. Et les patrons, Marie-Noël et Philippe Le Hyarric, sont charmants. Petit déjeuner 7,50€. Location de matériel de pêche en hiver. *Route du Moulin* ***Île de Houat*** *Tél. 02 97 30 69 73*

Hôtel-restaurant Les Îles Ce vaste hôtel familial se trouve à 100m en

GAMME DE PRIX	RESTAURATION	HÉBERGEMENT
Très petits prix	moins de 10€	moins de 30€
Petits prix	de 10 à 20€	de 30 à 50€
Prix moyens	de 20 à 30€	de 50 à 80€
Prix élevés	de 30 à 40€	de 80 à 100€
Prix très élevés	plus de 40€	plus de 100€

surplomb du port Saint-Gildas (accès possible par les escaliers, à gauche en bas de la rue qui monte vers le bourg). Son restaurant domine la mer. On y sert une cuisine traditionnelle privilégiant poissons et fruits de mer. Le menu du jour va de 12,50€ à 17,50€ avec un verre de vin. Pour un poisson, comptez de 12€ à 17,50€ ; le plateau de fruits de mer est à 79€ (pour 2 pers., sur commande). Les chambres offrent un beau panorama et promettent un séjour agréable malgré le charme un peu désuet de l'établissement. Grand jardin et très bon accueil. Comptez de 65€ à 72€ la chambre double (avec terrasse et TV), et 8,50€ le petit déjeuner. *Le bourg* ***Île de Houat*** *Tél. 02 97 30 68 02 http://houat.chez.com Ouvert Pâques-fin sept.*

ÎLE DE HOËDIC

56170

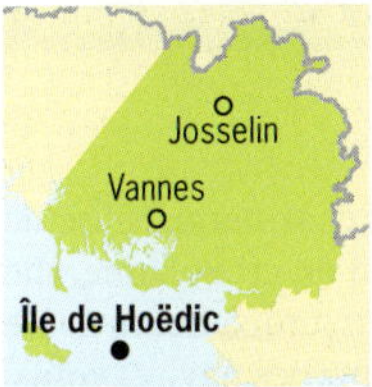

Un véritable bout du monde ! Hoëdic possède une personnalité propre et se montre en de nombreux points bien différente de Houat : plus petite, plus plate, elle offre un charme beaucoup plus sauvage et une architecture plus homogène. Toutes les façades de ses maisons basses sont alignées vers le sud pour résister aux vents dominants. Cependant, elle partage avec sa voisine une même histoire (cf. Île de Houat). Les invasions ne l'ont pas épargnée, elle a connu le même système théocratique au XIXe siècle, et vit désormais, comme Houat, du tourisme et de la pêche. Ne vous fiez pas à son austérité apparente… et laissez-vous séduire par cette terre si préservée. Ici, on profite du moindre brin d'herbe, on s'émerveille d'une végétation généreuse et d'une mer aussi belle que froide…

MODE D'EMPLOI

accès en bateau

Compagnie Océane Depuis 2008, cette compagnie assure des liaisons quotidiennes entre Quiberon et Hoëdic. Comptez environ 30€ l'AR pour 70min de traversée et env. 15€ l'AR entre Houat et Hoëdic. *Tél. 0820 056 156 www.compagnie-oceane.fr*

Navix Départs de Vannes et de Port-Navalo en saison uniquement. *Tél. 02 97 46 60 00 www.navix.fr*

Compagnie des Îles En juillet et août, elle relie en 1h15 Hoëdic à La Turballe et au Croisic. 31€/20€ AR. *Tél. 0825 134 180 (La Turballe) et Tél. 0825 134 170 (Le Croisic) www.compagniedesiles.com*

orientation

L'île mesure 2km sur 1,2km. Le bourg est à deux pas du débarcadère.

informations touristiques et pratiques

Attention, il n'y a pas de distributeur de billets sur l'île.

Point information *Ouvert juil.-août : tlj. 10h-12h et 15h-17h*

Mairie *Tél. 02 97 52 48 88 Ouvert lun.-ven. 10h-11h30 et 15h-17h*
Poste Le bourg *Tél. 02 97 57 42 05 Ouvert lun.-ven. 9h30-12h*

se déplacer sur l'île

Les voitures sont interdites sur l'île, où l'on circule à pied ou à vélo.

fêtes et manifestations

Notes à Belle-Isle Ce festival de jazz bellilois organise également quelques concerts sur Hoëdic. *Renseignements Association Le Bec Tél. 02 97 31 50 06 www.notabi.net Mi-juil.*
Sortie en mer entre Houat et Hoëdic *Le 15 août*

DÉCOUVRIR

☆**Les essentiels** L'église Notre-Dame-la-Blanche **Découvrir autrement** Déjeunez au milieu des livres d'une succulente aile de raie aux câpres dans le restaurant-librairie Chez Jean-Paul

➤ **Carnet d'adresses p.339**

L'île de Hoëdic

☆ **Église Notre-Dame-la-Blanche** Pénétrer dans la charmante église de Hoëdic s'impose. Construite au XIXe siècle selon un plan en croix latine, elle possède une belle voûte bleue agrémentée de motifs dorés, croix, fleurs de lys et queues d'hermine. Sa décoration, notamment trois superbes navires votifs, et sa petite taille lui donnent un cachet tout particulier. Notez les fenêtres de l'abside dont les vitraux racontent quatre épisodes de la vie de l'île et de son saint patron, saint Goustan. Sur un lutrin, à l'entrée, un petit fascicule évoque l'histoire et quelques légendes de l'île.

Trois croix de Hoëdic Au cours de vos promenades, vous remarquerez trois croix. Elles délimitent une zone de protection, une terre d'asile. Par tradition, Hoëdic est terre d'asile qui promet malédiction à quiconque, pirate, Normand, laïc puissant, porterait atteinte à ses habitants et à ceux qui y auraient trouvé refuge.

Les plages Une grande partie de la côte étant bordée de rochers, deux plages retiennent surtout l'attention. Au nord de l'île, **Port-l'Église** est la première d'une série de criques qui se succèdent vers l'ouest ; au sud, une dune s'étend près du mouillage de **Port-la-Croix.**

● **Où boire un verre ?** Hoëdic dispose d'un grand nombre de cafés, pour la taille de l'île. Leurs périodes et horaires d'ouverture se complètent si bien qu'il est absolument impossible de rester sur sa soif... Entre **La Trinquette**, rendez-vous des îliens et point-presse, **Les Cardinaux** (cf. Hébergement), le **café du Nord** et le **café du Repos**, vous n'aurez pas une grande distance à parcourir, et vous trouverez toujours une ambiance chaleureuse. Sachez que le premier ne sert pas de boissons chaudes et que le dernier, qui dispose d'une grande terrasse, propose une restauration légère (salades, sandwichs...).

● **Faire de la voile** Basé dans les soubassements du fort, le club nautique propose plusieurs formules allant du stage de cinq jours (130€) à la navigation surveillée. Comptez env. 25€ pour l'après-midi. **Club nautique hoëdicais** *Tél. port. 06 89 85 02 40 www.club-cnh.org*

CARNET D'ADRESSES

Restauration

petits prix

Crêperie du Vieux-Port Spécialités de galettes Saint-Jacques (10,50€), forestière (6,50€) ou saucisse (4,50€)... Restauration à moindre prix dans une maison du bourg dotée d'une terrasse. ***Île de Hoëdic** Tél. 02 97 57 42 51 Ouvert Pâques-sept.*

prix moyens

☺ **Restaurant-librairie Chez Jean-Paul** Cette maison chaleureuse et colorée offre un charme sans pareil. On y mange au milieu des livres – les rayons Bretagne, voile et jeunesse sont bien fournis et le choix judicieux. La décoration est un enchantement et la restauration, un vrai plaisir ! Au menu, spécialités de la mer (env. 16€) – soupe de poisson, bar, médaillon de lotte au cidre, aile de raie aux câpres, moules-frites, morgate à l'armoricaine – ou plats de viande. Formule déjeuner à 16,50€. ***Île de Hoëdic** Tél. 02 97 57 42 26 Ouvert toute l'année*

Hébergement

camping

Camping municipal de Hoëdic Il consiste en un long terrain sablonneux où poussent les chardons, qui s'étend du port de l'Argol (arrivée des bateaux) à Port-Neuf et comprend comme seul confort un bloc sanitaire. Simplicité et petits prix : 6€ à 8€ pour 2 pers. *Rens. à la mairie **Île de Hoëdic** Tél. 02 97 52 48 88*

très petits prix

Gîte d'étape Occupant une enfilade de salles voûtées dans les soubassements de l'ancien fort de Hoëdic, il accueille les visiteurs d'avril à octobre. Bien aménagé, il offre un confort simple mais correct dans ses 3 dortoirs et jouit de belles parties communes. Le salon, notamment, est un espace de convivialité très agréable. Comptez 13€ la nuitée en juillet et août (11€ hors saison). Il faut prévoir son sac de couchage. ***Île de Hoëdic** Tél. 02 97 52 48 82 Ouvert avr.-oct.*

Gîtes communaux Une vingtaine de gîtes, disponibles toute l'année, sont gérés par la mairie et peuvent accueillir de 2 à 6 pers. (de 52€ à 95€ la location du gîte/nuit en saison, de 42€ à 75€ hors saison). Le linge n'est pas fourni. ***Île de Hoëdic** Tél. 02 97 52 48 88 mairie-dhoedic@ wanadoo.fr*

prix moyens

Hôtel-bar-restaurant Les Cardinaux Le seul hôtel de l'île réunit bien des atouts. Un bar convivial, un restaurant qui mérite plus que des éloges et un hébergement sans souci ! La demi-pension est obligatoire (à partir de 64€/pers. sur la base de 2 pers.). ***Île de Hoëdic** Tél. 02 97 52 37 27 hotel-les-cardinaux@orange.fr Fermé 2 sem. en oct. et de mi-janv. à mi-fév.*

ÉTEL

56410

Le port d'Étel a connu une renommée certaine jusqu'à la seconde moitié du XXe siècle. La pêche au thon y a peu à peu détrôné la pêche à la sardine, reine au XIXe siècle, avant d'être elle-même surpassée par la concurrence du port de Lorient, histoire narrée au musée des Thoniers. À quelques kilomètres, la petite station balnéaire d'Erdeven est appréciée pour ses longues étendues sableuses.

LA RIA ET LA BARRE D'ÉTEL La barre d'Étel se forme à la jonction entre la ria et l'Océan, où se tient un banc de sable en mouvement perpétuel qui rend ce site à la fois si dangereux et si beau. Au niveau de la barre, les différents courants se heurtent, les eaux changent de couleur, offrant un spectacle toujours renouvelé. De chaque côté de cette embouchure assez étroite, les superbes plages de dunes sont caressées par une mer dont on s'étonne qu'elle soit si calme. Après Étel, la ria s'enfonce à 15km dans les terres ; ses rives sont tellement découpées – des presqu'îles s'y dessinent, d'autres rivières y prennent forme – qu'elles totalisent plus de 100km de côtes qui sont autant de kilomètres d'enchantement !

MODE D'EMPLOI

accès

EN VOITURE
À 17km à l'ouest d'Auray (par la D22), à l'embouchure de la ria d'Étel.

EN CAR
La ville est desservie par la ligne 16 (Auray-Hennebont-Lorient) et la ligne 18 (La Trinité-sur-Mer–Lorient) du réseau TIM.

informations touristiques

Syndicat d'initiative *Pl. des Thoniers Tél. 02 97 55 23 80 www.etel-tourisme.com*

Port de plaisance Trente places pour les visiteurs. À cause de la barre d'Étel, l'entrée est déconseillée la nuit. Du port d'Étel, un passeur traverse la rivière pour rejoindre Plouhinec. *Tél. 02 97 55 46 62 Ouvert avr. et mai : lun.-sam. 9h-12h et 14h-18h, dim. 9h30-12h30 et 14h-18h ; juin et sept. : tlj. 9h-13h et 15h-19h ; juil.-août : lun.-ven. 9h-18h, sam.-dim. 9h30-18h*

DÉCOUVRIR

☆ **Les essentiels** L'île de Saint-Cado **Découvrir autrement** Parcourez la ria d'Étel en kayak, visitez le musée des Thoniers à Étel, goûtez aux huîtres creuses de M. Ezanno, à Saint-Cado > **Carnet d'adresses p.343**

Étel

☺ **Musée des Thoniers** Ce musée retrace à travers maquettes, instruments de navigation ou œuvres réalisées par les marins au cours de leurs périples, l'histoire de la ria d'Étel et de ceux qui y ont vécu : marins, pêcheurs, sauveteurs. Préférez la visite commentée, peut-être pas très orthodoxe, mais ô combien touchante ; les objets s'animeront au fur et à mesure des anecdotes pittoresques qui vous seront narrées. *3, imp. Jean-Bart Tél. 02 97 55 26 67 www.museedesthoniers.fr Ouvert mi-avr.-déc. : lun.-ven. 10h-12h et 14h-18h, dim. et j. fér. : 14h-18h Tarif 4,50€, réduit 2€*

Église Notre-Dame-des-Flots Cette église du XIXe siècle, qui ne possède pas d'attrait architectural particulier, abrite en revanche une fresque moderne de Xavier de Langeais, datée de 1958, évoquant les pêcheurs et la conserverie.

● **Pratiquer des sports nautiques** Avec le cercle nautique, pratiquez catamaran, funboard, Optimist et planche à voile dans la ria d'Étel. **Cercle nautique d'Étel** *Rue de la Barre Tél. 02 97 55 21 26 www.cercle-nautique-etel.com Ouvert toute l'année : mar.-sam. 9h-17h*

Les environs d'Étel

Belz

☆ **Saint-Cado** La petite île de Saint-Cado est un condensé de charme. Sa situation sur la ria d'Étel, sa chapelle du XIe siècle – avec calvaire et fontaine – et ses parcs à huîtres dégagent un cachet rare. Elle est reliée à la terre par un pont qui aurait été construit par le diable… On retrouve cette même anecdote dans plusieurs endroits de Bretagne, chaque fois adaptée selon le lieu concerné et l'humeur du conteur. D'après celle-ci, saint Cado aurait conclu un pacte avec le diable : un pont contre une âme. Le diable construit le pont et attend que quelqu'un le traverse, car saint Cado lui a promis l'âme du premier vivant qui le franchirait. Mais le saint a soin d'y envoyer, avant tout homme, un chat noir ; le diable, une fois de plus, s'est fait berner. On comprend que sa mère, honteuse d'avoir un fils aussi bête, l'ait poursuivi en lui jetant des cailloux… qui, tombés dans la rivière, ont donné naissance aux îles. *À 5km au nord d'Étel*

● **Où acheter des huîtres ?**

M. Ezanno Goûtez aux huîtres creuses de M. Ezanno, à la chair un brin salée. *Saint-Cado* ***Belz*** *Tél. 02 97 55 33 17 Ouvert toute l'année*

Pen Man Bras Ce producteur d'huîtres vend également des palourdes et des moules. *Le Port* ***Belz*** *Tél. 02 97 55 48 11*

● **Se balader en kayak dans la ria** Le Kayak-club de Belz propose des promenades pour tous dans la ria d'Étel, à partir de 19€/pers. l'initiation de 1h30 et 30€ la randonnée de 2h30. La balade peut inclure un arrêt chez un ostréiculteur... Vous rapporterez votre bourriche dans le kayak : une façon originale de faire ses courses ! **Kayak-club de la ria d'Étel** *15, rue de la Côte 56550* ***Belz*** *Tél. 02 97 85 81 82 Tél. port. 06 14 28 21 17 http://kayak.ria.etel.free.fr Départs de Sainte-Hélène (sur la rive opposée de la rivière)*

● **Faire une promenade en bateau** Saint-Cado Plaisance loue des bateaux à moteur pour naviguer sur la ria d'Étel avec ou sans permis. Comptez 39,50€ la matinée et 59,50€ la journée. **Saint-Cado Plaisance** *Saint-Cado Tél. 02 97 55 46 57 www.saintcado-plaisance.com Ouvert mai-sept.*

Erdeven

Erdeven est situé sur l'arc sablonneux qui s'étire de Gâvres, à l'ouest, à l'isthme de Penthièvre, à l'est. Ses dunes protégées de toute construction (zone militaire) abritent sur 8km une faune et une flore très profuses. La commune compte aussi de nombreux vestiges mégalithiques comme, au nord-ouest, les alignements de Kerzerho. La concentration de campings et de villages de vacances entre le bourg et le littoral n'est pas très esthétique, mais dans l'ensemble, Erdeven est une petite ville agréable, que l'on appréciera surtout pour ses plages. *À 5km au sud-est de Plouharnel par la D105 En car par la ligne 16 (Auray-Hennebont-Lorient) et la ligne 18 (La Trinité-sur-Mer-Lorient) du réseau TIM* **Office de tourisme** *7bis, rue Abbé-Le-Barh 56410* ***Erdeven*** *Tél. 02 97 55 64 60 www.ot-erdeven.fr Ouvert sept.-juin : lun.-sam. 9h-12h et 14h-18h ; juil.-août : lun.-sam. 9h-13h et 14h-19h, dim. 10h-13h et 17h-19h*

Alignements de Kerzerho Les alignements de Kerzerho, certes plus petits que ceux de Carnac, offrent cependant un avantage sur ces derniers : ils ne sont pas enfermés derrière un grillage et vous pourrez donc déambuler librement parmi ces deux cents pierres dressées – il y en avait autrefois plus de mille –, envahies par endroits de ronces ou de genêts. Au nord des alignements s'élèvent les Géants de Kerzerho, deux impressionnants menhirs de 6m de haut. *Au sud d'Erdeven dir. Plouharnel*

Les plages À 3km du bourg, la plage de **Kerhillio** est la plus fréquentée. Surveillée, elle dispose d'un club pour les enfants. Celle de **Kerminihy** est appréciée par les naturistes.

● **Où prendre un petit déjeuner, un goûter ?** La boulangerie Robic a ouvert un "Espace thé-café-chocolat" dans une salle pimpante agrémentée d'un vieux four à pain, de nappes colorées et de touches chaleureuses. Consommations de base à des tarifs très honnêtes, et, à midi, de succulentes quiches et salades. **Boulangerie Robic** *3, pl. de l'Église Tél. 02 97 55 64 06 Ouvert juil.-août : tlj. 7h-20h ; hors saison : jeu.-mar. 7h30-13h et 15h30-19h*

● **S'initier à la voile** L'école de voile loue des embarcations et organise des stages d'Optimist, de dériveur et de planche à voile, de mi-juin à mi-sept. Comptez de 13€ à 20€/h pour une planche à voile et de 25€ à 40€/h pour un catamaran. **École de voile d'Erdeven** *Plage de Kerouriec Tél. port. 06 70 84 01 89*

● **Randonner dans les environs** De nombreux sentiers, pédestres ou cyclistes, permettent de parcourir Erdeven, du bourg aux plages, des plages aux alignements, voire au-delà. Procurez-vous le plan à l'office de tourisme.

● **Jouer au golf** Le golf de Saint-Laurent est campé dans un cadre champêtre, tout de pins et de chênes, auquel les amateurs ne seront pas insensibles. Les parcours (9 et 18 trous, le premier est accessible aux joueurs de tous niveaux) sont sélectionnés pour des compétitions nationales. **Golf de Saint-Laurent** *Ploemel (à 5km à l'est d'Erdeven) Tél. 02 97 56 88 00*

CARNET D'ADRESSES

Restauration, hébergement

camping

Camping de Saint-Cado Classé 2 étoiles. Pour 2 personnes, comptez 13€ en haute saison et 10€ en basse saison. *À proximité de l'île de Saint-Cado Sur le port* **Belz** *Tél. 02 97 55 31 98 Tél. port. 06 17 20 27 71 www.camping-saintcado.com Ouvert avr.-oct.*

très petits prix

Crêperie du Vieux Puits Excellente crêperie située au bout d'une allée fleurie, dans la campagne autour d'Erdeven. Grande salle aux poutres et pierres apparentes, petites lampes d'ambiance et feu de cheminée ! Le premier menu est à 8€ avec une galette, une bolée de cidre et une crêpe ou une compote. Le second, à 11€, comprend une super-club et une crêpe flambée au rhum. À la carte, laissez-vous tenter par les galettes à la ratatouille, qui se déclinent avec différents ingrédients. Côté dessert, la crêpe au chocolat devrait faire des heureux. *56410* **Le Lery** *(à 3km d'Erdeven, dir. château de Keraveon) Tél. 02 97 55 66 89 Ouvert juil.-sept. : tlj.*

petits prix

Le Bistrot à thon Un peu en retrait des restaurants de poisson qui s'alignent le long du port, le Bistrot à thon s'en distingue également par sa politique originale : il ne sert que du thon ! Mais quel thon ! Quatre-

GAMME DE PRIX	RESTAURATION	HÉBERGEMENT
Très petits prix	moins de 10€	moins de 30€
Petits prix	de 10 à 20€	de 30 à 50€
Prix moyens	de 20 à 30€	de 50 à 80€
Prix élevés	de 30 à 40€	de 80 à 100€
Prix très élevés	plus de 40€	plus de 100€

vingts plats différents, inspirés des quatre coins du monde mettent en valeur ce fier poisson ; si une douzaine de recettes seulement est proposée chaque jour, prenez-le comme un gage de fraîcheur plus que comme une restriction. Goûtez aux entrées chaudes (coquille de thon...) et froides (thon fumé...) à partir de 5€. Parmi les plats, à partir de 12€, citons le thon basquaise au roquefort, canadien, à la sarde, à la génoise, au curry, à la Guiness, à la banane... Une adresse de bon thon ! L'adresse étant très courue, le service dure jusqu'à 22h. *6, ruelle des Quais* ***Étel*** *Tél. 02 97 55 32 50 Fermé en saison : lun. soir ; hors saison : dim.-lun.*

Les Fermes de Kercadoret Cette maison XVIIe siècle est nichée dans la verdure. Vous êtes accueilli en toute simplicité par le couple Rolland. Les 5 chambres (de 45€ à 48€ pour deux avec petit déj.), au cadre discret, sont bien tenues et disposent chacune d'une sdb privée. D'autres petits détails font la différence : possibilité d'utiliser la cuisine et service de blanchisserie. Si le temps le permet, il est agréable de profiter du jardin. Ping-pong et jeu de pétanque. Gîtes à louer : 260€-490€/sem. selon la saison. *Lieu-dit Kercadoret 56550* ***Belz*** *Tél. 02 97 55 44 01 http://lesfermes.kercadoret.pagesperso-orange.fr*

Hôtel-restaurant Les Voyageurs Établissement simple et bien tenu, situé dans le centre d'Erdeven. Les chambres (44,50€-48,50€), un peu vieillottes, sont toutefois confortables. Le restaurant propose un premier menu à 12,50€, puis des menus de 20,50€ à 29€. Les poissons et les fruits de mer y sont à l'honneur. *14, rue de l'Océan 56410* ***Erdeven*** *Tél. 02 97 55 64 47 www.hotel-voyageurs-56.com Ouvert fin mars-fin sept.*

Les Prunelliers Située en pleine campagne, la maison blanche aux volets bleus de Michel et Christine, est à 5min en voiture du centre d'Erdeven. Les chambres sont confortables et bien tenues, sans fantaisie. Christine aime cuisiner pour ses hôtes, le petit déjeuner y est copieux, avec des spécialités telles que crêpes, far ou cake. Par beau temps, il est possible de le prendre au dehors, sur la terrasse donnant sur un jardin fleuri. Comptez 55€ pour la double avec petit déjeuner (51€ à partir de 3 nuits). *Kergavat 56410* ***Erdeven*** *Tél. 02 97 55 63 21 Tél. port. 06 16 29 42 62 www.chambres-hotes-les-prunelliers.fr*

prix moyens

Le Trianon Les amateurs apprécieront cet hôtel 2 étoiles au décor particulièrement chargé : les chambres – au demeurant confortables et spacieuses (les plus grandes étant situées dans le pavillon à l'arrière) – ressemblent à de vraies bonbonnières. Cet établissement très bien tenu dispose d'un parking privé. La demi-pension est conseillée en pleine saison, mais jamais imposée... Prendre ses repas

GAMME DE PRIX	RESTAURATION	HÉBERGEMENT
Très petits prix	moins de 10€	moins de 30€
Petits prix	de 10 à 20€	de 30 à 50€
Prix moyens	de 20 à 30€	de 50 à 80€
Prix élevés	de 30 à 40€	de 80 à 100€
Prix très élevés	plus de 40€	plus de 100€

au restaurant n'est cependant pas la pire des obligations : cuisine de la mer et spécialités régionales se déclinent dans des menus autour de 16€ (formule midi), 20€, 28€ et 40€. Chambres de 55€ à 120€. *14, rue du Général-Leclerc* ***Étel*** *Tél. 02 97 55 32 41 www.letrianon56.com*

Le Relais de Kergou Cette grande bâtisse ancienne est un Logis de France plein de charme. Son restaurant se prolonge par une véranda lumineuse vers un jardin fleuri. Nature et tradition règnent dans cette calme maison familiale aux 7 chambres confortables (54€-76€). Un bâtiment annexe abrite 20 autres chambres et une piscine. Le chef Jean-François Lorvellec vous ravira avec ses plats savoureux et ses desserts gourmands. Ne résistez pas au fondant au chocolat ! *Route d'Auray 56550* ***Belz*** *(sur la droite en sortant du centre) Tél. 02 97 55 35 61 www.relais-kergou.com*

prix élevés

L'Auberge du Sous-Bois En retrait de la route, elle se dresse au milieu d'un parc équipé de jeux pour enfants. L'auberge offre une atmosphère gaie et familiale. Ses chambres (43€ à 87€ selon la saison, petit déj. 7€), confortables et refaites à neuf, sont toutes bien équipées (sanitaires privatifs, téléphone et TV). Au restaurant, menus de 22€ à 36€, à base de produits du terroir. *56410* ***Erdeven*** *Sur la route de Lorient, puis sur la droite Tél. 02 97 55 66 10 www.auberge-erdeven.fr*

☺ **Chambres d'hôtes de Kerimel** Dans un corps de ferme du XVIIe siècle, les 4 chambres occupent un bâtiment indépendant de la maison du propriétaire et bénéficient d'un vaste salon commun. Outre les multiples attentions destinées à simplifier votre séjour – frigo à disposition, rasoirs jetables et autres petits détails pratiques dans les salles de bains –, vous serez traités comme des princes : l'argenterie est sur la table dès le petit déjeuner, avec de la confiture biologique maison. Les grandes chambres aux noms évocateurs ("Mélusine", "Perceval" ou encore "Merlin") peuvent accueillir de 2 à 4 personnes. Décoration raffinée, lumière omniprésente, accueil des plus avenants... On pourrait qualifier l'adresse de luxueuse : elle est idéale. Chambres à 75€. *Nicolas Malherbe, Kerimel 56400* ***Ploemel*** *(à 5km d'Erdeven dir. Auray, puis à gauche 2km avant Ploemel) Tél. 06 83 40 68 56 http://kerimel.free.fr Fermé mi-nov.-mars*

Dihan Évasion Myriam et Arnaud offrent avant tout du dépaysement. Chez eux, vous pourrez dormir dans une cabane perchée dans un arbre (120€-140€), vous croire en Mongolie en passant une nuit sous une yourte (80€-90€) ou vous faire nomade en testant le couchage en roulotte (90€-100€). Les cabanes possèdent des toilettes sèches, mais la douche est dans la maison. Le mobilier est ravissant, notamment dans les yourtes, où tous les meubles et objets colorés ont été directement rapportés du pays. Les petits déjeuners sont servis dans des paniers. Habitants des cabanes, vous les monterez vous-même à l'aide d'une poulie ; et n'oubliez pas de rapporter vos poubelles ! À ceux qui préfèrent le confort, optez plutôt pour les chambres d'hôtes (70€-80€). Prestations suppl. : location de vélo (10€/j.), sauna (10€/j.) et massage (80€/h). *Kerganiet 56400* ***Ploemel*** *(à 6km à l'est d'Erdeven, à droite avant Ploemel) Tél. 02 97 56 88 27 Tél. port. 06 08 10 05 83 www.dihan-evasion.org Accueil 10h-12h et 17h-19h Ouvert mars-nov.*

GEOREGION

Plage du Pouldu (p.388), au sud de Quimperlé.

PAYS DE LORIENT ET DE QUIMPERLÉ

Brest
Quimper
Rennes
Lorient
Vannes
Nantes
N
10 km
CÔTES-D'ARMOR
Plouray
D1
LANDES DE KERIVOAL
Langonnet
Abbaye Notre-Dame
Saint-Tugdual
Le Saint
Ploërdut
Guiscriff
Le Croisty
Priziac
MORBIHAN
Sainte-Barbe
Scaër
Le Faouët
Saint-Caradec-Trégomel
Lignol
Saint-Fiacre
D782
Kernascléden
Lanvénégen
Meslan
Berné
FINISTÈRE
Saint-Thurien
Querrien
FORÊT DE PONTCALLEC
SCORFF
Inguiniel
D790
Bannalec
PAYS DE QUIMPERLÉ
ROCHES DU DIABLE
D18
Locunolé
Guilligomarc'h
D769
ISOLE
Mellac
BREST, QUIMPER
Le Trévoux
Tréméven
Arzano
Plouay
N165
Manoir de Kernault
Kermoran
Trébellec
Quimperlé
ELLÉ
Lanvaudan
Baye
Riec-sur-Belon
D783
D62
Rédéné
Calan
Lande Julienne
La Gare de la Forêt
Cléguer
BELON
Moëlan-sur-Mer
FORÊT DOMANIALE DE CARNOËT
Inzinzac-Lochrist
Kergroez
D26
Pont-Scorff
Ancienne abbaye Saint-Maurice
Chef-du-Bois
Gestel
Caudan
Hennebont
Clohars-Carnoët
LAÏTA
Guidel
Brigneau
Merrien
Quéven
Doëlan
Le Pouldu
Guidel-Plages
Lanester
Kervignac
D194
ANSE DU POULDU
Lorient
D9
Fort-Bloqué
Ploemeur
D781
Merlevenez
D29
Port-Louis
Larmor-Plage
Riantec
Sainte-Hélène
Lomener
PETITE MER DE GÂVRES
Gâvres
Plouhinec
D781
OCÉAN ATLANTIQUE
ÎLE DE GROIX
PEN-MEN
Port-Lay
Port-Tudy
Groix
Étel
Locmaria
PLAGE DES GRANDS-SABLES
TROU DE L'ENFER
POINTE DES CHATS
BARRE D'ETEL

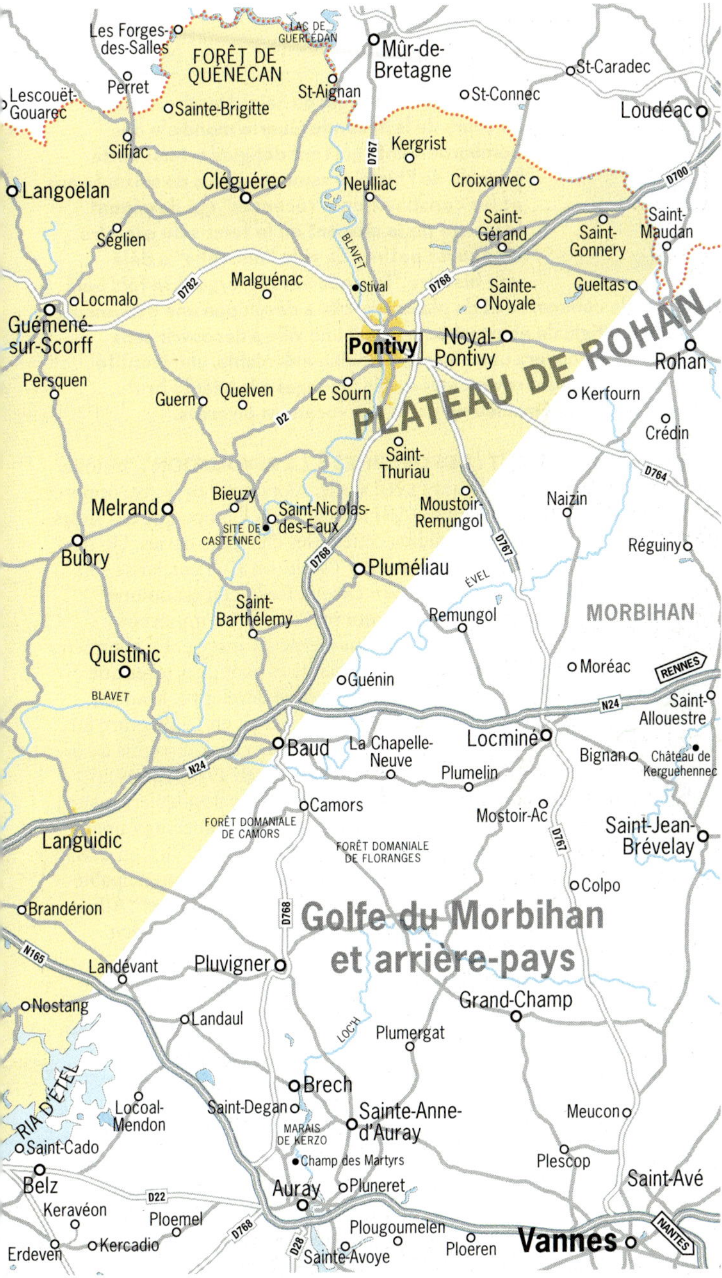
Les Forges-des-Salles
LAC DE GUERLÉDAN
FORÊT DE QUÉNÉCAN
Mûr-de-Bretagne
St-Caradec
Lescouët-Gouarec
Perret
Sainte-Brigitte
St-Aignan
St-Connec
Loudéac
Silfiac
D767
Kergrist
Langoëlan
Cléguérec
Neulliac
Croixanvec
D700
Séglien
BLAVET
Saint-Gérand
Saint-Gonnery
Saint-Maudan
Malguénac
D782
Stival
D768
Sainte-Noyale
Gueltas
Locmalo
Guémené-sur-Scorff
Pontivy
Noyal-Pontivy
Rohan
Persquen
PLATEAU DE ROHAN
Guern
Quelven
Le Sourn
Kerfourn
D2
Crédin
Saint-Thuriau
D764
Bieuzy
Naizin
Melrand
Saint-Nicolas-des-Eaux
Moustoir-Remungol
SITE DE CASTENNEC
Bubry
D767
Réguiny
D768
Pluméliau
ÉVEL
Saint-Barthélemy
Remungol
MORBIHAN
Quistinic
Moréac
RENNES
BLAVET
Guénin
Saint-Allouestre
N24
Baud
La Chapelle-Neuve
Locminé
Bignan
Château de Kerguehennec
N24
Plumelin
Camors
Mostoir-Ac
Languidic
FORÊT DOMANIALE DE CAMORS
FORÊT DOMANIALE DE FLORANGES
D767
Saint-Jean-Brévelay
Colpo
Brandérion
D768
Golfe du Morbihan et arrière-pays
N165
Landévant
Pluvigner
Nostang
Grand-Champ
Landaul
LOC'H
Plumergat
RIA D'ÉTEL
Brech
Locoal-Mendon
Saint-Degan
Sainte-Anne-d'Auray
Meucon
MARAIS DE KERZO
Saint-Cado
Champ des Martyrs
Plescop
Belz
D22
Auray
Pluneret
Saint-Avé
Keravéon
Ploemel
D768
Plougoumelen
NANTES
Erdeven
Kercadio
D28
Sainte-Avoye
Ploeren
Vannes

LORIENT

56100

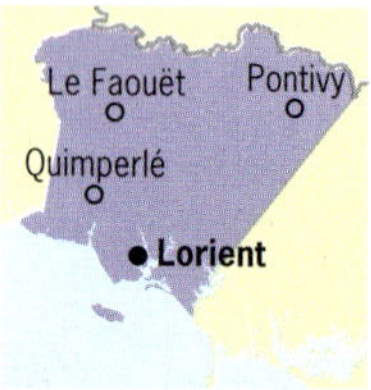

Lorient, comme Brest ou Saint-Nazaire, a subi au cours de la Seconde Guerre mondiale des bombardements qui l'ont défigurée. Mais cette période de l'histoire remonte à plus de soixante ans et les constructions "récentes" qui dessinent le visage de la cité ont eu le temps de prendre un peu de patine. La ville "nouvelle" a déjà une histoire. Tournée vers le large, à la fois port militaire, de commerce et de plaisance, elle a développé une personnalité bien à elle, originale et attachante. C'est une ville à découvrir sans a priori ; on y trouvera une chaleur humaine indéniable, une identité bretonne hautement revendiquée, des paysages à la beauté brute, le long d'une rade émaillée de ports aux vocations diverses.

DE L'ORIENT À LORIENT : DES ORIGINES À LA RÉVOLUTION L'histoire de Lorient commence à la fin du XVIIe siècle. Alors que, sur la rive opposée de la rade, Port-Louis est depuis 1664 le siège de la Compagnie des Indes, le site jusque-là désert du Faouëdic accueille les chantiers navals. Un des premiers vaisseaux à en sortir, *Le Soleil d'Orient*, ou *L'Orient*, laisse son nom à la ville naissante : en breton, *An Oriant*. Celle-ci n'est qu'une concentration de baraques d'ouvriers qui prend vite de l'importance ; en 1680, le directeur de la Compagnie lui-même s'y installe. Le commerce avec les "Indes", qui repose sur des marchandises exotiques telles que le thé, les épices, les porcelaines ou les soieries, se développe, avant de péricliter au début du XVIIIe siècle. L'entreprise renaît en 1719, grâce au financier John Law. Le monopole dont jouit la nouvelle compagnie assure à la ville sa prospérité jusqu'à la perte des colonies, en 1763. Après la faillite définitive de l'entreprise en 1769, la Marine royale acquiert le site ; L'Orient devient port de guerre et arsenal royal. Le commerce poursuit son cours. Mais la dernière compagnie, fondée sous Louis XVI, en 1785, sera dissoute pendant la Révolution. L'Orient est érigée en municipalité en 1790 ; elle devient Lorient, et se transforme en port militaire. "Adieu foulards, adieu madras" ; le commerce lorientais a, semble-t-il, vécu.

LA VILLE AUX CINQ PORTS Au XIXe siècle, Lorient suit une orientation à la fois militaire et industrielle. Elle développe un arsenal de pointe. Parallèlement, l'invention des conserves à l'huile va favoriser un nouveau débouché : la pêche. De vastes aménagements sont nécessaires pour désenclaver l'espace laissé par les anciennes compagnies commerciales, devenu trop contigu. La ville s'étend vers le sud ; le quartier de la Nouvelle Ville est créé. Le chemin de fer fait son apparition en 1862. En 1911, la cité âgée de 150 ans compte déjà 50 000 habitants. Le port de commerce de Kergroise est mis en activité dès 1920, suivi par le port de pêche de Keroman, inauguré en 1927. Les quartiers de Kerentrech, Merville ou Keryado voient progressivement le jour. Cette période de croissance se poursuit jusqu'à la veille de la Seconde Guerre mondiale. La position stratégique qui a fait la fortune de Lorient va jouer à son détriment : ce port idéalement situé face à l'Océan est choisi par les Allemands comme base principale de la bataille de l'Atlantique. Afin de protéger leur flotte sous-marine, les occupants construisent à partir de 1941 d'immenses alvéoles en béton. Et c'est cette base sous-marine de Keroman qui audra à la ville une destruction quasi complète. La reconstruction de Lorient, décidée dès 1943, commence en 1949, après la rénovation des infrastructures principales, comme l'eau, le gaz ou l'électricité, une fois les ruines déblayées. Le tracé d'avant-guerre est respecté, mais l'architecture du nouveau centre-ville, achevé en 1959, est résolument contemporaine. Une trentaine d'architectes en ont dessiné le visage – une esthétique aujourd'hui mise en valeur. Après avoir souffert de l'image d'une cité moderne et sans charme, Lorient revendique ce patrimoine du XXe siècle. La ville compte aujourd'hui, avec son agglomération, près de 200 000 habitants. Elle comprend un port de pêche (Keroman, qui s'impose comme le deuxième port français après Boulogne), un port de commerce (Kergroise, deuxième port de commerce breton), un port de plaisance, point de départ de transatlantiques prestigieuses, un port de voyageurs et un port militaire. La politique touristique adoptée a su intégrer ces différents sites, qui font de Lorient une halte originale et attachante.

MODE D'EMPLOI

accès

EN VOITURE

Lorient, située entre Vannes (60km) et Quimper (70km) sur la N165, est très facilement accessible depuis de nombreuses villes bretonnes.

EN AVION

Des liaisons quotidiennes desservent l'aéroport de Lann-Bihoué à Ploemeur, depuis Paris et Lyon. Seul un taxi ou une voiture de location vous permettra de rejoindre le centre-ville.

Aéroport Lorient Bretagne Sud
Ploemeur *Tél. 02 97 87 21 50 www.lorient.aeroport.fr*

EN TRAIN

Gare SNCF (plan 8, A2) La ligne de TGV Paris-Quimper (plusieurs liaisons quotidiennes) dessert Lorient en 3h45 depuis la gare Montparnasse. De la gare, située au nord de la ville, dans le quartier de Kerentrech, différentes lignes de bus mènent directement au centre. *Rue Édouard-Beauvais Tél. 36 35 www.voyages-sncf.com*

Tableau kilométrique

	Lorient	Hennebont	Quimperlé	Le Faouët	Guémené-sur-Scorff	Pontivy
Hennebont	10					
Quimperlé	25	30				
Le Faouët	40	35	20			
Guémené-sur-Scorff	45	40	40	30		
Pontivy	55	50	75	50	20	
Vannes	60	50	120	85	75	55

Plan 6 Lorient agglomération

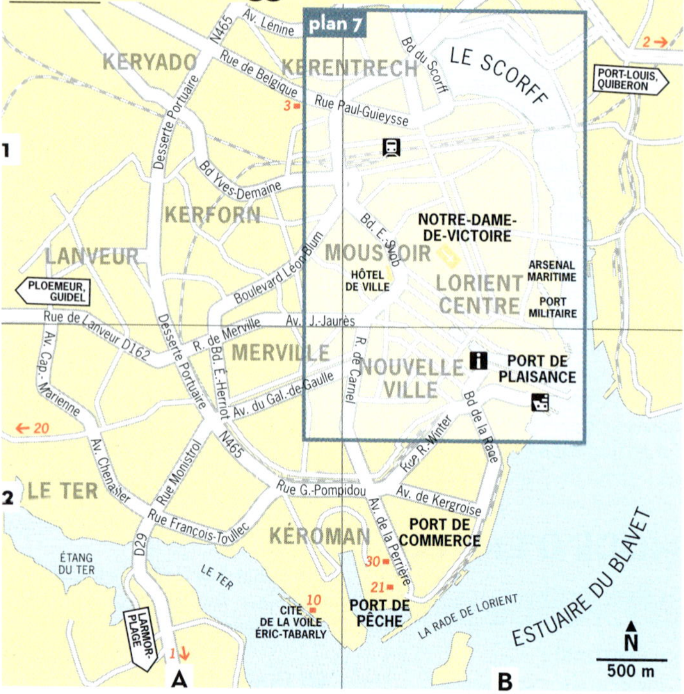

Cafés et bars et lieux de sortie (n° 1 à 3)
Bowling de Larmor* ____ **1** A2
Mamm kounifl ____ **2** B1
The Galway Inn* ____ **3** A1

Restauration (n° 10)
La Base ____ **10** A2

Hébergement (n° 20 et 21)
Auberge de jeunesse ____ **20** A2
Les Gens de Mer ____ **21** B2

Shopping (n° 30)
LG Factory* ____ **30** B2

*À RETROUVER DANS LA PARTIE DÉCOUVRIR

orientation

Lorient se situe au confluent des cours du Ter (à l'Ouest), du Scorff et du Blavet (à l'Est), au fond de la rade qui porte son nom. Sur ses rives s'alignent, du nord au sud : le port militaire, le port de plaisance et le port de voyageurs, le port de commerce (Kergroise) et le port de pêche (Keroman). La ville s'organise en différents quartiers. Autour du centre-ville et du port de plaisance, on trouve **Kerentrech** et la gare (au nord), **Merville** et ses halles (à l'ouest), la **Nouvelle Ville** (au sud) et **l'arsenal** (à l'est).

informations touristiques

Office de tourisme du pays de Lorient (plan 7, B4) Il distribue gratuitement des plans du pays de Lorient. *Maison de la mer Quai de Rohan Tél. 02 97 84 78 00 www.lorient-tourisme.com Ouvert juil.-août : lun.-sam. 9h30-13h et 14h-19h, dim. 10h-13h ; hors* *saison : lun.-ven. et sam. matin 10h-12h et 14h-17h*

Animation de l'architecture et du patrimoine (plan 7, B3) Organise des visites guidées des différents quartiers de la ville. *Hôtel Gabriel, enclos du port Tél. 02 97 02 59 31*

Bureau du port (plan 7, B4) Cinquante places sur le ponton pour les visiteurs en bateau. *Quai de Rohan Tél. 02 97 21 10 14*

transports urbains

Compagnie des transports de la région lorientaise CTRL (plan 6, A1) Le réseau de bus et de batobus de la CTRL dessert les 19 communes de l'agglomération, notamment : Ploemeur, Quéven, Hennebont et Inzinzac-Lochrist en bus ; Port-Louis, Gâvres et Riantec en bus et batobus. Les tickets (1,25 € l'unité) sont disponibles dans de nombreux points de vente (buralistes, etc.) et à bord des véhicules. À savoir : les vélos sont autorisés à bord des batobus (sans supplément). *Bd Yves-Demaine Tél. 02 97 21 28 29 www.ctrl.fr*

Compagnie Océane de Navigation Vous pouvez embarquer de Lorient toute l'année pour Groix et Belle-Île. *Rens. et réservations gare maritime sur le port de plaisance Tél. 0820 056 156 www.compagnie-oceane.fr*

Escal'Ouest Départs pour l'île de Groix, croisières commentées dans la rade de Lorient, liaisons avec Hennebont, sorties pêche en juil.-août. *Rens. et réservations à l'OT Lorient ou 2, rue de Kerhoas 56260* ***Larmor-Plage*** *Tél. 02 97 65 52 52 www.bateau taxi-iledegroix.com*

presse

Plusieurs mensuels gratuits sont disponibles à l'OT ou chez les commerçants : ***Sorties de secours*** détaille l'actualité culturelle du pays de Lorient ; ***Sortir ici*** (édition de Lorient), plus éclectique et sans doute un peu moins branché, présente des sélections d'adresses plus fournies en matière de restauration et de visites ; ***Rumeurs*** propose une actualité – souvent avec commentaires – essentiellement tournée vers les bars, pubs, spectacles. L'office de tourisme édite ***Les Rendez-vous***, une brochure trimestrielle qui répertorie par dates toutes les manifestations en cours sur l'agglomération.

fêtes et manifestations

☆ **Festival interceltique** Le plus grand condensé de culture celtique a vu le jour en 1971. Il réunit désormais plus de 4 500 artistes et intervenants, et des centaines de milliers de spectateurs chaque année. À cette période, la ville n'est que festival ; on y consomme musique, danse et bière sans aucune modération. Programme de l'année disponible à partir du mois de mai. *Information à l'OT ou au 11, espace Nayel Tél. 02 97 21 24 29 www.festival-interceltique.com Fin juil.-début août*

DÉCOUVRIR

☆ Les essentiels L'Abri 400 places, la Cité de la Voile Éric-Tabarly **Découvrir autrement** Plongez-vous dans la culture bretonne à la Tavarn ar Roué Morvan, promenez-vous du côté du Bas-Pouldu, assistez au Festival interceltique en été **> Carnet d'adresses p.360**

Lorient

Il serait dommage de réduire la découverte de Lorient à celle de son seul centre-ville. Celui-ci concentre l'essentiel de l'animation urbaine, et fait l'objet de plusieurs visites guidées organisées par l'Animation de l'architecture et du patrimoine (cf. Mode d'emploi) – qui comprennent également l'Abri 400 places, mémorial de la ville détruite. Certains quartiers périphériques valent le coup d'œil et vous permettront de remonter dans l'histoire de la ville. Autour des halles de Merville (de 1964) ou vers Kerentrech, des constructions, maisons ou immeubles Art nouveau témoignent de l'architecture du début du XXe siècle. On trouvera des exemples du style Arts déco de l'entre-deux-guerres, richement orné, à Merville toujours, et vers la Nouvelle Ville ou Keroman.

Le centre-ville et le port de plaisance

☆ **Abri 400 places, mémorial de la ville détruite (plan 7, A3)** L'abri anti-bombes situé sous la place Alsace-Lorraine, un des premiers réalisés à Lorient, fut mis en service dès l'été 1941. Muré après la guerre, il a rouvert à l'occasion du cinquantième anniversaire de la libération de Lorient. À travers un diaporama et la reconstitution du contexte de l'époque, il rend hommage aux milliers de civils disparus pendant les bombardements. *Pl. Alsace-Lorraine Rens. service de l'animation du patrimoine Tél. 02 97 02 23 29 Ouvert juil.-août : tlj. Visite guidée uniquement (durée 1h30) Tarif 5€, réduit 3€, moins de 12 ans gratuit*

Enclos du port (plan 7, B3) Ce quartier élégant, dominé par la tour de la Découverte, constitue le cœur historique de Lorient. L'ancien enclos de la Compagnie des Indes (XVIIIe s.) a miraculeusement survécu aux bombardements. L'accès à ce territoire militaire est réservé aux seules personnes travaillant sur le site – qui abrite, outre le commandement de la Marine, quelques entreprises, dont TV Breizh. *Ne se visite pas*

CULTURE BRETONNE

Coop Breizh est une boutique qui fourmille de livres, CD et autres objets qui vous plongeront *e kalon sevenadur Breizh* : "au cœur de la culture bretonne" ! **Coop Breizh (plan 7, B3 n°31)** *60, rue du Port Tél. 02 97 21 22 17 Ouvert juil.-août et déc. : tlj. sauf lun. matin 10h-12h30 et 14h-19h ; sept.-juin : tlj. 10h-12h30 et 14h-19h*

☺ **La Thalassa (plan 7, B4)** La *Thalassa* fait partie des cinq "nouveaux espaces de découverte du pays de Lorient" : cinq musées intelligents, contemporains, ludiques et instructifs ! Ce navire océanographique, premier chalutier à pêche arrière en France, fut lancé en 1960 par l'Ifremer (Institut français de recherche pour l'exploitation de la mer) pour étudier les fonds marins. Il a parcouru l'équivalent de trente-huit fois le tour du globe, avec à son bord une cinquantaine de chercheurs et membres d'équipage. À quai depuis 1996, il ouvre à présent ses portes aux visiteurs qui y découvrent la vie à bord, le fonctionnement d'un chalutier et les différents milieux marins à travers divers supports : le bateau lui-même, mais aussi des bornes audio, des maquettes, des jeux. Chaque panneau explicatif comprend deux textes : celui du haut est destiné aux adultes, celui du bas aux enfants (6-12 ans). Le billet d'entrée est à conserver : c'est un "Pass'découverte" qui permet de bénéficier du tarif réduit sur les autres espaces de découverte du pays de Lorient : le Haras national d'Hennebont, l'Odyssaum de Pont-Scorff, la Tisserie de Brandérion et la Maison de l'île Kerner à Riantec. *Port de plaisance Tél. 02 97 35 13 00 www.la-thalassa.fr Ouvert mai, juin et sept. : tlj. 14h-18h ; juil.-août : lun.-ven. 9h30-12h30 et 14h-18h, sam.-dim. 14h-18h Fermeture de la billetterie 1h30 avant la fin de la visite Tarif 6,90€, réduit 5,30€*

● **Où trouver épices et biscuits fins ?** Dans les pharmacies de la ville, vous trouverez le kari-gosse, assemblage de piment rouge, coriandre, cumin, cardamome et autres épices exotiques. Créé au XIXe siècle par un apothicaire lorientais, ce mélange agrémente poissons et sauces d'une touche extrême-orientale. À essayer pour renouveler la cuisine au quotidien !

Aux Mille Délices (plan 7, A3 n°30) Le magasin déborde de merveilleux produits d'épicerie fine disposés avec soin : un bonheur pour les yeux avant le régal des papilles. Vous y trouverez des condiments, plus de cent thés, des biscuits fins, des délices régionaux et gastronomiques, dont un étonnant vinaigre aux algues (7,80€ pour 500ml) pour ceux qui veulent retrouver la saveur de l'iode de retour de vacances. *41, rue du Port Tél. 02 97 21 84 84 Ouvert lun.-sam. 10h-19h*

● **Où manger sur le pouce ?** Ce snack-bar du centre-ville, avec ses surfaces rouge et noir et son mobilier design, est idéal pour manger sur le pouce après une séance de shopping. Dégustez une tarte salée (6,50€), bien installé dans les fauteuils de velours du petit salon, ou déjeunez plus rapidement au bar d'un croque-monsieur (4,50€) ou d'une tartine. Le va-et-vient des clients qui entrent retrouver quelqu'un, siroter un café ou faire une pause avant de replonger dans leurs activités, confère à l'endroit une ambiance fort sympathique. **Barn's K'fé (plan 7, A3 n°13)** *5, pl. Aristide-Briant Tél. 02 97 64 71 34 Ouvert lun.-sam. 8h-21h*

● **Où boire un verre ?** Vous avez tout essayé, de balades en visites, vous êtes resté implacablement hermétique au supposé "charme" de Lorient ? Attendez le crépuscule : c'est dans ses antres obscurs que l'ambiance de la ville s'exprime le mieux. Le nombre de bars, de pubs et de cafés animés, originaux, colorés ou authentiques, séduira à coup sûr les plus réfractaires des touristes. De nombreux bars s'égrènent le long du Quai des Indes (plan 7, A3-B4), dans le prolongement du Port de plaisance. Si l'endroit est assez calme la journée, c'est un point de ralliement en soirée. Il y en a pour tous les goûts : branché, latino, pub intimiste.

☺ **Tavarn ar Roué Morvan (plan 7, B3 n°1)** Ce pourrait être un pub, tant la décoration évoque l'ambiance irlandaise, mais il s'agit bel et bien d'une taverne bretonne, loin de toute imitation et de toute superficialité. Authenticité et convivialité : on s'y retrouve pour boire un verre, pour manger, midi et soir (cf. Restauration), pour écouter des concerts de musique de Bretagne et d'ailleurs (chants marins...), ou assister à des veillées musicales celtes. Accueil chaleureux. Terrasse. *17, rue Poissonnière Tél. 02 97 21 61 57 Ouvert août : tlj. 11h-1h ; le reste de l'année : lun.-sam. 11h-1h*

Plan 7 Lorient centre

Cafés, bars et lieux de sortie (n° 1 à 3)
Café du Port* — 2 B3
La Truie et sa portée* — 3 A3
Tavarn Ar Roué Morvan* — 1 B3

Restauration (n° 10 à 14)
Barn's K'fé* — 13 A3
Crêperie Saint-Georges — 10 A3
Henri et Joseph — 14 A3
La Guimbarde — 12 B3
Tavarn Ar Roué Morvan — 11 B3

Hébergement (n° 20 à 23)
Central Hôtel — 23 A3
Hôtel Cléria — 22 A2
Hôtel Les Pêcheurs — 20 B4
Hôtel Victor Hugo — 21 A4

Shopping (n° 30 et 31)
Aux Mille Délices* — 30 A3
Coop Breizh* — 31 B3

*À RETROUVER DANS LA PARTIE DÉCOUVRIR

Café du Port (plan 7, B3 n°2) Ce bar sympathique ne donne pas sur le port, comme son nom pourrait le laisser croire, mais sur la rue piétonne du même nom, où il déploie sa terrasse. Une halte agréable, surtout prisée par les jeunes qui refont le monde autour du zinc. Pour voyager sur la route des rhums arrangés (2,50€) ou goûter une bière bretonne. Apéritif philo le dernier mardi du mois (19h30-21h) à partir de septembre. *52, rue du Port Tél. 02 97 21 87 41 Ouvert lun.-sam. 11h-1h*

La Truie et sa portée (plan 7, A3 n°3) La décoration hésite entre la vitrine de Noël et la reconstitution d'une ruelle médiévale... Surprenant mais pas déplaisant, car l'ambiance est décontractée, la musique choisie et l'accueil convivial. Dans la catégorie des boissons chaudes, bon choix de cafés du monde ou de thés, et des chocolats chauds aromatisés (à partir de 2,60€) : à l'orange, à la menthe ou à la vanille. *10, rue de la Patrie Tél. 02 97 64 19 16 www.la-truie-et-sa-portee.fr Ouvert lun.-sam. 12h-1h*

● **Où sortir ?** Le Galway est un vrai pub irlandais tout de bois sombre patiné. Une antique cheminée, des murs couverts de photographies anciennes, un accueil chaleureux et des concerts de musique celtique, jazz, blues, rock ou folk organisés tous les mercredis ou jeudis et le samedi soir. L'adresse est bien connue de tous ceux qui veulent sortir, chanter... ou jouer de la musique, car les bœufs y sont les bienvenus ! **The Galway Inn (plan 6, A1 n°3)** *18, rue de Belgique Tél. 02 97 64 50 77 www.pubgalway-lorient.com Ouvert lun.-sam. 16h-2h, dim. 17h-2h*

Le sud de la ville

Port de pêche (plan 6, B2) Le port de pêche de Keroman, inauguré en 1927, devenu dès 1932 le deuxième port de pêche français, mérite une visite. Le long de ses deux grands bassins, il offre un spectacle impressionnant de machines, d'hommes, de bateaux… et de poissons, à la criée ! Pour profiter au mieux de cette animation, il faut s'y rendre tôt le matin (avant 7h !).

☆ **Cité de la Voile Éric-Tabarly (plan 6, A2)** Construite par les Allemands de 1940 à 1943 entre la pointe de Keroman et l'embouchure du Ter, la base de sous-marins de Lorient revient à la Marine nationale dans l'après-guerre. Elle est désarmée en 1997. Depuis 2008, une partie du site accueille la Cité de la Voile Éric Tabarly. Dominée par la tour des Vents, cette nef de métal à l'ossature transparente héberge les cinq *Pen Duick* du navigateur et décline trois grands thèmes : l'homme et l'Océan, les voiliers (conception, construction...), et la course au large. Le parcours muséographique, ponctué de multiples îlots interactifs, propose une approche ludique et instructive de la voile pour tout savoir, des mythes de la mer aux connaissances scientifiques et environnementales les plus récentes. Une approche originale des grands principes de la navigation et de la course au large : monocoques, catamarans, trimarans, voiles carrées ou latines n'auront plus de secret pour vous. L'expérience d'Éric Tabarly, ingénieur visionnaire et marin d'exception, sert de fil rouge à l'exposition. Même si la voile vous indiffère, il faut y aller pour boire un verre en terrasse, en fin de journée, face aux *Pen Duick* de légende amarrés sur le quai. Des sorties en mer sont également proposées d'avril à sept. *Base de sous-marins Quai du Pourquoi-Pas Tél. 02 97 65 56 56 www.citevoile-tabarly.com Ouvert tlj. (sauf lun. hors vac. scol.) 10h-18h ; juil.-août : tlj. 10h-19h Fermé jan. Tarif 11,50€, 5-17 ans 8,40€*

● Où faire du shopping ? De la gigantesque lampe tempête aux hublots à charnières laitonnées, en passant par de superbes maquettes de bateaux de pêche ou au scaphandre semblable à celui de Tintin dans le Trésor de Rackham le Rouge, vous trouverez dans le vaste entrepôt de LG Factory toute la déco marine dont vous rêviez, à prix d'usine. Faites un détour au rayon textile : les vêtements de mer sortent de maisons de référence... mais pas sous leur nom le plus connu. **LG Factory (plan 6, B2 n°30)** *81, av. de la Perrière (quartier du port de pêche) Tél. 02 97 37 43 98 Ouvert lun. 14h-19h, mar.-sam. 10h-12h et 14h-19h*

● Embarquer pour une traversée

CTRL (plan 6, A1) La compagnie de bus lorientaise dessert Locmiquelic, Port-Louis et la Cité de la Voile par la mer. Profitez du panorama splendide de la rade lors de ces traversées pour le prix d'un ticket de bus (1,25€) ! Vous pouvez aussi conjuguer bateau et bus pour aller jusqu'à Riantec et la petite mer de Gâvres. *Bd Tres-Demaine Tél. 02 97 21 28 29 www.ctrl.fr*

Escal'Ouest En juillet et août, la compagnie propose plusieurs formules de balades en bateau : visite commentée, croisière nocturne sur la rade, sorties pêches, ou encore remontée du Blavet jusqu'à Hennebont pour son marché, le jeudi. *Rens. et réservations à l'OT Lorient ou 2, rue de Kerhoas 56260 Larmor-Plage Tél. 02 97 65 52 52 www.bateautaxi-iledegroix.com*

Les environs de Lorient

Église Notre-Dame-de-la-Clarté La silhouette particulière de l'église de Larmor-Plage (également appelée Notre-Dame-de-Larmor), des XIVe et XVIe siècles, est due à son étonnante tour de guet fortifiée (1630), pourvue en 1666 d'une flèche en granit destinée à lui donner un air de... clocher. Une ancienne coutume voulait que tout vaisseau quittant ou rejoignant le port de Lorient salue Notre-Dame-de-la-Clarté de trois coups de canon, auxquels répondaient les cloches de l'église. Le porche principal, orienté vers le nord pour protéger les fidèles des embruns, abrite les statues des douze apôtres et un Christ de pitié. À l'intérieur, cinq retables, de nombreux ex-voto et plusieurs statues méritent un coup d'œil. ***Larmor-Plage*** *(à 5km au sud de Lorient, de l'autre côté du Ter) Ouvert tlj. 8h-18h30*

Se promener le long du littoral

Au départ de **Larmor-Plage**, on peut suivre la côte jusqu'à l'anse du Pouldu, à la frontière du Finistère. Ce n'est certes pas le littoral le plus majestueux de Bretagne Sud – il est émaillé de blockaus et de constructions récentes, mais des lieux encore préservés se font plus nombreux à l'approche de Guidel. Le long de la route s'égrènent plages et ports. Aucun de ces endroits ne vaut d'être vu absolument, mais le petit port de **Loméner** peut constituer une halte sympathique, le temps d'un verre ou d'un repas… Après **Fort-Bloqué** (commune de **Ploemeur**) – un fort du XVIIIe siècle que vous pourrez gagner à pied à marée basse –, les plages, bordées de landes et de marais offrent de belles vagues, pour le bonheur des surfeurs. La balade débouche sur un site superbe : le **Bas-Pouldu** (**Guidel-Plages**), où se rencontrent l'Océan et la rivière Laïta. À marée basse, les bancs de sable émergeant créent des paysages étonnants qui prennent joliment la lumière.

Surf, kitesurf et char à voile

École de kitesurf (Saint-Brevin) — 129
Vent de Sable (Quiberon) — 312
Surfing Paradise (Quiberon) — 312
WSA West Surf Association (Guidel-Plages) — 359
Twenty-Nine (La Torche) — 475
UCPA (La Torche) — 475
Club de char à voile de Pentrez — 506

● **Où boire un verre ?** La façade framboise de l'élégante Villa Margaret émerge entre les arbres. Sa situation sur le port de Kernevel en fait un repaire de plaisanciers, de pêcheurs, mais aussi de Lorientais qui apprécient cette adresse chaleureuse. Les fauteuils et les canapés ainsi que la grande cheminée du salon créent une ambiance feutrée. La terrasse offre une vue dégagée sur la rade. Petite restauration (sandwichs) et expositions de peinture. **Villa Margaret** *Port de plaisance de Kernevel (au sud de Lorient) 56260* ***Larmor-Plage*** *Tél. 02 97 33 67 19 Ouvert juil.-août : tlj. 9h-1h ; hors saison : dim.-mar. 9h30-21h*

● **Où jouer au bowling ou au billard ?** Les installations sont impressionnantes : 16 pistes de bowling, des jeux de fléchettes électroniques et 11 billards dont un snooker. Trois activités, trois clubs dont plusieurs membres concourent à un niveau national. Il y a toujours une équipe à rejoindre ou à affronter ! Vous y croiserez aussi des familles fêtant un anniversaire ou des amis en goguette. Accueil sympathique au bar. Service de restauration légère. **Bowling de Larmor (plan 6, A2 n°1)** *3, rue du Minio (route de Larmor-Plage, puis au feu à gauche) 56260* ***Larmor-Plage*** *Tél. 02 97 33 70 60 Ouvert 14h-2h*

● **Faire du surf** L'immense plage de Guidel fait partie des meilleurs spots de Bretagne. 35€ la séance. **WSA West Surf Association** 56520 ***Guidel-Plages*** *(à 15km à l'ouest de Lorient) Tél. 02 97 32 70 37 www.w.s.a.free.fr*

● **Pratiquer des activités nautiques** Premier club de France en nombre de licenciés, le centre nautique de Kerguélen bénéficie du label Station voile. Également classé “jardin des mers” et “club moussaillon”, il propose un panel d'activités variées : kayak, voile sous toutes ses formes (dont le char à voile en juil.-août), plongée... **Centre nautique de Kerguélen** *Anse de Kerguélen 56260* ***Larmor-Plage*** *Tél. 02 97 33 77 78 www.sellor-nautisme.fr Locations de Pâques à la Toussaint*

● **S'initier à la plongée** Près de la plage de Port-Maria, le club de plongée Blue Live propose des cours techniques, des formations et des séjours à thèmes tous niveaux. Pour découvrir les épaves de la zone (sous-marins, cargos) et la côte sauvage de l'île de Groix. **Blue Live** *10, rue des 4-frères-Leroy Queret 56260* ***Larmor-Plage*** *Tél. 02 97 65 44 69 www.bluelive.net*

● **Se balader à cheval** Kerguélen Équitation propose des balades de 1h à 2h pour découvrir le pays de Lorient. **Kerguélen Équitation** *Village de Kerguélen 56260* ***Larmor-Plage*** *Tél. 02 97 33 60 56 www.kerguelen-equitation.fr*

● **Parcourir les greens** Le golf de Ploemeur jouit d'une situation remarquable en bord de mer. Son bar-restaurant est ouvert à tous. **Golf de Ploemeur Océan** *Saint-Jude, Kerham 56270* ***Ploemeur*** *(à 10km à l'ouest de Lorient) Tél. 02 97 32 81 82 www.formule-golf.com*

● **Jouer à se perdre** Les enfants surtout aimeront les quatre parcours thématiques tracés dans un champ de maïs et les structures gonflables. **Labyrinthe du Corsaire** *56520* ***Guidel-Plages*** *(près du château d'eau bleu) Tél. 02 99 81 17 23 www.labyrintheducorsaire.com Ouvert juil.-août 10h30-19h Tarif 7,50€*

CARNET D'ADRESSES

Restauration

Si l'hôtellerie manque de fantaisie, on ne peut rien reprocher à la restauration lorientaise. De la crêperie sans façon à l'adresse ultraraffinée, le choix est vaste et réserve de très bonnes surprises.

petits prix

Crêperie Saint-Georges (plan 7, A3 n°10) L'antre du dompteur de dragon est décoré de grandes tapisseries médiévales et de vitraux. Près de la cheminée, on déguste sur de grandes tables en bois des salades géantes (env. 8,50€) ou des crêpes au boudin et aux pommes (5,40€). Lumière tamisée et ambiance feutrée pour des dîners en tête à tête. *14, rue Paul-Bert* ***Lorient*** *Tél. 02 97 64 28 11 Fermé dim.*

☺ **Tavarn Ar Roué Morvan (plan 7, B3 n°11)** Ce haut lieu de la culture bretonnante (cf. Découvrir, Où boire un verre) propose, midi et soir, un choix de 2 ou 3 plats (viande ou poisson) à partir de 10€, tels que choucroute de la mer ou *kig ha fars* (12,40€). Pour les petites faims, une sélection de quiches et de salades savoureuses est également disponible. Et une ambiance on ne peut plus bretonne... À découvrir sans hésiter ! *17, rue Poissonnière* ***Lorient*** *Tél. 02 97 21 61 57 Ouvert tlj. 11h-1h*

La Base (plan 6, A2 n°10) Terrasse superbe et vue panoramique sur le Ter, les *Pen Duick* et quelques splendides multicoques à quai pour ce bar-brasserie tendance qui jouxte la Cité de la Voile. Dans ce décor de béton gris, gigantesques lampes industrielles au plafond et longues tables conviviales de bois brut, égayé d'un zeste de rose flashy derrière le bar, on croise "voileux", visiteurs d'ici et d'ailleurs, cadres ou jeunes branchés venus boire un verre ou se régaler qui d'une douzaine d'huîtres (16€), qui de magnifiques brochettes (14€-16€) ou de plantureuses salades (11€-14€). À essayer sans faute. *Base sous-marine Keroman* **Lorient** *Tél. 02 97 88 01 93 www.labaselorient.fr Ouvert tlj. 9h-1h*

prix moyens

La Guimbarde (plan 7, B3 n°12) Son cadre reposant est apprécié notamment des hommes d'affaires à la pause déjeuner. On prendra plaisir à choisir parmi les viandes ou les poissons grillés dans la cheminée, et à feuilleter la riche carte des vins. L'ensemble n'est pas d'une grande originalité, mais la cuisine est de qualité, jusque dans les desserts maison. Le sens de l'accueil s'enrichit de conseils appréciables. Menus de 18,50€ à 33€. *11, rue Marie-Dorval* **Lorient** *Tél. 02 97 64 72 40*

prix très élevés

Henri et Joseph (plan 7, A3 n°14) L'adresse qui monte depuis que le chef Philippe Le Lay a décroché son étoile. La cuisine y est subtile, les associations de condiments soulignant la nature des produits. Une pointe de saveurs d'huîtres ici, une réminiscence de noisette là... Servis dans de la belle vaisselle et présentés comme des tableaux, les mets se dégustent comme des œuvres d'art. On regrettera seulement l'austérité que les tons noirs et gris confèrent à la salle. Le chef innove en imposant un concept simple : un menu unique composé des produits du marché et qu'il est possible de scinder à midi pour un minimum de 22€ ; le soir, obligation de prendre le menu complet (48€). Tous les quinze jours, de nouveaux mets apparaissent. *4, rue Léo-Le-Bourgo* **Lorient** *Tél. 02 97 84 72 12 Ouvert mar.-dim. : midi, ven.-sam. : soir Fermé fin juil.*

L'Amphitryon (hors plan 6 par A1) Le restaurant lorientais le plus coté se niche en pleine zone commerciale, sur une route sans âme : ne vous laissez pas rebuter par ces abords ingrats. Une fois la porte refermée, oubliez les grandes surfaces... Laissez-vous aller au raffinement de cette cuisine dont la spécialité est le gratin d'étrilles au kari-gosse. Menus de 50€ à 150€ aux noms évocateurs : "Délir's d'initiés", "Refus du superflu", "Précis d'amphi"... *127, rue du Colonel-Jean-Muller* **Lorient** *(à env. 3km au nord-ouest du centre-ville, direction ZA de Keryado, face au magasin Décathlon) Tél. 02 97 83 34 04 www.amphitryon-abadie.com Fermé dim.-lun.*

Dans les environs

petits prix

Le Tour du monde Au port de plaisance, le rendez-vous des "voileux"

GAMME DE PRIX	RESTAURATION	HÉBERGEMENT
Très petits prix	moins de 10€	moins de 30€
Petits prix	de 10 à 20€	de 30 à 50€
Prix moyens	de 20 à 30€	de 50 à 80€
Prix élevés	de 30 à 40€	de 80 à 100€
Prix très élevés	plus de 40€	plus de 100€

et des vacanciers. Une décoration marine réussie : on se croirait presque sur un bateau ! Depuis les larges baies vitrées donnant sur le port, on jette un coup d'œil aux petits bateaux qui viennent de Lorient tout en dégustant des moules-frites (de 9,60€ à 11,50€), la spécialité de la maison. *Port de plaisance du Kernevel 56260* ***Larmor-Plage*** *Tél. 02 97 65 54 18 Ouvert tlj. 11h-1h*

Crêperie La Rose des sables Devant l'église, une petite crêperie à la décoration bretonnante pas très originale : sur les murs se côtoient flotteurs de casiers, nœuds marins et marines en 3D. Tout se passe dans l'assiette : ne repartez pas sans avoir goûté la "rose des sables" au chèvre et aux gésiers de canard et la "kenavo" au chocolat blanc. Service souriant. *11, pl. Notre-Dame 56260* ***Larmor-Plage*** *Tél. 02 97 84 23 74 Ouvert mer.-sam.*

prix moyens

Les Fauves Un antique guichet de Pondichéry vous accueille dans ce bar-restaurant qui, idéalement placé face au port du Pouldu, à l'embouchure de la Laïta, jouit d'un splendide panorama. Profitez pleinement de cet environnement devant une salade, un poisson ou une pizza (10€-15€ le plat), généreusement servis, ou laissez-vous séduire par les couleurs africaines de l'intérieur, la vue demeure imprenable. *Le Bas-Pouldu 56520* ***Guidel-Plages*** *Tél. 02 97 32 86 86 www.lesfauves.fr*

Hébergement

Lorient n'offre pas de merveilles en matière d'hébergement, mais les tarifs sont raisonnables... Pendant la période du Festival interceltique, le marché est vite saturé - pensez à réserver - et les prix sont majorés - renseignez-vous !

très petits prix

Auberge de jeunesse (plan 6, A2 n°20) Vers Larmor-Plage, l'auberge jouit d'un cadre somptueux sur les rives de l'étang de Ter et accueille environ 70 personnes en chambres de 5 lits (14,20€ la nuitée). Restauration possible. *41, rue Victor-Schœlcher* ***Lorient*** *Tél. 02 97 37 11 65 lorient@fuaj.org Accueil ouvert 8h30-12h et 17h30-22h Fermé vac. de Noël*

petits prix

Hôtel Les Pêcheurs (plan 7, B4 n°20) L'aubaine de Lorient ! Ses tarifs défient toute concurrence : les chambres coûtent de 26€ (avec sanitaires sur le palier) à 41€ pour celles avec douche et WC. Une adresse bien située, juste derrière le port de plaisance et près de l'embarcadère pour Groix. Restauration rapide. Accueil cordial. Accès wifi. *7, rue Jean-Lagarde* ***Lorient*** *Tél. 02 97 21 19 24 www.hotel-lespecheurs.com*

prix moyens

Hôtel Victor Hugo (plan 7, A4 n°21) Il offre un bon confort et quelques

GAMME DE PRIX	RESTAURATION	HÉBERGEMENT
Très petits prix	moins de 10€	moins de 30€
Petits prix	de 10 à 20€	de 30 à 50€
Prix moyens	de 20 à 30€	de 50 à 80€
Prix élevés	de 30 à 40€	de 80 à 100€
Prix très élevés	plus de 40€	plus de 100€

touches colorées bienvenues dans ses 30 chambres, protégées du bruit par un double vitrage. De plus, il dispose d'un garage (8€ la nuit). Salle de petit déjeuner (7€) aux couleurs estivales. Comptez de 45€ à 77€ avec douche et de 52€ à 81€ avec bain selon la saison. Accès wifi. Accueil souriant. *36, rue Lazare-Carnot* ***Lorient*** *(à 5min du centre) Tél. 02 97 21 16 24 www.hotelvictorhugo-lorient.com*

Les Gens de Mer (plan 6, B2 n°21) Ceux qui souhaitent se frotter de plus près au monde maritime tenteront cette adresse située à l'entrée du port de pêche. Les professionnels de la mer viennent y manger – le poisson est évidemment de première fraîcheur – ou y dormir. Simplissimes, les 26 chambres sont propres et disposent de sanitaires très corrects. Ambiance familiale. Prix raisonnable : 61€ en juil.-août. *14, bd Louis-Nail* ***Lorient*** *Tél. 02 97 37 11 28 www.lesgensdemer.fr*

Central Hôtel (plan 7, A3 n°23) Cet hôtel est, comme son nom l'indique, central et c'est sa première qualité. Confortables et gaies avec leurs notes jaunes et bleues, les 21 chambres (50€-90€) sont bien insonorisées. Petit déj. 8€. Accueil sympathique. *1, rue Cambry* ***Lorient*** *Tél. 02 97 21 16 52 www.centralhotellorient.com*

Hôtel Cléria (plan 7, A2 n°22) Un peu excentré, vers la gare, cet établissement de 33 chambres (59€-90€), repris par de nouveaux propriétaires en 2008, présente une façade refaite et plutôt gaie. Le hall clair et accueillant mène à des chambres agréables refaites en 2009 dans un esprit cosy. De l'ensemble se dégage une impression de fraîcheur. Petit déj. 9€. *27, bd Franchet-d'Espèrey* ***Lorient*** *Tél. 02 97 21 04 59 www.hotel-cleria.com*

Dans les environs

camping

Les Algues À côté de la plage (accès direct), un camping ombragé équipé de nombreux aménagements (aires de jeux, etc.). Comptez 15€ pour planter votre tente. *Bd Port-Maria 56260* ***Larmor-Plage*** *Tél. 02 97 65 55 47 Ouvert mi-juin-mi-sept.*

prix élevés

Hôtel-restaurant Le Vivier Établissement moderne, de qualité, il arbore un mobilier contemporain dans des tons clairs et orangés. Les chambres de 89€ à 116€ sont desservies par des coursives extérieures. Sa situation au bout d'une impasse, à deux pas de la plage et face à Groix, en fait une adresse calme et bien située. Pas de faute de goût concernant le restaurant, spécialisé dans les fruits de mer (menus de 26€ à 48€). *9, rue Beg-er-Vir 56270* ***Lomener*** *Tél. 02 97 82 99 60 www.levivier-lomener.com Restaurant fermé dim. soir sauf juil.-août*

Les Mouettes Un chemin privé au cœur des dunes, des landes et des marais du Parc naturel océanique de Kerguélen mène à cette grande bâtisse qui dispose d'un accès direct à la plage. Les chambres bénéficient d'installations de très bon confort dans une atmosphère claire et sereine. Demandez-en une qui donne sur la mer et l'île de Groix pour jouir d'un spectacle magnifique. Comptez 92€ la nuit et 10,50€ le petit déj. Le restaurant de l'établissement sert une cuisine du terroir (menu de 23€ à 48€, 75€ avec homard). *Anse de Kerguélen 56260* ***Larmor-Plage*** *Tél. 02 97 65 50 30 www.lesmouettes.com*

☺ ÎLE DE GROIX

56590

La première raison de se rendre sur l'île de Groix pourrait bien être le voyage en lui-même. Au départ de Lorient, la traversée (14km) est l'occasion de longer "la ville aux cinq ports" et l'embouchure du Scorff et du Blavet... Le paysage défile en égrenant les images contrastées du port de pêche, de la base sous-marine, du port de Sainte-Catherine, à Locmiquélic, puis de la citadelle de Port-Louis. Le voyage se poursuit en mer pour s'achever à Port-Tudy, délicieuse entrée en matière à l'escale de choix que constitue Groix. Une terre à découvrir pour son relief, sa végétation, son architecture... mais aussi, et peut-être surtout, pour ses habitants : une rencontre pour mieux comprendre ce qu'est l'"insularité".

PIVISY ET PRIMITURE L'île, formée par un choc tectonique il y a quatre cents millions d'années, fut isolée du continent au mésolithique. Elle se divise en deux pays, qui se rencontrent au niveau du bourg. Pivisy, à l'ouest, exposé aux vents dominants, bordé de falaises, subit des conditions naturelles assez rudes. À l'est, Primiture, plus abrité, présente une côte plus basse, une terre plus propice à la culture. On a coutume de dire que ces données ont façonné le caractère des insulaires, plus renfermés à l'ouest, plus ouverts à l'est.

HISTOIRE Groix s'est peuplée par vagues successives ; la période néolithique, notamment, coïncide avec une grande expansion démographique ; des monuments mégalithiques sont alors érigés. À partir du Ve siècle, elle est christianisée par les saints venus d'Irlande. Le passage des Normands à Groix est attesté par la présence, unique en France, d'une barque-tombeau datant du Xe siècle. L'île, sous le contrôle des Rohan à partir du XIVe siècle, s'organise dès cette époque autour de deux activités principales, l'agriculture et le trafic maritime. La première sera vite dévolue aux femmes. Avec le développement de la Compagnie des Indes et du port de L'Orient à quelques milles de ses côtes au XVIIIe siècle, Groix va voir ses hommes déserter la terre. La mer, qu'ils sillonnent à bord des navires de guerre ou de commerce, devient plus que jamais leur domaine. Si elle constitue un abri pour les navires français de la Compagnie, l'île est aussi un site stratégique pour les envahisseurs anglais et hollandais, et elle se dote aux XVIIIe et XIXe siècles de nombreuses fortifications. C'est au XIXe siècle, grâce à l'invention de la conserve à l'huile, que la pêche au thon prend l'essor formidable qui fera de Groix le premier port thonier de France ; jusqu'en 1935, l'île arme près de trois cents dundées pour la pêche au thon germon dans le golfe de Gascogne, et compte cinq conserveries. L'arrivée des chalutiers à vapeur marque la fin de cette période faste ; de nombreux Groisillons émigrent avec leur famille pour travailler à Keroman, le port de pêche de Lorient. L'île se vide de ses pêcheurs… mais se remplit bientôt de plaisanciers. Reconvertie dans le tourisme, elle a su s'adapter aux contraintes de ce dernier – développement des liaisons avec le continent, installations diverses –, tout en gardant son âme.

MODE D'EMPLOI

accès par bateau

Compagnie Océane Liaisons régulières entre Lorient et Port-Tudy (Groix) toute l'année (durée : 45min). Passager 30,15€ AR (réduit 19€) ; voiture 148,30€-328,30€. *Gare maritime* ***Lorient*** *Tél. 0820 056 156 www.compagnie-oceane.fr*

Escal'Ouest Des liaisons 24h/24, en été seulement, au départ de Larmor-Plage (Kernével) ou de Port-Louis. Le tarif varie selon le bateau, l'horaire et le nombre de personnes. Par exemple, sur le *Stereden An heol*, comptez 25€ AR avec traversée commentée (réduit 12-15€ et 20€/adulte accompagné d'un enfant). Pour le *Galaad*, bateau-taxi, comptez de 100€ à 140€/pers. selon l'heure, et 20€/pers. supplémentaire. *Rens. à l'OT Lorient ou 2, rue de Kerhoas 56260* ***Larmor-Plage*** *Tél. 02 97 65 52 52 www.bateautaxi-iledegroix.com*

orientation

L'île de Groix mesure 8km de long sur 3 à 4km de large. Elle se divise en deux "pays" historiques : **Primiture**, à l'est, et **Pivisy**, à l'ouest. Le **bourg** est à 5min à pied du débarcadère de **Port-Tudy** (au bout d'une longue côte pentue), alors que l'intérieur est constitué de petits hameaux éparpillés.

informations touristiques

Cap Lorient Tourisme-Groix Le *Guide-découverte* (gratuit), fournit un grand nombre de renseignements sur l'île. ***Port-Tudy*** *Tél. 02 97 84 78 00 http://groix-tourisme.free.fr et www.lorient-tourisme.fr Ouvert juil.-août : tlj. 9h-13h30 et 15h30-18h ; sept.-juin : tlj. 9h-12h30 et 14h-17h30*

Association de Saint-Gunthiern En été, elle organise des visites et des balades contées. Une façon originale de découvrir les différents villages de l'île et l'histoire des Groisillons. *13, pl. Joseph-Yvon* ***Le bourg*** *Tél. 02 97 86 58 58*

transports

BUS

L'autobus "Taxico" dessert l'île le long des deux circuits "Primiture" et "Pivisy" ; il circule tous les jours en juillet et août, et les mar., jeu., sam. hors saison. Mêmes tickets que pour les bus de Lorient (CTRL) : 1,25€/ticket, 10€/carnet de 10 tickets.

TAXI

Toute l'année, à l'arrivée du bateau (tarif forfaitaire).

VOITURE

Faire traverser sa voiture revient assez cher (cf. Accès) et ne se justifie que pour un séjour prolongé. On peut louer un véhicule sur place (cf. ci-dessous).

VÉLO

Sa petite taille et son relief modéré font de l'île de Groix un territoire facile à parcourir à vélo. Un itinéraire cycliste a été balisé ; il apparaît sur la brochure de l'office de tourisme, qui prévoit 4h pour le parcourir. Dans la réalité, vous perdrez sans doute le fil de la balade, les panneaux se faisant parfois rares ; même s'il n'y a pas vraiment moyen de se perdre, il est possible de s'égarer... et de mettre un peu plus de temps que prévu ! N'oubliez pas que le sentier côtier est réservé aux piétons.

LOCATION DE VÉLOS, DE SCOOTERS ET DE VOITURES
Comptez env. 11€/j. pour un vélo, 49€ pour un scooter, 84€ pour une voiture. Tarifs dégressifs.
Coconut's Location *Port-Tudy Tél. 02 97 86 81 57 www.coconutslocationgroix.com*
A bicyclette *Port-Tudy Tél. 02 97 86 50 14*
Bikini Bike *Port-Tudy Tél. 02 97 86 85 12 www.bikini-bike.com*

informations pratiques

Port de plaisance *Port-Tudy Tél. 02 97 86 54 62*
Mairie *Le bourg Tél. 02 97 86 80 15*
Poste *14, rue du Général-de-Gaulle Le bourg Tél. 02 97 86 80 31*
Crédit agricole Distributeur. *6, pl. du Leurhé* **Le bourg**

marchés, fêtes et manifestations

Marché *Pl. de la Poste Tous les matins*
Festival international du film insulaire Films et documentaires issus des îles du monde entier. Compétition, projections, débats, etc. *Fin août www.filminsulaire.com*

DÉCOUVRIR

☆ **Les essentiels** La réserve naturelle François Le Bail, la plage des Grands-Sables **Découvrir autrement** Rendez-vous à l'écomusée pour en savoir plus sur le mode de vie groisillon, goûtez aux huîtres creuses affinées sur l'île, au pub de la Jetée ➤ Carnet d'adresses p.370

L'île de Groix

Après l'ascension de la côte qui monte de Port-Tudy, on découvre le **bourg** organisé autour de son église, au sommet de laquelle une girouette en forme de thon rappelle le passé de l'île en matière de pêche. Le bourg concentre la plupart des commerces et de l'animation, mais d'autres villages méritent le coup d'œil : **Kerlard** à l'ouest, **Le Méné** au nord-est ou **Locqueltas** au sud.

Écomusée Installé depuis 1984 dans une ancienne conserverie (fermée en 1955), il propose diverses animations – visites guidées, sorties en mer, ateliers de nœuds marins. Vous pourrez aussi vous rendre à la maison de Kerlard (3km à l'ouest du bourg). *Port-Tudy Tél. 02 97 86 84 60 Ouvert avr.-juin et sept.-nov. : mar.-dim. 10h-12h30 et 14h-17h ; juil.-août : mar.-dim. 9h30-12h30 et 15h-19h ; déc.-mars : mer., sam. et dim. 10h-12h30 et 14h-17h ; vac. scol. : mer.-dim. 10h-12h30 et 14h-17h Tarif 5,20€, réduit 2,20€, moins de 10 ans gratuit*

Kerlard Situé dans un cul-de-sac à l'extrémité d'un vallon, le village présente un bel ensemble, le Grand Douët (*douët* signifie lavoir en breton), composé de deux anciens lavoirs et d'une fontaine dont la pompe fonctionne encore.

L'inscription "1907" correspond à la date de restauration. Flânez dans les ruelles et visitez la **maison-musée** qui illustre le mode de vie des îliens à la fin du XIXe siècle. Dans la lande, à la sortie du village, découvrez le dolmen Men Kamm, la pierre boiteuse, dont sortirait l'Ankou, la charrette de la mort, à la recherche de ses victimes. À sa droite figurent les vestiges d'une allée couverte, Men Eann, qui date du néolithique (4000 av. J.-C.). *À 3km à l'ouest du bourg* **Maison-musée** *Billet jumelé avec l'écomusée en été 6,70€, réduit 3,10€ (à retirer à l'écomusée)*

Trou de l'Enfer C'est une impressionnante cavité creusée dans la falaise, au-dessus de laquelle on hésite à se pencher par crainte du vertige ou d'y voir… le diable. Le lieu devient magique quand les éléments se déchaînent. *À 2km au sud du bourg*

Locmaria Au sud-est, sur la côte classée réserve naturelle, Locmaria, fondé au XIIe siècle, était le village le plus important de l'île avant l'essor de Port-Tudy (1880). Composé de maisons basses de pêcheurs fleuries de roses trémières, le bourg est bordé d'une anse protégée d'un banc de rochers qui abritait autrefois plus de soixante-cinq barques qu'il fallait haler sur la plage par mauvais temps. Au fil des venelles, vous découvrirez le double lavoir communal de Pakado et Pracaline, plusieurs fontaines, et la chapelle **Notre-Dame-de-Plasmanec**. Datant du Moyen Âge elle fut reconstruite en 1696 puis en 1797. Elle renferme un ex-voto, la *Chaloupe de la Douane* (1825-1826), représentant le sauvetage des passagers d'une embarcation naufragée. Au sud de la baie, le **Cruguel**, tumulus daté entre 860 et 970 (période des invasions normandes sur Groix), recouvrait l'unique sépulture de barque scandinave découverte en France. Hélas, les fouilles menées en 1907 ont détruit ou dispersé les ossements, objets, bijoux et outils qu'il renfermait. Les seuls témoignages subsistants sont visibles à l'écomusée. Plus loin sur le sentier se dresse un amer blanc auquel s'adosse un dolmen en schiste : le **Magoer Huen**. Sa pierre de couverture est sculptée d'une silhouette de Gaulois réalisée par l'artiste de l'île Jean Tonnerre (1868-1946). *À 2km au sud-est du bourg*

Le Mené Dans ce hameau de petites maisons blanchies aux volets bleus se dresse la chapelle **Notre-Dame-du-Calme**. Sur un lieu de culte attesté dès 1037 fut bâti un édifice rectangulaire transformé en forme de croix latine en 1834. Autrefois nommée Notre-Dame-des-Carmes, on dit que son nom dériva au XVIIIe siècle sous l'influence des prières des marins qui invoquaient

Dégustation d'huîtres

Creneguy (Larmor-Baden) 227
Martin (île aux Moines) 229
Stéphane Dorso (Le Ruault) 237
Viviers de la Cotriade (Damgan) 248
Maison de la mytiliculture (Pénestin) 258
La Belle de Quiberon (La Trinité) 293
Le Pô 304
Ostréiculteur Tibidy (Carnac) 304
Ezanno (Étel) 341
Pen Man Bras (Belz) 342
Pub de la Jetée (Groix) 369
Huîtrières du château de Belon 431
Thaëron (Belon) 431
Le Bistrot de l'écailler (Kerdruc) 436
Les Viviers de Térénez (Le Faou) 527

la Vierge pour que la mer soit “calme”. La chapelle abrite une pietà naïve (XIXe siècle) et, dans le chœur, une Vierge à l’Enfant datée (1816), œuvre du sculpteur lorientais Bara. En face en sortant se trouvent les vestiges d’un four à pain communal. Poursuivez dans la même direction jusqu’à Port-Mélite, petite anse de sable au-dessus de laquelle, à la naissance du sentier, se dresse le dolmen à couloir “Méné Gorri” dont la couverture a partiellement disparu. C’est dans son périmètre que fut découverte une sépulture où reposait le corps d’une femme d’une trentaine d’années que l’on date de 3700 av. J.-C. (exposée à l’écomusée). *À 2km à l’est du bourg*

☆**Réserve naturelle François Le Bail** Cette réserve naturelle minéralogique créée en 1982 s’étend sur 47ha et se répartit en deux sites : au nord-ouest de l’île, le secteur de Pen Men-Beg-Melen ; au sud-est, la frange côtière s’étendant de Locqueltas à la pointe des Chats. Le premier, outre son intérêt géologique et botanique, constitue une réserve ornithologique où vous pourrez y observer trois espèces de goélands – argenté, marin et brun –, le fulmar boréal ou encore le cormoran huppé. Le second abrite surtout des richesses géologiques, et offre une grande diversité de minéraux. Des panneaux explicatifs vous aident à comprendre. Pour en savoir plus, rendez-vous à la **Maison de la réserve**, qui organise des expositions et des sorties nature-découverte pour petits et grands (animations 6€/3€). **Maison de la réserve** *Le bourg Tél. 02 97 86 55 97 Ouvert juil.-août : lun.-sam. 10h-12h30 et 17h30-19h, dim. 10h30-12h30 ; juin, sept. et vac. scol. : mar., jeu. et sam. 10h-12h ; reste de l’année jeu. 10h-12h Entrée libre*

Mégalithes Il n’existe pas de circuits des mégalithes à Groix. Leur nombre significatif (on en recense 18) laisse supposer que l’île était un lieu habité dès le néolithique (5000-2000 av. J.-C). Certains sont creusés de cupules, dont un très curieux cromlech dit “des Sirènes” perché sur la falaise proche du Fort du Haut-Grognon. Renseignez-vous à l’écomusée, le guide-animateur vous fournira toutes les informations pour vous aider à les découvrir, cachés aux détours des sentiers ou au cœur de la lande.

☆**Les plages** Dans l’est de l’île, sur la pointe de la Croix, se trouve une plage à nulle autre pareille : les **Grands-Sables**, la plus grande plage convexe d’Europe, au sable blanc marbré de poudre de grenat, longée par une mer bleue et transparente et adossée à une falaise. Une plage de rêve, surtout hors saison, quand on profite quasiment seul de ce spectacle magnifique. Juste au sud, la plage des **Sables-Rouges** n’usurpe pas son nom et est également splendide.

● **Où acheter des produits gourmands ?** Rillettes de poissons, chevrotin de maquereau, daube de thon blanc… : un vaste choix de produits de la mer fabriqués sur l’île. **Comptoir de l’île de Groix** *Quai Sud Port-Tudy Tél. 02 97 86 52 44 Ouvert lun. 15h30-18h30, mar.-sam. 9h30-12h30 et 15h30-18h30, dim. 9h30-12h30*

● **Où déguster huîtres et ormeaux ?** Le pub de la Jetée est l’adresse idéale pour savourer les uniques huîtres creuses et ormeaux affinés à Groix (le propriétaire est l’un des trois biologistes marins à développer l’élevage d'ormeaux en France), déguster un plateau de fruits de mer à deux (53€), et siroter une bière étrangère ou l'un des nombreux whiskies de la carte. **Pub de la Jetée** *Port-Tudy (sur le quai) Tél. 02 97 86 59 42 erwan.tonnerre@wanadoo.fr Ouvert mars-mi-juin : mar.-dim. midi et soir ; mi-juin-mi-sept. : tlj. 11h30-1h*

● **Où boire un verre ?** Les cafés de l'île de Groix dégagent un charme breton authentique qui ravira les plus casaniers. Du café **Bleï Mor** – rendez-vous des jeunes autour du baby-foot –, au **Triskell**, où se mêlent les différentes générations, en passant par la **Chaloupe** ou l'**auberge du Pêcheur**, également chaleureux, vous n'aurez que l'embarras du choix !

☺ **Ty Beudeff** Institution de Groix depuis 1972, il porte le nom de son illustre propriétaire. L'histoire de ce repaire de marins est tourmentée. Ses murs sombres en témoignent : couverts d'inscriptions et de gravures, ils racontent les aléas d'un bistrot qui n'a pas toujours fait bon ménage avec la police ! Ambiance festive (nombreux concerts et soirées de chants de marins). N'hésitez pas à franchir la porte de ce lieu étonnant... *45, rue du Général-de-Gaulle* ***Le bourg*** *Tél. 02 97 86 80 73 Ouvert tlj. 17h-1h*

☺ **L'Écume des jours** Cette librairie-café déploie sur la place de l'Église une terrasse accueillante. Les abondants rayons jeunesse et littérature apportent couleur et fantaisie à ce lieu déjà très chaleureux. Animations : rencontres avec des écrivains, projections de documentaires, concerts. *3, pl. de l'Église* ***Le bourg*** *Tél. 02 97 86 58 55 http://ecumedesjours.over-blog.fr Ouvert lun.-sam. 9h30-13h et 16h-20h, dim. 10h-13h et 17h-19h*

● **Où voir un film ?** Rebaptisé Le Korrigan, le "cinéma des familles" est ouvert pendant les vacances scolaires et propose des séances l'après-midi en cas de mauvais temps. **Le Korrigan** *Le Gripp (en haut de la côte menant de Port-Tudy au bourg) Tél. 02 97 86 80 28*

● **Se balader sur l'île** Groix offre 30km de **sentiers côtiers** réservés aux marcheurs et 50km de **sentiers intérieurs**, à partager avec les autres ! L'office de tourisme propose cinq circuits d'environ 8km chacun pour découvrir les sites remarquables (plage des Grands-Sables, trou de l'Enfer, etc.). Brochure gratuite ou guide de randonnées disponibles à l'office de tourisme. Renseignez-vous également auprès de l'écomusée pour connaître le calendrier des visites guidées de l'île.

● **Pratiquer des activités nautiques** Profitez du plein été pour vous lancer en planche à voile (16€/1h30), catamaran (35€) ou kayak de mer (12€). Jouez avec les courants et les vents et longez la côte jusqu'aux Grands-Sables. Les plus sportifs pousseront jusqu'à la pointe des Chats afin d'admirer la plage des Sables-Rouges. **Centre nautique de Port-Mélite** *Port-Mélite Tél. 06 84 79 61 80 www.sellor-nautisme.fr*

● **S'initier à la plongée** Subagrec organise des baptêmes et formations de plongée jusqu'au niveau III ; la douzaine de sites qu'il offre à l'exploration est accessible aux plongeurs de niveau II ; la plupart est accessible à ceux de niveau I. Baptême à partir de 33€. **Subagrec** *Port-Tudy Tél. 02 97 86 59 79 Tél. port. 06 75 50 19 27 http://assoc.orange.fr/subagrec Ouvert avr.-sept. : tlj.*

Faire un tour de manège Sur la place de l'Église s'installe, chaque été, un charmant manège, qui tourne gaiement au son des mélodies de Yann Tiersen ou des musiques de films de Jacques Tati... Un cachet rétro revendiqué par Régis Masclet, amateur d'art forain et fier détenteur de ce petit bijou datant de la première moitié du XXe siècle. **Manège** *Pl. de l'Église* ***Le bourg***

Évoluer d'arbre en arbre Dans le Parcabout, 3ha boisés de pins de Californie, vous pourrez vous amuser en toute sécurité sur des trampolines géants perchés entre 2 et 9m. Les techniques de construction viennent du milieu de la pêche et de la voile (le patron, Cédric, est un ancien marin de courses au large). Accessible à tous, les plus contemplatifs s'y laisseront bercer (on peut même y dormir, cf. Hébergement), les plus sportifs y accompliront des sauts impressionnants... motivés par les prouesses des acrobates du cirque Fratellini qui s'y entraînent tout l'été. Plaisir et spectacle garantis. Tarif 19€, réduit de 6€ à 14€. **Parcabout-Le chien noir** ***Moustero*** *Tél. 02 97 86 57 61 http://parcabout.fr Ouvert juil.-août : tlj. 10h-19h ; hors-saison : mer. et sam.-dim.*

CARNET D'ADRESSES

Restauration

petits prix

Chez Sandrine Ancienne crêpière de Chez Paule, Sandrine vient d'ouvrir sa propre enseigne. "La Grek", avec son chorizo relevé, œuf miroir et fromage, constitue une bonne entrée en matière (5€) et la toute simple crème fraîche au sucre roux (4,50€) est un pur délice. ***Kerfuret*** *(env. 100m après l'écomusée) Tél. 02 97 86 89 72 Ouvert saison et vac. scol. : tlj. midi et soir ; hors saison : fermé lun.-mar. (et mer. en hiver)*

L'Ocre marine Sur une terrasse en bois entourée de tamaris, on déguste des crêpes à base de farine biologique de Bretagne. "L'Ocre marine" est une double crêpe aux pommes et au caramel relevée d'un zeste de cannelle (7,50€). *22, rue de Tromor* ***Locmaria*** *Tél. 02 97 86 53 98 Ouvert avr.-sept. et oct.-mars hors vac. scol. : tlj. 12h15-15h et 19h-21h30 ; hors saison : lun., mar., jeu.-dim. midi Rés. conseillée*

prix moyens

La Marine Ses spécialités alléchantes séduiront les gourmets : brochette de lotte au lard fumé, barbecue de poisson aux trois sauces, couscous de poisson (en saison) et de coquillages sont autant de plats savamment préparés, tout comme la marquise au chocolat et sa crème anglaise au café ou encore la crème brûlée aux pommes... Le restaurant dispose d'une terrasse et d'une salle chaleureuse pourvue d'une cheminée. À midi, vous pourrez commander de sympathiques "grandes assiettes" (env. 11€), à déguster à l'ombre du plus vieil arbre de l'île. Menus à partir de 17€ ; 30€ à la carte. Également hôtel (cf. Hébergement). *7, rue du Général-de-Gaulle* ***Le bourg*** *Tél. 02 97 86 80 05 www.hoteldelamarine.com Fermé fin nov.-début déc. et janv.*

Hébergement

Là où l'on aurait peur que la fière identité groisillonne n'aille de pair avec une certaine froideur vis-à-vis des touristes, on trouve un sens de l'accueil chaleureux. Les adresses commentées ci-dessous ne sont que quelques-unes des ressources de cette île qui réserve de très bonnes surprises – notamment dans ses chambres d'hôtes.

camping

Les Sables-Rouges À proximité de la plage du même nom, il séduira une clientèle à cheval sur le confort (3 étoiles, comptez 15,80€ pour 2 personnes). Accès direct à la plage. ***Port-Coustic*** *Tél. 02 97 86 81 32 ou 02 99 64 13 14 (hors saison) www.campingdessablesrouges.com Ouvert mai-mi-sept.*

très petits prix

Auberge de jeunesse du Méné Voisine du camping municipal, elle propose deux types d'hébergement : en dur, dans des chambres de 2 à 18 lits (72 places au total), ou en camping (terrain vierge autour de l'auberge). Comptez 11,20€ la nuit dans le premier cas, 5,70€ dans le second (8,30€ avec mise à disposition d'une tente et de sa literie). ***Le Méné*** *Tél. 02 97 86 81 38 www.fuaj.org Ouvert avr.-mi-oct.*

petits prix

Le Moulin d'or Une adresse pour les budgets serrés. Retiré dans une venelle du bourg, ce bar dispose de 8 chambres claires, propres et simplissimes avec leur sol de linoléum (32€-37€). Seule l'une d'entre elles est équipée d'une douche, les autres sont seulement dotées d'un WC et/ou d'un lavabo. *8, rue Saint-Jean* ***Le bourg*** *Tél. 02 97 86 82 16 Ouvert toute l'année*

Auberge du Pêcheur Sympathique et colorée, dans la montée vers le bourg, elle compte 8 charmantes chambres de belles proportions (37€

PAYS DE LORIENT ET DE QUIMPERLÉ

Hébergements romantiques

avec lavabo, 47€ à 70€ avec douche et WC). L'établissement fait également pub et restaurant (menus 17€-36€) et dispose d'un vaste jardin calme où prendre le soleil. Une adresse que l'on appréciera pour son atmosphère particulière. *58, rue du Général-de-Gaulle* ***Port-Tudy*** *Tél. 02 97 86 56 92 http://aubergedupecheur.free.fr*

La Passagère La grille en fer forgé de cette maison bourgeoise du XIXe siècle s'ouvre sur un joli jardin. Gravissez les marches du perron et pénétrez une atmosphère chaleureuse : chambres d'hôtes personnalisées, décorées dans un charmant style suranné (23€-43€, petit déj. 4€). L'hôtesse propose des randonnées en carriole ou avec âne. Membre actif du Cercle celtique, elle dispense gratuitement des cours de musique et de danse bretonnes en été. *Élisabeth Mahé Rue qui monte vers* ***Le bourg*** *Tél. 02 97 86 55 91 guenael.mahe@orange.fr*

prix moyens

La Grek Grande maison d'armateurs située à deux pas de l'église, La Grek a été remarquablement restaurée par ses propriétaires, qui y ont aménagé, avec beaucoup de goût, des chambres d'hôtes tout confort : une double (48€-68€, petit déj. inclus) et trois familiales (jusqu'à 4 personnes). Les hôtes ont accès à un joli salon et à un jardin clos. Les propriétaires louent aussi trois appartements tout équipés dans la maison voisine, dénommée Ar Vag (400€-600€/sem.). *3, pl. du Leurhé* ***Le bourg*** *Tél. 02 97 86 89 85 Tél. port. 06 09 71 01 91 www.groix.com*

Les nids de Parcabout-Chien noir Passez une nuit dans les arbres ! Cédric et son associé, marins et passionnés de nature, se sont inspirés du mode de vie des explorateurs de la canopée (étage supérieur de la forêt) pour créer et breveter leurs nids. Ces bulles en toile à taud (la toile qui sert d'abri sur les bateaux), structurées de varangues et sécurisées par des filets, sont accrochées entre 6 et 9m au-dessus du sol dans de beaux pins de Californie. À l'intérieur, de vastes lits confortables (couette et oreillers sont fournis) vous attendent pour une nuit inoubliable ! Au moindre souffle, vous voilà bercé, et la vue sur l'île et l'Océan est stupéfiante ! 69€ la nuit. Prévoir des chaussures de sport, du linge de toilette et des bagages légers. ***Moustero*** *Tél. 02 97 86 57 61 http://parcabout.fr*

La Jetée Petit hôtel charmant. Les 8 chambres à la décoration marine donnent sur le port (69€-79€). S'il est agréable d'observer la vie qui se déroule sous les fenêtres, la sirène du ferry, dès 7h du matin, peut gêner ceux qui voudraient faire la grasse matinée. Petit déj. 7,50€. Garage à vélo. *Quai de* ***Port-Tudy*** *Tél. 02 97 86 80 82*

La Marine Cet hôtel chaleureux du bourg de Groix privilégie bois sombres et lumières douces pour prodiguer une ambiance feutrée et conviviale. Dans cette maison, les chambres, bien équipées et joliment décorées – quoique classiques –, donnent sur le jardin, sur la terrasse ou sur la mer. Une adresse d'autant plus convaincante qu'elle sait rester sage en matière de prix : comptez à partir de 62€ la double en haute saison (jusqu'à 98€, avec bain et vue sur la mer). Restaurant également agréable (cf. Restauration). *7, rue du Général-de-Gaulle* ***Le bourg*** *Tél. 02 97 86 80 05 www.hoteldelamarine.com*

★ PORT-LOUIS

56290

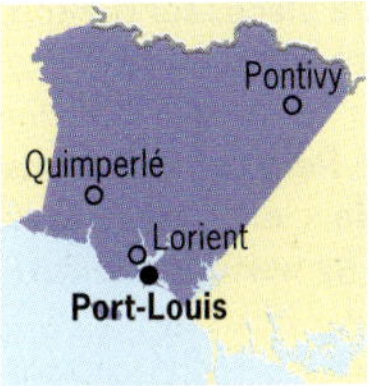

Merveille de l'architecture militaire du XVIIe siècle, la citadelle de Port-Louis résume à elle seule l'histoire et l'identité de cette ville dont le destin a croisé celui du commerce avec les Indes. Malgré l'austérité de ses rues bordées de maisons des XVIIe et XVIIIe siècles, la ville offre une atmosphère de détente le long de ses plages ou de son port de plaisance.

DU SITE STRATÉGIQUE À LA STATION BALNÉAIRE... La géographie naturelle de Port-Louis, protégée par l'île de Groix, à l'entrée du Scorff et du Blavet, en a fait très tôt un site d'intérêt stratégique. Blavet – tel est alors son nom – est un port fréquenté par de nombreux bateaux dès le Moyen Âge. Pendant les guerres de Religion, les partisans d'Henri IV s'y réfugient, bientôt chassés par les troupes catholiques du duc de Mercœur. En 1590, ce dernier cède la ville à ses alliés espagnols, qui construisent un premier fort. Après le départ des Espagnols en 1598, celui-ci est en partie détruit ; au début du XVIIe siècle, Louis XIII, convaincu de l'importance stratégique de Blavet, érige la forteresse actuelle. Il ceint la ville de remparts et lui donne son nom. Port-Louis est né. Son destin commercial se dessine sous Louis XIV. Depuis le XVIe siècle, les Français tentent en vain de prendre part à l'aventure maritime et commerciale des Indes, inaugurée par leurs voisins portugais et poursuivie par les Anglais et les Hollandais. En 1664, Colbert fonde, dans le port qui lui semble le plus sûr le long de la façade atlantique, la première Compagnie française des Indes, qui se divise en Compagnie des Indes orientales (commerce avec l'Inde, la Chine, Madagascar et le Sénégal) et Compagnie des Indes occidentales (Afrique et Nouveau Monde). Malgré mille péripéties et changements de direction, elle durera jusqu'à la Révolution. Cependant, dès la fin du XVIIe siècle, l'essentiel de l'activité se déplace à Lorient : Port-Louis, trop exigu, devient une ville de garnison. C'est au XIXe siècle que la cité prend un autre cap, d'abord avec le développement de la pêche et de la conserverie, puis avec la naissance du tourisme balnéaire : le premier établissement de bains naît en 1837. Depuis, Port-Louis mêle les charmes d'un riche patrimoine historique à ceux d'une station balnéaire et de plaisance, au microclimat très apprécié.

MODE D'EMPLOI

accès

EN VOITURE

Port-Louis est à plus de 20km de Lorient par la route d'Auray (N165), puis par la D781.

EN BATOBUS

CTRL La ligne 11 du batobus de la CTRL vous fera traverser la rade en 10min ! Liaison Lorient-Port-Louis toutes les 30min du lundi au samedi. Embarquement au port de pêche de

Keroman ou quai de Rohan. *Tél. 02 97 21 28 29 www.ctrl.fr*

orientation

Port-Louis est délimitée à l'ouest par sa rade, et au sud-est, par la petite mer de Gâvres.

informations touristiques et pratiques

Office de tourisme *1, rue de la Citadelle Tél. 02 97 84 78 00 www.ville-portlouis.fr ou www.lorient-tourisme.fr Ouvert juil.-sept. : lun.-sam. 10h-12h30 et 14h-17h ; fév.-juin : tlj. 9h30-12h30 et 14h30-17h30 ; oct.-fév. : lun., mer., sam. 14h-18h*

Port de plaisance de la Pointe Deux cent trente-quatre places sur ponton, dont vingt pour les visiteurs. *Tél. 02 97 82 59 55*

Escal'Ouest De Port-Louis, liaisons avec l'île de Groix en bateau-taxi. *Tél. 02 97 65 52 52 www.bateautaxi-iledegroix.com*

marchés

Marché *Sam. matin*

Marché nocturne *En été, mar. 18h-22h*

DÉCOUVRIR

☆ **Les essentiels** La citadelle et ses musées, Notre-Dame-de-Joie **Découvrir autrement** Initiez vos enfants à la faune et la flore de la petite mer de Gâvres, à la Maison de l'île Kerner **➤ Carnet d'adresses p.377**

Port-Louis

Port-Louis se découvre au fil d'une promenade émaillée de surprises. Les demeures anciennes, dont la richesse évoque la gloire passée du port, confèrent au centre-ville un charme certain. Ces bâtisses en pierre de taille percées de fenêtres étroites s'agrandissent sous Louis XIV, arborant des corniches moulurées et des lucarnes ornées de frontons (bel exemple au 37, rue de la Citadelle). Place Notre-Dame, l'hôtel de ville comporte des "guettes", sortes de miradors d'où les armateurs surveillaient le retour de leurs bateaux. Parcourez les remparts qui surplombent la Grande Plage. Ce côté de la ville permet d'embrasser du regard Larmor-Plage, la presqu'île de Gâvres et, au large, l'île de Groix. Au sud-est du centre-ville, faites une halte au charmant **port de Locmalo**, ancien quartier populaire donnant sur la petite mer de Gâvres.

☆ **Citadelle** On accède à la porte Royale, ou donjon, après avoir franchi un pont et traversé la Demi-Lune, bastion avancé qui commande les abords de la place. Il faut ensuite passer le grand pont (1792) composé d'un pont-levis et d'un pont dormant en pierre. Deux bastions de facture espagnole flanquent le donjon de part et d'autre. Passé le donjon et la voûte d'un premier corps de bâtiment, on aperçoit, à gauche, l'ancien hôtel des gouverneurs. À droite de l'édifice se dresse la chapelle Saint-Louis, coiffée d'un dôme. Les grandes et petites casernes, édifiées sous Louis XIII et Louis XIV, s'organisent en carré autour de la place d'armes, ancienne cour

Lourmel. C'est là que furent emprisonnés en 1795 les chouans capturés lors du débarquement des émigrés à Quiberon. En contrebas des remparts, au nord-ouest de la place, côté mer, s'étend la basse cour qui comprend le pavillon de l'Arsenal, la poudrière et le parc à boulets. *Billet unique pour la citadelle et ses deux musées Tarif 6€, réduit 4,50€*

☺ **Musée de la Compagnie des Indes** Entièrement rénové, ce musée fait revivre au visiteur l'épopée maritime des grandes compagnies de commerce des XVIIe et XVIIIe siècles. Dans une pénombre propice à l'observation, une série de maquettes des ports de Lorient et des comptoirs de Pondichéry ou de Canton invitent au voyage. On s'attardera devant les assiettes en porcelaine de l'époque Qianlong (v. 1770), les cotonnades indiennes ou encore devant cette extraordinaire robe "à la française" (XVIIIe s.), en taffetas de soie grège ornée de délicats motifs fleuris. Différents ateliers sont organisés durant l'été. *Citadelle de Port-Louis Tél. 02 97 82 19 13 http://musee.lorient.fr Ouvert fév.-avr. et sept.-mi-déc. : tlj. sauf mar. 13h30-18h ; mai-août : tlj. 10h-18h30 Fermé mi-déc.-jan. et 1er mai Visite guidée en été : lun.-sam. 14h30 et 16h30 ; hors saison : dim. 15h Tarif 7,50€, réduit 6,20€, 12-18 ans 3€, moins de 12 ans gratuit Même billet que pour la citadelle*

Musée national de la Marine Situé pour l'essentiel dans le pavillon de l'Arsenal de la Citadelle, il illustre la route maritime vers l'Inde et l'Extrême-Orient au moyen de cartes, instruments de navigation et maquettes de bateau. Exposition permanente sur l'archéologie sous-marine et les vestiges engloutis des navires de commerce. Enfin, une salle rend hommage aux sauveteurs en mer. *Tél. 02 97 82 56 72 www.musee-marine.fr Mêmes horaires que le musée de la Compagnie des Indes Même billet que pour la citadelle*

Réserves, sites et parcs naturels

● **Où boire un verre ?** Le drapeau noir flotte sur ce bar où l'on ne manque pas d'humour. Dans cette bâtisse du XVIIe siècle, tonneaux, figures de proue et cordages vous plongent dans une atmosphère unique de piraterie. Arrosez de l'une des sept bières bretonnes proposées par le patron et venues tout droit des micro-brasseries de la région, saupoudrez de concerts réguliers et savourez un cocktail réussi ! En bonus : l'accès au jardin luxuriant situé derrière l'établissement. **Les Brasses du Bengale** *35, Grande-Rue Tél. 02 97 82 45 11 http://lesbrassesdubengale.free.fr Ouvert tlj. 16h30-1h (et 11h-14h sam. et dim. si animation dans la ville)*

Les environs de Port-Louis

☆ **Notre-Dame-de-Joie** À mi-chemin entre le Blavet et la rivière d'Étel, le village de Merlevenez recèle une merveille de l'art roman. Très endommagée lors de la Seconde Guerre mondiale, l'église fut restaurée dans les règles de l'art. Ce sanctuaire de style roman (XIIe-XIIIe siècle), dont le plan en croix latine rappelle celui des églises cisterciennes, fut remanié en gothique flamboyant au XVe siècle. Sa façade orientale présente un beau portail sculpté en arc brisé. La tour-lanterne, soutenue par les piles de la croisée, a été reconstruite en 1533. Les superbes vitraux sont l'œuvre du maître-verrier Gruber. L'église conserve un ensemble de chapiteaux historiés qui compte parmi les plus riches du Morbihan. Un éclairage subtil met en valeur ce bestiaire fantastique destiné à édifier les fidèles. ***Merlevenez*** *(à 9km au nord-est de Port-Louis)*

● ☺ **Où boire un verre ?** Située face au port de Sainte-Catherine, sa terrasse offre le spectacle de la citadelle de Port-Louis et, au loin, du port de Lorient. À l'intérieur, le bric-à-brac chamarré qui orne les lieux crée une ambiance chaleureuse. Cette adresse atypique propose, outre un bon choix de vins, une carte bien remplie (salade de foie gras et de magret de canard, rosace de Saint-Jacques aux truffes, ...) et des concerts. Menus de 18€ à 29€, moules-frites à 9€ ; comptez env. 14€ pour un plat. **Le Cargo** *34, port de Sainte-Catherine* ***Locmiquélic*** *(à 2km de Port-Louis par la D781) Tél. 02 97 84 51 51 Ouvert tlj. 10h-1h (restaurant 3h) Fermé lun. en hiver*

● ☺ **Où sortir ?** Animation garantie au Mamm kounifl, dont la facade est ornée du Gwenn-ha-du : l'après-midi, des mamies tricotent autour de la table du salon ; des joueurs de cartes s'y retrouvent en soirée ; le vendredi soir, des musiciens de tous styles y donnent des bœufs ; le samedi soir, place aux concerts. On peut même y apprendre à danser (danse irlandaise lundi à 20h) et à tricoter (lundi et vendredi de 14h à 16h). Accoudez-vous à la coque de la barque qui fait office de bar pour y siroter un verre ! Repas ouvrier en semaine à 10€. **Mamm kounifl (plan 6, B1 n°2)** *Route de Port-Louis 56570* ***Locmiquélic*** *Tél. 02 97 33 92 37 www.mamm-kounifl.fr Ouvert du matin jusqu'à tard le soir*

La petite mer de Gâvres

La géographie bretonne a encore fait des siennes... La petite mer de Gâvres, délimitée au nord par Port-Louis, est fermée au sud par un cordon dunaire parfois à peine plus large qu'une tête d'épingle. La route qui mène à Gâvres a ceci de magique qu'elle court entre mer et Océan. Une zone militaire est implantée le long de la côte, de la pointe de Gâvres à la barre d'Étel. Si sa présence engendre quelques désagréments pour les oiseaux lors des séances de tir, elle a préservé le site d'une prise d'assaut touristique dont les conséquences auraient pu être, finalement, bien plus désastreuses. Riantec, située sur la côte nord de la petite mer, formait autrefois, avec les communes de Port-Louis, Locmiquélic et enfin Gâvres, une grande paroisse connue sous le nom de "Terre-Sainte". La mer fournissait aux habitants, regroupés le long des côtes, l'essentiel de leurs ressources. Sur l'île Kerner, entourée de grandes vasières riches en palourdes, la Maison de l'île dévoile tous les secrets de l'écosystème de ce petit coin de Bretagne très attachant.

☺ **Maison de l'île Kerner** Installée dans une ancienne exploitation ostréicole de la petite mer, elle offre un espace de découverte plein de charme. La muséographie porte sur la faune et la flore de la petite mer, sur la pêche à pied et sur la vie des habitants de Kerner au XIXe siècle. Ce musée n'a rien de grandiose, mais il est bien conçu, notamment pour les enfants qui y trouveront, à leur hauteur, des oiseaux à observer, des coquillages à toucher... Le billet d'entrée est à conserver : c'est un "Pass'découverte" (cf. Lorient, Découvrir, La Thalassa). *Tél. 02 97 84 51 49 Ouvert mai-sept. hors vac. scol. : tlj. 9h30-12h30 et 14h-18h sauf les matins des sam., dim. et lun. ; pendant les vac. de Pâques, fév. et Toussaint : tlj. 9h30-12h30 et 14h-18h sauf les matins des sam. et dim. ; juil.-août : tlj. 10h-19h Tarif 4€, réduit 3,10€ La billetterie ferme 1h30 avant le musée*

● **Parcourir la petite mer de Gâvres en canoë** Accompagné d'un guide, prenez les pagaies et découvrez les richesses naturelles de ce milieu préservé (14€/1h30). **Centre nautique de Port-Louis** *Infos et rés. Tél. 02 97 84 51 49 (maison de l'île Kerner) ou 02 97 36 09 27 (parc d'eau vive) www.sellor-nautisme.fr. Ouvert juil.-août*

CARNET D'ADRESSES

Restauration, hébergement

petits prix

Au vieux grimoire La finesse des crêpes servies dans cette salle à la décoration cossue et aux sièges de tapisserie attire les fidèles. À l'intérieur ou sur la terrasse, la "complète" (4,60€) rassasiera les plus affamés et l'"aumônière" (pommes, crème anglaise et chantilly) ravira les gourmands. Menus de 9,90€ à 15,90€. *Grand-Rue* ***Port-Louis*** *Tél. 02 97 82 58 49 Ouvert tlj. midi et soir Fermé mer. hors vac. scol. et déc.-jan.*

Le Bistroy Ce restaurant propose une cuisine marine alliant identité du terroir et zeste d'imagination : poissons et crustacés à la nage d'étrilles, pain perdu aux pêches rôties... Plat unique (13€) ou formules (19€ et 25€). La carte change régulièrement. Le fond de la salle offre un panorama sur le port de Locmalo, avec Groix en toile de fond. *Port de Locmalo* ***Port-Louis*** *Tél. 02 97 82 48 41 Fermé dim. soir, mer.-jeu. et oct.*

Chambres d'hôtes Mme Ponard Près de la chapelle, une maison du XVIIe siècle abrite des chambres spacieuses aux meubles anciens. Sous les toits, l'une d'elles peut accueillir 5 personnes. Les propriétaires, très chaleureux, vous raconteront l'histoire de la maison et vous aideront à organiser votre séjour. Double à 50€ (sanitaires sur le palier). *3, Petite-Rue* ***Port-Louis*** *Tél. 02 97 82 19 88 annick.ponard@wanadoo.fr*

prix moyens

Hôtel La Citadelle Le seul hôtel de Port-Louis, situé dans le centre à 200m de la plage : un emplacement de choix ! Rénové en 2009 dans un style moderne et clair, il dispose de vingt chambres et d'un jardin où vous pourrez prendre le petit déjeuner aux beaux jours. Le prix des chambres doubles varie selon la saison de 50 à 75€. Demi-pension 23€, petit déj. 8€. *1, pl. du Marché* ***Port-Louis*** *Tél. 02 97 82 46 05 http://hotel-de-la-citadelle.com*

Dans les environs

petits prix

Le Kornog Cette crêperie installée dans une maison particulière donne sur la petite mer de Gâvres. L'intérieur au décor marin se partage entre un bar et une salle à manger familiale. Vous y trouverez un service sympathique, des galettes savoureuses – la "Kornog" mérite le détour – et une addition légère. *82, rue des Quatre-Vents* ***Riantec*** *(à 4km à l'est de Port-Louis ; du bourg, dir. Port-Louis par la route côtière) Tél. 02 97 33 52 75 Ouvert saison : tlj. midi et soir ; hors saison : fermé mar.*

prix moyens

Hôtel de Kerlon-Restaurant La Table d'Alexandre Les chambres de cette ancienne ferme de pierre perdue dans la campagne arborent un style romantique un peu désuet (56€-83€, petit déj. 8,50€). L'élégant restaurant décoré de meubles traditionnels et de tapisseries sert des produits du terroir. Menus 25€-38€ et carte à l'ardoise variant au gré du marché. Le café se prend dans le jardin. ***Plouhinec*** *(à 9km à l'est de Port-Louis ; prendre la route de Sainte-Hélène puis suivre le fléchage à gauche) Tél. 02 97 36 77 03 www.auberge-de-kerlon.com Ouvert toute l'année*

HENNEBONT

56700

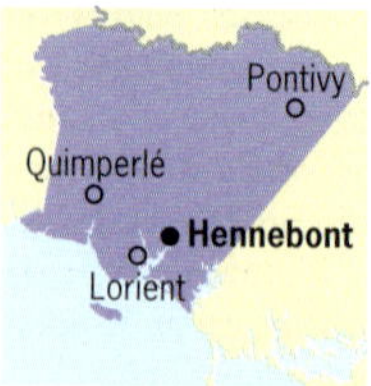

Très endommagée par les bombardements alliés de 1944, Hennebont offre un étonnant mélange d'éléments architecturaux, des fortifications du XIIe siècle aux quartiers modernes en passant par le centre-ville des XVIIe et XVIIIe siècles. La ville dispose d'une agréable situation sur le Blavet, dont les rives offrent des paysages séduisants. Capitale bretonne du cheval grâce à la présence du Haras

national, la cité s'anime notamment lors du grand marché régional qui se tient le jeudi, et lors de sa fête médiévale annuelle – au mois de juillet. Aujourd'hui, elle s'affirme comme une ville dynamique de 15 000 habitants et se découvre une vocation touristique.

MODE D'EMPLOI

accès

EN VOITURE
À 10km environ de Lorient par la route d'Auray (N165).

orientation

Le centre se trouve sur la rive gauche du Blavet ; en face (rive droite) se tient le quartier de Saint-Caradec.

informations touristiques

Office de tourisme du pays d'Hennebont Vous pouvez notamment vous y procurer le *Guide touristique du pays d'Hennebont*, brochure gratuite très complète (histoire, adresses, randonnées). *9, pl. du Maréchal-Foch Tél. 02 97 36 24 52 www.hennebont-tourisme.com Ouvert juil.-août : lun.-sam. 9h-19h, dim. 10h-13h ; sept.-juin : lun.-sam. 9h-12h30 et 14h-18h*

marchés, fêtes et manifestations

Marché Un des plus grands de Bretagne : des centaines de commerçants déballent les marchandises, des remparts jusqu'à la basilique. *Jeu. 9h-13h*
Fêtes médiévales Deux jours de fête sur le thème du Moyen Âge : défilés costumés, bal, jeux, tournois de chevalerie, marché médiéval, etc. *Dernier w.-e. de juil.*
Pardon de Notre-Dame-du-Vœu *Dernier dim. de sept.*

DÉCOUVRIR

☆ **Les essentiels** L'écomusée industriel des forges d'Hennebont **Découvrir autrement** Assistez, en été, à un spectacle équestre au Haras national, goûtez au pot-au-feu de la mer du restaurant L'Orchis, sur les rives du Blavet ➤ **Carnet d'adresses p.381**

Hennebont

La place principale d'Hennebont – ancienne place du Paradis, aujourd'hui place du Maréchal-Foch – est ceinte de demeures dont les plus anciennes datent du XVIe siècle. Elle est dominée par la basilique Notre-Dame-de-Paradis, érigée de 1514 à 1530 dans le style gothique flamboyant. En contrebas, la porte Broërec'h date du XIVe siècle. En la franchissant, ne vous attendez pas à découvrir une ville médiévale : Hennebont n'a conservé que de rares exemplaires de ses anciennes demeures, et aujourd'hui c'est dans un quartier résidentiel récent que vous pénétrez. Ses remparts, construits au XVe siècle à la place des anciennes fortifications du XIIIe siècle, en avaient fait une des places fortes les plus importantes de Bretagne. En parcourant le chemin de ronde, vous pourrez apprécier un panorama sur la ville et sa rivière.

Musée des Tours Broërec'h Les tours de la porte Broërec'h, ancien corps de garde doté d'un superbe escalier à vis et d'une belle charpente, qui fut aussi une prison, abritent un musée d'histoire et de traditions locales (belle reconstitution d'une salle de ferme, début XXe siècle). *Tél. 02 97 36 29 18 Ouvert juin-sept. : tlj. 10h30-12h30 et 13h30-18h30 Tarif 4€, réduit 3€, moins de 12 ans gratuit*

Haras national Venez-y le matin, quand l'activité bat son plein. La visite guidée (environ 1h30) comprend la découverte des magnifiques écuries du XIXe siècle – et de leurs occupants –, de la sellerie, de la forge du maréchal-ferrant... De mars à la mi-juillet, vous ne verrez qu'un tiers des soixante-dix étalons que compte le haras, les autres étant envoyés dans des stations voisines, pour la monte. Expositions consacrées aux voitures hippomobiles ou à l'histoire de la "plus belle conquête de l'homme". Visite intéressante, tant pour les passionnés que pour les novices. Spectacles équestres en été et promenades en calèche dans le parc. Le billet d'entrée est à conserver : c'est un "Pass'découverte" (cf. Lorient, Découvrir, La Thalassa). *Rue Victor-Hugo Tél. 02 97 89 40 30 www.haras-hennebont.fr Ouvert vac. scol. de Pâques et de Toussaint : lun.-ven. 9h30-12h30 et 14h-18h, sam.-dim. 14h-18h ; mai, juin, sept. : mar.-ven. 9h30-12h30 et 14h-18h, sam.-lun. 14h-18h ; vac. scol. été : tlj. 10h-19h Tarif 7,10€, réduit 5,50€ Visite et spectacle 11€, réduit 9€*

● **Où boire un verre le soir ?** En été, on grignote salades et petits plats sur la terrasse du Vieux Logis, ancien relais de poste du XVIIe siècle. Ambiance musicale avec DJ tous les week-ends. **Le Vieux Logis** *5, pl. Foch Tél. 02 97 36 21 55 Ouvert tlj. 10h-1h sauf dim. 17h-1h*

● **Se balader sur les rives du Blavet** Des balades et des parcours sportifs sont balisés le long des rives du Blavet. Nous vous conseillons une marche agréable sur le chemin de halage, depuis les remparts jusqu'au chemin du Bois au Duc, qui vous mènera au panorama de la Coulée du Blavet. Le parc botanique de Kerbihan, au cœur de la ville, planté de nombreuses espèces et agrémenté d'un bassin, constitue un autre lieu de promenade attrayant (accès libre).

● **Embarquer pour une croisière** Des croisières sont organisées au départ d'Hennebont pour découvrir le Blavet ou l'île de Groix (tous les dim. juil.-mi-sept.). *Rens. office de tourisme*

Les environs d'Hennebont

☆ **Écomusée industriel des forges d'Hennebont** Les forges d'Hennebont se situent à Inzinzac-Lochrist, sur le site de Kerglaw, où elles ont vu le jour en 1860. Le site, en activité jusqu'en 1966, accueille le musée des Métallurgistes des forges d'Hennebont, installé dans l'ancien laboratoire des essais physiques et chimiques sur le métal, et qui compte à lui seul dix-huit salles d'exposition permettant de retracer en détail l'histoire des métallos. *ZI des Forges 56650* ***Inzinzac-Lochrist*** *(au nord d'Hennebont) Tél. 02 97 36 98 21 Ouvert mars-mai et sept.-déc. : lun.-ven. 9h-12h et 14h-18h, dim. 14h-18h ; juin : lun.-ven. 9h-12h et 14h-18h, sam.-dim. 14h-18h ; juil.-août : lun.-ven. 10h-18h30, sam.-dim. 14h-18h Tarif 4,40€, réduit 3,30€*

La Tisserie Ce petit musée est consacré à l'art du tissage et à son histoire. Il présente de façon pédagogique des textiles et des métiers à tisser – sur lesquels vous pourrez vous essayer. Billet d'entrée à conserver : c'est un "Pass'découverte" (cf. Lorient, Découvrir, La Thalassa). *Rue Vincent-Renaud 56700* ***Brandérion*** *(à 6km à l'est d'Hennebont par la D765) Tél. 02 97 32 90 27 www.la-tisserie.fr Ouvert juil.-août : tlj. 10h-19h ; mai-juin et sept. : dim. 14h-18h ; vac. de Pâques toutes zones : tlj. 9h30-12h30 et 14h-18h sauf sam.-dim. mat. Tarif 3,90€, réduit 3,10€*

Poul-Fetan Dans la vallée du Blavet a été reconstitué un village breton d'autrefois. On y découvre tous les aspects de la vie paysanne du XIXe siècle, le travail de la ferme, l'artisanat, les boutiques, l'auberge. De nombreuses animations s'y déroulent. Depuis 2009, le village accueille également l'incroyable collection de fers et d'objets de repassage de Jacques Hoog – fers en tout genre, costumes, coiffes et objets de lavandières sagement ordonnés –, qui relate l'histoire du repassage, des anciens paquets de lessive à la pince de homard (dans laquelle on insérait de la cendre chaude), en passant par les fers "à lingots", "à coqs" ou "à tuyauter". *56310* ***Quistinic*** *(à 13km au nord d'Hennebont) Tél. 02 97 39 51 74 www.poul-fetan.com Ouvert avr.-mai : tlj. 14h-18h30 ; juin et sept. : tlj. 11h-18h30 ; juil.-août : tlj. 10h45-19h Visite guidée juin et sept. : 11h30 ; juil.-août : 11h15, 12h et 13h Tarif 6€ (juil.-sept. 7€), réduit 4€*

● Où acheter des produits bretons ? La Lorientaise est une minuscule biscuiterie qui propose des produits bretons fabriqués à l'ancienne : galettes, gâteau breton, *kouign-amann*... Également quelques produits phares : sel de Guérande, cidres fermiers, etc. **Biscuiterie La Lorientaise** *Rond-point de Kernours 56700* ***Kervignac*** *(à 6km au sud d'Hennebont par la D9) Tél. 02 97 76 02 09 Ouvert lun.-ven. 8h-12h et 13h30-18h30, sam. 9h-12h et 14h-18h30 Visite de la biscuiterie sur rdv le matin sauf sam.*

● Faire du canoë-kayak Le paradis du canoë-kayak, c'est au parc d'eau vive d'Inzinzac ! Location de matériel, cours particuliers, randonnées (21€/pers./3h), jeux sur la rivière... Dans le parc de jeux aquatiques, un ascenseur à canoë – une sorte de tire-fesses – permet de remonter la rivière sans peine, afin de mieux la redescendre (14,20€/2h avec location de matériel). **Parc d'eau vive** *Île de Locastel 56650* ***Inzinzac-Lochrist*** *Tél. 02 97 36 09 27 Ouvert tlj. 9h-12h et 13h30-19h (dernière inscription à 17h)*

CARNET D'ADRESSES

Restauration, hébergement

petits prix

Crêperie Saint-Géron Une salle aux pierres apparentes, où les photos des forges d'Hennebont évoquent la mémoire des métallos, plante le décor de cette crêperie. Parmi les spécialités, goûtez la Saint-Jacques ou la bretonne (pomme et andouille, 7,50€). *27, rue Trottier* ***Hennebont*** *Tél. 02 97 36 20 57 Fermé mar. (et lun. hors saison)*

prix moyens

Restaurant L'Orchis C'est une adresse très courue. Sur les rives du Blavet, vous goûterez une cuisine marine inventive dont un succulent pot-au-feu de la mer aux algues et aux petits légumes (25€). Les menus varient de 13,65€ (à midi en semaine) à 39€. Belle carte de cafés exotiques : essayez le moka éthiopien au subtil parfum de fleur. *25 bis, quai de Port-Louis (près du viaduc)* ***Hennebont*** *Tél. 02 97 36 19 19 Fermé sam. midi, dim. soir et lun.*

Chambres d'hôtes M. et Mme Montagner Derrière son puits de pierre, cette belle longère du XVIIIe siècle aux volets verts et sur laquelle court une treille, vous accueillera dans une chambre ou une suite aux couleurs gaies, décorées de meubles peints (50€-60€ pour 2, petit déj. inclus). Réveillés par les oiseaux, vous y ferez une halte de charme. Gîte 300-400€/sem. *1, impasse des Longères, Le Porzo 56700* ***Kervignac*** *(du centre commercial d'Hennebont prendre dir. Branderion puis la D164 à droite dir. Nostang) Tél. 02 97 36 33 07 www.les-longeres.com*

Chambres d'hôtes Mme Leroux En pleine campagne, cette imposante chaumière du XIIIe siècle, nichée sous sa glycine, dispose de 2 vastes chambres aux couvre-lits romantiques piquetés de fleurs (58€-74€). Le grand salon, lieu de convivialité avec chaîne hifi et bibliothèque autour de la cheminée, invite à la conversation ou à la rêverie. *Lézorgu 56440* ***Languidic*** *(à la sortie du village, à gauche ; à 13km d'Hennebont par la N124) Tél. 02 97 65 81 04 www.leschaumières-morbihan.com*

PONT-SCORFF

56620

Petite ville rayonnant autour d'une place calme et arborée dans sa partie haute, Pont-Scorff borde, dans sa partie basse, l'une des plus belles rivières de Bretagne, le Scorff, paradis du saumon sauvage. Sur la place centrale entourée de bâtisses bourgeoises trône la belle "Maison des princes" (1566), fief des Rohan-Guémené, devenue aujourd'hui la mairie. Partie haute et partie basse se répartissent également les centres d'intérêt, entre art contemporain, artisanat et découverte de la nature.

MODE D'EMPLOI

accès

EN VOITURE
À 11km au nord de Lorient par la D6.

informations touristiques

Maison du Scorff Documentation sur le patrimoine naturel, archéolo-

gique et architectural de la vallée du Scorff. Excellent accueil. *Bas Pont-Scorff Tél. 02 97 32 50 79*
Office de tourisme *Rue de Lorient Tél. 02 97 84 78 00 www.pont-scorff.com ou www.lorient-tourisme.fr Ouvert lun.-ven. 9h-12h et 14h-18h, sam. 9h-12h (un mer. et un sam. sur 2)*

fêtes et manifestations

Festival saumon Les animations du Festival saumon se veulent à la fois scientifiques, pédagogiques et ludiques. Elles comprennent des concerts ainsi que des conférences. La découverte du saumon passe aussi, tout simplement, par la dégustation. *www.festivalsaumon.fr Trois jours de festivités mi juil. Rens. à l'OT*
L'Art, chemin faisant... Parcours artistique à travers des créations contemporaines inscrites au cœur du patrimoine rural et paysager de Pont-Scorff. *Ouvert fin juin-début sept. : mar.-dim. 14h30-18h30 Accès libre en juil.-août ; juin et sept. : ven. et dim. Rens. à l'OT*

DÉCOUVRIR

☆**Les essentiels** L'Odyssaum **Découvrir autrement** Visitez les ateliers des artisans installés dans les demeures anciennes du centre-ville, descendez la rivière Scorff en canoë-kayak ➤ **Carnet d'adresses p.384**

Pont-Scorff

Atelier d'Estienne, espace d'art contemporain du pays de Lorient

Cet ancien atelier d'ébénisterie, situé dans une grande bâtisse en pierre, expose dessins, peintures, sculptures, photos et vidéos et organise une série de rencontres artistiques dans le cadre du parcours L'Art, chemin faisant... *1, rue Terrien Tél. 02 97 32 42 13 Ouvert mar.-dim. 14h30-18h30 Entrée libre*

☆ **Odyssaum** Site de découverte du saumon sauvage, l'Odyssaum – l'"odyssée du saumon" – relate la vie de ces poissons nés dans la rivière et qui gagnent la mer avant de revenir se reproduire et mourir en eau douce. La présentation pédagogique du cycle de vie et de reproduction est complétée par l'approche de thèmes périphériques. Elle incite à la pratique de la pêche : les ressources de la rivière seraient sous-exploitées ! L'Odyssaum propose aussi un parcours-spectacle, dont le fil rouge est le périple d'Ulysse. L'exposition se poursuit à l'extérieur avec une balade en bordure du Scorff. *Moulin des Princes Bord du Scorff Tél. 02 97 32 42 00 www.odyssaum.fr Ouvert vac. scol. de Pâques et de Toussaint : lun.-ven. 9h30-13h et 14h-18h, sam.-dim. 14h-18h ; vac. scol. été : tlj. 10h-19h30 ; mai, juin, sept. : mar.-ven. 9h30-13h et 14h-18h, sam.-lun. 14h-18h Fermé fin oct.-avr. Fermeture de la billetterie 1h30 avant la fin de la visite Tarif 5,50€, réduit 4,20€ Tarif visite 5,70€, réduit 4,30€*

Zoo de Kerruisseau Sur 12ha, le zoo abrite 120 espèces soit 700 animaux parmi lesquels de nombreux félins. En saison, plus de 14 spectacles animaliers sont proposés : jongleries d'otaries, démonstrations d'oiseaux marins, manipulations de reptiles, etc. Un enchantement pour petits et grands sur un site qui participe à plusieurs programmes de sauvegarde d'espèces menacées. *Entre Pont-Scorff et Quéven Tél. 02 97 32 60 86 www.zoo-pont-scorff.com Ouvert avr.-mai et sept. : tlj. 9h30-18h ; juin-août : tlj. 9h-19h ; le reste de l'année : tlj. 9h30-17h Tarif 17€, réduit 10,50€ La billetterie ferme 1h avant le parc*

● Découvrir l'artisanat local

Village des artisans d'art Le centre de Pont-Scorff a conservé un ensemble de maisons anciennes bien restaurées. Leurs pierres apparentes et leurs pans de bois colorés abritent divers ateliers d'artisans dont les portes sont ouvertes aux visiteurs : dorure, reliure, poterie, vitraux, bijouterie, art du patchwork...

Cour des métiers d'art Espace d'exposition-vente d'artisanat d'art : objets en terre, cuir, céramique, bois, pierre... *Pl. de la Maison-des-Princes Tél. 02 97 32 55 74 Ouvert juin et sept. : mar.-sam. 10h-12h30 et 14h-18h, dim. 14h-18h ; juil.-août : mar.-sam. 10h-12h30 et 14h30-19h, dim. 14h30-19h*

● Se balader à pied ou en canoë Un parcours de 13km permet de suivre les rives du Scorff à pied. Les sportifs descendront la rivière en canoë-kayak (10€/h), tandis que les pêcheurs taquineront le saumon ou la truite fario.

Base nautique de Cléguer *Bas Pont-Scorff Tél. 02 97 32 56 87 Tél. port. 06 81 70 64 67 Ouvert toute l'année Également rens. à l'OT*

CARNET D'ADRESSES

Restauration, hébergement

camping

Ty Nénez Camping familial perdu dans la campagne, près du zoo. Aire de jeux. Comptez 10€ pour 2 pers. Un arrêt de bus interurbain permet de rejoindre Lorient et ses plages. *Route de Lorient* ***Pont-Scorff*** *Tél. 02 97 32 51 16 www.lorient-camping.com*

prix élevés

Restaurant Laurent Le Berrigaut Sur les bords du Scorff, entre saules pleureurs et nénuphars de Chine, ce restaurant sur pilotis propose une cuisine gastronomique raffinée et inventive dans un cadre épuré. Les plats font la part belle aux produits de la mer, tel le saint-pierre et sa brochette d'huîtres au lard et champignons. Le tarif des menus, que vous composez vous-même selon la carte, s'échelonne de 16€ à midi à 58€ (75€ cinq plats et vin). Terrasse agréable. *Moulin des Princes* ***Pont-Scorff*** *Tél. 02 97 32 42 07 www.laurentleberrigaut.com Ouvert avr.-mi-sept. : mar.-dim. midi ; le reste de l'année : se rens.*

GAMME DE PRIX	RESTAURATION	HÉBERGEMENT
Très petits prix	moins de 10€	moins de 30€
Petits prix	de 10 à 20€	de 30 à 50€
Prix moyens	de 20 à 30€	de 50 à 80€
Prix élevés	de 30 à 40€	de 80 à 100€
Prix très élevés	plus de 40€	plus de 100€

QUIMPERLÉ

29300

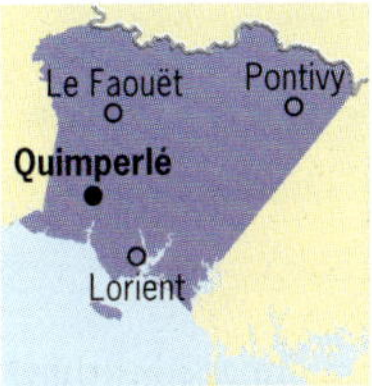

À la confluence de l'Ellé et de l'Isole qui forment la Laïta, la cité, nichée au fond d'une ria, est régulièrement victime de crues brutales qui submergent ses quais. Cette petite Venise de Bretagne aux portes du Morbihan conserve quelques belles rues pavées, bordées de demeures à colombages et un patrimoine religieux et historique de premier ordre. Le terrain, autour de l'abbaye de Sainte-Croix dans la ville basse, est vite devenu trop étroit. L'agglomération s'est donc étendue sur les collines alentours. Symbole de la ville haute, l'église Notre-Dame-de-l'Assomption embrasse la vallée de son perchoir.

MODE D'EMPLOI

accès

EN VOITURE

À 48km de Quimper par la N165, sortie Kervidanou, Quimperlé est. À 25km de Lorient, sortie Quimperlé centre.

EN TRAIN

TGV Paris-Montparnasse-Quimperlé, durée 4h.
Gare SNCF *Bd de la Gare Tél. 36 35 www.voyages-sncf.com*

EN CAR

Liaisons avec Concarneau, Le Pouldu, Quimper, Pont-Aven, Moëlan, Le Faouët.
Réseau Penn ar Bed *Tél. 0810 810 029 www.viaoo29.fr*

orientation

La ville haute, sur les collines, et la ville basse, le long des quais de la Laïta et des rives de l'Ellé et de l'Isole, sont reliées par des petites rues escarpées.

informations touristiques

Office de tourisme En été, organise de nombreux circuits de découverte : patrimoine de Quimperlé (mar. 15h, durée : 1h30, 3,50€), forêt et patrimoine mégalithique (mar. matin, durée : 2h, gratuit), promenade en canoë-kayak (mer. après-midi, réservation obligatoire), visite de Quimperlé et goûter dans une crêperie (jeu. 15h, durée : 1h30, 7,50€). *45, pl. Saint-Michel Tél. 02 98 96 04 32 www.quimperletourisme.com Ouvert juil.-août : lun.-sam. 9h30-13h et 14h-19h, dim. 10h-12h ; hors saison : lun.-sam. 9h-12h30 et 14h-18h*
Point Information *Basse-Ville Ouvert lun.-sam. 10h-12h30 et 13h30-18h*

DÉCOUVRIR

☆ **Les essentiels** Notre-Dame-de-l'Assomption et la maison des Archers à Quimperlé, le manoir de Kernault à Mellac **Découvrir autrement** Promenez-vous dans le parc du domaine de Saint-Maurice, faites un détour aux ports de Doëlan, Brigneau et Merrien **> Carnet d'adresses p.390**

Quimperlé

Abbaye de Sainte-Croix C'est l'une des deux églises bretonnes construites sur le modèle circulaire du Saint-Sépulcre de Jérusalem. Élevé vers 1050, ce bâtiment aux murs massifs est éclairé par une large ouverture percée dans la nef au XVIIIe siècle. Il fut profondément restauré au XIXe siècle après l'effondrement du clocher. La crypte abrite deux gisants dont celui de saint Gurloës qui était réputé guérir la goutte ainsi que les maux de crâne si l'on passait la tête dans l'ouverture aménagée sous le tombeau. L'église possède un beau retable Renaissance. Le cloître conduit aux anciennes dépendances, occupées par le tribunal et la gendarmerie.

☆ **Église Notre-Dame-de-l'Assomption** La nef date de la fin du XIIIe siècle. En témoignent son style gothique primitif et la simplicité de la décoration des contreforts. L'église, qui avait souffert de la guerre de succession de Bretagne, a été reconstruite dans un style gothique flamboyant. Sous le porche, on peut découvrir une (rare) Vierge allaitante. Le portail nord est richement décoré.

Rue Brémond-d'Ars Autrefois habitées par les notables et les officiers, les demeures à colombages (XVIIe-XVIIIe s.) de la rue Brémond-d'Ars dissimulent encore des jardins qui descendent jusqu'aux berges de l'Ellé et de l'Isole. Au 15 bis, vous remarquerez le double escalier à balustres du présidial, ancien tribunal, édifié en 1680. Il abrite une salle d'exposition ouverte tous les jours sauf le mardi.

☆ **Maison des Archers** Au n°7 de la rue Dom-Maurice, une belle demeure à encorbellement (1570), accueille un musée des traditions populaires, où est célébré Théodore de La Villemarqué, érudit du XIXe siècle, auteur du *Barzaz Breiz*, un recueil de chants populaires sur les légendes et l'histoire bretonnes. *Tél. 02 98 39 06 63 (Point info touristique) Ouvert mi-juin-mi-sept. : mer.-lun. 10h-12h et 14h30-19h Tarif 1,80€, réduit 1€, billet jumelé avec le couvent des Ursulines 2,60€, réduit 1,30€*

Couvent des Ursulines Le plafond de la chapelle du XVIe siècle est doré à la feuille d'or. Expositions d'art contemporain en été. *Ouvert juil.-sept. : mer.-lun. 10h-12h et 14h30-19h Tarif 1,70€, billet jumelé avec la maison des Archers 2,30€*

● **Où s'immerger dans la culture bretonne ?** La librairie Penn Da Benn constitue un concentré de culture bretonne : CD de chants de marins, bijoux ornés d'un triskèle, livres sur les korrigans, recueils de poèmes de Guillevic et de Saint-Pol Roux, photos de paysages mythiques de la région...

Rencontres avec des écrivains bretons et concerts divers. **Librairie Penn Da Benn** *37, pl. Saint-Michel Tél. 02 98 39 13 04 Ouvert jeu.-mar. 10h-12h et14h-18h30, mer. 10h-12h*

● ☺ **Où boire un verre ?** La Mouche est un carrefour chaleureux et atypique où l'on discute autour d'un verre, avec en fond musical du jazz manouche ou de la chanson française. Des soirées concerts s'y déroulent également (cf. Restauration). **La Mouche qui louche** *36, route de Lorient Tél. 02 98 35 03 63 Ouvert lun.-mer. 11h-22h, jeu.-sam. 11h-1h*

● **Où sortir ?** Au cœur de Quimperlé, le Médiéval occupe une maison du XVIe siècle qui cultive une allure de donjon avec ses murs en pierre recouverts de boucliers, de casques et d'épées. L'ambiance monte le week-end, lors des soirées à thème ou des concerts organisés certains vendredis et samedis soir. L'hiver, l'endroit est idéal pour boire un chocolat chaud dans le coin salon en faisant griller des châtaignes dans la cheminée. **Le Médiéval** *12, rue Brémond-d'Ars Tél. 02 98 96 01 72 Ouvert toute l'année : mer.-lun. 11h-1h*

● ☺ **Descendre l'Ellé en kayak** Très dynamique, le club de Quimperlé propose de découvrir, avec un guide, l'Ellé et ses rapides en kayak (24€/pers.), ou de pagayer – dans le sens de la marée – de la ville au port du Pouldu au fil de la Laïta (23€/kayak, 35€/canoë 2 places). Cette navigation facile, pendant plus de 4h, vous fera découvrir les anses boisées de la rivière et des landes de l'abbaye Saint-Maurice. Également des sorties le long de la côte rocheuse entre le Pouldu et Port Manech : une manière originale de découvrir les ports de Doëlan, Merrien ou Brigneau (18€). **Club de canoë kayak** *Base Saint-Nicolas (dir. du Pouldu par le quai Brizeux) Tél. 02 98 39 24 17 Tél. port. 06 86 83 80 45 (hors saison) Ouvert tlj. juil.-août, hors saison sur demande*

Les environs de Quimperlé

☆ **Manoir de Kernault** Située dans un parc de 30ha, cette demeure classée monument historique témoigne de l'architecture des manoirs bretons au XVe siècle, avec ses tapisseries de Bruxelles et de Flandre, son Adoration des mages sur un vitrail et ses grotesques qui ornent la voûte de la chapelle. Le nouveau parcours sonore théâtralisé est très réussi. Le manoir accueille des expositions temporaires et propose de nombreuses activités en été. Des rendez-vous, organisés en partenariat avec le Centre de recherche et de documentation de la littérature orale bretonne, antenne de l'Université de Bretagne, sont proposés autour du patrimoine oral. *29300* **Mellac** *(à 5km au nord-ouest de Quimperlé, fléchage à partir de la zone industrielle de Kervidanou) Tél. 02 98 71 90 60 www.cdp29.fr Ouvert juil.-août : tlj. 10h-12h30 et 14h-19h ; hors saison : mer.-dim. 14h-18h ; vac. scol. : tlj. 14h-18h Tarif 4€, réduit 2,50€, moins de 7 ans gratuit*

Roches du Diable Locunolé offre aux promeneurs un site naturel superbe : un amoncellement de grandes roches, qui domine l'Ellé. On dit que seul le diable a pu donner aux rochers des formes si étranges au milieu des bois… Des panneaux à l'entrée du site proposent de nombreuses balades balisées. *29310* **Locunolé** *(à 12km au nord-est de Quimperlé par la D790)*

Où acheter de l'hydromel ? Depuis 1925, la famille Lozachmeur produit de l'hydromel – l'élixir des dieux celtes –, du chouchen, du miel, du pain d'épices et autres produits de la ruche. **Lozachmeur** *386, route de Quimperlé 29300* ***Baye*** *(à 5km au sud-est de Quimperlé, sur la route de Riec-sur-Belon) Tél. 02 98 96 80 20 Ouvert lun.-ven. 8h30-12h et 13h30-19h*

Clohars-Carnoët

☺ **Domaine abbatial de Saint-Maurice** Au cœur d'une futaie bordée par la Laïta, l'abbaye cistercienne, établie en 1177 à l'orée de la forêt de Clohars-Carnoët conserve la mémoire des moines blancs dans un cadre préservé. Au XIXe siècle, le monastère est transformé en château. Celui-ci est détruit en 1945, à l'exception du logis de l'abbé et de la salle du chapitre qui présente de belles arcades géminées surmontées d'un oculus et de délicats chapiteaux ciselés de motifs végétaux. Le parc aux nombreuses essences d'arbres, agrémenté d'un étang, est propice à la promenade. L'orangerie accueille un espace d'exposition. Par ailleurs, le grenier du logis de l'abbé abrite une colonie de chauves-souris que l'on peut observer grâce à une caméra infrarouge. N'hésitez pas à demander au gardien des lieux des renseignements sur les balades à faire aux alentours, car il anime aussi des sorties découverte sur les rives de la Laïta. *29360* ***Clohars-Carnoët*** *(à 10km au sud de Quimperlé ; de Clohars, prendre la D224 dir. Guidel) Tél. 02 98 71 65 51 Ouvert mi-juin-mi-sept. : tlj. 11h-19h ; reste de l'année (sauf oct.) : dim. et j. fér. 14h-18h ; vac. scol. : tlj. sauf sam. 14h-18h Tarif 3€, réduit 2€*

☺ **Port de Doëlan** Plein de charme, ce petit port niché dans un estuaire étroit et profond poursuit une activité de pêche artisanale. Des chalutiers, des fileyeurs et des petits côtiers sont amarrés sur les quais. Le contraste entre les collines d'un vert éclatant et la mer turquoise est saisissant. Au retour de pêche, il est possible d'acheter crustacés et poissons. Fraîcheur garantie ! *À 4km au sud de Clohars-Carnoët*

Partir en balade C'est un lieu privilégié de randonnées pédestres. La promenade qui longe la Laïta permet de se rendre aux ruines du château de Carnoët, fief du roi Comorre, qui... tranchait la tête de ses épouses. **Forêt de Carnoët** *Rens. à l'abbaye Saint-Maurice ou à l'OT de Clohars-Carnoët Tél. 02 98 71 53 90*

Le Pouldu

Un port pittoresque mais endormi, car son entrée est rendue difficile par les bancs de sable et les courants à l'embouchure de la Laïta. La vue sur l'Océan, que rejoint à cet endroit la rivière, est magnifique. Le chemin des douaniers qui serpente au pied des collines dominant l'estuaire permet de rejoindre l'abbaye de Saint-Maurice. *À 5,5km au sud-est de Clohars-Carnoët*

Maison de Marie Henry Fuyant la foule estivale de Pont-Aven, Gauguin et Meyer de Haan s'installèrent au Pouldu en 1889, à la buvette de la Plage tenue par Marie Henry. Avec Filiger et Sérusier, ils entreprirent de décorer la salle à manger. Plus tard, les peintures ont été enlevées et dispersées à travers le monde (trois d'entre elles sont au musée des Beaux-Arts de Quimper). À proximité de l'emplacement de l'ancienne buvette, une reconstitution a été réalisée. En raison de l'exiguïté des pièces, la visite est uniquement guidée. *10, rue des Grands-Sables* ***Le Pouldu*** *Tél. 02 98 39 98 51 ou 02 98 39 93 42 (OT hors saison) Ouvert avr., mai, oct. et nov. : sam.-dim. 14h-18h ; juin-sept. : mar.-dim. 10h-18h Rés. conseillée Tarif 4€, réduit 2€*

Chapelle Notre-Dame-de-la-Paix Il s'agit de la chapelle Saint-Mandé, construite au XVe siècle à Nizon, près de Pont-Aven. En ruine, elle a été démontée pierre par pierre et remontée au Pouldu qui n'avait pas de lieu de culte. Les vitraux sont de Manessier et de Le Moal. Dans le placître (enclos) se trouve un monument dédié aux peintres venus au Pouldu. ***Le Pouldu***

Les plages De vastes plages entourent Le Pouldu. Mais depuis un certain temps, le littoral a concédé de nombreux espaces à des programmes de résidences. La plage des **Sables-Blancs**, la plus fréquentée, s'étend dans une anse protégée du vent. Lui succèdent les plages de **Bellangenet** puis du **Kerou**, séparées par une pointe où se dresse, solitaire, la Maison du douanier. *Accès possible par la navette Quimperlé-plage du Pouldu (en juil.-août, du lun. au sam., départ de la gare à 13h50 et 17h15, retour pour 17h45 et 18h30, 30min de trajet, tarif 2€, réduit 1,50€)*

● ☺ **Où boire un verre ?** Posté à l'embouchure de la Laïta, décoré d'affiches de Corto Maltese, de publicités anciennes et de souvenirs de famille rapportés d'Afrique, le très accueillant Ster Laïta est parfait pour une halte en journée ou le soir. En cas d'intempéries, optez pour l'intérieur, son billard et son jeu de fléchettes ; par beau temps, flânez sur la terrasse au-dessus de l'eau, qui embrasse le panorama de la Laïta se heurtant à l'Océan. Ne manquez pas la renverse de la marée : les courants sont impressionnants ! Sandwiches (de 4 à 5,50€) et glaces (5-7€). **Le Ster Laïta** *Port du* ***Pouldu*** *Tél. 02 98 39 94 98*

● **Partir en balade** De la maison de Marie Henry, un circuit vous mène sur les différents sites peints par Gauguin et ses camarades. Pendant votre promenade, vous pourrez, le temps de quelques coups de crayons, vous mettre dans la peau des ces artistes en tentant de reproduire sur un carnet à dessin (disponible à l'office de tourisme, 4,50€) les peintures des grands maîtres. **Chemin des Peintres** *Rens. à l'OT de Clohars-Carnoët*

● **Pratiquer des sports nautiques** Le club du Pouldu organise des stages de voile et des balades. Location de kayaks de mer et de planches à voile. **Club nautique du Pouldu** *Rue du Philosophe-Alain* ***Le Pouldu*** *Tél. 02 98 39 99 41 www.clubnautiquepouldu.fr Ouvert toute l'année*

● **Se promener au milieu des daims** Au cœur d'une vallée de 10ha, le parc du Quinquis permet une promenade bucolique parmi toutes sortes d'animaux en liberté, dont des ânes, des paons, des lémuriens et des daims. À découvrir, la ferme pédagogique qui rassemble les animaux de la ferme, la Maison de la nature, le petit musée animalier et le parcours botanique avec ses ruches. Parfait pour satisfaire la curiosité des jeunes enfants. **Parc anima-**

lier du Quinquis *Route du Pouldu (à 2km du Pouldu) Tél. 02 98 39 94 13 www.parcanimalierduquinquis.com Ouvert fév., mars et oct. : mer., dim. a.-m. ; vac. scol. de Toussaint : tlj. 14h-19h ; avr.-mai : tlj. 14h-19h ; juin-mi-sept. : tlj. 10h30-19h Fermé nov.-jan. Tarif 8€, réduit 4€*

Moëlan-sur-Mer

Chapelle Saint-Philibert-et-Saint-Roch Élevé au XVIe siècle, l'édifice est dédié aux deux saints qui protégèrent la région de la peste et de la lèpre. Les malades venaient prier sur les bancs de pierre du porche ou dans l'enceinte de la fontaine. Nombreuses statues en bois polychrome à l'intérieur, notamment une très belle Vierge à l'Enfant (XVIe s.). *29350* ***Moëlan-sur-Mer*** *(à 9km au sud-ouest de Quimperlé)*

Allées couvertes de Kergoustance, de Kérandrège et de Kermeur-Bihan Ces édifices du néolithique furent mis au jour à la fin du XVIIIe siècle. Des vases, des haches de pierre, un poignard en silex et des bijoux furent exhumés. L'allée couverte de Kergoustance possède une cellule terminale, celle de Kérandrège un dallage en pierre et celle de Kermeur-Bihan a servi à l'époque gallo-romaine. *Environs de Moëlan-sur-Mer*

☺ **Ports de Brigneau et Merrien** Deux perles du littoral, bien préservées. À Brigneau, certaines maisons conservent un toit de chaume. Sur la rive droite, un chemin mène au site protégé de Kerglouanou. Sur la rive gauche, un charmant sentier côtier rejoint Merrien, le plus petit port de la côte, en passant devant un ancien observatoire du XVIIe siècle. Ce dernier est coiffé d'un curieux toit en escalier de granit qui était destiné à faciliter les manœuvres du guet. Bois et landes sont aujourd'hui protégés. *À 5km au sud-ouest de Moëlan-sur-Mer*

Kerfany-les-Pins Postée à l'embouchure du Belon, la plage de Kerfany a perdu lors de la tempête d'octobre 1987 la majeure partie des pins parasols qui la surplombaient. À cet endroit, la côte forme une avancée qui offre un panorama sur la cité balnéaire de Port-Manec'h et les estuaires de l'Aven et du Belon. *De Moëlan, suivre la D116 sur 7km*

CARNET D'ADRESSES

Restauration

petits prix

Crêperie Ty Gwechall Dans cette demeure du XVIIe siècle de la haute ville, vous dégusterez la "douarneniste" aux rillettes de sardines (5,60€) ou la crêpe "de Glénan" (7,40€). Un menu dégustation "Pays des Avens" (22€) décline plusieurs spécialités de crêpes, dont la délicieuse crêpe aux coques. Menu celte à 18€. Pour accompagner l'addition, de petites friandises maison vous seront servies. *4, rue Mellac* ***Quimperlé*** *Tél. 02 98 96 30 63 Ouvert juil.-août : tlj. sauf dim. midi ; sept.-juin : fermé lun., jeu. soir et dim. soir*

La Mouche qui louche Derrière une façade quelconque, dans un décor dédié à la "récup", vous vous régalerez de joues de porc en sauce au vin (9€), ou d'un plat de moules-frites (l'été, 9-12€) sur une vieille presse ou sur une table de boucher. *36, route de Lorient* ***Quimperlé*** *Tél. 02 98 35 03 63 Ouvert lun.-mer. 11h-22h, jeu.-sam. 11h-1h*

prix moyens

☺ **La Cigale égarée** La maison ocre rouge qui abrite ce restaurant gastronomique se trouve à la sortie de Quimperlé par la vieille route de Lorient. Dans son décor raffiné et romantique, préparez-vous à faire des découvertes gustatives : le chef a éliminé beurre et crème, faisant la part belle aux mousses, consommés et fonds de sauce parfumés pour une cuisine de saveurs résolument contemporaine. Son imagination fertile en assemblages inédits donne de délectables résultats à l'exemple de son gaspacho de tomates fraîches avec son croque-mignon de Saint-Jacques à l'infusion d'agrumes et émulsion de lait ribot fumé. Menus de 20€ à 50€. Formules 10€, 16€, 20€ à midi. *Villeneuve Braouic* ***Quimperlé*** *Tél. 02 98 39 15 53 www.lacigaleegaree.com Ouvert toute l'année mar.-sam. Rés. conseillée*

Le Bistro de la Tour Le restaurant chic de la ville, près de la place des Halles, a su s'adapter à une clientèle variée, avec des menus allant de 22€ (midi) à 46€. Poissons, viandes et crustacés sont cuisinés dans la tradition. Au rdc, ambiance bistrot et possibilité d'acheter quelques bouteilles, car la maison fait aussi office de caviste. À l'étage, le cadre est celui d'une respectable salle à manger de notables décorée de toiles dans le style de l'école de Pont-Aven. En été, évitez le short ! Plats cuisinés à emporter, comme le cassoulet breton à l'andouille de Baye. Juste en face, la **Cave du Bistro** propose un large choix de whiskys et de produits bretons. *2, rue Dom-Morice* ***Quimperlé*** *Tél. 02 98 39 29 58 www.hotelvintage.com Fermé sam. midi, dim. et lun. Ouvert tous les soirs en juil.-août*

Hébergement

camping

Ty-Nadan Ce camping 4 étoiles verdoyant au nord de Quimperlé dispose d'un gigantesque parc aquatique : toboggan, pataugeoire... Comptez de 20,80€ à 46€ selon la saison. Activités possibles : kayak, escalade et badminton. *Route d'Arzano* ***Locunolé*** *Tél. 02 98 71 75 47 www.camping-ty-nadan.fr Ouvert avr.-août*

prix moyens

La Maison d'Hippolyte Juste à côté de l'office de tourisme, au bord de la Laïta, Michelle Lescoat propose 4 belles chambres très confortables, arrangées avec goût, avec plafond en soupente et sdb privée (54€, petit déj. compris). Certaines chambres permettent de loger 3 personnes. Terrasse fleurie pour prendre le petit déjeuner face à la rivière. La propriétaire, passionnée de peinture et de photographie, a transformé son salon en salle d'exposition. Elle vous renseignera avec plaisir sur les activités et les balades dans les environs. *2, quai Surcouf* ***Quimperlé*** *Tél. 02 98 39 09 11 Tél. port. 06 62 57 09 11 www.lamaisondhippolyte.com*

prix élevés

Le Vintage Cette ancienne Caisse d'épargne dont subsistent la façade imposante et la belle rampe d'escalier a été remaniée en hôtel de luxe par les propriétaires du Bistro de la

Tour. L'établissement a fait appel aux artisans de la région et à des designers pour donner à chacune des 10 chambres un charme particulier (89€-122€). Des peintures murales égayent la sobriété de la décoration et de l'ameublement. Les murs des escaliers et de la réception sont ornés de tableaux qui reflètent l'éclectisme des propriétaires. Formule week-end détente (nuit et dégustation de vins : 220€/2 pers.). *20, rue Brémond-d'Ars* **Quimperlé** *Tél. 02 98 35 09 10 www.hotelvintage.com Ouvert toute l'année*

Dans les environs

camping

Les Grands Sables Des nombreux campings du Pouldu, celui-ci est le plus proche de la plage. 15,50€ l'emplacement pour 2 pers. Location de mobil-homes (50€ le w.-e. sauf juil.-août). *Rue du Philosophe-Alain 29360* **Le Pouldu** *Tél. 02 98 39 94 43 www.camping-lesgrandssables.com Ouvert Pâques-sept.*

prix moyens

Hôtel-restaurant du Pouldu Sur le charmant port du Pouldu, encore préservé des convoitises des promoteurs, s'élève cet établissement vieux de deux siècles. Tenu par la même famille depuis plusieurs générations, il propose des chambres propres et simples à partir de 52€. Les plus agréables donnent sur le port. La salle de restaurant est quelconque, mais la cuisine familiale permet de déguster fruits de mer et poissons frais (menus de 16€ à 28€). *29360* **Le Pouldu** *Tél. 02 98 39 90 66 Ouvert hôtel avr.-oct. ; restaurant été tlj., hors saison mer.-dim.*

prix très élevés

Château-Hôtel-Manoir de Kertalg Cette belle demeure en pierres de taille aux tapisseries discrètes et aux poutres apparentes offre des chambres vastes, lumineuses et décorées avec goût (120€-215€) dont les fenêtres donnent sur le domaine fleuri. Le petit déjeuner (15€) est servi sur la terrasse qui s'ouvre sur le parc de 85ha aux arbres centenaires. Appartement en duplex (2-4 pers.) à louer pour 270€. **Moëlan-sur-Mer** *(à 2km du bourg en dir. de Riec-sur-Belon sur la D24) Tél. 02 98 39 77 77 www.manoirdekertalg.com Fermé mi-nov.-mi-avr.*

LE FAOUËT

56320

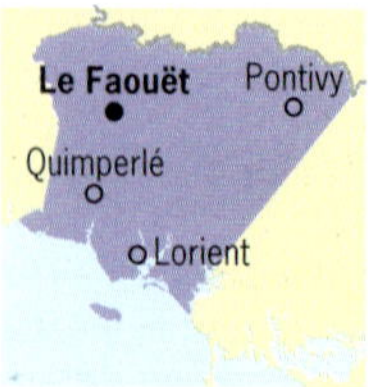

S'aventurer vers Le Faouët, c'est découvrir une région restée longtemps isolée et qui a conservé une tranquillité hors d'âge. La partie nord-ouest du Morbihan, surnommée "Pays du roi Morvan", comprend la Cornouaille morbihannaise (qui s'étend de la frontière finistérienne à la rivière Ellé) et le pays Pourlet (autour de Guémené-sur-Scorff). Cette zone rurale se définit par une nature enchanteresse et un incroyable patrimoine religieux, dont la magnificence témoigne d'une maîtrise artistique exceptionnelle.

MORVAN ET MARION La région du Faouët doit son nom de "pays du roi Morvan" à un épisode historique qui remonte au IXᵉ siècle. C'est en effet ici que le roi Morvan, chef des Bretons d'Armorique, combattit en 818 Louis le Débonnaire, fils de Charlemagne et roi des Francs, qui entendait le soumettre à son autorité. Le Faouët a également vu naître, en 1717, Marie Tromel, dite la "Finefond" ou la "Marion du Faouët." Bandit de grand chemin, elle était à la tête d'une troupe de brigands qui dévalisait les riches pour donner aux pauvres. Elle fut arrêtée et pendue en 1755 à Quimper, mais les textes et les chansons qui lui ont été consacrés ont maintenu vivant le souvenir de ce Robin des Bois régional.

MODE D'EMPLOI

accès

EN VOITURE
À 40km environ au nord de Lorient par la D769.

informations touristiques

Office de tourisme du pays du Roi Morvan Également une antenne à Gourin et à Guémené-sur-Scorff. *3, rue des Cendres Tél. 02 97 23 23 23 www.paysroimorvan.com ou www.tourismepaysroimorvan.com Ouvert juil.-août : lun.-sam. 10h-12h30 et 14h-18h, dim. 10h-12h30 ; sept.-juin : mar.-sam. 10h-12h30 et 14h-17h30*

fêtes et manifestations

Pardon de sainte Barbe Immortalisé, entre autres, par le peintre Mathurin Méheut, il attire toujours de nombreux pèlerins. *Le **Faouët** Dernier dim. de juin*
Fête de la crêpe De blé noir ou de froment, la crêpe et la galette sont à l'honneur, ainsi que les produits qui les accompagnent : lait ribot, cidre, etc. ***Gourin** (à 20km au nord-ouest du Faouët) Fin juil.*

DÉCOUVRIR

☆ **Les essentiels** Les halles du Faouët, les chapelles Sainte-Barbe et Saint-Fiacre **Découvrir autrement** Visitez en famille le musée de l'Abeille vivante et la Cité des Fourmis à Kercadoret, découvrez en calèche le parc aquanature au Stérou > **Carnet d'adresses p.397**

Le Faouët

☆ **Halles** Symbole du Faouët, les halles se situent en plein cœur de la ville. Cette gigantesque charpente de chêne et de sapin datant du XVIᵉ siècle, surmontée d'un clocheton octogonal en dôme, témoigne de l'importante activité économique de la cité, qui accueillait des foires annuelles à la fin du Moyen Âge. Un marché s'y tient le premier et le troisième mercredi de chaque mois.

Musée du Faouët Au tournant du XXᵉ siècle, la Cornouaille, qui a manqué le coche de la révolution industrielle, attire de nombreux peintres. Le Faouët accueille ainsi des artistes français et étrangers, séduits par son patrimoine

PARCOURS DES CHEVALETS
Ce circuit constitue une initiative originale : dans les environs du Faouët, à proximité de huit lieux peints par des artistes, des chevalets présentant chacun un tableau ont été posés à l'endroit même où leur auteur est censé avoir installé le sien, et permettent de mettre en regard le sujet de l'œuvre et sa représentation par le peintre. *Rens. à l'office de tourisme*

monumental et son pittoresque. Germain David-Nillet, Arthur Midy, Henri d'Estienne, Charles Rivière, Guy Wilthew et bien d'autres ont aujourd'hui leur place dans le musée de la ville, installé dans l'ancien couvent des Ursulines. *1, rue de Quimper (à l'angle de la place des Halles) Tél. 02 97 23 15 27 www.museedufaouet.fr Ouvert avr.-juin et sept.-oct. : mar.-sam. 10h-12h et 14h-18h, dim. 14h-18h ; juil.-août : tlj. 10h-12h et 14h-18h Tarif 4,20€, réduit 2,50€*

Musée de l'Abeille vivante et Cité des Fourmis Ce musée, conçu avec amour et humour par un apiculteur passionné, présente la vie des abeilles, les sociétés de fourmis, ainsi que quelques bestioles plus rares, telles que des phasmes ou des mygales. Une visite instructive et vivante, qui comprend des installations pour les enfants (un tunnel permet d'observer les fourmis de plus près dans leur fourmilière) et une boutique alléchante, proposant notamment chouchen, miel et pain d'épices… *À 1km au nord du bourg (sur la D790, à droite puis indiqué) Tél. 02 97 23 08 05 www.abeilles-et-fourmis.com Ouvert avr.-juin : tlj. 10h-12h et 14h-18h ; juil.-août : tlj. 10h-19h ; sept.-nov. : tlj. 14h-18h Tarif 7€, réduit 5€*

Monter à cheval Les écuries du Triskel proposent des promenades dans la campagne environnante (de 1h/14€ à 2h/26€) et un gîte de 7 à 9 personnes (14€ la nuit). Guervienne (à l'entrée du bourg, juste après la chapelle Sainte-Barbe) **Les écuries du Triskel** *Le Faouët Tél. 02 97 23 22 91 Tél. port. 06 87 37 26 30 www.ecuriesdutriskel.com*

★ Les chapelles du Faouët

De nombreuses chapelles émaillent les environs du Faouët et rivalisent de beauté. La chapelle **Saint-Sébastien**, dressée au milieu des champs sur la route de Rostrenen, mérite la visite pour découvrir ses sablières du XVIIe siècle, ornées de motifs végétaux et de têtes grimaçantes ou d'étonnants monuments fantastiques. La chapelle **Saint-Nicolas** (route de Priziac) conserve un splendide jubé Renaissance en bois polychrome. Différents circuits pédestres permettent de découvrir agréablement les richesses du patrimoine religieux ; l'un d'eux relie Sainte-Barbe et Saint-Fiacre, joyaux de la région, et s'étend sur 12km (compter environ 3h).

☆ **Chapelle Sainte-Barbe** La chapelle Sainte-Barbe, du XVe siècle, étonne d'abord par son emplacement. Construite à flanc de ravin, elle domine de 100m le cours de l'Ellé. Sa construction sur ce site escarpé s'explique par le vœu de Jean de Toulbodou qui, surpris par un orage alors qu'il chassait, s'en remit à sainte Barbe, lui promettant d'ériger en ce lieu un édifice en son honneur s'il survivait à la foudre. Le sieur tint sa promesse, et la chapelle fut bâtie en un temps record pour l'époque : vingt-trois ans (de 1489 à

1512). L'étroitesse de la plate-forme rocheuse a présidé au choix de son plan original. Dressé sur quatre piliers de pierre, un robuste campanile accueille les visiteurs : autrefois, chaque pèlerin se devait de faire sonner la cloche à son arrivée. La particularité de cette chapelle réside dans la disposition de trois édifices reliés par de superbes escaliers en pierre à balustre d'époque Louis XIII. De style gothique, étroite et tout en longueur, la chapelle elle-même se caractérise par son transept dénué de nef et son chœur dont l'abside se compose de trois pans. Admirez la finesse des portails sculptés – ils comportent chacun deux portes jumelées aux tympans ajourés –, les gargouilles élancées, les pinacles aux arêtes fleuries. L'intérieur, fort riche, comprend de nombreux ex-voto, témoins d'une grande ferveur populaire, dont d'étonnants œufs d'autruche et os de baleine. À 350m en contrebas de la chapelle Sainte-Barbe, accessible par un sentier serpentant dans le sous-bois, se cache la fontaine du même nom, érigée en 1708. Jeunes filles, tentez votre chance : selon la légende, une épingle à cheveux jetée par-dessus l'épaule vous assurera de trouver un mari ! Pour la visite, adressez-vous à la maison du gardien, qui fait aussi office de buvette et de boutique de souvenirs. Commentée, elle vaut le détour : vous y apprendrez de nombreux détails sur la sainte, dont la vie est par ailleurs illustrée sur différents vitraux anciens. *Accès par la route de Gourin, au nord, puis fléchage Ouvert été : tlj. 9h30-12h30 et 14h-19h ; avr.-juin et sept.-oct. : tlj. 10h-12h et 14h-18h ; reste de l'année : sam.-lun. et j. fér. 14h-16h15 Accès libre*

☆ **Chapelle Saint-Fiacre** En arrivant à la chapelle Saint-Fiacre, vous remarquerez son clocher-pignon flanqué de deux tourelles… avant de découvrir le jubé du XVe siècle qui en fait toute la notoriété. On le doit à l'ébéniste Olivier Le Loergan, qui fut anobli par le duc François II en 1469 en récompense de son art. Cette véritable dentelle de bois, d'une splendeur incomparable – dont la polychromie ne daterait que du XIXe siècle –, sépare le chœur de la nef, mêlant symboles chrétiens et scènes païennes. Côté nef, l'on peut voir le Christ en croix entouré des deux larrons, ainsi que des évocations du paradis terrestre ou de l'Annonciation. Sur la poutre supérieure de la tribune, de nombreuses scènes, très imagées, sont ornées d'anges et de personnages aux multiples postures. Plus bas, la sablière soutenant les voûtes et dominant les six grilles de clôture, délicatement ajourées, relate différentes scènes telles que le Renard leurrant les poules ou la messe de saint Grégoire. Côté chœur,

Balades équestres

Pelamer Équitation (Le Croisic) — 164
Centre Équestre du Bel-Air (Mesquer) — 179
Centre Équestre La Champagne (Saint-Molf) — 185
Les écuries de Quily (Questembert) — 263
Ferme du Poney bleu (Belle-Île) — 325
Kerguélen Équitation (Larmor-Plage) — 360
Les écuries du Triskel (Le Faouët) — 394
L'Écurie des Ajoncs (Malguénac) — 403
Centre équestre Étrier de l'Aber (Trébéron) — 512

les vices et les péchés sont illustrés par des sculptures plus édifiantes les unes que les autres. La plus connue est sans doute la représentation de l'ivresse par un homme vomissant un renard, un tonneau sur les genoux. L'œil averti identifiera le péché d'orgueil, représenté par un lutteur portant triomphalement moutons et canards, ou celui du vol, symbolisé par un jeune homme descendant d'un arbre. Basilic crachant le feu, personnages à face simiesque déjouant les lois de la pesanteur, licorne… la liberté d'expression des artistes qui a présidé à ce chef-d'œuvre ne semble ici connaître aucune limite. Deux autels de pierre, également sculptés, s'appuient aux piliers qui soutiennent de part et d'autre l'arc triomphal. Dans le reste de l'église, de nombreuses têtes, émaillant les sablières ou les entraits, semblent aux aguets, dans l'attente de quelque facétie. Avant de quitter les lieux, ne manquez pas les vitraux de la chapelle (XVIe s.). *À 4km au sud du Faouët par la D790 (route de Quimperlé) Ouvert avr.-juin, sept. et oct. : tlj. 10h-12h et 14h-18h ; juil.-août : tlj. 9h30-12h30 et 14h-19h ; le reste de l'année : sam.-lun. 14h-17h pendant les vac. scol., 13h30-16h15 hors vac. scol.*

Les environs du Faouët

☆ **Église de Kernascléden** Bâti entre 1420 et 1464 sur commande des ducs de Rohan (leurs armes sont visibles en différents endroits), ce chef-d'œuvre architectural du gothique flamboyant breton est remarquable pour ses proportions harmonieuses et ses splendides fresques polychromes du XVe siècle qui dépeignent les épisodes de la vie de la Vierge (chœur) et du Christ (tympans au-dessus des arcades), des anges musiciens et l'Ascension (sous les voûtes du transept nord). Les peintures les plus étonnantes et, malheureusement, les plus abîmées, se trouvent sur les murs du croisillon sud. Elles figurent l'Enfer et une danse macabre (il n'existe que sept représentations de ce type en France), témoignant d'une vision de la mort à la fois familière et effrayante. Prévoyez des pièces de 0,50€ pour l'éclairage des œuvres. *56540* ***Kernascléden*** *(à 15km à l'est du Faouët par la D782)*

Maison de la chauve-souris Grâce à un système de caméras et de détecteurs d'ultrasons, vous pourrez observer la colonie de grands rhinolophes qui s'est établie dans les combles de l'église. *56540* ***Kernascléden*** *(à 15km à l'est du Faouët) Tél. 02 97 28 26 31 www.maisondelachauvesouris.com Ouvert avr.-juin et sept.-oct. : mer.-dim. 14h-17h30 ; juil.-août : mar.-dim. 10h-12h et 13h30-18h30 ; nov.-mars sur rdv Tarif 4€*

Abbaye de Notre-Dame de Langonnet Fondée en 1136, cette abbaye cistercienne fut abandonnée à la Révolution, puis servit d'écurie sous Napoléon avant que la congrégation du Saint-Esprit ne la rachète en 1857 et ne la restaure pour accueillir ses frères âgés revenus d'Afrique. L'ensemble s'organise autour d'un cloître en trapèze. La salle capitulaire (1250) en est la perle : ogives qui s'épanouissent en "palmiers" de remarquables proportions, chapiteaux ornés de motifs de feuilles, elle constituerait le premier témoignage d'art gothique en Bretagne. Complètement dévastée, la grande chapelle fut remaniée dans un style rococo au XIXe siècle. Quant au clocher, il fut fidèlement restauré dans la tradition de simplicité cistercienne d'origine. Des dépendances, ne subsiste qu'un seul bâtiment, visible dans le parc. Un musée des Arts africains expose de nombreuses pièces de très belle facture, rassemblées par les religieux : masques, instruments de musique et ustensiles de la vie quotidienne et rituelle. Avec un peu de chance l'un des frères vous servira de guide et se laissera aller à vous conter l'Afrique et ses mystères. 56630 **Langonnet** *(à 11km au nord-est du Faouët par la D790) Tél. 02 97 23 93 08 Entrée libre*

● **Approcher cerfs et daims** Cent quarante cervidés vivent en liberté dans le parc Aquanature qui s'étend sur 6 vallées verdoyantes et qui se découvre à pied (15km de circuits pédestres), en 4x4, en voiture ou en calèche. Aquarium de poissons d'eau douce. Au restaurant, produits du terroir. **Parc Aquanature** *Le Stérou 56320* ***Priziac*** *(à 7,5km au nord-est de Faouët) Tél. 02 97 34 63 84 www.parcaquanature.com Ouvert avr.-oct. : lun.-sam.. 11h-19h, dim. et vac. scol. 14h-18h ; hors saison : sur rdv Tarif 6€ (safari 10€), réduit 3€ (safari 6€)*

● **Caresser un mouton ou un wallaby** Promenade au milieu d'animaux miniatures du monde entier dans la ferme-conservatoire de Dame Nature, qui participe au programme de sauvegarde d'espèces animalières domestiques bretonnes (mouton d'Ouessant, vache pie noire...), et se lance dans la pédagogie de l'habitat écologique (construction de son bâtiment d'accueil). À découvrir sans modération. Aire de jeux et de pique-nique. **Chez Dame Nature** *Pencleux (de Meslan, dir. Arzano, puis fléché) 56320* ***Meslan*** *(à 7km au sud-est du Faouët) Tél. 02 97 34 26 72 www.chezdamenature.com Ouvert Pâques-sept. et vac. Toussaint : tlj. 11h-19h ; oct. : dim. 14h-18h Tarif 8€, réduit 6€*

CARNET D'ADRESSES

Restauration, hébergement

camping

Camping du lac de Bel-Air Installé sur les rives du vaste lac de Bel-Air, il jouit d'un confort 3 étoiles. Ombragé, il dispose d'un cadre bucolique et propose, outre les jeux pour enfants, des structures également ouvertes aux visiteurs : bateaux pédaliers, minigolf... Comptez 8,40€/2 pers., mobil-home 352€/sem. *56320* ***Priziac*** *(à 7,5km au nord-est de Faouët) Tél. 02 97 34 63 55 Ouvert avr.-fin oct.*

petits prix

Le relais des Halles De 7h à 20h30 – "enfin, cela dépend du monde" dit le patron –, vous trouverez sandwichs, quiches et autres croque-monsieur

GAMME DE PRIX	RESTAURATION	HÉBERGEMENT
Très petits prix	moins de 10€	moins de 30€
Petits prix	de 10 à 20€	de 30 à 50€
Prix moyens	de 20 à 30€	de 50 à 80€
Prix élevés	de 30 à 40€	de 80 à 100€
Prix très élevés	plus de 40€	plus de 100€

(env. 4€) dans ce café-restaurant fréquenté par les gens du coin. Les affamés pourront manger au restaurant pour moins de 15€ une cuisine familiale et généreuse (menu à 11,50€). Accueil très sympathique. *19, rue du soleil* ***Le Faouët*** *Tél. 02 97 23 16 20 Fermé le dim. et en août*

☺ **Crêperie Kan ar Billig** Excellente adresse, face aux halles. La salle, claire et conviviale, accueille des expositions de peinture et inclut la cuisine. Galettes et crêpes sont donc préparées devant vous. Si vous hésitez dans le choix du dessert, n'allez pas chercher trop loin : la crêpe au sucre est un délice ! Vente à emporter, salon de thé (l'été) et pizzeria. Clientèle d'habitués, accueil tonique. *17, rue du Soleil* ***Le Faouët*** *Tél. 02 97 23 24 83 Tél. port. 06 78 43 63 30 http://creperie.free.fr Ouvert tlj.*

Hôtel-restaurant Le Vieux puits Baies vitrées donnant sur la terrasse fleurie et le four à pain. Une cuisine familiale savoureuse. *Pl. de l'Église 56320* ***Meslan*** *(à 7km au sud-est du Faouët) Tél. 02 97 34 25 32 Ouvert mar.-dim.*

prix moyens

Hôtel-restaurant La Croix d'or Entièrement rénové, il accueillit au début du XXe siècle de nombreux artistes. Les 12 chambres aux murs pastel, spacieuses, disposent d'un confort et d'un service de bonne qualité (ascenseur, wifi) à des prix accessibles (de 49€ à 110€ pour une suite, petit déj. 7€). Le restaurant lumineux sert une cuisine traditionnelle soignée (menus 11€-25€). Halte agréable et reposante. *9, pl. Bellanger* ***Le Faouët*** *Tél. 02 97 23 07 33 www.lacroixdor.com Ouvert toute l'année ; restaurant fermé dim. soir-lun.*

Hôtel-bar-restaurant Le Cheval blanc Une adresse familiale à l'accueil chaleureux et avenant. Malgré le décor un peu kitsch du restaurant (où l'on sert de bons menus nourrissants) et la décoration minimale des chambres (propres et de taille respectable), on s'y sent à l'aise. Doubles à partir de 55€, petit déj. 7,50€. *5, rue Albert-Saint-Jalmes 56320* ***Priziac*** *(à 7,5km au nord-est du Faouët) Tél. 02 97 34 61 15 www.hotelrest-cheval-blanc.com Ouvert toute l'année*

PONTIVY

56300

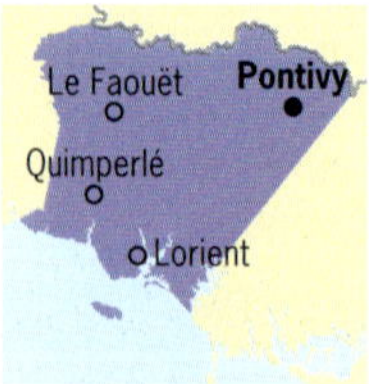

Important centre de l'industrie agroalimentaire bretonne, située au carrefour de nombreuses grandes villes de Bretagne, Pontivy est également une cité au riche patrimoine, dont l'histoire se lit au fil des rues. Son cœur offre deux visages différents : la ville médiévale, siège du château, et la ville militaire, dessinée au XIXe siècle par Napoléon Bonaparte. Si aujourd'hui, les deux quartiers se juxtaposent pour former une seule et même ville, c'est indéniablement le caractère médiéval de Pontivy - mêlé au charme du canal - qui lui donne son cachet touristique. L'ancienne capitale des Rohan est également un bon point de départ pour découvrir les nombreuses chapelles qui émaillent sa campagne.

LA CITÉ AUX DEUX VISAGES L'origine de la cité remonte à la fin du VIIe siècle, quand le moine Ivy installe son oratoire sur une rive du Blavet, puis construit un pont sur la rivière. Au premier château (XIe s.), détruit pendant la guerre de succession de Bretagne, succède un second (fin XVe s.) construit par les Rohan, qui font de Pontivy la capitale du duché. Au XVIe siècle, la ville devient un carrefour commercial. Pendant la Révolution, elle se range du côté des républicains. Bonaparte y fait construire plusieurs bâtiments et canaliser le Blavet. Pendant les guerres contre l'Angleterre, le canal reliant Brest à Nantes joue un rôle important. Napoléon décide d'en faire la capitale militaire de la Bretagne. Une nouvelle ville, Napoléonville, est aménagée suivant un plan rigoureux associant bâtiments civils et militaires. Le nom sera porté jusqu'en 1814, puis sous le Second Empire.

LE PAYS DES ROHAN De nombreux bâtiments de Pontivy et de ses environs portent le blason des Rohan : de gueules (fond rouge) à neuf macles (losanges) d'or. En effet, cette famille a joué un rôle essentiel en Bretagne et plus particulièrement ici dès le début du Xe siècle. Issus d'Eudon de Porhoët, les Rohan deviennent vicomtes au XIIe siècle, puis ducs en 1604, lorsqu'Henri IV élève la vicomté au rang de duché-pairie, avec Henri de Rohan-Chabot à sa tête. Suivront de nombreux chefs de guerre ou ecclésiastiques, la plupart se prénommant, comme il est d'usage dans la famille, Alain ou Josselin. Cette noble lignée, dont l'orgueil se devine dans la devise : "Roi ne suis, prince ne daigne, Rohan suis", perdure donc en Bretagne depuis dix siècles et trente générations et y joue toujours un rôle important. Elle demeure propriétaire de quelques châteaux et compte parmi ses membres le sénateur Josselin de Rohan, quatorzième duc de Rohan.

MODE D'EMPLOI

accès

EN VOITURE

Pontivy, qui occupe une position centrale en Bretagne, au nord du Morbihan, est desservie par de nombreuses routes ; une cinquantaine de kilomètres la séparent de Vannes (par la D767), d'Auray (par la D768) et de Lorient (par la N24).

EN CAR

Des lignes de car du réseau TIM relient directement Lorient (ligne 17) et Vannes (ligne 3) à Pontivy ; venant d'Auray, un changement à Baud s'impose.

Réseau TIM *Tél. 0810 10 10 56 www.morbihan.fr*

orientation

Le centre-ville s'organise le long de la rive droite du Blavet avec, au nord, la vieille ville (place du Martray et château), et au sud, la ville napoléonienne.

informations touristiques

Maison du tourisme *61, rue du Général-de-Gaulle (au pied du château) Tél. 02 97 25 04 10 www.pontivy-communaute.fr Ouvert juil.-août : lun.-ven. 9h30-18h30, sam. 9h30-12h30 et 13h30-18h30, dim. 9h30-12h30 ; sept.-juin : lun.-sam. 9h30-12h30 et 14h-18h En juil.-août, des points infos sont ouverts dans les communes de Cléguérec, Saint-Aignan, Rohan, Guern et Réguiny*

DÉCOUVRIR

☆ **Les essentiels** Le château de Pontivy, la chapelle de la Houssaye **Découvrir autrement** Visitez en famille le centre archéologique de Melrand, admirez le point de vue sur la vallée du Blavet à Saint-Nicolas-des-Eaux

> Carnet d'adresses p.404

Pontivy

☆ **Château** L'imposant château de Pontivy, toujours propriété des Rohan, constitue un bel exemple de l'architecture militaire de la fin du xve siècle. De l'édifice de schiste construit par Jean II de Rohan en 1485 ne subsistent que deux tours sur les quatre originelles, et le corps de logis. L'élégant escalier de pierre et fer forgé visible dans la cour, orné d'un perron de style Louis XV, a été ajouté au XVIIIe siècle. La visite permet de découvrir, notamment, une cheminée armoriée monumentale, qui date du XVIe siècle. Expositions temporaires en été. *Tél. 02 97 25 12 93 Ouvert juil.-mi-sept. : tlj. 10h30-18h30 ; mi-sept.-juin : mer.-dim. 14h-18h Tarif 4,50€, réduit 2,80€, 11-18 ans 2€, 5-10 ans 1,10€ Visite guidée juil.-août mer.-lun. à 11h, 14h30, et 16h30 Tarif 6€, réduit 3,80€, 5-11 ans 2,70€*

☆ **Chapelle de la Houssaye** Les parties les plus anciennes de la chapelle de la Houssaye, le chœur et le transept, furent érigées en 1435. La nef vit le jour au XVIe siècle ; la tour et le porche complétèrent l'ensemble au XVIIIe siècle. L'édifice est connu pour son magnifique retable du début du XVIe siècle, en pierre polychrome, qui présente une Passion du Christ en treize tableaux mettant en scène plus de cent personnages. On notera quelques figures facétieuses : ici, un personnage tire la langue, là, un autre perd sa culotte… La chapelle abrite également deux superbes statues du XVIe siècle représentant le martyre de sainte Apolline et une pietà. *Prendre dir. Lorient puis à gauche au rond-point d'Intermarché (elle est indiquée à droite) Ouvert juil.-août : mar.-dim. 14h30-18h*

Les environs de Pontivy

Chapelle de Saint-Mériadec Elle abrite, outre des fresques relatant la vie de saint Mériadec, de somptueux vitraux Renaissance et, entre autres statues, un rare exemple de la Vierge "allaitante", datant du XVIe siècle. 56300 ***Stival*** *(à 3,5km au nord-ouest de Pontivy par la D764, dir. Guémené-sur-Scorff)*

Chapelle Notre-Dame-des-Carmes Appareillée de schistes aux couleurs alternées, elle arbore une forme de croix latine. Elle doit sa célébrité à ses somptueux lambris peints, recouvrant la charpente en forme de carène de bateau renversé. À l'intérieur de compartiments en trompe-l'œil, ils développent la vie de la Vierge et les mystères du Rosaire ainsi que des portraits des Évangélistes ; les parties les plus anciennes, dont un épisode de la vie de sainte Catherine d'Alexandrie, datent du XVe siècle. 56300 ***Neuillac*** *(à 7,5km au nord de Pontivy par la D767, dir. Mûr-de-Bretagne)*

Chapelle de Sainte-Noyale Très bel ensemble religieux comprenant une chapelle du XVe siècle, de style flamboyant, coiffée d'un remarquable clocher à flèche d'ardoise, un calvaire, un oratoire consacré à saint Jean-Baptiste et une fontaine. Cette dernière est ornée de la statue de sainte Noyale portant sa tête coupée entre ses mains. *Hameau de Sainte-Noyale 56920* ***Noyal-Pontivy*** *(à 10km à l'est de Pontivy par la D2) Ouvert mar.-dim. 14h-19h*

Chapelle Notre-Dame-de-Bonne-Encontre Construite au début du XVIe siècle par Jean II de Rohan, elle est surtout connue pour sa voûte en pierre à croisée d'ogives. Au-dessus de la voûte, une charpente à cintre brisé rappelle la carène d'un navire. Sur les clefs de voûte figurent les armoiries des Rohan. L'édifice conserve quelques belles pièces, dont une statue polychrome (XVIIe s.) de saint Barthélemy écorché vif. L'apôtre y est représenté après son martyre : il porte sur l'épaule sa peau détachée du corps, la tête pendant à l'envers. Véritable dentelle de bois, la clôture de la sacristie date du début du XVIe siècle. *56580* ***Rohan*** *(à 11km à l'est de Pontivy par la D2)*

Chapelle Notre-Dame-de-Quelven Elle domine de son clocher-porche haut de 70m toute la campagne environnante. Sa façade sud présente cinq pignons différents et un portail aux voussures décorées de guirlandes. Une tourelle d'escalier orne le portail du croisillon sud. Notre-Dame-de-Quelven conserve une curieuse Vierge ouvrante. Cette madone en bois dévoile quand elle s'ouvre (notamment lors de l'important pardon du 15 août) trois volets sculptés de scènes d'évangiles. La chapelle abrite également un mobilier particulièrement riche dont, entre autres, une frégate ex-voto (XVIIIe s.), un bas-relief en albâtre (XVe s.) et une superbe statuaire (XVe-XVIe s.) tel le très beau saint Georges terrassant le dragon. Tous les jeudis en été, l'orgue de la chapelle fait l'objet d'un court exposé (à 14h), suivi d'une promenade autour du ruisseau (à 14h30) et d'une visite guidée axée sur la Vierge ouvrante (à 16h) ; dès 17h, assistez à un récital baroque d'une heure. Un artiste différent à chaque représentation. *56310* ***Quelven*** *(à 10km au sud-ouest de Pontivy par la D2) www.orgue-de-quelven.org Entrée libre*

☺ Patrimoine religieux et art contemporain

Chaque été, des expositions d'art contemporain sont organisées dans 17 chapelles rurales, parmi les 23 les plus remarquables situées autour de Pontivy. Des plasticiens, certains confirmés, confrontent leurs recherches avec l'architecture et le décor de ces humbles chapelles. Vous trouverez des informations sur les expositions à la Maison du chapelain à Saint-Nicodème-en-Pluméliau. Quatre circuits à travers la campagne sont proposés. Un guide se tient à la disposition des visiteurs dans chaque chapelle. **L'art dans les chapelles** *Tél. 02 97 51 97 21 www.artchapelles.com Ouvert juil.-mi-sept. : mer.-lun. 14h30-19h Visites accompagnées possibles*

Centre archéologique de Melrand-Lann-Gouh, village de l'an mil Au début du XXe siècle furent découverts, sur le site de Lann-Gouh, les vestiges d'un village médiéval constitué de dix-sept bâtiments et datant des environs de l'an mil. À partir de 1985, Lann-Gouh devint le point de départ d'un centre d'archéologie expérimentale. Construction d'habitations ou élevage d'animaux, tout tend à reconstituer les techniques d'époque. L'équipe de la ferme propose une visite guidée du site, qui a pour principal mérite d'aider à la visualisation d'un village médiéval. *Melrand (à 18km au sud-ouest de Pontivy par la D2, indiqué à partir du bourg) Tél. 02 97 39 57 89 Ouvert juin-août : tlj. 10h-19h ; mars-mai et sept.-mi-oct. : lun.-ven. 11h-17h, sam.-dim. 11h-18h Tarif 4,50€, réduit 3,50€*

Cartopole Ce conservatoire régional de la carte postale offre une visite fort agréable et instructive sur l'histoire de cette drôle de missive, dont on conserve ici quelque 30 000 exemplaires. Le diaporama (18min) est particulièrement attachant. Les amateurs pourront commander des reproductions de ces véritables petits trésors. *Rue d'Auray 56150* ***Baud*** *(à 25km au sud de Pontivy par la D768) Tél. 02 97 51 15 14 www.cartolis.org Ouvert mi-juin-mi-sept. : tlj. 10h-12h30 et 14h-18h (juil.-août 19h) ; mi-sept.-Toussaint et Pâques-mi-juin : mer.-jeu., sam. et dim. 14h-18h Fermé Toussaint-Pâques Tarif 5€, réduit 2,50€, moins de 8 ans gratuit*

Saint-Nicolas-des-Eaux Ce paisible village installé le long du Blavet est entièrement tourné vers les activités qui se déroulent sur – ou le long de – l'eau. Vous y trouverez kayaks ou vélos à louer ainsi que des terrasses sympathiques, d'où regarder filer doucement la rivière du Blavet. Sur les hauteurs, le site de Castennec dégage un beau point de vue sur la vallée. *À 10km au sud de Pontivy*

● **Se balader dans la forêt de Quénécan** Surnommée "la petite Suisse", la forêt de Quénécan, se déploie sur quelque 3 000ha. Plantée de pins, de hêtres et d'épicéas, elle est aménagée pour le plaisir de la randonnée avec pour centre d'attraction le plus grand lac artificiel de Bretagne, le lac de Guerlédan, dont les rives délimitent le Morbihan et les Côtes-d'Armor. C'est aussi une zone d'hivernage pour de nombreux oiseaux nicheurs et des petits mammifères. Vous en découvrirez le plus beau panorama par les sentiers qui le surplombent avant de déboucher sur l'anse de Sordan : petite plage où vous trouverez des bateaux à louer ainsi qu'un bar-restaurant pour une halte bien méritée. *À 20km au nord-ouest de Pontivy*

● **Longer le lac de Guerlédan en VTT** De la balade familiale au parcours très sportif sur chemins balisés, découvrez les rives de ce vaste lac à votre rythme. 10€/demi-journée, 15€/j. **Station VTT** *Base de plein air Guerlédan 106, av. du Lac 22530* ***Mûr-de-Bretagne*** *(à 16km au nord de Pontivy) Tél. 02 96 67 12 22 www.base-plein-air-guerledan.com Ouvert juil.-août : tlj. ; hors saison : lun.-ven.*

● **Parcourir la campagne à cheval** Le centre équestre des Ajoncs propose des promenades dans la campagne pontivyenne à partir de 19€/h. Également des leçons en manège et des stages d'initiation à la demi-journée. **L'Écurie des Ajoncs** *Fontaine Faven 56300* ***Malguénac*** *(à 7km à l'ouest de Pontivy) Tél. 02 97 25 21 72 Tél. port. 06 42 28 99 33 www.ecurie-des-ajoncs.com Ouvert toute l'année*

Terrains de golf

La Bretesche (Missillac)	185
Golf de Baden	227
L'Extrême (Belle-Île)	325
Saint-Laurent (Ploemel)	343
Ploemeur Océan	360
Rimaison (Bieuzy)	403
L'Odet (Clohars)	449
Quimper-Cornouaille	449

● Chasser le birdie Situé sur le site historique du château de Rimaison, le parcours de 9 trous offre des vues splendides sur le Blavet. À proximité, un choix de gîtes confortables pour des séjours "tout golf". **Golf de Rimaison** *56310* ***Bieuzy*** *(à 15km au sud-ouest de Pontivy) Tél. 02 97 27 74 03www.rimaison.net*

● Descendre le Blavet en canoë-kayak Initiation ou balades sur le Blavet, rivière bordée de coteaux boisés enchanteurs. Comptez 12€/h/2 pers., ou 17€ la matinée. **Club de canoë-kayak de Pluméliau** *Base nautique de* ***Saint-Nicolas-des-Eaux*** *(à 10km au sud de Pontivy) Tél. 02 97 51 87 71 Ouvert juil.-août ; se rens. pour le reste de l'année*

Guémené-sur-Scorff

Autrefois Kemenet-Guégant, soit "fief du seigneur Guégant", le nom de la capitale du pays Pourleth se transforma en Guémené au XVe siècle. Son château, dont il ne reste aujourd'hui qu'une porte et une partie de l'enceinte, fut fortifié à la Renaissance par la famille de Rohan qui domina la ville jusqu'à la Révolution. Cette petite cité présente un bel ensemble de maisons de caractère qui invite à la flânerie. Procurez-vous le guide *Guémené pas à pas* à l'office de tourisme pour suivre un parcours découverte du patrimoine architectural de la ville. Célèbre pour son andouille (qui est fêtée au mois d'août), Guémené attirera également les gourmands… *À 22km à l'ouest de Pontivy par la D764 puis la D782* **Office de tourisme** *Dans l'ancien Café Pointu Rue Haha Tél. 02 97 39 33 47 www.tourismepaysroimorvan.com Ouvert juil.-août : tlj. 10h-12h30 et 14h-18h sauf dim. a.-m. ; hors saison : mar., mer., ven., sam. 10h-12h30 et 14h-17h30*

● Où acheter de l'andouille ? Depuis 1931, la famille Rivalan-Quidu ravit les amateurs. Les andouilles pendent au plafond de la boutique, qui fleure bon le feu de bois. **Maison de l'andouille** *5, rue de Bellevue 56160* ***Guémené-sur-Scorff*** *Tél. 02 97 51 21 10 www.andouille-guemene.com Ouvert tlj. 9h-12h30 et 14h15-19h Fermé lun. matin, dim. et j. fér.*

CARNET D'ADRESSES

Restauration, hébergement

très petits prix

Auberge de jeunesse Située sur une calme placette à côté de l'ancien moulin à eau de l'île des Récollets (à 2min du centre-ville), cette auberge confortable (3 "sapins") dispose de 65 lits, dont un dortoir de 35 lits. Comptez 13,20€ la nuitée, petit déj. 3,60€. *Île des Récollets* ***Pontivy*** *Tél. 02 97 25 58 27 www.fuaj.org Ouvert toute l'année Accueil 17h30-20h30*

petits prix

Crêperie Marie-Hélène On y vient pour la réputation des crêpes à prix très raisonnables (5,50€ la complète) plus que pour le décor... *25, rue Friedland* ***Pontivy*** *Tél. 02 97 25 25 16 Ouvert mer.-dim. midi et soir*

Hôtel Le Porhouët Donnant sur la rue et sans cachet particulier, cet établissement a pour lui de se situer au pied du château à deux pas du centre-ville médiéval et d'offrir de bons services (wifi) à prix raisonnables. Les chambres ont toutes été rénovées en 2008 (46€-60€, petit déj. buffet 6€). *41, av. du Général-de-Gaulle* ***Pontivy*** *Tél. 02 97 25 34 88 www.hoteldepontivy.com*

prix moyens

Restaurant La Pommeraie Une façade pimpante – framboise et jaune –, le long du quai du Couvent annonce ce "restaurant du terroir". Cuisine gourmande et travaillée. Premier menu du jour à 19€. Le soir, laissez-vous tenter par la créativité du chef : le menu à 32€ est irrésistible ! Foie gras de canard aux figues, osso bucco de lote au coulis et crevettes grises, croustillants de pommes au caramel au beurre salé. Un menu "découverte" à 58€ élaboré selon l'inspiration du chef séduira les gastronomes. *17, quai du Couvent* ***Pontivy*** *Tél. 02 97 25 60 09 Ouvert mar.-sam. 12h-13h30 et 19h30-21h30*

Hôtel Robic Situé de l'autre côté du canal, en face du quartier napoléonien, le Robic se caractérise par l'espace : du parking privé en passant par la réception, la salle du petit déjeuner, les chambres ou les sdb, vous ne serez jamais à l'étroit. La décoration moderne et soignée, réchauffée de tons ensoleillés, tempère ces vastes volumes. Confortable, pratique, et d'un excellent rapport qualité-prix : de 40€ la simple à 85€ pour 4 pers. Petit déj. 8€. *4, rue Jean-Jaurès* ***Pontivy*** *Tél. 02 97 25 11 80 www.hotel-robic.com Ouvert toute l'année*

prix élevés

Hôtel Le Rohan Chambres impeccables et de belles proportions, chacune ayant son caractère propre : romantique, indienne, contemporaine. Certaines donnent sur le petit îlot de verdure du square Lenglier. Calme, confort (wifi) et accueil sympathique à proximité du centre-ville (parking privé). Comptez de 84 à 94€, petit déj. buffet 12€. Studio à partir de 30€/nuit. *90, rue Nationale Tél. 02 97 25 02 01 www.hotelpontivy.com*

Hôtel de l'Europe Les âmes sensibles aux atmosphères balzaciennes seront ravies : parquets en épi craquant sous le talon, hauts plafonds à moulures, lustres imposants et grands drapés fleuris aux fenêtres. Les chambres poursuivent dans le même esprit, avec le confort de notre époque. De 65€ à 140€, petit déj. 10€. *12, rue François-Mitterrand* ***Pontivy*** *Tél. 02 97 25 11 14 www.hotellerieurope.com*

Dans les environs

petits prix

Le Chalet de Saint-Nicolas Au bord du Blavet, on ne peut pas manquer cette crêperie aux allures de chalet. Des crêpes à petits prix, dont la "clown", à la banane et aux Smarties (5,50€), qui ravira les plus petits. *3bis, promenade des Estivants 56930* ***Saint-Nicolas-des-Eaux*** *(à 10km au sud de Pontivy) Tél. 02 97 51 88 87 Ouvert été : tlj. midi et soir Fermé jan. Appel conseillé (horaires flexibles selon la fréquentation)*

Le Clos des Princes Les nouveaux propriétaires ont entrepris une rénovation complète de cet établissement qui a pour attrait principal une vaste terrasse ensoleillée donnant sur les toits médiévaux de Guémené. Une décoration simple marie des tons unis et frais qui donnent de la clarté aux chambres (de 55€ à 88€ pour une chambre avec petit bureau séparé, petit déj. 7,50€). Une cuisine traditionnelle régionale est servie au restaurant (menus 19€-35€). *118, rue Joseph-Pérès* ***Guémené-sur-Scorff*** *(à 22km à l'ouest de Pontivy) Tél. 02 97 51 20 08 www.closdesprinces.com*

GAMME DE PRIX	RESTAURATION	HÉBERGEMENT
Très petits prix	moins de 10€	moins de 30€
Petits prix	de 10 à 20€	de 30 à 50€
Prix moyens	de 20 à 30€	de 50 à 80€
Prix élevés	de 30 à 40€	de 80 à 100€
Prix très élevés	plus de 40€	plus de 100€

GEOREGION

Cap Sizun (p.479), baie de Douarnenez.

FINISTÈRE SUD

FINISTÈRE SUD

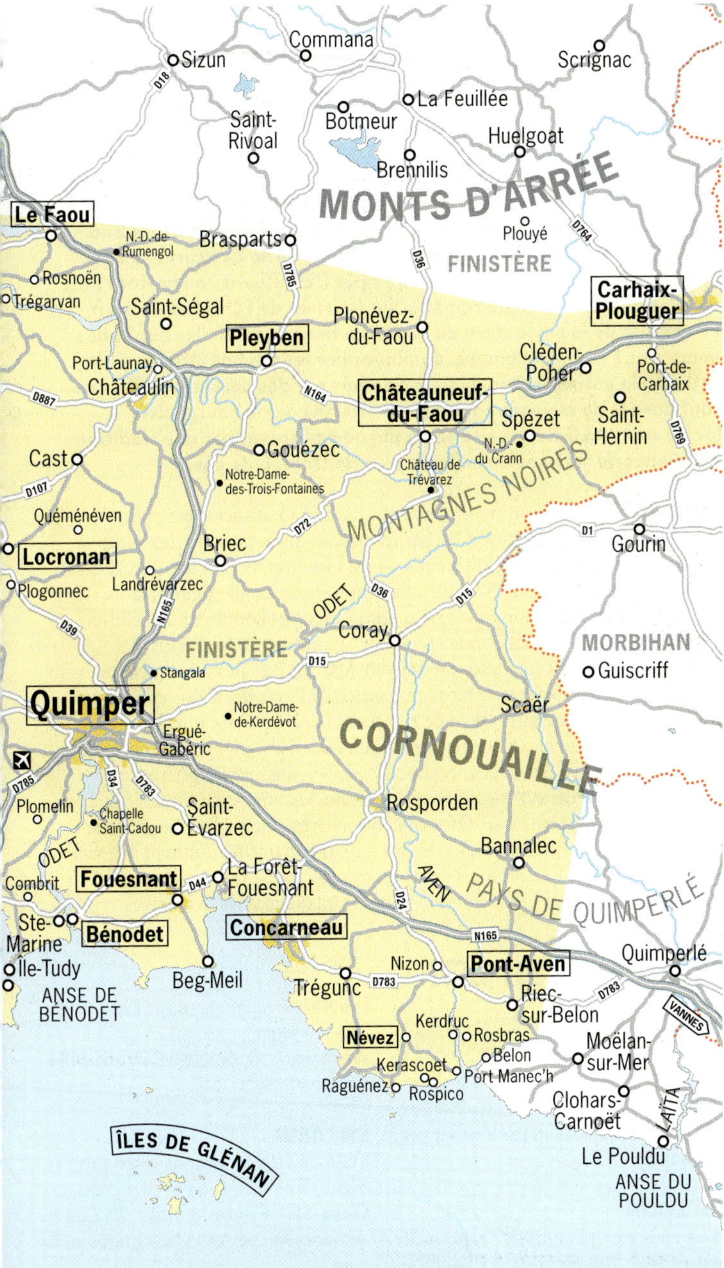
Commana
Sizun
Scrignac
D18
La Feuillée
Saint-Rivoal
Botmeur
Huelgoat
Brennilis
MONTS D'ARRÉE
Le Faou
Plouyé
N.-D.-de-Rumengol
Brasparts
D764
D36
FINISTÈRE
D785
Rosnoën
Trégarvan
Carhaix-Plouguer
Saint-Ségal
Plonévez-du-Faou
Pleyben
Port-Launay
Cléden-Poher
Châteaulin
Port-de-Carhaix
N164
D887
Châteauneuf-du-Faou
Spézet
Saint-Hernin
N.-D.-du Crann
Gouézec
D769
Cast
Château de Trévarez
Notre-Dame-des-Trois-Fontaines
MONTAGNES NOIRES
D107
Quéménéven
D72
D1
Gourin
Locronan
Briec
Landrévarzec
Plogonnec
ODET
D36
D15
N165
D39
Coray
FINISTÈRE
MORBIHAN
D15
Guiscriff
Stangala
Quimper
Notre-Dame-de-Kerdévot
Scaër
Ergué-Gabéric
CORNOUAILLE
D785
D34
D783
Plomelin
Saint-Évarzec
Rosporden
Chapelle Saint-Cadou
ODET
Bannalec
La Forêt-Fouesnant
Combrit
Fouesnant
D44
AVEN
PAYS DE QUIMPERLÉ
D24
Ste-Marine
Bénodet
Concarneau
N165
Île-Tudy
Nizon
Pont-Aven
Quimperlé
Beg-Meil
Trégunc
D783
Riec-sur-Belon
D783
ANSE DE BÉNODET
VANNES
Kerdruc
Rosbras
Névez
Moëlan-sur-Mer
Belon
Kerascoet
Port Manec'h
Raguénez
Rospico
Clohars-Carnoët
LAÏTA
ÎLES DE GLÉNAN
Le Pouldu
ANSE DU POULDU

★ QUIMPER

29000

L'ancienne capitale de l'évêché de Cornouaille commandait jadis un vaste territoire, des rives de l'Aven jusqu'à la rive gauche de l'Élorn dans le Finistère Nord, non loin de Brest. Aujourd'hui, la métropole cornouaillaise, qui compte 67 000 habitants, rayonne sur le Finistère Sud à l'ouest d'une ligne qui va de Concarneau à Châteaulin. Kemper ("confluent" en breton) s'est développée dès l'époque romaine sur les rives de l'Odet et du Steir. Le charme de la préfecture du Finistère tient à ses ruelles aux belles demeures à encorbellement, dominées par les flèches altières de la cathédrale gothique. Les quais, enjambés par des passerelles fleuries, sont bordés de maisons cossues, construites par la bourgeoisie locale au XIXe siècle. La cité se distingue également par une tradition de faïencerie artisanale vieille de plus de trois cents ans.

HISTOIRE Les légions romaines avaient baptisé Quimper *Aquilonia*, la "ville des aigles", en raison du camp installé sur le mont Frugy pour surveiller l'estuaire. Selon la légende, le roi Gradlon, fuyant les eaux qui engloutissaient la ville d'Ys, suite à l'inconduite de sa fille Dahut, croisa dans la forêt l'ermite Corentin puis arriva sur l'Odet. Au confluent de celui-ci avec le Steir, il décida de fonder Kemper ; Corentin en fut le premier évêque. La ville prit son essor au Moyen Âge. Le duc fit bâtir un château sur les bords du Steir pour contrer la puissance de l'évêque. Celui-ci répliqua avec l'édification au XIIIe siècle de remparts percés par six portes permettant l'accès au cœur de la cité. Cette prospérité fut mise à mal par les différents sièges de la guerre de succession au XIVe siècle, puis par les guerres de Religion à la fin du XVIe siècle. Sous l'Empire, le commerce s'intensifia avec l'arrivée des bateaux qui se détournaient de Brest, alors bloquée par une escadre anglaise. Au XIXe siècle, des travaux d'urbanisme donnent à la ville son visage actuel. Les remparts sont en grande partie détruits, le port est transféré en retrait, l'Odet canalisé et des ponts relient les deux rives.

MODE D'EMPLOI

accès

EN VOITURE
À 210km de Rennes, 225km de Nantes, 85km de Brest, 70km de Lorient par la N165.

EN AVION
L'aéroport de Quimper-Cornouaille est situé à 7km au nord, à Pluguffan. Plusieurs liaisons avec Paris-Orly chaque jour.
Aéroport Quimper-Cornouaille
Tél. 02 98 94 30 30

EN TRAIN
TGV de Paris-Montparnasse (4h30), trains directs de Lyon et de Bordeaux.
Gare SNCF (plan 8, D3) *1, pl. Louis-Armand Tél. 36 35 www.voyages-sncf.com*

EN CAR
Penn ar Bed, un important réseau d'autocars, dessert les principales villes finistériennes depuis la gare routière.
Gare routière (plan 8, D3). *2, pl. Louis-Armand Tél. 02 98 90 88 89 Ouvert lun.-sam. 7h-19h et dim. 16h45-19h45*
Réseau Penn ar Bed *Tél. 0810 810 029 www.viaoo29.fr*

orientation

L'Odet traverse la ville de part en part. La **vieille ville** avec la cathédrale et les ruelles médiévales s'étend sur sa rive droite ; la rive gauche est dominée par le mont Frugy. L'ancien port se situe en aval et fait face à **Locmaria**, le quartier de la faïencerie. Le quartier **Saint-Mathieu** s'étend à l'ouest de la cathédrale sur la rive droite du Steir.

informations touristiques

Office de tourisme (plan 8, B3) L'office organise des visites guidées à travers la ville. Il propose un passeport culturel (10€) permettant de bénéficier d'un accès gratuit pour quatre visites de monuments. *Pl. de la Résistance Tél. 02 98 53 04 05 ou 0820 160 029 www.quimper-tourisme.com Ouvert juil.-août : lun.-sam. 9h-19h, dim. 10h-12h45 et 15h-17h45 ; juin et sept. : lun.-sam. 9h30-12h30 et 13h30-18h30, dim. 10h-12h45 ; oct.-mars : lun.-sam. 9h30-12h30 et 13h30-18h30*

transports urbains

La ville se parcourt facilement à pied.
QUB (plan 8, B3) La QUB propose plusieurs lignes qui relient les différents points de la ville. Les lignes 4 et 6 partent de la gare SNCF pour rejoindre le centre. Ticket à l'unité 1,10€ ; 3,30€ pour la journée ; 9,30€ pour 10 voyages. *2, quai de l'Odet Tél. 02 98 95 26 27 www.qub.fr Ouvert lun.-sam. 9h-12h15 et 13h30-18h30 (17h30 sam.)*

adresses utiles

Gendarmerie (plan 8, A2) *1, rue de Pont-l'Abbé Tél. 02 98 55 09 24*
Hôpital de Cornouaille (plan 8, B4) *14 bis, av. Yves-Thépot Tél. 02 98 52 60 02*
Poste (plan 8, C2) *37, bd Amiral-de-Kerguelen Tél. 02 98 64 28 25*

fêtes et manifestations

Les Jeudis de l'évêché Découverte d'un cercle celtique et d'un bagad. *Mi-juin-mi-sept. Rens. OT Tarif 5€*
Festival de Cornouaille Grand rendez-vous de la culture bretonne avec défilés, fanfares et concerts de musique traditionnelle bretonne. *Mi-juil. www.festival-cornouaille.com*
Semaines musicales Concerts de musique classique dans différents édifices religieux de Quimper et des environs. *Trois premières semaines d'août Tarif 18€ à 21€/concert*

FINISTÈRE SUD

Tableau kilométrique

	Quimper	Concarneau	Audierne	Douarnenez	Crozon	Carhaix
Concarneau	25					
Audierne	40	65				
Douarnenez	20	55	20			
Crozon	55	90	65	45		
Carhaix	70	90	100	90	85	
Pleyben	35	55	70	55	50	35

DÉCOUVRIR

☆ **Les essentiels** La cathédrale Saint-Corentin, le musée des Beaux-Arts, le Musée départemental breton, l'église Notre-Dame-de-Locmaria **Découvrir autrement** Faites vos emplettes de bols ou assiettes décorés à la faïencerie HB Henriot ➤ **Carnet d'adresses p.421**

Quimper

La vieille ville

Les rues pavées qui rayonnent à partir de la cathédrale ont été préservées des grands chantiers d'urbanisation du XIXe siècle. Leurs noms évoquent d'anciennes corporations d'artisans. Sombres et étroites, elles offrent de beaux alignements de maisons en bois. La **rue Kéréon** (les "cordonniers") fut de tout temps la rue principale. Elle relie la cathédrale aux anciens remparts au niveau de la place Médard. Le **pont Médard**, qui traverse le Steir, servait de pont-levis pour pénétrer dans la ville. Sur la place, l'**hôtel du Haffond** est un bel exemple de l'architecture du XVIIIe siècle. La **rue des Boucheries**, qui croise la rue Kéréon, abrite à ce carrefour de belles maisons à pans de bois, habitées au XVIe siècle par des riches commerçants, des hommes de loi et d'Église. La **rue du Sallé**, plus haut, aboutit à la place au Beurre où les marchands de beurre tenaient commerce. La **rue Élie-Fréron**, du nom du polémiste et adversaire des encyclopédistes, qui monte perpendiculairement à la cathédrale, possède des maisons en bois dont les toits se rejoignaient presque de part et d'autre de la rue. La **rue du Guéodet**, perpendiculaire à la rue des Boucheries, s'enorgueillit d'une maison décorée de cariatides ; des têtes grimaçantes sont sculptées dans la pierre.

☆ **Cathédrale Saint-Corentin (plan 8, C2)** Sa construction, entreprise par l'évêque Rainaud en 1239, à l'époque du gothique flamboyant, ne fut terminée que plusieurs siècles plus tard. Au début du XVe siècle, le chœur est achevé, couvert d'une voûte à croisées d'ogives et coloré de vitraux au jaune d'argent. Il incorpore l'ancienne chapelle Notre-Dame. En 1460 s'ajoutent la nef, les façades et les deux tours de 76m percées de baies jumelées. Il faut attendre le XIXe siècle pour que celles-ci soient dotées de flèches de pierre inspirées du clocher de la collégiale de Pont-Croix. Entre les deux flèches trône la statue équestre du roi Gradlon. La façade comporte trois portails : le porche principal, sur la façade, le portail Sainte-Catherine au sud et le porche des baptêmes, au nord. Parmi les sculptures du premier, on distingue le lion des Montfort, les écus des barons de la Cornouaille et le blason de la duchesse Jeanne de France. La sobriété de la décoration intérieure s'explique par les destructions du mobilier et des reliquaires lors de l'incendie de la cathédrale sous la Terreur. Disparaissent à la même époque les marques du pouvoir ducal, les monuments funéraires et tous les vitraux des fenêtres basses. On remarque la beauté des vitraux et la profondeur de la nef (92m) dont l'axe est légèrement dévié. Sur les chapelles de la nef et du transept courent les fresques du peintre Yann Dargent (1824-1899). Après des années de restauration, l'intérieur de la cathédrale a retrouvé son éclat et ses couleurs d'origine : chaulage des parements, nervures soulignées d'ocre rouge et jaune, blasons colorés des ducs de Bretagne, des évêques et des barons ornant les clés de voûte, restituant le faste de l'architecture gothique du XVe siècle. Les flèches et les façades ont aussi été restaurées et le chantier du porche occidental est en cours d'achèvement.

☆ **Musée des Beaux-Arts (plan 8, C2)** Il fut édifié en 1864 à la suite du legs consenti à la ville par le comte Jean-Marie de Silguy, propriétaire d'une collection de peintures et de dessins. C'est l'architecte Joseph Bigot, à qui l'on doit les flèches de la cathédrale, qui en dessina les plans. Le plus riche des musées de Bretagne possède un intéressant fonds de peintures des XVIe-XIXe siècles qui comprend des œuvres majeures des écoles flamande, hollandaise, italienne et française (Van Haarlem, Rubens, Dell'Abate, Reni, Boucher, Fragonard, Vernet, Chassériau, Boudin ou Corot). Une collection d'inspiration bretonne illustre les grands thèmes qui traversent cette culture : le légendaire, les paysages maritimes, la vie quotidienne et religieuse. Autres points forts du musée : des œuvres de l'école de Pont-Aven (Gauguin, Bernard, Sérusier, Maufra, Moret, etc., cf. Pont-Aven) ; des tableaux des Nabis et des symbolistes, dont une étonnante *Notre-Dame de Penmarc'h* de L. Levy-Dhurmer, véritable hymne à la sainte Bretagne, idéalisée par la représentation d'une maternité. Un espace a été installé en hommage à Max Jacob (cf. encadré) avec des dessins, des lettres et des photographies. Ne manquez pas le très beau *Portrait de Max Jacob* de C. Wood, représentant le peintre à la fin de sa vie. L'espace muséal intègre harmonieusement l'ensemble du décor des salles à manger de l'ancien hôtel de l'Épée peint par Lemordant de 1905 à 1909. *40, pl. Saint-Corentin Tél. 02 98 95 45 20 www.musee-beauxarts.quimper.fr Ouvert juil.-août : tlj. 10h-19h ; reste de l'année : tlj. sauf mar. 10h-12h et 14h-18h Fermé nov.-mars : dim. matin Tarifs 4,50€/2,50€*

☆ **Musée départemental breton (plan 8, C2)** Créé en 1846, il occupe l'ancien palais épiscopal de Cornouaille, qui a conservé l'élégance et le lustre de son passé fastueux. Ses deux ailes sont reliées par une tour d'escalier (XVIe s.), dite de Rohan, joyau du début de la Renaissance en Basse-Bretagne. Le spectaculaire escalier à vis est couronné par un magnifique plafond lambrissé au décor ouvragé composé de rinceaux, feuillages, têtes grimaçantes… Les anciennes cuisines, toujours munies de leur cheminée, chauffe-plat et puits, accueillent le visiteur. La cour est séparée du jardin de l'évêque par un cloître néogothique. À côté des salles présentant les collections d'archéologie finistérienne, la salle d'art ancien, plus intéressante, expose un ensemble de vitraux et de statuaire sacrée,

MAX JACOB

Né à Quimper en 1876 dans une famille juive, Max Jacob, poète et peintre, a participé à l'avant-garde artistique parisienne avec Picasso, et fréquenté Apollinaire, Gris, Derain, et tous les artistes et écrivains novateurs de son temps. Après une existence de bohème, il se convertit au catholicisme et séjourne longuement à l'abbaye de Saint-Benoît-sur-Loire (1921-1928 et 1936-1944). Arrêté par la police allemande, puis emprisonné à Orléans, il est transféré au camp de Drancy où il devait partir pour un camp d'extermination. Il y meurt en 1944.

Plan 8 Quimper

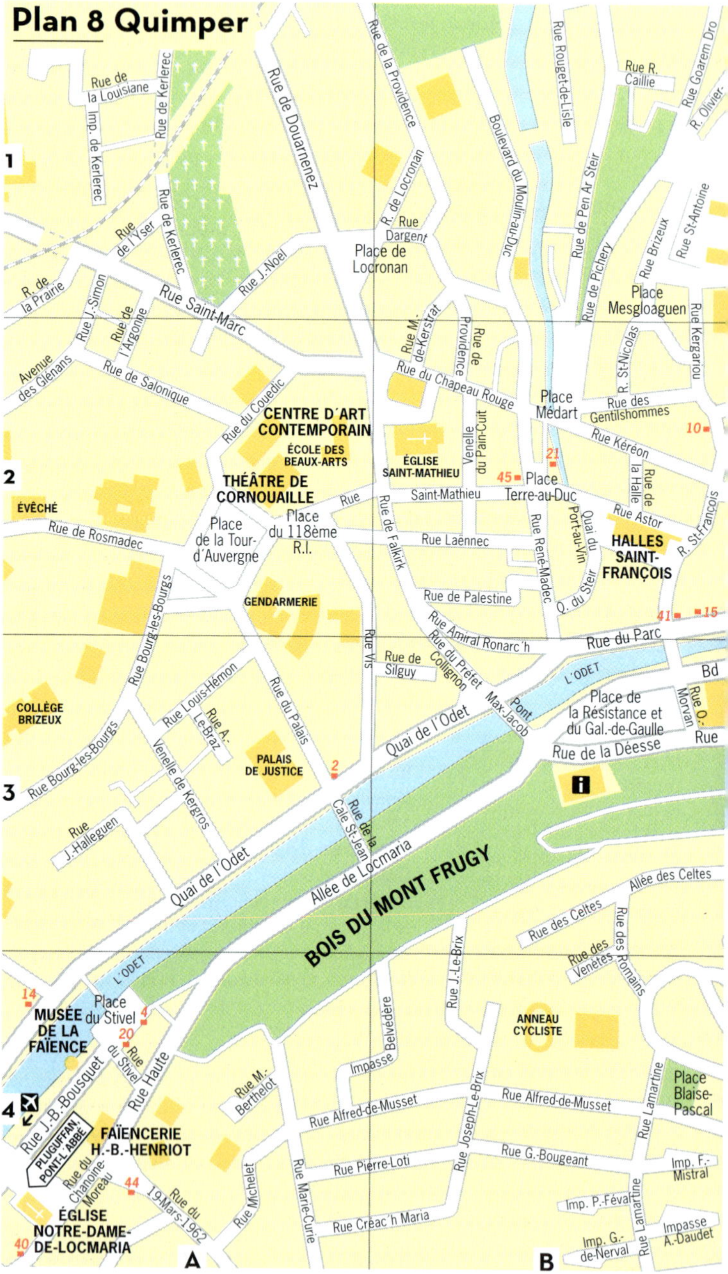

LYCÉE PRIVÉ
LOCRONAN, CHÂTEAULIN
30
Perrin
Place de la Tourbie
Rue de Kerfeunteun
Rue F.-E.-Guyader
Rue J.-Furic-du-Run
Rue J.-Salaun
Rue de Créac'h-Al-An
Rue Virginie-Hériot
Rue J.-Domergue
Allée du Verger
Rue César-Franck
Rue Jean-Rameau
Rue C.-de-Bussy
Rue de Stang Ar C'hoat
R. de Stang Ar C'hoat
Place J.-Roptaz
Rue Ch.-Gounod
ÉCOLE NORMALE
Route de Brest
BREST, MORLAIX
Rue Feunteun Eunic Ar Lez
Rue des Douves
16
JARDIN DE LA RETRAITE
Rue du Lycée
Rue Élie-Fréron
33
Rue de Brest
Rond-Point A.-Masséi
Rue J.-Coïc
Allée de Kerfily
Place au Beurre
43
Rue du Sallé
18
11
R. du Guéodet
MUSÉE DES BEAUX-ARTS
HÔTEL DE VILLE
Rue Verdelet
Place Toul Al-Laër
Rue de Toul Al Laër
Rue Luzel
Rue Étienne-Gourmelen
Rue K. Cornic
R. R.-Derrien
Pl. St-Corentin
Place Laënnec
Rue de la Mairie
46
CATHÉDRALE SAINT-CORENTIN
Rue du Frout
Allée St-Primel
Rue des Régaires
Rue de l'Hôpital
Rue du Roi Gradlon
42
MUSÉE DÉPARTEMENTAL BRETON
Rue Junivillel
POSTE
1
13
Rue Aristide-Briand
Boulevard Amiral-de-Kerguelen
Imp. de la Minoterie
Impasse de l'Odet
L'ODET
Dupleix
Rue Ste-Catherine
3
PRÉFECTURE
Allée F. Truffaut
31
Rue T.-Le-Hars
Boulevard Dupleix
THÉÂTRE MAX-JACOB
Rue Jacques-Cartier
Place Louis-Armand
Ste-Thérèse
Rue Jean-Jaurès
Allée Couchouren
Rue Aristide-Briand
Avenue de la Gare
Rue du Dr.-Guillard
32
Rue J.-P.-Calloc'h
Rue Jean-Jaurès
Imp. P.-du-Bellay
Impasse F.-Lalaisse
Imp. F.-Guey
Rue Le-Déan
Rue Sell War Ker
Impasse J.-Oberle
Rue du Coteau de Frugy
CONCARNEAU, QUIMPERLÉ, LORIENT
Impasse Pen-Ar-Stang
Rue F.-Ménez
Rue de Pen-Ar-Stang
Rue Albert-Camus
Rue Amiral-de-Ménard
Rue P.-Damalix
E.R.E.A.
Rue Albert-Camus
Rue es Résedas
Côteau Saint-Julien
Rue du Maquis
Rue de Pen-Ar-Stang
Rue P.-Cézanne
Rue Saint-Pol-Roux
Rue Eugène-Boudin
Rue Bellevue
Impasse du Stand
Rue de la Tourelle
Rue P.-Gauguin
Rue de la Villemarque
Place Saint-Laurent
Rue Danton
C
D
N
100 m

Cafés, bars et lieux de sortie (n° 1 à 4)
Ceili* — **1** D2
Le Bar du Palais* — **2** A3
Le Café des Arts* — **3** C3
Le Saint-Andrew* — **4** A4

Restauration (n° 10 à 21)
Crêperie du Guéodet — **11** C2
L'Ambroisie — **16** C1
La Fleur de sel — **14** A4
Le Bistro à lire — **10** B2
Le Café de l'Épée — **15** B2
Le Jardin d'été — **18** C2
Le Restau à vins — **20** A4
Le Steir* — **21** B2
Restaurant Erwann — **13** D2

Hébergement (n° 30 à 33)
Chambre d'hôtes de M. et Mme Fontaine — **30** C1
Escale Océania — **31** C3
Hôtel de la Gare — **32** D3
Hôtel Gradlon — **33** C2

Shopping (n° 40 à 46)
Art de Cornouaille* — **46** C2
Biscuiterie de Quimper* — **40** A4
François Le Villec* — **42** C2
Keltia Musique* — **43** C2
La Civette* — **41** B2
Le Glazik* — **44** A4
Mercerie Guillaume* — **45** B2

*À RETROUVER DANS LA PARTIE DÉCOUVRIR

notamment des gisants des XVIe et XVIIe siècles. Premier conservatoire de la tradition vestimentaire bretonne (sa collection a plus de 120 ans !), le musée met en avant l'évolution du costume breton, sa renaissance grâce aux cercles celtiques et son importance dans la création contemporaine. Photographies, sculptures, représentations picturales viennent se mêler aux costumes proprement dits. Au fil de la visite, on découvrira ainsi la tenue des femmes de Plougastel, aux robes de couleurs vives, ou celles des filles de Pont-Aven – modèles favoris des peintres – qui revêtaient la fameuse coiffe *giz-fouen*, à rubans et large collerette plissée. Très beaux ensembles brodés (XIXe s.). Également un riche fonds de faïences quimpéroises, ainsi qu'un parcours consacré à l'évolution du mobilier régional du XVIIe siècle à 1930. Une partie du musée est occupée par des expositions temporaires. *1, rue du Roi-Gradlon Tél. 02 98 95 21 60 www.museedepartementalbreton.fr Ouvert juin-sept. : tlj. 9h-18h ; oct.-mai : mar.-dim. 9h-12h et 14h-17h (sauf dim. matin et lun.) Tarif 4€, réduit 2,50€*

Jardin de la retraite (plan 8, C1) Protégé par les remparts, ce parc fleuri et ombragé au cœur de la ville offre des points de vue sur le clocher de la cathédrale et les toits en ardoise des vieilles maisons quimpéroises. Belles plantes tropicales. *Rue Élie-Fréron Ouvert avr.-oct. : tlj. 9h-20h30 ; nov.-mars : tlj. 9h-18h15*

● **Où acheter nappes et torchons ?** Du torchon au plat à tarte, de la nappe à la cravate, François Le Villec emprunte motifs et personnages aux faïences de Quimper et à l'art celtique pour créer des textiles et des accessoires originaux. **François Le Villec (plan 8, C2 n°42)** *4, rue du Roi-Gradlon Tél. 02 98 95 31 54 www.levillec.com Ouvert lun.-sam. 9h30-12h30 et 14h-19h, dim. en juil.-août 9h30-12h30 et 14h-19h*

● **Où trouver la faïence de Quimper ?** La signature FAB (Faïencerie d'art breton), qui remonte à un siècle, certifie une faïence de Quimper entièrement décorée à la main. On peut acheter les productions dans les magasins de faïence en ville, la Civette et Art de Cornouaille.
Faïencerie d'art breton Usine (ne se visite pas). *34, rue Marcel-Paul (Zone de Kerdroniou) Tél. 02 98 52 85 28*
La Civette (plan 8, B2 n°41) *16 bis, rue du Parc Tél. 02 98 95 34 13*
Art de Cornouaille (plan 8, C2 n°46) *12, pl. Saint-Corentin Tél. 02 98 95 39 24 http://adc-quimper.fr*

Où s'initier à la musique celtique ? Vous trouverez à Keltia tout ce que vous avez toujours voulu savoir sur la musique celtique. Le catalogue est impressionnant : musiques et chants traditionnels, folklore de l'Irlande à la Galice, groupes et interprètes de la Bretagne d'aujourd'hui, partitions, DVD ou encore livres. Vente par correspondance possible. **Keltia Musique (plan 8, C2 n°43)** *1, pl. au Beurre Tél. 02 98 95 45 82 www.keltiamusique.com Ouvert juil.-août : lun.-sam. 10h-19h ; sept.-juin : mar.-sam. 10h-12h30 et 14h-18h30*

Où boire un verre ?

Ceili (plan 8, D2 n°1) Prononcez "Kéli". Une atmosphère animée règne tous les soirs dans ce pub celtique. On y étanche sa soif en choisissant parmi la grande variété de bières bretonnes et étrangères. Parmi les habitués figurent des défenseurs de l'identité bretonne qui s'épanchent facilement. Le tavernier organise un concert chaque mois et invite bagadou ou musiciens de jazz, annoncés à travers la ville à grand renfort d'affiches. Un lieu pour lier connaissance à la mode de Bretagne. Restauration à midi. *4, rue Aristide-Briand Tél. 02 98 95 17 61 Ouvert lun.-sam. 10h30-1h, dim. 17h-1h*

Le Café des Arts (plan 8, C3 n°3) Face à la cathédrale Saint-Corentin, passé le pont sur l'Odet, ce grand bar d'angle, poste d'observation de choix depuis sa terrasse piétonne, fait aussi café philo tous les premiers vendredi du mois. Il constitue un lieu de ralliement pour les Quimpérois amateurs de conversations animées et une halte prisée pour avaler sur le zinc un petit noir entre deux courses. *4, rue Sainte-Catherine Tél. 02 98 90 32 06 Ouvert lun.-sam. 11h-1h, dim. 15h-1h*

Autour du quartier de Locmaria

Les Romains avaient fondé la ville d'*Aquilonia* ici même, au bord de l'Odet. Des siècles plus tard, le quartier est devenu le cœur historique de la faïencerie.

☆ **Église Notre-Dame-de-Locmaria (plan 8, A4)** Le plus ancien édifice de Quimper date du début du XIe siècle. Simple et sévère, l'abbaye bénédictine fut modifiée au XVe siècle par l'adjonction d'un porche gothique et le percement d'une vaste fenêtre. Elle comprend une nef de six travées avec bas-côtés, un transept surmonté d'une tour-lanterne (restaurée en 1866) et une abside flanquée de deux absidioles. L'infatigable architecte Joseph Bigot la restaura au XIXe siècle. Le lambris de la nef est superbe. Poussez la porte dans le bas-côté droit afin de pénétrer dans le cloître ravissant, qui conserve deux belles arcades romanes et une galerie de 1669. Mitoyen de l'église, le prieuré (XVIIe-XVIIIe s.) rappelle l'importance passée de l'abbaye.

Jardin du prieuré (plan 8, A4) Inspiré des jardins de monastère en vigueur à l'époque d'Anne de Bretagne, il est bordé de plantes grimpantes et de jolis rosiers. Le châtaignier et le schiste se mêlent au granit pour conférer une grande simplicité à ce lieu, propice à la méditation. Ses différents massifs sont composés de plantes aromatiques et médicinales, tandis que le jardin dédié à la Vierge recense plusieurs variétés rapportées des croisades. Au centre, un petit kiosque abrite une fontaine, symbolisant la source de vie qui irriguait autrefois le Paradis. *Pl. Bérardier Ouvert avr.-oct. : tlj. 9h-17h30 (17h15 le reste de l'année)*

Faïencerie HB Henriot (plan 8, A4) L'héritière de la première faïencerie établie à Quimper en 1690 changea plusieurs fois de nom, au gré des propriétaires et des alliances, avant de s'appeler HB Henriot. L'intégralité de la faïence HB Henriot vendue dans le monde est produite dans cette manufacture qui emploie 52 personnes. La visite des ateliers de production est possible, elle se termine par la boutique, où l'on peut aussi trouver du second choix. À noter que le musée de la Faïence, non loin de là, est fermé pour une durée indéterminée. *16, rue Haute Tél. 02 98 90 09 36 Rés. 0800 62 65 10 www.hb-henriot.com Tarif 5€, réduit 2,50€*

● **Où trouver un caban en Glazik ?** Sur les ports de Bretagne, nombreux sont les marins et plaisanciers à porter le Glazik ("petit bleu" en breton). Et pour cause : la toile des vareuses, pantalons et cabans est d'une résistance exceptionnelle à l'usure, au sel et aux avis de grand frais. Les articles de cette minuscule boutique de Locmaria, plutôt classiques, sont conçus pour offrir un maximum de confort. Les prix sont à la hauteur de la qualité, mais restent raisonnables. Pour des achats intemporels. **Le Glazik (plan 8, A4 n°44)** *9, rue du 19-mars-1962 Tél. 02 98 52 29 28 Ouvert mar.-sam. 9h-12h et 13h30-18h (sam. 9h30)*

● **Où acheter des crêpes dentelles ?** La Biscuiterie de Quimper est célèbre pour ses crêpes dentelles, délices dont vous pourrez aussi voir la fabrication (jusqu'à 17h). **Biscuiterie de Quimper (plan 8, A4 n°40)** *8, rue du Chanoine-Moreau Tél. 02 98 53 10 13 Ouvert vac. scol. : tlj. 9h-19h ; hors vac. scol. : téléphoner pour horaires*

● **Où boire un verre ?** Pub par excellence, le Saint-Andrew est posté sur une petite place au bord de l'Odet. Une collection de whiskys qui occupe les 2/3 du mur derrière le bar, la bière à la pression bien sûr, des cocktails et le tout dans une ambiance de bois roux, de cuivres lustrés et de verts profonds. Pour une soirée festive, tentez le vendredi soir ! Petite restauration à toute heure. **Le Saint-Andrew (plan 8, A4 n°4)** *11, pl. Styvel Tél. 02 98 53 34 49 Ouvert toute l'année tlj. 11h-1h*

La faïencerie quimpéroise : 300 ans de tradition

C'est en 1690 que le Provençal Baptiste Bousquet crée la première faïencerie quimpéroise dans le quartier de Locmaria.
À la fin du XIXe siècle, le peintre Alfred Beau (1829-1907) donne un second souffle à cette production en créant des tableaux sur faïence, dont les sujets évoquent des scènes de la vie bretonne. À une époque où les traditions bretonnes suscitent un véritable engouement, ces décors rencontrent un franc succès. Les faïences connaissent un nouvel essor après la Première Guerre mondiale avec des artistes comme Mathurin Méheut (1882-1958), qui modernisent les dessins. Aujourd'hui, une créativité renouvelée continue d'animer les ateliers des "peinteuses" de Locmaria.

Faire une croisière sur l'Odet ou vers les Glénan Selon la marée, les Vedettes de l'Odet partent de Quimper du quai Neuf, en face de Locmaria, ou du port de Corniguel, plus en aval – où une navette vous transportera gratuitement. Tarif de la croisière 23€ l'AR. Les Vedettes relient également l'archipel de Glénan (cf. Îles de Glénan, Mode d'emploi). **Vedettes de l'Odet** *Tél. 02 98 57 00 58 www.vedettes-odet.com Croisières de juin à sept. Billets en vente à l'office de tourisme ou sur le quai Neuf*

Rejoindre Bénodet en kayak Le club de canoë-kayak de Quimper propose en saison de descendre l'Odet jusqu'à Bénodet. Avec la marée, le trajet de 18km est accessible à tous. Une navette assure le retour à la base nautique. Comptez à la journée 24€ pour un kayak une place, 43€ pour un deux places. **Club de canoë-kayak** *Centre nautique de Creac'h Gwen (prendre la dir. Bénodet et suivre les panneaux) Tél. 02 98 53 19 99 www.kayak-quimper.org*

Autour du quartier Saint-Mathieu

Le Steir et les remparts ont longtemps marqué une frontière entre la ville de l'évêque, rive gauche, et celle du duc, rive droite. Le quartier Saint-Mathieu correspond à l'ancienne "Terre-au-Duc" et rassemble des témoignages de l'époque médiévale comme la place Terre-au-Duc ou l'église Saint-Mathieu, reconstruite au XIXe siècle – le vitrail du chevet est un chef-d'œuvre des verriers bretons du XVIe siècle. Fréquenté par les étudiants des Beaux-Arts, il regroupe tous les acteurs de la vie culturelle quimpéroise. Vous y trouverez un centre d'art contemporain très actif, le Quartier, une médiathèque et un centre culturel, érigés à l'emplacement de l'ancien couvent des Ursulines.

Place Terre-au-Duc (plan 8, B2) On y accède par le pont Médard. La place est bordée d'élégantes maisons à pignon, dont certaines donnent sur le Steir, munies d'un embarcadère direct. Au temps des fortifications, un pont-levis en contrôlait l'entrée.

Centre d'art contemporain le Quartier (plan 8, A2) Il jouxte le théâtre de Cornouaille, et présente en moyenne quatre expositions par an : installations, objets, vidéos... selon les artistes. Il comporte également une librairie d'art et un café. *10, esplanade François-Mitterrand Tél. 02 98 55 55 77 www.le-quartier.net Ouvert mar.-sam. 10h-12h et 13h-18h, dim. 14h-18h Tarif 1,50€, dim. gratuit*

PAUSE SANDWICH Central, le Steir, minuscule café-snack dispose d'une vaste terrasse. Sandwich (2,80€ à 3,80€) et croque-monsieur. Au premier étage, la petite salle avec son balcon sur le Steir est pleine de charme ! Terrasse extérieure. **Le Steir (plan 8, B2 n°21)** *Pl. Terre-au-Duc Tél. 02 98 55 60 61 Ouvert lun.-sam. 8h-21h, dim. 10h-19h30*

☺ Où trouver des fils de soie ? Guillaume est l'une des rares merceries où l'on trouve tout le matériel et les fils de soie, galons d'argent, boutons ouvragés nécessaires à la confection des splendides costumes bretons. Car, si broder est dans l'air du temps, s'approvisionner en fils s'apparente parfois à une course au trésor. **Mercerie Guillaume (plan 8, B2 n°45)** *30, rue René-Madec Tél. 02 98 95 61 22 Ouvert lun. 14h-18h, mar.-sam. 9h30-12h30 et 14h-19h*

● **Où boire un verre ?** Dans le Bar du Palais, situé à côté du tribunal, vous croiserez peut-être des hommes de robe. Assis à une table basse dans la petite salle de restauration vert menthe traitée en salon, choisissez une des salades de l'ardoise (env. 7€), que vous accompagnerez d'un vin au verre – les deux jeunes patronnes aiment les bons crus. Et pour discuter, accoudez-vous au bar, les habitués ne tarderont pas à lier conversation. **Le Bar du Palais (plan 8, A3 n°2)** *1, rue du Palais Tél. 02 98 55 88 70 www.cafe-du-palais.com Ouvert lun.-ven. 9h-20h*

Les environs de Quimper

Domaine du Kinkiz Cette cidrerie et distillerie artisanale propose de découvrir l'art de l'alambic. Dégustation à la fin de la visite d'alcools bretons, pommeau, fine de Bretagne, chouchen. La cidrerie du manoir vous fera pénétrer au cœur de la fabrication du cidre. *77, chemin du Quinquis* ***Ergué-Armel*** *(à 5km au sud-est de Quimper, prendre la D765 dir. Rosporden) Tél. 02 98 90 20 57 www.kinkiz-terroir.com Ouvert lun.-sam. 9h30-12h30 et 14h-18h30 Visite gratuite (env. 1h30)*

FINISTÈRE SUD

Chapelle Notre-Dame-de-Kerdévot Cette chapelle rurale (fin XVe s.) est remarquable par son plan rectangulaire à chevet plat épaulé par quatre contreforts et par son calvaire imposant. La sacristie à deux étages se distingue par ses lucarnes et son toit en forme de carène renversée. À l'intérieur, le vitrail situé derrière le chœur illustre la Passion dans un style gothique breton. La chapelle conserve un riche mobilier dont un retable flamand (XVIe s.) voué au culte marial et composé de six scènes polychromes et en bois doré à la feuille. *À 10km à l'est de Quimper (prendre dir. Coray par la D15, et tourner à droite vers Kerdévot)*

Chapelle Notre-Dame-de-Quilinen Cet édifice possède l'un des plus beaux calvaires (XVIe s.) de Cornouaille, à base triangulaire. Élevé comme une haute pyramide à base étroite, il est orné de sculptures jusqu'au sommet de la croix. Ces dernières figurent les apôtres, reconnaissables à leurs attributs respectifs : Matthieu tient un livre et une serpe dans un sac, Thomas, une équerre et un livre ouvert, Jean, un calice… Fait rarissime, le collège apostolique est ici presque complet. Sur le fût central, de petits personnages supportent une Vierge à l'Enfant. Le peintre breton Yann Dargent a immortalisé les fidèles priant au pied du calvaire. *À 11km au nord de Quimper par la D770 (commune de Landrévarzec)*

Activités en famille dans le Finistère Sud

Voir aussi Activités nautiques (p.426) et Balades en bateau (p.440).

Chapelle Saint-Venec Son calvaire, dit "apostolique", représente les apôtres. Cette rareté mérite d'être notée car Notre-Dame-de-Quilinen et la chapelle Saint-Venec sont les seuls édifices du pays *glazik* à illustrer leurs calvaires de ces personnages et à présenter une composition verticale. Le fût central porte le Christ crucifié et trois anges recueillant son sang. Au revers s'élance le Christ ressuscité. La chapelle, du XVIe siècle, abrite la statue de sainte Gwen que la nature avait dotée de trois seins pour allaiter ses triplés. *À 20km au nord de Quimper, 5km après Quilinen par la D770*

Site du Stangala En amont de Quimper, l'Odet a creusé une vallée encaissée à laquelle on accède à pied. Cet espace naturel, escarpé et boisé, est situé à 7km au nord-est de Quimper. *Accès par la D15 ou la D770*

☺ **Ferme de Kerlavic** Cette ferme expérimentale conjugue réflexion et mise en œuvre de nouvelles techniques agricoles et d'élevage bovin axées sur le développement durable, avec le concours des agriculteurs de la région et de la Chambre de l'agriculture du Finistère. Son originalité est de communiquer son expérience au grand public et de recueillir ses attentes. Les visites guidées et les parcours ludiques (1,5km) destinés aux plus jeunes permettent de découvrir un univers souvent méconnu et de s'interroger sur des questions aussi cruciales que : Que mangerons-nous demain ? À quel coût environnemental ? *80, chemin de Kerlavic Quimper (à 8km au nord du centre-ville, sortie nord, dir. Locronan, tout de suite à droite, suivre le balisage) Tél. 02 98 94 50 59 www.kerlavic.fr*

● **Où acheter des produits régionaux ?** Le magasin Armor-Lux présente beaucoup d'articles, y compris faïences, poteries, souvenirs... Les affaires (vêtements 30% moins cher) sont regroupées dans une partie de cet immense espace. **Magasin d'usine Armor-Lux** *ZI de Kerjaouen 21, rue Louison-Bobet (à 5km à l'est de Quimper par la D765) Tél. 02 98 90 05 29 Ouvert juil.-août : lun.-sam. 9h30-20h, dim. 10h30-h20h ; hors saison : lun.-sam. 9h30-19h*

● **Voler au-dessus de la Cornouaille** Découvrez depuis le ciel les paysages de la région. Tous les jours, selon météo : baptêmes (70€/15min de 1 à 2 pers.), balades (130€ de 1 à 3 pers.). **Aéroclub de Quimper** *Aéroport de Pluguffan (à 10km à l'ouest de Quimper) Tél. 02 98 94 05 22 http://aeroclub.quimper.free.fr Ouvert juin-sept. : tlj. 9h-18h ; reste de l'année : sam. (sur rés.)*

CARNET D'ADRESSES

Restauration

petits prix

Crêperie du Guéodet (plan 8, C2 n°11) L'utilisation de farine biologique, produite dans les environs de Quimper et moulue à la meule en pierre, donne aux crêpes toute leur saveur. Nombre des ingrédients sont aussi d'origine biologique. Situé à deux pas de la cathédrale, l'endroit est minuscule et chaleureux. Aux beaux jours, une petite terrasse s'étend dans la ruelle piétonne bordée de maisons à pans de bois. Les spéciales varient de 3,20€ à 8€. *6, rue Guéodet* ***Quimper*** *Tél. 02 98 95 40 38 Fermé dim., lun. soir et jeu. soir*

☺ **Le Bistro à lire (plan 8, B2 n°10)** Un endroit original dans la vieille ville, qui marie avec succès polars et plats gourmands. Autour de petites tables, on dévore un clafoutis chèvre-tomate ou une terrine de sardines en même temps qu'un Chester Himes. L'atmosphère est conviviale car les clients échangent leurs impressions de lecture. Quelques tables sont déployées dans la rue piétonne, ainsi que sur une belle terrasse l'été, à l'arrière, d'où l'on admire la plus vieille maison de la ville. On peut aussi faire une simple halte pour goûter des pâtisseries maison et choisir un roman policier. *18, rue des Boucheries* ***Quimper*** *Tél. 02 98 95 30 86 Ouvert mar.-ven. 11h-18h, sam. 12h-19h*

Le Café de l'Épée (plan 8, B2 n°15) Entièrement relookée, mélangeant sièges de bridge Stark, fauteuils aux motifs panthère Dolce & Gabana sur une moquette violette, opposant des gris inox et ardoise, cette institution quimpéroise, rendez-vous de l'intelligentsia du XIXe siècle, a opéré sa révolution. Seules deux fresques Lemordant s'obstinent à témoigner contre le vent, comme leurs personnages, d'un certain passé. L'esprit brasserie flotte toujours sur le lieu : formules midi (16,50€), plat du jour à 11,50€. *14, rue du Parc* ***Quimper*** *Tél. 02 98 95 28 97 Ouvert toute l'année : tlj. 10h30-0h*

Le Jardin d'été (plan 8, C2 n°18) Ce charmant restaurant-véranda tout en longueur, adossé au mur d'une vénérable demeure de pierre du Vieux Quimper, propose une cuisine honorable, bien présentée, dans une ambiance musicale relaxante et une déco contemporaine. Plat du jour à 9,50€, formules de 13€ à 25€ et menus de 27€ à 31€. Essayez de profiter de la terrasse abritée, chauffée en hiver, elle est perchée comme une maison dans les arbres et propice aux conversations entre amis voire aux confidences. *15, rue Sallé* ***Quimper*** *Tél. 02 98 95 33 00 Ouvert juil.-août : tlj. 12h-14h et 19h-22h sauf dim. soir et lun. ; reste de l'année : mar.-sam. 12h-14h et 19h-22h*

prix moyens

Restaurant Erwann (plan 8, D2 n°13) Noir sans concession, orange vif et jaune d'or. Les propriétaires ont tout repeint et décoré aux couleurs du pays Bigouden. La cuisine, quant à elle, a conservé la qualité qui fait son succès : traditionnelle, tournée vers son terroir, et généreuse. Lancez-vous ! Essayez le roboratif *Kig a farz* ! Sinon optez pour une cassolette de Saint-Jacques en entrée, filet de bœuf charolais au foie gras en plat de résistance. Sur réservation, vous pourrez goûter au ragoût de homard. Le plat du jour est proposé à 11€. Les menus sont à 16,50€ (à midi) et 19€. À la carte comptez de 14€ à 20€ le plat. *3, rue Aristide-Briand* ***Quimper*** *Tél. 02 98 90 14 14 Fermé sam.-dim.*

Le Restau à vins (plan 8, A4 n°20) Deux cent cinquante bouteilles, rangées dans les casiers de bois qui tapissent les murs, ou dans des armoires à vins. Elles vous attendent autour de

GAMME DE PRIX	RESTAURATION	HÉBERGEMENT
Très petits prix	moins de 10€	moins de 30€
Petits prix	de 10 à 20€	de 30 à 50€
Prix moyens	de 20 à 30€	de 50 à 80€
Prix élevés	de 30 à 40€	de 80 à 100€
Prix très élevés	plus de 40€	plus de 100€

menus de 29€ à 36€ ou de très belles assiettes à 15€ env. (outre des formules déjeuner à 12€ et 16€, et un plat du jour à 8,70€) composées avec des produits du terroir : tartare aux deux saumons, coquilles Saint-Jacques tièdes et langoustines, ou magret de canard au miel, par exemple... Demandez conseil au restaurateur pour les associer avec le vin *ad hoc* : le repas sera parfait. Et selon le temps, profitez de la terrasse sur la place qui borde l'Odet ou réchauffez-vous dans l'une des deux salles de bois blond décorées de bouteilles... et de moulins à café. *3, pl. du Styvel* **Quimper** *Tél. 02 98 52 15 52 www.restau-a-vins.com Fermé dim., lun. soir et 1er-15 août Ouvert lun. 12h-14h30, mar.-sam. 12h-14h30 et 19h-22h30*

La Fleur de sel (plan 8, A4 n°14) Situé près de l'embarcadère du Cap-Horn, ce restaurant de 28 couverts à l'intérieur chaleureux et accueillant ouvre sur les quais de la rive droite de l'Odet. Depuis 1987, le chef officie chez lui, et sa choucroute de la mer est une institution. Également des menus à midi de 22€ à 37€. Par beau temps, sa terrasse vous accueille, avec vue sur la rivière. *1, quai Neuf* **Quimper** *Tél. 02 98 55 04 71 www.fleur-de-sel-quimper.com Fermé sam. midi-lun. midi et fin déc.*

prix élevés

L'Ambroisie (plan 8, C1 n°16) Établissement situé dans une rue montante perpendiculaire à la place de la cathédrale. Intérieur sobre et plaisant. Une cuisine raffinée qui s'emploie avec talent à renouveler la gastronomie bretonne. Les menus, de 23€ à 47€, ou la carte, déclinent des préparations subtiles comme un pigeonneau cuit en cocotte au pommeau, accompagné de ses cuisses en nems aux amandes et champignons. *49, rue Élie-Fréron* **Quimper** *Tél. 02 98 95 00 02 www.ambroisie-quimper.org Ouvert toute l'année*

Hébergement

L'ancien cœur piéton de Quimper n'abrite aucun hôtel, mais une petite poignée d'établissements très corrects se situe à quelques pas.

campings

Camping municipal À côté de l'auberge de jeunesse, dans le bois du Séminaire. Comptez 9,77€/2 pers. d'avr. à sept. en tentes (10,55€ en caravane). *Av. des Oiseaux* **Quimper** *Tél. 02 98 55 61 09 Ouvert toute l'année*

☺**Castel camping de l'Orangerie de Lanniron** À 2km du centre-ville, au bord de l'Odet et au cœur du parc du château de Lanniron. Les services sont de qualité et de nombreuses activités proposées : piscine, practice de golf, tennis, poney... Comptez de 19,70€ à 34,60€ la nuit pour 2 pers. Possibilité de louer un cottage (385€-896€ pour 4 à 6 pers.) **Quimper** *Tél. 02 98 90 62 02 www.lanniron.com Ouvert mi-mai-mi-sept.*

très petits prix

Auberge de jeunesse Une grande bâtisse située à côté du camping municipal et du lycée Chaptal, légèrement excentrée, propose un dortoir (12,70€ la nuit) et des chambres individuelles. Petit déj. à 3,60€. L'auberge est desservie par le bus n°1. *6, av. des Oiseaux* **Quimper** *Tél. 02 98 64 97 97 www.fuaj.org/quimper Ouvert avr.-sept. : lun.-ven. 8h-11h et 17h-20h (juil.-août 21h)*

prix moyens

Hôtel de la Gare (plan 8, D3 n°32). Loin d'un hôtel de gare justement. N'hésitez pas à en franchir l'entrée ! La réceptionniste vous accueille derrière un guichet à l'ancienne. Au bout d'un long couloir aux bleus et blancs éclatants, un patio distribue des chambres confortables refaites à neuf dans la même harmonie. Si par malchance celles-ci sont réservées, demandez l'une des chambres de l'annexe située dans la vaste cour attenante. Bien que désuètes, elles sont calmes et d'une propreté impeccable. Une adresse d'un excellent rapport qualité-prix ! De 46€ à 62€. *17 ter, av. de la Gare* **Quimper** *Tél. 02 98 90 00 81 www.hoteldelagarequimper.com*

Chambre d'hôtes de M. et Mme Fontaine (plan 8, C1 n°30). Dans deux longères du XVIIIe siècle noyées sous les hortensias... Les boiseries lazurées de couleurs tendres et les lits recouverts de délicats piqués de coton de la chambre (55€) et des deux suites (65€) invitent à la paresse. Table d'hôtes le soir. *Lieu-dit Trézervan 29180* ***Plogonnec*** *(de Quimper, dir. Locronan par la D63 ou la D39 ; à Plogonnec, prendre à dr. dir. Saint-Albin et suivre le fléchage de la chambre d'hôtes) Tél. 02 98 64 48 98 www.trezervan.com Ouvert toute l'année*

☺**Le Logis du Stang** À 5min de Quimper et pourtant en pleine nature, cette demeure du XIXe siècle propose des chambres (69,50€-81,50€) décorées de beaux meubles de famille. Certaines d'entre elles, dans les dépendances sous la glycine, sont de belles proportions. *M. et Mme Hervé Allée du Stang Youen* **Quimper** *(dir. Ergué-Armel/ferme du Kinkis, après le pont empruntez tout de suite le chemin de terre à gauche : pas de signalisation, mais c'est bien là) Tél. 02 98 52 00 55 Tél. port. 06 81 55 73 83 www.logis-du-stang.com*

Escale Océania (plan 8, C3 n°31) Une élégance classique caractérise cet établissement reposant aux chambres joliment décorées dans des tons sobres. Celles des 3e et 4e étages, mansardées, offrent une vue sur les toits. Évitez celles qui donnent sur la cour, car le mur est à moins de 2m. Petit déj. copieux (9€). Accès wifi. De 59€ avec petit déj. inclus en w.-e., à 70€ en semaine. *6, rue Théodore-Le-Hars* **Quimper** *Tél. 02 98 53 37 37 www.oceaniahotels.com*

prix élevés

Hôtel Gradlon (plan 8, C2 n°33) Seul hôtel de Quimper à se démarquer de ses concurrents par son caractère. Il possède un hall de réception très agréable avec des salons cosy et une véranda sur cour pour prendre le petit déjeuner, ce qui lui confère beaucoup de charme. Les parties communes entourent un patio fleuri. Les chambres, récemment refaites, sont très confortables et spacieuses, décorées avec goût et équipées de TV à écran plat. L'accueil est très agréable et le calme assuré. De 92€ à 160€ la chambre double, selon la saison. Petit déjeuner copieux à 12€. Accès wifi gratuit. *30, rue de Brest* **Quimper** *Tél. 02 98 95 04 39 www.hotel-gradlon.fr*

GAMME DE PRIX	RESTAURATION	HÉBERGEMENT
Très petits prix	moins de 10€	moins de 30€
Petits prix	de 10 à 20€	de 30 à 50€
Prix moyens	de 20 à 30€	de 50 à 80€
Prix élevés	de 30 à 40€	de 80 à 100€
Prix très élevés	plus de 40€	plus de 100€

★ PONT-AVEN

29930

Il est aisé de comprendre comment, à la fin du XIXe siècle, un groupe de peintres, Paul Gauguin en tête, succomba au charme de ce ravissant bourg du Finistère. Plus d'un siècle plus tard, on ne se lasse pas d'arpenter les ruelles pavées qui dégringolent vers l'Aven, de longer les maisons serrées de part et d'autre de la rivière ou d'explorer les chemins forestiers alentour. Si de nombreuses galeries, ayant pignon sur rue, ont su exploiter la veine artistique de la petite cité, ces vieilles demeures témoignent d'un passé marchand important, organisé autour du commerce maritime et de la meulerie. "Ville de renom, quatorze moulins, quinze maisons", disait-on autrefois de Pont-Aven. Seule la minoterie de Pénanros perpétue cette tradition séculaire.

MODE D'EMPLOI

accès

EN VOITURE
À 35km de Quimper et de Lorient, à 15km de Quimperlé par la N165, sortie Kerandréo ou Kerampaou.

EN CAR
Liaisons en autocar avec Concarneau, Quimper, Quimperlé.
Réseau Penn ar Bed *Tél. 0810 810 029 www.viaoo29.fr*

orientation

La ville s'étend de part et d'autre de l'Aven. En aval, le port de plaisance clôt le bourg. Les curiosités touristiques se concentrent aux abords de la ria, sur le flanc droit.

informations touristiques

Office de tourisme 5, *place de l'Hôtel-de-Ville Tél. 02 98 06 04 70 www.pontaven.com Ouvert lun.-sam. 10h-12h30 et 14h-18h*

fêtes et manifestations

Fête des fleurs d'ajoncs Défilé en costumes. *http://fetefleursajonc.pagesperso-orange.fr Fin juil./début août*
Pardon de Trémalo Procession aux flambeaux vers la chapelle et messe. *Dim. qui suit la Sainte-Anne en août*

DÉCOUVRIR

☆ Les essentiels Le musée des Beaux-Arts, la promenade du bois d'Amour
Découvrir autrement Admirez le Christ en bois de la chapelle de Trémalo, faites provision des célèbres galettes Traou-Mad, descendez l'Aven en kayak, randonnez vers le fort de Belon **➤ Carnet d'adresses p.432**

Pont-Aven

☆ **Musée des Beaux-Arts** Il a pour vocation de faire découvrir les peintres qui trouvèrent ici leur inspiration. La collection permanente consacrée à l'école de Pont-Aven présente des œuvres de Paul Gauguin, Paul Sérusier, Charles Filiger… Parmi les toiles exposées, ne manquez pas les *Baigneuses* d'Émile Bernard, tableau influencé par Cézanne. Cette peinture avant-gardiste, à la composition géométrique d'une audace rare, contribuera à signer la rupture avec l'académisme et, avec d'autres, amorcera la naissance de l'art moderne. Également novatrice, tout aussi caractéristique de l'école de Pont-Aven, *La Chapelle de Lauriot au clair de lune*, d'Émile Jourdan, adapte le japonisme à la manière bretonne et s'inscrit dans la lignée de Gauguin, dont le peintre fut un disciple. Une évocation historique avec des photos anciennes et un montage audiovisuel très bien conçu complètent la visite. Chaque trimestre, une exposition temporaire présente un artiste particulier ou un groupe ayant travaillé en Bretagne. *Pl. de l'Hôtel-de-Ville Tél. 02 98 06 14 43 www.pontaven.com Ouvert juil.-août : tlj. 10h-19h ; avr.-juin et sept.-oct. : tlj. 10h-12h30 et 14h-18h30 ; fév.-mars et nov.-déc. : tlj. 10h-12h30 et 14h-18h Fermé jan. Tarif en été : 6€, réduit 4€ ; hors saison 4€, réduit 2,50€, moins de 18 ans gratuit Visite guidée en supplément 2,50€*

☺ **Promenade Xavier-Grall** Un sentier piétonnier, très bien aménagé, enjambe les différents ponts sur l'Aven et traverse le canal d'un moulin disparu. Du jardin, bâti sur un îlot, on aperçoit les vannes encore en place ; d'anciens lavoirs et escaliers de pierre ponctuent la promenade. Remarquez l'étonnant chaos sur la rivière – ces énormes rochers, fruits de l'érosion – communément appelé le Poche-Menu. Cet itinéraire a été réalisé en hommage à l'écrivain breton Xavier Grall (1930-1981), qui quitta Paris en 1973 pour venir s'installer à Pont-Aven. Il a notamment écrit *Le Cheval couché* en réponse au *Cheval d'orgueil* de Pierre Jakez Hélias qui tendait à ancrer dans l'esprit des lecteurs l'image d'Épinal du Breton religieux, coiffé d'un chapeau rond et chaussé de sabots. *Au départ de l'hôtel de ville, prendre la rue du Général-de-Gaulle et tourner à gauche rue Émile-Bernard pour rejoindre la promenade*

Écoles et clubs nautiques du Finistère Sud

Club de canoë-kayak (Quimper) ____ 419
360° kayak découverte (Pont-Aven) ____ 430
Centre nautique de Fouesnant-Cornouaille ____ 449
Centre nautique Kerleven (La Forêt-Fouesnant) ____ 450
UCPA (Bénodet) ____ 454
École de voile Les Glénans ____ 460
Centre nautique d'Île-Tudy ____ 464
Centre nautique de Loctudy ____ 465
Centre nautique de la Grève blanche (Le Guilvinec) ____ 471
Club nautique de Cap Sizun ____ 479
Centre nautique municipal (Tréboul) ____ 497
Point-Passion-Plage (Tréboul) ____ 497
Centre nautique de Crozon-Morgat ____ 512
Club nautique Léo-Lagrange (Camaret) ____ 519
Club nautique de Pleyben ____ 530
Canal loisirs (Kergoat) ____ 541
Centre nautique du Kreiz Breizh ____ 541

FINISTÈRE SUD

☆ **Bois d'Amour** Lieu sacré, il entre dans l'histoire grâce au *Talisman*, un petit tableau, peint en 1888 par Sérusier, sous la conduite de Gauguin. Il est aussi appelé *La Leçon du bois d'Amour*. Ce manifeste résume les découvertes picturales d'alors et devient l'emblème des Nabis. Des artistes, Paul Sérusier (1864-1927) et Pierre Bonnard (1867-1947), se regroupent sous la houlette de Maurice Denis (1870-1943), théoricien de ce mouvement pictural. Influencés par les idées de Paul Gauguin, ouverts au symbolisme du poète Mallarmé, les Nabis proclament la rupture avec l'impressionnisme et s'engagent vers une peinture plus abstraite. Baptisés "Nabis" par Sérusier, ce qui signifie "prophète" en hébreu, ils explorent la suppression de la perspective et le traitement de la surface en aplats de couleurs pures. Très perméables aux modes de vie de leurs contemporains, ils s'inspirent du japonisme ambiant et des motifs floraux. "Au lieu de fenêtres ouvertes sur la nature comme les tableaux des impressionnistes, c'était des surfaces lourdement décoratives, puissamment coloriées et cernées d'un trait brutal, cloisonnées, car on parlait aussi à ce propos de cloisonnisme et de japonisme", résume Maurice Denis. *Pour accéder au bois d'Amour, longer l'Aven par la promenade Xavier-Grall*

☺ **Chapelle de Trémalo** Une allée de chênes et de hêtres mène à cet édifice gothique du XVIe siècle, ancien but de promenade de la petite colonie de peintres de Pont-Aven. À l'orée du bois d'Amour, enchâssé dans la verdure, l'environnement de la chapelle est identique à ce qu'il était à la fin du XIXe siècle. Curiosité architecturale, la pente nord du toit touche presque le sol. Sur le pignon, un escalier à ciel ouvert renforce la singularité du bâtiment. À l'intérieur se trouve l'émouvant Christ en bois polychrome (XVIIe s.) reproduit par Gauguin dans *Le Christ jaune* puis *L'Autoportrait au Christ jaune*. Les armes des seigneurs du Plessis, famille fondatrice de la chapelle, figurent au-dessus du porche d'entrée ou sur des écussons en bois à l'intérieur de l'édifice. Levez les yeux vers la belle charpente en forme de carène renversée : destinées à édifier les fidèles, les sablières ornées de sculptures allégoriques et de figurines grotesques figurent avec naïveté les sept péchés capitaux. Cet art populaire, par sa maladresse même, concourt au charme puissant qui se dégage de cette chapelle.

Où acheter des galettes ?

Galettes Penven Le palet ou la galette cuisinée au beurre de baratte réjouiront les gourmands. La boutique est située sur le port. *1, quai Théodore-Botrel Tél. 02 98 06 02 75 www.galettes-penven.com Ouvert été : tlj. 9h-19h30 ; hors saison : mar.-sam. 10h-12h30 et 14h-18h Visite de la fabrique possible du mar.-jeu. 10h*

Traou-Mad Depuis 1920, les galettes et pavés Traou-Mad ("bonne chose" en breton) sont fabriqués artisanalement à Pont-Aven. Large choix de gourmandises. *10, pl. Paul-Gauguin Tél. 02 98 06 01 03 www.traoumad.fr Ouvert juil.-août : lun.-sam. 9h-19h30 ; sept.-juin : lun.-sam. 9h30-12h30 et 14h30-19h Visite de l'usine sur réservation*

Où trouver des produits artisanaux ?

La Boutique de Pont-Aven Épicerie fine et arts ménagers raffinés font bon ménage dans cet établissement quasi centenaire de la famille Péron. Laissez-vous tenter par les sardines debout, spécialité de la Boutique, à déguster tout simple-

GEOPLUS

L'ÉCOLE DE PONT-AVEN

Un cercle d'artistes indépendants

Par **Estelle Guille des Buttes-Fresneau**, directeur et conservateur du musée des Beaux-Arts de Pont-Aven

L'école de Pont-Aven jouit d'une renommée internationale, alors qu'elle est née de façon confidentielle et spontanée dans un village éponyme du Finistère Sud, vers 1886.

Paradoxalement, le courant artistique, fondé autour de Paul Gauguin, porte bien mal son nom puisqu'aucune "école" n'a jamais existé au sens habituel des écoles d'art. L'école de Pont-Aven correspond plutôt à un groupe d'artistes libres qui a fait sienne la leçon de Gauguin, principalement entre 1886 et 1896.

Les conditions de naissance de l'École Avant l'arrivée de Gauguin en 1886, Pont-Aven était un bourg déjà fréquenté par de nombreux artistes. Dès les années 1850, les pionniers sont les Américains, lesquels, après avoir suivi les enseignements de l'École des beaux-arts ou des académies privées parisiennes, viennent parfaire leur apprentissage en Bretagne dans ce pittoresque atelier en plein air qu'est Pont-Aven. Plusieurs facteurs justifient l'installation de ces artistes à Pont-Aven. D'une part, au moment où la France modernise ses voies de circulation, un train permet d'accomplir aisément le trajet entre Paris et Quimperlé. Il ne reste alors plus qu'à prendre la diligence pour les quelques kilomètres à effectuer pour atteindre Pont-Aven. D'autre part, l'accueil offert par les aubergistes pontavenistes est réputé de qualité. Le mérite en revient aux bonnes hôtesses que sont en particulier Marie-Jeanne Gloanec et Mademoiselle Julia. En femmes d'affaires averties, elles savent faciliter les conditions de séjour des peintres : ainsi, ils ont souvent la liberté de peindre pour elles (enseignes, décors muraux ou de portes, etc.), cela vaut parfois rémunération de la chambre et des repas ; de plus, leurs servantes acceptent volontiers de poser avec leurs coiffes et costumes typiques. Enfin, le cadre paysager est exceptionnel : le village de Pont-Aven constitue effectivement un site pittoresque avec la rivière appelée l'Aven, les rochers aux formes arrondies, le petit pont, le port, le bois d'Amour, ou encore la chapelle de Trémalo, autant de motifs dignes d'être repris sur la toile.

GEOPLUS

La rencontre de Gauguin et Bernard En 1886, la rencontre entre Émile Bernard et Paul Gauguin est déterminante. Ils révolutionnent, loin de Paris, la représentation picturale. Alors que les premiers artistes venus à Pont-Aven peignaient encore de manière réaliste, Gauguin et Bernard offrent des toiles où les émotions, par définition subjectives, sont retranscrites. Ainsi, l'un comme l'autre s'autorisent l'emploi de couleurs pures non ou peu transformées sur la palette. Par ailleurs, ils simplifient les formes, le plus souvent cernées d'un trait noir, pour atteindre l'essentiel d'une silhouette ou d'un paysage. Ils ont aussi tendance à nier toute perspective et superposent les plans à la manière des graveurs japonais. Ces deux artistes sont soucieux de rompre ouvertement avec le modèle académique. En plus de leurs innovations plastiques, la leçon au bois d'Amour de 1888 est restée célèbre. Le jeune Paul Sérusier reçoit alors quelques conseils de Gauguin dans ce petit bois de Pont-Aven pour peindre ce qu'on appelle désormais *Le Talisman*, un paysage aux formes presque abstraites et aux couleurs sans rapport évident avec la réalité, conservé désormais au musée d'Orsay. De retour à Paris, Sérusier montre son œuvre à ses condisciples de l'Académie Jullian qui choisissent d'adopter à leur tour l'esthétique de Gauguin : c'est la naissance du groupe des Nabis (Sérusier, Bonnard, Maurice Denis, etc.).

SITES AYANT INSPIRÉ LES PEINTRES DE PONT-AVEN

- **Le bois d'Amour La chapelle de Trémalo,** *où se trouve le célèbre Christ jaune*
- **La place du centre et les pensions :** *l'auberge Gloanec (actuelle maison de la presse) et l'Hôtel Julia (aujourd'hui l'hôtel de ville)*
- **Le pont**
- **Les moulins**
- **Le port**
- **Hors de Pont-Aven :** *Le Pouldu et la maison de Marie Henry, ainsi que Port-Manec'h*

Les peintres de Pont-Aven

Le charisme de Paul Gauguin n'a pas empêché l'éclosion de talents singuliers. Certes, les peintres rangés sous la bannière "école de Pont-Aven" ont repris l'essentiel des principes du maître, basés sur l'utilisation de tons purs et la simplification des formes, ce qui justifie aussi l'emploi des notions de synthétisme ou de cloisonnisme par les historiens de l'art. En même temps, chaque artiste a cultivé des particularités qui font la richesse de l'école de Pont-Aven. Pour s'en convaincre, il suffit d'aller découvrir la richesse de la collection permanente du musée de Pont-Aven inauguré en 1985 : on y retrouve Paul Gauguin bien sûr, mais aussi Émile Bernard, Paul Sérusier, Maurice Denis, Charles Filiger, Émile Jourdan, Georges Lacombe, Meyer de Haan, Maxime Maufra, Henry Moret, Roderic O'Conor, Ferdinand du Puigaudeau, Armand Seguin, Wladyslaw Slewinski et bien d'autres artistes. Tout au long du XXe siècle, plusieurs courants artistiques reprennent les apports plastiques de l'école de Pont-Aven, aussi bien le fauvisme, que l'expressionnisme et l'abstraction

ment accompagnées d'une pomme de terre tiède et d'une salade croquante, ou achetez les originales et très fines rillettes d'ormeaux (9,90€). *Pl. Paul-Gauguin Tél. 02 98 06 07 65 Ouvert 9h-12h15 et 14h-19h Fermé lun. hors saison et oct.*
Un souffle de verre Laurent Lesiourd souffle devant vous ses œuvres uniques. Magie de la matière transformée par le feu dans laquelle les inclusions de couleurs créent des paysages. Belles pièces – luminaires, vases et coupes – ou plus modestes galets de l'Aven (20€-30€). *23, rue des Abbés-Tanguy Tél. 02 98 06 10 37*

● **Se balader en canoë-kayak** Au rythme de vos pagaies, découvrez l'Aven maritime, ses rives boisées peuplées d'oiseaux, le Moulin à marée, les petits ports, jusqu'à l'océan. Enchanteur. Canoë 2 pers. : 35€/j. **360° kayak découverte** *Rue des Ajoncs-d'or (après le quai A.-Brizeu, rive gauche) Tél. port. 06 80 46 88 29 Ouvert Pâques-Toussaint*

● **Partir en croisière sur l'Aven et le Belon** D'avril à septembre, au départ du port de Pont-Aven, des croisières sont proposées par les Vedettes Aven-Belon pour découvrir les paysages somptueux des estuaires de l'Aven et du Belon. La balade dure environ 1h45 avec escale à Port-Belon. L'aller-retour coûte 14,50€ pour un adulte. Circuits "Aven maritime" à 12,50€ (1h15) et "Estuaires" à 10,50€ (1h). **Vedettes Aven-Belon** *Tél. 02 98 71 14 59 www.vedettes-aven-belon.com*

Les environs de Pont-Aven

Calvaire de Nizon Ce bourg a conservé l'allure typique d'un centre paroissial breton du début du XXe siècle. Le fût central du calvaire (XVIe s.) s'achève par deux curieux bustes dont les mains se rejoignent sur les côtés. La pietà figurant au pied du fût a inspiré à Gauguin son *Christ vert*. Séduit par l'expression des personnages de granit, il usa, pour accentuer le drame, d'une palette de verts et de gris dans un décor inspiré d'un paysage du Pouldu. *À 3km à l'ouest de Pont-Aven*

Rosbras Une route sinueuse mène au petit port de Rosbras, au bord de l'estuaire de l'Aven. Quelques bateaux de pêche stationnent dans un paysage immuable. Le soir, une lumière douce tombe sur l'autre rive. Un petit bar avec terrasse vous accueillera pour profiter de ce spectacle. *À 6km au sud de Pont-Aven*

Belon Son port, qui vit au rythme de l'affinage des huîtres plates, est enserré dans une crique de toute beauté. *À 6km au sud de Pont-Aven*

● ☺ **Randonner vers le fort de Belon** Une charmante promenade part de la rive droite du port de Belon jusqu'au confluent des deux rivières qui dévoilent un paysage de toute beauté. Ce circuit de 9km serpente le long des estuaires du Belon et de l'Aven. À l'embouchure des deux rivières, sur la pointe de Penquernéo, se dressent les ruines du fortin qui protégeait l'entrée des avens. Panorama magnifique.

Riec-sur-Belon

La commune s'étend entre les estuaires du Belon et de l'Aven qui se rejoignent à la pointe de Penquernéo. Des routes de campagne sinueuses mènent aux ports de Belon et de Rosbras, nichés dans la verdure et baignant dans des couleurs chatoyantes. *À 5km à l'est de Pont-Aven par la D783 En car, liaisons avec Quimper et Concarneau* **Office de tourisme** *Brochures sur les circuits de randonnée 2, rue des Gentilshommes 29340* ***Riec-sur-Belon*** *Tél. 02 98 06 97 65 www.riecsurbelon.fr Ouvert juil.-août : lun.-sam. 9h30-12h30 et 13h30-18h30, dim. 10h30-12h30 ; hors saison : lun.-ven. 9h30-12h et 13h30-17h30, sam. (avr.-sept.) 10h-12h*

Où acheter des huîtres ?

Huîtrières du château de Belon Cette exploitation ostréicole familiale est à l'origine de la fameuse huître plate créée par Auguste de Solminihac en 1864. Les propriétaires pratiquent la vente en direct et proposent une dégustation sur un petit promontoire qui domine le port. Des bourriches peuvent être expédiées dans toute la France. L'exploitation se visite. ***Port de Belon*** *Tél. 02 98 06 90 58 www.huitre-bretagne.com (vente par correspondance) Ouvert toute l'année : tlj. 10h-18h*

Établissements Thaëron Sur les rives du Belon, ils commercialisent depuis 1879 des huîtres fines, spéciales, fines de claires… appréciées des autochtones, ainsi que des coquillages et des crustacés. *Au lieu-dit "l'Ille", en direction de* ***Belon****, fléché à partir du bourg Tél. 02 98 06 91 14 www.thaeron.com (vente par correspondance) Ouvert toute l'année : lun.-ven. 7h-17h Si vous passez après 12h, il faut avoir commandé le matin*

Le goût de noisette de l'huître du Belon

Riec est réputée pour sa production d'huître issue de la rivière du Belon, qui se distingue par un goût de noisette. À marée basse, le Belon découvre ses parcs ostréicoles. Ici, les huîtres ne sont pas élevées, mais uniquement affinées dans l'eau saumâtre de la rivière. Les naissains et le grossissement se font dans d'autres régions de Bretagne, en particulier dans le golfe du Morbihan. Quand elle arrive, l'huître a déjà trois ans. Jusqu'au début du XIXe siècle, on se contentait de pratiquer la cueillette sur les bancs d'huîtres sauvages. Comme dans la plupart des régions productrices, ce type de prélèvement avait fini par entraîner la raréfaction des mollusques. Reprenant les expériences du naturaliste Victor Costes sur l'élevage des huîtres en bancs artificiels, Hippolyte de Mauduit et son beau-frère Auguste de Solminihac décidèrent d'implanter des parcs d'élevage et des bassins d'affinage dans la rivière du Belon. En 1864, l'huître du Belon était née. Elle remporta un succès foudroyant auprès des restaurateurs parisiens qui délaissèrent à son profit l'huître plate d'Ostende.

FINISTÈRE SUD

CARNET D'ADRESSES

Restauration

petits prix

Crêperie Le Talisman À l'entrée de la ville en venant de Riec-sur-Belon, cet établissement en bord de route ne bénéficie pas d'un emplacement très agréable, mais il propose, dans une atmosphère chaleureuse, des crêpes réputées alentour. Comptez de 5€ à 15€. L'été, une terrasse est installée côté jardin. Réservation conseillée. *4, rue Paul-Sérusier* ***Pont-Aven*** *Tél. 02 98 06 02 58 Fermé lun.*

Le Fournil Sa terrasse borde la promenade Xavier-Grall. Bercé par le bruissement de la rivière, goûtez une cuisine simple et copieuse. Formule à 14,90€ ou menu à 18€ : la compote d'oignons faite maison qui accompagne la terrine de poisson est un régal ! Poursuivez par une pièce de boucher fondante et terminez par la tarte tatin au caramel et beurre salé. Service continu en petite restauration et crêpes. *13, rue du Général-de-Gaulle* ***Pont-Aven*** *Tél. 02 98 06 11 83 Ouvert avr.-juin et sept. : mar.-dim. midi ; juil.-août : tlj.*

prix élevés

Restaurant Chez Jacky Cette maison réputée propose des plats qui déclinent à l'envi poissons, coquillages et crustacés issus de sa propre entreprise ostréicole. Le plateau de fruits de mer est gargantuesque (83€/2 pers.) et de qualité irréprochable. Plus simplement, un magnifique tourteau (16€) arrosé d'un muscadet bien frais constituera un moment de bonheur. Cadre agréable grâce à une très belle terrasse donnant sur le port. Également 2 chambres d'hôtes (50€). *Port de* ***Belon*** *(à 6km au sud de Pont-Aven) Tél. 02 98 06 90 32 www.chez-jacky.com Ouvert Pâques-fin sept. : tlj. sauf dim. soir et lun.*

prix très élevés

Sur le pont La version bistrot du Rosmadec a été ouverte en 2007 par les deux frères formés au restaurant gastronomique de leurs parents. Dans un cadre qui marie le style de l'ancienne demeure bourgeoise avec une décoration contemporaine soignée, ils proposent une cuisine inventive. À la carte, tentez les excellents raviolis aux langoustines, au menu (28€), dégustez une succulente tarte de sardines, suivie d'un cabillaud sauce citron et cumin. Terminez par le Traou-Mad aux fraises. *11, pl. Paul-Gauguin* ***Pont-Aven*** *Tél. 02 98 06 16 16 www.surlepont-pontaven.fr Fermé le mer. en juil.-août, mer. et dim. soir hors saison*

Le Moulin de Rosmadec Sa solide réputation gastronomique s'est bâtie au fil du temps. L'enseigne existe depuis

GAMME DE PRIX	RESTAURATION	HÉBERGEMENT
Très petits prix	moins de 10€	moins de 30€
Petits prix	de 10 à 20€	de 30 à 50€
Prix moyens	de 20 à 30€	de 50 à 80€
Prix élevés	de 30 à 40€	de 80 à 100€
Prix très élevés	plus de 40€	plus de 100€

1931 ! Le premier menu est à 38€ (vin compris), celui à 76€ comprend du homard grillé, spécialité de la maison. Dans une gamme intermédiaire, vous pourrez vous régaler d'une daurade farcie et sa purée de coco. Cette cuisine fine est servie dans un cadre de caractère. Le restaurant a en effet élu domicile dans un ancien moulin, au bord de la rivière. Un raffinement discret émane de cet établissement aux belles poutres en bois, et dont vous apprécierez l'éclairage tamisé. *Venelle de Rosmadec* ***Pont-Aven*** *Tél. 02 98 06 00 22 www.lemoulinderosmadec.com Ouvert été : tlj. sauf jeu. ; hors saison : se rens. (jours d'ouverture flexibles) Fermé 2e quinzaine de nov. et vac. scol. de fév.*

Dîner en amoureux

Hébergement

campings

Le Château du Belon Il s'étend dans un grand parc de 8ha sur la rive droite du Belon. Son emplacement à 300m du port de Belon, dans un cadre naturel verdoyant, est très agréable. Comptez 11€ pour 2 personnes (tente) ou 50€ la nuit en mobil-home (4 pers.). Les propriétaires ont une exploitation ostréicole où vous pourrez déguster quelques huîtres plates et creuses (cf. Où acheter des huîtres). ***Port de Belon*** *(à 6km au sud de Pont-Aven) Tél. 02 98 06 41 43 http://camping.huitre-bretagne.com Ouvert avr.-nov.*

Camping Tal ar Moor Blotti au creux du vallon bordant la plage de Kerfany, face au splendide panorama des estuaires du Belon et de l'Aven, ce petit camping boisé propose des emplacements pour 2 pers. à env. 17€/nuit. Il est idéalement situé pour des vacances sportives avec un accès direct à la plage et à deux pas des activités nautiques FFV et Point-Passion-Plage (voile, catamaran, kayak de mer, dériveur...). *Plage de* ***Kerfany*** *(à 17km au sud de Pont-Aven, sur la rive gauche du Belon) Tél. 02 98 71 11 98 Ouvert Pâques-sept.*

petits prix

Chambres d'hôtes M. et Mme Christien Sur une exploitation agricole, 3 chambres de caractère dans une ancienne longère rénovée ; comptez 46€ la nuit pour 2 personnes. Baptisées "Bretonne", "Campagne" et "Nature", chacune offre une décoration personnalisée. Lave-linge, TV et petite cuisine pour préparer les repas assurent un bon confort. *29380* ***Sainte-Anne-Bannalec*** *(à 15km au nord de Pont-Aven par la D4 ; au centre-bourg de Bannalec, prendre à droite dir. Quimperlé, puis à gauche de la mairie rue Kerlagadic ; continuer sur 1,7km jusqu'au croisement Sainte-Anne et tourner à gauche)*

Tél. 02 98 39 53 44 http://christien.accueil-france.com.com Ouvert toute l'année

prix moyens

☺ **Hôtel Les Mimosas** Très bien situé, à l'extrémité du port de plaisance et à l'écart du centre-ville. Les 10 chambres (double 55€-82€, triple 65€ et 92€) à la décoration florale sont toutes agréables. Certaines sont dotées d'une terrasse sur le port. Petit déj. 8€. Brasserie animée (certaines tables offrent un beau point de vue sur l'Aven), avec un premier menu à 14,50€ à midi. *22, square Théodore-Botrel* ***Pont-Aven*** *Tél. 02 98 06 00 30 www.hotels-pont-aven.com Fermé mi-nov.-mi-déc. ; hors saison : mar.-mer.*

Hôtel-restaurant Les Ajoncs d'or Situé en plein centre-ville, il offre de belles prestations. Les 20 chambres coquettes portent chacune le nom d'un peintre. Les salles de bains sont spacieuses et lumineuses. Cette grande bâtisse blanche et bleue régale ses clients d'une cuisine de bonne tenue. Le premier menu est à 25€, formules midi et soir 10,50€-17,50€. La table, réputée pour ses fruits de mer, est aussi appréciée des Pontavenistes. À partir de 58€ la chambre double, et jusqu'à 82€ pour une quadruple. Soirée "étape" à 63€. Excellent accueil, prévenant mais sans excès. Accès wifi. *1, pl. de l'Hôtel-de-Ville* ***Pont-Aven*** *Tél. 02 98 06 02 06 www.ajoncsdor-pontaven.com Ouvert en saison : tlj. sauf dim. soir ; hors saison : tlj. sauf dim. soir-lun. Fermé jan.*

prix élevés

☺ **Castel Braz** Cette maison du XIXe siècle s'étire en vigie sur quatre étages : plus on monte, plus la vue sur les chaos de l'Aven et la ville est splendide. Les 5 chambres (60€-80€) aux murs pastel et jetés de lit prune possèdent chacune une petite signature : "Jazz", "Afrique"... Des studios 2-3 pers. vous sont aussi proposés (450€/sem. en saison). *12, rue du Bois-d'Amour* ***Pont-Aven*** *Tél. 02 98 06 07 81 www.castelbraz.com Ouvert toute l'année*

Le Moulin de Rosmadec Cette table excellente (cf. Restauration) possède également, dans une annexe, 4 chambres doubles tout confort (85€-98€). Petit déj. 13€. En retrait de la rue et face à la rivière. *Venelle de Rosmadec* ***Pont-Aven*** *Tél. 02 98 06 00 22 www.moulinderosmadec.com Fermé 2e quinzaine de nov. et vac. scol. de fév.*

Domaine de Kerstinec La campagne, la rivière du Belon et son pont de pierre... Un très peau panorama que l'on peut admirer de cet hôtel situé en retrait du restaurant Le Kerland. Dans de belles longères de granit, 18 chambres confortables à la décoration romantique. Les prix oscillent de 64€ à 105€ pour 2 pers. selon la saison. Petit déj. 10€. ***Riec-sur-Belon*** *(route de Moëlan-sur-Mer) Tél. 02 98 06 42 98 www.hotelbelon.online.fr Fermé Noël et jan.*

GAMME DE PRIX	RESTAURATION	HÉBERGEMENT
Très petits prix	moins de 10€	moins de 30€
Petits prix	de 10 à 20€	de 30 à 50€
Prix moyens	de 20 à 30€	de 50 à 80€
Prix élevés	de 30 à 40€	de 80 à 100€
Prix très élevés	plus de 40€	plus de 100€

NÉVEZ

29920

Le “pays des pierres debout” : en 1900, une centaine de tailleurs de pierre travaillait encore sur la place de l'Église. Le granit façonné était ensuite chargé sur des bateaux le long des rives de l'Aven. La commune possède encore de nombreux édifices en granit, les plus étonnants sont les clôtures et les maisons en pierres debout. Ces pierres, d'une hauteur de 2m, étaient taillées dans un même bloc et ensuite érigées en murs qui constituaient les façades des maisons. Les toits étaient couverts de chaume. La commune possède encore quelques témoignages de ce type de construction nommé *min zao* (“pierres debout” en breton). Sur le littoral alternent les anses, notamment celle de Rospico, et les belles étendues sableuses comme à Raguénez dont l'île éponyme est accessible à marée basse. Deux petits ports immuables, Kerdruc et Port-Manec'h, ont élu domicile le long de l'Aven.

MODE D'EMPLOI

accès

EN VOITURE
À 13km au sud-est de Concarneau par la D783, puis la D177 ; à 7km de Pont-Aven.

EN CAR
Liaisons avec Concarneau, Quimper et la gare de Quimperlé.
Réseau Penn ar Bed *Tél. 0810 810 029 www.viaoo29.fr*

orientation

Le bourg, situé dans les terres, dispose de plusieurs accès à la mer. Le port de Kerdruc, à 3,5km au sud-est, ouvre sur l'Aven. Plus au sud, à l'embouchure de l'Aven, la cité balnéaire de Port-Manec'h est distante de 4,5km par la D77. La plage de Raguenès, en face de l'île éponyme, déroule son sable blanc à 4km plein sud.

informations touristiques

Office de tourisme Il propose de nombreuses sorties pour découvrir le patrimoine (château du Henan et son moulin à marée, etc.) et les maisons en pierres debout. *18, pl. de l'Église Tél. 02 98 06 87 90 www.nevez.com Ouvert juil.-août : lun.-sam. 9h30-12h45 et 14h30-18h45, dim. 9h30-12h ; sept.-juin : lun.-sam. 9h30-12h45 et 14h30-18h45*

DÉCOUVRIR

☆ **Les essentiels** Les jardins de Rospico **Découvrir autrement** Empruntez la route de la jusqu'à la pointe de Trévignon

➤ **Carnet d'adresses p.437**

Névez et ses environs

☺ **Kerdruc** Un port de plaisance tranquille, situé en face de son homologue, Rosbras, sur la rive ouest de l'Aven où, selon le poète Xavier Grall : "Les soirs sont bleus sur les ardoises." Départ d'une belle randonnée sur le chemin côtier jusqu'à Raguenès. *À 5km à l'est de Névez*

☆ **Jardins de Rospico** Ce parc botanique d'inspiration anglaise couvre près de 4ha vallonnés où plus de 2 000 espèces de végétaux s'épanouissent, en particulier plusieurs centaines d'hydrangéas. Les jardins paysagers, de toute beauté, présentent la flore de différents climats. Dans le jardin méditerranéen, une plantation de palmiers issus des cinq continents offre une plongée dans l'exotisme. Dernier né de ces espaces thématiques, le jardin zen accueille une pagode qui domine le parc floral. ***Rospico*** *(à 6km au sud de Névez ; dir. Port-Manec'h, puis tourner à droite au hameau de Kermen et fléchage) Tél. 02 98 06 71 29 www.jardins-rospico.com Ouvert mi-mars-mi-juin, sept. et oct. : dim.-ven. 14h-18h ; mi-juin-août : dim.-ven. 11h-19h Tarif 6,50€, réduit 5,50€n (les matins d'été, 5,50€ pour les adultes et gratuit pour les enfants)*

HUÎTRES SUR LE POUCE

Faites une pause au Bistrot de l'écailler, face au charmant port de Kerdruc, avec une douzaine d'huîtres creuses des viviers voisins (12€) dégustée dans un intérieur à l'ambiance marine. Revenez-y pour vous délecter de sa cuisine gastronomique. **Le Bistrot de l'écailler** *Kerdruc Tél. 02 98 06 78 60 Ouvert Pâques-sept. : jeu.-lun. 12h-14h30 et 19h-23h et les mer. et lun. soir en été*

Port-Manec'h Située à l'embouchure de l'Aven, cette petite station balnéaire enserrée entre des côtes tourmentées a connu son heure de gloire au début du XIXe siècle. Le docteur Barnes, célèbre collectionneur américain, y séjourna et entreprit de construire en Pennsylvanie une réplique d'une demeure bretonne. Les cabines de baigneurs rappellent cette époque. *À 5km au sud-est de Névez par la D77*

Chapelle de Trémorvézen Ses statues en granit et en bois polychrome des XIVe et XVe siècles lui ont valu le surnom de chapelle aux trois statues de la Vierge. *À 3km au sud de Névez dir. Kerascoet*

Kerascoet Ce hameau évoque les villages cornouaillais typiques, avec leur toiture de chaume, comme il n'en reste plus beaucoup aujourd'hui. Le chaume, utilisé jusqu'au milieu du XVIIIe siècle, a été progressivement remplacé par l'ardoise. Kerascoet, qui regroupe une quinzaine de chaumières, date du XVe siècle ; il était anciennement occupé par des tisserands. Il possède notamment un appentis en pierres debout, les fameux *min zao*. L'office de tourisme organise des visites guidées de chaumières. À quelques kilomètres à l'ouest, le hameau de **Kercanic** présente les mêmes caractéristiques. *À 3km au sud de Névez*

Route de la Corniche Ce bel itinéraire longe les plages de Kersidan et de Trez-Cao, et mène jusqu'à la pointe de Trévignon et son petit port dont la criée est encore très active. À la pointe de la jetée est perchée une étrange bâtisse, baptisée pompeusement le **château de Trévignon**. Elle a été construite en 1950 sur les ruines d'un ancien fortin qui protégeait l'entrée du port. Par beau temps, on devine au large l'archipel de Glénan. *De Névez, dir. Raguénez au sud, puis longer la côte par la D1 vers l'ouest sur 6km dir. Trévignon*

CARNET D'ADRESSES

Restauration, hébergement

camping

Camping des Chaumières À 4km de Névez, dans le village de chaumières de Kerascoet, le camping propose des emplacements calmes et arborés pour 2 personnes avec voiture (16,60€). *Proche de la plage de Rospico* ***Kerascoet*** *(sur la RN 165, prendre la sortie Kerampaou) Tél. 02 98 06 73 06 Ouvert mi-mai-mi-sept.*

Le Raguenès-Plage En face de l'île de Raguenès et tout près de la plage (accès direct), ce camping ombragé propose des emplacements spacieux. En été, comptez 29,90€ pour 2 pers. Piscine, sauna, restaurant... *19, rue des Îles* ***Raguenès*** *(à 3km au sud de Névez) Tél. 02 98 06 80 69 www.camping-le-raguenes-plage.com Ouvert avr.-mi-oct.*

prix moyens

Hôtel-restaurant du Port et hôtel de l'Aven Dans la petite cité balnéaire de Port-Manec'h, cette grosse bâtisse sans grand charme propose des chambres doubles (47€-68€) avec vue sur la mer. Bon confort, quelques chambres sont en soupente. Au restaurant, cuisine marine, avec des menus allant de 19€ à 29€ (80€ pour 2 pers. avec homard), servis dans une véranda qui surplombe le port. Un endroit plaisant pour déjeuner tranquillement. *30, rue de l'Aven* ***Port-Manec'h*** *(à 5km au sud-est de Névez) Tél. 02 98 06 82 17 Ouvert avr.-oct. Restaurant fermé juil.-août : mer. et sam. midi Ouvert uniquement le soir en basse saison*

prix élevés

Le Bistro du Ar Men Du Ce restaurant, à la décoration marine, propose une cuisine reconnue dans la région. Aux fourneaux : le chef Patrick Le Guen. Un menu à 39€ présente un vaste échantillon de poissons nobles finement préparés, dont un tartare de homard coupé à la minute et son carpaccio de langoustines. Formule déj. à 25€, menu jusqu'à 75€. ***Raguénez*** *(à 3km au sud de Névez) Tél. 02 98 06 84 22 Ouvert mi-mars-Toussaint et fêtes de fin d'année*

prix très élevés

Hôtel-restaurant Ar Men Du D'extérieur assez quelconque, cet établissement ne dévoile ses atouts qu'une fois la porte d'entrée franchie. Ses larges baies vitrées offrent une belle perspective sur la mer et l'île de Raguénez. À ses portes, une belle plage de sable fin s'étire sur plusieurs kilomètres. Récemment rénovées, les plus belles chambres plongent dans l'Océan dont on détache difficilement les yeux. Romantique ! Chambre double de 80€ à 192€, petit déj. 12,50€. ***Raguénez*** *(à 3km au sud de Névez) Tél. 02 98 06 84 22 www.men-du.com Ouvert mi-mars-Toussaint et fêtes de fin d'année*

★ CONCARNEAU

29900

Enserrée dans ses remparts dentelés, la citadelle présente un témoignage intact de l'architecture militaire durant plusieurs siècles. Devenue l'un des sites les plus visités de Bretagne, la ville close a malheureusement perdu une partie de son charme avec la multiplication des commerces destinés aux touristes. Néanmoins, ses ruelles étroites et ses demeures anciennes ont conservé tout leur pouvoir de séduction. Concarneau a également donné son nom à un groupe de peintres qui, autour d'Alfred Guillou, contribua à sauver les remparts de la démolition et à les faire classer monument historique en 1899. Depuis longtemps, la ville a perdu son rôle militaire au profit d'une activité plus pacifique qui a assuré sa prospérité : la pêche. Le port imprime son rythme à la ville, avec le va-et-vient des chalutiers hauturiers qui déchargent, après deux semaines de marée, de 15 à 30 tonnes de poissons. Concarneau est le premier port thonier français, et l'un des plus importants pour la pêche fraîche. La ville est classée "Ville d'art et d'histoire".

LA VILLE CLOSE Avant d'embrasser un destin maritime, Concarneau (en breton "abri de Cornouaille") se concentrait sur un petit îlot irrégulier de 350m de long et 100m de large qui servait de refuge en cas d'invasion. Au XIVe siècle, une ceinture de remparts consolida ses défenses. Quatrième place forte de Bretagne, la ville subit de nombreux assauts lors de la guerre de Cent Ans et des guerres de Religion. Les remparts furent assiégés pendant trente ans par les Anglais avant que Du Guesclin ne les en déloge. En 1694, Vauban impose les dernières modifications requises par le perfectionnement des techniques d'attaque.

ACTIVITÉ PORTUAIRE En plus d'une forte garnison, la ville comptait une population de pêcheurs qui armaient une dizaine de chaloupes. La ville connut son véritable essor économique avec le développement dès 1851 des premières conserveries. En 1900, trente usines employaient deux mille ouvrières sur une population de sept mille âmes. Avec l'industrialisation, le port prit de l'extension et l'enceinte se dépeupla progressivement de ses riches négociants qui préférèrent construire à l'extérieur. Au début du XXe siècle, les bancs de sardines désertèrent le littoral. Privée de sa principale source de richesse, la population connut la misère. Pour venir en aide aux pêcheurs les plus démunis, les artistes organisèrent en 1905 une kermesse de bienfaisance la "Fête des filets bleus", toujours d'actualité. Aujourd'hui, la ville vit de l'or bleu et plus spécialement de la pêche thonière, qui se pratique désormais entre les Açores, l'Irlande et le golfe de Gascogne, et au large de l'Afrique et des Seychelles. Des chantiers navals, des unités frigorifiques et des activités agroalimentaires complètent cette production.

MODE D'EMPLOI

accès

EN VOITURE

À 22km au sud-ouest de Quimper par la N165, sortie Coat-Conq ; à 48km au nord-est de Lorient par la N165, même sortie.

EN TRAIN

Située à 14km au nord-est de Concarneau (liaison en car possible), la gare de Rosporden est desservie par le TGV Paris-Montparnasse-Rosporden (durée 4h10 environ). Trains de Lyon (7h) et de Bordeaux (6h50) avec changement à Redon ou à Nantes.

Gare de Rosporden *Tél. 36 35 www.voyages-sncf.com*

EN CAR

Liaisons en car avec Rosporden, Quimper, Pont-Aven, Trégunc, Névez, Port-Manec'h, La Forêt-Fouesnant, Riec-sur-Belon, Quimperlé.

Gare routière *Angle des quais d'Aiguillon et Carnot*

Réseau Penn ar Bed *Tél. 0810 810 029 www.viaoo29.fr*

orientation

La ville s'étend de part et d'autre du **Moros** qui se jette dans le port de pêche. La ville close, le port de plaisance, la corniche sont situés sur sa rive droite. Un bac piéton permet de rejoindre la rive gauche à partir de la ville close (toute l'année). Les automobilistes doivent emprunter le pont qui enjambe le Moros au nord de la ville pour rejoindre les quartiers de la rive gauche. Le port occupe un espace important avec de nombreux entrepôts et des docks. La citadelle forme un éperon qui sépare le port de pêche du port de plaisance. En longeant les quais, on accède à la corniche qui débouche sur les plages.

informations touristiques et pratiques

Office de tourisme *Quai d'Aiguillon Tél. 02 98 97 01 44 www.tourismeconcarneau.fr Ouvert juil.-août : tlj. 9h-19h ; mai-juin et 1er-15 sept. : lun.-sam. 9h-12h30 et 13h45-18h30, dim. et j. fér. 10h-13h ; 15 sept.-avril : lun.-sam. 9h-12h et 14h-18h*

Busco La ligne 2 des bus urbains Busco relie le centre-ville aux plages. *Agence commerciale 18, pl. du Général-de-Gaulle Tél. 02 98 60 53 76 www.busco.fr*

Gendarmerie *1, av. de la Gare Tél. 02 98 50 15 00*

Poste *14, quai Carnot Tél. 02 98 97 72 49*

fêtes et manifestations

Festival Livre & Mer Livres, films documentaires, expositions, animations... : tout ce qu'océans et mers inspirent aux auteurs a des chances d'être célébré lors de ce festival. *Association du salon du livre maritime Tél. 02 98 97 52 72 www.salondulivremaritime.com Mi-avr.*

Le Chien jaune, Festival du polar *Tél. 06 64 93 69 07 www.lechienjaune.fr Mi-juil.*

Festival Kann al Loar Musiques actuelles et traditionnelles. *www.kann-al-loar.com Mi-juil.*

Fête des filets bleus Spectacles, animations sportives, groupes de musique et de danses traditionnelles. *Tél. 02 98 97 09 09 http://filetsbleus.free.fr Mi-août*

DÉCOUVRIR

☆ **Les essentiels** La ville close **Découvrir autrement** Explorez les fonds sous-marins de la baie de Concarneau avec le centre Breizh-Plongée, longez la mer de la corniche jusqu'à la plage des Sables blancs

➤ **Carnet d'adresses p.445**

Concarneau

☆ La ville close

Malgré la concentration de boutiques en tout genre, la visite de la ville close, ancienne place forte, s'impose. À l'entrée de la citadelle, le **beffroi** au toit d'ardoises reste le symbole de Concarneau bien qu'il ait été érigé au début du XIXe siècle. Il faillit être démoli au nom de la rigueur historique. Sous son cadran solaire, une inscription *Tempus fugit velut umbra* : "Le temps passe comme l'ombre." Après avoir franchi l'enceinte, vous arrivez sur la **place du Gouverneur**. L'ancien château à colombages était la résidence des gouverneurs militaires. Elle communique avec la tour du Major. Sur l'artère principale, rue Vauban, on recensait vers 1540 environ cent quinze habitations. Bel alignement de maisons qui possèdent toutes un pignon de pierre, un rez-de-chaussée en échoppe, une cheminée latérale et, au grenier, une lucarne pour l'aération des filets de pêche. Au début de la rue, l'ancienne **chapelle du Rosaire**, du XVe siècle, qui abritait les réunions des assemblées municipales sous l'Ancien Régime, avant d'être intégrée au musée de la Pêche, fut transformée en caserne et en coopérative de patrons pêcheurs. Plus loin, la **chapelle de la Trinité**, du XVIe siècle, faisait partie de l'ancien hôpital de la Citadelle. En continuant le long de la rue Vauban, vous atteignez la **place Saint-Guénolé**, avec sa fontaine coulée en fonte et dotée d'un curieux bestiaire. La **porte du Passage**, à l'extrémité de la ville, donne accès au bac pour piétons qui traverse le chenal. Vous pouvez aussi découvrir la ville close en vous promenant sur les remparts : vous éviterez ainsi la foule qui colonise la rue Vauban en pleine saison et profiterez d'un beau point de vue sur le port. *Accès par la Maison du patrimoine Tél. 02 98 50 39 17 (service culturel de la mairie de Concarneau) Entrée libre*

Balades en bateau dans le Finistère Sud

Vedettes de l'Odet (Quimper) ____ 419
Vedettes Aven-Belon (Pont-Aven) ____ 430
Gouelia (Concarneau) ____ 442
Vedettes Glenn (Concarneau) ____ 444
La Jeanne-Yvonne (Beg-Meil) ____ 450
Vedettes de l'Odet (Loctudy) ____ 465
Scarlette Le Corre (Penmarc'h) ____ 474
Vedettes Rosmeur (Douarnenez) ____ 497
Vedettes Rosmeur (Morgat) ____ 511
Société maritime Azenor (Camaret) ____ 520
Aulne Loisirs Plaisance (Pen Ar Pont) ____ 536

Musée de la Pêche Installé dans l'ancien arsenal de la rue Vauban, il présente sur 1 500m² les techniques de pêche depuis l'Antiquité jusqu'à nos jours. Une salle entière est consacrée à la pêche au chalut. La visite (1h30) se poursuit à l'extérieur où un chalutier, l'*Hémerica*, est amarré au quai du musée. Dans une salle vidéo, nombreux diaporamas sur les pêches pratiquées à Concarneau. *3, rue Vauban Tél. 02 98 97 10 20 www.musee-peche.fr Ouvert avr.-juin, sept. et vac. scol. : tlj. 10h-18h ; juil.-août : tlj. 9h30-20h ; hors saison : tlj. 10h-12h et 14h-18h Tarif 6€, réduit 4€*

● Où goûter un *kouign-amann* ? Le pâtissier de la Maison du kouign-amann, distingué par ses pairs pour l'excellent gâteau qui a donné son nom au lieu, prépare aussi des fars aux pruneaux et des gâteaux aux pommes sans lésiner sur le beurre cru. Le magasin se trouve dans la ville close, théâtre d'une lutte acharnée entre les commerçants. L'objet de leurs disputes ? Ils revendiquent tous d'être l'unique détenteur de la recette du "vrai *kouign-amann*" ! Notre adresse serait-elle sujette à contestation ? **La Maison du kouign-amann** *18, pl. Saint-Guénolé Tél. 02 98 60 58 35 www.kouignamann.com*

La ville en dehors des remparts

Marinarium Il propose, par une scénographie renouvelée, la découverte de la biologie marine en s'appuyant sur les recherches de la station de biologie marine attenante. Fondé en 1859, ce laboratoire est le plus ancien au monde. Ses nouveaux aménagements permettent de découvrir la faune, la flore et l'écologie du littoral régional. Un grand bassin de 120 000l présente les espèces qui vivent dans les zones rocheuses et sableuses. L'accent est mis aussi sur la biodiversité, la protection et la gestion des ressources marines. Des sorties "découverte du littoral" sont proposées régulièrement. *Pl. de la Croix Tél. 02 98 50 81 64 www.mnhn.fr/concarneau Ouvert fév.-mars et oct.-déc. : tlj. 10h-12h et 14h-18h ; avr.-juin et sept. : tlj. 14h-18h ; juil.-août : tlj. 10h-19h Fermé en jan. Tarif 5€, réduit 3€*

Criée Plusieurs personnes proposent des visites de la criée et du port, dont Simon Allain. *Quai de la Criée Tél. 02 98 50 55 18 ou 02 98 50 39 17 (service de l'animation du patrimoine) et Tél. port. 06 22 63 20 24 www.alassautdesremparts.fr*

● Où acheter des conserves de sardines ? La maison Courtin fondée en 1893 propose de délicieuses conserves de sardines et de maquereaux pêchés au large des côtes bretonnes. Également rillettes de thon, crème de sardines au whisky, bisque de homard et la spécialité, les coquilles Saint-Jacques confites. **Conserverie Courtin** *3, quai du Moros Tél. 02 98 97 01 80 www.conserverie-courtin.com Ouvert lun.-sam. 9h-12h30 et 14h-18h30 (sam. 18h) Visite de l'usine possible lun.-ven. 10h et 11h*

● Où trouver des produits régionaux ? La Bretagne chez vous ! Souvenirs originaux (lampes-tempête, maquettes de bateaux...) et un large choix de vêtements marins : cirés, tricots à rayures et vareuses. **Comptoir de la Mer** *Av. de Bielefeld-Senne Tél. 02 98 97 80 24 Ouvert lun.-sam. 9h-12h et 14h-19h*

● Où boire un verre ?

La Verrière Le bar musical concarnois. Ambiance très design avec chaises signées Philippe Starck pour cet espace qui possède une vaste véranda entièrement vitrée où des parasols jaunes assurent le soleil toute l'année. C'est ici que se déroulent de nombreux concerts latinos l'été – moins nombreux, hélas, hors saison. Alors commandez tapas (5,50€) et cocktail (5-10€) et dansez maintenant ! *3, rue des Halles Tél. 02 98 60 55 78 Ouvert toute l'année : tlj. 8h-1h*

☺ **Le Comptoir** Sur la corniche, ce bar lounge invite au voyage. Un gigantesque Bouddha de bois vous accueille sur un fond musical plutôt rock. Au choix, dirigez-vous vers la vaste terrasse ouverte du 1er étage pour jouir d'un magnifique panorama sur le port et la ville close, ou prenez comme prétexte un petit crachin pour vous lover dans les fauteuils club avec les journaux à disposition ou dans l'intimité des banquettes pourpres sous des éclairages en demi-teintes. Profitez ainsi des soirées à thème et des concerts régulièrement organisés. Service brasserie et restaurant. *1, av. du Docteur-Nicolas Tél. 02 98 97 40 79 www.lecomptoirconcarneau.com Ouvert toute l'année : tlj. 8h-1h*

La Marine Brasserie entièrement rénovée dans les tons rouge et noir. Un lieu plaisant pour boire un verre en terrasse, après le marché, en profitant du panorama sur le port de plaisance et la ville close. *11, pl. Jean-Jaurès Tél. 02 98 97 27 71 Ouvert en saison : tlj. 8h-1h ; hors saison : 8h-20h*

● Où prendre un verre le soir ? La plus vieille maison de Concarneau, qu'occupèrent des patrons de pêche, puis la douane, abrite aujourd'hui la Taverne des Korrigans, un bar dancing très animé. En s'enfonçant dans la pénombre du bar, vous découvrirez sur les murs des lutins grimaçants qui s'agitent. Des concerts de jazz se déroulent le 1er samedi du mois, et la bière coule à flots jusque tard dans la nuit. Certains soirs où l'ambiance bat son plein, il n'y a pas que les farfadets qui dansent… **La Taverne des Korrigans** *2, av. du Docteur-Nicolas Tél. 02 98 97 02 37 Ouvert dès 18h30 Fermé juil.-sept. : mar. ; oct.-juin : lun.-mar.*

● Pratiquer des activités sportives Avec le centre Breizh-Plongée, explorez les fonds sous-marins de la baie de Concarneau. Équipements fournis. À partir de 40€ pour une plongée. **Centre Breizh-Plongée** *8, rue Duguay-Trouin (face au Marinarium) Tél. 02 98 50 64 41 http://breizh.plongee.free.fr*

● S'initier à la chasse sous-marine Éric Sauvage a ouvert une école unique qui propose de plonger en apnée, sur les zones autorisées, à la journée ou en stage, que vous soyez débutant ou expert. Tarif 90€ la journée. **École fédérale de pêche sous-marine** *7, pl. de la Croix Tél. 02 98 60 54 44 Tél. port. 06 22 41 66 73 www.fnpsa.net*

● Embarquer sur un vieux gréement Vous rêvez de poulies qui grincent, de cordages de chanvre arrimés aux taquets de bois poli ? Goûtez à la marine traditionnelle sur l'un des cinq navires de la compagnie : le *Corentin*, imposant caboteur, la *Belle Angèle*, gracieux chasse-marée, le *Dalh mad*, paisible gabare, la *Belle-Étoile*, modeste langoustier ou le *Popoff*, noble chalutier en bois. Sorties de 2h30 (30€, réduit 20€), croisières à la journée (50€, réduit 40€) ou plus, jusqu'à la pêche au thon au large du golfe de Gascogne… **Gouelia** *Tél. 02 98 65 10 00 www.gouelia.com ou OT de Concarneau*

Vieux port de Douarnenez (p.490), Finistère Sud.

● **Faire une sortie en mer** Les Vedettes Glenn proposent balades en mer vers l'archipel de Glénan ou remontée de l'Odet et traversée de la baie de Concarneau. Pour les Glénan : deux liaisons quotidiennes pendant l'été, 26€ AR (13€ pour les enfants), 1h de traversée, départ en face de l'OT. Se renseigner pour les autres périodes. Pour la remontée de l'Odet, départs à partir de la mi-juin et du 1er au 15 sept. les mercredis ; en juillet et août, départs les mardis, jeudis et dimanches (27€/13€), embarquement au port de pêche. Se renseigner pour les autres périodes. Pour la traversée de la baie de Concarneau, la vedette *Jeanne-Yvonne* assure la liaison l'été uniquement, pour la station balnéaire de Beg-Meil, 13€/9€ une demi-heure. Les billets s'achètent au bureau face au port de plaisance, ou à l'embarquement au port de pêche. **Vedettes Glenn** *17, av. du Dr-Nicolas Tél. 02 98 97 10 31 Tél. port. 06 73 62 32 84 www.vedettes-glenn.fr*

Les environs de Concarneau

Corniche Une belle promenade qui longe la mer jusqu'à la plage des Sables blancs. *À 2km du centre de Concarneau*

Château de Keriolet Édifié sur les hauteurs de Concarneau, sur la rive droite du Moros, ce château néogothique a été construit par Joseph Bigot de 1863 à 1883 sur les vestiges d'un modeste manoir breton du XVe siècle. Les styles les plus divers se juxtaposent dans un curieux mélange, non dénué d'une certaine poésie. Ainsi l'aile ouest et le donjon d'inspiration médiévale répondent à l'aile nord d'époque Renaissance, tandis que la salle des gardes arbore un style résolument néogothique. L'éclectisme architectural est ici de rigueur ! L'édifice était destiné à la princesse Narischkine, tante du tsar Nicolas II et veuve, en premières noces, du prince Ioussoupov – qui assassina Raspoutine. À sa mort, elle en fera don au département, qui le transformera en musée. Après bien des vicissitudes, le nouveau propriétaire entreprend, à partir de 1988, de restaurer le château de fond en comble et se lance dans des travaux vertigineux. Les collections de la princesse ont été dispersées, mais on peut visiter les lieux, superbement réaménagés. Une curiosité. *À 1km au nord-ouest de Concarneau Tél. 02 98 97 36 50 www.chateaudekeriolet.com Ouvert juin-sept. : tlj. 10h30-13h et 14h-18h (sauf sam. a.-m.) Tarif 5€, réduit 3€*

● **Où acheter des conserves de sardines ?** Une conserverie digne de la tradition concarnoise : pour redécouvrir les sardines au citron – mises en boîte à la main – ou le thon blanc à l'huile d'olive. Idées cadeaux : filets découverte à 13€. **Conserverie Gonidec** *ZI de Keramporiel (à 4km au nord de Concarneau dir. Rosporden) Tél. 02 98 97 07 09 www.gonidec.com Ouvert lun.-ven. 9h-12h et 14h-18h Visite de l'usine juil.-août : mar. et jeu. 10h30 (1h, 2€) : contacter Simon Allain (Tél. 02 98 50 55 18 ou 06 22 63 20 24)*

● **Où goûter de la bière bretonne ?**
Brasserie Tri Martolod Sa spécialité, c'est la bière à fermentation basse de la famille des *lagers*. Ces bières traditionnelles non filtrées sont en général assez légères et sans adjonction d'épices. Uniquement de l'eau, du malt, du houblon

et de la levure. Les connaisseurs apprécieront ! *ZA de Colguen (à 5km au nord de Concarneau dir. Rosporden) Tél. 02 98 66 20 22 www.trimartolod.fr Visite guidée le ven. à 11h (1h) ; entrée libre les autres jours*

Brasserie Britt Les neuf bières de haute fermentation, dont une blanche savoureuse et certaines primées, sont toutes estampillées d'un macareux, emblème de la brasserie. *Kerouel 29910* ***Trégunc*** *(à 6km à l'est de Concarneau) Tél. 02 98 50 25 97 www.brasseriedebretagne.com Visite de la brasserie en été : tlj.*

CARNET D'ADRESSES

Restauration

petits prix

Le Belem Puissante tonalité marine des produits et excellentes moules-frites déclinées à l'envi, dans un cadre... bleu marine. Pour une halte plus longue, choix de menus (21,90€-39,90€ et homard à partir de 35€) et formules midi (8,50€-18,90€). Une adresse agréable, située à côté des Halles, qui pratique une cuisine simple et des prix raisonnables. *2, rue Hélène-Hascoët* ***Concarneau*** *Tél. 02 98 97 02 78 Fermé été : mer. ; hors saison : mer., jeu. soir et dim. soir*

Le Petit chaperon rouge En retrait de la rue, cette petite crêperie jaune et rouge est une institution. Les crêpes sont toutes excellentes, n'hésitez pas ! *7, pl. Du-Guesclin* ***Concarneau*** *Tél. 02 98 60 53 32 Ouvert toute l'année : mar.-dim. midi 12h-15h et 19h-22h*

prix moyens

Chez Armande L'institution locale pour se restaurer agréablement, avec des menus allant de 26€ à 43€, formule express à 12,65€. Comptez plus à la carte. Assiette de pétoncles farcis, filet de barbue grillé au beurre de poivron rouge, beaux spécimens de homards dans un aquarium. Décoration bretonne traditionnelle avec buffets et poutres. Une bonne cuisine qui frise la gastronomie dans ses plats les plus chers. Il est préférable de réserver dans cet établissement situé en face des remparts de la ville close et de la corniche. *15 bis, av. du Docteur-Nicolas* ***Concarneau*** *Tél. 02 98 97 00 76 Fermé en saison : mer. ; hors saison : mar.-mer., et mi-nov.-début déc.*

prix élevés

La Coquille Installé dans le port de pêche face à la ville close, ce restaurant mérite qu'on emprunte le pont qui surplombe le Moros en direction de Pont-Aven. Reprise par l'ancien chef de La Tour d'argent à Paris, Jean-François Sicallac, cette adresse courue des Concarnois propose de délicieuses spécialités de poissons et de crustacés. Formule bistrot à 14,50€ ou 19,50€ pour trois plats et

GAMME DE PRIX	RESTAURATION	HÉBERGEMENT
Très petits prix	moins de 10€	moins de 30€
Petits prix	de 10 à 20€	de 30 à 50€
Prix moyens	de 20 à 30€	de 50 à 80€
Prix élevés	de 30 à 40€	de 80 à 100€
Prix très élevés	plus de 40€	plus de 100€

premier menu à 29€. Le deuxième à 45€ propose un bar cuit à l'unilatérale. Les sommets sont atteints avec la formule "Grand équipage" à 60€ qui offre un risotto de homard bleu. C'est sans compter le cadre plus que plaisant sur les quais. *1, quai du Moros* **Concarneau** *Tél. 02 98 97 08 52 www.restaurant-la-coquille.com Fermé nov.*

Hébergement

camping

Les Sables blancs Situé dans un espace agréable et verdoyant, le camping des Sables blancs est à 300m de la mer et à proximité du centre-ville. En saison estivale, comptez 19,50€ pour un emplacement pour 2 personnes avec une tente et une voiture. Piscine chauffée extérieure. *Av. du Dorlett (rue perpendiculaire à la plage des Sables blancs)* **Concarneau** *Tél. 02 98 97 16 44 www.camping-lessablesblancs.com Ouvert avr.-oct.*

très petits prix

Auberge de jeunesse Installée en plein centre-ville, sur la corniche face à l'Océan, juste après le Marinarium. Chambres-dortoirs de 4 à 10 pers. qui offrent pour certaines une vue superbe sur l'immensité bleue. La terrasse est idéale pour prendre son petit déjeuner et lézarder au soleil. Une nuit est facturée 15,30€ avec petit déj. *Pl. de la Croix* **Concarneau** *Tél. 02 98 97 03 47 www.ajconcarneau.com Ouvert toute l'année*

petits prix

La Bonne auberge Un peu excentrée sur la pointe du Cabellou, la bâtisse se niche au fond d'un jardin un peu sauvage, face à la plage de la Belle étoile. Cette demeure désuète, que l'on imagine ancienne maison de famille, propose 12 chambres démodées, mais très abordables (31€-43€). L'endroit est plein de charme, avec un panorama splendide sur Concarneau et sa baie, une côte rocheuse ponctuée de criques belles à couper le souffle... Petit déj. 5€ *3, allée des Filets bleus* **Le Cabellou** *Tél. 02 98 97 04 30*

Hôtel du Port Certaines des 14 chambres ont une vue sur le port mais donnent aussi sur la rue très passante. L'accueil est agréable et les tarifs avantageux. De 48€ à 58€ pour une chambre double. Petit déjeuner à partir de 7,50€. À proximité de la ville close. *11 bis, av. Pierre-Guéguin* **Concarneau** *Tél. 02 98 97 31 52 www.hotelduport-concarneau.fr Ouvert toute l'année*

prix moyens

Hôtel des Halles Un confort irréprochable et des chambres aux tonalités gaies et pimpantes (59€-84€). Petit déjeuner à 9€. L'accueil est particulièrement agréable. *Pl. de l'Hôtel-de-Ville* **Concarneau** *Tél. 02 98 97 11 41 www.hoteldeshalles.com*

prix très élevés

Hôtel Ker-Moor Donnant directement sur la plage des Sables blancs, cet hôtel de charme séduira les amateurs de décoration marine. Vous pénétrez dans un ancien navire et parcourez des coursives, et non des couloirs. Les chambres, spacieuses et très agréables avec une déco cabine et un mobilier roux sombre et vernis tout droit sorti d'anciens voiliers, donnent toutes sur la mer. Le petit déjeuner se prend sur une terrasse évoquant un pont de bateau : l'eau, à quelques mètres, invite à la baignade. Comptez de 105€ à 155€ pour 2 personnes selon la vue, petit déj. 12€. *Plage des Sables blancs* **Concarneau** *Tél. 02 98 97 02 96 www.hotel-kermor.com Ouvert toute l'année*

Hôtel des Sables blancs Rouvert en 2007 après une complète réhabilitation, l'hôtel au superbe design marie sols ardoisés, tons de bois flotté et taupe éclairés de blancs éclatants et d'accents de couleurs vives. Une élégante sobriété, déclinée dans les 20 chambres aux vastes dimensions, toutes tournées vers la mer. Celles du 2e étage possèdent leur terrasse privée en teck. Le standing du restaurant panoramique et du bar lounge sont à l'unisson, le tout surplombant la plage. Une parenthèse de luxe pour les amateurs de design. Double de 105€ à 195€ selon la saison. *Plage des Sables blancs* **Concarneau** *Tél. 02 98 50 10 12 www.hotel-les-sables-blancs.com*

FOUESNANT

29170

En retrait de la mer, le bourg englobe les stations balnéaires de Cap-Coz, Beg-Meil et Mousterlin, qui s'étendent le long des vastes plages de sable blanc exposées au sud. Quelques espaces protégés comme le polder de Mousterlin et les dunes de Beg-Meil ont été épargnés par les installations touristiques. De plus, Fouesnant n'a pas subi de remembrement et, par conséquent, a conservé ses paysages anciens. La ville est également réputée pour son cidre. Les Glénan, à une heure de bateau, dépendent administrativement de la petite ville.

MODE D'EMPLOI

accès

EN VOITURE
Fouesnant est située à 15km de Quimper par la D34, à 13km de Concarneau par la D783.

EN CAR
Liaisons avec Quimper, avec Concarneau en juil.-août. *Renseignements et billeterie à la gare routière de Quimper Tél. 02 98 90 88 89 et à l'OT de Fouesnant*
Réseau Penn ar Bed *Tél. 0810 810 029 www.viaoo29.fr*

orientation

La station balnéaire de Cap-Coz, à 1km au sud-est du bourg, se situe dans l'anse abritée de la baie de la Forêt ; Beg-Meil est à 5,5km par la D45, et Mousterlin sur le littoral à 6,5km par la D145. Il n'existe pas de route directe reliant les deux derniers bourgs. Il faut donc obligatoirement passer par Fouesnant.

informations touristiques

Office de tourisme *4, espace Kerneveleck Tél. 02 98 51 18 88 www.touris*

me-fouesnant.fr Ouvert juil.-août : lun.-sam. 9h-19h, dim. 10h30-12h30 et 17h-19h ; hors saison : lun.-sam. 9h-12h et 14h-18h

fêtes et manifestations

Fête des pommiers Concours du meilleur cidre régional. *Mi-juil.*

Pardon de Sainte-Anne *Fin juil.-début août*

Pardon de Saint-Guénolé et Fête de la mer Chants de marins, danses traditionnelles et bénédiction de la mer. *1er dim. d'août*

Pardon des Glénan *1er ou 2e dim. de sept. Rens. à l'OT Tél. 02 98 51 18 88*

DÉCOUVRIR

☆ **Les essentiels** L'église Saint-Pierre, le calvaire de l'église Notre-Dame-d'Izel-Vor à La Forêt-Fouesnant **Découvrir autrement** Louez un kayak de mer sur la plage de Cap-Coz, empruntez la *Jeanne-Yvonne* qui relie Fouesnant à Concarneau ➤ **Carnet d'adresses p.451**

Fouesnant

☆ **Église Saint-Pierre** Cet édifice de la fin du XIe siècle a été remanié au XVIIIe siècle. Sa nef, parfait exemple du style roman, conserve des chapiteaux à la décoration remarquable, tant par ses thèmes que par la maîtrise des sculpteurs. Certains arborent des décors géométriques : damiers, cercles concentriques, spirales, crossettes… D'autres représentent des formes animales ou humaines particulièrement expressives : têtes de bélier, atlantes, femmes nues accroupies, équilibristes sur les mains, montreurs d'ours ou de singes… Jusqu'à ce chapiteau dit "des danseuses", finement sculpté, dans l'absidiole nord : là encore, les artistes ont laissé libre cours à leur imagination, et leur liberté d'expression semble ne connaître aucune limite. Face au cimetière, le monument aux morts est l'œuvre du sculpteur breton René Quillivic (1879-1969). Considéré comme le représentant d'un renouveau de la sculpture bretonne, il a créé de nombreux monuments aux morts, et aussi travaillé dans la faïencerie (cf. Quimper, Découvrir, Le quartier de Locmaria). *Dans le bourg de Fouesnant*

Chapelle Sainte-Anne Dans une campagne riante, au centre d'un enclos, s'élève cette chapelle du XVIIe siècle. Son pardon, qui se déroule fin juillet, rassemble beaucoup de monde, sainte Anne étant la patronne des marins. Le peintre breton Alfred Guillou (1844-1926) a immortalisé le retour de la procession des barques dans son tableau *L'Arrivée du pardon de Sainte-Anne de Fouesnant à Concarneau*, exposé au musée des Beaux-Arts de Quimper, et qui montre la ferveur religieuse des pèlerins. *À 1,5km au nord du bourg, direction Quimper puis Saint-Evarzec*

● **Pratiquer des activités nautiques** Cours d'initiation ou de perfectionnement au dériveur, au catamaran, à la planche à voile ou au kayak de mer avec le centre nautique de Fouesnant. Si vous souhaitez naviguer en toute liberté, son antenne Point-Passion-Plage vous permettra de louer le matériel. **Centre nautique de Fouesnant-Cornouaille** *1, chemin de Kersentic Cap-Coz Tél. 02 98 56 01 05 www.centre-nautique-fouesnant-cornouaille.com Ouvert mai-sept.*

● **Se détendre en famille** Le centre des Balnéides accueille le plus long (75m) toboggan de Bretagne ! Pour les plus petits, champignon et canon à eau, rideau d'eau... Tarif 5,90€, réduit 5€. **Les Balnéides** *Allée de Loc'hilaire Tél. 02 98 56 18 19 www.balneides.fr Ouvert tlj. 10h30-19h en été*

Les environs de Fouesnant

La Forêt-Fouesnant et alentour

☆ **Église Notre-Dame-d'Izel-Vor** Le bourg de La Forêt-Fouesnant se distingue par son église (XVIe s.) et son calvaire (XVe s.), tous deux remarquables. Aux angles du calvaire s'élèvent quatre clochetons gothiques arborant Marie (décapitée) et l'apôtre Jean, tandis que le fût central porte les deux larrons crucifiés. La façade ouest de l'édifice présente un mur triangulaire supportant le clocher flanqué d'une tourelle. La flèche est ornée de fins pinacles et de galbes ajourés. À voir aussi, sous le porche : les statues de saint Mélar et saint Roch. Dans la nef, abritée par un plafond voûté aux entraits décorés de têtes de dragons, s'élancent des piliers ronds sans chapiteaux. Ne manquez pas le baptistère, exceptionnel : six colonnes corinthiennes soutiennent un baldaquin couronné d'une sculpture illustrant le baptême de Jésus. Le retable baroque est orné d'une profusion d'arabesques, d'angelots et de feuillages, encadrant les médaillons de l'Annonciation et de l'Assomption. Enfin, face au maître-autel en bois polychrome, trônent deux Vierges à l'Enfant : Notre-Dame de Kergornec (fin XVIIe s.) et Notre-Dame d'Izel-Vor (XVIIe s.). *Ouvert tlj. 9h-19h*

Port-la-Forêt Les quais du port de La Forêt-Fouesnant invitent à la promenade. En face, vous apercevrez une forêt de mâts qui signale le port de plaisance.

● **Où acheter du cidre ?** Au cœur des vergers, la cidrerie Séhédic est réputée pour son cidre doré AOC, mais aussi pour son jus de pommes et pour son pommeau. À découvrir également : l'eau de vie Forestic, le digestif traditionnel fouesnantais. **Cidre Séhédic** *Ty Glas (route de Fouesnant) 29940* ***La Forêt-Fouesnant*** *Tél. 02 98 56 85 18 www.cidre-sehedic.fr Ouvert lun.-sam. 10h-12h et 15h-18h30*

● **Jouer au golf**

Golf de l'Odet Parcours de 18 trous avec de nombreux obstacles, une rivière, des plans d'eau, etc. Également un compact de 9 trous. *Ménez-Croas 29950* ***Clohars-Fouesnant*** *Tél. 02 98 54 87 88 www.formule-golf.com*

Golf de Quimper-Cornouaille Beau parcours de 18 trous qui domine la baie de Concarneau, avec vue sur l'archipel de Glénan. Le club-house est abrité dans un vieux manoir breton. *Manoir de Mesmeur 29940* ***La Forêt-Fouesnant*** *Tél. 02 98 56 97 09 www.golfdecornouaille.com*

● **Pratiquer des activités nautiques** Au centre nautique Kerleven, vous pourrez suivre des stages, ou louer dériveurs, catamarans, planches à voile ou kayaks. **Centre nautique Kerleven** *Port-la-Forêt (près de la plage de Kerleven) 29940* **La Forêt-Fouesnant** *Tél. 02 98 56 98 01 www.cnkerleven.com Ouvert toute l'année*

Autour de Beg-Meil

Pointe de Mousterlin Un cordon dunaire sépare le littoral de la mer. De la pointe jusqu'à Bénodet s'étend la mer Blanche, où abondent coques et palourdes ; en retrait on aperçoit un vaste marais. La marée recouvre cette muraille de sable deux fois par jour. À l'est vers Beg-Meil, le polder, soustrait à l'influence des eaux marines, laisse la place à une longue dune. À l'extrémité ouest de la plage se retrouvent les naturistes.

Les plages Les belles plages de sable fin de Beg-Meil, bordées de pins et de cyprès, attirèrent d'illustres visiteurs tels que l'écrivain Marcel Proust ou le peintre T. A. Harrison. La plus belle partie s'étire en direction de Mousterlin. À savoir : la partie ouest de la plage de **Kerler**, à Mousterlin, est ouverte aux naturistes du mois d'avril au mois d'octobre.

● **Où acheter du cidre ?** À Ménez-Brug, vous trouverez cidre AOC, pommeau, jus de pommes et lambig. Visite de l'atelier de fabrication. **Cidrerie de Ménez-Brug** *56, Hent Carbon* **Beg-Meil** *Tél. 02 98 94 94 50 Ouvert lun.-sam. 10h-12h et 14h-19h Visite mi-juin-mi-sept. : mer. 10h-12h et 14h-17h*

● **Randonner le long du littoral** Le GR®34 suit le sentier côtier jusqu'aux abords de Concarneau. Le retour peut s'effectuer avec la vedette ***Jeanne-Yvonne*** qui relie Concarneau à Beg-Meil en été (cf. Faire une sortie en mer). À l'ouest, un circuit pédestre relie Beg-Meil à la pointe de Mousterlin. *Rens. à l'OT*

● **Découvrir la nature avec un guide** Lulu, guide passionnée, vous fera découvrir le biotope préservé de la commune. Bord de mer, marais, forêt : vous comprendrez tout et porterez un regard nouveau sur l'environnement ! **Sorties nature et randonnées** *Rens. et tarifs à l'office de tourisme Tél. 02 98 51 18 88*

● **Pratiquer la plongée sous-marine** Les plongeurs confirmés exploreront les fonds marins autour de l'archipel de Glénan. Les novices effectueront un baptême. **Centre international de plongée** *Cale de Beg-Meil Tél. 06 81 20 62 32 www.cip-glenans.org*

● **Faire une sortie en mer**

Vedettes de l'Odet Excursion de Beg-Meil vers les Glénan d'avril à début sept. En été, deux départs par jour (30€). *Tél. 02 98 94 97 94 www.vedettes-odet.com*

La Jeanne-Yvonne Au départ de la cale de Beg-Meil, la *Jeanne-Yvonne* relie Beg-Meil à Concarneau. En juillet et en août, départs le lundi, mercredi et vendredi. Comptez 13€ AR et 8€ AS. *Tél. 02 98 97 10 31*

CARNET D'ADRESSES

Restauration

petits prix

Crêperie de Kervastard Cela fait des années que circule, de bouche à oreille, la renommée de ces crêpes. Laissez-vous tenter par une galette originale : la Réunionnaise aux achards (6,30€), et ne résistez pas à l'incontournable crêpe caramel au beurre salé (3,50€). *22, rue des Glénan* ***Beg-Meil*** *Tél. 02 98 94 96 16 www.kervastard.com Ouvert avr.-sept. (service continu) et vac. scol.*

La Plume bleue Au cœur du village, de jeunes restaurateurs pleins de talent proposent une cuisine à la fois simple et travaillée qui soigne l'alliance des saveurs, la générosité de la portion et l'esthétique de l'assiette. La salle aux murs de granit satiné de blanc se dessine dans un espace clair et aéré, ouvert sur le patio arrière, décor qui invite à la dégustation. Essayez la formule déjeuner à 13,50€ : les plats seront tous aussi élaborés que le délicieux filet de daurade préparé de manière spécifique en fonction des saisons. Également un menu à 30€. Charmante terrasse à l'arrière. *22, rue de Cornouaille* ***Fouesnant*** *Tél. 02 98 56 03 01 Ouvert toute l'année*

Chez Alain Avant tout pour sa carte de plus de 40 pizzas ! Le pizzaïolo participe régulièrement au championnat du monde de la Pizza en Italie : classé 5e mondial, 1er Français. C'est dire la passion du patron et... celle des clients qui acceptent un prix à la hauteur de la qualité (env. 14€ pour les plus simples). *29, rue des Glénan* ***Beg-Meil*** *Tél. 02 98 94 43 80 www.alainpizza.com Ouvert mar.-dim.*

Café du Port Décor rustique en pierre typique face au vieux port pittoresque. Le menu de midi (15,50€ ou 22€) propose une alléchante timbale de fruits de mer. À la carte, poissons et fruits de mer du jour sont conseillés. On vient aussi pour les moules marinière (sans frites précise le patron) à partir de 9€. L'après-midi, goûter breton pour les petites faims. *32, corniche de la Cale 29940* ***La Forêt-Fouesnant*** *Tél. 02 98 56 96 67 Fermé sept.-avr. et le mer.*

prix élevés

Auberge Saint-Laurent Belle auberge ancienne à la décoration intimiste. Sous les poutres de la salle trône une massive cheminée de granit. La carte d'inspiration marine fait preuve de créativité car le chef a une passion pour l'Asie : une pointe de sucré-salé, quelques épices asiatiques et des produits locaux de qualité irréprochable. Farandole de desserts à faire frémir de désir. Terrasse donnant sur le jardin arboré. Menus de 22€ à 40€. Formule déjeuner (2 plats) à 15€ : autour du porcelet au tandoori, choisirez-vous les pétoncles ou les mignardises ? *6, route de Beg-Menez 29940* ***La Forêt-Fouesnant*** *Tél. 02 98 56 98 07 Ouvert en saison : jeu.-mar., hors saison : jeu.-lun. midi*

Hébergement

camping

Camping Kost-Ar-Moor À côté de la plage de Mousterlin. Un camping bien situé, dans une zone encore préservée des résidences de vacances. Comptez de 14,80€ à 21€ pour 2 personnes. *Pointe de* ***Mousterlin*** *(à 6km du bourg de Fouesnant) Tél. 02 98 56*

04 16 www.camping-kost-ar-moor.com Ouvert avr.-mi-sept.

petits prix

☺ **Hôtel L'Orée du bois** Ce charmant petit hôtel familial propose des chambres rénovées dans les tons sable, gris galet et blanc. Appliqués sur les murs, quelques pochoirs tout en finesse confèrent à chacune sa propre personnalité entre poésie et humour. Petit patio verdoyant et salle de petit déjeuner cosy. Un bonheur au prix de 70€ pour une chambre avec WC et lavabo, petit déj. à 7,50€. *4, rue de Kergoadig* ***Fouesnant*** *Tél. 02 98 56 00 06 www.hotel-oreedubois.com Ouvert toute l'année*

prix moyens

Hôtel-restaurant du Port Un endroit calme offrant une perspective sur les barques colorées. Chambres douillettes avec du caractère (49€-69€). Restauration à la carte. À découvrir. *4, corniche de la Cale 29940* ***La Forêt-Fouesnant*** *Tél. 02 98 56 97 33 www.hotelduport.fr Ouvert début mars-mi-nov.*

Hôtel de l'Espérance Un établissement très agréable, doté d'un vaste jardin intérieur où les touristes de passage peuvent se reposer à l'ombre des parasols. Les dix chambres doubles, lumineuses et agrémentées de photographies de la région, vont de 47 à 59€. Vous pouvez aussi loger dans l'un des cinq appartements neufs avec vue sur le jardin (250€-750€/sem. selon la saison). *6, pl. de l'Église 29940* ***La Forêt-Fouesnant*** *Tél. 02 98 56 96 58 www.hotel-esperance.org Ouvert Pâques-Toussaint*

Hôtel-restaurant Thalamot Situé à 30m des plages protégées de Beg-Meil, l'endroit est charmant avec son jardin-terrasse. Cet établissement propose des chambres d'un bon confort, récemment rénovées (59€-109€). La même famille tient l'hôtel depuis cinq générations, d'où l'ambiance familiale. Petit déj. 9€. *4-6, chemin Creux* ***Beg-Meil*** *Tél. 02 98 94 97 38 www.hotel-thalamot.com Ouvert Pâques-fin sept.*

BÉNODET

29950

Posté à l'embouchure de l'Odet, ce port de plaisance était déjà un lieu de villégiature apprécié au début du XIXe siècle. S'il a connu une vague d'urbanisation qui altère un peu son élégance, l'été, ses plages sont toujours prises d'assaut. Bénodet fait partie du pays fouesnantais, dont il constitue l'ultime poste avancé. Sur l'autre rive, reliée par le pont de Cornouaille, débute le pays bigouden.

★ **LA VALLÉE DE L'ODET** L'Odet jaillit au cœur des Montagnes noires, à 40km au nord-est de Quimper. Juste avant son entrée dans la capitale de la Cornouaille, au niveau du site de Stangala, elle serpente dans une vallée profonde de 80m. Canalisée dans son parcours à travers Quimper, la rivière reprend par la suite son caractère sauvage sur 18km jusqu'à son embouchure à Bénodet. Des châteaux, fermés au public, parsèment ses rives et rivalisent de finesse architecturale. L'Odet doit aussi son charme particulier à la densité de la faune et de la flore, et aux légendes qui s'attachent à certains lieux qu'elle traverse. En arrivant à Plomelin, le cours d'eau suit les gorges des Vire-Court, un passage particulièrement resserré où les courants s'accélèrent dans les méandres, entre les rives escarpées, bordées de belles demeures.

MODE D'EMPLOI

accès

EN VOITURE
Bénodet est située à 17km de Quimper par la D34, à 14km de Pont-l'Abbé par la D44.

EN CAR
Liaisons en autocar avec Quimper. **Réseau Penn ar Bed** *Tél. 0810 810 029 www.viaoo29.fr*

orientation

La ville se partage en deux parties : le vieux port installé dans l'estuaire de l'Odet et, en aval, des infrastructures touristiques modernes, le long d'une plage.

informations touristiques

Office de tourisme *Av. de la Mer Tél. 02 98 57 00 14 www.benodet.fr Ouvert mi-juin-mi-sept. : lun.-sam. 9h-19h, dim. 10h-18h ; oct.-mars : lun.-sam. 9h30-12h et 14h-17h ; avr.-mi-juin et mi-sept.-fin sept. : lun.-sam. 9h30-12h et 13h30-18h*

location de deux-roues

Cycletty Location de VTT (9,90€-13,50€/j.) et de tandems (6€/h, 22€/j.). Tarifs dégressifs. *5, av. de la Mer Tél. 02 98 57 12 49 Tél. port. 06 08 67 76 59 et 26, chemin de Kerthos Tél. 02 98 57 18 32 cycletty.loc@libertysurf.fr http://location-velo-vtc-vtt.cycletty.com*

DÉCOUVRIR

☆ **Les essentiels** La chapelle Saint-Cadou, près de Pors-Meillou **Découvrir autrement** Faites la promenade de l'anse de Penfoul jusqu'à la pointe Saint-Gilles, profitez du superbe panorama sur les méandres des Vire-Court à Plomelin ➤ **Carnet d'adresses p.456**

Bénodet

Anse de Penfoul De ce bras de rivière au nord de la ville part une promenade qui aboutit au port. On peut ensuite longer la corniche, puis la plage, et prolonger la balade jusqu'à la pointe Saint-Gilles et l'entrée de la mer Blanche.

● **Où acheter des crêpes ?** Lorsque l'on entre à Crêp Odet, on se croirait dans la salle à manger des propriétaires qui tiendraient table ouverte. Un défilé d'habitués vient s'approvisionner en crêpes (2€ les 6) et galettes

(2,50€ les 6) faites sur le *billig* à la minute. Elles sont si bonnes qu'on les déguste nature à tout moment en se découvrant une petite faim ! **Crêp Odet** *7, rue Kerguelen Tél. 02 98 57 22 35 Ouvert vac. scol. : tlj. 10h-19h ; reste de l'année : lun.-sam. 10h-19h*

Le Finistère Sud en balades et randonnées

● ☺ **Où manger sur le pouce, où boire un verre ?** La salle de L'Alhambra offre un décor contemporain épuré aux tons inspirés de la nature : galet et sable. Elle ouvre sur la belle terrasse en surplomb de la corniche avec une superbe vue sur l'estuaire de l'Odet. Un endroit agréable pour étancher sa soif ou manger une douzaine d'huîtres à toute heure en saison. Pourquoi "l'Alhambra" ? Jouxtant la terrasse, vous remarquerez une construction blanche coiffée d'une tour vitrée ; cette villa fut édifiée en 1925 par l'architecte Laprade pour le professeur Heitz-Boyer, célèbre urologue qui soigna en 1921 le pacha de Marrakech, et qui fut séduit par l'architecture mauresque. **L'Alhambra** *Corniche de l'Estuaire Tél. 02 98 57 16 00 Ouvert avr.-nov. : 10h-1h Fermé lun. sauf en juil.-août*

● **Pratiquer un sport nautique** Surf, dériveur, catamaran ou kayak de mer : choisissez votre activité UCPA en cours particulier (comptez env. 60€) ou en toute liberté de 15€/h la location du kayak à 45€/h le Hobby 16, lancez-vous et... à l'eau ! **UCPA** *Plage du Trez Tél. port. 06 50 85 14 02 www.benodet.ucpa.com*

● **Faire une croisière, rejoindre les Glénan** Les Vedettes de l'Odet vous emmènent en balade (2h15) de Bénodet à Quimper, d'avril à septembre, 25€ AR. Elles permettent également de gagner l'archipel de Glénan (cf. Îles de Glénan, Mode d'emploi). **Vedettes de l'Odet** *2, av. de l'Odet Vieux-Port Tél. 02 98 57 00 58 www.vedettes-odet.com*

● **Profiter d'une cure de thalassothérapie** Profitez des cinq soins quotidiens proposés par le Relais-Thalasso, dont un bain hydromassant aux huiles essentielles. Accès libre à la piscine d'eau de mer, au hammam et autres saunas. **Relais-Thalasso** *Corniche de la Plage Tél. 02 98 66 27 00 www.thalasso-benodet.com Ouvert lun.-sam. 9h-13h et 14h-19h*

Les environs de Bénodet

À l'est de Bénodet, entre le Letty et la pointe de Mousterlin, s'étire un cordon dunaire qui sépare les marais de l'Océan en dessinant une lagune. Appelé **mer Blanche**, ce plan d'eau offre un cadre propice à de belles balades jusqu'à la dune quand la mer se retire et découvre la grève. Renseignez-vous sur les horaires des marées. À vélo, de nombreux itinéraires de promenade sont également possibles. Vous pourrez ainsi rejoindre **Sainte-Marine** par le bac (en saison), puis prolonger jusqu'à la pointe de Combrit et emprunter la piste cyclable, qui longe la plage sur plus de 3km, jusqu'à Île-Tudy. Renseignez-vous auprès du loueur (Cycletty), qui connaît tous les itinéraires.

Chapelle Sainte-Brigitte L'un des rares édifices bas-bretons qui conserve encore une partie romane (côté nord). Le reste est gothique. Observez une cheminée à proximité des fonts baptismaux, qui permettait de préserver du froid les nouveau-nés lors des baptêmes. ***Perguet*** *(à 5km à l'est de Bénodet, sur la route de Fouesnant)*

Au fil de l'Odet, sur la rive gauche

Des bateaux assurent la descente et la remontée de l'Odet de Quimper à Bénodet. Des paysages sauvages et boisés ainsi que de nombreux châteaux, fermés au public, en bordent les rives.

Pors-Meillou Ce petit port a perdu les moulins (*meilou* en breton) qui lui avaient valu son nom. Par le passé, les sabliers y accostaient pour débarquer le sable des Glénan et charger le grain en retour. Près du quai minuscule se dresse toujours la façade de la buvette où les marins venaient se désaltérer. *À 9km au nord de Bénodet*

☆ **Chapelle Saint-Cadou** En direction de Quimper, une chapelle pittoresque du XVIe siècle posée sur la rive, dans un bel écrin de verdure. Dédiée à Cadiou, saint protecteur des chevaliers, elle accueillit jusqu'en 1865 les joutes des meilleurs lutteurs des environs lors de son pardon. Avec son calvaire, son oratoire et sa fontaine, elle forme l'un des plus beaux sites de l'Odet. *À 10km au nord de Bénodet (avant Moulin-du-Pont, tourner à gauche direction Gouesnach, et suivre Pors-Meillou)*

Au fil de l'Odet, sur la rive droite

Plomelin La commune dispose de nombreux chemins de randonnée qui offrent de multiples points de vue sur la rivière. Suivez le fléchage dans le bourg, qui indique les accès aux sentiers. L'un des plus beaux panoramas se trouve à la cale de Rossulien, qui ouvre sur les méandres des Vire-Court. *À 15km au nord de Bénodet*

Chapelle Sainte-Marine Nichée entre deux maisons, en face du port de Sainte-Marine, la chapelle édifiée au XVIe siècle est éclairée par des vitraux contemporains très colorés dont la lumière adoucit la froideur de la pierre. Des poutres baroques auxquelles sont suspendus des dragons, des poissons et des bateaux rappellent le passé maritime local. Le deuxième dimanche de juillet, point de départ d'un pardon et d'une bénédiction de la mer. ***Sainte-Marine*** *(à 5km de Bénodet, de l'autre côté de l'Odet)*

Pointe de Combrit Du port de Sainte-Marine, prenez la rue du Phare et tournez à droite dans la rue de l'Estuaire pour rejoindre un chemin que vous suivrez jusqu'à la pointe de Combrit. Cette dernière conserve les vestiges d'un ancien poste de guet. Belle vue sur le large et sur le début de la plage de Kermor qui s'étire sur 4km jusqu'à Île-Tudy.

Parc botanique de Cornouaille Situé en pleine campagne, ce parc privé de 4ha abrite 3 500 espèces et variétés de plantes du monde entier. Une promenade agréable pour les amoureux de la nature et passionnés de botanique. À l'entrée se trouve un petit musée dédié aux minéraux. *29120* **Combrit** *(à 8km à l'ouest de Bénodet par la D44) Tél. 02 98 56 44 93 www.parcbotanique.com Ouvert juil.-août : tlj. 10h-19h ; mi-nov.-mars : tlj. 10h-12h et 14h-19h Fermé mi-sept.-mi-oct. Tarif 6,50€, réduit 3,50€*

FINISTÈRE SUD

● **Où boire un verre ?** À l'extrémité du port, au pied du bac pour Bénodet, les quelques tables du café de la Cale sont installées sur une terrasse en bordure de l'eau. Un endroit pour étancher sa soif au calme, en retrait de la foule, en contemplant le va-et-vient des bateaux sur l'Odet. **Café de la Cale** *3, quai Jacques-de-Thézac 29120* **Sainte-Marine** *Tél. 02 98 56 30 49 Ouvert été : tlj. 10h-1h ; hors saison : lun.-ven. 14h-21h, sam.-dim., j. fér. et vac. scol. 14h-1h*

● **Où écouter de la musique ?** Tout est réuni à la Villa Lanio pour que la fête s'installe sans scrupule. En début de soirée, la chaumière propose un large choix de salades, pizzas, viandes, poissons et pâtes (12€). Mais c'est dans le corps de ferme que la fête bat son plein : en été, les concerts font affluer une foule de jeunes de toute la région. Au programme : salsa, bossa-nova ou house. **Villa Lanio** *Lanio Huella 29120* **Combrit** *(dir. Sainte-Marine, puis 50m à droite après le pont de Bénodet) Tél. 02 98 56 30 36 www.villalanio.fr Ouvert tous les soirs sauf lun. 20h-5h*

● **Où aller danser ?** Une charmante chaumière en pierre, en face de la plage, rassemble vacanciers et jeunes du pays qui se déhanchent sur les tubes à la mode et les standards rock. Un seul bémol : la piste de danse est minuscule. **Discothèque La Chaumière** *11, chemin des Douaniers 29120* **Combrit** *Sainte-Marine Tél. 02 98 56 49 28 Ouvert tlj. en été*

CARNET D'ADRESSES

Restauration

petits prix

Crêperie La Boulange Installée dans la rue qui descend le long de l'église, la meilleure crêperie de la ville se repère à sa façade rose. Parmi les spécialités : la crêpe fourrée aux Saint-Jacques et aux algues (6,30€) et le feuilleté de crêpe au chèvre chaud (6,30€). Menu enfants 5,60€. Terrasse et jardin. *11, rue de l'Église* **Bénodet** *Tél. 02 98 57 17 71 Ouvert avr.-sept. Fermé juil.-août : lun. midi ; avr.-juin et sept. : dim. midi et lun.*

prix moyens

Hôtel-restaurant Les Bains de mer Les poissons et crustacés sont à l'honneur. Choix ample et menus à tous les prix (10,50€-55€). À la carte : de nombreux plats du terroir vous sont proposés, comme le médaillon de lotte à l'infusion de lard (18€). Voir aussi Hébergement. *11, rue de Kerguelen* ***Bénodet*** *Tél. 02 98 57 03 41 Fermé jan.*

prix élevés

Hôtel-restaurant Ker-Moor Un établissement de charme au cœur de la verdure. De nombreux tableaux de Pierre de Belay ornent les murs de la salle à manger : une occasion originale de découvrir l'œuvre du peintre. La cuisine, raffinée et savoureuse, est surtout marine (plateau de fruits de mer, poissons, crustacés). Menus à partir de 33€. *Corniche de la Plage* ***Bénodet*** *Tél. 02 98 57 04 48 Ouvert tlj. sauf fêtes de fin d'année*

Dans les environs

petits prix

Crêperie La Misaine Dans une maison en pierre de taille sur le port, des crêpes variées déclinent plusieurs spécialités et, pour ceux qui ont envie de fraîcheur, de belles salades composées. Un endroit très agréable pour s'absorber dans la contemplation des bateaux. *Quai Jacques-de-Thézac 29120* ***Sainte-Marine*** *Tél. 02 98 51 90 45 Ouvert avr.-sept. : tlj. ; oct.-mars : ven.-dim. et vac. scol. Fermé jan.*

prix moyens

Café du Port Bar, saumon, thon... Les amateurs de poisson seront comblés par la carte et par la large terrasse en bois avec vue sur le port. Les faims de loup (de mer) pourront opter pour un savoureux menu à 24,50 ou 34,50€. L'intérieur privilégie la décoration marine. L'aquarium qui trône dans l'entrée contient de beaux spécimens de homards. Formule midi à 17,50€. *2, quai Jacques-de-Thézac 29120* ***Sainte-Marine*** *Tél. 02 98 56 44 36 http://lecafeduport.fr Ouvert oct.-déc. et mars : jeu.-lun. 10-14h et 19h-22h ; avr.-sept. : tlj. 10h-14h et 19h-22h*

prix élevés

La Forge d'antan Dans un cadre classique mais chaleureux (pierres

Crêperies du Finistère Sud

apparentes, petits tableaux...), vous goûterez les spécialités de la maison : filet de turbot sauvage à la fouesnantaise ou galette de homard au croustillant de pommes de terre. Menus de 35€ à 65€. Ou, plus original : cuisinez vous-même ! L'établissement vient de créer des cours de cuisine (tarifs selon les produits travaillés). *31, route de Norz Vraz 29950* ***Clohars-Fouesnant*** *Tél. 02 98 54 84 00 www.laforgedantan.fr*

Hébergement

camping

Camping de la Plage Très arboré, à 300m de la plage, il dispose d'une piscine chauffée avec 3 bassins (toboggan, jacuzzi) et d'un snack-bar. Comptez 22,30€ pour 2 personnes avec voiture. *20, rue du Poulquer* ***Bénodet*** *Tél. 02 98 57 00 55 www.campingdelaplagebenodet.com Ouvert mi-juin-mi-sept.*

prix moyens

Hôtel Le Cornouaille Entièrement rénové, cet hôtel situé aux abords de la Corniche de la Plage propose 30 chambres parquetées, décorées dans les tons beiges que relève une literie aux pointes rouges ou bleues. Les espaces bar et petit déjeuner ouvrent sur un patio où il fait bon prendre son café. De 50€ à 85€ pour 2 personnes. *62, av. de la Plage* ***Bénodet*** *Tél. 02 98 57 03 78 www.le-cornouaille-hotel.com*

Hôtel Les Glénan Derrière une façade éclatante de blancheur et des volets bleu marine, un établissement de 18 chambres situé à moins de 50m de la superbe Corniche de l'Estuaire. Le linge blanc et les têtes de lit de bois brut s'intègrent parfaitement au style épuré des chambres. Double de 45€ à 68€. *17, rue de la Poste* ***Bénodet*** *Tél. 02 98 57 17 08*

Hôtel-restaurant Les Bains de mer Une grande bâtisse, posée dans une rue perpendiculaire au port. Les 32 chambres sont confortables, certaines même très coquettes. La piscine découverte assure un supplément de détente, et grâce à un partenariat avec le centre de thalassothérapie, vous bénéficierez de tarifs préférentiels sur les soins. Une chambre pour 2 personnes coûte de 52€ à 77€. Demi-pension de 67€ à 101€. *11, rue de Kerguelen* ***Bénodet*** *Tél. 02 98 57 03 41 www.lesbainsdemer.com Fermé jan.*

Dans les environs

prix très élevés

Villa Tri Men Passé le port, une grande villa bourrée de charme qui domine l'estuaire de l'Odet. Vingt chambres au design sobre (fauteuils drapés de lin, salles de bains spacieuses) donnant sur la mer et le jardin, et une terrasse ombragée de pins. Comptez de 115€ à 280€ selon la saison (réservation conseillée). Petit déj. 14€. *16, rue du Phare 29120* ***Sainte-Marine*** *Tél. 02 98 51 94 94 www.trimen.fr*

GAMME DE PRIX	RESTAURATION	HÉBERGEMENT
Très petits prix	moins de 10€	moins de 30€
Petits prix	de 10 à 20€	de 30 à 50€
Prix moyens	de 20 à 30€	de 50 à 80€
Prix élevés	de 30 à 40€	de 80 à 100€
Prix très élevés	plus de 40€	plus de 100€

★ÎLES DE GLÉNAN

29170

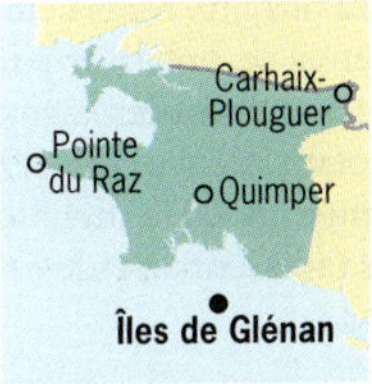

L'archipel, qui fait partie de la commune de Fouesnant, se situe à environ 18km de ses côtes. Il comprend sept îles principales disposées, comme un atoll, autour d'une petite mer intérieure en forme de lagon appelée la "chambre". Protégée des influences continentales, l'eau y est particulièrement claire. Tombants rocheux, fonds sableux et herbiers se succèdent, créant des paysages sous-marins variés, refuges d'une faune abondante qui attire les plongeurs. La flore terrestre présente quant à elle la particularité d'abriter un spécimen endémique de narcisse. Découvert par les botanistes au XIXe siècle, il fut un temps menacé de disparition par le flux des touristes. Pour assurer sa protection, une partie de l'île Saint-Nicolas a été déclarée réserve naturelle en 1974. Seule cette île est accessible au public, les autres étant occupées par l'école de voile ou par des propriétaires privés. Nécropole à l'âge du bronze, lieu de prière pour les moines de Rhuys au Moyen Âge, repaire de pirates – convoité par les Anglais qui s'installèrent sur l'île de Penfret –, l'archipel accueille dorénavant les amateurs de nautisme et les touristes amoureux des îles.

FINISTÈRE SUD

MODE D'EMPLOI

accès en bateau

Deux compagnies assurent des départs réguliers d'avril à septembre ou octobre au départ de Beg-Meil, Loctudy, Quimper (escale à Bénodet) et Concarneau. Comptez 26€-29€ AR.

Vedettes de l'Odet Au départ de Beg-Meil, Bénodet, Concarneau, La Forêt-Fouesnant, Loctudy, Quimper. *Tél. 02 98 57 00 58 www.vedettes-odet.com*

Vedettes Glenn Au départ de Concarneau (cf. Concarneau, Faire une sortie en mer). *Tél. 02 98 97 10 31 www.vedettes-glenn.fr*

informations touristiques

Il n'y a pas d'hébergement sur l'île. Pour se restaurer, deux bars-restaurants près de l'embarcadère se partagent la clientèle. Ils sont ouverts de mai à septembre. Pour tous les renseignements touristiques, s'adresser à l'office de tourisme de Fouesnant (cf. Fouesnant, Mode d'emploi).

DÉCOUVRIR

☆**Les essentiels** Un stage à l'école de voile ou un baptême de plongée
Découvrir autrement Profitez du tapis de narcisses au printemps sur l'îlot de Saint-Nicolas

Les îles de Glénan

Saint-Nicolas L'île ne compte plus d'habitants permanents en hiver. Son dernier résident, le gardien du phare, a maintenant pris sa retraite. Mais l'été, ce rocher de 22ha est pris d'assaut par des touristes venus se prélasser sur les plages de sable blanc. Il est donc conseillé d'emprunter le premier bateau pour profiter de quelques heures de calme. Du sentier côtier, vous admirerez le panorama sur la côte de Penmarc'h au Pouldu. Le printemps est la période idéale pour découvrir les narcisses de Glénan. Les fleurs tapissent alors le sol de la plus petite réserve naturelle du monde.

Le Loc'h L'île privée du Loc'h, la plus grande de l'archipel, se signale par la cheminée de son ancienne usine à soude, qui rappelle qu'une des richesses des Glénan était le goémon. Les insulaires récoltaient cette algue, puis la faisaient brûler pour en extraire de la soude qui servait à la fabrication du verre.

Cigogne L'île conserve les vestiges d'un ancien fort construit en 1755 pour dissuader les pirates et les Anglais.

● ☆ Pratiquer des activités nautiques

École de voile Les Glénans L'idée d'une école de voile a germé dans l'esprit de Philippe Vianney qui, au sortir de la guerre, souhaitait offrir aux jeunes résistants la possibilité de se reconstruire autour d'une activité : la voile. Son coup de génie réside dans l'invention du Vaurien, un petit voilier insubmersible qui a lancé la construction de plaisance en série et pris part à l'essor du nautisme moderne. Les îles de Penfret, Drenec, Cigogne et Bananec abritent aujourd'hui les établissements du centre. Des stages de navigation en internat sont proposés toute l'année. *Tél. 02 98 97 14 84 www.glenans.asso.fr*

Centre international de plongée des Glénan (CIP) Installé sur l'île depuis 1960, il propose des initiations (notamment à l'archéologie, sur des sites d'épaves) et des stages de perfectionnement d'une semaine minimum avec hébergement compris. Il bénéficie de l'exceptionnelle limpidité de l'eau et de la grande variété des fonds marins. *Tél. 02 98 50 57 02 Tél. port. 06 81 20 62 32 www.cip-glenans.org*

PONT-L'ABBÉ

29120

Capitale culturelle du pays bigouden, Pont-l'Abbé est "la ville la plus bretonne de toute cette Bretagne bretonnante qui va de la pointe du Raz au Morbihan", estimait Maupassant. Bâtie au fond d'un estuaire, elle offre aux visiteurs quelques témoignages de son passé maritime florissant avec de belles demeures d'armateurs et de marchands, éparpillées dans la ville, et un château massif qui domine la rivière. Au sud, Loctudy et Île-Tudy, éternels ports "rivaux", se font face de chaque côté de l'embouchure de la rivière de Pont-l'Abbé.

LA RÉVOLTE DES BONNETS ROUGES En 1675, Pont-l'Abbé est au cœur de la révolte contre les nouvelles taxes sur le papier timbré, la vaisselle d'étain et le tabac que veut imposer Louis XIV. La révolte du papier timbré, dite des "Bonnets rouges", enflamme le pays. En représailles, le roi demande au duc de Chaulnes de décapiter les clochers des six villes les plus frondeuses et de châtier férocement les insurgés. Dans la foulée, ceux-ci publient le Code paysan, qui préfigure les cahiers de doléances de 1789, à la chapelle Notre-Dame-de-Tréminou. La légende veut que depuis cette révolte les Bigoudènes aient décidé d'élever la pointe de leur coiffe : "Puisque le roi a abattu le clocher, nous le mettrons sur nos têtes." Cette pointe de tissu, qui atteint jusqu'à 30cm de hauteur, symboliserait la flèche de l'église de Lambour décapitée. Ce clocher de dentelles aurait en fait une plus juste explication, dans la coquetterie et la surenchère entre habiles brodeuses...

MODE D'EMPLOI

accès

EN VOITURE

Pont-l'Abbé se situe à 18km de Quimper (D785), à 14km de Bénodet (D44) et à 12km du Guilvinec (D57, puis D785).

EN CAR

Liaisons en autocar avec Quimper, Combrit, Sainte-Marine, Île-Tudy, Le Guilvinec, Loctudy, Audierne.
Réseau Penn ar Bed *Tél. 0810 810 029 www.viaoo29.fr*

orientation

La ville se situe au fond de l'estuaire de la rivière qui porte son nom. La plupart des habitations sont implantées sur la rive droite. Les commerces se partagent entre la place de la République, où se tiennent les halles, et la rue du Château qui se prolonge par la rue du Général-de-Gaulle.

informations touristiques

Office de tourisme Brochure sur les circuits Découverte et itinéraires de randonnées. *11, pl. Gambetta Tél. 02 98 82 37 99 www.ot-pontlabbe29.fr Ouvert juil.-août : lun.-dim. matin 9h30-19h ; hors saison : lun.-sam. 9h30-12h30 et 14h-17h*
Maison du tourisme À l'entrée de Pont-l'Abbé, elle propose une vaste documentation sur toute cette région. *Rond-point de Kermaria Tél. 02 98 82 30 30 www.ouest-cornouaille.com Ouvert juil.-août : lun.-ven. 9h-12h30 et 14h-18h30 ; sept.-juin : lun.-ven. 9h-12h et 14h-18h*

urgences

Hôpital *Rue Roger-Signor Tél. 02 98 82 40 40*
Gendarmerie *54, rue Louis-Lagadic Tél. 02 98 87 06 64*

marchés, fêtes et manifestations

Marché *Pl. de la République et pl. Gambetta Jeu.*
Fête des brodeuses Des défilés de groupes folkloriques et l'élection de la reine des brodeuses se déroulent dans la ville. *2e ou 3e dim. de juil.*
Pardon des Carmes *Dernier dim. de juil.*
Fête du patrimoine et des vieux métiers Manoir de Kerhoas (Plobannalec), près de Lesconil ***Loctudy*** *Fin juil.*

Fête de la langoustine Concerts, dégustations. ***Lesconil*** *(à 8km au sud de Pont-l'Abbé) Début août*

Pardon de Notre-Dame-de-Penhors Le plus grand pardon du pays bigouden. *1er dim. de sept.*

DÉCOUVRIR

☆**Les essentiels** Le Musée bigouden, l'église Sainte-Tudy de Loctudy
Découvrir autrement Assistez à la Fête des brodeuses, en juillet
➤ **Carnet d'adresses p.466**

Pont-l'Abbé

☆ **Musée bigouden** Il se trouve dans le château des Barons-du-Pont. Construit au XIIIe siècle pour servir de forteresse, il fut dévasté lors de la révolte des Bonnets rouges. Au XVIIIe siècle, le chevalier d'Ernothon fit reconstruire le corps du logis, occupé par l'hôtel de ville. Depuis, le donjon médiéval et la salle des gardes ont été aménagés pour accueillir ce musée qui offre un aperçu de la vie maritime et paysanne, et une collection de costumes traditionnels et des célèbres coiffes richement brodées. Parmi les motifs les plus utilisés sur les gilets et plastrons : la plume de paon ; la corne de bélier ; le poisson et la chaîne de vie. Ils étaient confectionnés uniquement par les hommes en raison de l'épaisseur du drap, et cousus sans dé ni patron, avec des fils rouges, jaunes ou encore verts. Côté mobilier, armoires aux panneaux sculptés et lits clos. Quelques maquettes de bateaux. Organisation d'activités autour de la broderie et de la culture bretonnes (3,50€/pers.). *Château des Barons du Pont Tél. 02 98 66 09 03 ou 02 98 66 00 40 www.museebigouden.fr Ouvert avr.-mai et vac. de Noël : mar.-dim. 14h-18h ; juin et sept. : tlj. 10h-12h30 et 14h-18h ; juil.-août : tlj. 10h-12h30 et 14h-18h30 ; Tarif 3,50€, réduit 2,50€ Visite guidée collection permanente lun.-ven. 10h30 Tarif 3,50€*

PHOTOS BIGOUDÈNES
Le photographe Le Lain a racheté les archives de ses prédécesseurs : une collection unique de clichés représentant la vie quotidienne d'autrefois. Une parcelle de l'âme bigoudène à emporter sur de belles reprographies en noir et blanc ou en sépia. Comptez 48€ pour une scène 40x60. ☺ **Studio Le Lain** *15, rue du Château Tél. 02 98 87 01 21 http://studio.lelain.free.fr/ Ouvert mar.-sam. 10h-12h et 14h-18h30*

Église Notre-Dame-des-Carmes Les Carmes se sont établis à Pont-l'Abbé en 1383 et y restèrent jusqu'en 1790. Les bâtiments conventuels ont aujourd'hui tous disparu à l'exception de la chapelle (1411), devenue église paroissiale. On admirera son immense rosace en dentelle de pierre de 7m de diamètre. Le cloître a été démonté au XIXe siècle et reconstitué dans l'enceinte du lycée Chaptal à Quimper.

☺ **Église de Lambour** Sur la rive gauche, l'église Saint-Jacques-de-Lambour offre des ruines pittoresques. Symbole du faubourg frondeur, elle a été privée de son clocher en 1675 en représailles à la révolte des Bonnets rouges.

Sa façade, au style flamboyant, date du début du XVIe siècle. Les colonnes et la nef centrale remontent au XIIIe siècle. Les autels et les statues d'ornement ont été transférés à l'église des Carmes.

Monument aux Bigoudens En bordure du quai Saint-Laurent, cette sculpture de François Bazin a été inaugurée en 1931. Elle met en scène cinq figures féminines qui évoquent la dimension matriarcale de la société bigoudène.

● **Où acheter du linge de table artisanal ?** Incontournable, Le Minor est une entreprise bigoudène qui fabrique depuis plusieurs générations du linge de table de très belle qualité, dont les motifs traditionnels revisités et stylisés sont toujours d'un goût parfait. **Le Minor** *5, quai Saint-Laurent Tél. 02 98 87 07 22 www.leminorboutique.com Ouvert mar.-sam. 9h-12h et 14h-19h*

● **Où boire un verre ?** Décoré dans le plus pur style irlandais, le pub La Mars organise des soirées musicales tous les quinze jours. Musique et bières celtiques sont au programme. Restauration rapide à midi. **Pub La Mars** *25, rue Pasteur Tél. 02 98 87 15 08 Ouvert été : lun.-sam. 9h-1h ; hors saison : lun.-mer. jusqu'à 20h30 et jeu.-sam. jusqu'à 1h*

FINISTÈRE SUD

Les environs de Pont-l'Abbé

Vers l'ouest

Chapelle Notre-Dame-de-Tréminou Le Code paysan élaboré par les paroisses en rébellion contre le timbre fiscal fut proclamé dans cet édifice du XIIIe siècle perdu en pleine campagne. Un haut lieu de la révolte des Bonnets rouges, et une halte propice pour un pique-nique. *À 2km à l'ouest de Pont-l'Abbé, sur la route de Saint-Jean-Trolimon*

● **Jouer aux jeux bretons** Galoche bigoudène, *bazh yod*, quilles à la mode de Bretagne, etc. Venez les découvrir et les pratiquer dans la grange de Michel Plasenn et Joséphine Cosquer. **Maison des jeux bretons** *Pl. Cosquer Derrière l'école publique 29120* ***Saint-Jean-Trolimon*** *(à 5km à l'ouest de Pont-l'Abbé) Tél. 02 98 82 13 45 www.saintjeantrolimon.fr Ouvert juil.-août : lun.-sam. 14h-18h ; hors saison : mer. et sam. 14h-18h Gratuit ou don*

Vers le sud, rive gauche

☺ **Île-Tudy** Cette presqu'île baignée au nord par la rivière de Pont-l'Abbé et au sud par l'anse de Bénodet a conservé toute son authenticité. À son extrémité, des maisons basses se blottissent dans des ruelles étroites pour se protéger du vent. Le modeste port, perché sur la pointe, observe son grand rival, Loctudy, et les allers et retours du bac piéton. Le bourg, encerclé par la mer de toutes parts, se parcourt de préférence au coucher du soleil quand la lumière rase la grève découverte. Épargné par les stricts aménagements urbains, il y règne un joyeux désordre de voitures et de cafés. Côté rivière, un bel alignement de maisons de pêcheurs aux façades fraîchement repeintes. Une plage de 4km déroule son sable fin jusqu'à Sainte-Marine. *À 11km de Pont-l'Abbé par la D44 puis la D144 En car, liaisons avec Quimper et Pont-l'Abbé* **Office de tourisme** *1, rue des Roitelets 29980* ***Île-Tudy*** *Tél. 02 98 56 30 14 www.ile-tudy.com Ouvert juil.-août : lun.-dim. 9h-12h30 et 14h-19h*

● Où boire un verre ? L'ancien café Au Vieux-Port est aujourd'hui devenu une rhumerie et un bar à tapas sympathique, situé juste en face de l'hôtel. Il dispose d'une petite terrasse. La mieux placée, à notre avis, sur cette place minuscule envahie par les voitures. **Le Winch** *2, pl. de la Cale* ***Île-Tudy*** *Tél. 02 98 56 36 12 Ouvert toute l'année*

● Où aller au cinéma ? Coincé entre les restaurants et les hôtels de la place, Le Malamock, minuscule cinéma d'Île-Tudy, possède la plus petite cabine de projection du monde ! À la programmation, films à succès. **Cinéma Le Malamock** *Pl. de la Cale* ***Île-Tudy*** *Ouvert juil.-août Tarif 6€, réduit 5€*

● Pratiquer des activités nautiques L'anse de Bénodet se prête particulièrement à la pratique de sports nautiques. Le centre nautique d'Île-Tudy propose plusieurs formules et gammes d'activités à partir de cinq ans : club moussaillon, Optimist, catamaran, *kiddy board*, etc. **Centre nautique** *1, rue des Mousses* ***Île-Tudy*** *Tél. 02 98 56 43 10 http://cniletudy.free.fr*

FINISTÈRE SUD

Vers le sud, rive droite

Chemin de halage Longez la rive droite de l'estuaire : un chemin bordé de pins passe devant le menhir de Penlaouic et mène jusqu'à l'embouchure de la rivière. Baigné par la mer, il témoigne de la montée des eaux depuis le néolithique. Dans ce petit paradis ornithologique, alternent marécages et bois de pins. Les îles et les chenaux de la rivière rappellent le golfe du Morbihan. L'office de tourisme propose un circuit d'interprétation, "Au fil de la rivière de Pont-l'Abbé", qui vous permettra d'en découvrir tous les secrets.

Loctudy Un des ports de pêche actifs du pays bigouden, le sixième des ports français en valeur débarquée grâce à la langoustine surnommée "la Demoiselle de Loctudy". Le retour des chalutiers en fin d'après-midi ponctue les journées de ce port de pêche artisanale. Loctudy s'est également développé très tôt autour du tourisme. Dès le XIXe siècle, la bourgeoisie de Quimper et de Pont-l'Abbé venait y prendre des bains de mer. Pour accueillir les baigneurs, la comtesse Marie de Kerstrat, pionnière du tourisme, fit construire trois villas dans lesquelles elle leur proposait diverses animations pour rendre leur séjour agréable. Les plages abritées des Sables blancs, Langoz, Kervilzic, Lodonnec et Ezer, qui sont propices à la pêche à pied et à la baignade, et les promenades le long de la rivière attirent toujours de nombreux touristes (l'office de tourisme organise des randonnées-découverte à pied et à vélo en

BALADES ACCOMPAGNÉES
Un ancien marin pêcheur propose en juillet et août des visites guidées du port (comptez 3€), et de la criée de Loctudy à 6h du matin le mercredi et le jeudi. ***Loctudy*** *Rens. à l'OT*

juillet-août, de 9h à 12h). *À 6km de Pont-l'Abbé par la D2 En car, liaisons avec Quimper et Pont-l'Abbé* **Office de tourisme** *Pl. des Anciens-Combattants 29750* ***Loctudy*** *Tél. 02 98 87 53 78 www.loctudy.fr Ouvert en saison : lun.-sam. 9h-12h et 14h-19h sauf j. fér. ; hors saison : lun.-ven. 9h-12h*

☆ **Église Sainte-Tudy** Derrière une façade assez quelconque, l'intérieur roman (fin XIe s.) le mieux conservé de Bretagne. L'absence de transept concourt à l'harmonie de l'ensemble. De très beaux chapiteaux aux motifs variés décorent le déambulatoire et les chapelles. ***Loctudy*** *Visites guidées en juil.-août Rens. à l'office de tourisme*

Manoir de Kérazan Ce manoir breton (XVIe s.), légué à l'Institut de France en 1928, formait le cœur d'un vaste domaine dont il reste un parc à l'anglaise créé en 1765. La famille Astor, qui a donné deux maires à la ville de Quimper, y a laissé les signes d'une vie aisée. Belles collections de peintures d'inspiration bretonne et de faïences de Quimper, notamment le chef-d'œuvre d'Alfred Beau : un violoncelle en faïence de 1m20 de haut. *À 2km avant Loctudy, sur la D2 Tél. 02 98 87 50 10 www.kerazan.fr Ouvert avr.-juin : mar.-dim. 14h-18h ; mi-juin-mi-sept. : tlj. 10h30-19h ; accessible aux groupes de mi-sept. à mars Tarif 6€, réduit 4€*

Lesconil Installé à l'embouchure du Steir, le plus petit des ports bigoudens est réputé pour sa langoustine fraîche (célébrée chaque année début août). À la fin du XIXe siècle, les Lesconois ont abandonné le labour des terres au profit de la pêche, plus lucrative. Assistez à la vente à la criée, en fin d'après-midi, après une journée passée à la plage. *À 6km à l'ouest de Loctudy*

Les plages À Lesconil, à 6km de Loctudy, traversez le Steir pour profiter de la plage des **Sables blancs** qui s'étire sur plus de 1km. Sur l'autre versant du village, deux autres belles plages : la petite plage et la grande plage.

● **Pratiquer la voile ou le kayak de mer** Au centre nautique de Loctudy, vous pourrez louer dériveur, planche à voile, catamaran ou kayak de mer sur la plage de Langoz, à l'heure, avec un bonus de 30min pour un départ avant 12h30. Cours particuliers (53€-61€/h). **Centre nautique** *Plage de Langoz* ***Loctudy*** *Tél. 02 98 87 42 84 www.cnloctudy.asso.fr Ouvert 15 juin-15 sept. : tlj. 10h-19h*

● **Faire une croisière** Les Vedettes de l'Odet organisent des excursions sur l'Odet, vers les îles de Glénan et sur la rivière de Pont-l'Abbé. **Vedettes de l'Odet** *Tél. 02 98 57 00 58 www.vedettes-odet.com Service régulier en juil. et août, moins fréquent en juin*

● **Se promener à vélo** La Pédale bigoudène loue des vélos à la demi-journée (8€/pers.). **La Pédale bigoudène** *13, rue du Général-de-Gaulle 29750* ***Loctudy*** *Tél. 02 98 87 42 00 Tél. port. 06 80 22 60 19 Ouvert 9h30-18h30 Fermé dim.-lun. hors saison et nov.*

CARNET D'ADRESSES

Restauration, hébergement

petits prix

Crêperie bigoudène Pierres apparentes, tableaux illustrant des scènes de la vie quotidienne, grandes tables en bois flanquées de bancs et petites tables en arrière-salle constituent la décoration de cette crêperie. Parmi les spécialités, essayez la "Saint-Jacques" à la fondue de poireaux. Comptez 5,50€ la complète. En dessert, laissez-vous tenter par des aumônières de crêpes façon profiteroles (7,50€). *33, rue du Général-de-Gaulle* ***Pont-l'Abbé*** *Tél. 02 98 87 20 41 Ouvert été et vac. scol. : tlj. 11h45-13h30 et 18h45-21h30 ; hors vac. scol. : mer.-dim. 11h45-13h30 et 18h45-21h30*

Hôtel de la Tour-d'Auvergne Cet établissement, sans grand charme, a l'avantage d'être ouvert toute l'année et d'être situé en plein centre. Ses 19 chambres, de 46€ à 49€ selon la saison, ont récemment été rénovées. Son Bistrot gourmand, qui est avant tout un bar à vins, propose des formules à 12,50€, 16€ et 23€ ainsi qu'une sélection de vins et champagnes de propriétaires au verre. *22, pl. Gambetta* ***Pont-l'Abbé*** *Tél. 02 98 87 00 47 www.tourdauvergne.fr Bistrot fermé lun. hors saison*

prix moyens

Hôtel-restaurant de Bretagne Revenus au pays après avoir vécu en Bourgogne, les nouveaux propriétaires proposent 18 chambres (58€-67€) dont les plus belles donnent sur les halles de la place de la République. Petit déj. 8€. L'hôtel abrite aussi un excellent restaurant, où le chef, spécialiste du foie gras, mitonne une savoureuse cuisine de la mer. Formule entrée-plat ou plat-dessert à 11,50€ et 15€ à midi, et menu terroir à 24,50€, à déguster sur des tables fleuries, avec vue sur le jardin. *24, pl. de la République* ***Pont-l'Abbé*** *Tél. 02 98 87 17 22 www.hoteldebretagne29.com Ouvert toute l'année*

Dans les environs

campings

Le Bois d'Amour Situé à 150m de la plage, espace ombragé. Comptez 13,20€/pers. Location de mobil-homes et de chalets. *18bis, av. des Sports 29980* ***Île-Tudy*** *Tél. 02 98 56 43 54 Tél. port. 06 87 45 98 91 www.boisdamour.com Ouvert mi-juin-début sept.*

Les Hortensias Camping familial à 300m de la plage de Lodonnec. Aire de jeux, minigolf, volley... Comptez 17,30€ pour 2 pers. *38, rue des Tulipes 29750* ***Loctudy*** *Tél. 02 98 87 46 64 Tél. port. 06 09 91 94 39 http://leshortensias.chez-alice.fr*

Camping des Dunes M. Le Cloarec propose 120 emplacements ombragés dans son parc de 3ha posté juste à côté de la plage. Douches chaudes et gratuites. Comptez 20,80€ pour 2 personnes. À noter que l'établissement a obtenu le label qualité la Clef verte et un 1er prix de fleurissement. *67, rue Paul-Langevin 29740* ***Lesconil*** *Tél. 02 98 87 81 78 Ouvert juin-mi-sept.*

petits prix

Crêperie La Chouannerie À l'écart des rues commerçantes, cette crêperie à l'ambiance musicale jazz ou classique s'est constituée une clientèle fidèle. Dans un cadre au mobilier traditionnel breton, sont servies de délicieuses galettes et crêpes dont certaines constituent des plats de résistance copieux, à l'image de la composition andouille et pommes ou lard rôti (un délice finistérien !) et fricassée d'oignons (4,20€). *5 bis, rue Sébastien-Guiziou* ***Loctudy*** *Tél. 02 98 87 49 52 Ouvert 12h-14h et 19h-22h*

prix moyens

Hôtel-restaurant Modern En raison de son emplacement unique sur le port, il est préférable de réserver. Insistez pour avoir une vue sur le port, certaines chambres bénéficient même d'une double exposition. Chambre double de 65€ à 68€. Petit déjeuner à 7,50€. Côté restaurant, une vaste salle lambrissée accueille aussi bien les habitants que les touristes de passage avec des menus allant de 20,50€ à 32,50€. Comptez 9€ pour le plat du jour. Une cuisine avant tout familiale qui agrémente les poissons locaux. C'est également un bar-tabac. *9, pl. de la Cale 29980* ***Île-Tudy*** *Tél. 02 98 56 43 34 www.hotelmodern.com Hôtel ouvert toute l'année Restaurant fermé mi-nov.-mi-déc.*

Hôtel La Porte des Glénan Situé dans la rue principale du port de pêche, cet établissement complètement rénové offre 15 chambres confortables et claires, meublées dans un esprit "côte atlantique" à l'iconographie marine (48€-70€). Vous vous réveillerez aux cris des mouettes, nombreuses sur le port. Le petit déjeuner (7€) est servi dans un agréable salon ou dans le charmant patio verdoyant. Au retour d'un bain ou d'une promenade, profitez de l'espace sauna et jacuzzi. *19, rue du Port 29750* ***Loctudy*** *Tél. 02 98 87 40 21 www.laportedesglenan.com Ouvert toute l'année*

☺ **Relais de Lodonnec** À 3km de Loctudy, une très bonne table de la région, tenue par M. Le Corre. À côté de la plage de Lodonnec, ce restaurant, abrité dans une ancienne maison de pêcheur, propose à midi un petit menu à 13€ ; les autres, d'une teneur plus gastronomique sont à 22,80€ et 32,80€. Cette cuisine de la mer enlevée, qui respecte le fil des saisons, se déguste dans un bel intérieur rustique où l'accueil est extrêmement plaisant. Les poissons sont accompagnés de sauces qui varient selon l'humeur culinaire du jour. Après les agapes, une promenade sur la plage adjacente ponctue la journée. *9, rue des Tulipes Plage de* ***Lodonnec*** *(à 7km au sud de Pont-l'Abbé) Tél. 02 98 87 55 34 Fermé en été : lun. ; hors saison : mar.-mer., et mi-fév.-mi-mars*

prix élevés

☺ **Manoir Pen Ar Vir** Cette demeure bourgeoise rénovée, avec piscine extérieure couverte et chauffée, propose 3 chambres d'hôtes spacieuses et coquettes (dont une petite suite), de 48€ à 98€, selon la saison, ainsi que 2 appartements pour 4 à 6 personnes (de 485€ à 880€/semaine). Le petit déjeuner est servi dans un vaste salon-salle à manger. Ses immenses baies vitrées aux lourds drapés ouvrent sur le parc bordé d'un bras de mer sur lequel balancent quelques bateaux. Enchanteur et haut de gamme. *5, rue du Commandant-de-Carfort 29750* ***Loctudy*** *Tél. 02 98 87 44 38 www.penavir.com Ouvert toute l'année*

Auberge Pen Ar Vir Bénéficiant du panorama d'un bras de mer qui borde son jardin, cette adresse gourmande propose une cuisine tournée vers les produits de la mer. Dans la salle, classique et épurée, vous prendrez place dans des chaises à haut dossier de cuir brun afin de déguster des poissons cuisinés selon l'arrivage du jour ; pas de carte donc, mais des menus de 22€ à 39€ s'adaptant à la générosité de l'océan. La cuisine du chef est fine et savoureuse à souhait. *Rue du Commandant-Carfort 29750* **Loctudy** *Tél. 02 98 87 57 09 Fermé avr.-sept. : lun. ; hors saison : jeu.-dim. midi*

Hôtel-restaurant des Dunes Sur les dunes, une grande bâtisse blanche fait face à la mer. Les 28 chambres, toutes simples, sont d'un confort honnête (de 85€ à 92€ avec vue sur la mer ; de 65€ à 85€ avec vue sur le village). Au restaurant, une carte essentiellement marine : coquillages, crustacés et poissons côtiers. *17, rue Laënnec 29740* **Lesconil** *Tél. 02 98 87 83 03 www.grandhoteldesdunes.com Ouvert Pâques-mi-oct.*

LE GUILVINEC

29730

La ville la plus intéressante pour découvrir l'univers fragilisé de la pêche. Avec une flottille de cent trente et un bateaux, partagée entre hauturiers et côtiers, ce port extrêmement actif modèle à la fois la vie des habitants et l'espace. Deuxième port de pêche en valeur et premier port de pêche artisanale, toute l'activité à terre s'organise autour de la pêche : chantiers navals, zones de réparation, halle de criée, entreprises de marées... Grâce à son dynamisme, Le Guilvinec est aussi le siège du quartier maritime bigouden qui regroupe les ports du Guilvinec, de Loctudy, de Lesconil et de Saint-Guénolé. La baudroie, la raie et la langoustine fraîche en sont les produits phares. Ne manquez pas le retour des bateaux, en fin d'après-midi, suivis d'une kyrielle de mouettes stridulantes.

MODE D'EMPLOI

accès

EN VOITURE

Le Guilvinec est situé à 31km de Quimper par la D785, et à 10km de Pont-l'Abbé.

EN CAR

Liaisons en autocar avec Quimper et Pont-l'Abbé.

Réseau Penn ar Bed *Tél. 0810 810 029 www.viaoo29.fr*

orientation

Située sur la pointe sud bigoudène, la ville s'est développée sur la rive droite de son port de pêche. La rive gauche est occupée par la commune de Lechiagat. Les deux villes, reliées par un pont qui surplombe le port, vivent en étroite association. Les commerces se concentrent dans la rue de la Marine, parallèle aux quais.

informations touristiques

Office de tourisme *62, rue de la Marine Tél. 02 98 58 29 29 www.leguilvinec.com Ouvert juil.-août : lun.-sam. 10h-12h30 et 15h-19h, dim. 10h30-12h30 ; hors saison : lun.-ven. 10h-12h30 et 15h-18h, sam. 10h30-12h30*

marchés, fêtes et manifestations

Marché *Mar. et dim.*
Les Estivales Animations et concerts. *Tous les ven. en juil. et août*

DÉCOUVRIR

☆ **Les essentiels** Haliotika **Découvir autrement** Filez à la plage de sable fin du Ster, avant de déguster une tarte bigoudène aux pommes fondantes à la pâtisserie Le Cléac'h ➤ **Carnet d'adresses p.472**

Le Guilvinec

☆ ☺ **Haliotika** Cet ensemble, situé au-dessus de la criée, a contribué à faire du Guilvinec un "site pilote du tourisme-pêche en mer". Sa démarche originale permet de découvrir en profondeur le monde de la pêche et le travail des marins à bord, grâce à la description précise des différents types de bateaux, de leur fonctionnement, des zones de pêche et des poissons du littoral. À la sortie, vous distinguerez sans peine un caseyeur d'un fileyeur ou d'un malamock. Vous pourrez ensuite, sur réservation, embarquer pour une marée sur un chalutier. Une animation multimédia vous entraîne dans la cabine d'un patron pêcheur dotée de tous les instruments de navigation. Plusieurs activités conçues pour les enfants leur expliquent les différentes techniques de pêche, leur apprennent à reconnaître les bateaux ou leur permettent de découvrir les différentes espèces de poissons lors d'un atelier dédié au goût. La particularité de cet espace de découverte est d'être en prise directe avec l'activité du port – dont vous pourrez effectuer une visite commentée – et de la **criée**, qui ouvre ses portes au public tous les jours. La visite guidée est essentielle à la compréhension de la commercialisation de la pêche. Elle vous conduit devant les caisses de poissons étiquetées où les mareyeurs, par un signe imperceptible, arrêtent leurs prix sous l'œil vigilant du crieur qui fait monter les enchères. Le guide vous explique le mécanisme des enchères et la signification des chiffres qui s'affichent sur l'écran électronique. Afin de tout connaître des coulisses de la criée, inscrivez-vous à la visite complémentaire qui lui est consacrée. Troisième volet, une **terrasse panoramique** à l'extérieur permet d'observer le retour des bateaux côtiers et le débarquement de la marée du jour de 16h30 à 17h30. Langoustines bien évidemment, mais aussi lottes, limandes, raies, bars et crustacés sont déchargés. Les hauturiers qui reviennent de la mer d'Irlande ou d'ailleurs déchargent toute la journée. Ne manquez pas la criée du matin, vous y verrez des espèces de grands fonds, impressionnant ! **Haliotika** *Sur le port Tél. 02 98 58 28 38 www.haliotika.com Ouvert mi-fév.-début mars, avr.-juil., sept., vac. Toussaint : lun.-ven. 10h-12h30 et 14h30-18h30 ; fin sept.-oct. : lun.-ven. 15h-18h* **Criée** *Ouvert tlj. 16h-17h15, criée hauturière le jeu. à 5h30 Tarif visite du centre*

Coiffe traditionnelle, Riec-sur-Belon (p.431), près de Quimperlé.

5,80€, réduit 3,80€ ; billet couplé avec la criée 6,80€, réduit 4,80€ ; ateliers et visites 10€, réduit 6€ ; journée (de l'aube à 17h) en chalutier 45€ (enfants à partir de 12 ans)

Les plages Les baigneurs pourront se rendre à la plage de la **Grève blanche**, à celle du **Ster**, à l'ouest, qui comporte une zone de rochers et une autre de sable fin jusqu'à **Kérity**, ou à la plage de **Lehan** sur la commune de Lechiagat.

● Où acheter des souvenirs ? Vous trouverez à la biscuiterie du Guilvinec des galettes et des palets bretons, mais aussi des bols à cidre, des petits souvenirs attachants pour les amis, les enfants, etc. Un grand choix de marchandises produites en Bretagne. **Biscuiterie du Guilvinec** *12, rue de la Marine Tél. 02 98 11 26 22 Ouvert vac. de Pâques et juil.-août : lun.-sam. 10h-12h30 et 14h-19h ; reste de l'année : mar.-sam. 10h-12h30 et 14h-19h*

● Où acheter des pâtisseries ? Ne manquez pas la spécialité de la maison Le Cléac'h, la tarte bigoudène aux pommes fondantes. Également de bons gâteaux bretons, riches en beurre, pour combler un petit creux. **Boulangerie-pâtisserie Le Cléac'h** *À côté du centre commercial de la Marine Tél. 02 98 58 27 54 Ouvert tlj. sauf mer. hors saison*

● Où boire un verre ?

Le Bar de l'Océan Près du port, imaginez un bar de marin redécoré de A à Z : rideaux aux rayures acidulées, fauteuils clubs où l'on a envie de se prélasser, petits bouquets de fleurs sur toutes les tables, et au comptoir, les marins du coin, fidèles au poste ! *2, quai Estienne-d'Orves Tél. 02 98 58 10 35 Ouvert lun.-sam. 7h-21h*

Le Godin Bar traditionnel et solide pilier de la vie guilviniste. On y vient pour l'accueil, pour son ambiance chaleureuse et surtout pour ses concerts, notamment hors saison. Des groupes rock locaux s'y produisent, mais pour le calendrier, il faudra vous renseigner auprès de la patronne ! *18, rue de la Marine Tél. 02 98 58 94 13 Ouvert jeu.-mar. 10h-1h*

Breizh-attak De l'autre côté du port, ce bar est un lieu de rendez-vous de la jeunesse locale. Ambiance musicale rock, décoration inspirée des pirates, et tonneaux en guise de tables. De la terrasse, vue imprenable sur le port du Guilvinec. Attention aux soirées concerts mix : ça déménage ! *3, av. du Port 29730 **Treffiagat** Tél. 02 98 58 14 83 Ouvert mar.-dim. 11h-1h*

● Rencontrer les phoques gris ou pêcher en kayak Si le centre nautique du Guilvinec loue des catamarans, des dériveurs et des planches tout l'été (reste de l'année sur réservation), sa spécialité reste le kayak de mer. Il organise des balades originales et pleines de charme. L'une vous conduira sur le plateau rocheux où vous pourrez observer les phoques gris qui y ont élu domicile (30€/3h) ; l'autre, à la tombée de la nuit (20€/1h30), vous permettra d'admirer les couleurs du soir... et comme c'est aussi l'heure propice à la pêche, vous lancerez derrière vous une traîne... Y piégerez-vous un petit bar ? **Centre nautique du Guilvinec** *Plage de la Grève blanche Tél. port. 06 62 63 56 20 http://centrenautiqueduguilvinec.com*

CARNET D'ADRESSES

Restauration, hébergement

Peu de chambres d'hôtel sur la commune, mais la ville de Saint-Guénolé, à 10km, dispose d'une offre variée.

petits prix

Chambres d'hôtes-restaurant La Rose des vents Ce restaurant, aisément reconnaissable à sa façade rose et à ses fenêtres peintes en vert, met à la disposition des visiteurs 3 chambres d'hôtes très bien arrangées à l'étage. Comptez 43,50€ la nuit et 6,20€ pour le petit déjeuner. Accueil très agréable ; chambres spacieuses et coquettes. Chacune possède une salle de bains indépendante. Le restaurant sert uniquement à midi et le samedi soir sur commande, avec un premier menu à 10€. *Av. du 8-Mai-1945 29730* ***Treffiagat*** *(à 3km du Guilvinec, traversez le pont et tournez tout de suite à gauche, puis continuez tout droit) Tél. 02 98 58 10 56 www.auberge-larosedesvents.com Fermé à Noël*

POINTE DE PENMARC'H 29760

Située au bout du monde, cette pointe cernée par des récifs meurtriers a vu s'échouer de nombreux navires. Sa configuration naturelle en forme de proue tournée vers le large a déterminé sa vocation de sentinelle. Dès le XVe siècle, on y élève une tour de guet, remplacée au milieu du XIXe siècle par le phare d'Eckmühl, "le Goliath des phares". La commune de Penmarc'h rassemble les bourgs de Penmarc'h, de Saint-Guénolé, de Kérity et de Saint-Pierre. Les paysages littoraux, balayés par les vents, sont magnifiques. Ce cap rocheux débouche vers le nord sur la baie d'Audierne, à la lande immense et sauvage.

MODE D'EMPLOI

accès

EN VOITURE
À 32km de Quimper, 14km de Pont-l'Abbé.

EN CAR
Liaisons en autocar avec Quimper, Pont-l'Abbé et Le Guilvinec.

Réseau Penn ar Bed *Tél. 0810 810 029 www.viaoo29.fr*

orientation

La commune de Penmarc'h comprend quatre villages : Kérity, Saint-Pierre, Saint-Guénolé, et le bourg de Penmarc'h. De Kérity à La Torche se succèdent trois plages de sable fin.

informations touristiques et pratiques

Office de tourisme *Pl. du Maréchal-Davout* ***Penmarc'h*** *Tél. 02 98 58 81 44 www.penmarch.fr Ouvert mi-juin-mi-sept. : lun.-sam. 10h-12h30 et 14h-19h, dim. 14h-18h ; mi-sept.-mi-juin : lun.-ven. 9h30-12h30 et 14h-18h, sam. 14h-18h*

Météo du surf et des plages *Tél. 08 92 68 13 60*

fêtes et manifestations

Salon du roman policier *Fin mai-début juin*
Pardon de Notre-Dame-de-la-Joie *15 août*

DÉCOUVRIR

☆**Les essentiels** Le port de Saint-Guénolé et sa criée, la pointe de La Torche, le calvaire de Tronoën **Découvrir autrement** Prenez des cours de *longboard* à La Torche, faites provision de conserves auprès de Scarlette Le Corre, buvez un verre au Doris > **Carnet d'adresses p.475**

La pointe de Penmarc'h

Phare d'Eckmühl Cette vigie centenaire, haute de 65m, construite en pierre de Kersanton, indique le cap aux navires. Le panorama qui s'offre du sommet de la tour mérite amplement de faire l'effort de gravir les 307 marches. Son feu blanc à éclats porte à 50km par ciel dégagé. Expositions sur la vie maritime et les peintres de la mer. *Port de* ***Saint-Pierre*** *Ouvert avr.-sept. 10h30-18h Rens. à l'office de tourisme, à la mairie (Tél. 02 98 58 60 19), ou Tél. port. 06 07 21 37 34 Tarif 2€, réduit 1€*

☆ **Port de Saint-Guénolé** C'est le premier port sardinier de France, où plus de trois cents marins sont embarqués sur cent bateaux. Les côtiers arrivent vers 16h30, plus tard dans la soirée, c'est au tour des hauturiers de rejoindre le port, généralement du dimanche au jeudi. La **criée** fonctionne, contrairement à la méthode traditionnelle, sur le principe d'une enchère inversée : le crieur fixe sur l'écran un prix de départ élevé, et le baisse progressivement jusqu'au moment où un acheteur lance un ordre d'achat. *Visite de la criée sur rés. auprès de l'OT : 16h-17h30 Criée hauturière 19h-20h30 Tarif 5€, gratuit jusqu'à 8 ans*

Port de Kérity Le plus attachant des ports de la pointe. Difficile d'imaginer qu'il fut au XVIe et au XVIIe siècle l'un des plus grands ports d'Europe, escale obligée pour tous les navires qui allaient doubler la pointe de la Bretagne. Face à la concurrence de ses voisins, il tend à se développer autour de la plaisance.

Église Saint-Nonna L'église de Penmarc'h fut édifiée en période d'opulence maritime, au début du XVIe siècle. Ses commanditaires, des armateurs, firent sculpter des caravelles dans la pierre. La nef abrite un grand nombre de statues et de retables. ***Penmarc'h***

Chapelle de la Madeleine Les six vitraux de cette chapelle, qui conserve une nef de 1410, sont dus au peintre Jean Bazaine (1904-2001). Ce maître de la peinture non figurative a découvert Saint-Guénolé en 1936 et y a acheté une maison de pêcheur. Nombre de ses œuvres furent inspirées par ses promenades le long de la baie d'Audierne et le spectacle des eaux dans le port. Les vitraux datent de 1948-1979. *À 2km au nord du bourg de Penmarc'h*

● **Où acheter des produits bretons ?** Les amateurs de rillettes de thon, de sardines, et autres maquereaux ne manqueront pas de découvrir les spécialités de la Compagnie bretonne du poisson, le foie de lotte et le haricot de mer (algue sauvage), un accompagnement original ! **La Compagnie bretonne du poisson** *Accès rue des Conserveries ou rue des Marais Port de* ***Saint-Guénolé*** *Tél. 0811 111 840 http://lacompagniebretonnedupoisson.fr Ouvert juin-sept. : lun.-ven. 8h30-19h, sam. 10h30-12h30 ; hors saison : lun.-ven. 9h-12h30 et 14h-18h30 Visite gratuite de la conserverie mi-juin-mi-sept. (rés. conseillée)*

● **Faire une sortie en mer** Une femme marin pêcheur est l'exception dans ce milieu masculin. Scarlette Le Corre possède pourtant son propre côtier. À la belle saison, elle peut embarquer 1 ou 2 personnes à la demande, pour participer à une marée. Sortie de pêche active : prévoyez les vêtements en conséquence ! Et attention, il peut faire froid en mer. Quand elle n'est pas sur son bateau, Scarlette moissonne sur l'estran des algues de première qualité qu'elle met en conserve. Vous pourrez apprendre à les cuisiner lors des ateliers qu'elle organise et acheter wakamé, nori, ulve bourrées de minéraux. N'hésitez pas à interroger cette femme patron pêcheur, autrefois grande voyageuse, elle est intarissable sur les vertus des algues. **Scarlette Le Corre** *126, rue des Colombes* ***Penmarc'h*** *Tél. 02 98 58 78 98 Tél. port. 06 15 17 80 56 Ouvert toute l'année : mar.-sam. 10h-12h et 14h-18h*

Le Finistère Sud des gourmands

Biscuiterie de Quimper ___ 418
Galettes Penven (Pont-Aven) ___ 427
Traou-Mad (Pont-Aven) ___ 427
La Boutique de Pont-Aven (Pont-Aven) ___ 427
La Maison du kouign-amann (Concarneau) ___ 441
Conserverie Courtin (Concarneau) ___ 441
Conserverie Gonidec (Concarneau) ___ 444
Biscuiterie du Guilvinec ___ 471
Boulangerie-pâtisserie Le Cléac'h (Le Guilvinec) ___ 471
La Compagnie bretonne du poisson (Penmarc'h) ___ 474
Biscuiterie de la pointe du Raz (Plogoff) ___ 489
Biscuiterie de Douarnenez ___ 496
Penn Sardin (Douarnenez) ___ 496
Cobreco (Douarnenez) ___ 497
Larnicol (Locronan) ___ 505
Biscuiterie Jain (Plonévez) ___ 506
Abbaye de Saint-Guénolé ___ 524
Chocolaterie Châtillon (Pleyben) ___ 530
Ferme de Kerheu (Briec-de-l'Odet) ___ 531

Les environs de la pointe de Penmarc'h

☆ **Pointe de La Torche** Comme en témoignent les restes d'une allée couverte, ce lieu de culte est très ancien. Rouleaux superbes et dunes protégées s'étendent en contrebas de l'éperon rocheux qui clôt la baie d'Audierne. Paysage sauvage balayé par les bourrasques de vent. Ce haut lieu des compétitions internationales de surf accueille tous les deux ans en octobre la Semaine de la glisse. La baignade est interdite au public en raison des courants, sauf dans certaines zones délimitées. Spectacle étonnant au printemps, lorsque des champs de tulipes colorent l'horizon. La douceur du climat est en effet propice à la culture de ces fleurs qui éclosent précocement. *À 4km au nord du bourg de Penmarc'h*

★ **Calvaire de Tronoën** Isolé en pleine campagne, dans un paysage d'arbres trapus pliés par le vent qui alternent avec des talus de broussailles, le plus ancien calvaire de Bretagne, édifié probablement de 1470 à 1490, impressionne par la profusion de personnages sculptés. C'est dans cet environnement désolé, sur le site d'un ancien oppidum gaulois, que naquit l'art populaire des calvaires bretons. De forme rectangulaire, il comporte deux frises qui racontent la vie et la Passion du Christ en dix-neuf scènes. Sur sa face est, qui dépeint l'Annonciation, la Vierge, très réaliste, est agenouillée sur un prie-Dieu. Les scènes, délicatement sculptées, laissent percevoir le poids des parures. Une foule de personnages défile, plus ou moins effacés par les lichens et le vent salé. Pour suivre ce catéchisme en bande dessinée, il faut le lire dans le sens inverse des aiguilles d'une montre en commençant par l'Annonciation, à l'angle nord-est du registre inférieur. À côté, se dresse l'église Notre-Dame-de-Tronoën (XVe s.), simple et massive. Voûtée de pierre, elle s'ordonne de part et d'autre d'un grand arc central sur lequel s'élève un clocher ajouré flanqué de deux clochetons pointus. *À 6km au nord du bourg de Penmarc'h*

● Pratiquer des sports nautiques

Twenty-Nine-École de surf de La Torche Elle propose différentes formules de stages à la semaine ou en plusieurs séances, des cours de *longboard*, de bodyboard et aussi de char à voile sur ses 11km de plage. *Pointe de **La Torche** Tél. 02 98 58 53 80 www.ecole-surf-bretagne.fr*
UCPA Location de chars à voile et cours d'initiation sur la plage de La Torche. *Pointe de **La Torche** Tél. 02 98 58 53 64 www.ucpa.com Ouvert avr.-oct.*

CARNET D'ADRESSES

Restauration

petits prix

☺ **Restaurant Le Doris** Son emplacement sur le port de Kérity est l'un des plus agréables de Penmarc'h. Une cuisine authentique pour déguster un plateau de fruits de mer dans une ambiance décontractée. Le tourteau (10,50€) ou les langoustines (11,70€) sont époustouflantes de fraîcheur ! Vous partagerez votre verre de blanc avec votre voisin(e) car, en cas de presse, les tables sont complétées au petit bonheur la chance. *Quai du Général-de-Gaulle **Kérity** 29760 Penmarc'h Tél. 02 98 58 60 92 Restaurant fermé nov.-Pâques, remplacé par un snack-bar (quiches, salades...)*

Crêperie Men Lann Du Située entre Plomeur et Penmarc'h, dans une ancienne ferme au mobilier traditionnel décorée d'une belle collection de coiffes bigoudènes, elle affiche complet tous les soirs. Goûtez à la spécialité de la maison : la froment pommes-caramel (4,90€). La galette fruits de mer ne vous décevra pas non plus. Notre préférence va à la brochette de coquilles Saint-Jacques. *29120* ***Plomeur*** *(à 3km de Penmarc'h dir. Plomeur, sur la D785) Tél. 02 98 82 01 06 Ouvert tlj. en saison Fermé lun., mar. soir et mer. soir hors saison, 3 semaines en nov. et 15 jours en mars*

Le Rayon vert Une halte idéale pour s'abriter des souffles marins, à côté de la plage de La Torche. Un intérieur lambrissé chaleureux. À la carte, salades gargantuesques, plats de poisson, fruits de mer et *kuigns*, les crêpes sucrées aux allures de pancakes du pays bigouden. On ne plaisante pas avec les portions pour les sportifs. ***Pointe de La Torche*** *29120 Plomeur Tél. 02 98 58 50 54 Ouvert tlj. mi-mars-sept., vac. scol. et w.-e. de jan.*

prix élevés

Restaurant de l'hôtel de la Mer Quatre menus (23,50€ à 52€) pour goûter aux produits de la mer, crustacés et poissons nobles. *184, rue François-Péron 29760* ***Penmarch*** *Tél. 02 98 58 62 22 Fermé en saison : lun. midi ; hors saison : dim. soir, lun. et mar. soir ; mi-nov.-fin-nov. et mi-jan.-mi-fév.*

Hébergement

camping

Camping de la Torche Sa situation, à 1,5km de la pointe sur la route de Plomeur, attire notamment les véliplanchistes, séduits par les spots qu'offre la côte. Un emplacement va de 14€ à 19,50€ selon la saison. Piscine et pataugeoires chauffées, aire de sport (terrain de foot, basket...), location de vélos et snack. ***Pointe de La Torche*** *29120 Plomeur Tél. 02 98 58 62 82 Tél. port. 06 14 79 96 14 www.campingdelatorche.fr Fermé oct.-avr.*

prix moyens

Hôtel-restaurant Les Ondines À deux pas d'une promenade qui longe la plage de la Joie, cet établissement chaleureux promet un séjour calme. Double de 53€ à 69€. Petit déj. 8€. Restaurant ouvert en saison, avec un menu entrée-plat-dessert à 15€. *90, rue Pasteur 29760* ***Saint-Guénolé*** *Tél. 02 98 58 74 95 www.lesondines.com Fermé mi-nov.-fin mars*

AUDIERNE

29770

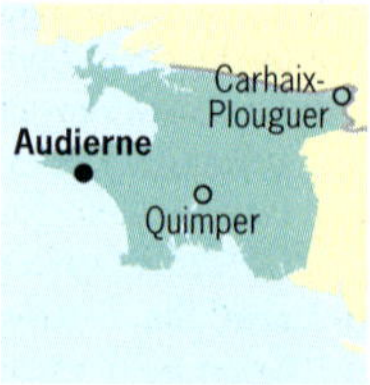

Ce port de pêche, porte d'entrée du cap Sizun, posté à l'embouchure du Goyen et à peu de distance du Raz de Sein, était un port de commerce très actif, sur les voies maritimes qui reliaient la Méditerranée à la Baltique. Depuis longtemps, caboteurs et borneurs qui remontaient la rivière, thoniers et sardiniers ont déserté ses quais.
La ville n'en conserve pas moins un cachet discret avec son dédale de rues étroites et pittoresques à l'arrière du quai. Sur le port subsistent les ligneurs de bar. Ils s'aventurent sur de frêles embarcations dans les remous du Raz de Sein pour pêcher ces délicieux

poissons à la chair très fine, qui apprécient les eaux vives. Ses magnifiques plages plein sud attirent une foule d'estivants qui viennent aussi embarquer pour l'île de Sein. La plage de Trescadec déroule son sable fin presque blanc sur plus de 1km jusqu'à Esquibien, port d'embarquement pour l'île de Sein. À quelques kilomètres dans les terres, Pont-Croix, avec ses ruelles et sa belle collégiale, constitue l'un des plus beaux villages du département.

LA BAIE D'AUDIERNE De la pointe de La Torche à Audierne s'étire un littoral sablonneux et régulier, bordé de pâturages, qui marque la frontière entre le pays bigouden et le pays capiste. La frontière passe à Porz-Poulhan, où une statue de René Quillivic représentant une Bigoudène en costume traditionnel accueille les voyageurs venus d'Audierne. Plozévet partage avec sa voisine Pouldreuzic de longues plages et un arrière-pays où s'épanouissent une faune et une flore variées. Dans *Le Cheval d'orgueil*, Pierre Jakez Hélias retrace son enfance paysanne à Pouldreuzic. Ce bourg doit aussi sa célébrité à Jean Hénaff qui, à l'orée du XXe siècle, fonda une manufacture de conserves de pâté. À noter, toujours sur la commune, la chapelle de Penhors qui se dresse face à la mer. De taille modeste, elle possède un retable émouvant et des piliers délicatement ouvragés.

MODE D'EMPLOI

accès

EN VOITURE
À 40km de Quimper par la D784, à 22km de Douarnenez par la D765.

EN CAR
Liaisons avec Quimper, Douarnenez, Pont-l'Abbé.
Réseau Penn ar Bed *Tél. 0810 810 029 www.viaoo29.fr*

orientation

La vieille ville se concentre sur la rive droite de l'embouchure du Goyen, autour des quais du port. Dans son prolongement, s'étendent de belles plages de sable fin qui bordent la commune sur sa face sud, où les principaux hôtels sont implantés. En longeant la mer, on aboutit à la commune d'Esquibien, point d'embarquement pour l'île de Sein.

informations touristiques

Office de tourisme Organise des visites guidées de la vieille ville (mer. en été). *8, rue Victor-Hugo Tél. 02 98 70 12 20 www.audierne-tourisme.com Ouvert avr.-juin, et sept.-mars : lun.-sam. 10h-12h30 et 14h-18h ; juil.-août : lun.-sam. 9h-19h, dim. 10h-13h*

fêtes et manifestations

Fête du goémon À Esquibien ont lieu des animations autour du ramassage à l'ancienne de l'algue qui servait à la confection de pains de soude. ***Esquibien** 3e dim. de juil.*
Arts à la pointe Dans une dizaine de chapelles du cap Sizun (Saint-Tugdual, Saint-Trémeur et Langroas, entre autres) sont organisées des expositions d'art contemporain (sculptures, installations, photographies...) et des concerts. Également des randonnées

"patrimoine et art contemporain". *Informations dans les OT Tél. 02 98 70 28 72 www.artsalapointe.com*

Festival Mouezh Ar Gelted Ce festival est consacré à la culture bretonne et celtique. ***Pont-Croix** 1er jeu. d'août*

Fête des bruyères Danses et musiques folkloriques. *2e dim. d'août Pointe de **Beuzec***

DÉCOUVRIR

☆**Les essentiels** La chapelle Saint-Tugen, la réserve du cap Sizun, la collégiale Notre-Dame-de-Roscudon à Pont-Croix **Découvrir autrement** Visitez en famille le musée de l'Amiral, participez à la Fête des bruyères sur la pointe de Beuzec ➤ **Carnet d'adresses p.481**

Audierne

Cimetière de bateaux Classé monument historique, il rassemble d'anciens langoustiers couchés sur le flanc, qui se désagrègent doucement dans ce cimetière marin. *En face d'Audierne dans l'anse de Locquéran*

● **Observer poissons et oiseaux** Le complexe bien organisé d'Aquashow, qui vise une clientèle familiale, tente de s'imposer entre Océanopolis à Brest et Marinarium à Concarneau. Points d'orgue de la visite, l'incontournable bassin géant où évolue un requin-taureau et les spectacles d'oiseaux en vol libre et en plongée naturelle (d'avril à sept.). L'Aquashow présente également chouettes et hiboux, et compte un cinéma en 3D. **Aquashow (Planète aquarium)** *Rue du Goyen Tél. 02 98 70 03 03 www.aquarium.fr Ouvert avr.-sept. : tlj. 10h30-18h30 ; oct.-mars : tlj. 14h-18h Tarif 13,80€, réduit 10,80€*

● Où boire un verre ?

L'Escale Un vrai pub avec intérieur en pierres de taille, poutres massives, plafond bas et comptoir rectangulaire. Vaste choix de bières. Concerts en fin de semaine. *2, rue Lesné Tél. 02 98 70 17 54 Ouvert mar.-dim. 17h-1h*

La Cambuse Dans ce bar au cadre authentique, chants de marins ou musique traditionnelle bretonne sont à l'honneur. Des groupes locaux viennent jouer en été... et hors saison, selon l'humeur des consommateurs. Avec les instruments mis à disposition, un bœuf peut vite se déclencher ! Hors moments musicaux, vous pourrez toujours en terrasse ou à la lueur des lampes à huile siroter le "cambusier", un cocktail à base de rhum et de coco, ou l'Irish coffee du patron qui remporte un franc succès auprès des clients. Large choix de bières bretonnes. *7, pl. de la République Tél. 02 98 70 06 99 Ouvert été : tlj. 8h-1h ; hors saison : fermé dim.*

Les environs d'Audierne

La baie d'Audierne

Porz-Poulhan Un port minuscule sur la commune de Plozévet, avec une allée couverte sur ses hauteurs et un petit café avec terrasse pour les beaux jours. Ici, passe la frontière entre le pays bigouden et le pays capiste signalée par une statue de René Quillivic représentant une Bigoudène en costume traditionnel. *À 8km à l'est d'Audierne*

Musée de l'Amiral Situé à côté de la plage, ce musée interactif présente 10 000 coquillages et 200 oiseaux de mer. Une salle bien agencée permet aux plus petits de reconnaître les cris des volatiles bretons. Salle d'exposition temporaire et projections de films. *Penhors-Plage 29710* ***Pouldreuzic*** *(à env. 16km au sud d'Audierne) Tél. 02 98 51 52 52 www.maison-de-l-amiral.com Ouvert juil.-août : tlj. 10h-20h ; hors saison : mar.-ven. 10h-12h et 14h-18h, sam.-dim. 14h-18h Fermé jan. Tarif 5,60€, réduit 2,90€*

Chapelle de Penhors À l'écart du bourg de Pouldreuzic se dresse cette modeste chapelle qui domine la baie d'Audierne. Très beau retable du Rosaire et piliers ouvragés. Grand pardon le premier dimanche de septembre. *Penhors-Plage 29710* ***Pouldreuzic*** *(à env. 16km au sud d'Audierne)*

Où acheter de la bière bretonne, du cidre ?

Brasserie de Pouldreuzic Dans un beau corps de ferme, production artisanale de six sortes de bières (dont une blanche légèrement épicée) et de limonade biologique. On peut les déguster, avec modération bien sûr, dans l'espace bar. Toute l'année, marchés à la ferme, concerts, fest-noz... *Trégonguen (route de Penhors) 29710* ***Pouldreuzic*** *(à 20km env. au sud d'Audierne) Tél. 02 98 54 37 71 Visite guidée juil.-août : lun., mar., et jeu. à 18h*

Cidrerie Kerné La plus ancienne cidrerie artisanale du Finistère propose un large choix de produits : cidre, vinaigre de cidre, jus de pommes... *Mesmeur 29710* ***Pouldreuzic*** *(à 20km env. au sud d'Audierne) Tél. 02 98 54 41 86 www.cidre-kerne.fr Ouvert juil.-août : lun.-sam. 9h30-12h30 et 14h-19h ; sept.-juin : lun.-ven. 9h30-12h et 14h-18h30, sam. 10h-12h*

Cidres Le Brun Un producteur réputé pour ses cidres brut et demi-sec artisanaux et son cidre AOC Cornouaille à la douce amertume. *Brésigon 29720* ***Plovan*** *(à 22km env. au sud d'Audierne) Tél. 02 98 54 42 15 www.cidrelebrun.com Ouvert lun.-ven. 8h30-12h30 et 14h-17h30*

Pratiquer des sports nautiques

Les Plongeurs du cap Baptêmes et sorties d'exploration dans les baies d'Audierne et de Douarnenez, riches en épaves. Comptez 35€ le baptême (tlj. à 14h, le dim. à 10h, de Pâques à fin sept.). *Port de plaisance d'****Esquibien*** *Tél. 02 98 70 24 10 Tél. port. 06 61 50 85 01 www.audierne-plongee.fr*

Club nautique de Cap Sizun Il loue et donne des cours de catamaran, de dériveur et d'Optimist pour les plus jeunes. Location de kayak, funboat, dériveur, planche à voile, etc. *Plage Sainte-Évette* ***Esquibien*** *Tél. 02 98 70 21 69 Tél. port. 06 81 89 78 83 www.voile-capsizun.com Ouvert juil.-août : lun.-ven. 9h-18h, sam.-dim. : 14h-17h ; hors saison : sur réservation*

Le cap Sizun

☆ **Chapelle Saint-Tugen** Considéré comme le plus beau sanctuaire du cap Sizun, cet édifice imposant, du XVIe siècle, se distingue par sa tour carrée de style gothique flamboyant. Celle-ci, dépourvue de flèche, est surmontée d'un lanternon octogonal. La façade ouest, majestueuse, présente un portail ogival encadré de deux anges et de très hauts contreforts surmontés de colonnes carrées ornées de pinacles. La façade sud comporte un porche remarquable par ses proportions, le détail des sculptures et la balustrade qui surmonte le pignon, dans la pointe duquel saint Tugen, crossé et mitré, portant sa clef, domine six apôtres. La chapelle a conservé son enclos primitif qui délimite le cimetière. À l'intérieur, un maître-autel à baldaquin du XVIIe siècle, encadré par les statues de saint Tugen – guérisseur de la rage et, par extension, des rages de dents – et saint Michel. À noter : les sablières sculptées et le beau retable baroque de Notre-Dame-de-Grâce. Des peintures du XVIIIe siècle sur la clôture à balustre du baptistère décrivent les sacrements du mariage, de la confession, du baptême. Ce catéchisme est à replacer dans le contexte de la Contre-Réforme prônant l'enseignement apostolique par l'image. ***Saint-Tugen** (à 6km à l'ouest d'Audierne)*

☆ **Réserve du cap Sizun** À 3km au nord de Goulien, un espace protégé sur 50ha de landes et falaises où des centaines d'oiseaux marins viennent nicher. Vous pourrez découvrir des oiseaux du grand large comme le fulmar boréal, une colonie de guillemots de troïl appartenant à la famille des pingouins, et plusieurs types de goélands. La période la plus intéressante pour observer les oiseaux se situe d'avril à début juillet, quand ils viennent se reproduire. *Chemin de Kerisit 29770 **Goulien** (à 10km au nord d'Audierne) Tél. 02 98 70 13 53 Ouvert juil.-fin août : 10h-18h ; début avr.-fin juin : 10h-12h et 14h-18h Entrée libre Visite guidée (2h) avr.-juin : dim. ; été : lun.-mar. 14h30, jeu.-ven. 10h30 Tarifs 6,50€, réduit 4€, moins de 12 ans gratuit (location de jumelles incluse)*

Pointes nord du cap Sizun Toutes offrent de majestueux points de vue et un sentier côtier permet de longer les falaises. De Beuzec-Cap-Sizun à Poullan-sur-Mer se succèdent les pointes de Beuzec (qui accueille chaque année la **Fête des bruyères**) et du Millier. Accès faciles et vues superbes sur la baie de Douarnenez et la presqu'île de Crozon. *www.ffrandonnee29.fr*

● ☺ **Découvrir les secrets du vent** L'association La maison du Vent présente une approche ludique et pédagogique de la formation du vent. Des machines simples à actionner permettent de comprendre sa naissance, ses forces et ses utilisations comme énergie renouvelable. Des bandes sonores, souffleries, textes et films illustrent de façon sensorielle et poétique le propos. Instructif et plaisant pour les petits et les grands. **La maison du Vent** *29770 **Goulien** Tél. 02 98 70 04 09 (mairie) Gratuit ou don*

Pont-Croix

Baignée par les eaux du Goyen qui se jette dans la mer à Audierne, cette cité médiévale était au Moyen Âge un point de passage obligé entre le pays bigouden et le cap Sizun. Elle a prospéré à l'ombre de son port, de ses marchés et de ses foires. Joyau d'élégance, son église ciselée représente à merveille l'école d'architecture de Pont-Croix. Son patrimoine préservé et les douces couleurs de sa pierre en font l'un des plus beaux villages finistériens. Une grande partie du bourg est occupée par les vastes bâtiments, aujourd'hui désertés, du couvent des Ursulines et du petit séminaire. Partez à la découverte des charmantes ruelles de Pont-Croix : de la place de l'Église rejoignez la Petite-Rue-Chère par le chemin des Courtils jusqu'à la rivière et ses moulins, puis remontez par la Grande-Rue-Chère vers la place de la République entourée de belles demeures. *À 5,5km d'Audierne, à 22km de Douarnenez, à 41km de Quimper Liaisons en autocar avec Quimper, Douarnenez et Audierne* **Office de tourisme** *Rue Laënnec 29790* ***Pont-Croix*** *Tél. 02 98 70 40 38 www.pont-croix.info Ouvert juil.-sept. : lun.-sam. 10h-12h30 et 14h-18h30, dim. 10h-12h30 ; hors saison : lun.-ven. 10h-12h30 et 14h-17h30, sam. 14h-17h30 (vac. scol. uniquement)*

☆ **Collégiale Notre-Dame-de-Roscudon** Édifiée au XIIIe siècle par les seigneurs de Pont-Croix, cette collégiale, avec sa nef de sept travées et les arcades du chœur, témoigne d'un style architectural spécifique qui a rayonné en Cornouaille à cette époque. Le reste de l'édifice a été remanié aux XVe et XVIe siècles. Ce courant qui prit le nom d'école de Pont-Croix associe art roman et premier gothique anglais. La flèche gothique du XVe siècle, qui prolonge la tour romane, servit de modèle pour le clocher de la cathédrale de Quimper. Le porche sud se présente comme un véritable entrelacs de rosaces de pierre qui surmontent un tympan ajouré. Dans l'abside, une représentation de la Cène du XVIe siècle en bois sculpté attire particulièrement l'attention. Dans la nef se dresse une grande cheminée autour de laquelle se réchauffaient les pèlerins de passage. À voir, dans la chapelle du Rosaire, un beau retable.

Musée du Marquisat L'imposante Maison du marquisat (XVIe s.) était la propriété des seigneurs locaux, les Rosmadec. Elle abrite un musée du Patrimoine qui expose des pièces de mobilier, notamment un *drustuilh*, sorte de cloison gravée de motifs floraux qui servait également de rangement. *Rue de la Prison Tél. 02 98 70 51 86 Ouvert juil.-août : tlj. 10h30-12h30 et 15h30-18h30 ; juin-sept. : tlj. 15h-18h ; reste de l'année : dim. et j. fér. 15h-18h Tarif 2€*

CARNET D'ADRESSES

Restauration, hébergement

camping

Camping de Kerivoas Son emplacement n'a rien d'exaltant, mais c'est le plus proche de la plage, distante de 1,5km. Comptez 11,70€ pour 2 pers. *Route de la Pointe-du-Raz (dir. centre Leclerc sur la route vers la pointe du Raz)* ***Audierne*** *Tél. 02 98 70 26 86 Tél. port. 06 30 97 82 69 Ouvert avr.-oct.*

petits prix

Crêperie An Teuzar Excellente crêperie à l'accueil sympathique, qui propose des spécialités marines ou du terroir, embrassant les différents visages de la Bretagne. La crêpe aux coquilles Saint-Jacques est délicieuse et généreuse (7,30€). En dessert, notre préférence se porte sur la spécialité de la maison : la crêpe Capen nappée de caramel au beurre salé. Ses prix restent très raisonnables ; comptez 12€ environ. Choix de salades et différents cidres. *6, quai*

FINISTÈRE SUD

Camille-Pelletan (le quai à côté de l'hôtel de ville) **Audierne** *Tél. 02 98 70 00 46 Fermé dim. midi*

Chambres d'hôtes et gîtes ruraux Au cœur d'un nid de verdure, 3 chambres au charme suranné : meubles bretons, tapisseries à fleurs, photos des aïeux en habit de fête. Comptez 30€/nuit (sanitaires communs et sans petit déj.). Juste à côté, une belle longère abrite des gîtes ruraux (à partir de 259€/sem. en basse saison, jusqu'à 669€/sem. en haute saison). *M. et Mme Coquet Kersiviant 29770* **Esquibien** *Tél. 02 98 70 08 95 Tél. port. 06 35 90 61 26 http://lesgitesdekersivian.free.fr*

☺ **L'Époké** Ne passez pas à Pont-Croix sans faire halte dans cette crêperie située à côté de l'église. Intérieur agréable avec murs en pierres de Pont-Croix. Elle propose des spécialités locales comme la "Penn", au beurre de sardine épicé et au citron (7€). En dessert, délectez-vous d'une crêpe "Cap Sizun" : pommes sautées, caramel au beurre salé et crème fouettée, un délice ! (6,50€) *1, rue des Partisans (pl. de l'Église) 29790* **Pont-Croix** *Tél. 02 98 70 58 39 Ouvert fév.-déc. : tlj. en été et pendant les vac. scol., jeu.-mar. midi hors saison*

Le Safran Ce salon de thé et épicerie biologique sert de succulentes tartines et assiettes de la mer, paysannes ou végétariennes (7,50€-8,50€). Les glaces bio valent le détour. En prévision des petites faims qui se réveillent en balade, faites provision de quelques biscuits ou fruits... bio, bien sûr ! *7, pl. de l'Église 29790* **Pont-Croix** *Tél. 02 98 70 40 91 Ouvert été : lun.-sam. 9h-19h ; hors saison : mar.-sam. 9h-12h et 15h-19h*

prix moyens

Restaurant Le Bar breton Une belle salle intérieure et, l'été, une terrasse qui prend la rue d'assaut pour offrir à la clientèle la vue du port. Les menus, qui s'inspirent d'une cuisine simple à base de produits frais, démarrent à 13,50€ pour le déjeuner en semaine, puis vont de 18,50 à 22,50€. Pour 19,90€, on se régale d'une assiette de fruits de mer. À la carte, goûtez aux moules, huîtres, sardines grillées (très copieuses) et langoustines. Service diligent et souriant. *2, quai Jacques-de-Thézac* **Audierne** *Tél. 02 98 70 10 95 Ouvert tlj. sauf sam. midi, dim. soir et lun.*

☺ **Bar-brasserie Le Grand large** Profitez de la vue extraordinaire – de l'entrée du port aux landes du Pays bigouden en passant par l'île de Sein – devant un filet de rouget (13€), ou simplement en sirotant une boisson sur la terrasse. *1, rue du Môle Tél. 02 98 70 08 22* **Audierne** *Ouvert juil.-août et vac. scol. : tlj. ; hors saison : jeu.-mar. midi*

Hôtel de la Plage Face à la très belle plage d'Esquibien, cet hôtel à la signature marine bleue et blanche, dispose de 22 chambres confortables dont les prix s'échelonnent de 48€ à 79€ selon la vue et la saison. Petit déj. buffet à 8,50€ servi dans la charmante salle panoramique décorée d'appeaux

GAMME DE PRIX	RESTAURATION	HÉBERGEMENT
Très petits prix	moins de 10€	moins de 30€
Petits prix	de 10 à 20€	de 30 à 50€
Prix moyens	de 20 à 30€	de 50 à 80€
Prix élevés	de 30 à 40€	de 80 à 100€
Prix très élevés	plus de 40€	plus de 100€

d'oiseaux de mer. Consultez le site de l'hôtel, des offres promotionnelles sont régulièrement proposées. *21, bd Manu-Brusq* ***Audierne*** *Tél. 02 98 70 01 07 www.hotel-finistere.com*

Hôtel-restaurant Au roi Gradlon Il porte le nom du monarque de la légendaire ville d'Ys, bien que ce cube blanc massif n'éveille en rien l'imagination. En revanche, il occupe une situation très appréciable sur un promontoire surplombant la plage de Trescadec, et abrite 19 chambres tout confort, avec vue panoramique sur l'immensité bleue et accès direct à la plage. Comptez en basse saison de 46€ à 63€, et de 81€ à 99€ en haute saison. Demi-pension : à partir de 60,50€/pers. Également restaurant (menus de 14€ à 45€). Dans un cadre avec vue plongeante sur la mer. *3, av. Emmanuel-Brusq* ***Audierne*** *Tél. 02 98 70 04 51 www.auroigradlon.com Fermé mi-déc.-fin jan. Restaurant fermé le mer.*

ÎLE DE SEIN

29990

Contre vents et marées, les Sénans s'accrochent à un radeau de pierre ancré à 9km de la pointe du Raz. Une île qui s'étend sur 2km à peine et s'étrécit au point de ne mesurer que 100m par endroits. Ce rocher qui culmine à 6m est sans défense face aux éléments déchaînés. Le souvenir de la tempête de 1919 qui vit les habitants se réfugier sur les toits pour échapper aux déferlantes reste présent dans la mémoire collective. Aujourd'hui, des digues ceinturent ce morceau de terre balayé par des vents qui rendent toute culture impossible. Ici, c'est la mer qui nourrit. Les maisons blanches se serrent les unes contre les autres pour offrir le moins de prise possible aux bourrasques. Le phare d'Ar Men, "la pierre", planté au large de la ceinture d'écueils de la chaussée de Sein, symbolise à lui seul l'âpreté de cet environnement. Las de ces conditions de vie difficiles, les habitants s'exilent et reviennent seulement pour les vacances. Aujourd'hui, une centaine de personnes, dont beaucoup sont âgées, y vivent à l'année. L'été, les estivants déferlent, conquis par le charme rude de cet îlot, ultime poste avant l'Amérique. Une colonie de dauphins s'est installée dans les environs de l'île et souvent quelques cétacés accompagnent la vedette, pour le plus grand plaisir des touristes.

UN PEU D'HISTOIRE Malgré son isolement, l'île est mentionnée dès l'Antiquité, et les vestiges mégalithiques témoignent d'une occupation humaine très ancienne. Les irréductibles Sénans refusèrent l'aide du gouverneur de Bretagne qui, après le raz de marée de 1756, leur proposait quelques écus pour qu'ils s'installent sur le continent. Cet attachement viscéral à leur caillou passa pourtant au second plan avec l'"appel du 18 juin 1940". Tous les insulaires valides partirent rejoindre le chef de la France libre à Londres. Ils représentèrent le quart des premiers volontaires de la Résistance, ce qui fit dire au général de Gaulle : "L'île de Sein est donc le quart de la France." Marins pêcheurs obstinés, ils ont gagné une réputation de courage en sauvant de nombreux équipages de navires en difficulté. Depuis Colbert, eu égard à leur bravoure, les Sénans sont exemptés des taxes foncières et d'habitation.

MODE D'EMPLOI

accès en bateau

Deux compagnies desservent l'île depuis Audierne, à Sainte-Évette, le port d'Esquibien, situé à 2km d'Audierne ; possibilité également d'embarquer au port de Camaret.

Compagnie maritime Penn Ar Bed À partir d'Audierne, départs tlj. en juil.-août (9h, 10h, 11h40, 13h30, 16h50). Le reste de l'année, une liaison quotidienne (9h30). Comptez 30,20€ AR. À partir de Camaret, une liaison le dim. (8h45) en juin-sept. (retour 18h15, tarif 30,20€ AR). Comptez 30,40€ AR. *Tél. 02 98 70 70 70 www.pennarbed.fr*

orientation

L'unique bourg est ramassé sur ses deux quais, protégés par des digues massives, où se trouve la majeure partie des commerces. À l'ouest, l'île fait face à la chaussée de Sein, un ensemble de rochers et d'écueils redoutés, signalés par le phare. Sur sa face est, une langue de sable permet de rejoindre, à marée basse, la pointe du Kelaourou.

informations touristiques et pratiques

L'île se parcourt à pied. Pour les petits achats, prévoyez de l'argent liquide car il n'y a pas de distributeurs sur l'île. Les restaurants et les hôtels acceptent le paiement par carte.

Office de tourisme d'Audierne Il fournit les renseignements touristiques sur l'île. *Tél. 02 98 70 12 20*

Mairie de l'île *Tél. 02 98 70 90 35 www.mairie-iledesein.com (informations touristiques)*

adresses utiles

Trois épiceries se partagent la clientèle insulaire.

La Senane *Rue Saint-Guénolé (commander le pain la veille au 02 98 70 91 75)*

La Case de Tom *Quai des Français-Libres*

Épicerie Ty Lomic Nono *Près de la mairie*

FINISTÈRE SUD

DÉCOUVRIR

☆**Les essentiels** La vue sur le phare d'Ar Men **Découvrir autrement** Buvez un verre Chez Bruno, face aux bateaux du port

> Carnet d'adresses p.485

L'île de Sein

☆**Phare d'Ar Men** Le plus célèbre des phares français, à 12km de l'île, que l'on retrouve immanquablement sur les cartes postales, représentait lors de sa construction un défi démesuré. Une véritable prouesse technique et humaine a en effet permis d'élever cette tour de 35m de haut sur un rocher de 120m². Les travaux commencèrent en 1867 et il fallut deux ans pour forer la roche au milieu des éléments déchaînés. Après quatorze années de travail, le phare illumine la chaussée de Sein en 1880. Aujourd'hui, il est entièrement automatisé. La relève des gardiens de phare se faisait en lestant un filin entre le bateau et le phare. En 1923, le veilleur resta bloqué pendant plus de cent jours en raison des mauvaises conditions météorologiques.

Musée de l'Île Installé dans l'ancien abri des marins, il évoque la vie rude d'autrefois et les drames maritimes qu'ont connus les Sénans. Un hommage est aussi rendu aux résistants qui, dès la première heure, ont rejoint massivement le général de Gaulle à Londres. Des photographies anciennes, des articles de presse, des costumes évoquent ce passé. *Quai des Paimpolais Tél. 02 98 70 90 35/93 63 Ouvert juil.-août : tlj. 13h3018h ; juin et sept. : tlj. 10h30-12h et 13h30-17h ; reste de l'année : demander à la mairie (tél. 02 98 70 90 35) Tarif 2,50€, réduit 1,50€*

Abri du canot de sauvetage de la SNSM Très intéressante, elle retrace l'histoire du sauvetage en mer à Sein. Les habitants sont en effet réputés pour leur courage quand un navire est en difficulté au large. Un tableau dresse la liste des opérations en mer depuis 1866, et offre un récit de ces sauvetages, notamment celui de l'équipage du navire-amiral *Duperré* en 1978. Une association de recherches archéologiques sous-marines expose des vestiges retrouvés sur des épaves (quelques belles pièces proviennent du *Séduisant*, navire de la toute jeune République française, naufragé en 1796). *Station de sauvetage Quai des Paimpolais Ouvert juil.-août : tlj. 10h-12h, hors saison : s'adresser à la mairie (tél. 02 98 70 90 35) Tarif 4€, réduit 2€*

● **Où boire un verre ?** Peint en jaune, le bar Chez Bruno offre une terrasse ensoleillée en début d'après-midi pour observer les joueurs de pétanque acharnés ou les bateaux qui tanguent dans le port. L'ambiance est chaleureuse. **Chez Bruno** *5, quai des Français-Libres Tél. 02 98 70 91 11 Ouvert juil.-août : tlj. 10h-22h*

CARNET D'ADRESSES

Restauration

petits prix

Bar-restaurant Chez Christine Dans ce restaurant avec terrasse, longeant le quai, on goûtera au ragoût de homard : c'est la spécialité de l'île. Pour le plus grand bonheur des habitués, Christine, qui a repris l'établissement, a conservé la fameuse recette d'Annick, l'ancienne propriétaire. Menu à 19,80€, composé selon le marché et la criée. *Quai des Français-Libres* **Île de Sein** *Tél. 02 98 70 90 79 Ouvert juil.-août : dim.-lun. midi ; le reste de l'année : mer.-dim. midi*

Hébergement

petits prix

Chambres d'hôtes Mme Doll C'est dans cette maison que les Sénans ont entendu l'appel du 18 juin du général de Gaulle. Après la guerre, le chef de la France libre est venu déjeuner ici. Cinq chambres, à 40€ sans petit déjeuner, sont disponibles face au port, 3 d'entre elles sont équipées d'un coin cuisine, avec gaz, évier et réfrigérateur. Mais en été, la propriétaire préfère réserver ces chambres-cuisine aux séjours d'une semaine au minimum (268€/2 pers.). Douches et toilettes sur le palier. *20, quai des Français-Libres* **Île de Sein** *Tél. 02 98 70 91 14*

Chambres d'hôtes Mme Tanguy Juste derrière le Crédit agricole, vous trouverez 2 chambres et 1 studio à louer. Confort garanti ! Comptez à partir de 38€ la chambre (WC sur le palier) pour une nuit, tarif dégressif à la semaine. Un studio pour 2 ou 3 personnes, avec un coin cuisine et une salle de bains, s'ouvre sur un petit jardin. Il est particulièrement lumineux et très bien agencé. Son tarif oscille de 75€ à 85€ la nuit ou se loue à la semaine. *Ar-Forn 29, rue Saint-Guénolé* **Île de Sein** *Tél. 02 98 70 90 24 Tél. port. 06 70 72 55 92 contact@arforn.fr*

☺ **Hôtel Les Trois Dauphins** Ce charmant établissement, situé sur le port, vous embarquera dans de doux songes marins. Les 7 chambres (44€-60€) rénovées évoquent des cabines de bateau. Attention : certaines ont les WC sur le palier. La plus grande des chambres possède une baignoire qui laisse rêveur. De son large lit, on s'abîme dans les couleurs changeantes de l'Océan. Seul bémol : l'absence d'insonorisation des chambres. Le bar à l'ambiance marine possède un plafond en forme de coque de bateau retournée. Accès wifi. *16, quai des Paimpolais* **Île de Sein** *Tél. 02 98 70 92 09 www.hoteliledesein.com*

prix moyens

Hôtel-restaurant d'Ar Men À l'écart du bourg, sur le chemin du phare, une grande maison blanche isolée propose 10 chambres spacieuses et bien entretenues, certes sans cachet particulier mais très calmes. Comptez de 55€ à 70€ ; possibilité de demi-pension (105€-120€/2 pers.), et de pension complète (140€-155€/2 pers.). Petit déjeuner 7€. Le restaurant propose un premier menu (entrée-plat-dessert) à 19€. *Route du Phare* **Île de Sein** *Tél. 02 98 70 90 77 www.hotel-armen.net Hôtel fermé en jan. Restaurant fermé dim. soir (et mer. hors saison), et jan.*

★ POINTE DU RAZ

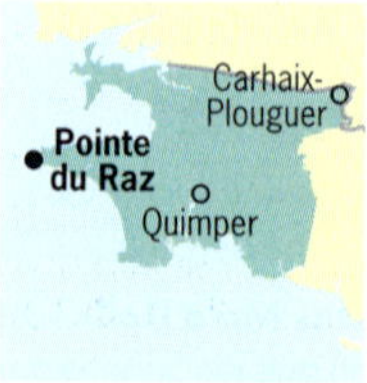

Célèbre pour son caractère sauvage et son dénuement extrême face aux tempêtes, la pointe la plus occidentale de France a longtemps souffert de son succès touristique. La lande était dévastée par le piétinement du million de visiteurs reçus chaque année, les parkings et les commerces en tout genre défiguraient ce paysage grandiose. En 1989, la pointe fut inscrite dans le programme

de réhabilitation des grands sites nationaux dégradés. L'opération consista à démolir la cité commerciale et le parking, et à transférer ces structures d'accueil en retrait du site pour lui rendre toute sa beauté. Après une intense polémique, l'hôtel de l'Iroise, qui faisait partie intégrante du paysage, a été rasé. Un nouvel ensemble comprenant des boutiques, des restaurants et le service d'information de la Maison de la pointe du Raz a été construit dans un vallon pour limiter son impact sur le paysage. La lande qui avait presque disparu a été reconstituée et la pointe du Raz arbore fièrement le label "Grand Site de France".

MODE D'EMPLOI

accès

EN VOITURE

À 13km d'Audierne par la D784, 35km de Douarnenez par la D7, 49km de Quimper par la D784.

EN CAR

Liaisons avec Audierne, Douarnenez et Quimper. Rens. à la gare de Quimper Pour accéder à l'extrémité de la pointe, empruntez la navette au gaz naturel avec un départ toutes les 10min, ou allez à pied en suivant un des deux sentiers tracés, le plus direct se parcourt en 10min.

Réseau Penn ar Bed *Tél. 0810 810 029 www.viaoo29.fr*

orientation

La pointe forme un éperon rocheux allongé qui constitue la proue du continent européen face à l'Atlantique. Cette arête effilée à l'extrême ouest fait face à l'île de Sein. Plogoff est le bourg le plus proche.

informations touristiques et pratiques

Maison de la pointe du Raz Elle met à disposition des brochures sur les curiosités touristiques du cap Sizun. *Tél. 02 98 70 67 18 www.pointeduraz.com Ouvert juil.-août : tlj. 9h30-19h30 ; début avr.-fin juin, sept. et vac. scol. : tlj. 10h30-18h Visites guidées sur le thème des milieux naturels et sur l'histoire mythique de la pointe du Raz (cf. Découvrir)*

DÉCOUVRIR

☆ **Les essentiels** Les pointes du Raz et du Van **Découvrir autrement** Flânez dans les ruelles de Plogoff, chassez les bonnes vagues dans la baie des Trépassés

> Carnet d'adresses p.489

La pointe du Raz

L'ensemble du site de la pointe du Raz est un paysage classé "Grand Site de France", qui comprend la pointe elle-même, mais également la pointe du Van et la baie des Trépassés.

Plogoff Cette ultime bourgade avant la pointe du Raz est devenue un symbole puissant pour les écologistes. À la fin des années 1970, les habitants et les militants bretons se sont opposés avec succès à la construction d'une centrale nucléaire juste sur la pointe. Le front du refus a rassemblé jusqu'à cent mille personnes lors d'une manifestation. En 1981, l'élection de François Mitterrand a mis un terme à ce projet. Plogoff propose aujourd'hui de nombreux hébergements en chambres d'hôtes. Ses ruelles découvrent de beaux alignements de maisons en granit, enserrées dans des murets et d'anciens fours à goémon.

Port de Bestrée Le minuscule port de Bestrée, niché au pied d'une falaise abrupte, incarne le modèle des "ports abris" du cap qui témoigne de la ténacité des hommes pour se frayer un accès à la mer sur cette côte inhospitalière.

Maison du site de la pointe du Raz et du cap Sizun Labellisée "Grand Site de France", la pointe du Raz a récemment ouvert une maison d'informations digne de la majesté du lieu. Celle-ci constitue un centre d'interprétation de premier ordre notamment sur le biotope, la géologie et l'activité humaine du cap. La scénographie propose documentaires et témoignages filmés de capistes, qui relatent les rudes conditions de vie d'autrefois, ainsi que des bornes interactives permettant de découvrir la faune et la flore, qui intéresseront particulièrement les plus jeunes. Ces derniers pourront aussi participer aux jeux de piste organisés sur la pointe et découvrir de façon ludique les particularités de ce milieu naturel (parcours d'1h30, carte à 8€). Une autre balade, insolite, est centrée sur la radiesthésie des lieux, avec une découverte de la notion d'"énergies telluriques" qui émaneraient des sites sacrés druidiques (les menhirs, les sources, etc.)… *Tél. 02 98 70 67 18 www.pointeduraz.com Ouvert juil.-août : tlj. 9h30-19h30 ; avr.-sept., vac. scol. Toussaint et Noël : tlj. 10h30-18h Tarif visite guidée 4€/pers.*

☆ **Pointe du Raz** On l'atteint après avoir marché pendant 1km (15-20min) au départ du parking, ou grâce aux navettes (gratuites) qui déposent les visiteurs près de la statue Notre-Dame-des-Naufragés, inaugurée en 1904, et qui commémore les disparus en mer. Notez aussi le sémaphore et le phare de la Vieille planté sur un îlot rocheux. Plus loin, par beau temps, l'île de Sein. Un circuit de 8km bien balisé, autour de la pointe, se parcourt en 2h de marche. Départ sur le parking. *Parking payant obligatoire (4€) avr.-sept., et pendant les vac. scol. (les recettes sont employées pour l'entretien du site)*

Baie des Trépassés Un nom lugubre, qui s'accorde mal avec cette superbe étendue de sable fin léchée par les vagues, se déroulant entre les falaises des pointes du Raz et du Van. Nourrie d'un rite celte qui consistait à transporter les druides morts sur l'île sacrée de Sein, cette croyance veut qu'à cet endroit des passeurs embarquaient les défunts vers les rivages de l'autre monde. Le point de départ vers leur dernière demeure se situait probablement dans la baie. Loin de se laisser impressionner par son nom, les surfeurs viennent en nombre glisser sur les rouleaux majestueux.

☆ **Pointe du Van** Moins fréquentée que sa consœur dont elle partage pourtant la beauté, la pointe du Van, éperon rocheux tapissé de bruyères et de genêts, dégage plus d'authenticité. La douceur de la lande contraste avec le spectacle des falaises fouettées par les vagues au bas d'un à-pic vertigineux. Face à cette immensité sauvage qui surplombe la baie des Trépassés, la chapelle Saint-They offre une présence rassurante. Elle veille sur l'horizon et, par temps clair, on aperçoit l'île de Sein.

Pointe de Brézellec Les jours où la mer est particulièrement agitée, les vagues prennent d'assaut les rochers hérissés. Les arêtes acérées des falaises se découpent sur la mer bleue ; en face, la pointe de Pen-Hir.

● **Où acheter des produits régionaux ?** Juste avant la pointe du Raz, l'endroit est idéal pour faire une pause gourmande ! Palets sablés, madeleines fondantes, galettes feuilletées et un *kouign-amann* succulent. **Biscuiterie de la pointe du Raz** *29770* ***Plogoff*** *Tél. 02 98 70 60 73 www.biscuiteriedelapointeduraz.com Ouvert tlj. Visite de la fabrique libre et gratuite*

● **Où boire un verre ?** Dans une crique à la beauté sauvage, une maison blanche où les marins des environs font escale pour converser autour d'une grande table bleue. De la petite salle décorée de meubles bretons, vue sur la mer agitée. **Buvette de Pors-Théolen** *Lieu-dit* ***Pors-Théolen*** *(à 5km au nord de Plogoff, sur la D7, entre la pointe du Van et la pointe de Brézellec) Tél. 02 98 70 64 79 Ouvert été : tlj. 9h-20h ; hors saison : fermé mar.*

CARNET D'ADRESSES

Restauration, hébergement

campings

Camping de la Baie Juste après la chapelle Saint-Tugdual, à 1,2km de la baie des Trépassés, vous trouverez ce petit havre de paix au vert : 12€ pour 2 pers. Également 2 vastes studios très clairs (3-4 pers., 300€ la semaine) : un confort assuré pour envisager un séjour au cœur de l'hiver ! *Lescleden 29770* ***Cléden-Cap-Sizun*** *Tél. 02 98 70 64 28*

Camping à la ferme Non loin de la chapelle de Langroas (profitez-en pour aller la visiter), ce camping offre un confort minimum, mais un vaste espace pour planter sa tente. Comptez 10€ pour 2 personnes. Il est possible de louer un gîte de 3 personnes dans le corps de ferme pour 215€ à 380€ la semaine selon la saison. *Keringard (du*

GAMME DE PRIX	RESTAURATION	HÉBERGEMENT
Très petits prix	moins de 10€	moins de 30€
Petits prix	de 10 à 20€	de 30 à 50€
Prix moyens	de 20 à 30€	de 50 à 80€
Prix élevés	de 30 à 40€	de 80 à 100€
Prix très élevés	plus de 40€	plus de 100€

bourg, suivre la route de Pont-Croix) 29770 ***Cléden-Cap-Sizun*** *Tél. 02 98 70 66 78 Ouvert avr.-nov. et toute l'année pour le gîte*

prix moyens

Hôtel-restaurant de la Baie des Trépassés Cet hôtel massif bénéficie d'une situation idyllique, étendu sur la plage au milieu de la baie, face à l'île de Sein. Dans ce paysage merveilleux, les prix des 27 chambres varient de 39€ à 77€, selon la vue. Demi-pension à partir de 61,50€ par personne. Côté restauration, les menus débutent à 20,50€ pour atteindre des sommets à 56€. La cuisine privilégie les plats traditionnels à base de poissons et crustacés. Le Relais de la pointe du Van adjacent fait partie de la même maison et dispose de 25 chambres et d'un service brasserie ouvert de mai à septembre. *29770* ***Plogoff*** *Tél. 02 98 70 61 34 www.baiedestrepasses.com Ouvert mi-fév.-mi-nov. Restaurant fermé lun. sauf vac. scol.*

Hôtel-restaurant Kermoor Il propose des chambres avec vue sur la mer agréablement décorées : l'une d'entre elles a un lit à baldaquin. La petite plage du Loch se déroule à 100m. Comptez de 50€ à 90€ selon la saison. Le restaurant présente un menu "Plaisir" (36,50€) mettant à l'honneur la spécialité de la maison – le ragoût de homard au cidre – et la carte propose les produits de la mer. Premier menu à 17€. *Plage du Loch (à l'entrée de Plogoff en venant d'Audierne) 29770* ***Plogoff*** *Tél. 02 98 70 62 06 www.kermoor-audierne.com*

prix élevés

L'Étrave Installé sous une coque de bateau en bois, on déguste ici des langoustines flambées, un filet de Saint-Pierre en crumble de blé noir ou le homard au chaudron, la spécialité de la maison. Derrière les larges baies vitrées, on entrevoit la baie de Douarnenez, encadrée d'hortensias roses. Menus de 20€ à 53€. *Route de la pointe du Van 92770* ***Cléden-Cap-Sizun*** *Tél. 02 98 70 66 87 Ouvert Pâques-sept. : jeu.-lun.*

DOUARNENEZ

29100

Si l'on en croit la légende, Douarnenez serait la lointaine héritière de la ville d'Ys engloutie sous les flots en raison de l'impéritie de son seigneur, le roi Gradlon. Imaginaire ou réel, le passé de la ville aux trois ports reste indissociablement lié à la mer. Dès l'Antiquité, une colonie gallo-romaine s'installa sur ses rivages abrités. Des fouilles archéologiques ont mis au jour des installations destinées à la salaison du poisson dans l'ancien village des Plomarc'h. La cité s'est développée autour d'une ressource : la sardine. En 1901, mille chaloupes et vingt-six conserveries assuraient l'essentiel des richesses de la ville. Surnommés *Penn Sardin*, "tête de sardines", les habitants de Douarnenez ont vécu en osmose avec le petit poisson bleu. Cette pêche qui n'est plus qu'un lointain souvenir reste très

présente dans la culture régionale. Sur le port du Rosmeur, des façades portent encore les noms d'anciennes conserveries. Douarnenez est considérée aujourd'hui comme la première représentante du patrimoine maritime breton. Son port-musée présente des bateaux collectés dans le monde entier. Tous les deux ans, un rassemblement de vieux gréements venus de tous les pays du monde redonne au port, le temps d'une fête, son allure d'antan. Pour saisir la culture singulière de la ville, il faut se promener le long de la baie entre le port du Rosmeur, ancienne plaque tournante de la sardine, le port-Rhu, dont les quais ont été restaurés dans l'esprit du XIXe siècle, et l'élégant port de plaisance de Tréboul prisé des régatiers. Ici, les ruelles conduisent immanquablement vers la mer ; au cœur de la ville alternent plages et sentiers côtiers ourlés de criques.

LA LÉGENDE D'YS À l'origine, la légendaire ville d'Ys coulait des jours paisibles dans la baie de Douarnenez. La faiblesse de son seigneur, le roi Gradlon, envers sa fille Dahut aurait conduit la cité insulaire à sa perte. Dahut menait une vie dissolue et prenait chaque nuit un nouvel amant jusqu'au jour où un bel étranger se présenta. En gage d'amour, celui-ci lui réclama la clé d'or de la ville qui ouvrait les écluses. Dahut la subtilisa à son père et l'homme, qui n'était autre que le diable, ouvrit les portes de la cité qui fut immédiatement engloutie. Menacé par les eaux, Gradlon enfourcha son cheval emmenant avec lui sa fille. Saint Guénolé, le fondateur de l'abbaye de Landévennec, le sauva de la noyade, mais exigea qu'il laissât périr sa fille, responsable de la catastrophe.

UN PORT DE PÊCHE Dans l'Antiquité, Douarnenez était le premier centre d'exploitation et de traitement du poisson. Quelques vestiges du IIe siècle av. J.-C., exhumés dans le village des Plomarc'h, témoignent d'un peuplement très ancien. Dans de vastes cuves était fabriqué le *garum*, une sauce à base de poisson, dont les Romains raffolaient. Mais c'est avant tout la sardine qui a constitué la plus grande richesse de la ville. Fouquet, intendant de Louis XIV, encouragea les premières conserveries. Au XIXe siècle, le procédé de conservation par stérilisation à chaud inventé par Nicolas Appert permit d'augmenter la production. "Nous traversâmes en grande hâte la ville qui est sale et exhale une écœurante odeur d'huile et de poisson", raconte Maxime Du Camp, de passage à Douarnenez en 1847. Chaloupes sardinières et conserveries marquaient le quotidien de l'activité économique jusqu'à la disparition au début du XXe siècle des bancs de sardines. La ville, qui comptait vingt-quatre usines en 1880, vit leurs portes se fermer une à une. Cette forte concentration industrielle a favorisé l'émergence précoce de syndicats. En 1902, le premier syndicat de pêcheurs est créé. Au début du XXe siècle, les femmes employées dans les conserveries lancèrent de grandes grèves pour protester contre leurs difficiles conditions de travail. Forte de sa tradition ouvrière, la ville fut la première à élire une municipalité communiste en 1921 et à faire entrer une femme au conseil municipal en 1924.

MODE D'EMPLOI

accès

EN VOITURE

Douarnenez est située à environ 25km de Quimper par la D765 ; à 26km de Châteaulin par la D7, puis la D107 ; à 70km de Brest par la voie express N165, sortie Châteaulin.

EN CAR

Liaisons en autocar avec Quimper et la pointe du Raz.
Réseau Penn ar Bed *Tél. 0810 810 029 www.viaoo29.fr*

orientation

La ville de Douarnenez s'étend en longueur sur la baie du même nom. Le cœur de la ville se concentre entre le port du Rosmeur et le port-Rhu, construit dans une ria. La corniche qui les relie longe l'île Tristan. La rue Jean-Jaurès, qui devient par la suite la rue Croas-Talud, puis la route du Ris, constitue l'artère principale de la cité où se concentrent notamment les commerces. Sur la rive gauche de la ria, accessible par un pont et une passerelle piétonne, débute le quartier de Tréboul qui abrite le port de plaisance et la plupart des activités nautiques.

informations touristiques

Office de tourisme (plan 9, C2) Office très dynamique, qui propose notamment des visites guidées de l'île Tristan (histoire et patrimoine botanique), des circuits libres ou guidés (le chemin de la sardine, Tréboul, les Plomac'h, etc.) pour découvrir le patrimoine de la ville. *2, rue du Docteur-Mével Tél. 02 98 92 13 35 www.douarnenez-tourisme.com Ouvert avr.-juin et sept.-oct. : lun.-sam. 10h-12h30 et 14h-18h ; juil.-août : lun.-sam. 10h-19h + dim. 10h-18h30 à partir du 14 juil. ; oct.-mars : lun.-sam. 10h-12h30 et 14h-17h30*

adresses utiles

Gendarmerie (plan 9, C2) *43, rue Duguay-Trouin Tél. 02 98 92 01 22*
Hôpital (plan 9, C2) *85, rue Laennec Tél. 02 98 75 10 10*
Poste (plan 9, C2) *14, rue Berthelot Tél. 02 98 92 49 85*
Bureau SNCF (plan 9, C2) *8, rue Jean-Barré*

fêtes et manifestations

Fête des bateaux Tous les deux ans (années paires), des centaines de vieux gréements accostent dans le port, formant une véritable forêt de mâts. Nombreuses animations sur le port avec concerts, spectacles, chants de marins pendant cinq jours. La flotte d'un pays particulier est mise à l'honneur. *Fin juil.*
Festival de cinéma de Douarnenez Depuis 1978, une association propose pendant une semaine une sélection de films documentaires à la découverte d'un peuple et de son histoire. Les projections en plein air sur le port-Rhu sont suivies de concerts le soir. Des débats réunissent chaque jour écrivains, réalisateurs et spécialistes. *Tél. 02 98 92 09 21 www.festival-douarnenez.com Fin août*
Carnaval des gras Un des plus grands carnavals de Bretagne. Quatre jours de défilés, de bals et d'animations. *Week-end avant mardi gras*
Festival Les arts dînent à l'huile Animations sur les plages, concerts de rue. *Fin juil. et fin déc. (édition d'hiver)*

DÉCOUVRIR

☆ **Les essentiels** Le port-musée **Découvrir autrement** Longez le sentier des Plomarc'h sur les hauteurs du port du Rosmeur, goûtez au véritable *kouign-amann* à la biscuiterie de Douarnenez

> **Carnet d'adresses p.500**

Douarnenez

☆ **Port-musée (plan 9, B2)** Il est installé dans le port-Rhu, ancien port de cabotage sur l'estuaire de la rivière de Pouldavid, fréquenté par les navires marchands depuis l'époque gallo-romaine. Au XVIe siècle, les toiles de Locronan y transitaient avant d'être exportées vers l'Angleterre et l'Espagne. Plus tard, les caboteurs embarquaient les sardines salées et pressées. Au début du XXe siècle, la rogue de morue, un appât utilisé pour la pêche à la sardine, constituait l'essentiel du commerce. L'activité portuaire s'est accompagnée d'un développement des chantiers navals qui fabriquaient caboteurs, pinasses sardinières, malamocks et langoustiers mauritaniens. Le port-Rhu est réhabilité en 1985 autour d'un projet inédit de **musée du Bateau** destiné à faire revivre le patrimoine maritime. Cette initiative voit le jour grâce à l'opiniâtreté de passionnés de bateaux et le concours de la revue d'histoire maritime *Le Chasse-Marée*. Des embarcations de pêche et de transport maritime sont collectées à travers le monde. Un bassin à flot est construit pour accueillir les bateaux et un musée est ouvert dans une ancienne conserverie. À travers les salles, le visiteur découvre les embarcations du littoral français et d'autres régions européennes, *coracle* gallois, *curragh* irlandais, *moliceiro* portugais. Récemment rénové, le port-musée présente, à travers de multiples audiovisuels, une vingtaine de bateaux gréés, dans leur contexte historique et environnemental. Il propose aussi des expositions temporaires, sur l'histoire des conserveries de poisson par exemple. À l'extérieur, sur le **bassin à flot**, sont amarrés quatre grands navires comme le *Saint-Denis*, un remorqueur à vapeur anglais, bénéficiant d'une nouvelle muséographie. À 5min du musée (bd du Général-de-Gaulle), les **ateliers de l'Enfer** forment aux métiers de la construction et de la charpente marine. *Pl. de l'Enfer (sur le port-Rhu) Tél. 02 98 92 65 20 www.port-musee.org Ouvert juil.-août : tlj. 10h-19h ; hors saison et vac. de Noël : mar.-dim. 10h-12h30 et 14h-18h Tarif (musée, exposition et port) 7,50€, réduit 4,50€*

Chapelle Saint-Michel (plan 9, B2) Construit au XVIIe siècle, cet édifice classé abrite 52 panneaux datés de 1674 qui représentent les *taolennou* de Michel Le Nobletz (1577-1652). Ce prêtre, natif de Léon, a été l'initiateur en basse Bretagne des missions paroissiales qui cherchaient à ramener à la religion ceux qui s'en étaient éloignés. Elles s'organisaient autour d'un exercice spirituel qui privilégiait la représentation des états du chrétien : le péché, la conversion, la grâce… Le prêtre commentait ces scènes devant des petits groupes afin de revivifier leur relation à Dieu. *À côté du port-Rhu*

Île Tristan (plan 9, B1) Devenue jardin botanique grâce à la famille Richepin, puis acquise par le conservatoire du littoral en 1995, l'île, située près de la cale du Guet, est accessible à marée basse en visite guidée (cf. Mode d'emploi, Office de tourisme). Elle aurait, dit-on, abrité les amours de Tristan et Iseult. Mais son histoire beaucoup moins poétique est liée à celle du baron de La Fontenelle (1573-1602), plus brigand que chevalier, qui rejoignit le parti de la Ligue et mit à profit la guerre qui s'ensuivit pour lancer des raids de pillage à travers la Cornouaille. Il fit de l'île son quartier général. Au XVIe siècle, les ligueurs rassemblaient des catholiques radicaux qui critiquaient la politique royale, selon eux trop favorable au parti protestant. La Fontenelle rejoignit le parti catholique pendant la guerre civile et ravagea les villes de Lannion, Paimpol, Landerneau et Carhaix. Sur l'île Tristan, il fit élever des fortifications la rendant inexpugnable. Le pilleur assoiffé de richesses fut gracié par Henri IV au terme de la guerre et nommé gouverneur de Douarnenez. Mais bientôt, il fut accusé de trahison au profit des Espagnols et roué en place de Grève à Paris en 1602. Son butin n'a jamais été retrouvé.

Port du Rosmeur (plan 9, C2) Difficile d'imaginer l'intense activité de ce port pendant la grande époque de la sardine. Premier port sardinier en 1901, il comptait mille chaloupes et vingt-six conserveries. Il ne subsiste que quelques barques, et les infrastructures liées à la pêche se sont installées sur un terre-plein jouxtant le vieux port. Sur le quai, les façades alignées des maisons aux couleurs vives donnent à l'endroit une tonalité presque méditerranéenne.

Halles (plan 9, C2) À l'étage, la salle des fêtes est décorée de fresques peintes par Robert et Abel Villard, Jim Sévellec et Maurice Le Scouëzec en 1938, représentant la vie et les paysages de Douarnenez. *Près du port du Rosmeur Ouvert lors d'expos*

☺ **Les Plomarc'h (plan 9, C2)** Ce village abandonné de pêcheurs et d'artisans, qui s'étalait du coteau jusqu'au port du Rosmeur, a été réhabilité en un vaste espace vert. Le sentier longe d'anciennes maisons, transformées en gîtes ruraux, et le lavoir. Dès l'époque gallo-romaine, la sardine était exploitée dans

Le *kouign-amann* : du beurre et du sucre...

Spécialité gastronomique de la ville, ce "gâteau beurré" a été inventé en 1860. Son origine reste obscure. Cette pâtisserie est-elle née d'une pâte à pain ratée lors d'une pénurie de farine où l'on inversa les proportions entre beurre, farine et sucre ? Ou bien la doit-on à quelques marins scandinaves qui auraient fait goûter leur pain légèrement sucré aux pâtissiers douarnenistes ? La tradition attribue sa paternité à Yves-René Scordia, né en 1828 à Ploaré, et boulanger de son état. L'office de tourisme diffuse la liste des pâtissiers regroupés dans l'association de promotion du véritable *kouign-amann* artisanal. Vous les trouverez grâce à leur logo apposé sur la vitrine de leur établissement.

Plan 9 Douarnenez

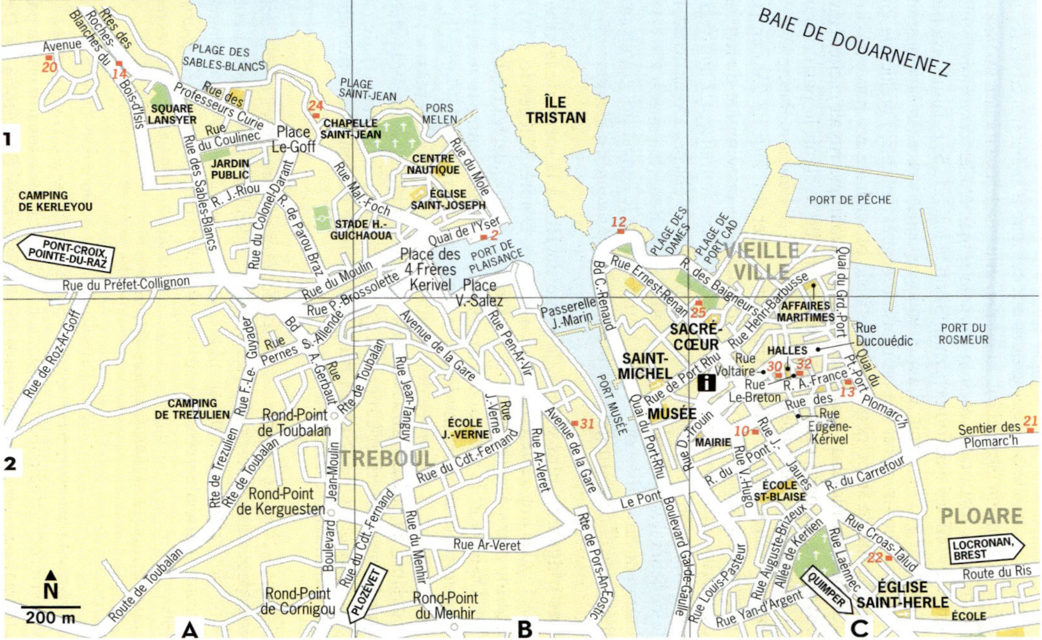

Café (n° 1)
Café de la Pointe* ____ **2** B1

Restauration (n° 10 à 14)
Crêperie Chez Tudall, Au goûter breton ____ **10** C2
Le Bigorneau amoureux ____ **12** B1
Le Bord'Eau ____ **13** C2
Le Saint-Pierre ____ **14** A1

Hébergement (n° 20 à 25)
Camping municipal Le Bois d'Isis ____ **20** A1
Gîte d'étape des Plomarc'h ____ **21** C2
Hostellerie Le Clos de Vallombreuse ____ **25** C2
Hôtel-restaurant Ty-Mad ____ **24** A1
Le Kériolet ____ **22** C2

Shopping (n° 30 à 32)
Au petit gourmand* ____ **30** C2
Biscuiterie de Douarnenez* ____ **31** B2
Penn Sardin* ____ **32** C2

*À RETROUVER DANS LA PARTIE DÉCOUVRIR

la baie. Des fouilles archéologiques ont exhumé d'anciennes cuves romaines qui servaient à la fabrication du *garum*, une sauce ressemblant au *nuoc-mâm* vietnamien, fort prisée dans la capitale romaine. Ces cuves, profondes de 4m, sont visibles depuis le chemin. Selon la légende, le palais du roi Marc'h se dressait à cet endroit. Il aimait galoper dans la mer sur son magnifique destrier. Une sirène lui jeta un mauvais sort et l'affubla d'oreilles de cheval. Les Plomarc'h se prêtent à une très belle promenade des hauteurs du port du Rosmeur à la plage du Ris. Entre les falaises, des criques cachées invitent à la baignade.

Église Saint-Herlé (plan 9, C2) Son clocher gothique de 55m en fait un amer précieux pour les marins. Datée de la seconde moitié du XVIe siècle, elle abrite un retable du Rosaire de 1640 dans le transept. Cinq verrières modernes représentent les adieux de Michel Le Nobletz à Douarnenez. Dans le cimetière, vous pourrez voir la tombe de René Laënnec (1781-1826), inventeur du stéthoscope. Né à Quimper, il fut le lauréat des grands prix de médecine et de chirurgie à Paris en 1802. *Rue Laënnec à Ploaré*

Les plages La plus grande, la plage du **Ris**, à la sortie de la ville vers Brest, offre une vaste étendue de sable fin. D'après la légende, c'est à cet endroit que s'élevait la ville d'Ys. Dans le centre, deux criques, la plage des **Dames** et la plage de **Pors-Cad**, s'étendent entre le port-Rhu et le terre-plein du port moderne, le long de la corniche qui longe la baie. Plus sauvage et préservée des habitations, la plage **Saint-Jean** à Tréboul est ceinte de falaises sur lesquelles se dressent un cimetière et la chapelle Saint-Jean. Un sentier côtier relie la plage au port de Tréboul et, de l'autre côté, à la plage des **Sables blancs**, entourée de résidences touristiques qui diminuent son charme.

● Où acheter des crêpes ? Pour être délicieuses, les crêpes doivent être dégustées toutes fraîches. Sur la place des Halles, une petite boutique vend des crêpes à la douzaine (4€), excellentes. Elles sont du matin même. Derrière le comptoir, on aperçoit le matériel de la crêpière. **Au petit gourmand (plan 9, C2 n°30)** *6, rue Eugène-Kérivel Tél. 02 98 92 65 89 Ouvert tous les matins sauf dim. en été et dim., lun. hors saison*

● Où acheter un bon *kouign-amann* ? Pour découvrir la fabrication du véritable *kouign-amann*, rendez-vous à la biscuiterie de Douarnenez ! Vous y trouverez également fars bretons, galettes et palets douarnenistes, pain et crêpes traditionnels ou à base de farine biologique. **Biscuiterie de Douarnenez (plan 9, B2 n°31)** *93, av. de la Gare (dir. Tréboul) Tél. 02 98 74 39 44 www.biscuiterie-douarnenez.com Ouvert lun.-sam. matin 7h-13h30 et 15h30-19h Visites juin-sept. : mer. et ven. 17h (durée 1h)*

● Où s'offrir des conserves bretonnes ? Penn Sardin est une minuscule boutique entièrement dédiée au poisson-vedette de Douarnenez : la sardine. Les boîtes de conserve – Connétable, Courtin, La Belle-Îloise – à l'effigie du phare d'Eckmühl ou du festival douarneniste "Les arts dînent à l'huile" s'amoncellent jusqu'au plafond. Large choix de paniers de conserves bretonnes.

Penn Sardin (plan 9, C2 n°32) *7, rue Le Breton (face aux Halles) Tél. 02 98 92 70 83 www.pennsardin.com Ouvert lun.-sam. 9h30-12h et 14h30-19h ; dim. 10h-12h Fermé mar. et dim. hors saison*

Où acheter des produits de la mer ? La société Cobreco fabrique des conserves de la mer depuis 1897 : noix de Saint-Jacques, thon, rillettes, salades de saumon, etc. Vente directe au magasin de l'usine. **Cobreco** *ZI de Lannugat (sortir de la ville dir. Quimper, puis tourner à gauche au bout de 4km) Tél. 02 98 92 32 08 www.cobreco.com Ouvert lun.-ven. 9h-11h30 et 14h-16h*

Où boire un verre ? Devant le port de plaisance à Tréboul, c'est un lieu de rendez-vous des régatiers et des plaisanciers. L'intérieur du bar n'est pas très engageant, mais sa terrasse face aux mâts des bateaux offre une halte agréable. **Café de la Pointe (plan 9, B1 n°2)** *55, quai de l'Yser Tél. 02 98 74 02 61 Fermé mar. et jan.*

Faire une sortie en mer Les vedettes Rosmeur proposent des croisières dans la baie de Douarnenez, avec la découverte de grottes marines et des falaises du cap Sizun (1h15, 14€/pers.), ou demi-journées de pêche en mer. **Vedettes Rosmeur (plan 9, C1)** *Sur le port de pêche Tél. 02 98 92 83 83 Tél. port. 06 85 95 55 49 www.douarnenez-croisieres.com Ouvert juil.-août*

Pratiquer des sports nautiques La baie offre un plan d'eau abrité, propice aux activités nautiques. Il est prisé des régatiers d'Europe. Des compétitions de Dragons s'y déroulent régulièrement. Les clubs sont rassemblés à Tréboul, entre le port de plaisance et la plage des Sables blancs.

Centre nautique municipal (plan 9, B1) Stages de voile d'une semaine dès 4 ans, pendant les vacances de printemps et d'été : jardin des mers, catamaran, dériveur, Optimist, etc. *Rue du Birou* ***Tréboul*** *Tél. 02 98 74 13 79 www.centre-nautique-douarnenez.fr*

Point-Passion-Plage (plan 9, A1) Location de planches à voile, catamarans et dériveurs. *Plage des Sables blancs* ***Tréboul*** *Tél. 02 98 74 33 33 Ouvert mi-juin-début sept. (sinon s'adresser au centre nautique municipal dont il dépend)*

Douarnenez Aqua-Club (plan 9, A1) Plongée en mer le week-end (pour licenciés uniquement), mais attention : pas de stages. *Villa Cornic Plage des Sables blancs* ***Tréboul*** *Tél. 02 98 74 17 36 www.douarnenez-aqua-club.fr*

Écoles et clubs de plongée sous-marine

Alain 3P (Pornichet) — 151
Groupe Atlantique de plongée (Le Croisic) — 164
Club de plongée Les Vénètes (Vannes) — 214
École de plongée de Quiberon — 312
Centre Haliotis Plongée (Quiberon) — 313
Blue Live (Larmor-Plage) — 360
Subagrec (Groix) — 369
Centre Breizh-Plongée (Concarneau) — 442
École fédérale de pêche sous-marine (Concarneau) — 442
CIP Beg-Meil — 450
CIP des Glénan — 460
Les Plongeurs du cap (Audierne) — 479
Douarnenez Aqua-Club — 497
Centre de plongée Isa (Morgat) — 512

GEOPLUS

LA VOILE TRADITIONNELLE

Une renaissance inattendue

Par **Xavier Mével**, journaliste spécialisé

Pendant les Trente Glorieuses, qui se souciait de l'héritage laissé par des siècles de navigation ? On vivait avec son temps, trépidant comme un diesel. Finie la voile au travail ! Jusqu'à ce que, à la fin des années 1970, une poignée d'irréductibles commence de résister à l'amnésie générale…

Il n'y a pas si longtemps que ça, dundées, bisquines, sloups, chaloupes se faisaient rogner les ailes ; les misaines cachou moisissaient dans les greniers ; des épaves agonisaient dans les vasières, quand elles n'étaient pas démembrées, incendiées, ou retapées à la diable par quelque clochard céleste en mal d'odyssée. Aujourd'hui, c'est une armada de bateaux traditionnels venus du monde entier qui reviennent régulièrement faire la fête en Bretagne, berceau de cette formidable reconquête du patrimoine maritime.

Histoire d'une renaissance Il y a moins de cinquante ans, alors que l'industrie nautique, dopée par les facilités qu'offrait le polyester, multipliait à l'envi les voiliers de série, des yachts anciens, chefs-d'œuvre d'architectes légendaires, éteignaient leurs bronzes au fond des rias. Qui allait s'en indigner ? Dans les vitrines du musée de la Marine ne cinglaient que les vaisseaux de la Royale, tandis que l'Université se berçait de l'écho tonitruant des batailles navales. Tout un pan de notre histoire maritime était délaissé, celle des petites gens, charpentiers de marine héritiers d'un savoir séculaire, pêcheurs côtiers, dorissiers de Terre-Neuve, pilotes, lamaneurs, marins des caboteurs et des long-courriers… Plusieurs plaisanciers commencèrent à regréer d'anciens bateaux de travail ; ils se retrouvaient à Saint-Malo sous la bannière des Old Gaffers, ou à la fête des Vieilles Coques de Concarneau. Quelques intellectuels aussi se mobilisèrent. Jean Le Bot montra la voie, qui arpentait les cimetières de bateaux dès les années 1950 pour en relever les plans de formes et publiait *Bateaux de Bretagne Nord*. François Beaudouin enchaîna avec *Bateaux des côtes de France*. En 1976, un collectif dirigé par Bernard Cadoret signa le premier tome d'*Ar Vag* ("Le Bateau"), une fresque ambitieuse – quatre tomes à ce jour – consacrée à la "voile au travail en Bretagne atlantique" et fondée essentiellement sur des enquêtes de terrain.

GEOPLUS

On assista alors à une floraison d'associations soucieuses de ressusciter les flottilles locales : bisquines de Cancale, lougres du Trégor, gabares de l'Iroise, sinagos du golfe du Morbihan… Le mouvement se cristallisa bientôt autour d'une Fédération régionale pour la culture maritime (FRCM), établie à Douarnenez en 1979. L'été suivant, Gilbert Le Moigne et Jakez Kerhoas, dont le Groupe finistérien de croisière venait d'acquérir l'ancien cotre-pilote *Solweig*, invitaient à Pors-Beac'h, en rade de Brest, les Old Gaffers malouins et les "Vieilles Coques" de Concarneau. L'affiche de cette fête fondatrice était signée par Yvon Le Corre, peintre trégorrois et patron d'Eliboubane, une réplique de chaloupe sardinière construite d'après un plan d'*Ar Vag*. En 1981, l'Abri du marin, fondé à Douarnenez par le philanthrope Jacques de Thézac pour héberger les pêcheurs sans foyer, était investi par la rédaction du *Chasse-Marée*, revue d'histoire et d'ethnologie maritimes lancée par Bernard Cadoret en même temps qu'une maison d'édition. Les pionniers du revival maritime disposaient désormais d'un porte-voix.

EMBARQUER EN BRETAGNE SUD

Concarneau
Gouelia Tél. 02 98 65 10 00

Le Croisic
Jeune Ariane
Tél. portable 06 99 36 68 24

Piriac-sur-Mer
Le Grand Norven
Tél. 02 40 23 67 35

Pornic
Le Shamra
Tél. portable 06 71 17 12 65

Port-Crouesty
Le Betelgeuse
Tél. 02 97 49 46 68

De Douarnenez à Brest Le port sardinier devint alors la Mecque de la voile traditionnelle. En 1985, le musée du Bateau ouvrit ses portes dans une ancienne conserverie du Port-Rhu. Non loin de là, la FRCM inaugura les Ateliers de l'Enfer, une école de charpente navale dont les stagiaires allaient essaimer sur tout le littoral. En 1986, *Le Chasse-Marée* organisa avec Jakez Kerhoas sa première fête maritime, chaleureuse Épiphanie réunissant bateaux, équipages et public dans une même communion. Les vétérans en parlent encore avec des trémolos dans la voix. Deux ans plus tard, huit cent cinquante bateaux venus de toute l'Europe ralliaient le port du Rosmeur devant des milliers de spectateurs ivres de bonheur. Fort de cet engouement, *Le Chasse-Marée* lançait son plus audacieux défi : que chaque port, de Dunkerque à Menton, restaure ou reconstruise le bateau qui a fait sa renommée, et que cette flotte ressuscitée se retrouve à Brest en 1992. Quatre ans plus tard, une centaine de voiliers traditionnels flambant neufs, fantômes échappés d'un passé que l'on pensait révolu, convergeaient vers le port du Ponant. Le pari était gagné

Faire une cure de thalassothérapie Derrière les larges baies vitrées du centre, la baie de Douarnenez. Après avoir essayé le jacuzzi et le hammam, laissez-vous tenter par l'enveloppement à la cire d'abeille et algues laminaires associées au karité et au miel, afin de retrouver votre peau de bébé (45€). Pour l'élimination des toxines, choisissez l'enveloppement d'algues chaudes (37€). C'est un enchantement. Des options week-end sont également proposées, comme le séjour "cocoon" (241€). **Thalasso Douarnenez (plan 9, A1)** *Rue des professeurs Curie* ***Tréboul*** *Tél. 02 98 75 55 55 www.thalasso.com Ouvert toute l'année*

CARNET D'ADRESSES

Restauration

petits prix

Crêperie Chez Tudal, Au goûter breton (plan 9, C2 n°10) La maison propose les crêpes savoureuses qui ont fait sa réputation depuis 1951. On déguste les spécialités, qui changent régulièrement, dans un décor breton. Des menus crêpes de 9,50€ à 19€. Réservation conseillée en fin de semaine. *36, rue Jean-Jaurès* ***Douarnenez*** *Tél. 02 98 92 02 74 Fermé en saison : dim. ; en basse saison : dim.-lun. sauf pendant vac. scol.*

Le Bigorneau amoureux (plan 9, B1 n°12) Accroché à la corniche telle une bernique sur son rocher, c'est assurément le restaurant de la ville le plus proche de la mer. En contrebas, la petite plage se prête à une sieste digestive. La salle de restauration s'ouvre sur la baie et l'île Tristan. La maison décline des spécialités à base de pommes de terre, en gratin, en robe des champs, accompagnées de poisson, de confit de canard ou d'andouille du pays. Comptez de 8€ à 20€ le plat. Ambiance musicale rock et petites expos photos mensuelles. Un endroit à la mode qui attire une clientèle jeune. En fin de semaine, pensez à réserver pour avoir une table face à la mer. *2, bd Richepin (plage des Dames)* ***Douarnenez*** *Tél. 02 98 92 35 55 www.bigorneau-amoureux.com Fermé lun. (et sam. midi hors saison)*

prix moyens

Le Bord'Eau (plan 9, C2 n°13) Ce restaurant à l'ancienne est une véritable institution du vieux port du Rosmeur. La cuisine est familiale et la qualité toujours au rendez-vous. On y vient en famille déguster un plateau de fruits de mer à 60€ pour 2 pers., une douzaine d'huîtres ou un poëlon de fruits de mer (20€). Menus de 20€ à 35€. *62, rue Anatole-France* ***Douarnenez*** *Tél. 02 98 92 60 86 Ouvert en été : tlj. ; hors saison : tlj. sauf mar. soir-mer.*

Le Saint-Pierre (plan 9, A1 n°14) Repris en 2007, le restaurant, vaste et clair, s'ouvre sur la baie et la charmante plage des Sables blancs. La cuisine, traditionnelle et copieuse, met l'accent sur la préparation des poissons nobles : lotte, saint-pierre, sole... pour un excellent rapport qualité-prix ; le premier menu déjeuner est à 16,80€, sinon comptez de 20€ à 38€. Le chef élabore une nouvelle carte trois à quatre fois par an pour le plaisir de la création. Possibilité de commander un plateau de fruits de mer à emporter (36€/pers.). *5, route des Roches-Blanches (Tréboul)* ***Douar-***

nenez *Tél. 02 98 74 03 33 www.restaurant-finistere.com Ouvert juil.-août : tlj. ; hors saison : lun.-mar. et jeu.-dim. midi Fermé nov.*

Hébergement

camping

Camping municipal Le Bois d'Isis (plan 9, A1 n°20) À 400m de la plage des Sables blancs dans le quartier de Tréboul. Emplacement ombragé et très confortable sur les hauteurs. Il vous en coûtera 11,10€ pour y planter votre tente. *Av. du Bois-d'Isis* ***Douarnenez*** *(du port de Tréboul, suivre la direction de la plage des Sables blancs, fléchage indiqué ensuite) Tél. 02 98 74 05 67 Ouvert début juin-mi-sept.*

très petits prix

Gîte d'étape des Plomarc'h (plan 9, C2 n°21) Deux gîtes ont été installés dans d'anciennes maisons du village abandonné des Plomarc'h. Le confort des dortoirs de 6 et 14 personnes est sommaire, mais leur emplacement, face à la baie de Douarnenez dans de verts pâturages, comblera les amoureux de la nature. Comptez env. 11,60€ la nuit par personne (location de draps 3€). Petites criques cachées à proximité et terrasse agréable. La réception se trouve dans une maison voisine en continuant après les gîtes. *Les Plomarc'h* ***Douarnenez*** *(remonter la rue Jean-Jaurès et tourner à gauche dans la rue du Carrefour ; compter 15min de marche du centre-ville) Tél. 02 98 92 75 41 Fermé vac. de Noël*

prix moyens

Le Kériolet (plan 9, C2 n°22) Sa façade ocre se remarque dans la rue qui conduit au sentier des Plomarc'h. Rénové dans les tons jaune soleil et gris, l'hôtel dispose de 8 chambres, de 54€ à 60€. Celles face à la mer ont une vue splendide sur la baie et le port du Rosmeur. Petit déj. 7€. Au restaurant, copieuse cuisine traditionnelle. Une petite marche est nécessaire pour se rendre dans le centre-ville. *29, rue Croas-Talud* ***Douarnenez*** *Tél. 02 98 92 16 89 Fermé dim. soir, lun. midi hors saison et vac. scol. de fév.*

Auberge de Kervéoc'h (hors plan 9, par C2) Située à l'entrée de Douarnenez, cette ferme en pierre accueille 13 chambres (47€-75€) tout confort à la décoration typiquement bretonne dont les textiles bleus et jaunes ornés de petits personnages sont signés du quimperois François Le Villec. Petit déj. 8€. L'auberge propose un menu du jour à 24€ et un menu enfant à 14€. *42, route de Kervéoc'h* ***Douarnenez*** *(accès par la route de Quimper D765, près de la plage du Ris) Tél. 02 98 92 07 58 www.auberge-kerveoch.com Ouvert toute l'année*

prix élevés

☺ **Hôtel-restaurant Ty-Mad (plan 9, A1 n°24)** À Tréboul, près de la plage Saint-Jean, il bénéficie d'un emplacement privilégié en pleine verdure. De nombreux artistes y ont séjourné durant l'entre-deux-guerres, dont le poète Max Jacob qui appelait cette pension "Ty mât de cocagne". Les propriétaires ont entièrement rénové le bâtiment : la décoration design, haut de gamme, jongle avec les tons naturels des matériaux nobles (lin, bois, pierre, ardoise...) qui la composent. Des 15 chambres (sans TV), celles en étage jouissent d'une vue enchanteresse sur la baie de Douarnenez. Délassez-vous au sauna et au hammam... Double de 55€ à 182€ selon la saison, petit déj. à 12,50€. En rez-de-jardin, la salle aux larges baies accueille des expositions d'art contemporain. Au restaurant : petite carte autour de produits locaux extrafrais. Menu à partir de 24€. Une adresse de charme, luxueuse et de toute beauté. Les propriétaires proposent en outre une maison pour 5 pers. de 1120€ à 1568€/sem selon la saison. *Plage Saint-Jean* **Douarnenez** *(du port de Tréboul, dir. Saint-Jean, l'hôtel est juste à côté de la chapelle Saint-Jean) Tél. 02 98 74 00 53 www.hoteltymad.com Fermé mi-nov.-mi-mars*

Hostellerie Le Clos de Vallombreuse (plan 9, C2 n°25) Après rénovation, cette demeure du début du XXe siècle à la façade élégante, coiffée de deux pignons recouverts d'ardoises, propose des prestations haut de gamme : parc et piscine surplombant la baie et chambres en rez-de-jardin pourvues de salon. Plafonds hauts, moulures, moquettes épaisses, murs tendus de tissus... les amateurs du style grand siècle seront comblés. Les 26 chambres tout confort déclinent des teintes pastel reposantes (65€-150€). Petit déj. 13€. Le restaurant gastronomique ouvre sur le jardin. Menu à partir de 21€. Vous cherchez la plage la plus proche ? Elle se trouve à 20m. *7, rue d'Estienne-d'Orves* **Douarnenez** *(dans le centre, près de l'église du Sacré-Cœur) Tél. 02 98 92 63 64 www.closvallombreuse.com*

FINISTÈRE SUD

★LOCRONAN

29180

Le temps semble s'être arrêté à Locronan. Cette cité conserve intact un patrimoine architectural exceptionnel. L'histoire de la ville est associée à la légende de saint Ronan, un ermite irlandais qui christianisa les rites druidiques pratiqués par les habitants. Héritage de ces coutumes ancestrales, la Troménie rassemble chaque année sur plusieurs kilomètres des marcheurs en procession. La ville connut une vague de prospérité, aux XVIe et XVIIe siècles, fondée sur le commerce des toiles de lin et de chanvre qui étaient exportées aux quatre coins de l'Europe. L'essor industriel et l'abandon de la marine à voile plongea la cité dans un profond sommeil, avant que le tourisme ne ressuscite la belle endormie. Au nord, le Ménez-Hom, avec ses 330m, constitue le dernier relief des Montagnes noires.

LA TROMÉNIE DE LOCRONAN À partir du Ve siècle av. J.-C., les Celtes s'établissent sur le site et y érigent un *nemeton*. Ce temple formait un quadrilatère, sur un périmètre de 12km, représentant les douze mois de l'année celtique ; il symbolisait sur terre le parcours des astres dans le ciel. Saint Ronan christianisa ce lieu sacré et, au XIe siècle, le comte de Cornouaille délimita le tracé de la Grande Troménie qui suit le chemin défini par le *nemeton*. Selon la légende, le saint empruntait ce parcours à jeun chaque semaine, tandis que, tous les six ans, les habitants effectuaient le pèlerinage pour s'assurer que la mort leur ouvrirait les portes du paradis. Cette tradition connaît un renouveau depuis une dizaine d'années. Locronan bénéficie du label "Petite cité de caractère".

MODE D'EMPLOI

accès

EN VOITURE
À 16km de Quimper par la D39 ; à 10km de Douarnenez par la D7 ; à 70km de Brest.

EN CAR
Des liaisons en autocar avec Quimper sont organisées (ligne n°10 Quimper-Camaret).
Réseau Penn ar Bed *Tél. 0810 810 029 www.viaoo29.fr*

orientation

Les maisons anciennes se serrent autour de la place monumentale, dominée par l'église Saint-Ronan et la chapelle accolée du Pénity.

informations touristiques et pratiques

Office de tourisme Il organise des visites guidées mêlant histoire, patrimoine architectural et traditions populaires ; en juil.-août à 14h30 sur rés. (2€, gratuit pour les moins de 16 ans) *Pl. de la Mairie Tél. 02 98 91 70 14 www.locronan.org Ouvert mai, juin, sept. : lun.-ven. 10h-12h et 14h-18h ; juil.-août : lun.-sam. 10h-13h et 14h-18h, dim. 14h-18h ; oct. : lun., mer., jeu. 14h-17h et mar., ven. 10h-12h ; vac. scol. : lun.-ven. 10h-12h et 14h-17h*
Parking Le plus pratique est situé aux portes du bourg, mais il est payant (3€). Le paiement est valable pour la saison. Gratuit hors saison.

marchés, fêtes et manifestations

Marché *Pl. de la Mairie Mar. matin*
Marché aux étoiles *Artisanat et terroir, animations de rue Juil.-août jeu. soir*
Foire à la brocante et aux antiquités *Brocante et animations de rue Trois fois en juil.-août 9h-19h*
Petite Troménie *Tous les ans, en dehors de la Grande Troménie. Une procession se déroule sur 6km, tirant ses origines des rites druidiques. 2e dim. de juil.*
Grande Troménie Procession sur 12km. *Tous les six ans (prochaine manifestation en juillet 2013), entre le 2e et 3e dim. de juillet*

FINISTÈRE SUD

DÉCOUVRIR

☆**Les essentiels** La vieille ville, l'église Saint-Ronan, l'enclos paroissial de Sainte-Marie-du-Ménez-Hom **Découvrir autrement** Admirez le point de vue sur la baie de Douarnenez du Plas ar horn, dégustez des croustillants Lichouzic à Plonévez-Porzay **> Carnet d'adresses p.507**

Locronan

☆**Place et vieilles rues** Autour de l'église prioriale, quatorze riches demeures, des XVIIe et XVIIIe siècles, formant un bel ensemble architectural avec leur puits commun, abritaient les notables et marchands de toile. En bas de la place se trouvait le siège de la Compagnie des Indes. De cette place rayonnent toutes les vieilles rues de la ville. La rue Moal, ancien quartier des tisserands, était autrefois la plus animée.

☆ **Église Saint-Ronan** Parfait exemple de l'art ogival flamboyant du XVe siècle, l'église Saint-Ronan et la chapelle du Pénity forment un même ensemble architectural : à gauche, la tour massive de l'église, posée sur ses quatre piliers (que la foudre a découronnée en 1808), est percée d'un vaste porche en plein cintre ; à droite, le pignon de la chapelle pointe vers le ciel sa flèche élancée. De chaque côté, contreforts, galeries ajourées et pinacles témoignent de la magnificence de cet art ogival flamboyant. L'église, édifiée de 1420 à 1480 en forme de cathédrale, présente un plan rectangulaire caractéristique de l'époque gothique tardive. Sa triple nef soutenue par des voûtes en pierre et des croisées en ogives témoigne du projet d'élever un édifice imposant. Le volume intérieur se développe au rythme des piliers qui délimitent la nef et ses bas-côtés. Le sol s'élève de la travée de la tour jusqu'à l'autel. Un degré, dont le seuil est marqué par deux puissants piliers, souligne ce mouvement. L'église recèle un mobilier somptueux dont deux statues de saint Corentin, à gauche (bois polychrome, XVIIe s.) et de saint Ronan à droite (granit polychrome, XVIe s.) et plusieurs retables. L'étonnante chaire à prêcher en bois polychrome (1707) célèbre la vie de saint Ronan en dix médaillons, depuis sa venue d'Irlande jusqu'au retour des reliques. Une grande verrière (vers 1480) domine le maître-autel : entre les meneaux se déroule le récit de la Passion du Christ en dix-huit panneaux répartis sur six lancettes (à lire de gauche à droite et de bas en haut). Accolée à l'église, la chapelle du Pénity, à laquelle on accède par le narthex, fut construite au début du XVIe siècle à la demande de la duchesse Anne. Elle abrite le tombeau de saint Ronan sous un gisant très ouvragé que supportent six anges cariatides portant les armoiries des familles nobles du pays. À gauche de l'autel se tient une émouvante Descente de Croix en granit polychrome (XVe s.). *Visite guidée lun.-ven. 10h30-12h30 et 15h-19h, dim. 15h-19h Concert en été, les mar. à 21h Rens. à l'OT*

Chapelle Notre-Dame-de-Bonne-Nouvelle On accède à cette chapelle du XVe siècle, très remaniée au XVIIe siècle, par la rue Moal (très pentue). Son dôme émerge du feuillage. Vitraux de Maneissier. Devant son porche, un ancien lavoir et une fontaine monumentale dédiée à saint Eutrope.

Musée d'Art et d'Histoire Il relate l'histoire de la cité, depuis ses rites celtiques jusqu'à la prospère industrie de la toile, et évoque le célèbre pardon de la Troménie. Sur deux étages sont accrochés des tableaux de peintres qui ont été inspirés par la Cornouaille. Des visites guidées avec un tisserand sont proposées. *Pl. de la Mairie Tél. 02 98 91 70 14 Ouvert mai, juin, sept. : lun.-ven. 10h-12h et 14h-18h ; juil.-août : lun.-sam. 10h-13h et 14h-18h, dim. 14h-18h ; oct. : lun., mer., jeu. 14h-17h et mar., ven. 10h-12h ; vac. scol. : lun.-ven. 10h-12h et 14h-17h Tarif 2€, réduit 1€ Visite guidée lun. a.-m. et jeu. a.-m. pour les groupes : 2,50€/pers.*

● **Où déguster un véritable *kouign-amann* ?** La maison de M. Larnicol, sacré meilleur ouvrier de France, vaut déjà le détour. Cette ancienne bâtisse de granit du XVe siècle, aux poutres apparentes et dotée d'une antique cheminée, invite à s'arrêter... d'autant plus que les pièces débordent de chocolats et gâteaux faits maison. Les kouignettes, mini *kouign-amann* aux fruits (1,25€ l'unité), constituent un point d'attrait irrésistible. Quelques audacieux se laisseront tenter par les Torchettes – répertoriées dans les spécialités culinaires de France –, galettes bourrées d'énergie qui conjuguent les arômes de fruits secs et d'algues bretonnes. **Larnicol** *Pl. de l'Église Tél. 02 98 91 74 47 www.larnicol.com Ouvert vac. scol. : tlj. 10h-18h ; reste de l'année : lun. et mer.-ven. 14h-18h ; sam.-dim. 10h-13h et 14h-18h*

● **Où acheter de la verrerie d'art ?** Les créations de la verrerie de Locronan sont toutes uniques, des sous-verres avec inclusions colorées (59€ les 6) ou des porte-couteaux (36€ les 6) jusqu'aux pièces de collection, en passant par de multiples objets de décoration : verres, vases, pendentifs... Vous pourrez admirer l'art du souffleur tous les après-midi, car tout un pan de la boutique ouvre directement sur l'atelier. **Verrerie de Locronan** *Rue du Four Tél. 02 98 91 74 39 www.verreriedelocronan.com Ouvert tlj. 10h-12h et 14h-19h ; juil.-août : tlj. 9h-19h*

Les environs de Locronan

☺ **Plas ar horn** Perchée à une altitude de 289m, la montagne de Locronan offre une magnifique vue sur la baie de Douarnenez. *À 2km à l'est de Locronan, vers le camping municipal*

Notre-Dame-de-Kergoat Étonnant de découvrir une chapelle si monumentale (XVIe-XVIIe s.) au cœur d'un modeste hameau. Mais son pardon était particulièrement réputé et les eaux de sa fontaine miraculeuse, située à l'orée de Bois-le-Duc, guérissaient les maladies du sang, ce qui explique la richesse des offrandes des pèlerins. ***Quéménéven** (à 10km à l'est de Locronan sur la D61)*

Chasse de saint Hubert L'église de Cast, sur la D107 en direction de Douarnenez, mérite une halte. Le groupe sculpté *La Chasse de saint Hubert* représente une scène unique en son genre. Des chiens conduisent saint Hubert auprès d'un cerf qui porte entre ses ramures un crucifix. La pièce, datée de 1525, devait orner un calvaire aujourd'hui disparu. Les personnages en costume du XVIe siècle, taillés dans la pierre de Kersanton, sont élégants et réalistes. ***Cast** (à 10km au nord de Locronan dir. Châteaulin)*

Église Saint-Thurien Cette église paroissiale se distingue par son clocher, une élégante réalisation du XVIIe siècle. Six superbes verrières du XVIe siècle éclairent l'intérieur, richement décoré de statues en bois et de meubles. ***Plogonnec** (à 3,5km au sud de Locronan sur la D63 dir. Quimper)*

Forêt de Névet Pour marcher sur les traces de saint Ronan, qui s'était retiré dans cette forêt, ou plus simplement profiter des sentiers qui se faufilent sous les frondaisons des hêtres, chênes et châtaigniers. À l'intérieur du bois, de nombreuses pistes forestières sont balisées. *À l'ouest de Locronan, dir. Kerlaz*

Sainte-Anne-la-Palud Située près de la plage du même nom, elle a été reconstruite plusieurs fois, et ne présente aucun charme particulier : son intérêt relève du symbole. Sainte Anne est particulièrement chère aux Bretons. La mère de la Vierge est aussi la patronne des mères de famille, et elle est invoquée pour la récolte des foins. Son pardon, le dernier dimanche d'août, est un des plus importants de Bretagne. L'édifice abrite une statue de la sainte en granit, peinte, qui date de 1548. *À 8km au nord de Locronan par la D63 puis la D61*

Monument à Jean-Marie Le Bris En décembre 1856, Jean-Marie Le Bris s'est élancé sur la plage de Tréfeuntec à bord de son planeur l'*Albatros* et a volé pendant quelques dizaines de mètres. Il est considéré comme l'un des pionniers de l'aviation. ***Pointe de Tréfeuntec*** *(à 8km à l'ouest de Locronan, à gauche avant d'arriver à Sainte-Anne-la-Palud)*

Les plages Au fond de la baie de Douarnenez, les plages du **Ris**, de **Kervel**, **Saint-Anne-la-Palud**, **Lestrevet** et **Pentrez** sont de vastes étendues de sable, immenses à marée basse, et propices au cerf-volant et au char à voile.

● **Où goûter galettes et palets ?** Découvrez les galettes, les palets et les croustillants Lichouzic, la spécialité de la maison Jain. La boutique vend également les produits phares de la région : conserves de sardines, faïence, chouchen... **Biscuiterie Jain** *1, rue de la Clarté 29950* ***Plonévez-Porzay*** *(à 4km au nord de Locronan) Tél. 02 98 92 50 63 Ouvert juil.-août : lun.-sam. 9h-12h30 et 14h-19h, dim. 9h30-12h30 ; hors saison : mar.-sam. 9h30-12h15 et 14h30-18h30 Visite de la biscuiterie juil.-août : lun., ven. et sam. 10h-12h et 16h-19h Fermé les 3 dernières sem. de jan.*

● **Faire du char à voile** Le club de Pentrez permet de découvrir le char à voile (15€/h), pendant la période estivale. **Club de char à voile de Pentrez** *5, rue du Ménez-Hom Pentrez* ***Saint-Nic*** *Tél. port. 06 11 80 09 79 http://ccvpentrez.free.fr Ouvert été et vac. scol.*

Le Ménez-Hom

La montagne arasée par les vents et aux flancs couverts d'une lande rachitique culmine à 330m d'altitude. Un panorama exceptionnel s'offre à ceux qui atteignent son sommet aride, dernier ressaut de la crête des Montagnes noires. Par beau temps, le regard embrasse à l'ouest la large baie de Douarnenez, la presqu'île de Crozon et les méandres de l'Aulne qui se jette dans la rade de Brest. Côté est, on aperçoit la ligne sombre des Montagnes noires et un peu plus au nord les monts d'Arrée. Le Ménez-Hom est entouré par le Run Braz, le Run Bihan et le Run Askol. Cet ancien lieu de culte d'un dieu solaire est devenu une terre d'élection pour les amateurs de parapente. *À 17km au nord de Locronan*

☆ **Sainte-Marie-du-Ménez-Hom** Cette chapelle dotée d'un enclos paroissial possède un maître-autel imposant et des autels latéraux recouverts de retables et de boiseries sculptés (XVIIIe s.). Le retable qui décore le fond de l'église est l'un des plus beaux de Cornouaille. La richesse de cet édifice, très isolé, s'explique par sa situation stratégique. L'endroit était un important carrefour commercial, les taxes sur les échanges étant reversées pour la construction de la chapelle. Deux dalles, à l'entrée de l'enclos, sont creusées de coupes. Ces pierres de réemploi témoignent des cultes préhistoriques des premiers occupants du Ménez-Hom. *À 15km au nord de Locronan par la D63 puis la D47*

Survoler le Ménez-Hom en parapente Le Club celtic de Plomodiern propose initiations et stages pour observer la montagne du ciel. Comptez 200€ pour un stage de 8h avec 4 vols **Club celtic de vol libre** *29150* ***Plomodiern*** *Tél. 02 98 81 50 27 Tél. port. 06 80 32 47 34 www.vol-libre-menez-hom.com*

CARNET D'ADRESSES

Restauration

petits prix

Crêperie Ty Coz L'adresse dépasse en renommée ses nombreuses consœurs. Située en face de l'église, dans une maison de caractère, son intérieur rustique est chaleureux et confortable. Côté cuisine, les crêpes cultivent le classicisme. Outre leur saveur, les prix pratiqués n'ont rien d'excessif. Crêpe au chèvre du Ménez-Hom à 6,10€, à l'andouille de Bretagne à 3,60€. *Pl. de l'Église* ***Locronan*** *Tél. 02 98 91 70 79 Ouvert mar.-dim. 12h-21h Fermé nov.-Pâques et ouverture spéciale pour les vac. de Noël*

prix moyens

Restaurant de l'hôtel Le Prieuré Il présente une formule à 15€ et des menus allant de 23€ à 45€, avec par exemple une salade à l'andouille tiède et aux pommes suivie d'une aile de raie aux câpres. Spécialités de poissons et crustacés. *11, rue du Prieuré* ***Locronan*** *(cf. Hébergement) Tél. 02 98 91 70 89*

Dans les environs

petits prix

Relais du Nevet Devant l'église de Plogonnec, entrez dans cet hôtel-bar-restaurant ouvrier. Les agapes se déroulent dans l'ancienne salle des mariages parquetée. Claustras, fresques en brise-vues et couleurs vives reconstituent avec inventivité des espaces conviviaux ponctués de potées d'hortensias. Michelle et Armand servent une savoureuse cuisine familiale, propre à rassasier les plus affamés, à prix raisonnables : plat du jour, moules marinière à env. 10€, formules à 16€ et 22€. Les pizzas démesurées (également à emporter) sont connues de tout le voisinage. Le Relais possède aussi quelques chambres simples et nettes (38€). Une bonne adresse pour rayonner alentour ! *29180* ***Plogonnec*** *(à 3,5km au sud de Locronan) Tél. 02 98 91 72 36 Ouvert juil.-août : mar.-dim. midi et soir (jusqu'à 21h30) ; le reste de l'année : tlj. sauf ven. midi, sam. midi et dim. midi*

prix très élevés

Auberge des Glazicks Les gastronomes viennent de loin pour goûter la cuisine de ce restaurant, caché dans le bourg rural de Plomodiern. Formé chez les prestigieux chefs cuisiniers Thorel et Robuchon, récompensé par la Toque de cristal, Olivier Bellin emploie son talent à préparer des plats raffinés qui mettent à l'honneur les produits du terroir. Poissons, coquillages, crustacés, mais aussi viandes sont déclinés à l'envi. Menus de 49€ à 135€. *7, rue de la Plage 29550* ***Plomodiern*** *(à 12km au nord de Locronan) Tél. 02 98 81 52 32 www.aubergedesglazick.com Fermé lun.-mar., nov. et mars*

Hôtel de la Plage Les propriétaires sont amateurs d'art et tous les

FINISTÈRE SUD

espaces (bar, réception, restaurant) constituent un ravissement pour les yeux. Sous les lustres étincelants qui illuminent les peintures de Mathurin Méheut, vous goûterez une cuisine savoureuse et raffinée : une expérience gastronomique mémorable face au grand bleu. Menus de 52€ à 92€. 29550 ***Sainte-Anne-la-Palud*** *(à 8km au nord de Locronan) Tél. 02 98 92 50 12 www.plage.com Ouvert jeu., sam. et dim. midi et tous les soirs Fermé nov.-mars*

Hébergement

camping

Camping de Locronan Situé sur les hauteurs, il propose 125 emplacements à proximité d'un beau point de vue, à 10min à pied du bourg. Comptez de 14,40 à 16,30€ pour 2 pers. *Rue de la Troménie* ***Locronan*** *Tél. 02 98 91 87 76 Tél. port. 06 28 80 44 74 www.camping-locronan.fr Ouvert avr.-nov. Accueil ouvert 9h-11h et 18h-20h*

prix moyens

Hôtel Le Prieuré À l'entrée de la ville, sur la droite, une belle demeure en pierre de taille avec des meubles bretons patinés par le temps. Les chambres à la tapisserie romantique font bonne figure. Certaines, en duplex, peuvent accueillir jusqu'à 5 personnes. Double hors saison 63€, en juillet-août 76€. Petit déj. 8€. Un rapport qualité-prix raisonnable pour cette cité touristique. Accès wifi. *11, rue du Prieuré* ***Locronan*** *Tél. 02 98 91 70 89 www.hotel-le-prieure.com Fermé mi-nov.-mi-mars*

Dans les environs

petits prix

Chambres d'hôtes M. Le Gall Cinq chambres dont 2 dans la maison principale (42€) et 3 dans une annexe (37€), au confort plus spartiate. Petit déjeuner compris. Coin cuisine dans l'annexe. En pleine campagne, au milieu d'un beau jardin, à 3,5km de Locronan. *Leurbiriou 29180* ***Plogonnec*** *(à 4km au sud de Locronan, avant Plogonnec, prendre à droite dir. Le Juch par la D39, un panneau indique les chambres d'hôtes sur la droite) Tél. 02 98 51 81 68 www.leurbiriou.com*

Chambres d'hôtes Mme Jain Dans un hameau à 1,5km de Locronan, une ferme abrite 4 chambres un peu désuètes avec salle d'eau. Profitez de la véranda pour prendre le petit déjeuner face à la campagne. Comptez de 48 à 50€ la chambre avec petit déj. ***Rodou-Glaz*** *29180 Locronan (au rond-point en arrivant de Quimper, dir. Crozon-Châteaulin, tournez à la première route à gauche et fléchage indiquant "Rodou Glaz") Tél. 02 98 91 85 34 Tél. port. 06 99 22 91 60 www.rodou-glaz.com Ouvert Pâques-fin sept.*

prix moyens

Relais de Tréfeuntec Il est intéressant pour sa situation près de la

GAMME DE PRIX	RESTAURATION	HÉBERGEMENT
Très petits prix	moins de 10€	moins de 30€
Petits prix	de 10 à 20€	de 30 à 50€
Prix moyens	de 20 à 30€	de 50 à 80€
Prix élevés	de 30 à 40€	de 80 à 100€
Prix très élevés	plus de 40€	plus de 100€

plage Sainte-Anne-la-Palud qui fait les délices des surfeurs. Le paysage sauvage des plages du Porzay est de toute beauté. Les chambres sont simples et sans prétention. Chambre double à partir de 48€ (WC sur le palier) et 63€ (salle de bains). Petit déj. 7€. *Tréfeuntec 29550* ***Plonévez-Porzay*** *(à 7km de Locronan, dir. Plonévez-Porzay et dans le bourg dir. Châteaulin, puis Sainte-Anne-la-Palud) Tél. 02 98 92 50 03 www.relais-de-trefeuntec.com Fermé mi-nov.-début avr.*

prix élevés

Hôtel-restaurant Manoir de Moëllien À l'orée d'un bois, à 2km de Locronan, ce manoir restauré, du XVIIe siècle, propose des chambres dans ses dépendances aux façades de granit. Certaines possèdent un duplex pour l'hébergement de 3 ou 4 personnes. On regrette un peu l'approche moderne et fonctionnelle des chambres qui tranche avec le cachet de l'environnement. Malgré tout, le cadre est des plus agréables avec une large terrasse recouverte de graviers et, çà et là, des chaises en teck dispersées dans le parc. Le petit déjeuner est servi dans une vaste salle du manoir qui vous projette plusieurs siècles en arrière. Vous pourrez admirer le superbe escalier en pierre qui conduit à l'étage. Il faut compter de 88€ à 148€ pour une chambre double. *29550* ***Plonévez-Porzay*** *(de Locronan, au rond-point en arrivant de Quimper, dir. Crozon-Châteaulin, tourner à la première route sur la gauche et suivre le fléchage) Tél. 02 98 92 50 40 www.moellien.com Fermé mi-nov.-fin mars*

★PRESQU'ÎLE DE CROZON

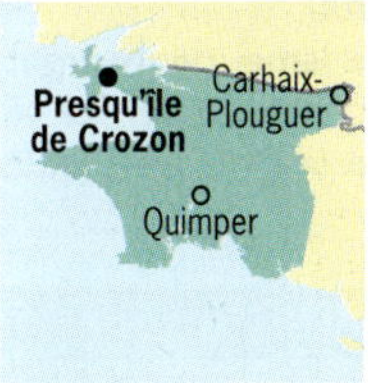

Ancre marine pour les uns, croix de pierre pour les autres, les côtes déchiquetées et sauvages de la presqu'île attisent l'imagination. Comme si l'esprit, saisi par le spectacle d'une nature aussi sévère, devait l'apprivoiser en lui prêtant une apparence rassurante et rationnelle. "Tout semble être réuni là pour séduire et effrayer, pour étonner, pour frapper l'imagination, pour jeter l'esprit aux vertiges de l'immensité et du mystère, pour faire comprendre que c'est la fin du monde", s'exclamait avec lyrisme Gustave Toudouze dans son roman *Péri en mer*. La géologie lève une part du mystère. La mer a rongé les roches tendres jusqu'au plateau de grès armoricain extrêmement dur, qui dessine des à-pics vertigineux. Au nord, la pointe des Espagnols enserre la rade de Brest jusqu'au goulet, un chenal étroit qui ouvre l'accès à la ville portuaire. Sa dimension stratégique n'a pas échappé aux militaires. Pour assurer la défense de Brest, Vauban couvrit cette partie du littoral d'un dispositif défensif. Héritage lointain de cette tradition, l'île Longue abrite aujourd'hui le sanctuaire de la dissuasion française : la base

des sous-marins nucléaires. Les falaises du cap de la Chèvre ferment, au sud, la baie de Douarnenez. Entre ces deux éperons rocheux, la pointe de Dinan et son étrange château naturel creusé dans la roche et la pointe de Pen-Hir prolongée par trois blocs, les Tas de pois, offrent des panoramas spectaculaires sur la mer d'Iroise. Les sentiers côtiers sont le meilleur moyen de découvrir ce littoral de toute beauté. La nature est reine ; l'empreinte de l'homme, discrète. Elle se signale par les petits ports authentiques de Camaret-sur-Mer, du Fret, de Morgat – cité balnéaire de la Belle Époque –, et le gros bourg de Crozon. Aux marches de la presqu'île, les paysages s'adoucissent. Dans l'ultime méandre majestueux de l'Aulne se dressent les vestiges émouvants de Landévennec, la plus ancienne abbaye de Bretagne, dont le pouvoir spirituel a rayonné pendant plus de dix siècles.

MODE D'EMPLOI

accès

EN VOITURE

Le bourg de Crozon est la porte de la presqu'île. À 59km de Brest par la N165, prendre la sortie Le Faou et la route départementale D791 ; à 49km de Quimper par la D63, puis la D887 ; à 35km de Châteaulin par la N787.

EN CAR

Liaisons en autocar avec Brest, Quimper, Camaret-sur-Mer, Le Fret.
Gare routière *En face de l'office de tourisme de Crozon Tél. 02 98 27 02 15*
Réseau Penn ar Bed *Tél. 0810 810 029 www.viaoo29.fr*

EN BATEAU

Le port du Fret, à 5,5km au nord de Crozon, est relié par bateau au port de commerce de Brest par la compagnie Azenor.
Azenor *Tél. 02 98 41 46 23 www.azenor.com*

orientation

Crozon est la ville principale de la presqu'île du même nom. Le bourg est situé au carrefour de routes qui conduisent à **Camaret-sur-Mer**, **Morgat** et **Le Fret**. Morgat est relié à Crozon par le boulevard de la France-Libre, long de 2km.

informations touristiques

Office de tourisme Crozon-Morgat *Bd de Pralognan 29160* **Crozon** *Tél. 02 98 27 07 92 www.officedetourisme-crozon-morgat.fr Ouvert juin-sept. : lun.-sam. 9h30-13h et 14h-19h, dim. 10h-13h ; hors saison : lun.-sam. 9h30-12h et 14h-17h30 (sam. 17h)*
Office de tourisme de Morgat *Place d'Ys 29160* **Morgat** *Tél. 02 98 27 29 49 www.morgat.fr Ouvert toute l'année 9h-12h*

fêtes et manifestations

Festival du bout du monde Concerts de musiques du monde. *Août www.festivalduboutdumonde.com*

DÉCOUVRIR

☆ **Les essentiels** La pointe de Dinan **Découvrir autrement** Flânez dans les ruelles de Morgat, promenez-vous le long des falaises du cap de la Chèvre, profitez du superbe panorama sur Brest offert par la pointe des Espagnols > **Carnet d'adresses p.513**

La presqu'île de Crozon

Crozon-Morgat

Crozon Le destin de Crozon est intimement lié à celui de Morgat, qui appartient à la même commune. L'un concentre les commerces tandis que l'autre s'adonne aux joies balnéaires. À Crozon, les commerces sont implantés entre le boulevard de Pralognan et la place de l'Église bordée d'une zone piétonnière. L'**église Saint-Pierre** est intéressante pour son retable dit "des 10 000 Martyrs" (XVIIe s.) en bois sculpté . Il retrace cette légende des 10 000 soldats de l'empereur romain Hadrien convertis et menés à la victoire par un ange, puis crucifiés pour avoir refusé de sacrifier aux idoles. Une fresque monumentale en vingt-neuf tableaux, qui représente quatre cents personnages.

Morgat Bénéficiant d'un panorama magnifique sur la baie de Douarnenez, Morgat offre une belle plage abritée des vents. Le long de la promenade, s'égrènent hôtels, restaurants et villas anciennes. Le port est installé à l'extrémité de l'anse. À la fin du XIXe siècle, l'industriel Armand Peugeot, séduit par ce port de pêche et sa plage, les mit à la mode notamment en construisant le fameux Grand Hôtel de la Mer. Dans son sillage, furent bâties de belles villas qui donnent à cette cité balnéaire un cachet Belle Époque.

● **Où boire un verre ?** Le Kerguelen pour les habitants, La Flambée sur l'enseigne... Sa terrasse, face à la plage, s'anime en fin d'après-midi. Belle décoration en bois et musique à tous les étages avec un grand choix de rhums arrangés et de bières. Possibilité de manger une pizza ou une crêpe à l'étage. **Le Kerguelen/La Flambée** *22, quai du Kador* ***Morgat*** *Tél. 02 98 27 12 24 Ouvert tlj. jusqu'à 1h*

● **Découvrir grottes et falaises en bateau** La mer a creusé des cavités profondes dans les falaises formant des grottes marines. Certaines sont accessibles à marée basse, les plus grandes nécessitent un bateau. Véritable cathédrale marine, la grotte de l'Autel s'enfonce ainsi dans le roc sur 90m de profondeur. Les Vedettes Rosmeur proposent une découverte de petites grottes facilement accessibles. Durée 45min, les billets (11€, réduit 8€) sont en vente notamment sur le port de plaisance. **Vedettes Rosmeur** ***Morgat*** *Tél. 06 98 11 99 33 ou 06 85 95 55 49 http://rosmeur.fr*

● **S'initier à la plongée sous-marine** Isa, centre de plongée de Morgat, propose des baptêmes à 41€. Pour les expérimentés, afin de pouvoir plonger sur épaves, tombants ou plateaux, n'oubliez pas votre carte de niveau ou votre licence ainsi qu'un certificat médical. **Centre de plongée Isa** *Port de plaisance* ***Morgat*** *Tél. 02 98 27 05 00 www.centreisa.fr*

● Pratiquer des activités nautiques Le centre nautique de Crozon centralise tous les renseignements sur les activités, y compris les locations de planches à voile, dériveurs, catamarans, bateaux à moteur ou kayaks de mer. **Centre nautique de Crozon-Morgat** *Morgat Tél. 02 98 16 00 00 www.cncm.fr*

● Se balader à vélo Avec Crapato, partez à la découverte des sentiers balisés sans plus tarder ! Location de vélos (10€/j.). **Crapato** *Sur la promenade* ***Morgat-Plage*** *Tél. port. 06 88 71 72 22*

● Monter à cheval Stages et balades à cheval adaptés à tous les niveaux. Le centre équestre de Tréberon organise notamment des randonnées sur la plage de l'Aber, une vaste étendue encore sauvage. **Étrier de l'Aber** ***Tréberon*** *(sur la plage de Postolonnec, remontez par la route à gauche) Tél. 02 98 26 24 63*

● Se distraire en famille Suivez le conseil : "Mieux vaut marcher doucement dans la bonne direction que de courir dans la mauvaise" et découvrez la légende locale cachée au cœur de Peninsula, labyrinthe géant de palissades. À l'entrée, une exposition intéressante retrace son histoire. **Peninsula** *Menez Kerbasguen, route de Dinan (à 2km de Crozon, RD 308) Tél. 02 98 26 25 34 www.peninsulabyrinthe.com Ouvert été : tlj. 10h-19h ; avr.-juin et sept. : tlj. 14h-18h ; hors saison : mer., sam. et dim. 14h-18h Tarif 7€, réduit 6€*

Cap de la Chèvre

La presqu'île de Crozon offre plusieurs points de vue superbes. Le cap de la Chèvre en fait partie. Il clôt au nord-ouest la baie de Douarnenez. Par temps clair, on peut apercevoir la pointe du Raz. À certains endroits, ses falaises atteignent 100m de hauteur et plongent à pic dans la mer. Dommage que l'éperon rocheux soit quelque peu enlaidi par un bâtiment de la Marine nationale... Un peu plus au nord, la plage de la Palud constitue un spot de surf prisé pour ses vagues, mais la baignade y est interdite en raison de la force des courants. Plusieurs sentiers pédestres se fraient un chemin à travers la lande sauvage qui ondule sous les bourrasques de vent.

Maison des minéraux Une impressionnante collection de minéraux fluorescents du monde entier et une collection minéralogique bretonne. L'intérêt principal réside dans les sorties géologiques proposées tout l'été. Un géologue décrypte les paysages et la formation des reliefs accidentés de la presqu'île au long d'une randonnée passionnante. Si vous préférez faire la balade en solitaire, louez un audioguide (6€ pour 2 pers.). En été, le laboratoire du Professeur Kaolin ouvre ses portes aux enfants avec des ateliers scientifiques. *Route du Cap-de-la-Chèvre (à 6km de Crozon)* ***Saint-Hernot*** *Tél. 02 98 27 19 73 www.maison-des-mineraux.org Ouvert juil.-août : tlj. 10h-19h ; reste de l'année : 10h-12h et 14h-17h sauf sam. et dim. mat. Tarif 4€, réduit 2,50€*

☆ **Pointe de Dinan** Au nord-ouest du cap de la Chèvre s'élève la pointe de Dinan. La côte, plus accidentée, offre des formes saisissantes. Une arche naturelle relie des rochers à la falaise et évoque les formes d'un château. Plus à l'ouest se dessine la pointe de Pen-Hir repérable aux **Tas de pois**, énormes rochers isolés qui prolongent son arête effilée. Des sentiers littoraux invitent à une promenade dans la lande. Son anse abrite la plage de Goulien.

Côte nord

Le Fret Naguère haut lieu de la pêche à la coquille Saint-Jacques, ce charmant port sommeille dans une anse protégée qui s'ouvre sur la rade de Brest. Son cadre authentique, à 5,5km de Crozon, invite à une halte plaisante. En face, l'île Longue abrite la base des sous-marins nucléaires. C'est aussi un point d'embarquement vers Brest.

Pointe des Espagnols Au nord de Camaret-sur-Mer, c'est le dernier promontoire majestueux de la presqu'île de Crozon avant de redescendre vers Le Fret. Situé dans la presqu'île de Roscanvel fortifiée de bout en bout, il offre une vue plongeante sur Brest, distante de 6km à vol d'oiseau. On mesure d'autant plus l'intérêt de ce site qui commande l'accès à la rade de Brest. Dans un paysage sauvage se dressent les ruines d'un fort bâti en 1594 par les Espagnols pour empêcher les navires de pénétrer dans le goulet de Brest.

CARNET D'ADRESSES

Restauration

petits prix

Crêperie du Menez Gorre La devanture et le cadre ne sont pas des plus attirants, mais ils cachent un intérieur charmant au style rustique et une jolie véranda qui s'ouvre sur le jardin pour l'été. Menu crêpes à 9,90€. Les plus audacieux tenteront la galette aux algues (6,80€) et les gourmands, de véritables plats sur galettes (env. 14€). Cette adresse de la gastronomie de la crêpe est très appréciée par la clientèle locale. *86, rue de Poulpatré* **Crozon** *(à l'entrée du bourg, en arrivant par l'est de la ville) Tél. 02 98 27 19 66 Ouvert toute l'année : tlj. 12h-22h*

Saveurs et Marée Spécialités de fruits de mer et de poissons, dans un cadre vert anis et gris. Une belle assiette de fruits de mer coûte 23€. La formule du jour à 17€ offre un bon rapport qualité-prix, et les plats varient quotidiennement : moules en entrée, brochette d'agneau aux épices tandoori ou poisson du jour et pâtisserie. Les prix sont raisonnables, ce

GAMME DE PRIX	RESTAURATION	HÉBERGEMENT
Très petits prix	moins de 10€	moins de 30€
Petits prix	de 10 à 20€	de 30 à 50€
Prix moyens	de 20 à 30€	de 50 à 80€
Prix élevés	de 30 à 40€	de 80 à 100€
Prix très élevés	plus de 40€	plus de 100€

Port sardinier de Saint-Guénolé (p.473), pays bigouden.

qui rend la terrasse face à la plage encore plus appréciable. *52, bd de la Plage* ***Morgat*** *Tél. 02 98 26 23 18 www.saveursetmarees.com Fermé jan.*

prix élevés

Le Mutin gourmand Le raffinement de sa cuisine vaut à cet établissement une réputation non usurpée. De plus, il pratique des prix adaptés à tous les budgets avec un premier menu à 28€ et une étape gastronomique à 68€. N'hésitez plus devant la formule à 35€ : croustillants de saumon, suivis du cochon de lait au cidre et de la tarte à la fourme d'Ambert et aux poires. Le patron est amateur de vin et caviste. Il saura vous conseiller l'une de ses 500 bouteilles pour parachever votre repas gourmet. Hôtel (cf. Hébergement) *1, rue Graveran* ***Crozon*** *Tél. 02 98 27 06 51 http://mutingourmand.free.fr Ouvert en saison : tlj. ; hors saison : mar. soir-dim. midi*

Hébergement

campings

Camping de l'Aber Ce nid de verdure surplombe la plage de l'Aber. Comptez 12,80€ la nuit. Location de mobil-homes à l'année, comptez 60€/nuit/2 pers. *Tal-Ar-Groas Route de la Plage-de-l'Aber* ***Crozon*** *Tél. 02 98 27 02 96 www.camping-aber.com*

Camping Gwel-Kaer Aménagé en terrasses avec vue sur l'anse et le port du Fret. Comptez 13,80€ pour 2 personnes. Location de mobil-homes à la nuit hors saison (40€ pour 2 pers.). ***Le Fret*** *(à droite juste avant le pont) Tél. 02 98 27 61 06 www.camping-gwel-kaer.com Ouvert avr.-sept.*

Camping Plage de Goulien Au lieu-dit Kernaveno s'étend, à 100m de la plage, un camping au vert. Comptez 16,20€ pour 2 personnes. Mobil-homes seulement à la semaine en saison, possibilité de louer à la nuit hors saison. Accueil en saison 8h30-12h et 14h-20h. ***Kernaveno*** *(à 5km de Crozon vers Goulien par la D308) Tél. 02 98 26 23 16 Tél. port. 06 08 43 49 32 www.camping-crozon-laplagedegoulien.com Ouvert juin-mi-sept.*

petits prix

Chambres d'hôtes Mme Husiaux Cette exquise demeure en pierres apparentes, cachée dans un bois de résineux sur les hauteurs de Morgat, propose 2 chambres (40€) et 6 studios équipés (50€-80€) pour 3 à 5 personnes. Bon confort. Petit déjeuner 4€. La terrasse offre un panorama sur la baie de Douarnenez et jusqu'à la pointe du Raz. En contrebas, la piscine invite à la baignade. Réservation conseillée. *Accès fléché depuis le bar-tabac de Morgat Bois de Kador* ***Morgat*** *Tél. 02 98 27 06 50 www.boisdukador.com*

prix moyens

Hôtel de la Baie L'établissement face à la mer possède une annexe dans la

GAMME DE PRIX	RESTAURATION	HÉBERGEMENT
Très petits prix	moins de 10€	moins de 30€
Petits prix	de 10 à 20€	de 30 à 50€
Prix moyens	de 20 à 30€	de 50 à 80€
Prix élevés	de 30 à 40€	de 80 à 100€
Prix très élevés	plus de 40€	plus de 100€

rue voisine. La décoration est simple et la propreté irréprochable. Attention cependant, quelques chambres ont une géométrie particulière : sdb en enfilade de type couloir, lavabo dans la chambre (et non dans la sdb)... Cela peut être original ou désagréable... renseignez-vous ! L'adresse demeure une valeur sûre et ses prix raisonnables - de 45€ à 72€ - font le reste. Petit déj. 7,50€. Accès wifi. *46, bd de la Plage* **Morgat** *Tél. 02 98 27 07 51 hotel.delabaie@presquile-crozon.com Ouvert toute l'année*

Hostellerie de la Mer Un établissement charmant s'ouvrant sur l'anse abritée du Fret. Le port, épargné par les résidences touristiques, offre aux voyageurs une halte reposante. Les chambres (50€-75€) présentent un bon confort, seules les salles de bains sont un peu anciennes. Vous ne serez pas gêné par le bruit des voitures. La cuisine privilégie la simplicité et la fraîcheur, notamment celle des poissons. Menus de 19€ à 73€ avec homard. ***Le Fret*** *(sur le quai) http://hotel.hostelleriedelamer.com Tél. 02 98 27 61 90 Fermé début jan.-mi-fév.*

Hôtel de la Presqu'île Sur la place de l'Église, cet établissement abrite des chambres rafraîchies, avec de vastes salles de bains bien agencées. Un confort assuré dans une décoration de style breton contemporain qui marie le bleu, le jaune et le blanc. Comptez de 65€ à 84€ la double, selon la saison. *1, rue Graveran* **Crozon** *Tél. 02 98 27 29 29 http://mutingourmand.free.fr Fermé en oct.*

prix élevés

☺ **Grand Hôtel de la Mer** Avec son accès direct à la plage que surplombe sa vaste terrasse, son parc de l'autre côté et son architecture intérieure aux espaces démesurés, cet établissement entièrement rénové a préservé le parfum Belle Époque de sa jeunesse. Les chambres sont claires et classiques avec de hauts plafonds et certaines, face à la mer, ont un balcon. Si les prix peuvent atteindre 125€ pour 2 pers. en juil.-août, laissez-vous séduire hors saison quand ils oscillent entre 57 et 89€. L'accès au tennis, au billard et à la table de ping-pong est inclus dans le prix de la chambre. Petit déj. 8,50€. *17, rue d'Ys* **Morgat** *Tél. 02 98 27 02 09/39 www.belambra-vvf.fr Fermé mi-oct.-mi-mars*

CAMARET-SUR-MER

29570

Le destin de cette cité du bout du monde est étroitement lié à la mer. Sa situation privilégiée dans une anse abritée par un cordon de galets, "le Sillon", a favorisé une vocation de port refuge quand le mauvais temps empêchait les bateaux de traverser le goulet de Brest. Vauban décida ainsi de la fortifier, pour empêcher les flottes ennemies de débarquer. La tour qu'il édifia est classée au Patrimoine mondial de l'Unesco depuis l'été 2008. Mais c'est avant tout en tant que port sardinier et langoustier de la mer d'Iroise que Camaret-sur-Mer a bâti sa prospérité dès le XVIIIe siècle. Les vieilles

coques gisent désormais près du Sillon. Le port d'où partaient les "Mauritaniens" (les pêcheurs qui exerçaient leur activité au large de la Mauritanie) a été transformé en marina. Mais l'activité de pêche côtière continue de le faire vivre. Dès le milieu du XIXe siècle, l'animation du port et le ballet d'une flottille colorée ont inspiré de nombreux artistes.

UN PEU D'HISTOIRE L'alignement mégalithique de Lagatjar témoigne d'une occupation remontant à environ 3000 ans av. J.-C. D'après les manuscrits de Landévennec, Camaret-sur-Mer aurait été fondée par saint Riok qui, au IVe siècle, y installa son ermitage. "Le port du Sillon courbe", abrité grâce à un cordon de galets, accueillait les bateaux que le mauvais temps empêchait d'entrer dans la rade de Brest. Cette situation stratégique, à proximité de Brest, n'a pas échappé à la sagacité de Vauban. En 1689, l'ingénieur militaire de Louis XIV fit ériger un fort à l'extrémité du Sillon pour protéger l'entrée de la rade de Brest. Le fort faisait partie d'un large dispositif défensif qui s'étendait sur toute la presqu'île de Crozon. La bataille de Trez-Rouz en 1694 révéla l'efficacité redoutable de ses canons qui mirent en échec la tentative de débarquement anglo-hollandaise. On raconte que, lors de cette bataille, la chapelle de Rocamadour fut décapitée de son clocher par un boulet anglais. En 1801, Camaret-sur-Mer a été le théâtre d'une étrange expérimentation. L'ingénieur américain Fulton testa le tout premier prototype de sous-marin, le Nautilus, mais Bonaparte ne crut pas à l'avenir du submersible.

FINISTÈRE SUD

CAMARET, PORT LANGOUSTIER Loin de s'enfermer dans une vocation militaire, la cité a embrassé très tôt un destin maritime, autour d'une activité très lucrative dès le XVIIIe siècle : la pêche à la sardine. Quand le poisson bleu déserta la mer d'Iroise au début du XXe siècle, les pêcheurs prirent le large pour exploiter la langouste. Les chantiers navals lancèrent la construction de sloups et de dundées qui partaient pour des campagnes de pêche au large de la Mauritanie. Cette activité intense connut son heure de gloire dans les années 1960, où Camaret-sur-Mer occupait le premier rang des ports langoustiers français. Pour ne pas avoir su s'adapter à la nouvelle donne de la pêche, les "Mauritaniens" ont vu leur travail péricliter et s'éteindre dans les années 1980.

LES ARTISTES ET CAMARET-SUR-MER Le grand peintre honfleurais Eugène Boudin, qui fit escale dans le port de pêche en 1872 et en 1873, fut frappé par son activité intense. Il le prit comme sujet de plusieurs tableaux. Sur ses conseils, l'écrivain Gustave Toudouze vint y séjourner. La vie camarétoise inspira plusieurs de ses romans, notamment *Péri en mer*, publié en 1889, qui raconte la vie des sardiniers et des sauveteurs. Cette chronique fit connaître à un large public la presqu'île de Crozon et ses paysages sauvages. Dans ses pas, une colonie d'artistes prit l'habitude de séjourner à Camaret. Ils descendaient généralement à l'hôtel de la Marine. Un des artistes les plus attachés à la cité fut sans doute Charles Cottet, qui réalisa de nombreuses toiles du port. Après l'incendie en 1910 de la chapelle de Rocamadour, il peignit plusieurs *Lamentations des femmes de Camaret autour de la chapelle de Rocamadour*, et en offrit un exemplaire à la commune dans le cadre de la reconstruction de l'église. Le poète symboliste Saint-Pol Roux (1861-1940), d'origine marseillaise, découvrit la presqu'île en 1892 et fut tellement séduit par ses paysages qu'il fit construire en 1904 un manoir sur la crête de Pen-Hat. Celui-ci, le manoir de Coecilian, fut pillé par les Allemands en 1940 : le poète en mourut. Ses ruines imposantes dominent toujours le chenal de Toulinguet.

MODE D'EMPLOI

accès

EN VOITURE

À 65km de Brest par la N165, prendre la sortie Le Faou et la route départementale D791 ; à 60km de Quimper par la D63, puis la D887 ; à 9km de Crozon.

EN CAR

Liaisons en autocar avec Brest, Quimper, Crozon, Le Fret.
Réseau Penn ar Bed *Tél. 0810 810 029 www.viao029.fr*

EN BATEAU

La compagnie Azenor propose des liaisons avec le port de Brest ou avec Océanopolis en juil.-août. Navette vers le port du Fret pour l'embarquement.
Azenor *Tél. 02 98 41 46 23 www.azenor.com*

orientation

Tous les commerces longent les quais du port qui s'achève par le Sillon, ancien cordon de galets. Il ferme presque le port et le rend sûr, même par gros temps. Sur cette digue naturelle se dressent la chapelle de Rocamadour et la tour Vauban.

informations touristiques

Office de tourisme *15, quai Kléber, sur le port de Camaret-sur-Mer Tél. 02 98 27 93 60 www.camaretsurmer-tourisme.fr www.camaret-sur-mer.com Ouvert juil.-août : lun.-sam. 9h-12h30 et 14h-19h, dim. 10h-12h ; reste de l'année : lun.-sam. 9h-12h et 14h-17h*

fêtes et manifestations

Festival des lundis musicaux Des concerts sont organisés dans les édifices religieux. *Juil.-août*

DÉCOUVRIR

☆ **Les essentiels** La chapelle Notre-Dame-de-Rocamadour, les mégalithes de Lagatjar, la pointe de Pen-Hir **Découvrir autrement** Faites une croisière dans la rade de Brest, sirotez un "Cassé Pié" à la rhumerie La Goel
➤ **Carnet d'adresses p.521**

Camaret-sur-Mer

Tour Vauban Inscrite depuis 2008 sur la liste du Patrimoine mondial de l'Unesco, la tour Vauban avait pour vocation de compléter le dispositif défensif de la presqu'île de Crozon. Construite sur le Sillon, cette tour fortifiée haute de trois étages est percée de meurtrières et enduite d'un crépi rouge. Le fort se présente comme un rempart rehaussé entouré d'une douve. Vauban était particulièrement fier de cette réalisation. "La tour dorée", comme il aimait à l'appeler, remplit pleinement sa mission lors de la bataille de 1694. Sa batterie de canons détruisit la flotte anglo-hollandaise qui tentait de débarquer sur la côte. Après restauration, la tour abrite un musée consacré à l'œuvre de l'architecte militaire de Louis XIV. *Ouvert avr.-oct. : mar.-dim. 14h-17h Tarif 3€, réduit 2€ Visite guidée juil.-août mar. 14h (2€ supplémentaires)*

D'eau fraîche et de pêche

Du Bar au Lancer (La Turballe) — 174
La Toison d'Or (La Turballe) — 174
Le Benji-Yomi (La Turballe) — 174
Scarlette Le Corre (Penmarc'h) — 474
Les Virées du bout du monde (Camaret) — 520
École de pêche (Châteauneuf-du-Faou) — 536

☆ **Chapelle Notre-Dame-de-Rocamadour** Construite en 1527 sur la pointe du Sillon, elle a vu son clocher soufflé par un boulet anglais lors de la bataille de 1694. En 1910, elle a été victime d'un incendie que le peintre Charles Cottet a représenté dans sa toile *Lamentations des femmes de Camaret autour de la chapelle de Rocamadour*. L'édifice trapu de 25m de long est visité pour ses ex-voto marins et ses statues en bois. *Ouvert juil.-août : tlj. ; reste de l'année : w.-e.*

☆ **Mégalithes de Lagatjar** Sur les hauteurs de la plage du Toulinguet s'étend un alignement de menhirs comme celui de Carnac, dont la signification reste tout aussi mystérieuse. Dans une tentative de reconstitution en 1930, on a relevé 143 pierres.

Manoir de Coecilian Le poète Saint-Pol Roux (1861-1940) fit construire une demeure baroque à l'image de sa personnalité fantasque. Ses poésies et ses pièces de théâtre portent l'empreinte du symbolisme. Son œuvre file des métaphores étranges, nourries par un imaginaire foisonnant. Les surréalistes lui rendront hommage et reconnaîtront en lui l'un de leurs précurseurs. Retiré en 1905 dans son manoir, il accueillit des artistes aussi différents que Max Jacob, Paul Éluard ou Pierre Mac Orlan. Il y vécut paisiblement jusqu'à un épisode tragique qui précipita sa mort. En 1940, les Allemands investirent sa maison, brutalisèrent sa fille et brûlèrent ses manuscrits. Saint-Pol Roux mourut de chagrin à Brest la même année. Quant au manoir, il fut bombardé par les Alliés en 1944. Face à la mer, il n'en subsiste que des ruines émouvantes. À proximité se trouvent les maisons qui ont abrité le peintre Cottet (1868-1925), le metteur en scène de théâtre Antoine (1858-1943) et l'écrivain Toudouze (1877-1974). *Sur la crête dominant la plage de Pen-Hat*

● **Pratiquer des activités nautiques** Le club nautique de Camaret propose des stages de voile, de plongée et des journées d'exploration sous-marine. **Club nautique Léo-Lagrange** *Quai Téphany Tél. 02 98 27 92 20 ou 02 98 27 90 49 www.club-leo-camaret.net*

● Faire une sortie en mer

Société maritime Azenor Elle organise, uniquement en juillet et août, des sorties en mer : le tour des Tas de pois de la pointe de Pen-Hir, une croisière dans la rade de Brest, durée 1h15 (15,50€/11,50€). *Tél. 02 98 41 46 23 www.azenor.fr*

Compagnie Penn Ar Bed Sorties vers l'île d'Ouessant d'avril à septembre, vers Sein et Molène uniquement en juillet et août. L'embarquement se fait quai Téphany. *Rens. et réservation Tél. 02 98 27 88 22 www.pennarbed.fr*

● Pêcher au large Les Virées du bout du monde proposent plusieurs sorties en mer pour s'essayer à la pêche ; prenez le large quelques heures dès l'aube ou en soirée (30€, réduit 20€). Vous pourrez aussi vous balader au fil de l'eau (15€, réduit 10€). **Les Virées du bout du monde** *Rens. et rés. quai Téphany. Tél. 06 48 96 71 64 www.les-virees-du-bout-du-monde.com*

● Escalader les falaises De l'escalade accessible aux débutants jusqu'aux pratiques plus expertes avec Face Ouest : via corda, ponting (chute libre) ou aqua corde, tentez le grand frisson en toute sécurité. **Face Ouest** *Pl. du Général-de-Gaulle (en saison) ou 1, rue de Keruguen à Roscanvel Tél. 02 98 27 44 76 Tél. port. 06 78 35 77 35 www.faceouest.fr*

● Où boire un verre ?

The Donegan Ambiance irlandaise dans ce pub rustique. Il étend sa façade verte et sa terrasse, en face du port, et offre un vaste choix de bières. Concerts le soir en été. *39, quai Gustave-Toudouze Tél. 02 98 27 98 16 Ouvert tlj. à partir de 16h30*

Rhumerie La Goel Le patron, amateur de rhums, en propose des dizaines de variétés et concocte de très nombreux cocktails... savoureux ! Attention, on se laisse vite aller à vouloir essayer une nouvelle recette. Pour goûter au rhum arrangé – essayez le "Schrub" ou le "Cassé Pié" – dans un bric-à-brac marin : casiers à crabes, hamacs, coques de bateaux... Ambiance chaleureuse. *36, quai Gustave-Toudouze Tél. 02 98 27 92 37 Ouvert été : tlj. 11h-1h ; hors saison : sam.-dim.*

Les environs de Camaret-sur-Mer

☆ **Pointe de Pen-Hir** Son site spectaculaire est le plus visité. Le vent s'engouffre dans les falaises déchiquetées qui forment des à-pics vertigineux. En contrebas, la mer s'abat furieusement contre les Tas de pois qui semblent surgir des flots. Une vue grandiose embrasse la mer d'Iroise. Son extrémité abrite une réserve ornithologique où se reproduisent à chaque printemps de nombreuses espèces d'oiseaux marins. La hauteur des falaises attire les amateurs d'escalade. À droite s'avance la pointe du Toulinguet, à gauche la pointe de Dinan et son château de pierre. *À 3km au sud de Camaret*

CARNET D'ADRESSES

Restauration

petits prix

☺ **Chez Philippe** Une excellente adresse pour déguster, sans se ruiner, une cuisine familiale. Les habitués ont presque leur table réservée d'office. L'endroit est très agréable avec ses murs recouverts de bois et une terrasse donnant sur le port. Un menu à 15€ propose des plats de poisson ou de viande. Excellentes moules marinière à partir de 7€ et plat du jour à 8€. À l'heure des repas, il ne désemplit pas, mais le service efficace évite une longue attente. *22, quai Gustave-Toudouze* ***Camaret*** *Tél. 02 98 27 90 41 Ouvert été : tlj. Fermé lun. et jeu. soir hors saison, mi-nov.-mi-déc.*

prix moyens

Côté mer Sa large terrasse fait face au port. Sa décoration dans les tons jaunes et son intérieur très design rompent agréablement avec le style breton, mais ses spécialités tournent, elles, autour des fruits de mer et des poissons avec plusieurs menus (15€-48€) : cassolette de noix de Saint-Jacques (17€) ; marmite de la mer (19€). *12, quai Gustave-Toudouze* ***Camaret*** *Tél. 02 98 27 93 79 Fermé jan.*

Restaurant de l'hôtel du Styvel (Cf. Hébergement) L'établissement offre une prestation de qualité avec des menus de 17€ à 42€. Les plats changent en fonction des arrivages du jour : brochettes de coquilles Saint-Jacques, bar au thym et ragoût de homard (sur réservation). La salle de restauration s'ouvre sur le port et la tour Vauban. *2, quai du Styvel* ***Camaret*** *Tél. 02 98 27 92 74 Ouvert en saison : tlj. Fermé jan.*

Hébergement

Un grand choix d'hôtels s'offre à vous sur le port, là où ils se concentrent. Les plus éloignés du cœur de la ville sont aussi les plus calmes.

camping

Camping municipal du Lannic Sur les hauteurs, près du stade, dans un cadre boisé, il est le plus proche du centre et le moins cher. Comptez 13,50€ pour 2 pers. Minigolf. *Rue du Grouanoc'h* ***Camaret*** *Tél. 02 98 27 91 31 Ouvert toute l'année*

petits prix

Hôtel Vauban Au bout du quai, l'hôtel à la façade d'un blanc éclatant et aux volets bleus, propose des chambres (33€-56€) rénovées et très claires, certaines avec vue sur la tour Vauban. L'originalité de l'adresse tient au jardin avec son pommier, ses tables et son barbecue, où les clients se retrouvent à faire des grillades comme de vieux camarades, sous

GAMME DE PRIX	RESTAURATION	HÉBERGEMENT
Très petits prix	moins de 10€	moins de 30€
Petits prix	de 10 à 20€	de 30 à 50€
Prix moyens	de 20 à 30€	de 50 à 80€
Prix élevés	de 30 à 40€	de 80 à 100€
Prix très élevés	plus de 40€	plus de 100€

l'œil bienveillant du patron. Nombre de vacanciers – devenus des amis – suivent l'adresse d'année en année : réservation conseillée ! Garage motos. *4, quai du Styvel* **Camaret** *Tél. 02 98 27 91 36 www.hotelvauban-camaret.fr Fermé déc.-jan.*

prix moyens

Hôtel-restaurant du Styvel Cet établissement attachant et très bien tenu dispose de chambres (38€-58€) agrémentées de meubles bretons et en partie lambrissées. Petit déj. 6,50€. *2, quai du Styvel* **Camaret** *Tél. 02 98 27 92 74 Fermé jan.*

prix élevés

Hôtel-restaurant Thalassa À l'extrémité du port, un complexe hôtelier au confort garanti et standard, avec piscine chauffée, salle de gym, hammam et jacuzzi. Toutes les chambres qui ont vue sur mer possèdent une loggia ; les prix sont compris entre 57€ et 120€, petit déj. 11€. Un bar occupe l'entrée. *Quai du Styvel* **Camaret** *Tél. 02 98 27 86 44 www.hotel-thalassa.com Ouvert avr.-sept.*

★LANDÉVENNEC

29560

Ce "petit Nice" bénéficie d'un climat très doux où le mimosa embaume dès la fin de l'hiver. Perché sur les hauteurs qui dominent l'estuaire de l'Aulne au fond de la rade de Brest, le village est en effet préservé des vents dominants. Palmiers, camélias, figuiers et lauriers s'y épanouissent en toute saison. Sous le Second Empire, on installa dans le dernier méandre de l'Aulne une "station navale" destinée à accueillir les gros navires. Depuis, elle s'est transformée en cimetière pour bateaux qui y font une halte ultime avant d'être envoyés dans un chantier de démolition. On aperçoit le site depuis le belvédère. Ce petit bourg tranquille doit sa notoriété à son abbaye, fondée à la fin du Ve siècle par saint Guénolé, dont le rayonnement spirituel s'étendait au-delà de la Bretagne. Plusieurs fois détruite et pillée, la Révolution lui donna le coup de grâce. Des fouilles ont mis au jour des ruines émouvantes. À proximité, une communauté bénédictine s'est installée dans une nouvelle abbaye achevée en 1958.

MODE D'EMPLOI

accès

EN VOITURE

À 18km de Crozon, direction Le Faou, puis la D60 ; à 21,5km du Faou par la D791, puis la D60 ; à 40km de Châteaulin par la D887, puis la D60.

EN CAR

La ligne 43 du réseau Penn ar Bed (Camaret-Le Faou-Brest) dessert

régulièrement Landévennec, ainsi que la ligne 10 vers Quimper.
Réseau Penn ar Bed *Tél. 0810 810 029 www.viaoo29.fr*

orientation

La rue principale conduit, à gauche, à l'église paroissiale et, à droite, à l'abbaye bénédictine.

informations touristiques et pratiques

Office de tourisme *Rue Saint-Guénolé Tél. 02 98 27 78 46 Ouvert juil.-août : lun.-dim. 10h-12h30 et 15h-18h30 ; hors saison : s'adresser à la mairie*
Mairie *Tél. 02 98 27 72 65*

DÉCOUVRIR

☆ **Les essentiels** Le musée de l'Abbaye à Landévennec, l'enclos paroissial d'Argol **Découvrir autrement** Dégustez des pâtes de fruits artisanales de l'abbaye Saint-Guénolé, visitez en famille le musée de l'École rurale

Landévennec

Ancienne abbaye Difficile d'imaginer la puissance de ce foyer du monachisme quand on contemple les vestiges actuels. Le plus ancien des monastères bretons a été fondé en 485 par Guénolé, dont les aïeux chassés de Grande-Bretagne s'étaient réfugiés en Armorique, apportant avec eux leurs coutumes celtiques irlandaises. Il évangélisa la région, et la tradition veut qu'il soit à l'origine de la conversion du roi Gradlon après la destruction de la ville d'Ys. En 818, selon la volonté de Louis le Pieux, les moines abandonnèrent la règle scotique pour embrasser la règle bénédictine. En 913, ils furent une première fois chassés par les Normands qui brûlèrent l'abbaye. Trois siècles plus tard, les moines revinrent et construisirent une église romane. Attaquée par les Anglais, pillée par la Ligue, elle fut plusieurs fois restaurée. La Révolution les chassa définitivement, et la bibliothèque fut réduite en cendres. Dans le silence de leur vie recueillie, les moines se livraient à la retranscription de la vie des saints et des Évangiles. "Landévennec était le foyer le plus actif de la propagande chrétienne dans la Gaule occidentale", écrivit Montalembert. En 1958 fut inauguré un nouveau monastère, situé à quelques centaines de mètres. S'il ne reste aucune trace de la première occupation monastique, les ruines qui datent du XIIe siècle permettent d'observer l'évolution de l'abbaye de l'époque carolingienne jusqu'au XVIIe siècle.

☆ **Musée de l'Abbaye** Il retrace l'histoire mouvementée du monastère et du monachisme en Bretagne, et expose les objets exhumés lors des fouilles. Une série de trois maquettes propose de retracer l'évolution de l'abbaye du Ve-VIe siècle aux IXe et XVIIe siècles. Les deux dernières s'appuient sur des traces archéologiques tangibles. Un scriptorium (reconstitué) présente des fac-similés de manuscrits médiévaux. Objet le plus impressionnant mis au jour lors des fouilles de l'abbaye, un sarcophage carolingien est exposé dans la partie centrale du musée. Daté du IXe siècle, il est dans un état de conservation exceptionnel.

FINISTÈRE SUD

Un bel ensemble de chapiteaux romans, rescapés de la destruction de l'église au XIXe siècle, témoigne de sa richesse. Le musée compte également une série d'objets de la vie quotidienne (XVIe-XVIIIe s.), dont un lot de céramiques et d'étonnantes grilles à orge utilisées pour la fabrication de la bière. Une présentation des techniques archéologiques permet de suivre le travail entrepris sur le site. Ne quittez pas les lieux sans faire quelques pas dans le jardin d'inspiration médiévale, organisé en carrés potagers ceints de plessis de châtaigniers. Y sont cultivées des plantes et herbes médicinales qui s'épanouissaient déjà avant l'an mille, telles que la gourde de pèlerin ou la benoîte, qu'utilisaient les prêtres exorcistes. Visites thématiques, ateliers et concerts sont proposés chaque été. *Tél. 02 98 27 35 90 www.musee-abbaye-landevennec.fr Ouvert avr.-juin : dim.-ven. 10h-18h ; juil.-août : tlj. 10h-19h ; sept. : tlj. 10h-18h ; oct.-mars : dim. 10h-17h30 Fermé déc.-janv. Tarif 4€, réduit 3€*

Belvédère À 500m de l'entrée de l'abbaye, un promontoire offre une perspective sur l'ultime méandre de l'Aulne et le cimetière de navires, dont le *Colbert*, ancien navire-musée qui se trouvait à Bordeaux.

● Où acheter des pâtes de fruits ? Découvrez la spécialité des moines de l'abbaye : les pâtes de fruits. Les religieux fabriquent ces friandises depuis plus de 30 ans – celles aux pommes sont élaborées avec les fruits de leur verger. Au fil des années, les frères bénédictins ont développé des parfums originaux : épicé gingembre ou thé vert japonais "Macha". **Boutique de l'abbaye de Saint-Guénolé** *Tél. 02 98 27 73 34 www.abbaye-landevennec.cef.fr Ouvert été : tlj. 10h-13h et 14h30-19h ; hors saison : mar.-dim. 10h-11h et 14h30-18h*

● Se balader en forêt Un circuit de randonnée conduit dans la **forêt de Landévennec**. À partir du belvédère, on accède à la chapelle du Folgoat (3km) perdue au milieu de la forêt. En contrebas, les ruines d'un ancien moulin à mer abritent un élevage de truites.

Les environs de Landévennec

☆ **Enclos paroissial d'Argol** Élevé en 1659, cet enclos paroissial est surtout remarquable pour son arc de triomphe, considéré comme un chef-d'œuvre de la Renaissance bretonne. Il arbore sur son fronton une statue équestre du roi Gradlon, semblable à celle de la cathédrale de Quimper. L'église (1573) possède deux retables, une statue de saint Pierre (XVe s.) en granit de Kersanton et un ossuaire de style Renaissance (1665). ***Argol** (à 9km au sud de Landévennec)*

Maison des vieux métiers vivants Des outils traditionnels, pour la plupart aujourd'hui tombés en désuétude, sont bien sûr exposés, mais le plus intéressant est sans aucun doute de voir à l'œuvre forgeron, ramendeur, vannier et autres : ces métiers sont repris dans cette Maison par des retraités du pays, animateurs de l'association. Ils prennent plaisir à transmettre leur expérience autour de techniques qui faisaient partie de la vie quotidienne d'autrefois. Un calendrier d'animations temporaires est disponible chaque printemps. *Ferme de Kerampran* ***Argol*** *(à la sortie du bourg) Tél. 02 98 27 79 30/75 30 (mairie) www.argol.fr Ouvert avr.-juin et sept. : mar., jeu., dim. 14h-17h30 ; juil.-août : tlj. 14h-18h Tarif 4€, réduit 2,30€*

Musée de l'École rurale Établi dans une ancienne école primaire, le musée de l'École rurale retrace l'histoire de la scolarisation en milieu rural breton depuis 1881. Scénographies, objets usuels et textes permettent d'appréhender la vie des écoles d'autrefois et les idées qui ont présidé à la réforme scolaire de la IIIe République. Le musée rappelle comment la démocratisation de l'instruction s'est accompagnée d'une politique sévère pour imposer le français au détriment du breton. ***Kergroas-en-Trégarvan*** *(à 16km de Landévennec, sur la D60 dir. Dinéault) Tél. 02 98 26 04 72 www.musee-ecole.fr Ouvert juil.-août : tlj. 10h30-19h ; sept. : tlj. 14h-18h ; oct.-nov. : dim.-ven. 14h-17h ; déc.-mi-fév. : lun.-ven. 14h-17h ; mi-fév.-juin : dim.-ven. 14h-18h Tarif 4€, réduit 2,30€*

● Où déguster de bonnes crêpes ? Dans le bourg d'Argol, posté juste en face de l'enclos paroissial, voici une crêperie de qualité qui permettra de combler les petits creux dans l'après-midi. Elle possède une terrasse agréable d'où l'on peut encore admirer l'ensemble architectural Renaissance. Les crêpes sont de bonne facture, préparées avec attention. Ne manquez pas la crêpe caramel au beurre salé, la spécialité de la maison (3,85€). **Crêperie du Roi d'Ys** *7, pl. de l'Église* ***Argol*** *Tél. 02 98 27 77 69 Ouvert juil.-août : tlj. 12h-22h*

LE FAOU

29580

Blottie au fond d'un estuaire qui s'ouvre sur la rade de Brest, la cité (prononcez "Fou") clôt les portes de la presqu'île de Crozon. Les maisons à encorbellement et façades à pans de bois couvertes d'ardoises, des XVIe et XVIIe siècles, témoignent d'un âge d'or où la prospérité était liée aux chantiers de la marine brestoise, lorsque le bois de la charpenterie navale venant de la forêt du Cranou était embarqué au port du Faou. Plus tard, la ville a inspiré les artistes, tel Eugène Boudin, qui a peint des tableaux du port dominé par le clocher de l'église. Aujourd'hui, Le Faou est le siège du parc naturel régional d'Armorique, et elle est labellisée "Petite cité de caractère".

MODE D'EMPLOI

accès

EN VOITURE
À 30km de Brest (N165), à 18km de Châteaulin et à 46km de Quimper.

EN CAR
Liaisons en autocar avec Quimper, Brest et Camaret-sur-Mer.
Réseau Penn ar Bed *Tél. 0810 810 029 www.viaoo29.fr*

informations touristiques

Office de tourisme Il représente les communes du Faou, Rosnoën, Pont-de-Buis-les-Quimerc'h et Saint-Ségal. *10, rue du Général-de-Gaulle Tél. 02 98 81 06 85 Ouvert mi-mai-juin et sept. : lun.-ven. 10h-13h et 14h-18h (jeu. 10h-13h et 16h-18h) ; juil.-15 août : lun.-sam. 10h-13h et 14h-18h ; reste de l'année : rens. à la communauté de communes (tél. 02 98 81 06 85) Un point infos est ouvert à Saint-Ségal en été*

Parc naturel régional d'Armorique Il propose une riche documentation sur les curiosités touristiques au sein des communes du parc naturel. *15, pl. aux Foires Tél. 02 98 81 90 08 www.pnr-armorique.fr Ouvert lun.-ven. 8h30-12h30 et 13h30-17h*

DÉCOUVRIR

☆ **Les essentiels** Les maisons anciennes de la rue du Général-de-Gaulle
Découvrir autrement Admirez le panorama du belvédère de Rosnoën
➤ **Carnet d'adresses p.527**

Le Faou

☆ **Rue du Général-de-Gaulle** Au n°6, une maison du XVIe siècle, qui était une ancienne fondation établie en 1632. Au n°2 de la rue de Rosnoën, une demeure des XVIe et XVIIIe siècles qui appartenait à l'ordre des Hospitaliers de Saint-Jean-de-Jérusalem. Sur ce lieu se trouvait certainement une aumônerie mentionnée dès 1170. À voir également, la maison située au n°39 de la rue du Général-de-Gaulle, datée des XVIe-XVIIe siècles et celle sise 21, place des Halles.

Église Saint-Sauveur L'édifice date du XVIe siècle. Son clocher, dont les pleins sont aussi importants que les vides, relève de la prouesse technique. Le porche sud est décoré de statues des apôtres en bois polychrome.

Maison de Pays L'association qui s'est installée dans cette maison du XVIe siècle s'ingénie à sauvegarder et faire connaître le patrimoine du Faou. Le bâtiment en lui-même constitue un témoignage d'époque, et les expositions permanentes ou temporaires sur la vie quotidienne, le port de construction navale, les moulins, etc., sont instructives. Ne manquez pas en entrant le moulin à grain gaulois, fait de granit il y a plus de 1 000 ans. *Tél. 02 98 81 09 84 Ouvert en été*

● **Où acheter du cidre ?** La Ferme de Goarimic, recouverte de glycine, abrite le meilleur cidre de la région. Également jus de pommes et lambig. **La Ferme de Goarimic** *Le Faou (à l'entrée du bourg, sur la gauche) Tél. 02 98 81 91 76 Ouvert lun.-sam. 9h-12h et 14h-18h30*

Les environs du Faou

Église Notre-Dame-de-Tout-Remède (dite “de Rumengol”). Un premier sanctuaire aurait été fondé par le roi Gradlon sur les vestiges d'un autel druidique, après l'engloutissement d'Ys, pour remercier saint Guénolé de l'avoir sauvé. L'ensemble gothique actuel (XVIe s.) emprunte aux styles Renaissance et baroque. Sur les retables, les évangélistes sont représentés dans une profusion de couleurs et de dorures. À gauche du chœur, statue Notre-Dame-de-Tout-Remède en bois peint avec ses étoffes somptueuses. Pardon le 15 août. ***Rumengol*** *(à 2,5km du Faou par la D42)*

Belvédère de Rosnoën Perché à 150m d'altitude, il offre un panorama sur les méandres de l'Aulne maritime, sur Trévargan et le sommet arrondi du Ménez-Hom. *À 6km au sud du Faou*

● Où déguster et acheter des huîtres ? Sur la terrasse couverte des Viviers de Térénez, dégustez les coquillages et crustacés à peine extraits de l'eau. Comptez 8€ la portion de moules. C'est le lieu pour se laisser tenter par un demi-homard grillé (prix au poids, env. 60€ le kg). Vente au détail de tous les fruits de mer, les prix fluctuent en fonction de la criée. Vous pouvez coupler votre halte à une promenade en kayak et partir à la découverte du cimetière à bateaux ou de l'île voisine de Tibidy (env. 1h). **Les Viviers de Térénez** *Route de* ***Térénez*** *Rosnoën (à 7km du Faou par la D791) Tél. 02 98 81 90 68 www.lesviviers.fr Ouvert été : tlj. 10h-21h ; hors saison : lun.-sam. 10h-19h, dim. 10h-12h*

FINISTÈRE SUD

CARNET D'ADRESSES

Restauration, hébergement

camping

Aire de camping naturelle Comme son nom l'indique, les emplacements ne sont pas équipés mais le prix est imbattable : 5€/pers. Sanitaires. *Rue de la Grève* ***Le Faou*** *Tél. 02 98 81 90 44 (mairie) Ouvert mi-juin-mi-sept.*

petits prix

Ferme apicole de Térénez Dans un environnement verdoyant, les propriétaires proposent 6 chambres agréables à partir de 37€/2 pers. avec petit déj. À proximité, un sentier conduit au bord de l'Aulne. Vous pourrez aussi acheter dans une petite boutique des produits à base du miel extrait de leurs 700 ruches, en particulier du chouchen. *Route de Térénez* ***Rosnoën*** *(à 8km du Faou dir. Crozon sur la D791, juste avant le pont de Térénez) Tél. 02 98 81 06 90 www.ferme-apicole-de-terenez.com Ouvert toute l'année*

Crêperie Ty Bihan À côté des crêpes et galettes à prix pondérés, des formules intéressantes comme celle comprenant soupe de poisson, crêpe à la Saint-Jacques, boisson, café pour 11,50€. *Expositions. 9, pl. des Foires* ***Le Faou*** *Tél. 02 98 81 05 44 Fermé lun. sauf j. fér. et vac. scol.*

prix moyens

Le Relais de la place Chambres simples et confortables, et ambiance fort sympathique, avec un patron amateur de jazz qui, tout en vous écoutant, semble toujours avoir une oreille sur le solo en cours. L'hôtel tient aussi un restaurant. De 46€ à 66€ la chambre, petit déj. 7€. Parking, wifi. *7, pl. aux*

Foires ***Le Faou*** *Tél. 02 98 81 91 19 http://lerelaisdelaplace.com Ouvert toute l'année*

prix élevés

La Vieille Renommée On ne peut manquer, sur la place, cette grande bâtisse blanche qui s'étire en longueur. Dans la région, sa table est réputée. La carte marie poissons et viandes dans des préparations inventives. En saison, fraises de Plougastel façon Romanoff. Les menus s'échelonnent de 25€ à 52€ ; en semaine, à midi, menu du jour à 19€. *11, pl. aux Foires* ***Le Faou*** *Tél. 02 98 81 90 31 www.hotel-beauvoir.com Fermé lun. midi et mar. midi, et déc.*

PLEYBEN

29190

Comment expliquer la présence d'un enclos paroissial monumental, l'un des plus somptueux de Bretagne, dans un bourg aussi rural ? En dépit des apparences, Pleyben vécut aux XVIe et XVIIe siècles une période de forte prospérité grâce à ses cultures de céréales et de lin. En 1548, le roi Henri II accorda à la paroisse la tenue de grandes foires annuelles. Les revenus et les offrandes collectées financeront en grande partie l'édification de l'enclos. La concurrence effrénée que se livraient les paroisses riches pour édifier le plus bel enclos a conduit les habitants de Pleyben à se surpasser, notamment en dotant l'église d'un double clocher, dont une flèche à l'architecture Renaissance mesure 48m de haut. Aujourd'hui, ce bourg paisible est aussi connu pour ses fameuses galettes au beurre salé, créées au début des années 1930 par Louis Le Seac'h.

LES MONTAGNES NOIRES Culminant à 326m, le Roc'h Toullaëron est le plus haut sommet de cette modeste chaîne boisée de 60km de long qui s'étend du Ménez-Hom aux marches du Morbihan. Les forêts sombres et denses qui la recouvraient sont probablement à l'origine de son nom. L'exploitation de carrières d'ardoises et les grandes quantités de bois nécessaires à l'arsenal de Brest pour la construction navale ont aboutià leur déforestation, mais leur reboisement est en cours. Très enclavée, cette région pauvre a connu une forte émigration vers les États-Unis àla fin du XIXe siècle. Ceux qui ont fait fortune outre-Atlantique continuent d'envoyer des dons, notamment pour l'entretien des édifices religieux. Le centre du Finistère constitue un bastion inexpugnabledes traditions bretonnes. Lors du pardon au Beurre de Notre-Dame-du-Crann à Spézet (cf. Châteauneuf-du-Faou, Mode d'emploi), l'un des plus populaires du Finistère, les femmes sculptent des mottes de beurre qui sont acheminées en procession jusqu'à la paroisse. Le village est aussi connu pour son cercle celtique, qui rassemble une quarantaine de sonneurs et danseurs, et ses compétitions de jeux bretons. Ne vous étonnez pas d'y trouver la plupart des enseignes rédigées en breton.Au gré de votre voyage, vous rencontrerez nombre d'édifices éparpillés dans la campagne, dont des fontaines guérisseuses.

MODE D'EMPLOI

accès

EN VOITURE
À 55km de Brest, 30km de Quimper, 10km de Châteaulin.

EN CAR
Liaisons avec Châteaulin, Quimper et Brest.
Réseau Penn ar Bed *Tél. 0810 810 029 www.viaoo29.fr*

orientation

Le bourg, dominé par la tour de l'église Saint-Germain, s'étend autour de la place Charles-de-Gaulle.

informations touristiques

Syndicat d'initiative *Pl. Charles-de-Gaulle, à côté de la mairie Tél. 02 98 26 71 05 www.tourismepleyben.fr Ouvert juil.-août : lun.-sam. 10h-13h et 14h-18h ; le reste de l'année : s'adresser à la mairie (tél. 02 98 26 68 11)*

DÉCOUVRIR

☆ **Les essentiels** L'enclos paroissial de Pleyben, la chapelle Saint-Sébastien de Saint-Ségal **Découvrir autrement** Admirez le panorama du sommet de la Roche du feu, goûtez les florentins de la chocolaterie Châtillon
> Carnet d'adresses p.531

Pleyben

☆ **Enclos paroissial** L'un des plus beaux ensembles architecturaux de Bretagne (XVe-XVIe s.). Le **calvaire** (1555) figure parmi les plus anciens et les plus majestueux. Il est posé sur un piédestal ressemblant à un arc de triomphe. Sa base est formée d'une masse carrée flanquée de quatre contreforts. Le bloc, ouvert sur ses quatre côtés, est traversé par deux passages qui forment une voûte au centre. De la plate-forme jaillissent trois croix à bosses ; sur la croix centrale, la Vierge, saint Jean et quatre anges recueillant le sang du Christ. Les croix latérales portent les deux larrons. La scène de la crucifixion, au centre du calvaire, est extraordinaire : le démon emporte l'âme sortant de la bouche du

Calvaires et enclos paroissiaux

mauvais larron qui vient de mourir, la langue pendante et le visage exprimant l'horreur. En observant la fresque de personnages, on remarque que certains sont revêtus à la mode bretonne du XVIe siècle. La finesse de la réalisation leur confère un réalisme touchant. L'ossuaire (1550) connut un destin mouvementé. Il servit de chapelle, d'école, puis… de bureau de poste. L'**église Saint-Germain-l'Auxerrois** force l'admiration. Elle est dominée par deux clochers : celui de droite (48m) est une tour Renaissance, celui de gauche (32m) s'inspire d'une architecture gothique cornouaillaise. Sur les murs de la sacristie (XVIIe s.), au plan quadrilobé, court une longue frise sculptée. En tout, plus de 250 petits personnages défilent dans cet immense théâtre où alternent scènes d'Évangile, de mythologie, de vie quotidienne… mêlant sacré et profane dans un joyeux tohu-bohu. À remarquer, des retables magnifiques et l'orgue monumental, réalisé par Thomas Dallan en 1688.

● Où acheter des chocolats ? Michel Châtillon est bien connu en Bretagne pour son franc-parler, ses livres... et ses chocolats. Sa fabrique détient une recette déposée de florentins (12,90€ les 300g dans une belle boîte en fer de grand-mère) et propose de multiples gourmandises, dont les Granits de la pointe du Raz aux chocolats gris ou rosés granités d'éclats de nougat. La visite de la fabrique artisanale est possible du lundi au vendredi. **Chocolaterie Châtillon** *46, Pl. Charles-de-Gaulle Tél. 02 98 26 63 77 www.chatillon-chocolat.com Ouvert en saison : tlj. ; hors saison : lun.-sam. Visite avant 15h*

● Pratiquer des sports nautiques Près du canal, cours de canoë-kayak. **Club nautique de Pleyben** *Chemin du halage de Pont-Coblant Tél. 02 98 73 34 69 http://cnpleyben.perso.sfr.fr*

Les environs de Pleyben

Chapelle Notre-Dame-des-Trois-Fontaines L'édifice modeste (fin XVe s.) est entouré d'un calvaire monumental (XVIe s.) et de trois fontaines. La légende raconte qu'un père accablé par la pauvreté voulut noyer ses neuf enfants dans une des fontaines, mais que la Vierge l'en dissuada. ***Les Trois-Fontaines*** *(à 11km au sud de Pleyben par la D785 dir. Quimper)*

Roche du feu Du sommet (281m) s'étend un panorama sur la vallée de l'Aulne, les monts d'Arrée et la baie de Douarnenez. Il serait possible de voir trente-trois clochers dans un rayon de 40km. La montagne schisteuse tire son nom des feux qu'on avait coutume d'allumer à son sommet pour signaler l'arrivée des envahisseurs normands dans la vallée de l'Aulne. *À 12km au sud de Pleyben près de **Gouézec** (du bourg, prendre la route derrière l'église)*

Chapelle Notre-Dame-de-la-Roche Cette chapelle romane du XVIe siècle, épurée et trapue, surgit au milieu des bois. Le piton rocheux qui la surplombe offre une belle vue sur la vallée de la Roche. De la route, on aperçoit les carrières d'ardoises. *Traverser le bourg de **Gouézec** et prendre la D41 dir. Châteauneuf*

☆ **Chapelle Saint-Sébastien** À l'écart du bourg de Saint-Ségal, la chapelle fut construite au XVIe siècle pour conjurer la peste. À la différence des enclos paroissiaux, elle ne célèbre ni la vie ni la mort. Pas de fonts baptismaux, ni d'ossuaire. L'arc de triomphe représente saint Sébastien menacé par deux archers. L'intérieur est d'une richesse insoupçonnable, avec ses retables baroques du XVIIIe siècle qui forment une suite d'un seul tenant, traversés de colonnes torses où sont sculptés une profusion de personnages. Sur la partie inférieure du maître retable du chœur, des tableaux illustrent la Foi, la Charité, la Miséricorde et autres vertus chrétiennes. ***Saint-Ségal** (à 11km à l'ouest de Pleyben)*

● **Où acheter glaces et produits laitiers ?** L'exploitation de Kerheu transforme son lait en de délicieux yaourts, fromages blancs, crèmes dessert, etc. Ne résistez pas plus longtemps aux glaces crémeuses de la ferme ! **Ferme de Kerheu** *Kerheu 29020 **Briec-de-l'Odet** (à 17km au sud de Pleyben) Tél. 02 98 57 92 67 www.fermedekerheu.com Ouvert lun.-sam. 9h-19h30*

● **Où écouter de la musique ?** Au bout d'une allée, Run Ar Puñs, ferme en pierre, a été transformée en résidence d'artistes et en temple de la musique ! Une programmation de qualité et des concerts toute l'année, sauf l'été, attirent les mélomanes de la région. Profitez de la terrasse pour goûter des bières locales, Duchesse Anne ou Blanche Hermine, ou bien le Solidar cola, l'un des produits équitables que propose le bar. **Run Ar Puñs** *29150 **Châteaulin** (à 8km à l'ouest de Pleyben, sur la D887, à gauche après le croisement avec la N165) Tél. 02 98 86 27 95 www.runarpuns.com Ouvert mar.-jeu. 18h-1h et ven.-sam. 18h-3h*

FINISTÈRE SUD

CARNET D'ADRESSES

Restauration, hébergement

camping

Camping de Pont-Coblant En bordure de l'Aulne, un camping familial idéal pour les amoureux de la nature (nombreux sentiers pédestres et VTT). Comptez 9,50€ pour 2 personnes. *Pont-Coblant **Pleyben** Tél. 02 98 73 31 22 ou 02 98 26 68 11 (hors saison) Ouvert mi-juin-mi-sept.*

petits prix

La Blanche Hermine Cette taverne, qui n'hésite pas à afficher le Gwenn-ha-du, drapeau blanc et noir de la Bretagne, ressemble au premier abord à un restaurant touristique assez quel-

GAMME DE PRIX	RESTAURATION	HÉBERGEMENT
Très petits prix	moins de 10€	moins de 30€
Petits prix	de 10 à 20€	de 30 à 50€
Prix moyens	de 20 à 30€	de 50 à 80€
Prix élevés	de 30 à 40€	de 80 à 100€
Prix très élevés	plus de 40€	plus de 100€

GEOPLUS

LES ENCLOS PAROISSIAUX

Des évangiles de pierre

Par **Yann Rivallain**, journaliste, rédacteur-en-chef de la revue *ArMen*

Si, depuis le Moyen Âge, on peut voir un peu partout en Bretagne des églises encloses et augmentées d'un calvaire ainsi que d'un portail, c'est surtout dans l'Ouest et le Nord que, du xve au xviie siècle, ont été érigés de véritables ensembles monumentaux d'une richesse architecturale exceptionnelle.

Les premiers ensembles associant une église enclose, un calvaire et un portail apparurent tout d'abord dans l'est et le sud de la Bretagne (sont encore visibles ceux de Saint-Suliac et de Bonnemain, en Ille-et-Vilaine). L'édification d'enclos paroissiaux correspondait au plan spirituel à la volonté de l'Église de recentrer l'instruction religieuse : il s'agissait de circonscrire des espaces sacrés et d'éliminer les traces de croyances préchrétiennes.

Abécédaire sacré L'enclos paroissial est constitué d'une église et d'un ensemble plus ou moins complet d'édifices répartis autour d'elle : un mur d'enceinte, un portail monumental ou arc de triomphe, un calvaire ainsi qu'un ossuaire (celui de Lanrivain contient encore des ossements). L'église elle-même est fréquemment pourvue d'un clocher majestueux, d'un portail latéral particulièrement soigné et d'une sacristie tout aussi ouvragée. L'emploi systématique du schiste et du granit (celui de Kersanton, d'une grande finesse, permet de donner vie et expression à une statuaire qui à l'origine était polychrome) ; leur situation dans de petits bourgs ruraux ou à proximité de rias (L'Hôpital-Camfrout), de la mer (Tronoën, Saint-Tugen), ou encore à flanc de colline (Lannédern) ; la présence obsessive de références au Jugement dernier et à la mort (personnifiée par l'Ankou), mais aussi de dragons et de créatures effroyables ou de satyres, donnent à ces complexes un caractère unique où une profonde religiosité teintée de paganisme se coule dans une recherche artistique approfondie.

L'âge d'or des enclos C'est au xve siècle, au tout début de la période que l'on appelle "l'âge d'or de la Bretagne", qu'apparurent les premiers enclos dotés des emblématiques grands calvaires sculptés. La fin des guerres de succession ouvrit une période de prospérité et de stabilité qui autorisa la Bretagne à tirer profit de sa position géographique et de s'enrichir grâce au commerce maritime. Dans la campagne, la production de toiles de chanvre et de lin, exportées dans toute l'Europe et au-delà par bateau, permit à une aristocratie villageoise de connaître une prospérité sans précédent et d'occuper une place croissante dans la vie de la paroisse. Rassemblés en conseils paroissiaux appelés fabriques, ces marchands et paysans aisés collectaient et géraient avec le recteur les fonds de la paroisse, et lançaient des projets de construction d'autant plus ambitieux que la ferveur des ouailles se doublait du désir d'afficher la prospérité et la fierté communautaires. En même temps, le développement des échanges (en particulier lors des très nombreuses foires) apportait jusque dans les campagnes reculées les dernières modes et innovations. Aussi, les artistes qui travaillaient sur ces monuments se nourrissaient-ils d'apports parfois lointains – flamands, italiens… À partir du XVe siècle, la base des grands calvaires devint, comme le vitrail, un support pour catéchiser, ceux de Kerbreuder (Saint-Hernin) et surtout de Notre-Dame-de-Tronoën, en baie d'Audierne, servant de modèles. Construit entre 1450 et 1470, celui-ci est le premier à représenter les grandes scènes de l'Évangile (Annonciation, Nativité, Passion…) sur une série de blocs de granit sculptés. Au fil du temps et des réalisations qui s'accélèrent à la fin du XVIe siècle (Lanrivain, Guéheno, Plougonven…), le nombre de personnages s'accrut jusqu'à avoisiner les deux cents sur le calvaire de Guimiliau ! Parallèlement, les autres éléments de l'enclos gagnèrent aussi en monumentalité (Pleyben, Saint-Thégonnec). Se sont succédé les styles gothique (nombreux portails : Lanloup, Loguivy, Saint-Jean-du-Doigt… ; ossuaires : Lanrivain), Renaissance (porches de l'église de Bodilis, portes triomphales, ou encore le magnifique ossuaire de Sizun, qui a inspiré ceux de la Martyre ou de Ploudiry) et baroque (remarquables portails d'Argol, superbe chapelle funéraire de Saint-Thégonnec).

> *"L'édification d'enclos paroissiaux correspondait au plan spirituel à la volonté de l'Église de recentrer l'instruction religieuse : il s'agissait de circonscrire des espaces sacrés et d'éliminer les traces de croyances préchrétiennes".*

Spiritualité et créativité La vocation spirituelle des enclos n'a pas empêché les artistes, informés des courants artistiques les plus avancés, de faire preuve d'originalité en prenant certaines libertés avec les modèles pour exprimer une sensibilité particulière. Il est d'ailleurs certain que l'émotion que suscitent aujourd'hui nombre de ces édifices est due à la capacité qu'avaient ces maîtres de donner vie au granit dans un esprit de respect et de simplicité tout en gardant une certaine distance avec le réel

conque. Ne vous fiez pas aux apparences et franchissez-en la porte ! L'établissement fait partie d'une confrérie gastronomique dédiée à la sauvegarde des cuisines du terroir. Un régal ! Qu'il s'agisse de déguster une fricassée des monts d'Arrée au boudin noir et à la saucisse ou un pavé de bœuf au cidre de Fouesnant. *1, pl. Charles-de-Gaulle* ***Pleyben*** *Tél. 02 98 26 61 29 www.la-blanche-hermine.com Ouvert Pâques-juil. et sept. : jeu.-mar. ; août : tlj. ; le reste de l'année : mar. soir et mer.*

Crêperie de L'Enclos La salle toute pimpante de bleus et jaunes vous propose sur nappe blanche une carte de plus de 300 galettes et crêpes ! De la plus traditionnelle à la plus originale le choix est cornélien. Pour le dessert, essayez la délicate crêpe de froment aux pétales de roses. Comptez 7-9€ les salées et 5-7€ les sucrées. *51, pl. Charles-de-Gaulle* ***Pleyben*** *Tél. 02 98 26 38 68 Ouvert midi en semaine, midi et soir le w.-e. Fermé oct.*

Chambres d'hôtes M. et Mme Mazé Les propriétaires proposent 2 chambres coquettes et spacieuses (48€). Calme garanti ! *4, rue Chateaubriand (près de la place)* ***Pleyben*** *Tél. 02 98 26 65 93 Tél. port. 06 77 04 15 84*

FINISTÈRE SUD

CHÂTEAUNEUF-DU-FAOU

29520

Surplombant les méandres de l'Aulne, ce bourg niché sur une colline se situe aux portes des Montagnes noires. L'omniprésence de l'eau vive et la couleur du manteau forestier ont séduit le peintre Paul Sérusier (1864-1927), qui s'y installa en 1893. D'origine parisienne, cet artiste, de l'école de Pont-Aven, décora de fresques les murs du baptistère de l'église. Malheureusement, sa maison ne se visite pas. La commune vit du tourisme fluvial sur le canal de Nantes à Brest. À proximité, le domaine de Trévarez, "une folie architecturale" en briques et granit, déploie 85ha de jardins qui le hissent parmi les plus beaux parcs floraux de Bretagne.

LE CANAL DE NANTES À BREST Ce projet de canalisation a vu le jour en 1810 et il a fallu quinze ans pour que le canal soit navigable sur tout son tracé. Le blocus imposé à Brest par les Anglais avait convaincu Napoléon de la nécessité d'ouvrir une voie de circulation. Très vite, son usage stratégique passa au second plan au profit d'une utilisation commerciale. Mais la forte déclivité et les méandres très nombreux obligèrent les ingénieurs à multiplier les écluses. La partie finistérienne de Port-Launay à Carhaix est tronçonnée par quarante-six écluses. Pour cette raison, le transport maritime ne prendra jamais un véritable essor. La route et le train achevèrent de ruiner sa rentabilité.

MODE D'EMPLOI

accès

EN VOITURE
Par la N164 à 17km de Pleyben, à 26km de Châteaulin, à 25km de Carhaix-Plouguer.

EN CAR
Châteauneuf-du-Faou est desservie par les lignes n°52 et n°62 du réseau Penn Ar bed.
Réseau Penn ar Bed *Tél. 0810 810 029 www.viaoo29.fr*

informations touristiques

Office de tourisme Il propose un circuit d'interprétation intitulé "Sur les pas de Paul Sérusier", ou des "Flâneries dans la ville" (mar. matin en été). De mars à octobre, il organise des expositions et des concours de peinture. *Pl. Ar-Segal Tél. 02 98 81 83 90 www.chateauneuf-du-faou.com Ouvert juil.-août : lun.-sam. 9h30-12h30 et 14h30-19h, dim. 10h30-12h30 ; sept.-juin : mar.-sam. 9h-12h30 et 14h-17h30 (18h en juin et sept.) En cas d'absence, s'adresser à la mairie (tél. 02 98 81 75 41)*

fêtes et manifestations

Pardon au Beurre de Notre-Dame-du-Crann C'est un des derniers pardons populaires qui s'inspirent des traditions d'autrefois. Les femmes sculptaient des mottes de beurre et les exposaient à l'église pour récolter des dons destinés à la paroisse. Les mottes étaient vendues aux enchères et les fonds recueillis, reversés à l'église. Aujourd'hui, dans la procession, des mottes de beurre ouvragées sont portées jusqu'à l'église. ***Spézet** (à 9km à l'est de Châteauneuf) Dim. suivant la Pentecôte*
Printemps de Châteauneuf Tous les ans, à Pâques, grand rassemblement de chanteurs et sonneurs traditionnels. *www.printemps-de-chateauneuf.org*
Fest-Jazz Concerts de jazz au bord du canal. *www.fest-jazz.com 1er w.-e. d'août*

FINISTÈRE SUD

DÉCOUVRIR

☆ **Les essentiels** Le domaine de Trévarez **Découvrir autrement** Admirez les fonts baptismaux de l'église Saint-Julien, empruntez le chemin de halage qui mène à la chapelle du Moustoir, participez, au printemps, au pardon au Beurre de Notre-Dame-du-Crann ➤ **Carnet d'adresses p.537**

Châteauneuf-du-Faou

Église Saint-Julien L'église entièrement rénovée est de nouveau accessible. À voir pour ses fonts baptismaux décorés par Paul Sérusier, fondateur du mouvement nabi et pour sa Vierge en bois polychrome du XVe siècle.

Chapelle Notre-Dame-des-Portes Cette chapelle surplombe la rivière et offre une perspective sur la vallée de l'Aulne. Reconstruite en 1892, elle conserve à ses côtés un porche gothique du XVe siècle. La chapelle fut édifiée en 1438 sur le site de l'ancien château. Son pardon, l'avant-dernier dimanche d'août, se déroule sur trois jours et rassemble de nombreux pèlerins.

● Se balader dans les environs Les chemins de halage le long de l'Aulne se prêtent à une promenade agréable jusqu'à l'écluse du Moustoir.

● Descendre le canal de Nantes à Brest Aulne Loisirs Plaisance propose location de vedettes sans permis, de canoës-kayaks, de VTT et de glisseurs à pédales. Il est possible de naviguer jusqu'à Châteaulin en manœuvrant soi-même les écluses pour découvrir au fil de l'eau le cœur des Montagnes noires. Guinguette et restauration à toute heure. **Aulne Loisirs Plaisance** *Base fluviale de Penn Ar Pont Tél. 02 98 73 28 63 www.aulneloisirs.com Ouvert juil.-août : tlj. 9h-22h Fermé mi-nov.-début mars*

● S'initier à la pêche Les eaux vives de l'Aulne pullulent de truites et de brochets. Découvrez ce milieu et apprenez à lancer la canne à l'école de pêche (8€/5€). **École de pêche** *Inscriptions à l'OT (tél. 02 98 81 83 90) Ouvert mi-juin-mi-sept. : sam. a.-m.*

Les environs de Châteauneuf-du-Faou

Chapelle du Moustoir Sur les bords de l'Aulne se dresse une petite chapelle trapue qui date du XVIe siècle. Elle est dotée d'un magnifique baptistère et de statues polychromes. Son calvaire élégant est mis en valeur par les parterres de fleurs du placître (terre-plein autour de la chapelle). Elle peut être aussi le but d'une promenade très agréable par le chemin de halage. *À 3km de Châteauneuf dir. Spézet (indiqué à droite)*

☆ **Domaine de Trévarez** Propriété du conseil général, il constitue l'un des plus beaux parcs floraux de Bretagne avec ses 85ha de jardins à thèmes. La demeure en briques rouges et pierre de Kersanton fut construite en surplomb de la vallée, de 1894 à 1906, dans un style néo-Renaissance. Occupée par les Allemands pendant la guerre, elle fut bombardée par les Alliés en 1944. Un long travail de réhabilitation a été entrepris dans les années 1980 pour réaménager le parc et proposer des manifestations florales : selon les saisons, floraison des camélias, des rhododendrons, des azalées, des hortensias ou des fuchsias. Les écuries accueillent des expositions à thèmes et une longue promenade aménagée vous fera découvrir des points de vue méconnus ainsi que des plantations centenaires. ***Saint-Goazec*** *(à 5km de Châteauneuf par la D36, en direction de Laz et Coray) Tél. 02 98 26 82 79 www.trevarez.com Ouvert avr.-juin et sept. : tlj. 13h-18h ; juil.-août : tlj. 11h-18h30 ; oct.-mars : mer., sam., dim. et j. fér. 14h-17h30 ; mi-nov.-jan. : tlj. 13h30-18h30 Tarif 5€, réduit 3,50€*

Chapelle Notre-Dame-du-Crann L'oratoire d'origine, édifié par un ancien croisé reconnaissant d'avoir échappé à la peste, fut transformé en chapelle par ses descendants, en 1535. Sa fontaine est connue pour guérir les rhumatismes. Le sanctuaire possède de magnifiques vitraux du XVIe siècle : sur la maîtresse-vitre, douze panneaux représentent la Passion ; les autres vitraux évoquent la vie du Christ et des saints. Entre les scènes religieuses, surgissent des saints locaux et des références aux légendes. Le dimanche suivant la Pentecôte se déroule le pardon au Beurre qui se termine par l'offrande d'une motte de beurre sculptée. *Près du bourg de* ***Spézet*** *(à 9km à l'est de Châteauneuf-du-Faou)*

Notre-Dame-des-Montagnes-Noires Sur l'éperon rocheux de Cudel, à 280m d'altitude, se dresse une statue qui domine la vallée. Elle a été construite en 1911 pour commémorer un accident de chasse. Le paysage sur le Roc'h Toullaëron (326m) est magnifique. *À 6km de* ***Spézet*** *(poursuivre la route de Notre-Dame-du-Crann)*

● **Où boire un verre en parlant breton ?** Le Tavarn Ti Scherm est un haut lieu de rassemblement local. Au centre du Finistère, il s'inscrit totalement dans la culture bretonne. Conversations en breton et musique celtique y ont la part belle. Pour ceux qui souhaitent mieux comprendre une identité très présente dans les Montagnes noires. **Tavarn Ti Scherm** *4, rue de Gourin 29540* ***Spézet*** *(à 8,5km à l'est de Châteauneuf-du-Faou) Tél. 02 98 93 80 17 Ouvert 7h-21h*

CARNET D'ADRESSES

Restauration, hébergement

petits prix

Crêperie Le Petit Rozell Bonnes crêpes déclinant les compositions classiques dans un cadre chaleureux. Comptez de 4,80€ à 8,90€ la galette généreusement garnie. L'été, salades composées sur la petite terrasse donnant sur l'église. *6, rue de la Mairie* ***Châteauneuf-du-Faou*** *Tél. 02 98 73 25 49 Ouvert été : tlj. ; hors saison : tous les midis et sam. soir*

Auberge Cerfs et Bisons Pour ceux qui veulent sortir des sentiers battus de la cuisine locale, cet établissement, installé dans une ferme entre Châteauneuf et Pleyben, propose des spécialités de viande de cerf et de bison, grillée au feu de bois. Vous pourrez apercevoir quelques spécimens impressionnants dans le parc attenant à l'auberge. Les produits de la ferme (viandes de cerf et de bison, rillettes, terrines, etc.) sont en vente et le chef réserve un accueil agréable à ses clients. *M. et Mme Rannou 29530* ***Langalet*** *(à 5km au nord-ouest de Châteauneuf dir. Pleyben, l'itinéraire est ensuite bien fléché à partir de Langalet) Tél. 02 98 73 71 37 Ouvert toute l'année sur rés.*

prix moyens

VVF Village En contrebas de Châteauneuf, sur l'Aulne, le VVF (Village Vacances Familles) propose des gîtes

GAMME DE PRIX	RESTAURATION	HÉBERGEMENT
Très petits prix	moins de 10€	moins de 30€
Petits prix	de 10 à 20€	de 30 à 50€
Prix moyens	de 20 à 30€	de 50 à 80€
Prix élevés	de 30 à 40€	de 80 à 100€
Prix très élevés	plus de 40€	plus de 100€

et un camping, avec piscine couverte et chauffée, tennis et terrain de jeux dans un cadre de verdure. Pour la location d'un gîte à la semaine, comptez de 308€ à 483€ en période estivale (week-end de 2 nuits 116€), pour le camping, 11,20€ pour 2 pers. *Penn Ar Pont* **Châteauneuf-du-Faou** *Tél. 02 98 81 81 25 www.vvf-villages.fr Camping ouvert mai-fin sept. Gîtes ouverts fin mars-Toussaint*

CARHAIX-PLOUGUER ET LE POHER

29270

L'ancienne place romaine a été établie sur un promontoire qui domine les vallées encaissées de l'Hyère et du canal de Nantes à Brest, à mi-chemin entre, au nord, les monts d'Arrée, au sud, les Montagnes noires, limites géographiques du Poher. À l'époque romaine, Vorgium est au centre d'un grand réseau de voies de communication ; la principale la relie directement à Rennes. Lors de la révolte du papier timbré sous Louis XIV, les insurgés de Carhaix, appelés "Bonnets rouges", pillent des manoirs en signe de protestation contre ce nouvel impôt. La répression sera sanglante. Aujourd'hui, devenue célèbre grâce au festival des Vieilles Charrues, la capitale du Poher n'oublie pas de cultiver les traditions culturelles bretonnes, en s'appuyant d'une part sur son lycée Diwan et d'autre part sur un centre culturel très actif.

MODE D'EMPLOI

accès

EN VOITURE
À 60km de Quimper, à 85km de Brest, à 44km de Châteaulin.

EN TRAIN
Carhaix est desservie par des TER en provenance de Guingamp.
Gare SNCF *6, pl. de la Gare Tél. 02 98 93 00 01*

EN CAR
Liaisons avec Châteaulin, Brest, Concarneau via Rosporden, Quimper via Pleyben.
Réseau Penn ar Bed *Tél. 0810 810 029 www.viaoo29.fr*

orientation

Les curiosités touristiques se concentrent dans un quadrilatère compris entre la rue de l'Église au nord, la rue Tour-du-Château au sud, le boulevard de la République à l'ouest et la rue Briand à l'est, qu'il est aisé de parcourir à pied.

informations touristiques

Office de tourisme Il organise de nombreux circuits guidés, rassemblés sous le programme "Le Poher à bras ouverts" : plusieurs visites originales dont celles des mines de plomb argentifères, des carrières d'ardoises, ou de la découverte des coulisses des Vieilles charrues (pendant le festival). 3€/pers. *Rue Brizeux Tél. 02 98 93 04 42 www.poher.com Ouvert juin et sept. : lun.-sam. 9h-12h et 14h-18h ; juil.-août : lun.-sam. 9h-12h30 et 13h30-19h, dim. 10h-13h ; oct.-mai : mar.-sam. 10h-12h et 14h-17h30 (sauf jeu. matin)*

fêtes et manifestations

☆ **Festival des Vieilles Charrues** L'un des festivals d'été les plus fréquentés. Ce grand rassemblement d'artistes de la scène musicale française et internationale attire des milliers de spectateurs. Il se déroule sur trois jours de juillet, au milieu des champs. Et depuis 2007, les "**Vieilles Charrues remettent le son**" en mars : le festival investit les salles de la ville avec une nouvelle programmation. *Tél. 02 98 99 25 45 www.vieillescharrues.asso.fr Le 3e w.-e. de juil., et un w.-e. en mars*

adresses utiles

Gendarmerie *1, route de Kerniguez Tél. 02 98 93 00 32*
Hôpital *Rue du Docteur-Menguy Tél. 02 98 99 20 20*
Poste *Pl. de la Tour-d'Auvergne Tél. 02 98 99 10 33*

FINISTÈRE SUD

DÉCOUVRIR

☆ **Les essentiels** Le centre ancien de Carhaix-Plouguer, le calvaire de Kerbreudeur **Découvrir autrement** Assistez en juillet au festival des Vieilles Charrues **> Carnet d'adresses p.541**

Carhaix-Plouguer

☆ **Vieille ville** Au n°6 de la rue Brizeux, la **Maison du sénéchal** abrite l'office de tourisme. Cette demeure du XVIe siècle est ornée de pans de bois et d'une façade d'ardoises. Des statues sculptées dans le bois évoquent les métiers de paysan, artisan, soldat et prêtre. Près de la mairie, le n°13 abrite la maison natale de **La Tour d'Auvergne** (1743-1800), dans la rue qui porte son nom. Cet officier courageux s'est battu au côté des républicains pendant la Révolution, s'illustrant dans de nombreuses batailles. Il reprit du service en s'engageant comme simple soldat pour remplacer le fils d'un ami dont les autres fils avaient été tués. Son sens du devoir fut récompensé par Bonaparte, qui lui accorda le titre de premier grenadier de la République. Il périt les armes à la main en Autriche : son corps fut transféré au Panthéon et son cœur aux Invalides. Parallèlement à sa vie militaire, il poursuivit des études sur la langue celtique. Sa statue trône sur la place du Champ-de-Bataille. Une fête se déroule en son honneur le samedi précédant le 27 juin, jour anniversaire de sa mort. La place des Droits-de-l'Homme est bordée de maisons des XVIe et XVIIe siècles.

Église Saint-Tremeur Du premier édifice construit au XIVe siècle, il ne reste plus grand-chose. Reconstruite au XIXe siècle, l'église conserve un clocher-porche du XVIe siècle en forme de tour carrée. Elle possède un magnifique portail gothique flamboyant.

Petit-Carhaix Sur les rives de l'Hyère, le hameau rassemble des maisons d'artisans des XVIIe et XVIIIe siècles. Certaines portes arborent encore les insignes des métiers. Les voyageurs qui passaient le pont de pierre devaient acquitter jusqu'au XVIIIe siècle un droit de péage.

● Où boire un verre ?

Mod all Ce café-librairie niché dans une petite maison de pierre derrière les Halles vend des livres neufs et d'occasion en tout genre, en français, en breton et en langue des signes. En hiver, assis autour du poêle, en sirotant votre boisson, vous pourrez aussi écouter quelques lectures, contes ou ballades bretonnes interprétées par des artistes invités. *Pl. des Halles Tél. 02 98 99 33 61 www.mod-all.com Ouvert mar.-sam. 12h-16h (plus tard si événement)*

Brasserie Coreff Ayant quitté Morlaix pour Carhaix, la première brasserie bretonne, dans la plus pure tradition *pale ale*, propose une large gamme de bières au goût sec, amer et fin, dont l'ambrée des origines constitue un véritable produit identitaire breton. Vous pourrez effectuer vos emplettes au magasin d'usine, visiter la brasserie ou déguster les différentes variétés dans le restaurant de la brasserie - vaste salle un peu impersonnelle -, dans laquelle au cri de "tan dehi" toute la tablée doit se lever en même temps pour tirer son verre directement à la cuve. L'ambiance devient vite festive... *30, rue de Carhaix (face à la gare) Tél. 02 98 93 00 70 www.coreff.com*

Les environs de Carhaix-Plouguer

Enclos paroissial de Saint-Hernin Le calvaire, qui date de 1575, fait figurer les deux larrons crucifiés avec le Christ, tordus par la souffrance dans des positions étonnantes. L'ossuaire du XVIIe siècle est orné d'une sculpture de la Vierge. Également belles sablières. La fontaine porte la statue de saint Hernin, auquel on lavait trois fois la tête pour guérir des migraines. ***Saint-Hernin** (à 10km au sud de Carhaix dir. Spézet)*

☆ **Calvaire de Kerbreudeur** C'est l'un des plus anciens calvaires de la région, contemporain de celui de Tronoën, édifié au XVe siècle. Ce calvaire à niches représente des scènes de la vie du Christ. Il se dresse au bord de la route, perdu en pleine campagne. Les sculptures émouvantes, érodées par le temps, représentent la Vierge, les Rois mages et le baptême du Christ. Sur les bas-reliefs, Ève et Adam sont chassés du paradis. *À 8km au sud de Carhaix sur la D82 dir. Saint-Hernin*

Église Notre-Dame Un enclos paroissial harmonieux se déploie au centre du bourg. La Mort est représentée sur l'ossuaire par un squelette qui brandit un harpon. Sur le calvaire, deux anges recueillent le sang du Christ sous le regard de deux cavaliers. L'église, du XVIIe siècle, est richement décorée. Sur la voûte, la Vierge est peinte entourée d'angelots. Un retable de la Passion, d'inspiration flamande, est orné de panneaux en bois sculpté et peint qui représentent les sacrements. La statue de Notre-Dame-de-Cléden, datée du XIVe siècle, marche sur un croissant de lune. ***Cléden-Poher** (à 10km à l'ouest de Carhaix)*

● **Ramer sur un canal** Sur le canal de Nantes à Brest, canoë et rafting pour tous les niveaux. Randonnées de plusieurs jours sur le parcours Glomel-Guerlédan. Location de VTT et de canoës-kayaks. **Centre nautique du Kreiz Breizh** *22110* ***Glomel*** *(à 20km à l'est de Carhaix) Tél. 02 96 29 65 01/88 92 www.animation-glomel.com Ouvert été : 9h-18h ; reste de l'année : téléphoner au préalable, locations et activités en fonction de celles du club*

● **Pratiquer des activités sportives** La structure Canal loisirs organise des sorties canoë, kayak (15€ la demi-journée), VTT (10€ la demi-journée), tir à l'arc (par groupe), pirogue et courses d'orientation. **Canal loisirs** *Maison éclusière de Kergoat Le Nivernic* ***Port-de-Carhaix*** *Tél. 02 98 99 58 61 Tél. port. 06 24 32 63 25 www.canal-loisirs.com Ouvert toute l'année*

● ☺ **Où boire un verre dans un lieu insolite ?** "Positive attitude" de rigueur chez Mr Byn (prononcez Bâârn), le patron gallois dégingandé au charisme incontestable du Ty Élise, taverne de terre battue. Dès l'entrée, on perçoit qu'on se trouve dans un nombril culturel. En effet, Mr Byn et sa taverne sont à l'origine de beaucoup d'événements : c'est ici qu'apparurent les prémices du festival des Vieilles Charrues – nommé au départ "Chasse-fumier", en réaction à l'indifférence générale sur le sort de la Bretagne intérieure –, l'idée de la première bière bretonne y fermenta... Ouvert à tout musicien de passage, des groupes bretons ou rock s'y produisent. C'est aussi un lieu de tournage, et un point de rendez-vous de quelques musiciens célèbres... Dans l'antre de Mr Byn, aux murs recouverts d'affiches, de photos et de petits mots, il faut entrer l'esprit ouvert et sans chichis. Le patron, la paupière semi-fermée, l'œil bleu, attentif et rigolard, tirera alors une bière ou vous servira un whisky. On pourra alors commencer à discuter, écouter ou jouer de la musique. **Ty Élise** *29690* ***Plouyé*** *(à 20km au nord-ouest de Carhaix dir. Huelgoat) Tél. 02 98 99 96 44 Ouvert lun.-jeu. 11h-23h10, ven. 11h-1h, sam. 10h30-1h, dim. 10h-0h*

FINISTÈRE SUD

CARNET D'ADRESSES

Restauration, hébergement

camping

Camping municipal Un emplacement très agréable dans la vallée de l'Hyère. À proximité, étang et parcours sportif. Comptez 7€/2 pers. Emplacement gratuit pendant 2 nuits pour les moins de 29 ans. Au bar, petite restauration le dimanche. Location de mobil-homes. ***Carhaix*** *Tél. 02 98 99 10 58 Ouvert juin-sept.*

petits prix

Crêperie Ty Gwechall De bonnes crêpes sont servies dans cette petite maison basse située à côté des halles, où il faut se pencher pour franchir le porche. Bel intérieur rustique, augmenté d'une terrasse en été. Crêpes à l'andouille de Guémené, au porc fumé des monts d'Arrée, au fromage de chèvre : de nombreuses spécialités cuisinées avec des produits locaux. *25, pl. des Droits-de-l'Homme* ***Carhaix*** *Tél. 02 98 93 17 00 Fermé dim.*

Le Carrick Dans une charmante rue piétonne, ce restaurant à l'ambiance feutrée propose des plateaux de fruits de mer et des assiettes du pêcheur bien garnies, mais aussi de grandes assiettes de grillades aux herbes. À midi, formules de 11€ à 14€, le soir, comptez de 16€ à 43€. *18, rue Brizeux* ***Carhaix*** *(près de l'église) Tél. 02 98 99 45 69 le.carrick@wanadoo.fr Fermé jeu. soir et dim. soir*

prix moyens

La Ronde des mets Une bonne table qui propose une cuisine traditionnelle avec des menus compris entre 17€ et 34€, et une formule déjeuner à 12€. Ici, on mitonne des recettes du terroir avec talent et finesse. Les plats changent au gré des produits du marché. Peut-être aurez-vous la chance que le chef affiche au menu son suprême de poulet aux pleurottes ou son délicat mille-feuilles au crabe : c'est un régal ! Expositions d'artistes locaux. Réservation conseillée. *5, pl. de la Mairie* ***Carhaix*** *Tél. 02 98 93 01 50 Fermé lun. et jeu. soir (dim. soir en hiver)*

Noz Vad hôtel Les propriétaires rénovent chaque année plusieurs chambres, avec l'aide d'artisans locaux : cela fait tout le charme de cette grande bâtisse, car si les unes sont dans la plus pure tradition bretonne, jusque dans le détail des broderies sur les fauteuils et les couvre-lits, les autres, très design, marient le wengé avec des harmonies ou contrastes de couleurs fortes (chocolat-turquoise, orangé-brun). Les chambres sont vastes et lumineuses : possibilité de duplex, avec mezzanine en bois et toit en soupente, pour 4 personnes à 89€. Le bar, dans l'entrée, est orné de plaques d'ardoises des Montagnes noires. Un établissement de standing élevé où l'on n'hésite pas à s'attarder quelques jours. Double de 57€ à 97€, petit déj. 8,50€. *12, bd de la République* ***Carhaix*** *Tél. 02 98 99 12 12 www.nozvad.com Fermé mi-déc.-mi-jan.*

prix élevés

☺ **Chambres d'hôtes Manoir de Kerlédan** Havre de paix, cette élégante demeure de granit du XVIe siècle abrite 3 chambres chaulées à la décoration raffinée mêlant meubles de brocante et sérénité des harmonies de beiges. Vous prendrez le petit déjeuner dans le jardin à la française ou flânerez dans le parc, à moins que vous ne préfériez lire au coin du feu dans le vaste salon aux poutres apparentes baigné d'une douce clarté pleine de charme. Comptez de 90 à 95€ la nuit pour 2 pers. Table d'hôtes le soir 22€-27€. *Route de Kerlédan* ***Carhaix*** *Tél. 02 98 99 44 62 www.kerledan.com*

Dans les environs

petits prix

Crêperie de Pont-Triffen Au bord du canal de Nantes à Brest, juste avant le village de Cléden-Poher, se dresse une maison typique des Mon-

GAMME DE PRIX	RESTAURATION	HÉBERGEMENT
Très petits prix	moins de 10€	moins de 30€
Petits prix	de 10 à 20€	de 30 à 50€
Prix moyens	de 20 à 30€	de 50 à 80€
Prix élevés	de 30 à 40€	de 80 à 100€
Prix très élevés	plus de 40€	plus de 100€

tagnes noires. Dans la vaste véranda qui donne sur le canal ou dans la salle aux murs en pierre sont servies des crêpes à base de produits du terroir autour de 5€. Andouille, saucisse, lard... ***Pont-Triffen*** *(à 14km à l'ouest de Carhaix, après Cléden-Poher) 29270 Cléden-Poher Tél. 02 98 93 92 99 Ouvert tlj. en été Fermé mar. soir et mer. hors saison, 2e quinz. de sept.*

prix moyens

Auberge du Poher Les nouveaux propriétaires s'inscrivent dans la continuité gastronomique qui fit le succès de l'établissement, installé sur la route de Gourin, après Port-de-Carhaix. La cuisine fait la part belle aux crustacés et aux poissons sans négliger toutefois les viandes du terroir. Une table appréciée dans la région. Menus de 20,90 à 57€. ***Port-de-Carhaix*** *(à 6km au sud de Carhaix) 29270 Motreff Tél. 02 98 99 51 18 www.auberge-du-poher.com Fermé dim. soir et lun.*

Canal-Chouette En bordure du canal de Nantes à Brest, une maison aux allures de péniche qui abrite des chambres gaies et modernes. Une double coûte 55€. L'accueil est chaleureux et le petit déjeuner divin. À noter que la confiture est faite maison. Table d'hôtes à 17€ (enfant 10€). On bénéficie en outre d'une vue panoramique sur le canal. *Kergérard 22110* ***Glomel*** *(à 20km env. à l'est de Carhaix, sur l'axe Carhaix-Rostrenen ; prendre la petite route en face de la boulangerie puis suivre les flèches) Tél. 02 96 29 81 44 www.canalchouette.fr*

GEODOCS

Retour de pêche, Camaret-sur-Mer (p.516).

POUR EN SAVOIR PLUS

BIBLIOGRAPHIE

ouvrages généraux

Bretagne Collectif, Bonneton, Paris, 2006
Bretagne de A à Z (La) Jakez Gaucher, Coop Breizh, Spézet, 2000
Danse bretonne (La) Alan Pierre et Daniel Cario, Coop Breizh, Spézet, 1999
La Bretagne en l'an 2000 : diagnostics et tendances prospectives Jean Ollivro, Presses Universitaires de Rennes, Rennes, 2000
Dictionnaire de Bretagne Michel Renouard, Joëlle Méar, Nathalie Merrien, Ouest-France, 1992
Dictionnaire du patrimoine breton Alain Croix et Jean-Yves Veillard, Apogée, Rennes, 2001
Histoire de la langue bretonne Fañch Broudic, Ouest-France, Rennes, 1999
La Bretagne, tout le monde en parle Ronan Le Flécher, Didier Le Gorrec, Des Dessins et des mots, Bannalec, 2006
La Cuisine bretonne Collectif, Édition de la Lagune, Enghien-les-Bains, 2006
Voiles de Bretagne Nord Nathalie Couilloud, Chasse-Marée-Armen, Douarnenez, 2006

essais

Comment peut-on être breton ? Essai sur la démocratie française Morvan Lebesque, Points Seuil, 2001
La Bretagne au cœur du monde nouveau Joseph Martray et Jean Ollivro, Les Portes du Large, Rennes, 2001
Le Patrimoine naturel de Bretagne Collectif, Ouest-France, "Curieux de Nature", Rennes, 1997
L'Espoir breton du XXIe siècle sous la dir. de Georges Lettelier, Coop Breizh, Spézet, 1998
Peut-on enfermer les menhirs ?, regards sur la Bretagne Annick Lagadec, Gatuzain, Bayonne, 2001

histoire

Histoire de la Bretagne : le point de vue breton Jean-Pierre Le Mat, Yoran Embanner, Fouesnant, 2006
Histoire de la Bretagne Henri Poisson, Jean-Pierre Le Mat, Coop Breizh, Spézet, 2000
Histoire résumée du mouvement breton de 1800 à 2002 Yann Fouéré, Celtics Chadenn, Binic, 2003
Une Bretagne si étrange, 1900-1920 James Éveillard et Patrick Huchet, Ouest-France, Mémoires, Rennes, 1999
Toute l'histoire de la Bretagne J.-J. Monnier et J.-Ch. Cassard, Skol Vreizh, Morlaix, 2003

littérature

Balzac, Honoré de *Les Chouans*, Folio Gallimard, Paris, 2004
Balzac, Honoré de *Béatrix*, Folio Gallimard, Paris, 1979
Boileau-Narcejac *Les Eaux dormantes*, Denoël, Paris, 1984
Cadou, Hélène *C'était hier et c'est demain*, Éditions du Rocher, Monaco, 2000
Caroff, Martial *Les Quatre Saisons d'Ys*, (4 volumes), Terre de Brume, Rennes, 2000
Déguignet, Jean-Marie *Mémoires d'un paysan bas-breton*, An Here, Le Relecq Kerhuon 2001
Flaubert, Gustave *Par les champs et par les grèves*, Complexe, Bruxelles, 2001
Gracq, Julien *La Forme d'une ville*, José Corti, Paris, 1990

Guyot, Charles *La Légende de la ville d'Ys*, Le Serpent de mer, Elisabethville, 2002
Hélias, Pierre-Jakez *Le Cheval d'Orgueil*, Plon, Paris, 1976
Hersart de la Villemarqué, Théodore *Barzaz Breiz, Chants populaires de la Bretagne*, Le Layeur, Paris, 2003
Le Braz, Anatole *La Légende de la mort chez les Bretons armoricains*, Terre de Brume, Rennes, 1994
Le Bris, Michel *Un hiver en Bretagne*, Points Seuil, Paris, 1997
Loti, Pierre *Mon frère Yves*, Folio Gallimard, Paris, 1998
Loti, Pierre *Pêcheur d'Islande*, Ancre de marine, 1998
Morvan Le Bras, Lucie-Anne *Sous le ciel de la Presqu'île*, Liv'Éditions, Le Faouët, 2001
Simiot, Bernard *Ces messieurs de Saint-Malo*, Le Livre de Poche, Paris, 2006
Stendhal *Mémoires d'un touriste en Bretagne*, Albatros, Paris, 1986

LEXIQUE

expressions courantes

Degemer mat Bienvenue
Demat Bonjour
Kenavo Au revoir
Ma Doue ! Mon Dieu !
Mar plij S'il te/vous plaît
Mont a ra (mat) ? Est-ce que ça va ? (réponse : Mond a ra.)
Nozvezh vat Bonne nuit
Ouzh taol ! À table !
Trugarez Merci
Yec'hed mat ! Santé !

au fil de la discussion

Les mots bretons qui trouvent leur place dans une conversation en français... un minimum à connaître.

Bagad Formation musicale composée de trois pupitres : bombardes, cornemuses (écossaises) ainsi que percussions
Biniou braz Cornemuse écossaise
Biniou koz Cornemuse bretonne (à un seul bourdon et jouant une octave au-dessus de la bombarde)
Brezhoneg Langue bretonne
Chouchenn Hydromel
Fest-deiz Fête de jour
Fest-noz Fête de nuit
Gwenn-ha-du Le drapeau breton ("noir et blanc")
Gwerz Ballade, complainte
Gwin/gwenn/ruz Vin/blanc/rouge
Kabig Pardessus
Kan ha diskan "Chant et déchant", chant traditionnel à deux voix
Kig ha farz Plat traditionnel à base de viande (kig) et de farce (farz)
Kouign amann gâteau (kouign) traditionnel riche en beurre (amann)
Krampouezh Crêpe, galette
Pillig Poêle à crêpes
Soner/ien Sonneur/s (joueur/s de bombarde ou de biniou)
Traou mad Les bonnes choses

toponymie

Certains mots bretons se retrouvent souvent dans le vocabulaire toponymique. Sont présentés ici les principaux. Les noms de lieux donnés en exemple sont proposés dans leur forme bretonne, puis francisée, ou traduite quand elle diffère de la première.

Aber Embouchure de rivière (Aber Ildud, Aber Iltud)
Kastell Château (Kastell-Aodren, Châtelaudren)
Kêr Ville, village, hameau (Kergrist)
Lann Lieu consacré, lande (Lanniliz, Lannilis)
Lok Lieu consacré (Loktudi, Loctudy)
Penn Tête, bout, extrémité (Penmarc'h)

Plou Paroisse primitive (Plougastell, Plougastel)
Porzh Port (Porzh-Loeiz, Port-Louis)
Stêr Rivière (Lannarstêr, Lanester)
Tre(v) Trève (division de paroisse) (Trelevenez, Tréflevenez)

géographie bretonne

An Argoad Région boisée à l'intérieur des terres
An Arvor Littoral, partie maritime du pays
Aodoù-an-Arvor Côtes-d'Armor
Breizh Bretagne
Breizh-Izel Basse-Bretagne
Breizh-Uhel Haute-Bretagne
Bro-Dreger Trégor
Bro-Gerne Cornouaille
Bro-Leon Léon
Bro-Naoned Pays de Nantes
Bro-Roazhon Pays de Rennes
Bro-Sant-Brieg Pays de Saint-Brieuc
Bro-Sant-Maloù Pays de Saint-Malo
Bro-Wened Pays de Vannes
Bro-Zol Pays de Dol
Enez/Inizi Îles
Il-ha-Gwilen Ille-et-Vilaine
Liger-Atlantel Loire-Atlantique
Mor-Atlantel Océan Atlantique
Mor-Bihan Morbihan
Mor-Breizh Manche
Penn-ar-Bed Finistère

GLOSSAIRE

Cairn Monticule de pierres, recouvrant les sépultures mégalithiques.
Calvaire Monument en forme de croix qui commémore le Calvaire, la Passion du Christ. Souvent orné des scènes du Nouveau Testament.
Coussiège Banc, le plus souvent en pierre, ménagé dans l'embrasure d'une fenêtre.
Cromlech Groupe de menhirs disposés en cercle.
Dolmen ou "Table de pierre" Monument formé d'une grande pierre plate reposant sur des pierres dressées verticalement.
Enclos paroissial Ensemble architectural propre à la Bretagne comprenant église, portail monumental, calvaire, ossuaire et cimetière.
Étier Chenal étroit contenant de l'eau de mer, et qui permet d'alimenter les marais salants.
Ex-voto Offrandes symboliques déposées en remerciement d'une grâce divine. En Bretagne, ils ont souvent la forme de bateaux.
Fonts baptismaux Cuve sur pied servant à l'administration du baptême.
Malouinières Grandes maisons de plaisance construites en pleine campagne à la fin du XIIIe siècle par les armateurs de Saint-Malo.
Mégalithe Monument formé d'un ou plusieurs énormes blocs de pierre.
Menhir ou "Pierre longue" Très grand bloc de pierre dressée.
Ossuaire Bâtiment où sont recueillis les ossements dans un cimetière.
Pietà Représentation de la Vierge tenant le corps du Christ sur ses genoux.
Placître Terre-plein, espace cultuel situé autour d'une église.
Retable Ouvrage en bois ou en marbre orné de représentations peintes ou sculptées servant de décor à un autel.
Sablière Poutre de rive de charpente qui porte souvent en Bretagne des scènes sculptées.
Tabernacle Petite armoire posée sur le maître-autel qui conserve l'eucharistie.
Traict Bras de mer qui s'enfonce dans les terres.

AIDEZ-NOUS À CONSTRUIRE DES GEOGUIDE QUI RÉPONDENT ENCORE MIEUX À VOS ENVIES !

Merci de nous retourner ce questionnaire à l'adresse suivante :

Questionnaire GEOGUIDE - BP 67 - 59053 Roubaix Cedex 1

VOS VOYAGES

● **Combien de séjours à but touristique effectuez-vous chaque année ?**

En France ❑ 1 ❑ 2 ❑ 3 et +
À l'étranger ❑ 1 ❑ 2 ❑ 3 et +

● **Vous partez pour** (plusieurs réponses possibles, hors visite parents et amis) :

La France ❑ 1 semaine ❑ 2 semaines ❑ 3 semaines et +
L'étranger ❑ 1 semaine ❑ 2 semaines ❑ 3 semaines et +

● **Combien de week-ends à but touristique effectuez-vous chaque année ?**
(hors visite parents et amis)

En France ❑ 1 ❑ 2 ❑ 3 et +
À l'étranger ❑ 1 ❑ 2 ❑ 3 et +

● **Vous partez** (plusieurs réponses possibles) :

	Voyage en France	Voyage à l'étranger	Week-end
Seul	❑	❑	❑
En couple	❑	❑	❑
En famille	❑	❑	❑
Avec des amis	❑	❑	❑
En voyage organisé	❑	❑	❑

VOS GUIDES DE VOYAGE

● **Quand vous partez, combien et quel type de guides achetez-vous ?**

	Voyage en France	Voyage à l'étranger	Week-end
Guides pratiques *	......	......	......
Guides culturels **	......	......	......

*axés sur les informations pratiques et les adresses, contenant plus de texte et de cartes que de photographies
**axés sur l'histoire et la culture, contenant beaucoup de photographies et d'illustrations

● **Combien de temps avant votre départ achetez-vous votre (vos) guide(s) ?**

	Voyage en France	Voyage à l'étranger	Week-end
Entre 3 et 6 mois avant	❑	❑	❑
Dans le mois qui précède	❑	❑	❑
Sur place	❑	❑	❑

● **Avec les guides de quelles collections partez-vous le plus souvent ?** (plusieurs réponses possibles) ....

....

● **Cherchez-vous de l'information sur votre destination ailleurs que dans les guides de voyage ?**

❑ Oui ❑ Non

Si oui, où :
❑ presse magazine
❑ forums de voyageurs
❑ voyagistes en ligne
❑ sites internet des offices de tourisme
❑ offices de tourisme (sur place)
❑ autre : ....

VOTRE GEOGUIDE

● **Si vous avez acheté ce guide vous-même, pourquoi avez-vous choisi GEOGUIDE ?**
(plusieurs réponses possibles) :

❑ conseil de votre entourage
❑ conseil de votre libraire
❑ publicité
❑ article de presse
❑ confiance dans les guides Gallimard
❑ confiance dans le magazine GEO
❑ vous l'avez découvert sur votre lieu d'achat

Dans ce dernier cas, qu'est-ce qui a motivé l'achat de ce GEOGUIDE ?

❑ format
❑ couverture
❑ rabat proposant des cartes dépliantes
❑ photographies couleur
❑ présentation intérieure en couleurs
❑ contenu pratique
❑ contenu culturel
❑ volume d'information
❑ prix
❑ autre : ....

● **Que pensez-vous de votre GEOGUIDE et de ses différentes rubriques ?**
Concernant les informations culturelles, vous avez trouvé GEOGUIDE :
❑ Très fiable ❑ Fiable ❑ Assez fiable ❑ Pas du tout fiable

Concernant les informations pratiques (horaires, coordonnées...), vous avez trouvé GEOGUIDE :
❑ Très fiable ❑ Fiable ❑ Assez fiable ❑ Pas du tout fiable

Votre opinion sur la sélection d'adresses :

	Qualité des adresses		**Nombre d'adresses**	
	Suffisante	Insuffisante	Suffisant	Insuffisant
Hébergement	❑	❑	❑	❑
Restauration	❑	❑	❑	❑
Monuments, sites	❑	❑	❑	❑
Balades et randonnées	❑	❑	❑	❑
Activités de loisirs	❑	❑	❑	❑
Shopping	❑	❑	❑	❑

● **Avez-vous des remarques et suggestions ?** ....
....
....

● **Repartirez-vous avec un GEOGUIDE ?** ❑ Oui ❑ Non

VOUS

● **Vous êtes :** ❑ un homme ❑ une femme

● **Votre âge :** ❑ - de 25 ans ❑ 25-34 ans ❑ 35-44 ans ❑ 45-64 ans ❑ 65 ans et +

● **Votre profession :**
❑ agriculteur ❑ profession libérale ❑ cadre supérieur ❑ encadrement et technicien
❑ employé ❑ ouvrier ❑ retraité ❑ sans activité professionnelle ❑ étudiant

● **Êtes-vous lecteur du magazine GEO ?** ❑ Oui ❑ Non

Quel est votre magazine préféré ? ....

Merci de nous indiquer votre adresse

Nom : ....

Adresse : ....

Code postal : .... Ville : .... Pays : ....

Acceptez-vous d'être contacté(e) par mail sur les nouveautés GEOGUIDE ? ❑ Oui ❑ Non

Adresse mail : |_|_|_|_|_|_|_|_|_|_|_|_|_|_|_|_|_|_|_|_|_|_|_|_|_|_|_|_|

INDEX

A

B

C

INDEX

Q

R

S

INDEX DES CARTES ET DES PLANS

LÉGENDE DES CARTES ET DES PLANS

Cartes

- Aaa Ville ou site étape
- Autoroute et 2x2 voies
- Route principale
- Route secondaire
- Limite de départements
- Zone urbaine

Plans

- Axe urbain principal
- Zone urbaine
- Espace vert
- Cimetière

- Office de tourisme
- Aéroport
- Gare maritime
- Gare ferroviaire
- Gare routière
- Plage
- Site remarquable

TITRES DÉJÀ PARUS

GEOGUIDE France

- Alsace
- Bordelais Landes
- Bourgogne
- Bretagne Nord
- Bretagne Sud
- Charente-Maritime Vendée
- Châteaux de la Loire
- Corse
- Corse des villages
- Côte d'Azur
- Guadeloupe
- Languedoc-Roussillon
- Martinique
- Normandie
- Paris
- Pays basque
- Périgord Quercy Agenais
- Provence
- Pyrénées
- Réunion
- Sortir à Paris
- Tahiti Polynésie française

GEOGUIDE Étranger

- Andalousie
- Argentine
- Belgique
- Crète
- Croatie
- Cuba
- Égypte
- Espagne, côte est
- Grèce continentale
- Îles grecques et Athènes
- Irlande
- Italie du Nord
- Italie du Sud
- Londres
- Maroc
- Maurice
- Mexique
- Pays basque
- Portugal
- Québec
- Rome
- Sénégal
- Shopping à Londres
- Sicile
- Toscane Ombrie
- Tunisie
- Venise

INDEX

AUTEURS
GEOPANORAMA Solène Bouton, Thierry Perrin
GEOPRATIQUE Solène Bouton, Thierry Perrin
GEORÉGION
Loire-Atlantique Solène Bouton, Séverine Bascot, Laurent Gontier, Béatrice Peyret-Vignals
En trois jours, Nantes : art et histoire Séverine Bascot
Golfe du Morbihan et arrière-pays Solène Bouton, Tiphaine Carriou, Clara Kagan, Béatrice Peyret-Vignals
En deux jours : Vannes et les îles du golfe Clara Kagan
En une journée : Auray et Carnac Clara Kagan
Parcours archéologique : menhirs, dolmens et tumulus Béatrice Peyret-Vignals
Pays de Lorient et de Quimperlé Solène Bouton, Hélène Bohé, Tiphaine Carriou, Laurent Gontier, Béatrice Peyret-Vignals
Finistère Sud Aurélia Bollé, Hélène Bohé, Tiphaine Carriou, Béatrice Peyret-Vignals
GEOPLUS Pardons, pèlerinages, troménies Yann Rivallain **L'école de Pont-Aven** Estelle Guille des Buttes-Fresneau **La voile traditionnelle** Xavier Mével **Les enclos paroissiaux** Yann Rivallain
CRÉDITS PHOTOGRAPHIQUES Couv. et 3 : © Philippe Plisson/Pêcheurs d'images. 4 : © Morand-Grahame/Hoa-Qui. 8-9 : © René Mattes. 34-35 : © René Mattes. 46 haut : © Thierry Perrin. 46 bas : © Nicolas Thibaut/Hoa-Qui. 60-61 : © Bruno Pérousse/hemis.fr. 105 : © Philippe Plisson/Pêcheurs d'images. 128 : © Bernard Galeron/Scope. 165 : © Philippe Plisson/Pêcheurs d'images. 202-203 : © Philippe Plisson/Pêcheurs d'images. 243 : © Thierry Perrin. 311 haut et bas : © Bertrand Rierger/hemis.fr. 331 : © Michel Thersiquel. 346-347 : © Hervé Lesetre/Hoa-Qui. 406-407 : © Michel Thersiquel. 443 : © Bruno Pérousse/Hoa-Qui. 470 : © Jean-Daniel Sudres/Top. 514 : © Beternin/Andia.fr. 544-545 : © Dominique Zintzmeyer.
CARTOGRAPHIE INFOGRAPHIQUE Édigraphie.
REMERCIEMENTS Gwenn Rambaud, Jean-François Lorvellec et sa famille, Anne Armant, Gaëlle Daniel, Gaëlle Lorvellec, Jérémie Dubernet, Marion Weber-Massénat.
GALLIMARD LOISIRS 5, rue Sébastien-Bottin 75328 Paris Cedex 07.
Tél. 01 49 54 42 00 contact@geo-guide.fr www.geo-guide.fr
PRISMA PRESSE **Régie publicitaire** Prisma Presse 6, rue Daru 75379 Paris Cedex 08.
Responsable de clientèle Evelyne Allain-Tholy. Tél. 01 44 15 32 77 Fax 01 44 15 31 44.

 Premier dépôt légal avril 2003.
Dépôt légal janvier 2011. **Numéro d'édition** 177456. **ISBN** 978-2-74-242895-3.
Photogravure ARG (Gentilly). **Impression** LEGO (Italie).

La Bretagne

CÔTE DES
LES ABERS
Ploudalmézeau
ÎLE
D'OUESSANT
Saint-Renan
Le Conquet
POINTE DE
SAINT-MATHIEU
Camaret
PARC NATIONAL
MARIN D'IROISE
PRESQU'ÎLE
DE CROZON
POINTE
DU RAZ
ÎLE DE
SEIN
Audierne
BAIE
D'AUDIERNE
OCÉAN ATLANTIQUE
ALTITUDE EN MÈTRES
PLUS DE 200
DE 100 À 200
DE 0 À 100
AUTOROUTE
ROUTE PRINCIPALE
AUTRE ROUTE